"十三五"国家重点出版物出版规划项目
现代机械工程系列精品教材
普通高等教育"十五"国家级规划教材
面向21世纪课程教材

汽 车 设 计

第5版

主编 闵海涛 王建华
参编 马天飞 王云成 谢 飞
主审 林 逸

机 械 工 业 出 版 社

本书系统地介绍了汽车设计理论与计算方法，包括整车及底盘各主要总成设计所需要的基本知识。其具体内容包括汽车总体设计，离合器、机械式变速器、万向传动、驱动桥、从动桥、悬架、转向系统和制动系统等汽车关键总成及零部件的基本设计要求、结构方案分类与分析、各总成的主要参数及其选择原则、主要零部件设计计算方法及步骤、结构元件分析与设计等。各章最后还附有一定数量的练习题，以加强学生对基本知识的理解与应用。

本书可作为高等院校车辆工程专业的教材，也可作为汽车行业及相关行业工程技术人员的参考书。

图书在版编目（CIP）数据

汽车设计/闵海涛，王建华主编. —5版. —北京：机械工业出版社，2021.3（2023.6重印）

“十三五”国家重点出版物出版规划项目　现代机械工程系列精品教材　普通高等教育“十五”国家级规划教材　面向21世纪课程教材

ISBN 978-7-111-67165-7

Ⅰ.①汽…　Ⅱ.①闵…　②王…　Ⅲ.①汽车-设计-高等学校-教材　Ⅳ.①U462

中国版本图书馆CIP数据核字（2020）第259661号

机械工业出版社（北京市百万庄大街22号　邮政编码100037）
策划编辑：冯春生　责任编辑：冯春生　尹法欣
责任校对：樊钟英　封面设计：张　静
责任印制：李　昂
河北宝昌佳彩印刷有限公司印刷
2023年6月第5版第5次印刷
184mm×260mm · 20.75印张 · 509千字
标准书号：ISBN 978-7-111-67165-7
定价：59.80元

电话服务　　网络服务
客服电话：010-88361066　　机　工　官　网：www.cmpbook.com
010-88379833　　机　工　官　博：weibo.com/cmp1952
010-68326294　　金　书　网：www.golden-book.com
封底无防伪标均为盗版　　机工教育服务网：www.cmpedu.com

第5版前言

本书是“十三五”国家重点出版物出版规划项目——现代机械工程系列精品教材，于2004年6月出版的第4版是普通高等教育“十五”国家级规划教材、面向21世纪课程教材。本书被全国开设有车辆工程专业及相近专业的院校广泛采用，在此表示衷心的感谢。

本书结合60余年的教学研讨、科研探索及工程设计经验，从总体设计、总成设计及关键零部件设计三个层面上，以结构方案分析、主要参数选择、关键零部件设计计算等核心内容为主线，阐释了从事汽车设计研究所必须具备的基础知识和基本方法，是立志从事汽车设计的初学者必不可少的专业教材和参考读物。本版根据汽车技术的发展动态，对相关章节内容进行了补充和修订，增加了“从动桥设计”一章，并根据新标准、新规范更新了相关术语和修订了相关数表。

本书共九章。第一章汽车总体设计，从汽车在人类生活中的重要性入手，讨论了汽车总体设计的特点与基本要求，对汽车共性开发流程进行了介绍，并对汽车形式的选择以及发动机、车身与轮胎等核心总成的选择进行了分析，进而对总布置的相关方法、步骤予以阐述；第二章至第九章依次对离合器、机械式变速器、万向传动、驱动桥、从动桥、悬架、转向系统和制动系统等汽车关键总成及零部件的设计与分析进行阐释，主要包括应满足的基本设计要求、结构方案分类与分析、各总成的主要参数及其选择原则、主要零部件设计计算方法及步骤、结构元件分析与设计等内容。各章最后还附有一定数量的练习题，以加强学生对基本知识的理解与应用。

本书具有持续一贯的系统性、实用性与先进性，在讲授内容上继承性好，且符合高等院校车辆工程专业“汽车设计”课程的通用教学要求，可作为授课教材使用，同时本书对汽车行业及相关行业工程技术人员也有一定的参考价值。

本书由吉林大学王建华编写第一章、第四章、第七章，闵海涛编写第五章，谢飞编写第二章，马天飞编写第六章和第九章，王云成编写第三章和第八章。全书由闵海涛、王建华任主编，林逸任主审。

本书的编写得到了许多同行的指导与支持，在此深表感谢。我们对本书前版的各位编著者、所参考的众多文献的作者表示感谢，同时还要对许多老师和研究生的大力帮助表示深深的谢意。吉林大学宋传学、王登峰、史文库、庄蔚敏、兰巍、高莹、孙维毅、王达等人为本书的撰写及出版做了许多工作，其中，兰巍提供了图1-2、图1-3和图1-4，在此深表谢意。

我们在此还要对支持与资助本书出版的机械工业出版社、吉林大学及吉林大学汽车工程学院表示衷心的感谢。

受编者水平所限，特别是对新内容、新知识、新思想、新方法的理解与掌握有限，书中难免有错误与疏漏之处，欢迎广大读者批评指正。

编　者

第4版前言

本书是普通高等教育“十五”国家级规划教材，于2000年6月出版的第3版是普通高等教育“九五”部级重点教材。本书第3版在兄弟院校支持下，经有关学校车辆工程（原汽车）专业使用后得到好评，并于2000年荣获全国普通高等学校优秀教材二等奖。在此对使用本书的兄弟院校和对本书获奖给予支持的评委致以衷心的谢意。

本书结合50多年的教学、科研、设计经验，从理论上阐述从事汽车设计所必须具备的基本知识，是立志从事汽车设计的初学者必不可少的教材。汽车设计所涉及的结构分析、参数选择、设计与计算等，构成本书的基本内容。随着汽车技术的发展，控制理论、系统工程、有限元法、计算机辅助设计、优化设计、可靠性设计等许多新知识均已在汽车设计中得到应用，在本书编写过程中也力求予以反映。历经100多年的发展，今天的汽车已相当完善；但为了满足不断攀升到更高层次的要求，至今仍然需要人们不断开发创新产品，进一步完善它。继本书第3版介绍了发动机液力悬置、安全气囊、双质量飞轮、拉式膜片弹簧离合器、扭转梁随动臂、黏性联轴器之后，于本版又介绍了机械式无级变速器、电动助力转向、电控助力转向、空气悬架、越野车布置形式分析等，并根据GB/T 15089—2001对汽车分类做了更新，删去了旧的称谓，如“轿车”改为“乘用车”等。

本书共八章。除第一章汽车总体设计以外，第二章~第八章依次阐述离合器、机械式变速器、万向节传动轴、驱动桥、悬架、转向系统和制动系统设计。各章的主要内容包括：设计应当满足的主要要求、结构方案分类和分析、主要参数的确定原则、主要零件的强度计算和结构元件分析等。各章最后还附有应由学生独立完成的练习题。

为了便于初学者学习结构方案分析，本书对结构方案进行了较为详细的分类，对各方案做了较为详细的比较分析。因各院校条件不同，建议讲授时对内容进行适当取舍，有些可以安排自学，如结构方案分类、结构元件以及在选讲各章的主要结构方案分析后余下的结构方案分析部分，其余部分应尽可能讲授。

本书具有良好的系统性、实用性与先进性，内容符合高等院校车辆工程专业“汽车设计”课程的教学要求，可作为教材使用，对汽车行业及相关行业工程技术人员也有一定的参考价值。

本书由吉林大学王望予编写第一章、第三章、第六章和第七章，吉林大学张建文编写第二章、第四章和第八章，吉林大学闵海涛编写第五章，吉林大学史文库编写第一章第二节、第四节和第二章第五节中的部分内容。全书由王望予任主编，张建文任副主编，林逸任主审。

本书的编写得到了许多同行的指导与支持，在此深表感谢。我们对所参考的众多文献的作者表示感谢，同时还要对许多老师和研究生的大力帮助表示深深的谢意。吉林大学李彦龙、施国标、庄德军、刘静岩、张敏、朱海等人为本书出版做了许多工作，其中，李彦龙提供了图 1-2、图 1-3 和图 1-4，在此深表谢意。

我们在此还要对支持与资助本书出版的机械工业出版社、吉林大学、吉林大学汽车工程学院表示衷心的感谢。

受编者水平所限，特别是对新内容知识的理解与掌握有限，书中难免有错误与疏漏之处，欢迎广大读者批评指正。

编　者

2003 年 12 月

第3版前言

本书是根据全国高等学校汽车与拖拉机专业教学指导委员会1997年制订的“汽车设计”教材编写大纲编写的。

全书共八章。除汽车总体设计以外，还阐述了汽车底盘主要总成：离合器、机械式变速器、万向节传动轴、驱动桥、悬架、转向系统和制动系统等的设计。各章的主要内容包括：设计应当满足的主要要求、结构方案分析、主要参数的确定原则、主要零件的强度计算及其载荷的确定、主要结构元件的分析等从事汽车设计工作所必须具备的一些基础知识。

本书在体系和内容方面，参考了前两版《汽车设计》。结合我国近年来轿车工业得到迅速发展的现实，本书在内容上做了更新，相当多的部分是重写的，并用一定篇幅介绍了发动机液力悬置、双质量飞轮、扭转梁随动臂、黏性联轴器等。近年来，与汽车技术有关的国家标准陆续颁布，本书在编写过程中尽可能反映这部分内容，以利贯彻执行。此外，新设计方法的发展对正确进行设计、提高设计质量起到重要作用，因此本书还介绍了优化设计、可靠性设计等新的设计方法。本书不仅具有良好的系统性、实用性，同时也体现了先进性。

本书内容经精选和压缩后符合教学要求，可以作为高等院校汽车专业“汽车设计”课程的教材，也可供有关工程技术人员参考。

本书由吉林工业大学王望予主编并编写第一章、第三章、第七章和第八章的第一、二、三、四、五、七节；吉林工业大学林逸编写第六章；吉林工业大学张建文编写第二章、第四章和第五章；吉林工业大学宋传学编写第八章第六节。同济大学张洪欣为本书主审。参加审稿会的有长春汽车研究所和清华大学等高等院校代表：田其铸、刘惟信、夏群生、张代胜、高利、高峰、于学兵、张敏中、韩宗奇、吴彤峰、陈铭年、王天利等。除此之外，长春汽车研究所的薛汉池、蒋立盛、魏玉学、刘明科等同志也参加了审稿工作。参加审稿的同志对本书进行了认真、仔细的审阅，提出了许多宝贵意见，编者在此表示诚挚的谢意。本书在编写过程中还得到了史文库、王伟华、李彦龙、施国标、张群峰、詹文章、刘海琳和翟林铎的热情帮助，在此一并表示感谢。

由于编者学识有限，书中错误和疏漏之处在所难免，恳请读者批评指正。

编　者

2000年元月

第2版前言

本书自1981年7月问世以来，已有7年了。在此期间，由于学校和社会对本书需求的不断增长，本书曾多次加印并有机会不断地加以完善，因而得到了社会上的好评，并于1987年荣获了国家教育委员会颁发的优秀教材奖和原国家机械工业委员会颁发的优秀教材一等奖。

本书这次再版是根据1985年高等学校汽车专业教材编审委员会制订的新教学大纲和相应的教材修改大纲编写的。

本书新版删去了原版中“液力机械变速器设计”“车轮”“行驶系统概述”等章节，而对原版中其余内容进行了删简、完善和更新，形成了现在的十章，其中大部分是重新编写的。在编写中，我们努力贯彻少而精、理论联系实际的原则，并介绍了优化设计、可靠性设计和计算机辅助设计等新的设计方法，使本书能体现先进性、系统性和实用性。本书不仅在内容上更符合教学要求，而且有利于培养学生分析问题和解决问题的能力。

本书根据国家教育委员会、国家标准局和机械电子工业部教材编辑室的要求，采用GB 3102.1—1986~GB 3102.9—1986、GB 3102.13—1986规定的名词、符号及法定计量单位。因此，书中一些名词与习用的名词不同，如“扭矩”一词按标准改为“转矩”，用符号T表示；“重量”一词改为“质量”，用符号m表示，同时“质量”一词在有些场合表示一事物的品质。这一名词的双重含义敬希读者阅读时注意。

本书由张洪欣主编，新版本由张洪欣编写绪论、第一章、第二章§6~8、第七章、第八章；冯振东编写第二章§1~5、第三章、第五章、第六章；王望予编写第四章、第九章、第十章。新版本的第一章到第六章由安徽工学院姚铁成审阅；第七章到第十章由湖南大学郭正康、秦德申审阅。参加审稿的还有清华大学、武汉工学院、江苏工学院、河北工学院、西安公路学院及湖北汽车工程学院等单位的代表。参加审稿的同志对本书进行了认真详细的审阅，并提出了许多宝贵意见，编者在此表示诚挚的感谢。

由于编者水平有限，书中难免有错漏之处，热忱欢迎读者批评指正。

编 者

第1版前言

本书是根据1978年4月在天津召开的高等学校一机部对口专业座谈会精神和1978年6月在镇江召开的汽车、拖拉机、农机专业教材会议制订的“汽车设计”教材编写大纲编写的。

本书在编写中力求用辩证唯物主义的观点来阐明汽车设计中的内在矛盾和规律，努力反映现代汽车设计中的先进技术和新的研究成果，并贯彻“洋为中用”和理论联系实际的原则。

本书讲述汽车总体和各总成的设计原理、结构分析和主要参数的选择，汽车主要总成的设计特点和发展趋势。

在书中采用了一些新的设计计算方法，介绍了新的试验研究成果，加强了同基础理论的联系。

本书由吉林工业大学汽车教研室编写，主编为张洪欣同志，参加编写者为下列同志：张洪欣（绪论，第八章，第九章§3、5、6、7、8、9、10），杨庆甲（第一章），葛安林（第二章§1、2、3），冯振东（第二章§4、第三章、第六章），马玉民（第四章），吴锦秋（第五章、第七章），陈家瑞（第九章§1、2、4，第十一章），黄天泽（第十章），王望予（第十二章），吴植民（第十三章）。在考虑本书体系和起草编写大纲方面，杨庆甲同志做了许多工作。

本书绪论、第一章至第七章由安徽工学院汽车教研室姚铁成同志等主审，第八章至第十三章由湖南大学汽车教研室柏伟武、秦德申、李尔昌、郭正康等同志主审。参加审稿的还有清华大学、镇江农机学院、武汉工学院、华南工学院、重庆大学、河北工学院、南京汽车厂等单位的代表。参加审稿的同志对本书进行了详细审阅，并提出了宝贵意见。本书在编写过程中还得到了长春第一汽车厂、第二汽车厂、长春汽车研究所、重庆重型汽车研究所及有关厂、所的大力支持和帮助。编者在此表示衷心的感谢。

本书可作为高等院校汽车专业“汽车设计”课程的教材，也可作为其他有关专业的教学参考书，并可供有关的工程技术人员参考。

由于本书编写时间仓促，编者水平有限，书中难免有错漏之处，诚恳地欢迎使用本书的师生及广大读者批评指教，以便再版时订正。

编　者

常用符号表

量的名称	量的符号	单位符号	量的名称	量的符号	单位符号
汽车总质量	m_a	kg	轴距	L	m
汽车整备质量	m_0	kg	汽车质心至前轴距离	L_1	m
汽车载质量	m_e	kg	汽车质心至后轴距离	L_2	m
前轴轴载质量	m_1	kg	前悬	L_F	m
后轴轴载质量	m_2	kg	后悬	L_R	m
簧上质量	m_s	kg	汽车质心高度	h_g	m
簧下质量	m_u	kg	汽车侧倾中心高度	h_0	m
前轴静负荷	G_1	N	最小转弯直径	D_{min}	m
后轴静负荷	G_2	N	车轮滚动半径	r_r	m
前轮地面纵向力	F_{x1}	N	最小离地间隙	h_{min}	m
后轮地面纵向力	F_{x2}	N	变速器中心距	A	m
前轮地面侧向力	F_{y1}	N	悬架静挠度	f_c	mm、cm
后轮地面侧向力	F_{y2}	N	悬架动挠度	f_d	mm、cm
前轮地面垂直反力	F_{z1}	N	车轮外倾角	α	rad、(°)
后轮地面垂直反力	F_{z2}	N	主销内倾角	β	rad、(°)
驱动力	F	N	主销后倾角	γ	rad、(°)
惯性力	F_j	N	转向轮外轮转角	θ_o	rad、(°)
前轮制动力	F_{B1}	N	转向轮内轮转角	θ_i	rad、(°)
后轮制动力	F_{B2}	N	前轮侧偏角	δ_1	rad、(°)
附着力	F_φ	N	后轮侧偏角	δ_2	rad、(°)
转向盘手力	F_h	N	离合器后备系数	β	
发动机功率	P_e	kW	变速器传动比	i_g	
发动机转速	n_e	r/min	主减速比	i_0	
发动机转矩	T_e	N·m	转向系统力传动比	i_p	
转向阻力矩	M_R	N·m	转向系统角传动比	$i_{\omega 0}$	
滚动阻力矩	M_f	N·m	路面附着系数	φ	
汽车速度	v_a	km/h	同步附着系数	φ_0	
悬架偏频	n	Hz	侧向附着系数	φ_1	
传动轴临界转速	n_K	r/min	滚动阻力系数	f_r	
汽车总长	L_a	m	空气阻力系数	C_D	
汽车总宽	B_a	m	坡度阻力系数	i	
汽车总高	H_a	m	前桥质量转移系数	m'_1	
前轮距	B_1	m	后桥质量转移系数	m'_2	
后轮距	B_2	m	摩擦因数	f	

目 录

Chapter 1

第一章 汽车总体设计

第一节 概　述

自汽车诞生百余年以来，伴随着汽车产品的大批量生产及汽车工业的大发展，汽车已成为普及最广、数量最多、运输量最大、活动范围最宽的现代化陆地交通工具，大大方便了人们的出行，扩大并加速了地区间、国际间的交往，成倍地提高了人们外出办事的效率，极大地加快了人们的生活节奏，促进了世界经济的大发展，为人类社会的进步做出了不可磨灭的巨大贡献。

更为重要的是，汽车产业上游涉及机械、钢铁、石油、橡胶、化工、电子等制造业部门，下游涉及销售、汽修、运输、交管、保险、金融等服务业部门，对教育、科研等行业的发展也有重要促进作用，具有产业关联性强、资本和技术密集度高、就业面广和消费拉动大等鲜明特征，在国民经济和现代社会发展中发挥着重要作用。

一、汽车总体设计的特点与基本要求

在产品开发的整个过程中，总体设计是前提和关键。可以说，产品的先天质量取决于总体设计。统计表明，产品在包括原材料、制造、使用、维修等各方面花费（即广义成本）的大半是由总体设计阶段决定的。汽车作为一种经济产品，其市场表现直接影响企业经济效益与发展前景，因此在汽车开发过程中必须高度重视汽车总体设计。

汽车总体设计具有以下特点：

1. 性能要求目标多元

用户对汽车使用性能的要求目标是多方面的，既有动力性、平顺性、舒适性、操纵稳定性等内在需求，也有经济性、安全性、可靠性、耐久性等本质要求。这些性能之间有时是相互矛盾、难以调和的。如何在给定的使用条件下，协调各种性能要求、优选各项性能指标，是汽车总体设计面临的首要问题。

2. 使用条件复杂多变

汽车使用区域宽广，热带、温带、寒带等气候条件相差悬殊，高原、丘陵、山区、沼泽、平原等地形环境交错，既有在白昼与黑夜的交替行驶，也有在干燥硬路面与泥泞软路面的混合驰骋，各地方的道路状况、维修能力以及燃料供应等存在差异，等等。因此在汽车总体设计时，就要对汽车的结构、材料等综合考虑，如高原地区要求发动机增压以避免功率下降；在热带地区要考虑驾驶室与车厢的隔热通风；在寒带地区要考虑发动机的冷起动；在山

区则应提高汽车的爬坡能力并附加发动机排气制动等。

3. 安全环保至关重要

汽车大多时候是以高速行驶在人口密集的城市道路上，一旦发生交通事故，就会给人民的生命、财产带来重大损失。汽车排出的废气以及产生的噪声，会给人类的生存空间带来严重的污染。为了减少交通事故的发生，降低对环境的污染，促进生态文明建设，在汽车总体设计中就要考虑安全、环保及隔振技术的应用。

4. 外观颜值举足轻重

每天在城市道路上有数以万计的汽车在行驶，其外观对于城市市容、居民感官有很大的影响。同时汽车外观也是人们对汽车的第一印象，其优劣是评价汽车的最直接标准，成为汽车产品的重要市场竞争因素之一。从工程设计来看，汽车外观既要满足结构强度要求、整车布置的匹配和制造工艺要求，又要适应空气动力学的要求而具有尽可能小的风阻系数；从美学设计来看，它应当适应时代的特点和人们的爱好，给人以高度美感，起到美化环境的作用。

5. 学科交叉高度显著

由于汽车是由上万个零件组成的结构复杂、加工精密的典型机械产品，不仅要以钢铁、有色金属与非金属材料、机械制造、电器与电子、化工、石油及其加工、汽车零配件制造与修理等工业以及当代许多先进技术为基础，还需要兼顾人机工程、交通工程、运营工程、管理工程的系统需求，必须要有工程材料、热力学与传热学、空气动力学、振动理论、电子电工学、电控与微机控制技术等多学科知识与应用技术的支撑与扶持。

综上，进行汽车总体设计时应考虑满足如下基本要求：

1）汽车的各项性能、成本指标要达到企业在产品规划时所确定的目标。

2）严格遵守和贯彻有关法规和标准，同时注意不要侵犯知识产权。

3）深入贯彻标准化、通用化和系列化，大力推进平台化、模块化和集成化。

4）进行相关运动学校核，保证汽车有正确的运动并且避免发生运动干涉。

5）保证汽车拆装和维修方便，可报废回收利用，具有环境友好性。

现代汽车已发展成为高新科技产品，计算机技术、现代设计理论、现代测试手段、新材料、新工艺、新技术等诸多方面的成果在汽车上大量应用，这使得汽车产品的开发和生产需要来自不同学科和领域的专业技术人员，如何有效协调技术管理也是汽车总体设计工作中要注意的重要问题。

同时，我国正在不断完善有关汽车方面的法规和标准。这些法规、标准涉及面很广，如有关汽车外廓尺寸、轴荷及质量限值的标准（GB 1589—2016《汽车、挂车及汽车列车外廓尺寸、轴荷及质量限值》），还有汽车的污染物排放标准以及有关公路法规对汽车轴荷限定的要求，等等。在进行汽车总体设计时，要特别注意现行的强制性标准，且随着进一步的发展，标准还会有一定的变化。设计时一定要严格遵守，与时俱进。

二、汽车开发流程

汽车产品市场竞争日趋激烈，如何缩短车型设计开发时间、降低成本、提高质量、提高市场竞争力，日益成为各汽车制造厂家考虑的首要问题。为此，各国汽车企业广泛采用基于V形模式的汽车开发流程，如图1-1所示。它考虑了从概念设计、结构定型、制造加工、使用维修直至报废回收这一产品生命周期的所有相关因素，可最大限度地提高设计质量和开发效率，提高产品的市场竞争力。

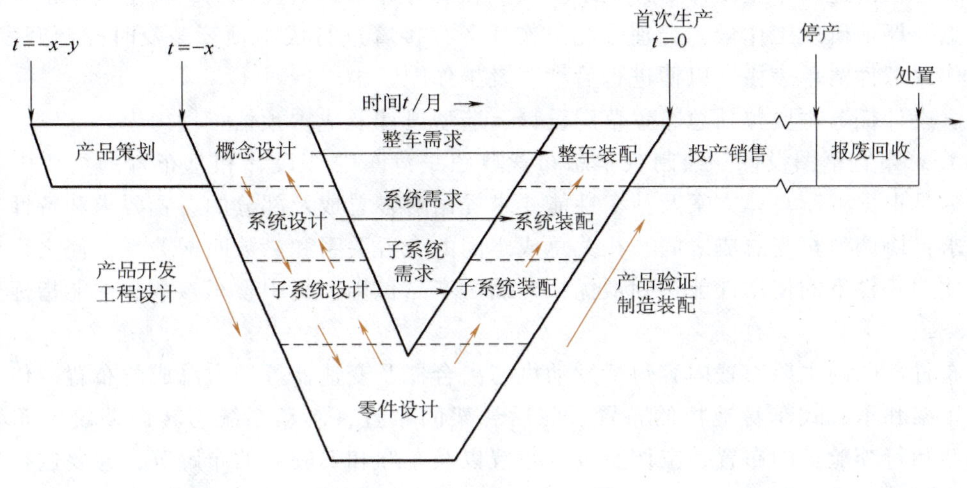

图 1-1　V 形模式汽车开发流程

汽车开发是一项非常复杂的系统工程，涉及传统技术变革、创新技术引入、客户需求变化、市场热点转换等因素，同时还受到参与开发人员的特性、与时间和预算相关的约束等影响，存在着风格多样的开发流程。此外，不同的汽车企业在设计任务、阶段、时间、测试程序、组织和管理风格方面可能存在差异，也逐步形成了各家独具特色的开发模式。

下面仅就在汽车新产品开发过程中涉及的共性流程予以介绍。

1. 产品策划

首先应开展市场调研，包括市场细分、目标市场选择、产品定位等诸多方面。只有对相关市场信息进行收集、整理和分析，了解和掌握目标消费群体的汽车消费趋势、消费偏好和消费要求的变化，才能使开发的汽车新产品具有足够的先进性，并能充分满足用户的使用要求。然后根据调研数据进行综合研究，总结出有效可靠的市场调研报告，为新车研发项目的决策提供科学合理的参考与建议。

在市场调研报告基础上形成项目建议书，对外部的政策法规、内部的自身资源与研发能力（包括设计、工艺、生产以及成本等内容）进行可行性分析，进而对汽车形式、动力参数、底盘各总成要求、车身形式及强度、刚度、稳定性要求等设计目标进行初步设定。

项目管理部门将初步设定的设计目标要求发放给相应的设计部门，由各部门评估各总成部件技术要求的可行性，并据此修订项目设计要求，编制初版产品技术描述说明书，对汽车性能、质量及成本有重大影响的外形尺寸、室内空间及货箱的长、宽、高等尺寸应予以规定。对发动机、离合器、变速器、驱动桥、悬架、转向系统、制动系统、车身的基本结构和尺寸，以及内饰件、轮胎等也要做出选择，将新车型的一些重要参数与使用性能确定下来。

在产品策划阶段，还要确定新车型是否开发相应的系列变型车，以及变型车的形式及种类，并着手编制符合市场需求、开发可行性能够保证得到研发各部门确认的新车型设计大纲，对新车型形式、功能、技术特点，以及最终定位予以明确和定义。

2. 概念设计

概念设计是将产品策划所确定开发产品的定义更具体化，使之达到能进行具体设计的程度。一般应在前述新车型设计目标大纲基础上，制订详细的研发计划，确定各个设计阶段的时间节点，评估研发工作量，合理分配工作任务；接着进行成本预算，及时控制开发成本；进而制作零部件清单表格，以便进行后续开发工作。

概念设计任务主要包括总布置草图设计、造型设计及成本预估三项内容。

（1）总布置草图设计　绘制汽车总布置草图是汽车总体设计和总布置的重要内容，其主要任务是根据汽车总体方案及整车性能要求提出对各总成及部分的布置要求和特性参数等设计要求；协调整车与总成之间、相关总成之间的布置关系和参数匹配关系，使之组成一辆在给定使用条件下的使用性能达到最优，并满足产品目标大纲中整车参数和性能指标要求的汽车。

总布置草图的主要布置内容包括发动机与离合器及变速器等动力总成的布置，传动轴的布置，车架和承载式车身地板的布置，前后悬架的布置，制动系统与转向系统的布置，油箱、备胎和行李舱等的布置，空调装置的布置以及车厢和驾驶室的布置等，并要进行性能初步计算及相关参数匹配等工作。

（2）造型设计　完成总布置草图设计后，就可以在其确定的基本尺寸基础上进行造型设计。汽车造型设计现在已成为汽车开发中至关重要的环节之一，主要包括外饰设计、内饰设计和色彩设计三个部分。要求造型设计能兼顾到实用、美观、成本、工艺等多方面。美观的造型设计能给人以美的享受，并会在很大程度上影响市场销售，是一项重要工作。但造型设计必须建立在汽车总布置基础上，并考虑汽车应当有良好的空气动力学特性和制造工艺性。当造型设计与总布置设计出现矛盾的时候，应该服从总布置设计的需要。这就给造型设计工作带来了挑战，要求汽车造型设计师能在各种限定的条件下从事创造性工作。

汽车造型设计师首先根据要设计的车型定义，与竞品标杆车型进行比较，然后根据市场受欢迎程度及流行趋势，提炼出设计主题或关键词，快速捕捉创意灵感。最初的构思草图都比较简单，也许只有几根线条，但能够勾勒出设计造型的神韵。设计师通过大量的构思草图（图 1-2）来尽可能多地提出新的创意，进一步推敲车身形体，突出造型特性等，为后来的深入设计效果图奠定基础。

图 1-2　汽车构思草图

接着组织相关设计人员，对构思草图进行设计评审和方案筛选，并挑选若干个相对满意的创意，进行深入细化设计，绘制成美术效果图（图 1-3）。效果图主要表现汽车外形、内饰造型的整体及局部效果，应具有真实感。图上应表示出车型前面、侧面、后面的关系，要求能概括出车型的整个形状，用来作为初步选型的参考。

图 1-3　汽车美术效果图

效果图绘制完毕后，需要再次组织评审，选择其中的 3~5 个（甚至更多）方案进行小比例（通常有 1∶10、1∶5 或 1∶4 等）油泥模型制作。制作油泥模型的目的是在三维空间中推敲设计方案，而制作小比例模型相对 1∶1 模型要节省很多时间。油泥模型的制作有两种方法：一种是传统的人工方法，即由油泥模型师直接完成人工雕刻模型；另一种是机械方法，即由数字模型师根据设计效果图快速构建三维数字模型，由多轴加工中心加工出油泥模型（图 1-4），并经油泥模型师进行细节调整。小比例模型还可以用于风洞试验，用来初步确定其空气动力学特性。

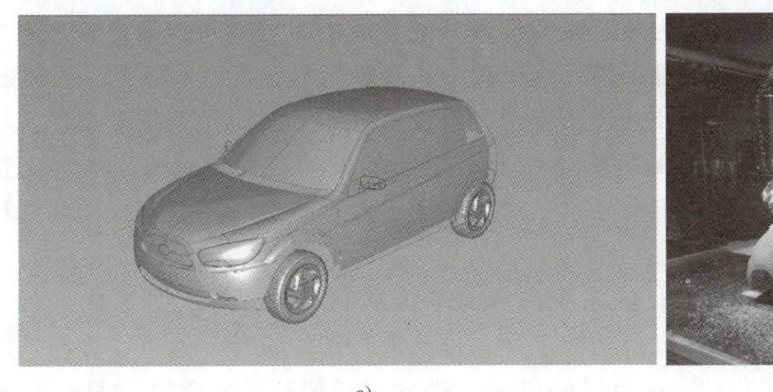

a)

b)

图 1-4　汽车三维数字模型及机械加工小比例油泥模型

a）数字模型　b）油泥模型

在完成小比例油泥模型制作之后，决策层会进行实物模型评审，他们将综合考虑各个影响生产的因素，包括美学、工艺、结构等，不过最主要的评价依据还是美学。通过评审挑选出若干方案进行 1∶1 全尺寸油泥模型制作。汽车造型设计的大部分时间会花在推敲 1∶1 油泥模型的细节上，通过不断的推敲完善每条线和面的走向，以及各部分的比例等，让造型设计在三维空间中达到最理想的状态。油泥模型制作完毕后，根据需要进行风洞试验以测定其空气动力学性能。为了更直观地观察模型，通常需进行贴膜处理，以便检查模型表面质量和产生逼真的实车效果。

对全尺寸油泥模型再次组织评审，从中选出最终设计方案，并提出修改意见。油泥模型师根据修改意见调整模型，修改完毕后再次进行评审，最终确定造型方案，冻结油泥模型。

（3）成本预估　在概念设计阶段，就要开始对成本进行评估和控制，确保产品能够以目标成本进行生产制造，使汽车投放市场后占有一定的性价比优势。因此开发团队需要对各系统的零部件成本进行粗略评估，并向供应商征求成本建议，以及估算公司将自己生产的组件的生产成本，并在后续工程设计与试制设计中不断修订，预估目标成本。

目标成本是指公司及其分销伙伴在以有竞争力的价格向终端客户提供产品的同时，还能获得足够利润的制造成本。目标成本 C 可由下式初步确定：

$$C=P\prod_{t=1}^{n}(1-M_i) \tag{1-1}$$

式中，P 为最终用户支付的价格；n 为分销渠道的阶段数量；M_i 为第 i 个阶段的毛利率。

3. 工程设计

工程设计阶段的主要任务是完成整车各个总成以及零部件的设计，协调总成与整车、总成与总成之间出现的各种矛盾，保证整车性能能满足目标大纲要求。

（1）车身造型数据生成　车身部门根据概念设计阶段所确定的油泥模型，通过技术手段获取车身造型数据并使用专用软件构建汽车车身数字化模型。为了验证和完善车身数据，通常还要使用这些数据重新加工一个木质或高密度塑料模型，以便日后保存和参考。

（2）总布置设计　在前述总布置草图基础上，结合车身造型数据，深入细化总布置设计，精确分析各部件尺寸和几何位置，为各总成和部件分配合适的布置空间，确定各个部件的详细结构形式、特征参数、质量要求等条件。这一阶段主要涉及底盘详细布置图、发动机舱详细布置图、各类管路布置图、内饰及外饰布置图，以及电气布置图等相关技术文件。

（3）发动机工程设计　新车型开发通常会选用原有成熟的发动机动力总成。本项工作主要是针对拟开发车型的特点以及宣传贯彻要求，对所选用的发动机进行尺寸布置，并进行发动机性能匹配及悬置设计。

（4）底盘工程设计　对传动系统、行驶系统、转向系统和制动系统等底盘总成进行详细设计，主要包括：对各个系统零部件进行功能定义，进而进行结构设计、参数计算与三维数学模型（数模）的构建，完成工艺设计及样件研制，进而对所研究的零部件样件进行相关试验；并根据试验结果修改相关设计，编制工程零部件和装配图、计算分析说明书等相关技术文件。

（5）白车身工程设计　所谓白车身是指车身结构件以及覆盖件的焊接总成，主要由车身覆盖件、梁、支柱以及结构加强件等组成。本项工作主要是确定车身结构方案，对各个组成部分进行详细设计，完成三维数模构建，并进行工艺性分析。

（6）内外饰工程设计　汽车内外饰包括汽车外装件以及内饰件（也被称为车身附属设置）。外装件的设计主要包括前后保险杠、风窗及门窗玻璃、天窗、后视镜、车门机构及附件以及密封条等零部件。内饰件的设计主要包括座椅、安全带、安全气囊、仪表板、地毯、遮阳板、车内后视镜等零部件。

(7) 电气设备工程设计　包括整车的所有电气设备，如前后灯光及车内照明系统、各种仪表开关、刮水器系统、空调系统以及中央信息显示系统等。

经过上述各总成系统的工程设计，最终确定整车设计与制造方法，并开始编制详细产品技术说明书以及零部件清单列表。

4. 试制设计

试制设计是在开发新产品（汽车）时，试制前进行的技术设计工作。各总成设计师根据设计任务书给出的条件和总体设计师以书面形式提出的对各总成的要求和边缘条件等进行设计工作。总体设计师在此期间要协调总成与整车和总成与总成之间出现的各种矛盾。各总成设计完成后，总体设计师负责将各总成设计结果反映到整车校对图上进行校对，目的是发现问题、解决问题，以减少试制、装车时出现的技术问题。有关运动校核也是技术设计阶段应该完成的工作。最后，要编制详细的产品技术说明书以及详细的零部件清单、工艺明细表、技术要求等技术文件，将各个总成的生产技术进行整理合成。

5. 样车试验

根据工程设计数据和试制设计文件，参考试验需求制作各种试验样车，进行试验场测试、道路测试、风洞测试、碰撞试验等相关试验。样车试验包括性能试验和可靠性试验。性能试验的目的是验证根据设计图样制造出来的零部件组装起来之后是否达到预期目标，及时发现问题，取得进行修改的依据，并及时做出设计修改以便完善设计方案。可靠性试验的目的是验证汽车的强度和耐久性。

试验应根据国家制定的有关标准逐项进行。不同车型有不同的试验标准。试制、试验完成后应对结果进行分析，并针对暴露出来的技术问题进行改进设计。暴露出来的技术问题可能是多方面的，如参数匹配不合理，有的部位质量过大，有的部位强度不足，甚至图面质量有缺欠或者工艺方面有问题，等等。总之，对于结构复杂、精度要求严格、性能要求高又要求工作可靠的汽车而言，在新开发整车时，想要经过一轮设计其成功率就达到百分之百是不可能的。因此，有必要针对暴露出来的技术问题进行改进设计，再进行第二轮试制和试验。正常情况下，经过两三轮的改进设计和试制、试验就可以完成产品定型，同时绘制生产设计图样。

6. 投产启动

此阶段的主要任务是进行投产前的生产准备工作，包括制订生产流程链，以及各种生产设置到位、生产线铺设等。一般在样车试验阶段就同步进行生产准备工作，包括模具开发和工作检具的制造等。在投产启动期间，要反复调试冲压、焊装、涂装和总装生产线，并在确保生产流程和样车性能的条件下，开始小批量试生产，以便进一步验证产品的可靠性。通常，在确保小批量试生产产品无重大问题的情况下，产品可以定型，开始启动量产计划。

7. 生产销售

完成开发过程以后，对已定型的产品将进入正式批量生产阶段，并投放市场销售和进行售后服务工作。在售后服务工作中还要征求用户意见，并将这些意见反映给有关部门，以改进和不断提高产品质量，扩大市场份额。

第二节 汽车形式的选择

一、汽车的分类

汽车有很多分类方法，可以按照发动机排量、乘客座位数、汽车总质量、汽车总长、车身或驾驶室的特点不同等来分类，也可以取上述特征量中的两个指标作为分类的依据。

国家标准 GB/T 15089—2001《机动车辆及挂车分类》把机动车辆和挂车分为 L 类（指两轮或三轮机动车辆）、M 类（指至少有四个车轮并且用于载客的机动车辆）、N 类（指至少有四个车轮且用于载货的机动车辆）、O 类（指挂车和半挂车）和 G 类（指满足一定要求的 M 类、N 类越野车）五大类型，其中 M 类和 N 类车辆的细化分类见表 1-1。

表 1-1 关于汽车的分类（GB/T 15089—2001）

<table>
<tr><th colspan="4">汽车类型</th><th>乘员数
座位数</th><th>最大设计
总质量/kg</th><th colspan="3">说明</th></tr>
<tr><td rowspan="11">M类</td><td rowspan="11">至少有四个车轮，并且用于载客的机动车辆</td><td colspan="2">M₁类</td><td>—
(<9)</td><td>—</td><td colspan="3">包括驾驶员座位在内的座位数不超过 9 座的载客车辆</td></tr>
<tr><td rowspan="5">M₂类</td><td>A级</td><td rowspan="2">≤22
(>9)</td><td rowspan="5"><5000</td><td rowspan="2">可载乘员数（不包括驾驶员）不多于 22 人</td><td>允许乘员站立</td><td rowspan="5">包括驾驶员座位在内，座位数超过 9 个，且最大设计总质量不超过 5000kg 的载客车辆</td></tr>
<tr><td>B级</td><td>不允许乘员站立</td></tr>
<tr><td>Ⅰ级</td><td rowspan="3">>22
(>9)</td><td rowspan="3">可载乘员数（不包括驾驶员）多于 22 人</td><td>允许乘员站立，并且乘员可以自由走动</td></tr>
<tr><td>Ⅱ级</td><td>只允许乘员站立在过道和/或提供不超过相当于两个双人座位的站立面积</td></tr>
<tr><td>Ⅲ级</td><td>不允许乘员站立</td></tr>
<tr><td rowspan="5">M₃类</td><td>A级</td><td rowspan="2">≤22
(>9)</td><td rowspan="5">>5000</td><td rowspan="2">可载乘员数（不包括驾驶员）不多于 22 人</td><td>允许乘员站立</td><td rowspan="5">包括驾驶员座位在内，座位数超过 9 个，且最大设计总质量超过 5000kg 的载客车辆</td></tr>
<tr><td>B级</td><td>不允许乘员站立</td></tr>
<tr><td>Ⅰ级</td><td rowspan="3">>22
(>9)</td><td rowspan="3">可载乘员数（不包括驾驶员）多于 22 人</td><td>允许乘员站立，并且乘员可以自由走动</td></tr>
<tr><td>Ⅱ级</td><td>只允许乘员站立在过道和/或提供不超过相当于两个双人座位的站立面积</td></tr>
<tr><td>Ⅲ级</td><td>不允许乘员站立</td></tr>
<tr><td rowspan="3">N类</td><td rowspan="3">至少有四个车轮且用于载货的机动车辆</td><td colspan="3">N₁类</td><td>≤3500</td><td colspan="3">最大设计总质量不超过 3500kg 的载货车辆</td></tr>
<tr><td colspan="3">N₂类</td><td>>3500～12000</td><td colspan="3">最大设计总质量超过 3500kg，但不超过 12000kg 的载货车辆</td></tr>
<tr><td colspan="3">N₃类</td><td>>12000</td><td colspan="3">最大设计总质量超过 12000kg 的载货车辆</td></tr>
</table>

国家标准 GB/T 3730.1—2001《汽车和挂车类型的术语和定义》将汽车分为乘用车和商用车两大类别。

乘用车是指在设计和技术特性上主要用于载运乘客及其随身行李和/或临时物品的汽车，包括驾驶员座位在内最多不超过9个座位。它也可以牵引一辆挂车。乘用车又有多种类型，细化分类如下：

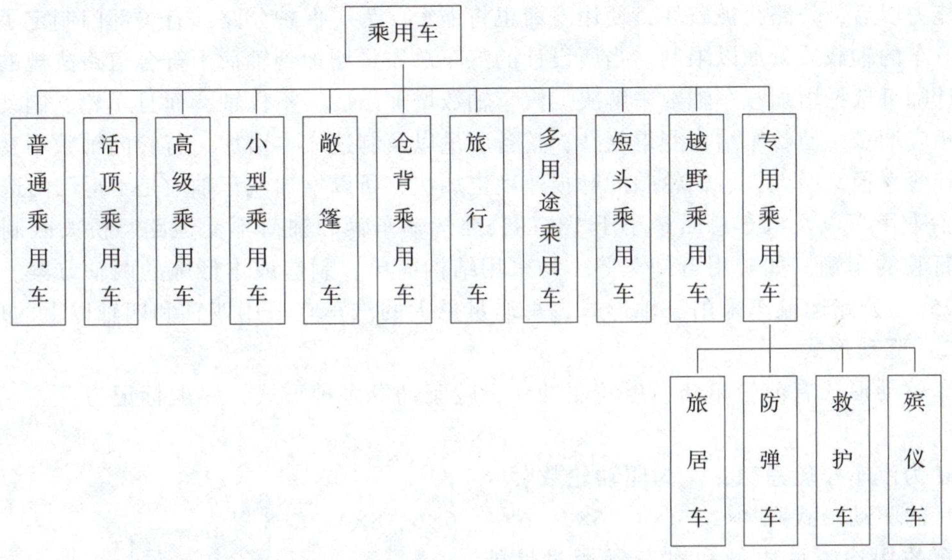

商用车是指在设计和技术特性上用于运送人员和货物的汽车，并且可以牵引挂车。商用车可分为客车、半挂牵引车、货车三种类型。客车是指在设计和技术特性上用于载运乘客及其随身行李的商用车辆，包括驾驶员座位在内的座位数超过9座。客车有单层或双层的，也可牵引一辆挂车。当座位数不超过16座时，称之为小型客车。半挂牵引车是指装备有特殊装置用于牵引半挂车的商用车辆。货车是指在设计和技术特性上主要用于载运货物而设计和装备的商用车辆。商用车细化分类如下：

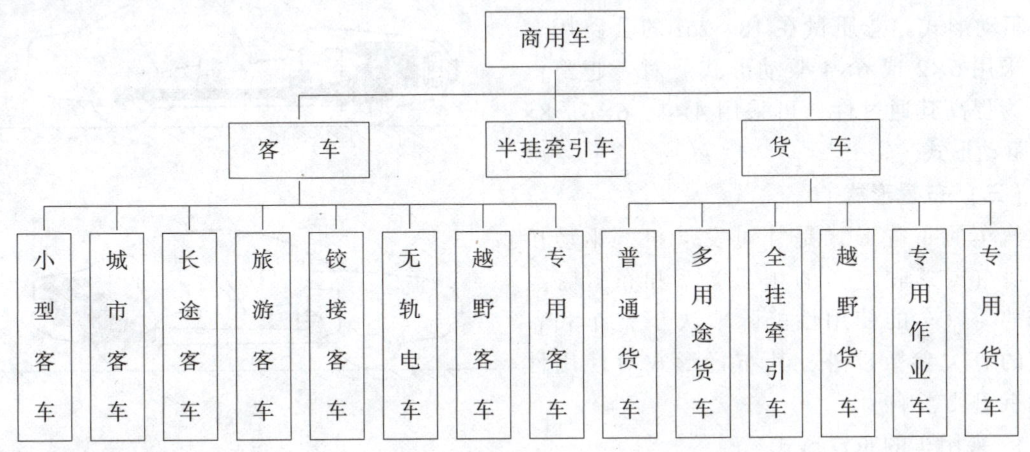

二、汽车形式

不同形式的汽车，其区别主要体现在轴数、驱动与转向形式以及布置形式上。

（一）轴数

汽车可以有两轴、三轴、四轴甚至更多的轴数。影响选取轴数的因素主要有汽车的总质量、道路法规对轴载质量的限制和轮胎的负荷能力以及汽车的结构等。

随着设计汽车的乘员数增多或装载质量增加，汽车的整备质量和总质量也增大。在汽车轴数不变的情况下，汽车总质量增加以后，使公路承受的负荷增加。当这种负荷超过了公路设计的承载能力以后，公路会被破坏，使用寿命也将缩短。为了保护公路，有关部门制定了道路法规，对汽车的轴载质量加以限制。当所设计的汽车总质量增加到轴荷不符合道路法规的限定值时，设计师可选择增加汽车轴数来解决。汽车轴数增加以后，不仅轴，而且车轮、制动器、悬架等均相应增多，使整车结构变得复杂，整备质量以及制造成本增加。若转向轴数不变，汽车的最小转弯直径又增大，后轴轮胎的磨损速度也加快，所以增加汽车轴数是不得已的选择。

包括乘用车以及汽车总质量小于18t的公路运输车辆和轴荷不受道路、桥梁限制的不在公路上行驶的车辆，如矿用自卸车等，均采用结构简单、制造成本低廉的两轴方案。总质量在18~25t的公路运输车采用三轴形式，总质量更大的汽车宜采用四轴和四轴以上的形式。

（二）驱动形式

汽车驱动形式有前轮驱动、后轮驱动、全轮驱动等多种形式，一般标记为：

$$M \times N$$

式中，M为汽车车轮总数；N为驱动轮数。

常见的驱动形式有4×2、4×4、6×2、6×4、6×6、8×4、8×8等。

汽车的用途、总质量和对车辆通过性能的要求等，是影响选取驱动形式的主要因素。增加驱动轮数能够提高汽车的通过能力，驱动轮数越多，汽车的结构越复杂，整备质量和制造成本也随之增加，同时也使汽车的总体布置工作变得困难。乘用车和总质量小些的商用车，多采用结构简单、制造成本低的4×2驱动形式。总质量在18~25t的公路用车辆，采用6×2或6×4驱动形式。对于越野汽车，为提高其通过性，可采用4×4、6×6、8×8的驱动形式。

（三）布置形式

汽车的布置形式是针对发动机、驱动桥和车身（或驾驶室）的相互关系和布置特点而言的。汽车的使用性能除取决于整车和各总成的有关参数以外，其布置形式对使用性能也有重要影响。

1. 乘用车的布置形式

乘用车的布置形式主要有发动机前置前轮驱动、发动机前置后轮驱动、发动机后置后轮驱动三种，如图1-5所示。一些乘用车采

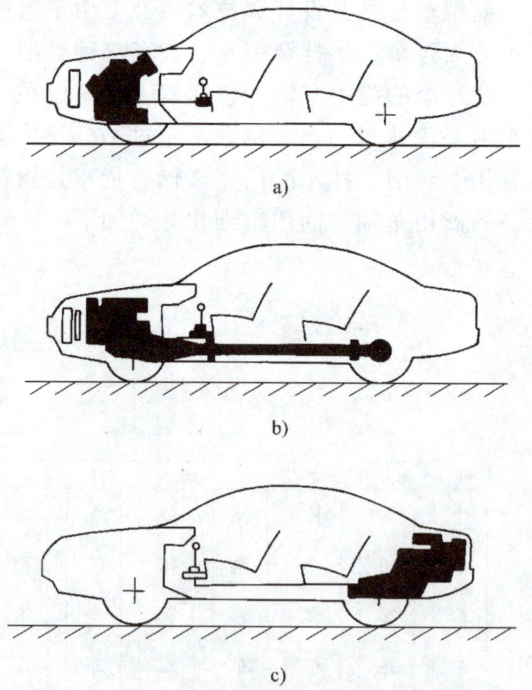

图1-5 乘用车的布置形式

a）发动机前置前轮驱动 b）发动机前置后轮驱动

c）发动机后置后轮驱动

用发动机前置全轮驱动。

(1) 发动机前置前轮驱动　这种布置形式目前在发动机排量为2.5L以下的乘用车上得到广泛应用，主要是因为有下述优点：与后轮驱动的乘用车相比，前轮驱动乘用车的前桥轴荷大，有明显的不足转向性能；因为前轮是驱动轮，所以越过障碍的能力高；主减速器与变速器装在一个壳体内，因而动力总成结构紧凑，并且不再需要在变速器与主减速器之间设置传动轴，车内地板凸包高度可以降低（此时地板凸包仅用来容纳排气管和加强地板刚度），有利于提高乘坐舒适性；当发动机布置在轴距外时，汽车的轴距可以缩短，因而有利于提高汽车的机动性；汽车散热器布置在汽车前部，散热条件好，发动机可以得到足够的冷却；行李舱布置在汽车后部，故有足够大的行李舱空间；容易改装为客货两用车或救护车；供暖机构简单，且因管路短而供暖效率高；因为发动机、离合器、变速器与驾驶员位置近，所以操纵机构简单；发动机横置时能缩短汽车的总长，加上取消了传动轴等因素的影响，汽车消耗的材料明显减少，使整备质量减轻；发动机横置时，主减速器锥齿轮采用圆柱齿轮，降低了制造难度，同时在装配和使用时也不必进行齿轮调整工作，而且变速器和主减速器可以使用同一种润滑油。

发动机前置前轮驱动乘用车的主要缺点是：前轮驱动并转向需要采用等速万向节，其结构和制造工艺均复杂；前桥负荷重，并且前轮又是转向轮，故前轮工作条件恶劣，轮胎寿命短；上坡行驶时因驱动轮上的附着力减小，汽车爬坡能力降低，特别是在爬越泥泞的坡道时，驱动轮容易打滑并使汽车丧失操纵稳定性；由于后轴负荷小而且制动时轴荷要前移，后轮容易抱死并引起汽车侧滑；当发动机横置时受空间限制，总体布置工作困难，维修与保养时的接近性变差；一旦发生正面碰撞事故，因发动机及其附件损失较大，维修费用高。

发动机前置前轮驱动时，发动机可以横置或纵置，也可以布置在轴距外、轴距内或者前桥上方。发动机的不同布置方案，对前排座椅的位置、汽车总长、轴距、车身造型、轴荷分配、整备质量、主减速器齿轮形式以及发动机的接近性等均有影响。当发动机横置或纵置在前桥前方时，前围板及前排座椅可以前移，特别是发动机横置时允许的前移量较大，汽车的轴距及总长均能缩短，随之整备质量也减小。发动机纵置在前桥前会使汽车前悬、前轴荷增加，所以此时宜采用轴向尺寸短些的发动机。若发动机布置在前轴之后，受此影响前围板和座椅需后移，同时汽车的轴距和总长均增长、整备质量增加，前悬缩短，发动机的接近性变坏，但这种方案可获得较为合理的轴荷分配。

(2) 发动机前置后轮驱动　发动机前置后轮驱动乘用车有如下主要优点：轴荷分配合理，因而有利于提高轮胎的使用寿命；前轮不驱动，因而不需要采用等速万向节，这有利于降低制造成本；操纵机构简单；采暖机构简单，且管路短供暖效率高；发动机冷却条件好；上坡行驶时，因驱动轮上的附着力增大，故爬坡能力强；改装为客货两用车或救护车比较容易；有足够大的行李舱空间；因变速器与主减速器分开，故拆装、维修容易；发动机的接近性良好。

发动机前置后轮驱动乘用车的主要缺点是：因为车身地板下方有传动轴，所以地板上有凸起的通道，并使后排座椅中部座垫的厚度减薄，影响了乘坐舒适性；汽车正面与其他物体发生碰撞时，易导致发动机进入客舱，会使前排乘员受到严重伤害；汽车的总长、轴距均较长，整车整备质量增大，同时影响到汽车的燃油经济性和动力性。

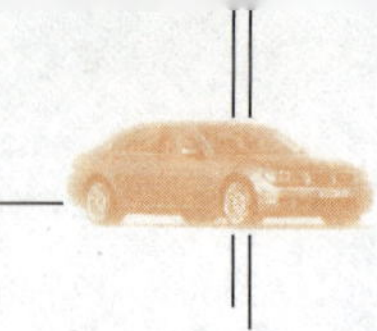

发动机前置后轮驱动乘用车因客舱较长，乘坐空间宽敞，行驶平稳，故在发动机排量较大的乘用车上得到应用。

(3) 发动机后置后轮驱动　对于发动机后置后轮驱动乘用车，除了动力总成（包括发动机、离合器、变速器和主减速器）布置成一体而使结构紧凑以外，还有下述优点：因为发动机后置，汽车前部高度有条件降低，改善了驾驶员视野；同时排气管不必从前部向后延伸，加上可以省掉传动轴，故客舱内地板凸包只需要有较低的高度用来容纳操纵机构的杆件和加强地板刚度即可，这就改善了后排座椅中间座位乘员出入的条件；整车整备质量小；乘客座椅能够布置在舒适区内；上坡行驶时，由于驱动轮上附着力增加，爬坡能力提高；当发动机布置在轴距外时轴距短，汽车机动性能好。

发动机后置后轮驱动乘用车的主要缺点是：后桥负荷重，使汽车具有过多转向倾向，操纵性变坏；前轮附着力小，高速行驶时转向不稳定，影响操纵稳定性；行李舱在前部，受转向轮转向时要占据一定空间和改善驾驶员视野的影响，行李舱体积不够大；因动力总成在后部，距驾驶员较远，所以操纵机构复杂；驾驶员发现发动机故障不如发动机前置时容易；发动机后置不仅对发动机冷却和前风窗玻璃除霜带来不利，而且发动机工作噪声容易传给乘员，一旦汽车发生追尾事故，又会对后排乘员构成危险；受发动机高度影响，改装为客货两用车或救护车困难。正因为存在以上较多缺点，目前乘用车极少采用发动机后置后轮驱动方案。

2. 商用车的布置形式

(1) 客车的布置形式　根据客车发动机位置不同，其布置形式有三种：发动机前置后桥驱动，如图 1-6a 所示；发动机中置后桥驱动，如图 1-6b 所示；发动机后置后桥驱动，如图 1-6c 所示。发动机前置时，可布置在轴距外或布置在前轴上方。发动机后置时，可以纵置或横置在汽车后部，如图 1-6d 所示。

1) 发动机前置后桥驱动。客车采用这种布置形式的优点是：动力总成操纵机构的结构简单；散热器位于汽车前部，冷却效果好；冬季在散热器罩前部蒙以保护棉被，能改善发动机保温条件；发动机出现故障时驾驶员容易发现；这种布置形式的客车底盘可与货车底盘通用，通用件多，有利于配件供应和维修工作。

客车采用这种布置形式的缺点是：因发动机尺寸大又凸出在地板表面上方，造成车厢面积利用不好，并且布置座椅时会受发动机的限制；由于传动轴要从地板下面通过，致使地板平面距地面较高，乘客上、下车不方便；轴距长时，传动轴长度长，容易产生共振；隔绝发动机振动困难，而且发动机的工作噪声、气味和热量均易传入车厢内，影响乘坐舒适性；检查发动机故障必须在驾驶室内进行，降低了检修工作的舒适性；如果乘客门布置在轴距内，会使车身刚度削弱，若采用前开门布置，虽然可以改善车身刚度，但会使前悬加长，同时使前轴负荷增加，并可能造成转向沉重和前轴超载。

2) 发动机中置后桥驱动。此方案的发动机布置在地板下方，在前轴与后桥之间。这种布置形式的优点是：轴荷分配合理；传动轴的长度短；车厢内面积利用最好，并且布置座椅不会受发动机限制；乘客门能布置在前轴之前，以利于实现单人管理。

此方案存在的缺点是：发动机必须用水平对置式的，因布置在地板下部，给检修发动机带来困难；驾驶员不容易发现发动机故障；发动机在热带的冷却条件和在寒带的保温条件均不好；发动机的工作噪声、气味、热量和振动均能传入车厢内，影响乘坐舒适

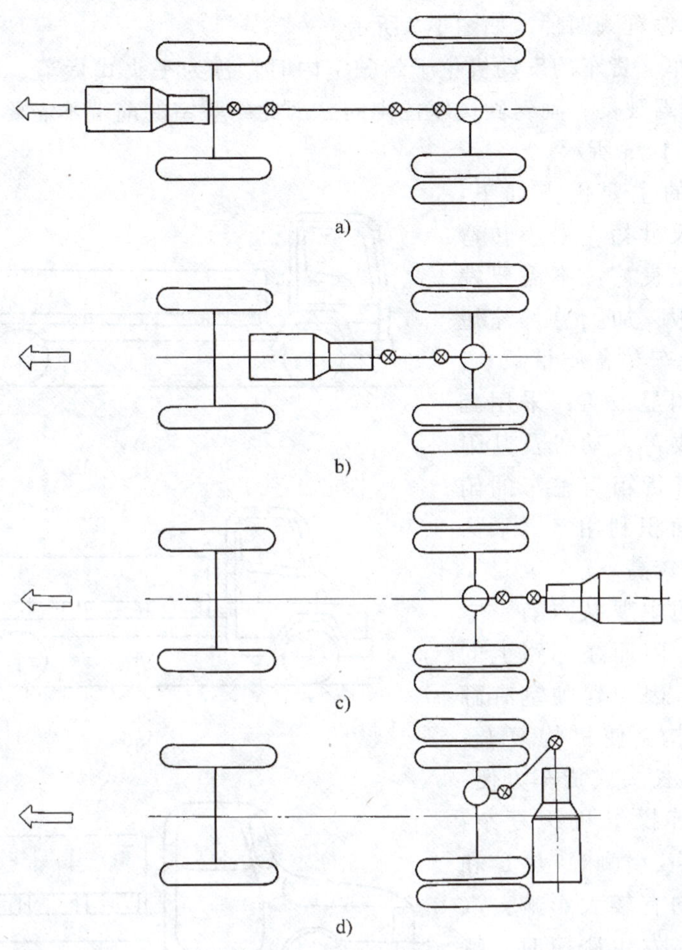

图 1-6 客车的布置形式

a）发动机前置后桥驱动 b）发动机中置后桥驱动 c）、d）发动机后置后桥驱动

性；动力总成的操纵机构复杂；受发动机所在位置影响，地板平面距地面较高，需采用高踏板或增加踏板级数，增加了上、下车困难；汽车质心位置高；在土路上行驶时，发动机极易被泥土弄脏。

3）发动机后置后桥驱动。这种布置方案的主要优点是：能较好地隔绝发动机的气味和热量，客车中、前部基本不受发动机工作噪声和振动的影响；检修发动机方便；轴荷分配合理；同时由于后桥簧上质量与簧下质量之比增大，可改善车厢后部的乘坐舒适性；当发动机横置时，车厢面积利用较好，并且布置座椅受发动机影响较少；作为城市间客车使用时，能够在地板下方和客车全宽范围内设立体积很大的行李舱；作为市内用客车不需要行李舱时，因后桥前面的地板下方没有传动轴，则可以降低地板高度，乘客上、下车方便；传动轴长度短。

这种布置方案的缺点是：发动机的冷却条件不好，必须采用冷却效果强的散热器；动力总成的操纵机构复杂；驾驶员不容易发现发动机故障。

（2）货车的布置形式 货车可以按照驾驶室与发动机相对位置的不同，分为平头式、短头式、长头式和偏置式四种，如图 1-7 所示。

1）平头式货车。货车的发动机位于驾驶室内时，称为平头式货车。这种形式货车的布置特点是发动机在驾驶员和副驾驶员座位中间，因此驾驶室的前端不需要凸出去，没有独立的发动机舱，如图 1-7a 所示。

平头式货车的主要优点如下：汽车总长和轴距尺寸短，最小转弯直径小，机动性能良好；不需要发动机舱盖和翼子板，加上总长缩短等因素的影响，汽车整备质量减小；驾驶员视野得到明显改善；采用翻转式驾驶室时能改善发动机及其附件的接近性；汽车货箱与整车的俯视面积之比称为面积利用率，平头式货车的该指标比较高。

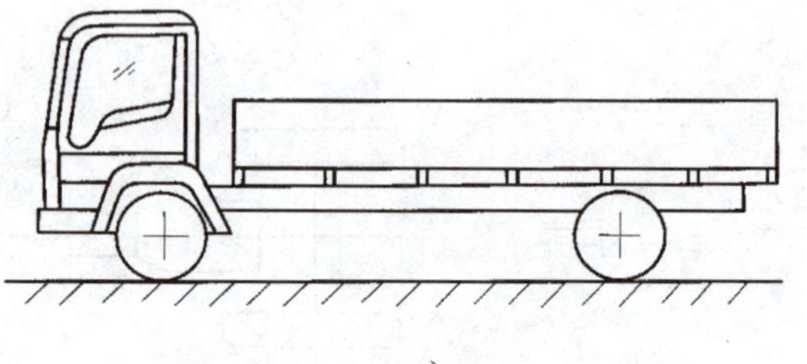
a)

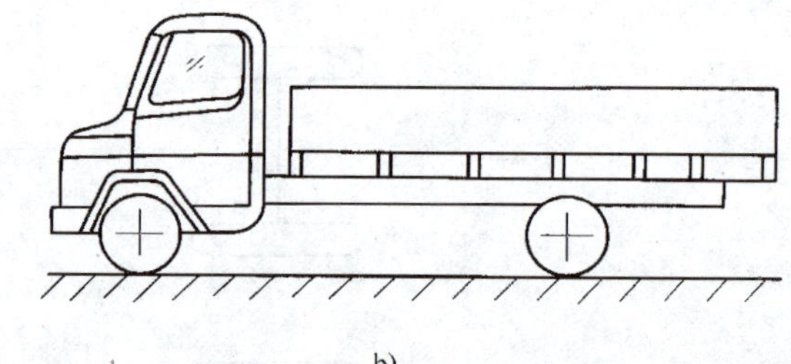
b)

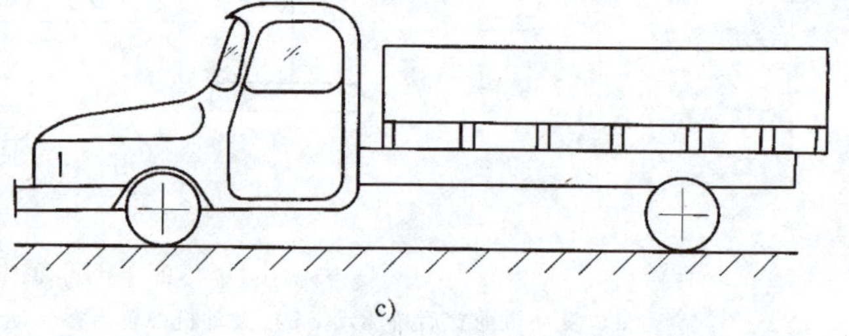
c)

图 1-7 货车的布置形式

a）平头式 b）短头式 c）长头式

平头式货车的主要缺点有：空载时前轴负荷大，因而在坏路上的汽车通过性变坏；因为驾驶室有翻转机构和锁止机构，使机构复杂；进、出驾驶室不如长头式货车方便；离合器、变速器等操纵机构复杂；发动机的工作噪声、气味、热量和振动对驾驶员等均有较大影响；汽车正面与其他物体发生碰撞时，特别是驾驶室高度低些的平头货车，易使驾驶员和前排乘员受到严重伤害的可能性增加，这点不如长头式、短头式货车好。

平头式货车的发动机可以布置在座椅下后部，此时中间座椅处没有很高的凸起，可以布置三人座椅，故得到广泛应用。发动机布置在正、副驾驶员座椅中间形成凸起隔断的布置方案，仅在早期的平头车上得到应用。

平头式货车应用广泛。

2）短头式货车。发动机的大部分在驾驶室前部，少部分位于驾驶室内的货车，称为短头式货车，如图 1-7b 所示。这种形式货车车身部分的结构特点是：因发动机大部分凸出在驾驶室前部，所以发动机有独立的发动机舱和单独的舱盖，发动机舱与驾驶室共同形成货车的车头部分。

短头式货车的主要特点是：与长头式货车相比，汽车的总长和轴距得到缩短，最小转弯直径小，机动性能虽然好于长头式货车，但不如平头式货车；驾驶员视野不如平头式货车好，但与长头式货车相比，还是得到改善；动力总成操纵机构简单；发动机的工作噪声、气味、热量和振动对驾驶员的影响与平头式货车相比得到很大改善，但不如长头式货车；位于驾驶室内的发动机后部的接近性不好，并且导致驾驶室内部空间拥挤，给布置踏板工作带来困难，同样给前轮后移也带来类似的问题，通过增加地板高度可以减少布置踏板的困难，不过这又会产生上、下车不够方便的矛盾；汽车正面与其他物体发生碰撞时，驾驶员和前排乘员受到的伤害程度比平头式货车要轻得多。

3）长头式货车。货车的发动机位于驾驶室前部，称为长头式货车，如图 1-7c 所示。这种形式货车车身部分的结构特点与短头式货车相同，只是发动机舱和车头部分更长些。

长头式货车的主要优点有：发动机及其附件的接近性好，便于检修；汽车满载时前轴负荷小，有利于在坏路面上行驶时提高汽车的通过能力；地板低，驾驶员上、下车方便；离合器、变速器等操纵机构简单，易于布置；发动机的工作噪声、气味、热量和振动对驾驶员的影响很小；汽车正面与其他物体发生碰撞时，驾驶员和前排乘员受到的伤害程度比平头式货车要轻得多。

长头式货车的主要缺点有：汽车总长与轴距均较长，因而最小转弯直径较大，机动性能不好；汽车整备质量大；驾驶员的视野不如短头式货车，更不如平头式货车好；面积利用率低。

4）偏置式货车。偏置式驾驶室主要用于重型矿用自卸车上。这种形式的货车具有平头式货车的一些优点，如轴距短、视野良好等，此外，还具有驾驶室通风条件好、维修发动机方便等优点。

（3）越野车的布置形式　越野车特别是轴数多的越野车，主要是在传动系统、轴距和采用转向轮的方案上有较大的区别。不同方案对传动系统的复杂程度、汽车的通过能力、最小转弯直径以及零件的互换性等有影响。根据驱动桥数不同，越野车分为 4×4、6×6、8×8 等形式。

图 1-8 为拥有非贯通式驱动桥的 6×6 越野车，特点是动力由发动机传至分动器，然后从分动器传给各桥时，是经分动器的三个输出轴和万向节传动轴分别传给三个桥。

图 1-9 为具有贯通式驱动桥的 8×8 越野车布置方案简图。其布置特点是从分动器输出的动力传至各桥时所经过的各传动轴，皆布置在同一纵向铅垂平面内，且通往一或四驱动桥的传动轴要穿过第二或第三驱动桥。这种布置方案传

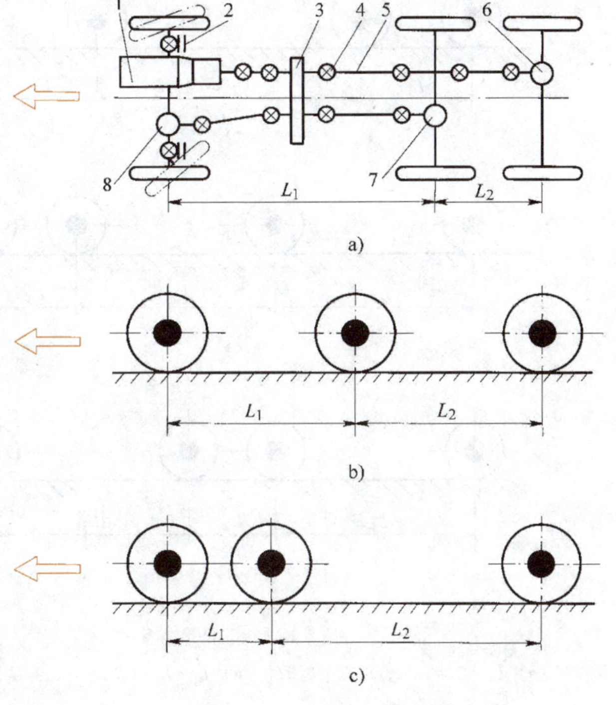

图 1-8　6×6 越野车布置方案简图

a）$L_1>L_2$　b）$L_1=L_2$　c）$L_1<L_2$

1—发动机　2—等速万向节　3—分动器　4—万向节　5—传动轴　6、7、8—驱动桥

动轴数少，而且桥壳、半轴等零部件有互换的可能（视转向轮的方案而定）。

图 1-10 为 8×8 越野车传动机构侧边布置示意图（也称为 H 型传动）。除此之外，还有采用传动轴混合式布置方案的。

桥数多的越野车有多个轴距。如图 1-8 所示，三桥越野车的第一桥与第二桥和第二桥与第三桥之间各有轴距 L_1 和 L_2，而图 1-9 和图 1-10 所示的四桥越野车有三个轴距 L_1、L_2 和 L_3。对三桥越野车，图 1-8a 所示的轴距布置方案为常见方案 $L_1>L_2$；为了提高汽车通过能力，有些越野车采用减小轴距 L_1、增加轴距 L_2 并使 $L_1=L_2$ 的布置方案，如图 1-8b 所示；也有的越野车采用 $L_1<L_2$ 的布置方案，如图 1-8c 所示。8×8 越野车可选用的轴距布置方案较多，如图 1-9a~d 所示。

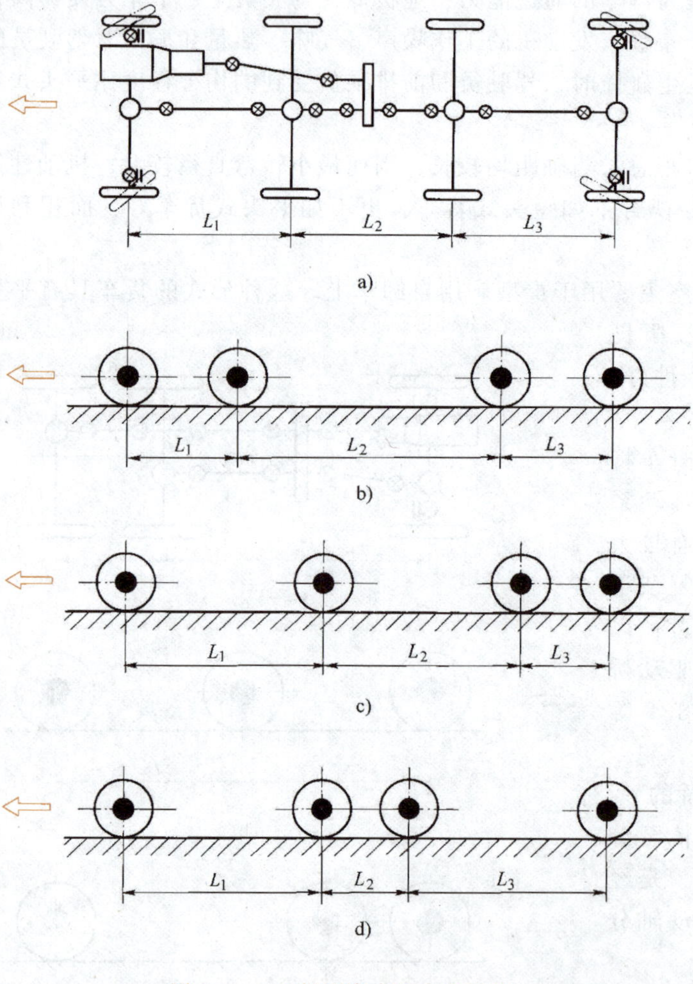

图 1-9　8×8 越野车布置方案简图

a）$L_1=L_2=L_3$　b）$L_1=L_3<L_2$　c）$L_1=L_2>L_3$　d）$L_1=L_3>L_2$

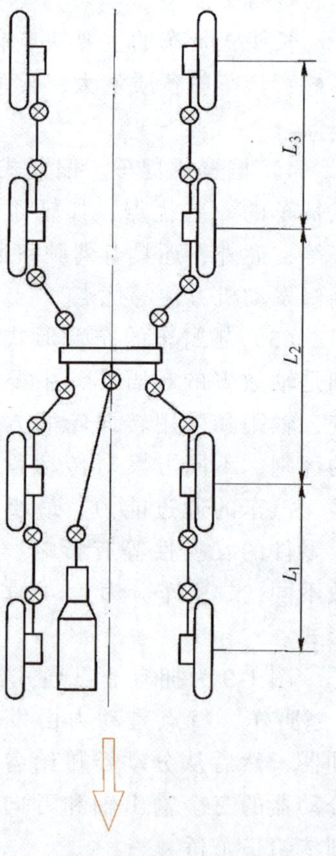

图 1-10　8×8 越野车传动机构侧边布置示意图

当越野车桥数多且轴距长时，常因为使用条件不好而要求有较小的最小转弯直径来提高汽车的机动性。采用多桥转向能减小最小转弯直径。图 1-8a 所示为 6×6 越野车，其前桥为转向驱动桥；而采用图 1-8b 所示方案时可采用第一桥和第二桥或第一桥和第三桥的车轮转向；采用图 1-8c 所示方案时应采用第一桥和第二桥车轮转向。图 1-9b、c 所示方案，应采用第一桥和第二桥车轮转向方案；而图 1-9a 可以用第一桥和第二桥或第一桥和第四桥车轮转向；图 1-9d 所示方案，采用第一桥和第四桥车轮转向是合理的。增加转向轮不仅能减小汽车最小转弯直径，还有利于减少轮胎磨损，但是随着转向轮数的增加，采用等速万向节的数量也相应增多，并且转向传动机构也更复杂、转向沉重，此时必须采用助力转向，增加了制造成本。

4×4 越野车因桥数少，与 6×6 或 8×8 越野车相比，结构简单、制造成本低，在总质量比较小的越野车上得到广泛的应用。6×6、8×8 越野车总体结构上要比 4×4 越野车复杂，但在总质量较大的越野车上得到应用。

第三节 汽车主要参数的选择

汽车的主要参数包括尺寸参数、质量参数和汽车性能参数。

一、汽车主要尺寸的确定

汽车的主要尺寸参数有外廓尺寸、轴距、轮距、前悬、后悬、货车车头长度和货箱尺寸等。

1. 外廓尺寸

汽车的长、宽、高称为汽车外廓尺寸。在公路和市内行驶的汽车最大外廓尺寸受有关法规限制不能随意确定，而非公路用车辆可以不受法规限制，如矿用自卸车、机场摆渡车等。影响确定汽车外廓尺寸的因素除法规和汽车的用途以外，还有载客量或装载质量及涵洞和桥梁等道路尺寸条件。汽车长度尺寸小些不仅可以减少行驶期间需要占用的道路长度，同时还可以增加车流密度，在停车时占用的停车场面积也小。除此之外，汽车的整备质量相应减小，这对提高比功率、比转矩和燃料经济性有利。

国家标准 GB 1589—2016《汽车、挂车及汽车列车外廓尺寸、轴荷及质量限值》中对汽车外廓尺寸限值进行了明确规定。其中栏板式、仓栅式、平板式、自卸式货车及其半挂车的外廓尺寸应不超过表 1-2 规定最大限值，其他汽车、挂车的外廓尺寸应不超过表 1-3 规定最大限值。

表 1-2 栏板式、仓栅式、平板式、自卸式货车及其半挂车外廓尺寸的最大限值

<table>
<tr><th colspan="3">车辆类型</th><th>长度/mm</th><th>宽度/mm</th><th>高度/mm</th></tr>
<tr><td rowspan="7">仓栅式货车
栏板式货车
平板式货车
自卸式货车</td><td rowspan="4">二轴</td><td>最大设计总质量≤3500kg</td><td>6000</td><td rowspan="7">2550</td><td rowspan="7">4000</td></tr>
<tr><td>最大设计总质量>3500kg，且≤8000kg</td><td>7000</td></tr>
<tr><td>最大设计总质量>8000kg，且≤12000kg</td><td>8000</td></tr>
<tr><td>最大设计总质量>12000kg</td><td>9000</td></tr>
<tr><td rowspan="2">三轴</td><td>最大设计总质量≤20000kg</td><td>11000</td></tr>
<tr><td>最大设计总质量>20000kg</td><td>12000</td></tr>
<tr><td colspan="2">双转向轴的四轴汽车</td><td>12000</td></tr>
</table>

（续）

车辆类型		长度/mm	宽度/mm	高度/mm
仓栅式半挂车 栏板式半挂车 平板式半挂车 自卸式半挂车	一轴	8600	2550	4000
	二轴	10000		
	三轴	13000		

表 1-3 其他汽车、挂车外廓尺寸的最大限值

车辆类型			长度/mm	宽度/mm	高度/mm
汽车	三轮汽车		4600	1600	2000
	低速货车		6000	2000	2500
	货车及半挂牵引车		12000	2550	4000
	乘用车及客车	乘用车及二轴客车	12000	2550	4000
		三轴客车	13700		
		单铰接客车	18000		
挂车	半挂车		13750	2550	4000
	中置轴、牵引杆挂车		12000		

同时还规定：

1）冷藏车宽度最大限值为2600mm。

2）定线行驶的双层城市客车高度最大限值为4200mm。

3）车辆间接视野装置单侧外伸量不应超出车辆宽度250mm。

4）车辆的顶窗、换气装置等处于开启状态时不应超出车辆高度300mm。

5）汽车的后轴与牵引杆挂车的前轴之间的距离不应小于3000mm。

乘用车总长 L_a 是轴距 L、前悬 L_F 和后悬 L_R 之和。它与轴距有下述关系：$L_a=L/C$。式中 C 是比例系数，其值在0.52~0.66之间，发动机前置前轮驱动汽车的 C 值为0.62~0.66，发动机后置后轮驱动汽车的 C 值约为0.52~0.56。

乘用车宽度尺寸一方面由乘员必需的室内宽度和车门厚度来决定，另一方面应保证能布置下发动机、车架、悬架、转向系统和车轮等。乘用车总宽 B_a 与车辆总长 L_a 之间有下述近似关系：$B_a=L_a/3+195\text{mm}\pm60\text{mm}$。后座乘三人的乘用车，$B_a$ 不应小于1410mm。

影响乘用车总高 H_a 的因素有轴间底部离地高 h_m、地板及下部零件高 h_p、室内高 h_B 和车顶造型高 h_t 等。

轴间底部离地高 h_m 应大于最小离地间隙 h_{min}。由座位高、乘员上身长和头部及头上部空间构成的室内高 h_B 一般在1120~1380mm之间。车顶造型高 h_t 大约在20~40mm范围内变化。

2. 轴距 L

轴距 L 对整备质量、汽车总长、汽车最小转弯直径、传动轴长度、纵向通过半径等有影响。当轴距短时，上述各指标减小。此外，轴距还对轴荷分配、传动轴夹角有影响。轴距过

短会使车厢长度不足或后悬过长；汽车上坡、制动或加速时轴荷转移过大，使汽车制动性或操纵稳定性变坏；车身纵向角振动增大，对平顺性不利；万向节传动轴的夹角增大。

原则上对发动机排量大的乘用车、载质量或载客量多的货车或客车，轴距取得长些。对机动性要求高的汽车，轴距宜取短些。为满足市场需要，工厂在标准轴距货车的基础上，生产出短轴距和长轴距的变型车。对于不同轴距变型车的轴距变化，推荐在 0.4~0.6m 的范围内来确定为宜。

汽车的轴距可参考表 1-4 提供的数据选定。

表 1-4 各类汽车的轴距和轮距

车型	类别		轴距 L/mm	轮距 B/mm
乘用车	发动机排量 V/L	$V \leq 1.0$	2000~2200	1100~1380
		$1.0 < V \leq 1.6$	2100~2540	1150~1500
		$1.6 < V \leq 2.5$	2500~2860	1300~1500
		$2.5 < V \leq 4.0$	2850~3400	1400~1580
		$V > 4.0$	2900~3900	1560~1620
商用车	客车	城市客车(单车)	4500~5000	1740~2050
		长途客车（单车）	5000~6500	
	4×2 货车汽车总质量 m_a/t	$m_a \leq 1.8$	1700~2900	1150~1350
		$1.8 < m_a \leq 6.0$	2300~3600	1300~1650
		$6.0 < m_a \leq 14.0$	3600~5500	1700~2000
		$m_a > 14.0$	4500~5600	1840~2000

3. 前轮距 B_1 和后轮距 B_2

改变汽车轮距 B 会影响车厢或驾驶室内宽、汽车总宽、总质量、侧倾刚度、最小转弯直径等。增大轮距则车厢内宽随之增加，并有利于增加侧倾刚度，汽车横向稳定性变好；但是汽车的总宽和总质量及最小转弯直径等增加，会导致汽车的比功率、比转矩指标下降，机动性变坏。

受汽车总宽不得超过 2.55m 限制，轮距不宜过大。但在选定的前轮距 B_1 范围内，应能布置下发动机、车架、前悬架和前轮，并保证前轮有足够的转向空间，同时转向杆系与车架、车轮之间有足够的运动间隙。在确定后轮距 B_2 时，应考虑车架两纵梁之间的宽度、悬架宽度和轮胎宽度及它们之间应留有必要的间隙。

各类汽车的轮距可参考表 1-4 提供的数据进行初选。

4. 前悬 L_F 和后悬 L_R

前悬尺寸对汽车通过性、碰撞安全性、驾驶员视野、前钢板弹簧长度、上车和下车的方便性以及汽车造型等均有影响。增加前悬尺寸，减小了汽车的接近角，使通过性降低，并使驾驶员视野变坏。因在前悬这段尺寸内要布置保险杠、散热器风扇、发动机、转向器等部件，故前悬不能缩短。长些的前悬尺寸有利于在撞车时对乘员起保护作用，也有利于采用长些的钢板弹簧。对平头汽车，前悬还会影响从前门上、下车的方便性。初选的前悬尺寸，应当在保证能布置下上述各总成、部件的同时尽可能短些。对载客量少些的平头车，考虑到正面碰撞能有足够多的结构件吸收碰撞能量，保护前排乘员的安全，这又要求前悬有一定的尺寸。长头货车前悬一般在 1100~1300mm 范围内。

后悬尺寸对汽车通过性、汽车追尾时的安全性、货箱长度或行李舱长度、汽车造型等有影响，并取决于轴距和轴荷分配的要求。后悬长，则汽车离去角减小，使通过性降低；而后悬短的乘用车行李舱尺寸不够大。客车后悬长度不得超过轴距的65%，绝对值不大于3500mm。总质量在1.8~14.0t的货车后悬一般在1200~2200mm之间，特长货箱的汽车后悬可达到2600mm，但不得超过轴距的55%。

5. 货车车头长度

货车车头长度是指从汽车的前保险杠到驾驶室后围的距离。车身形式，即长头式还是平头式对车头长度有绝对影响。此外，车头长度尺寸对汽车外观效果、驾驶室居住性、汽车面积利用率和发动机的接近性等有一定影响。

长头型货车车头长度尺寸一般在2500~3000mm之间，平头型货车一般在1400~1500mm之间。

6. 货箱尺寸

货箱尺寸选择的基本原则是保证在运送散装煤和袋装粮食等货物时能满足额定装载质量的要求。在保证货箱外宽符合国家标准的前提下，适当加宽货箱内宽，以便于缩短栏板高度和货箱长度，从而能降低货车的质心，提高货车的机动性和稳定性。行驶速度能达到较高车速的货车，使用过宽的货箱会增加汽车迎风面积，导致空气阻力增加。栏板高度主要受货车最大载质量的限制，同时对汽车质心高度和装卸货物的方便性有影响，低栏板货箱的栏板高度应不大于600mm，一般为400~600mm，高栏板货箱的栏板高度为900~950mm。一般应在450~650mm范围内选取。货箱内长应在能满足运送额定吨位上述货物的条件下尽可能取短些，以利于减小整备质量。

二、汽车质量参数的确定

汽车的质量参数包括整车整备质量 m_0、载客量、装载质量、质量系数 η_{m0}、汽车总质量 m_a、轴荷分配等。

1. 整车整备质量 m_0

整车整备质量是指车上带有全部装备（包括随车工具、备胎等），加满燃料、水，但没有装货和载人时的整车质量。

整车整备质量对汽车的制造成本和燃料经济性有影响。目前，尽可能减小整车整备质量的目的是：通过减小整备质量增加载质量或载客量，抵消因满足安全标准、排气净化标准和噪声标准所带来的整备质量的增加，节约燃料。减小整车整备质量的措施主要有：新设计的车型应使其结构更合理，采用强度足够的轻质材料，如塑料、铝合金、镁合金等。过去用金属材料制作的仪表板、油箱等大型结构件，用塑料取代后减重效果十分明显，目前得到比较广泛的应用。减小整车整备质量，是从事汽车设计工作必须遵守的一项重要原则。

整车整备质量在设计阶段需估算确定。在日常工作中，收集大量同类型汽车各总成、部件和整车的有关质量数据，结合新车设计的结构特点、工艺水平等初步估算各总成、部件的质量，再累计构成整车整备质量。

乘用车和商用客车的整备质量，可参考表1-5按每人所占整车整备质量的统计平均值估计。

表 1-5 乘用车和商用客车人均整备质量值

乘用车		人均整备质量 /t·人$^{-1}$	商用客车		人均整备质量 /t·人$^{-1}$
发动机排量 V/L	$V \leqslant 1.0$	0.15~0.16	车辆总长 L_a/m	$\leqslant 10.0$	0.096~0.160
	$1.0 < V \leqslant 1.6$	0.17~0.24		> 10.0	0.065~0.130
	$1.6 < V \leqslant 2.5$	0.21~0.29			
	$2.5 < V \leqslant 4.0$	0.29~0.34			
	$V > 4.0$	0.29~0.34			

2. 汽车的载客量和装载质量（简称载质量）

(1) 汽车的载客量　乘用车的载客量包括驾驶员在内不超过 9 座，又称之为 M_1 类汽车，其他 M_2、M_3 类汽车的座位数、乘员数及汽车的最大设计总质量见表 1-1。

(2) 汽车的载质量 m_e　汽车的载质量是指在硬质良好路面上行驶时所允许的额定载质量。汽车在碎石路面上行驶时，载质量约为好路面的 75%~85%。越野车的载质量是指越野行驶时或在土路上行驶时的额定载质量。

商用货车载质量 m_e 的确定，首先应与企业商品规划符合，其次要考虑到汽车的用途和使用条件。原则上，货流大、运距长或矿用自卸车应采用大吨位货车以利于降低运输成本，提高效率；对货源变化频繁、运距短的市内运输车，宜采用中、小吨位的货车比较经济。

3. 质量系数 η_{m0}

质量系数 η_{m0} 是指汽车载质量与整车整备质量的比值，即 $\eta_{m0}=m_e/m_0$。该系数反映了汽车的设计水平和工艺水平，η_{m0} 值越大，说明该汽车的结构和制造工艺越先进。

在参考同类型汽车选定 η_{m0}（参考表 1-6）以后，可根据任务书中给定的 m_e 值计算出整车整备质量 m_0。

表 1-6 货车的质量系数 η_{m0}

车型	总质量 m_a/t	质量系数 η_{m0}
货车	$1.8 < m_a \leqslant 6.0$	0.80~1.10①
	$6.0 < m_a \leqslant 14.0$	1.20~1.35
	$m_a > 14.0$	1.30~1.70

① 装柴油机的货车为 0.80~1.00。

质量系数与实现以质量为目标的结构形式优化具有重要意义。它是评价货车经济性的重要指标。不同结构形式、质量及货箱的货车，其质量系数差别很大。

4. 汽车总质量 m_a

汽车总质量 m_a 是指装备齐全，并按规定装满客、货时的整车质量。

乘用车和商用客车的总质量 m_a 由整备质量 m_0、乘员和驾驶员质量以及乘员的行李质量三部分构成。其中，乘员和驾驶员每人质量按 65kg 计，于是

$$m_a = m_0 + (65 + \alpha)n \tag{1-2}$$

式中，n 为包括驾驶员在内的载客数；α 为行李系数，可按表 1-7 提供的数据取用。

商用货车的总质量 m_a 由整备质量 m_0、载质量 m_e 和驾驶员以及随行人员质量三部分组成，即

$$m_a = m_0 + m_e + 65n_1 \tag{1-3}$$

式中，n_1 为包括驾驶员及随行人员数在内的人数，应等于座位数。

表 1-7 行李系数 α

<table>
<tr><th colspan="2">车　　型</th><th>α</th></tr>
<tr><td rowspan="2">乘用车</td><td>发动机排量>2. 5L</td><td>5</td></tr>
<tr><td>发动机排量≤2. 5L</td><td>10</td></tr>
<tr><td rowspan="2">商用客车</td><td>城市客车</td><td>0</td></tr>
<tr><td>长途客车</td><td>10~15</td></tr>
</table>

各种类型的汽车、挂车最大允许总质量限值见表 1-8。

表 1-8 汽车、挂车最大允许总质量限值

<table>
<tr><th colspan="3">车辆类型</th><th>最大允许总质量/kg</th></tr>
<tr><td colspan="2" rowspan="6">汽车</td><td>三轮汽车</td><td>2000</td></tr>
<tr><td>乘用车</td><td>4500</td></tr>
<tr><td>二轴客车、货车及半挂牵引车</td><td>18000</td></tr>
<tr><td>三轴客车、货车及半挂牵引车</td><td>25000</td></tr>
<tr><td>单铰接客车</td><td>28000</td></tr>
<tr><td>双转向轴四轴货车</td><td>31000</td></tr>
<tr><td rowspan="9">挂车</td><td rowspan="3">半挂车</td><td>一轴</td><td>18000</td></tr>
<tr><td>二轴</td><td>35000</td></tr>
<tr><td>三轴</td><td>40000</td></tr>
<tr><td rowspan="3">牵引杆挂车</td><td>二轴，每轴每侧为单轮胎</td><td>12000</td></tr>
<tr><td>二轴，一轴每侧为单轮胎，另一轴每侧为双轮胎</td><td>16000</td></tr>
<tr><td>二轴，每轴每侧为双轮胎</td><td>18000</td></tr>
<tr><td rowspan="3">中置轴挂车</td><td>一轴</td><td>10000</td></tr>
<tr><td>二轴</td><td>18000</td></tr>
<tr><td>三轴</td><td>24000</td></tr>
</table>

5. 轴荷分配

汽车的轴荷分配是指汽车在空载或满载静止状态下，各车轴对支承平面的垂直负荷，也可以用占空载或满载总质量的百分比来表示。

轴荷分配对轮胎寿命和汽车的许多使用性能有影响。从各轮胎磨损均匀和寿命相近考虑，各个车轮的负荷应相差不大；为了保证汽车有良好的动力性和通过性，驱动桥应有足够大的负荷，而从动轴上的负荷可以适当减小，以利减小从动轮滚动阻力和提高在坏路面上的通过性；为了保证汽车有良好的操纵稳定性，又要求转向轴的负荷不应过小。因此，可以得出作为很重要的轴荷分配参数，各使用性能对其要求是相互矛盾的，这就要求设计时应根据对整车的性能要求、使用条件等，合理地选取轴荷分配。

汽车的驱动形式与发动机位置、汽车结构特点、车头形式和使用条件等均对轴荷分配有显著影响。如发动机前置前轮驱动乘用车和平头式商用货车前轴负荷较大，而长头式货车前轴负荷较小。常在坏路面上行驶的越野车，前轴负荷应该小些。

当总体布置进行轴荷分配计算不能满足预定要求时，可通过重新布置某些总成、部件（如油箱、备胎、蓄电池等）的位置来调整。必要时，改变轴距也是可行的方法之一。

各类汽车的轴荷分配见表 1-9。

表 1-9 各类汽车的轴荷分配

车型		满载		空载	
		前轴	后轴	前轴	后轴
乘用车	发动机前置前轮驱动	47%~60%	40%~53%	56%~66%	34%~44%
	发动机前置后轮驱动	45%~50%	50%~55%	51%~56%	44%~49%
	发动机后置后轮驱动	40%~46%	54%~60%	38%~50%	50%~62%
商用货车	4×2 后轮单胎	32%~40%	60%~68%	50%~59%	41%~50%
	4×2 后轮双胎，长、短头式	25%~27%	73%~75%	44%~49%	51%~56%
	4×2 后轮双胎，平头式	30%~35%	65%~70%	48%~54%	46%~52%
	6×4 后轮双胎	19%~25%	75%~81%	31%~37%	63%~69%

三、汽车性能参数的确定

1. 动力性参数

汽车动力性参数包括最高车速 v_{amax}、加速时间 t、上坡能力、比功率和比转矩等。

（1）最高车速 v_{amax}　随着道路条件的改善，特别是高速公路的修建，汽车尤其是发动机排量大些的乘用车最高车速有逐渐提高的趋势。乘用车的最高车速 v_{amax} 大于商用货车和客车的最高车速。排量大些乘用车的最高车速 v_{amax} 要大于排量小些乘用车的最高车速。总质量小些的商用货车最高车速稍大于总质量大些商用货车的最高车速。不同车型的最高车速 v_{amax} 的范围可参考表 1-10。

表 1-10 汽车动力性参数范围

汽车类别			最高车速 v_{amax}/km·h^{-1}	比功率 P_b/kW·t^{-1}	比转矩 T_b/N·m·t^{-1}
乘用车	发动机排量 V/L	$V\leqslant1.0$	110~150	30~60	50~110
		$1.0<V\leqslant1.6$	120~170	35~65	80~110
		$1.6<V\leqslant2.5$	130~190	40~70	90~130
		$2.5<V\leqslant4.0$	140~230	50~80	120~140
		$V>4.0$	160~280	60~110	100~180
货车	最大总质量 m_a/t	$m_a\leqslant1.8$	80~135	16~28	30~44
		$1.8<m_a\leqslant6.0$		15~25	38~44
		$6.0<m_a\leqslant14.0$	75~120	10~20	33~47
		$m_a>14.0$		6~20	29~50
客车	车辆总长 L_a/m	$L_a\leqslant3.5$	85~120	—	—
		$3.5<L_a\leqslant7.0$	100~160	—	—
		$7.0<L_a\leqslant10.0$	95~140	—	—
		$L_a>10.0$	85~120	—	—

（2）加速时间 t　汽车在平直的良好路面上，从原地起步开始以最大加速度加速到一定车速所用去的时间，称为加速时间。对于最高车速 v_{amax}>100km/h 的汽车，加速时间常用加速到 100km/h 所需的时间来评价，如发动机排量大于 1.6L 的乘用车，此值一般为 8～17s，发动机排量小些的乘用车为 12～25s。对于 v_{amax} 低于 100km/h 的汽车，加速时间可用加速到 60km/h 所需的时间来评价。

（3）上坡能力　用汽车满载时在良好路面上的最大坡度阻力系数 i_{max} 来表示汽车的上坡能力。因乘用车、货车、越野车的使用条件不同，对它们的上坡能力要求也不一样。通常要求货车能克服 30%坡度，越野车能克服 60%坡度。

（4）比功率 P_b 和比转矩 T_b　比功率 P_b 是汽车所装发动机的标定最大功率 P_{emax} 与汽车最大总质量 m_a 之比，即 $P_b=P_{emax}/m_a$。它可以综合反映汽车的动力性，比功率大的汽车加速性能、速度性能要好于比功率小些的汽车。乘用车的比功率明显大于货车和客车。发动机排量大些的乘用车比功率要大于排量小些的乘用车，而货车的比功率随总质量 m_a 的增加而减小。为保证路上行驶车辆的动力性不低于一定的水平，防止某些动力性能差的车辆阻碍交通，应对车辆的最小比功率做出规定。我国 GB 7258—2017《机动车运行安全技术条件》规定：低速汽车及拖拉机运输机组的比功率应大于 4.0kW/t，除无轨电车、纯电动汽车外的其他机动车比功率应大于等于 5.0kW/t。

比转矩 T_b 是汽车所装发动机的最大转矩 T_{emax} 与汽车总质量 m_a 之比，即 $T_b=T_{emax}/m_a$。它能反映汽车的牵引能力。

不同车型的比功率和比转矩范围见表 1-10。

2. 燃料经济性参数

汽车的燃料经济性用汽车在水平的水泥或沥青路面上，以经济车速或多工况满载行驶百公里的燃料消耗量（L/100km）或能量消耗率（kW·h/100km）来评价。国家标准 GB 19578—2014《乘用车燃料消耗量限值》按车型和整备质量对乘用车的燃料消耗量（按 GB/T 19233、GB/T 19753 测定）进行了规定，见表 1-11。表中 CM 表示整车整备质量，单位为 kg；Fu 表示燃料消耗量限值，单位为 L/100km。

表 1-11　乘用车燃料消耗量限值

CM	Fu		CM	Fu	
	车型Ⅰ	车型Ⅱ		车型Ⅰ	车型Ⅱ
CM≤750	5.2	5.6	1540<CM≤1660	8.1	8.4
750<CM≤865	5.5	5.9	1660<CM≤1770	8.5	8.8
865<CM≤980	5.8	6.2	1770<CM≤1880	8.9	9.2
980<CM≤1090	6.1	6.5	1880<CM≤2000	9.3	9.6
1090<CM≤1205	6.5	6.8	2000<CM≤2110	9.7	10.1
1205<CM≤1320	6.9	7.2	2110<CM≤2280	10.1	10.6
1320<CM≤1430	7.3	7.6	2280<CM≤2510	10.8	11.2
1430<CM≤1540	7.7	8.0	2510<CM	11.5	11.9

注：车型Ⅰ指装有手动变速器且具有三排以下座椅的乘用车，车型Ⅱ指其他形式的乘用车。

国家标准 GB 20997—2015《轻型商用车辆燃料消耗量限值》对 N_1 类商用车辆和总质量不大于 3500kg 的 M_2 类商用车辆的燃料消耗量限值（按 GB/T 19233、GB/T 19753 测定）进行了规定，见表 1-12 和表 1-13。

表 1-12 N_1 类商用车辆燃料消耗量限值

CM	Fu		CM	Fu	
	汽油车	柴油车		汽油车	柴油车
CM≤750	5.5	5.0	1540<CM≤1660	8.3	7.3
750<CM≤865	5.8	5.2	1660<CM≤1770	8.7	7.6
865<CM≤980	6.1	5.5	1770<CM≤1880	9.1	7.9
980<CM≤1090	6.4	5.8	1880<CM≤2000	9.6	8.3
1090<CM≤1205	6.7	6.1	2000<CM≤2110	10.1	8.7
1205<CM≤1320	7.1	6.4	2110<CM≤2280	10.6	9.1
1320<CM≤1430	7.5	6.7	2280<CM≤2510	11.1	9.5
1430<CM≤1540	7.9	7.0	2510<CM	11.7	10.0

表 1-13 总质量不大于 3500kg 的 M_2 类商用车辆燃料消耗量限值

CM	Fu		CM	Fu	
	汽油车	柴油车		汽油车	柴油车
CM≤750	5.0	4.7	1540<CM≤1660	8.2	7.1
750<CM≤865	5.4	5.0	1660<CM≤1770	8.6	7.4
865<CM≤980	5.8	5.3	1770<CM≤1880	9.0	7.7
980<CM≤1090	6.2	5.6	1880<CM≤2000	9.5	8.0
1090<CM≤1205	6.6	5.9	2000<CM≤2110	10.0	8.4
1205<CM≤1320	7.0	6.2	2110<CM≤2280	10.5	8.5
1320<CM≤1430	7.4	6.5	2280<CM≤2510	11.0	9.2
1430<CM≤1540	7.8	6.8	2510<CM	11.5	9.6

对于 N_1 类全封闭厢式车辆、N_1 类罐式车辆和全轮驱动车辆的燃料消耗量限值按表 1-12 中的相关数据乘以 1.05，求得的数值圆整至小数点后一位。

国家标准 GB 30510—2018《重型商用车辆燃料消耗量限值》对货车、客车、半挂牵引车、自卸汽车、城市客车等重型商用车辆的燃料消耗量限值（按 GB/T 27840—2011 测定）进行了规定，其中货车与客车的燃料消耗量限值见表 1-14 和表 1-15，表中 GVW 表示最大设计总质量，单位为 kg。表 1-14 和表 1-15 中货车和客车缺省为柴油车型，如果是汽油车型，其限值是表中相应限值乘以 1.2，求得的数值圆整至小数点后一位。

表 1-14 重型货车燃料消耗量限值

GVW	Fu	GVW	Fu
3500<GVW≤4500	11.5	12500<GVW≤16000	24.0
4500<GVW≤5500	12.2	16000<GVW≤20000	27.0
5500<GVW≤7000	13.8	20000<GVW≤25000	32.5
7000<GVW≤8500	16.3	25000<GVW≤31000	37.5
8500<GVW≤10500	18.3	31000<GVW	38.5
10500<GVW≤12500	21.3		

表 1-15 客车燃料消耗量限值

GVW	Fu	GVW	Fu
3500<GVW≤4500	10.6	14500<GVW≤16500	20.1
4500<GVW≤5500	11.5	16500<GVW≤18000	21.3
5500<GVW≤7000	13.3	18000<GVW≤22000	22.3
7000<GVW≤8500	14.5	22000<GVW≤25000	24.0
8500<GVW≤10500	16.0	25000<GVW≤31000	25.0
10500<GVW≤12500	17.7	31000<GVW	38.5
12500<GVW≤14500	19.1		

国家标准 GB 36980—2018《电动汽车能量消耗率限值》对电动汽车的能量消耗率（按 GB/T 18386—2017 工况法测定）进行了相关规定，见表 1-16，表中 CM 表示整车整备质量，单位为 kg；Eu 表示能量消耗率，单位为 kW · h/100km。

表 1-16 电动汽车能量消耗率限值

CM	Eu		CM	Eu	
	第一阶段	第二阶段		第一阶段	第二阶段
CM≤750	13.1	11.2	1540<CM≤1660	17.2	14.8
750<CM≤865	13.6	11.6	1660<CM≤1770	17.8	15.2
865<CM≤980	14.1	12.1	1770<CM≤1880	18.3	15.7
980<CM≤1090	14.6	12.5	1880<CM≤2000	18.8	16.1
1090<CM≤1205	15.1	13.0	2000<CM≤2110	19.3	16.6
1205<CM≤1320	15.7	13.4	2110<CM≤2280	20.0	17.1
1320<CM≤1430	16.2	13.9	2280<CM≤2510	20.9	17.9
1430<CM≤1540	16.7	14.3	2510<CM	21.9	18.8

表 1-16 中所列数据是针对具有三排以下座椅且最高车速大于或等于 120km/h 的电动车型。

对于具有三排及以上座椅且最高车速大于或等于 120km/h 的电动车型，其能量消耗率限值按表中数据乘以 1.03 确定。

对于具有三排及以下座椅且最高车速小于 120km/h 的电动车型，其能量消耗率限值按表中数据乘以折算系数 K 确定。

对于具有三排及以上座椅且最高车速小于 120km/h 的电动车型，其能量消耗率限值按表中数据乘以 1.03K 确定。

折算系数 K 按下式确定：

$$K=0.00312v_{max}+0.6256 \tag{1-4}$$

式中，K 为折算系数，计算结果圆整至小数点后两位；v_{max} 为最高车速（km/h）。

3. 汽车最小转弯直径 D_{min}

转向盘转至极限位置时，汽车前外转向轮轮辙中心在支承平面上的轨迹圆的直径，称为汽车最小转弯直径 D_{min}。D_{min} 用来描述汽车转向机动性，是汽车转向能力和转向安全性能的一项重要指标。

影响汽车 D_{min} 的因素有两类，即与汽车本身有关的因素和法规及使用条件对 D_{min} 的限定。前者包括汽车转向轮最大转角、汽车轴距、轮距以及转向轮数（如全轮转向）等，它们对汽车最小转弯直径均有影响，除此之外，有关的国家法规规定和汽车的使用道路条件对 D_{min} 的确定也是重要的影响因素。转向轮最大转角越大，轴距越短，轮距越小和参与转向的车轮数越多时，汽车的最小转弯直径越小，表明汽车在停车场上掉头和通过弯道半径较小路段的能力越强。对机动性要求高的汽车，D_{min} 应取小些。

各类汽车的最小转弯直径 D_{min} 见表 1-17。

表 1-17 各类汽车的最小转弯直径 D_{min}

车型	级	别	D_{min}/m	车型	级	别	D_{min}/m
乘用车	发动机排量 V/L	$V\leq1.0$	7.0~9.5	商用货车	最大总质量 m_a/t	$m_a\leq1.8$	8.0~12.0
		$1.0<V\leq1.6$	8.5~11.0			$1.8<m_a\leq6.0$	10.0~19.0
		$1.6<V\leq2.5$	9.0~12.0			$6.0<m_a\leq14.0$	12.0~20.0
		$2.5<V\leq4.0$	10.0~14.0			$m_a>14.0$	13.0~21.0
		$V>4.0$	11.0~15.0				
商用客车	车辆总长 L_a/m	$L_a\leq3.5$	8.0~11.0	矿用自卸车	装载质量 m_e/t	$m_e<45$	15.0~19.0
		$3.5<L_a\leq7.0$	10.0~13.0			$m_e>45$	18.0~24.0
		$7.0<L_a\leq10.0$	14.0~20.0				
		$L_a>10.0$	17.0~22.0				

4. 通过性几何参数

总体设计要确定的通过性几何参数有最小离地间隙 h_{min}、接近角 γ_1、离去角 γ_2、纵向通过半径 ρ_1 等，其含义如图 1-11 所示。各类汽车的通过性几何参数视车型和用途而异，其范围见表 1-18。

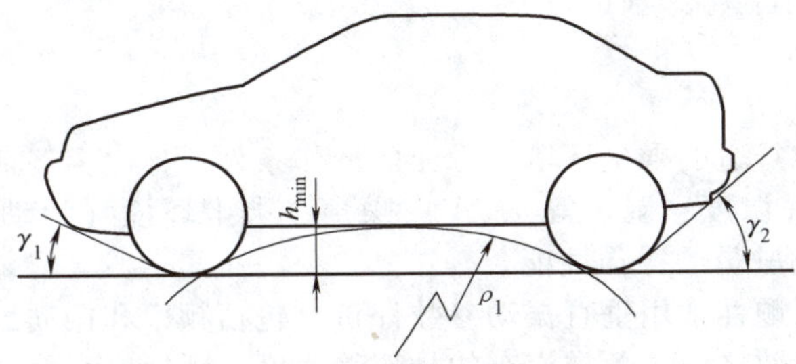

图 1-11 通过性几何参数

表 1-18 汽车通过性的几何参数

车 型	h_{min}/mm	γ_1/(°)	γ_2/(°)	ρ_1/m
4×2 乘用车	150~220	20~30	15~22	3.0~8.3
4×4 乘用车	210~250	45~50	35~40	1.7~3.6
4×2 货车	180~300	40~60	25~45	2.3~6.0
4×4 货车、6×6 货车	260~350	45~60	35~45	1.9~3.6
4×2 客车、6×4 客车	220~370	10~40	6~20	4.0~9.0

5. 操纵稳定性参数

汽车操纵稳定性的评价参数较多，与总体设计有关并能作为设计指标的有：

(1) 转向特性参数 为了保证有良好的操纵稳定性，汽车应具有一定程度的不足转向。通常用汽车以 0.4g 的向心加速度沿定圆转向时，前、后轮侧偏角之差 $\delta_1-\delta_2$ 作为评价参数。

此参数在1°~3°为宜。

(2) 车身侧倾角 汽车以0.4g的向心加速度沿定圆等速行驶时，车身侧倾角控制在3°以内较好，最大不允许超过7°。

(3) 制动前俯角 为了不影响乘坐舒适性，要求汽车以0.4g的减速度制动时，车身的前俯角不大于1.5°。

6. 制动性参数

汽车制动性是指汽车在制动时，能在尽可能短的距离内停车且保持方向稳定，下长坡时能维持较低的安全车速并有在一定坡道上长期驻车的能力。目前常用制动距离s_t、平均制动减速度j和行车制动的踏板力及应急制动时的操纵力来评价制动效能。

国家标准GB 7258—2017《机动车运行安全技术条件》中规定的路试检验行车制动和应急制动性能要求，列于表1-19中。

表1-19 路试检验行车制动和应急制动性能要求

车辆类型		行车制动					应急制动			
		制动初车速/km·h^{-1}	制动距离/m	FMDD②/m·s^2	试车道宽度/m	踏板力/N	制动初车速/km·h^{-1}	制动距离/m	FMDD/m·s^2	操纵力/N (≤)
座位数≤9的客车	满载	50	≤20	≥5.9	2.5	≤500	50	≤38	≥2.9	手400 脚500
	空载		≤19	≥6.2		≤400				
其他总质量≤4.5t的汽车	满载	50	≤22	≥5.4	2.5①	≤700	30	≤18	≥2.6	手600 脚700
	空载		≤21	≥5.8		≤450				
其他汽车、汽车列车	满载	30	≤10	≥5.0	3.0	≤700	30	≤20	≥2.2	手600 脚700
	空载		≤9	≥5.4		≤450				

① 对总质量>3.5t且≤4.5t的汽车为3.0m。

② FMDD是指制动减速度。

7. 舒适性

汽车应为乘员提供舒适的乘坐环境和方便的操作条件，称之为舒适性。舒适性应包括平顺性、空气调节性能（温度、湿度等）、车内噪声、乘坐环境（活动空间、车门及通道宽度、内部设施等）及驾驶员的操作性能。

其中，汽车行驶平顺性常用垂直振动参数评价，包括频率和振动加速度等，此外悬架动挠度也用来作为评价参数之一。各类汽车的悬架静挠度、动挠度和偏频见表1-20。

表1-20 悬架的静挠度f_c、动挠度f_d和偏频n

车型	静挠度f_c/mm	动挠度f_d/mm	偏频n/Hz
乘用车	100~300	70~90	0.9~1.6
客车	70~150	50~80	1.3~1.8
货车	50~110	60~90	1.5~2.2
越野车	60~130	70~130	1.4~2.0

第四节 发动机的选择

一、汽车用发动机的分类

传统汽车发动机多采用热能动力装置（简称热机），是一种借助工质的热力学状态变化将燃料燃烧产生的热能转变为机械能的动力机械。热机有内燃机和外燃机两种。直接以燃料燃烧所生成的燃烧产物为工质的热机为内燃机，反之为外燃机。内燃机主要包括燃气轮机和活塞式内燃机两大类别。热机主要分类如下：

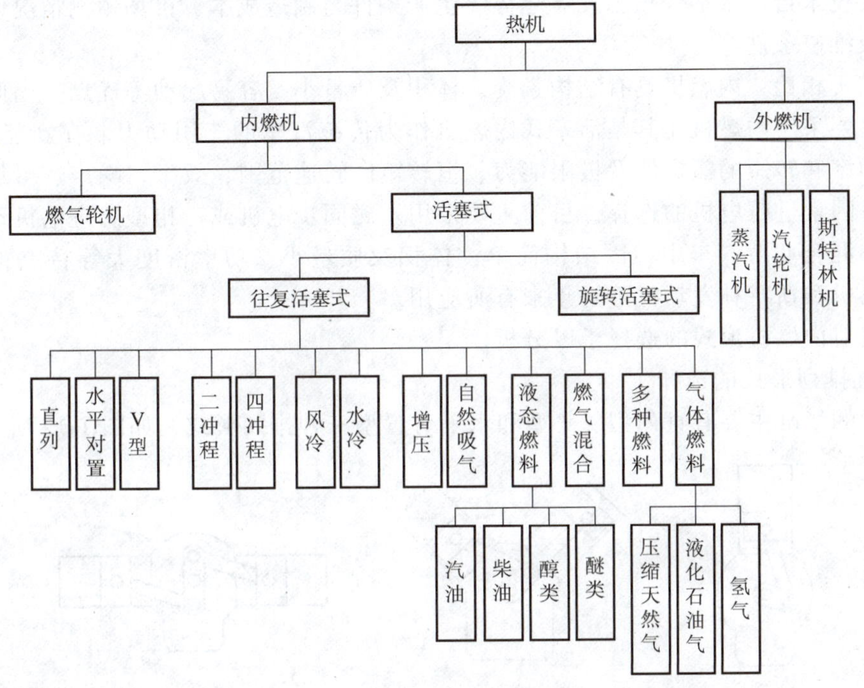

新能源汽车多采用电机作为单一动力源或采用电机和热机作为混合动力源。车用电机大致可分为有换向器式和无换向器式两大类别，主要分类如下：

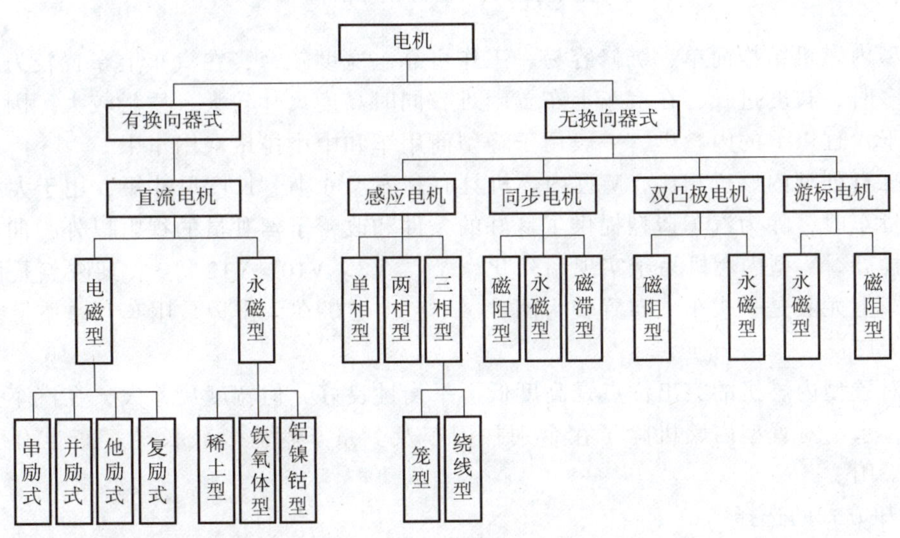

二、发动机形式的选择

发动机是汽车的主要动力源之一，是汽车的关键总成，其选型及布置对汽车的许多性能都有影响，尤其对汽车的动力性、燃料经济性、排放性、使用的可靠性与耐久性、维修的方便性以及制造成本与市场竞争力等都有直接的影响。

发动机选型的依据因素很多，如汽车的类型、用途、使用条件、总布置形式、总质量及动力性指标、经济性要求、材料和燃料资源、排气污染和噪声方面的法规限制、已有的发动机系列及其技术指标水平、技术发展趋势、生产条件与制造成本、市场预测情况以及将来的配件供应及维修条件等。

与外燃机相比，内燃机具有结构紧凑、体积及质量小、容易起动等优点。因此，在传统汽车中，主要采用内燃机尤其是活塞式内燃机作为传统汽车的车用动力。在新能源汽车中，一般根据功率和转矩的额定值及极限能力、恒转矩区转速范围、效率、噪声、可靠性与鲁棒性及成本等因素进行电机的选择，目前主要采用永磁同步电机或三相型感应电机作为车用电机。此外在混合动力汽车中，因结构简单、体积及质量小、功率密度大等特点，转子发动机、燃气轮机和斯特林发动机等近年来有所应用。

在此仅对内燃机形式的选择予以分析。

1. 气缸排列形式的选择

内燃机的气缸主要有直列型、V 型和水平对置型三种排列形式，如图 1-12 所示。

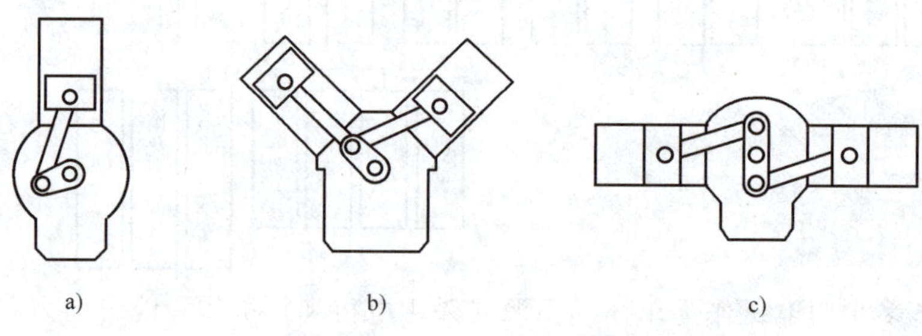

图 1-12 气缸的排列形式

a）直列型 b）V 型 c）水平对置型

直列型内燃机结构简单、维修容易、工作可靠、宽度较窄，在汽车上布置较为容易。但当缸数较多时，长度过长，在汽车上布置困难，同时高度尺寸较大，质量较大。因此，直列型仅适用于六缸以下的内燃机，一般用于轻型商用车和中小排量乘用车中。

与气缸直列型内燃机相比，V 型内燃机具有高度尺寸小、长度尺寸短，用于大排量乘用车或长头货车时，除为汽车造型提供了良好的条件和改善了驾驶员的视野以外，曲轴的刚度也得到了提高。V 型内燃机易于实现系列化（V6、V8、V10、V12 等）。其缺点是因发动机宽，在汽车上尤其是平头车上布置较为困难。V 型内燃机在大排量乘用车及总质量大的货车上应用较为广泛。

水平对置型内燃机的突出优点是高度低、平衡性良好，但宽度尺寸大，在汽车上布置困难。因此，水平对置型内燃机除了在个别乘用车及少量车辆总长较长的客车上有所应用以外，较少采用。

2. 冷却方式的选择

车用内燃机中主要有水冷与风冷两种冷却方式（图 1-13）。

水冷的优点是冷却均匀可靠，散热良好，噪声小，易于解决车内供暖问题，气缸变形小，缸盖、活塞等主要零件热负荷较低，可靠性较高；除上述优点以外，加大散热面积后，能较好地适应内燃机增压后散热的需要。它的缺点是冷却系统结构复杂，使用与维修不方

便，冷却性能易受环境温度影响。

风冷方式的冷却系统结构较为简单，适宜用在缺水地区或抢险、救援等特殊场合，但是因为存在冷却不均匀、缸盖等零件的热负荷高、可靠性不如水冷式以及噪声大等缺点，故使用得很少。目前，绝大多数汽车内燃机采用水冷方式冷却。

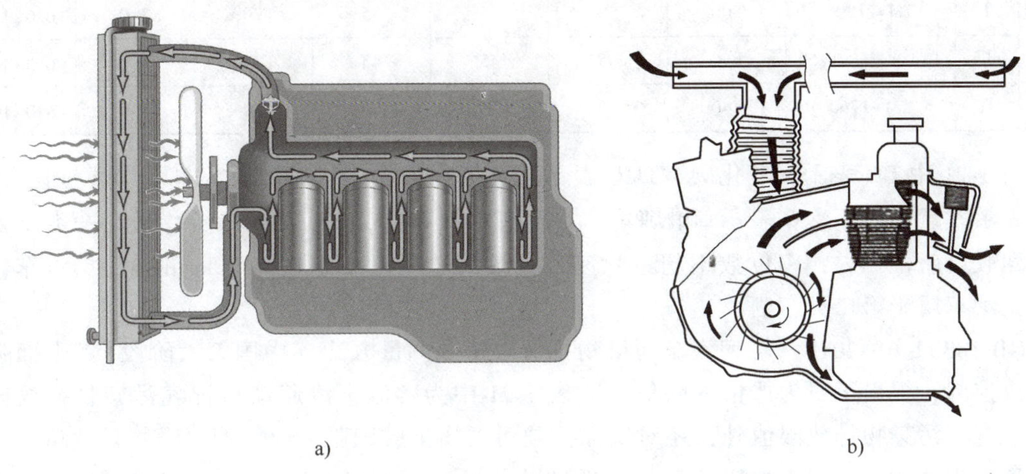

图 1-13　冷却方式

a）水冷式　b）风冷式

3. 燃料类型的选择

活塞式内燃机广泛采用汽油、柴油等燃料。对动力性要求比较高，又要求乘坐舒适性良好的乘用车、车辆总长较小的客车或总质量小些的货车，广泛采用的是汽油机；在日本与欧洲及国内生产的上述车型少量采用柴油机。总质量较大的货车以采用柴油机为主。

国家或城市制定汽车排放法规，对生产、运行的汽车进行管理，可有效地改善车辆排放状况。在进行发动机选型时，一定要充分考虑这一因素的影响。GB 18352.6—2016《轻型汽车污染物排放限值及测量方法（中国第六阶段）》对各类轻型汽车的污染物排放限值做出了具体要求，其限值见表 1-21。

表 1-21　轻型汽车污染物排放限值

		测试质量 TM/kg	限值（6a,2020 年 7 月 1 日起）						
			CO /(mg/km)	THC /(mg/km)	NMHC /(mg/km)	NO_x /(mg/km)	N_2O /(mg/km)	PM /(mg/km)	PN /(个/km)
一类	—	全部	700	100	68	60	20	4.5	6.0×10^{11}
二类	Ⅰ	TM≤1305	700	100	68	60	20	4.5	6.0×10^{11}
	Ⅱ	1305<TM≤1760	880	130	90	75	25	4.5	6.0×10^{11}
	Ⅲ	TM>1760	1000	160	108	82	30	4.5	6.0×10^{11}
		测试质量 TM/kg	限值（6b,2023 年 7 月 1 日起）						
			CO /(mg/km)	THC /(mg/km)	NMHC /(mg/km)	NO_x /(mg/km)	N_2O /(mg/km)	PM /(mg/km)	PN /(个/km)
一类	—	全部	500	50	35	35	20	3.0	6.0×10^{11}

（续）

		测试质量 TM/kg	限值(6b,2023年7月1日起)						
			CO /(mg/km)	THC /(mg/km)	NMHC /(mg/km)	NO_x /(mg/km)	N_2O /(mg/km)	PM /(mg/km)	PN /(个/km)
二类	Ⅰ	TM≤1305	500	50	35	35	20	3.0	6.0×10^{11}
	Ⅱ	1305<TM≤1760	630	65	45	45	25	3.0	6.0×10^{11}
	Ⅲ	TM>1760	740	80	55	50	30	3.0	6.0×10^{11}

表1-21中CO表示一氧化碳，THC表示总碳氢化合物，NMHC表示非甲烷碳氢化合物，NO_x表示氮氧化物，N_2O表示氧化亚氮，PM表示颗粒物，PN表示粒子数量。一类车辆指包括驾驶员座位在内，座位数不超过六座，且最大总质量不超过2500kg的M_1类汽车，其他轻型汽车属于第二类车辆。

GB 18352.6—2016《轻型汽车污染物排放限值及测量方法（中国第六阶段）》全面强化了排放控制，提出了更为严格的限值，除表1-21中为常温下冷起动后排气污染物排放试验的轻型汽车污染物排放限值外，还对实际行驶污染物排放试验、曲轴箱污染物排放试验、蒸发污染物排放试验、污染控制装置耐久性试验、低温下冷起动后排气中CO/THC/NO_x排放试验和加油过程蒸发污染物排放试验等工况做出了限值规定。

日趋苛刻的排放法规给汽车设计与制造带来压力的同时，也带来了汽车动力系统形式的多样化，增加了不同动力燃料选择的灵活性，人们陆续研究了气类、醇类等多种替代燃料。

天然气的理化性能与汽油较为接近，且具有排放污染低、安全性能好、价格相对低廉、可供开采资源丰富等特点，日益受到重视。天然气的采用主要有压缩天然气和液化天然气两种方式，由于液化天然气储存、运输难度较大，其应用不如压缩天然气广泛。液化石油气与液化天然气性能相近，有较高的辛烷值，具有混合均匀、燃烧充分、能量密度大、安全可靠性好等特点，在重型商用车等车型中得到一定程度的应用。

醇类燃料具有辛烷值高、能耗量低、燃烧充分、排放较为清洁等特点，有甲醇和乙醇两类，可采用掺醇燃烧和纯醇燃烧两种形式应用于汽车中。其中乙醇可利用谷物和野生植物生产，来源较多，且与汽油掺混比例在5%~15%以下时可不更改发动机结构，目前我国已在多地进行乙醇汽油的推广。

氢燃料具有无味、无毒、能量密度高、着火界限宽、自燃温度高、所需点火能量低、燃烧速度快、热效率高等优点，且燃烧产物是水，如用于内燃机，则除了氮氧化物以外，几乎不产生污染，甚至也不产生CO_2，所以对环保而言，氢燃料是理想的洁净车用能源。但氢燃料存在生产制造工艺难度较大，且存储、转运也存在诸多问题，成本偏高，研究和应用受到限制。

三、发动机主要性能指标的选择

1. 发动机最大功率P_{emax}和相应转速n_P

根据所设计汽车应达到的最高车速v_{amax}（km/h），用下式估算发动机最大功率：

$$P_{emax}=\frac{1}{\eta_T}\left(\frac{m_a g f_r}{3600}v_{amax}+\frac{C_D A}{76140}v^3_{amax}\right) \tag{1-5}$$

式中，P_{emax} 为发动机最大功率（kW）；η_T 为传动系统效率，对驱动桥用单级主减速器的 4×2 汽车可取为 90%；m_a 为汽车总质量（kg）；g 为重力加速度（m/s^2）；f_r 为滚动阻力系数，对乘用车 $f_r=0.0165\times[1+0.01(v_a-50)]$，对货车取 0.02，矿用自卸车取 0.03，$v_a$ 用 v_{amax} 代入；C_D 为空气阻力系数，乘用车取 0.30~0.35，货车取 0.80~1.00，客车取 0.60~0.70；A 为汽车正面投影面积（m^2）。

参考同级汽车的比功率统计值，然后选定新设计汽车的比功率值，并乘以汽车总质量，也可以求得所需要的最大功率值。

发动机的功率 P_e，对汽车的动力性、燃料经济性以及动力总成质量有影响。虽然汽车的动力性随发动机的功率增加而变好，但燃料经济性会降低，动力总成质量也会增加。

按式（1-5）估算的 P_{emax} 为发动机装有全部附件时测定得到的最大有效功率，约比发动机外特性的最大功率值低 12%~20%。

最大功率 P_{emax} 对应转速 n_P 的范围如下：车用汽油机的 n_P 值在 5500~7000r/min 之间，因乘用车最高车速高，n_P 值多在 6000r/min 以上；总质量小些的货车的 n_P 值在 4000~5000r/min 之间，总质量居中货车的 n_P 值更低些。车用柴油机的 n_P 值在 1800~4000r/min 之间。乘用车和总质量小些的货车用高速柴油机，n_P 值常取在 3200~4000r/min 之间；总质量大些的货车的柴油机 n_P 值在 1800~2600r/min 之间。

采用高转速发动机虽然能提高功率，同时也有使活塞运动的平均速度增快、曲柄连杆机构的惯性力增大并导致磨损加剧、寿命降低和振动及噪声等均增加的缺陷。

2. 发动机最大转矩 T_{emax} 及相应转速 n_T

用下式计算确定 T_{emax}：

$$T_{emax}=9549\times\frac{\alpha P_{emax}}{n_P} \tag{1-6}$$

式中，T_{emax} 为发动机最大转矩（N·m）；α 为转矩适应性系数，一般在 1.1~1.3 之间选取；P_{emax} 为发动机最大功率（kW）；n_P 为最大功率转速（r/min）。

要求 n_P 与 n_T 之间有一定差值，如果它们很接近，将导致直接档的最低稳定车速偏高，使汽车通过十字路口时换档次数增多。因此，要求 n_P/n_T 在 1.4~2.0 之间选取。

第五节 车身形式的选择

一、车身基本类型

随着经济的发展和社会的进步，汽车得到了普及并大规模进入家庭，汽车与人民的日常生活息息相关，它不但是现代化的交通工具，也是美化市容、点缀大自然环境的工艺品，车身在其中扮演着重要的角色。

汽车车身既是驾驶员的工作场所，也是容纳乘客和货物的场所，其主要功用是保证驾驶员便于操纵以及为乘员提供安全舒适的乘坐环境，隔绝振动和噪声，使乘员免受风霜雨雪等恶劣自然环境的影响。

车身主要由车身焊接总成（白车身）、车门、车窗及附件等组成。车身焊接总成是由车身结构件（骨架）和车身覆盖件（蒙皮）焊（或铆）接在一起的完整壳体，它必须保证车身的强度和刚度，包括地板、顶盖、前围（包括仪表板托架）、后围、侧围（包括车门立柱）等总成。

从结构与受力状况划分，可将车身大致划分为承载式（图 1-14a）、非承载式（图 1-14b）、半承载式（图 1-14c）三类。

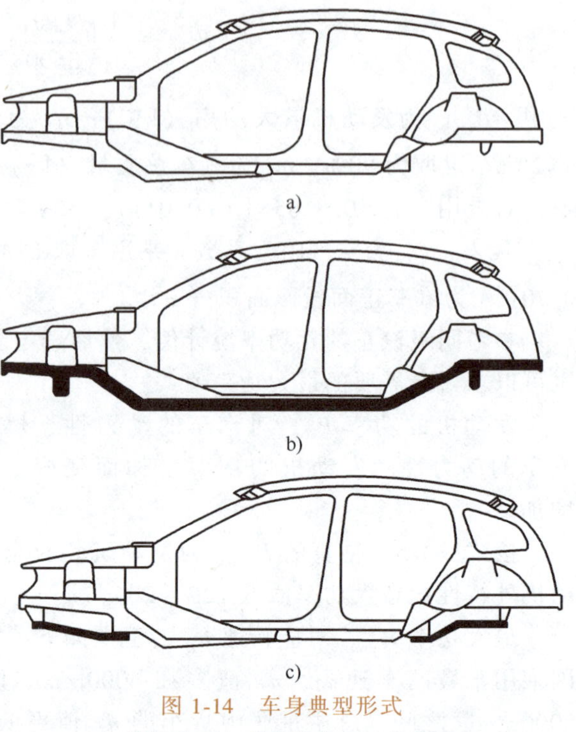

图 1-14 车身典型形式

a）承载式 b）非承载式 c）半承载式

承载式车身参与整车承载，取消了车架，减小了整备质量，同时车厢内部空间较大，地板高度降低，方便上下车，同时有利于降低重心高度，提高行驶稳定性，改善安全性；但来自传动系统和悬架的振动和噪声会直接传入车身内部，需采取防振和隔声措施；整体扭转刚度相对非承载式偏低，当四个车轮受力不均匀时，车身会发生一定程度变形；此外还存在制造成本偏高、改型较困难等问题。为了进一步减轻汽车自重和降低高度，使车身和整车结构更加合理，提升安全性，在乘用车、大客车以及厢式货车上广泛采用承载式车身。图 1-15 为乘用车承载式车身结构图。图 1-16 为大客车承载式车身结构。

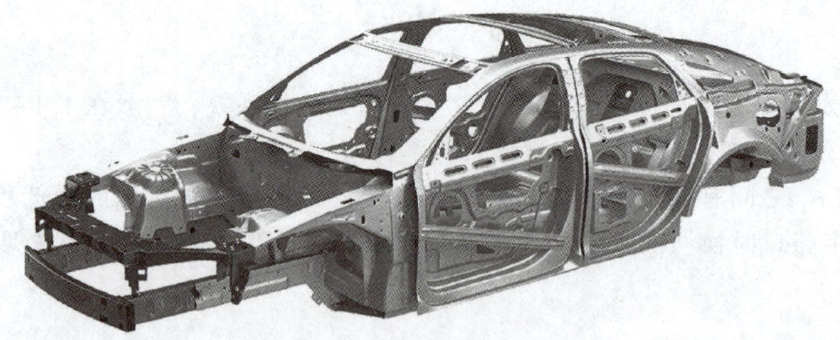

图 1-15 乘用车承载式车身

非承载式车身设置有单独的车架，车身通过多个弹性橡胶垫安装在车架上。当汽车在不同的路面上行驶时，车轮和悬架系统受到的载荷主要由车架承担，车架产生的变形由橡胶垫的变形所吸收。因此，在某种意义上可以说，这种车身结构是不承受汽车行驶系统的冲击载荷的。但是，实际上车架并非绝对刚体，所以车身仍在一定程度上承受着由车架弯曲和扭转变形所引起的载荷。图 1-17 为乘用车非承载式车身和车架结构。图 1-18 为货车驾驶室与车架连接图。

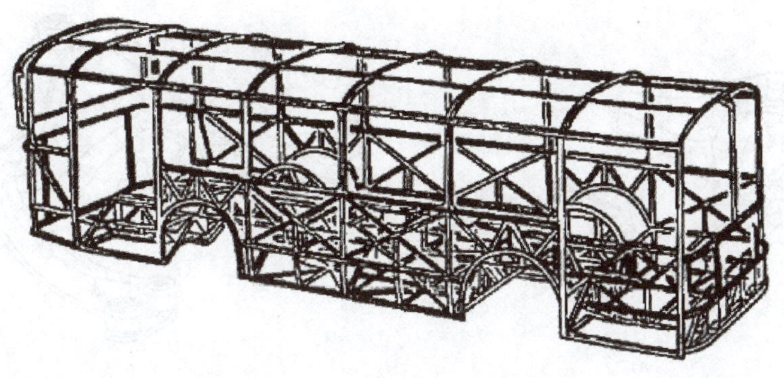

图 1-16 大客车承载式车身

图 1-17 乘用车非承载式车身和车架结构

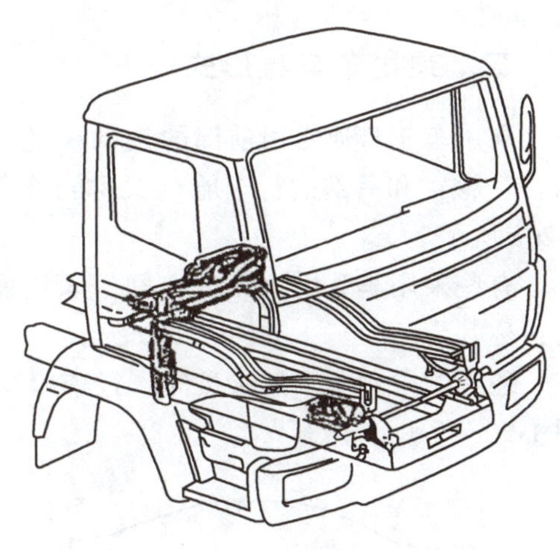

图 1-18 货车驾驶室与车架的连接

非承载式车身一方面车架可以较好地吸收或缓和来自路面的冲击载荷，降低振动和噪声；另一方面在发生碰撞事故时，车架可以对车身起到一定的保护作用；同时在生产过程中，底盘与车身可以分开装配，既可以简化装配工艺，又便于组织专业化协作；此外由于有车架作为整车的基础，可以方便地更改车型或改装成其他专用车辆。但由于车身基本不参与整车承载，故车架必须保持有足够大的强度和刚度，从而使整车自重增大；由于车架位于车身和底盘之间，车身地板一定在车架平面以上，故整车高度增大，上下车不方便，重心高度也不容易降低。

一些由货车底盘改装成的客车、专用车以及微型厢式客货车，都保留原底盘的部分车架，而将车身地板与车架焊接在一起，共同承担悬架和传动系统的载荷。常在汽车的前后桥处采用两段式副车架（图 1-19），以给出安装发动机、悬架系统和行走系统等的集中载荷作用位置。副车架与车身刚性连接（焊接或铆接），而底盘驱动和悬架及行走系统与副车架的连接则通过弹性支承来实现，达到减振降噪的目的，同时又省去大部分车架，而达到减轻重量的目标，因此被称为副车架式车身。由于这种结构实际上是介于承载式车身和车架式车身（非承载式车身）之间，也称为半承载式车身。

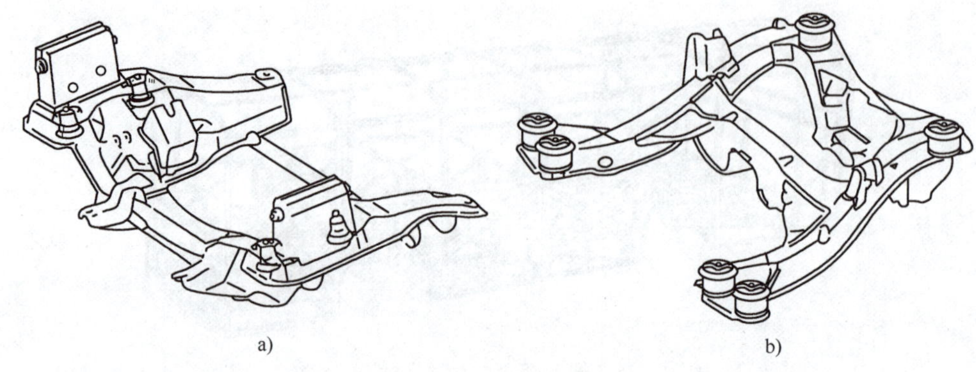

图 1-19　副车架架构

a）前副车架　b）后副车架

二、乘用车车身形式

乘用车车身通常由前部的发动机舱（也称动力舱、动力厢）、中部的乘员舱（又称客厢、客舱）和后部的行李舱（又称行李箱、后备箱）三部分组成，故称其为三厢车，如图 1-20a 所示。

有些乘用车为增大车内空间，采用发动机舱独立、乘员舱和行李舱合二为一的车身形式，称其为两厢车，如图 1-20b 所示。

还有的乘用车采用乘员舱、行李舱和发动机舱三厢合一的车身形式，称其为单厢车，如图 1-20c 所示。

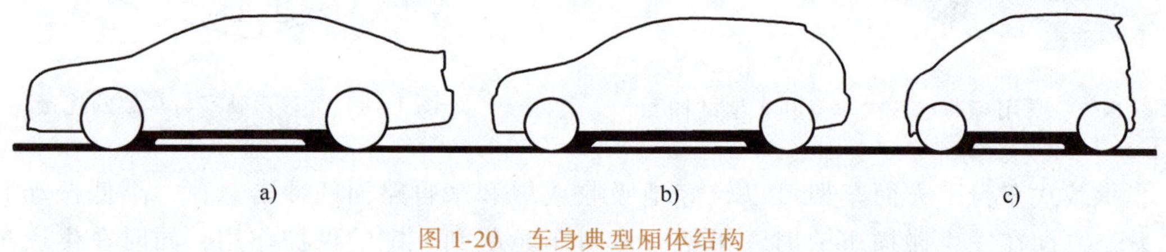

图 1-20　车身典型厢体结构

a）三厢车　b）两厢车　c）单厢车

按照顶盖与后背部形状之间关系的不同，乘用车车身可分为折背式、直背式、仓背式和方背式等形式。折背式车身是三厢车的典型车身形式，且车身顶盖与车身后部呈折线连接，如图 1-21a 所示。直背式车身的后风窗与行李舱接近平直连接，如图 1-21b 所示。直背式车身流线型好，有利于降低空气阻力系数和增大行李舱容积。仓背式车身的顶盖比折背式长，同时后风窗与行李舱盖形成一个整体的后部车门，是两厢车的典型车身形式，如图 1-21c 所示。方背式车身的顶盖向后延伸到车尾，如图 1-21d 所示。除此之外，还有去除顶盖或带有活动顶篷的敞篷车等多种变型乘用车车身形式。

三、客车车身形式

客车车身有单层和双层之分，按照车头形式不同又有平头式和短（长）头式，如图 1-22 所示。

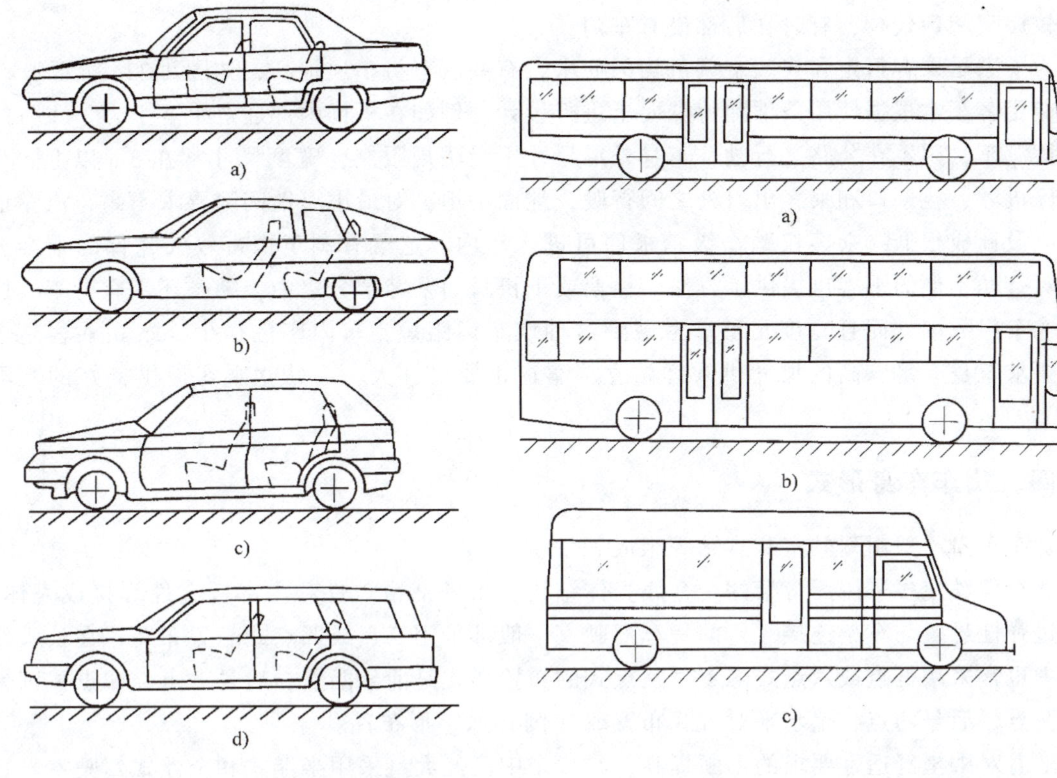

图 1-21　乘用车车身形式

a）折背式　b）直背式　c）仓背式　d）方背式

图 1-22　客车车身形式

a）单层客车　b）双层客车　c）短头客车

当单层客车用来长途运送乘客时，考虑到乘客随身携带数量较多的货物或行李，以及为了长途旅行提高乘坐舒适性安置空调机构的需要，常将地板高度设计得高些。这虽然给乘客上、下车带来不便，但地板下部空间可用来容纳货物和空调等其他一些附设机构。此时，车身裙部比普通客车的裙部要高，从而影响到车厢内的明亮程度，使方便观察外部景色的侧窗尺寸略显小些。长途客车的车门数少，而且可以窄些。

驾驶员一侧应备有安全门，供汽车侧翻时疏散乘客逃生用。

城市客车的乘客随身携带的物品不多，但上、下车频繁，因此地板高度要尽可能设计得低些。为了满足乘客能迅速上、下车的要求，不仅车门数需增多，并且要求加宽。城市客车有尺寸较大的侧窗，且与裙部高度协调一致。足够大的侧窗有利于采光和改善视野。专用客车常根据使用条件和用户要求进行设计。

双层客车有两排平行的裙部和车窗（图 1-22b）。双层客车的下层允许乘客坐乘或站立，而上层只供乘坐距离较长的乘客坐乘，因此下层占据的高度尺寸比上层要高。受此影响，上层侧窗尺寸不够大。如果汽车顶盖与侧面车窗之间的过渡部位设计有圆弧形顶窗，则既有利于采光，增加车厢内的亮度，同时也对坐在上层的乘客欣赏周围的风光有利。

有些座位数不多的客车，如校车，在汽车前下部向前伸出形成短头（图 1-22c），其内部布置有发动机及其附件。这不仅对维修发动机有利，当汽车发生正面碰撞时，利用伸出部分的变形可以吸收碰撞能量，以保护前排乘员和满足有关国家法规的要求。这种汽车的车身高度较矮，门数较少，有时在后部设有车门。

为了满足乘客行走和安装空调机构的要求，有些汽车将车顶抬高，如图 1-22c 所示。

专用客车常根据使用条件和特殊要求进行设计。例如在机场内部迎送乘客上、下飞机的机场摆渡车，因不在公路上行驶，车身外形尺寸不受法规限制，宽度尺寸常在 3m 以上。汽车在停机坪、检票口和乘客出口处之间行驶，地面平坦，对最小离地间隙要求不高，汽车地板可以设计成很低，乘客仅踏一级踏板便可进入车内。这既有利于携带较大物件的乘客上下，对行动不便的乘客也提供了方便。检票或下机瞬间乘客十分集中，随身还带有行李，这就要求车门数多，而且宽度足够。考虑到这种汽车运距短，车内座位很少，站立乘客是主流，要求车身有足够高的尺寸供乘客站立，车窗也要足够大，为站立乘客提供良好的视野条件。

四、货车车身形式

货车车身一般由驾驶室和货箱等组成。

货车驾驶室多采用无骨架的全金属壳体结构，由外部覆盖件和内部钣金件焊接成壳体，并通过弹性悬置与车架连接。目前货车驾驶室一般都采用三点或四点式悬置布置，在长头驾驶室中也常采用五点或六点式悬置。三点式的布置形式是前悬两点，后悬一点；四点式则为前悬两点，后悬两点，呈水平对置式布置或（倒）八字形布置。

随着对乘坐舒适性要求的不断提高，在货车中已经大量采用半浮式和全浮式驾驶室悬置装置（图 1-23），采用与悬架相似的钢板弹簧、螺旋弹簧或空气弹簧作为弹性元件，驾驶室部分或全部悬置在车架上，并配备减振器，具有良好的缓冲性和减振性，显著地提高了货车的驾驶舒适性。

图 1-23 驾驶室悬置

a）半浮式悬置 b）全浮式悬置

为便于发动机维修，货车驾驶室多设置有翻转机构（图 1-24）。在需要翻转时，翻转机构使驾驶室（平头式）或发动机舱盖（长头式）翻转，而在不需要翻转时，则通过锁止机构锁定驾驶室。翻转机构主要有液压式和扭杆式两种形式，液压翻转机构还可分为人力式和电动式。由于翻转驾驶室的时候并不是很多，人力足以胜任，所以多数采用人力液压翻转机构。

图 1-24　翻转驾驶室

货箱主要可分为两大类，一类是通用货箱，另一类是专用货箱。

通用货箱主要用于运输一些装卸方式简单、环境要求不高及周转次数少的货物，如运输木材、煤炭、布料和粮食等，一般可分为平板货箱、低栏板货箱、高栏板货箱等形式，如图 1-25 所示。

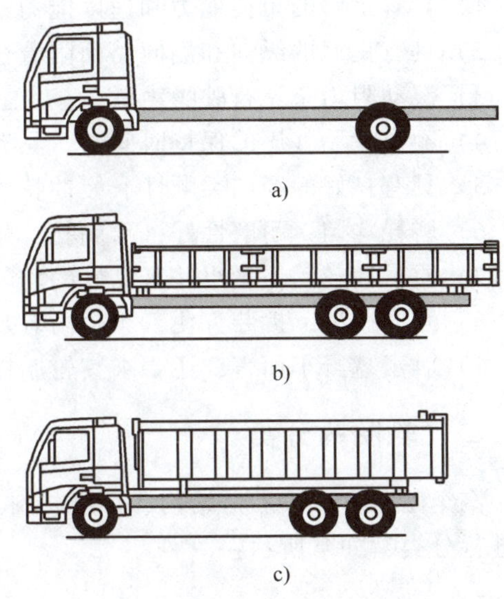

图 1-25　通用货箱

a）平板货箱　b）低栏板货箱　c）高栏板货箱

专用货箱主要用于运输通用货箱不宜运输的货物，比如易损的日用百货、食品以及液态的化学品、燃料等，大致可分为厢式货箱、罐式货箱、自卸车货箱等形式，如图 1-26 所示。近年来，为提升物流运输的专业化和高效率以及便于各种交通的相互衔接配套，集装箱运输逐渐普及起来。一般按用途可分为通用干货集装箱、开顶集装箱、平台式集装箱、罐式集装箱、通风集装箱、保温集装箱、散货集装箱、动物集装箱、汽车集装箱等类型。

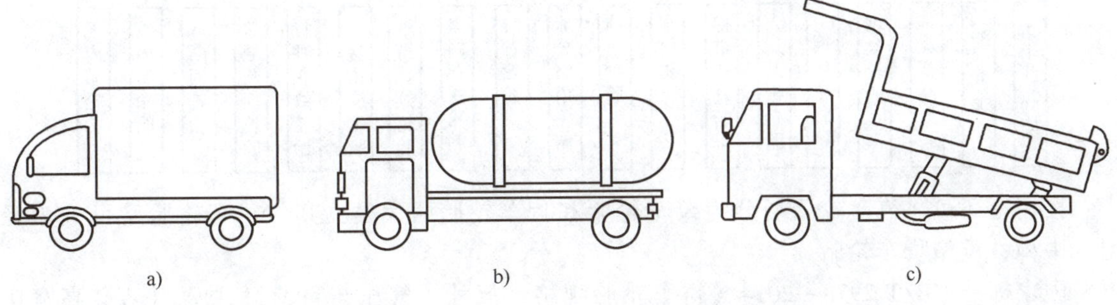

图 1-26　专用货箱

a）厢式货箱　b）罐式货箱　c）自卸车货箱

第六节 轮胎的选择

一、轮胎与车轮应满足的基本要求

轮胎安装在轮辋上，直接与路面接触，用来支撑汽车，承受汽车重力，并传递其他方向的力和力矩；与汽车悬架共同吸收和缓和汽车行驶时所受到的冲击和振动，以保证汽车具有良好的乘坐舒适性和行驶平顺性；保证车轮与路面的良好附着，以提高汽车的动力性、制动性和通过性。同时驾驶人员经操纵转向轮可实现对汽车运动方向的控制。

轮胎及车轮对汽车的许多重要性能，包括动力性、经济性、通过性、操纵稳定性、制动性及行驶安全性和汽车的承载能力都有影响。因此，选择轮胎是很重要的工作。

轮胎及车轮部件应满足下述基本要求：

1）具有足够的负荷能力和速度能力，确保汽车可靠性与安全性。

2）具有良好的纵向和侧向路面附着性能，有利于汽车的通过性和操纵稳定性。

3）滚动阻力小，行驶噪声低。

4）额定轮胎气压的保持时间长，具有良好的气密封性能。

5）具有良好的径向柔顺性、缓冲特性和吸振能力，有利于乘坐舒适性和平顺性等。

6）磨耗均匀，耐磨性好，耐刺扎，耐老化，使用寿命长，价格低廉。

7）质量和转动惯量小并有良好的均匀性和质量平衡。

8）互换性好，拆装方便，车轮内有足够的安装制动器的空间。

9）对于越野车而言，还要求其轮胎接地比压较低，并能适应对轮胎气压的调节要求。

二、轮胎的分类

汽车轮胎可以按胎体结构、帘线材料、用途、胎面花纹、断面形状、气密方式等不同基准进行分类，如下所示：

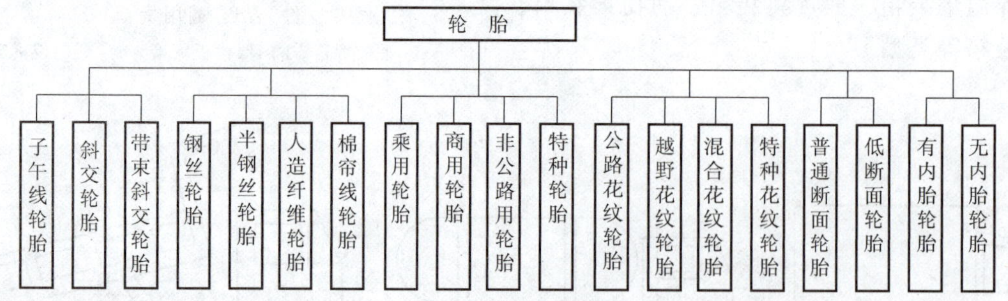

按用途还可将汽车轮胎划分为绞车轮胎和货车轮胎两大类，其中货车轮胎又可分为轻型、中型、重型货车轮胎。

国家标准 GB/T 2978—2014《轿车轮胎规格、尺寸、气压与负荷》主要对名义高宽比（也称为扁平率，指轮胎断面高度与宽度之比）为 80、75、70、65、60、55、40、35、30、25 等系列轿车轮胎的规格与相关参数进行了规定，GB/T 2977—2016《载重汽车轮胎规格、尺寸、气压与负荷》则对微型载重汽车（一般称货车、载货汽车）普通断面斜交轮胎、轻型载重汽车普通断面斜交轮胎、微型载重汽车普通断面子午线轮胎、轻型载重汽车普通断面子午线轮胎、轻型载重汽车公制子午线轮胎（包括高宽比为80、75、70、65、60、55、45、40、35系列）、轻型载重汽车高通过性子午线轮胎、公路型挂车特种专用ST公制轮胎、载重汽车普通断面斜交轮胎、载重汽车普通断面子午线轮胎、载重汽车公制子午线轮胎等系列载重汽车轮胎的规格与相关参数进行了规定。

表1-22给出了部分轿车子午线轮胎的规格参数。

表1-22 部分轿车子午线轮胎规格参数

轮胎规格	负荷指数		新胎尺寸/mm		最大尺寸/mm		静负荷半径/mm	滚动半径/mm	负荷能力/kg		充气压力/kPa		允许使用轮辋
	标准	增强	断面宽度	外直径	总宽度	外直径			标准	增强	标准	增强	
235/80 R16	109	—	235	782	244	798	350	380	1030	—	240	—	6J,7J
235/75 R16	108	112	235	758	244	772	340	368	1000	1120	250	290	6J,7J
215/65 R16	98	102	221	686	230	698	312	333	750	850	250	290	6J,7J
255/60 R16	103	102	260	712	270	724	322	346	875	—	250	—	7J,8J
205/55 R16	91	94	214	632	223	642	291	307	600	670	250	290	6J,7J
235/55 R16	98	—	245	664	255	674	304	322	750	—	250	—	7J,8J
205/50 R16	87	91	214	612	223	620	283	297	545	615	250	290	6J,7J
235/50 R16	95	99	245	642	255	652	295	312	690	775	250	290	7J,8J
245/45 R16	89	93	225	608	234	616	282	295	580	650	250	290	7J,8J
265/40 R17	96	100	271	644	282	652	299	313	710	800	250	290	9J,10J
295/35 R18	99	103	301	663	313	671	309	322	775	875	250	290	10J,11J
295/30 R19	96	100	301	661	313	669	311	321	710	800	250	290	10J,11J
295/25 R20	—	95	301	656	313	662	312	319	—	690	—	290	10J,11J

三、轮胎的选用

轮胎的尺寸和型号是进行汽车性能计算和绘制总布置图的重要原始数据，因此，在总体设计开始阶段就应依据装用车型、使用条件、负荷能力以及汽车行驶速度等进行轮胎的选择，当然同时还应考虑与动力传动系统参数的匹配以及对整车尺寸参数的影响。

1. 子午线轮胎和斜交轮胎

子午线轮胎胎面内侧有带束层，外胎面（胎冠）刚度大，同时其体帘线排列成辐射状，使其强度被充分利用，帘布层数较少，所以胎侧部分柔软，在侧向力的作用下胎侧变形较大，胎面接地面积变化较小；而斜交胎是由胎体构成轮胎的骨架，因而从外胎面（胎冠）到胎侧的柔软度是均匀的，因此在侧向力作用下胎侧变形小，但使整个轮胎发生倾斜，使其胎面接地面积变化减小。因此相较于斜交轮胎，子午线轮胎具有滚动阻力小、附着性能好，且装车后油耗低、寿命长、高速性能优异等优点（图1-27），因此在乘用车及中型货车中得

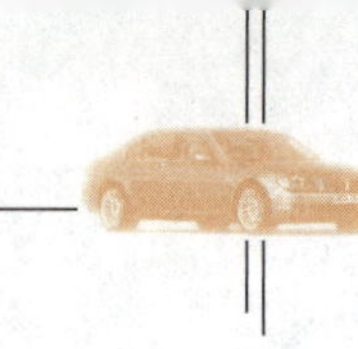

到广泛应用。

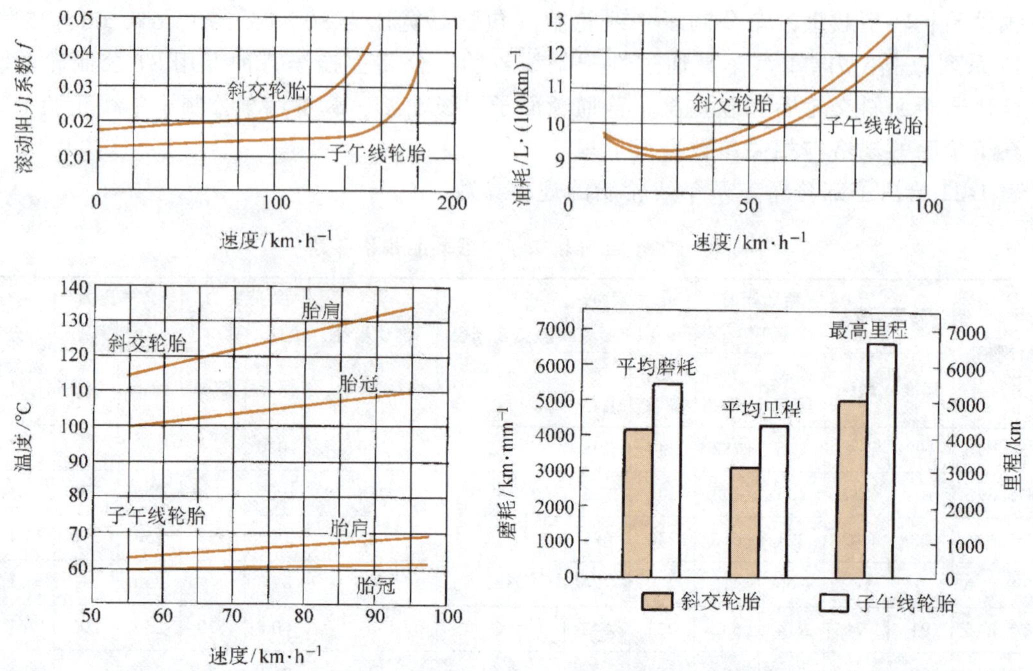

图 1-27 子午线轮胎与斜交轮胎的性能对比

2. 轮胎负荷能力

汽车轮胎所承受的最大静负荷值与轮胎额定负荷值之比称为轮胎负荷系数，此系数应尽量控制在0.85~1.00之间，以防止轮胎超负荷工作。轮胎超负荷工作不仅会导致轮胎寿命降低，而且会降低操纵稳定性和行驶安全性。对乘用车，可控制在上述范围的下限；对商用车，为了充分利用轮胎的负荷能力，轮胎负荷系数可控制在接近上限处。前轮的轮胎负荷系数一般应低于后轮的。

当后轮采用双胎并装时，由于两轮胎特性存在差异、装载质量分布不均匀和路面不平等因素造成对轮胎超载的影响，此时双胎并装的负荷能力要比单胎负荷能力的两倍减少10%~15%。

在轮胎规格中常用负荷指数来表示轮胎的负荷能力，国家标准 GB 9743—2015《轿车轮胎》中给出了轮胎负荷指数（LI）与负荷能力（TLCC）的对应关系，表 1-23 列出了负荷指数为 80~115 时所对应的轮胎负荷能力。

表 1-23 轮胎负荷指数（80~115）与负荷能力的对应关系

LI	80	81	82	83	84	85	86	87	88	89	90	91	92	93	94	95
TLCC/kg	450	462	475	487	500	515	530	545	560	580	600	615	630	650	670	690
LI	96	97	98	99	100	101	102	103	104	105	106	107	108	109	110	111
TLCC/kg	710	730	750	775	800	825	850	875	900	925	950	975	1000	1030	1060	1090
LI	112				113				114				115			
TLCC/kg	1120				1150				1180				1215			

3. 轮胎速度级别

汽车行驶速度也影响轮胎负荷能力，车速高轮胎的发热量增加、温度升高，易使胎面与轮胎帘线层脱落。这不仅使轮胎寿命降低，也会引发交通事故。子午线、无内胎、低断面的轮胎工作时发热少，导热好，散热迅速，因而温升小，有良好的速度特性。选取时，应使选用轮胎的速度级别所限定的最高使用速度大于所设计汽车的最高车速。

国家标准 GB 9743—2015《轿车轮胎》中给出了轮胎速度等级符号与轮胎允许最高行驶速度的对应关系，见表 1-24。

表 1-24 速度等级符号与轮胎允许最高行驶速度对应关系

符号	C	D	E	F	G	J	K	L	M	N
v_{max} /(km/h)	60	65	70	80	90	100	110	120	130	140
符号	P	Q	R	S	T	U	H	V	W	Y
v_{max} /(km/h)	150	160	170	180	190	200	210	240	270	300

4. 胎面花纹

轮胎的胎面花纹对滚动阻力、附着能力、耐磨性及噪声有影响。公路花纹轮胎滚动阻力小，噪声小，适合在铺装路面上使用。其中，纵向花纹轮胎适用于良好路面，横向花纹轮胎适用于土石路面。越野花纹轮胎附着性能良好，适用于在坏路面或无路地带使用。混合花纹轮胎适用于使用路面条件变化不定的场合。图 1-28 为几种典型胎面花纹示例。

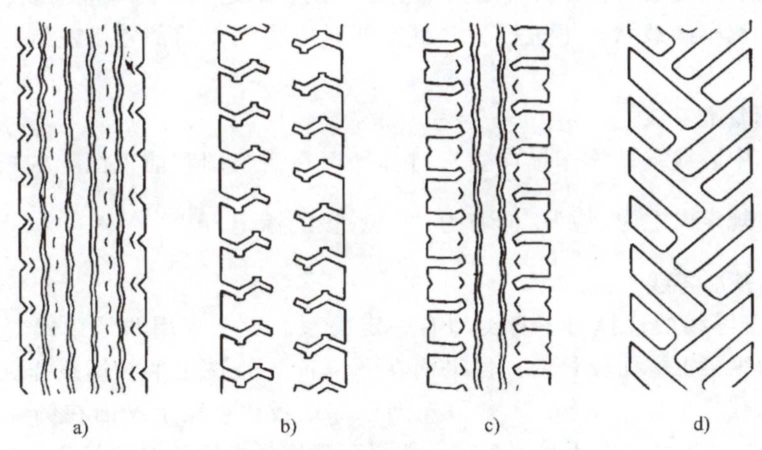

图 1-28 轮胎胎面花纹示例

a）纵向花纹 b）横向花纹 c）混合花纹 d）越野花纹

5. 轮胎气压

按胎内工作压力的大小，充气轮胎可分为高压胎、低压胎和超低压胎。低压胎弹性好、断面宽，与道路接触面积大，壁薄而散热性良好。这些特点提高了汽车行驶平顺性和操纵稳定性，并延长了轮胎的使用寿命，因此目前汽车中几乎全部采用低压胎。

随轮胎气压的增加，其承载能力也增强；但轮胎的附着能力下降，振动频率增加，导致车辆乘坐舒适性和安全性变坏，对路面及汽车也有不良作用。标准轮胎对外形尺寸和使用气压都有规定。为了使用安全和满足舒适性要求，乘用车轮胎的使用气压不应高于所选轮胎规定负荷下限定气压的 80%；而商用车轮胎的使用气压可接近选定轮胎层级所限定的气压，考虑到操纵稳定性的需求，前轮轮胎气压应低于后轮轮胎气压。

6. 帘线与帘线层级

常在高速条件下行驶的汽车，适合选用强度高、导热性好的钢丝帘线轮胎。钢丝帘线仅能做子午线轮胎。而常在低速条件下行驶的汽车，可以选用尼龙、聚酯、人造丝等人造材料做帘线制造的轮胎。斜交轮胎多用上述材料制作。

帘线层级越高，轮胎的承载能力也越强，并有与轮胎气压增加相似的缺点。

第七节 汽车的总体布置

在初步确定汽车的车型、驱动及布置形式、发动机、车身、轮胎及主要参数等以后，要绘制总布置草图，布置动力总成、底盘、车身等部件的空间位置，并校核初步选定的各部件结构和尺寸是否满足设计目标与整车要求，是否满足相关法规及标准的规定，并进行运动校核，以寻求合理的总布置方案。

一、整车基准零线的确定

绘制总布置草图之前，首先要确定整车基准零线。确定整车的基准零线、正负方向及标注方式，均应在汽车满载状态下进行，并且绘图时应将汽车前部置于左侧，基本示意如图 1-29 所示。

1. y 轴坐标基准零线

一般以汽车中心线（即汽车纵向垂直对称平面在俯视图和前视图上的投影线）作为 y 轴坐标基准线。规定向左为“+”、向右为“-”，该线标记为“$\frac{y}{0}$”。

2. z 轴坐标基准零线

z 轴坐标基准零线的选择与车身类型有一定关系。对于采用非承载式车身的货车及客车，一般以车架纵梁上翼面较长的一段平面在侧（前）视图上的投影线作为 z 轴坐标基准线；对于采用承载式车身的客车，一般以车架中部地板或边梁上缘面在侧（前）视图的投影线作为 z 轴坐标基准线；对于乘用车，一般以车身地板平面或通过前轮中心的水平面在侧（前）视图上的投影线作为 z 轴坐标基准线。规定向上为“+”、向下为“-”，该线标记为“$\frac{z}{0}$”。有些厂家在进行乘用车布置时，为避免 z 轴坐标出现负值，采用距离地面一定距离的水平面在侧（前）视图的投影线作为 z 轴坐标基准线。

3. x 轴坐标基准零线

一般以通过左、右前轮中心，并垂直于汽车中心面的平面，在侧（俯）视图的投影线

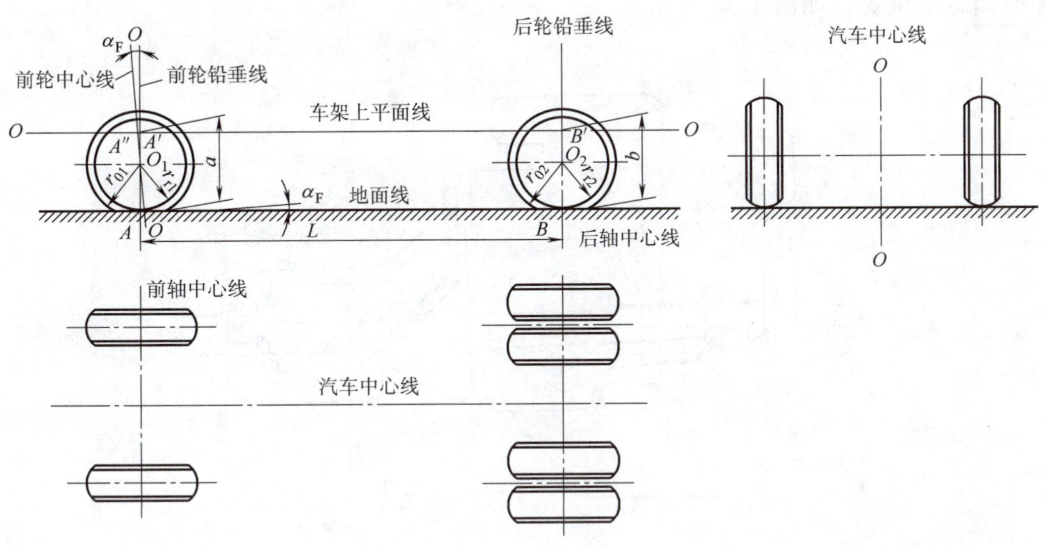

图 1-29 整车基准零线示意

作为 x 轴坐标基准线，也称为前轮中心线。规定向后为“+”、向前为“-”，该线标记为“$\frac{x}{0}$”。有些厂家在进行乘用车布置时，为避免 x 轴坐标出现负值，采用距离汽车最前端一定距离的、垂直于汽车中心面的平面在侧（俯）视图的投影线作为 x 轴坐标基准线。

4. 地面线

地平面在侧视图和前视图上的投影线，称为地面线。此线是标注汽车高度、接近角、离去角、离地间隙和货台高度等尺寸的基准线。

5. 前轮垂直线

通过左、右前轮中心，并垂直于地面的平面，在侧视图和俯视图上的投影线，称为前轮垂直线。此线用来作为标注汽车轴距和前悬的基准线。对于乘用车，前轮垂直线与前轮中心线重合。

二、发动机的布置

1. 发动机的上下位置

发动机的上下位置对离地间隙和驾驶员视野有影响。乘用车前部因没有前轴，发动机油底壳至路面的距离，应保证满载状态下对最小离地间隙的要求。

货车通常将发动机布置在前轴上方，考虑到悬架缓冲块脱落以后，前轴的最大向上跳动量能达到 70~100mm，这就要求发动机应有足够高的位置，以防止前轴碰坏发动机油底壳。油底壳通常设计成深浅不一的形状，使位于前轴上方的地方最浅，同时再将前梁中部锻成下凹形状（注意前梁下部尺寸必须保证所要求的最小离地间隙）。所有这些措施将有利于降低发动机位置的高度，并使发动机舱盖随之降低，这能改善长头车的驾驶员视野，同时有利于降低汽车质心高度。除此之外，还要检查油底壳与横拉杆之间的间隙。发动机高度位置初定之后，用气缸体前端面与曲轴中心线交点 K 到地面高度尺寸 b

来标明其高度位置，如图 1-30 所示。

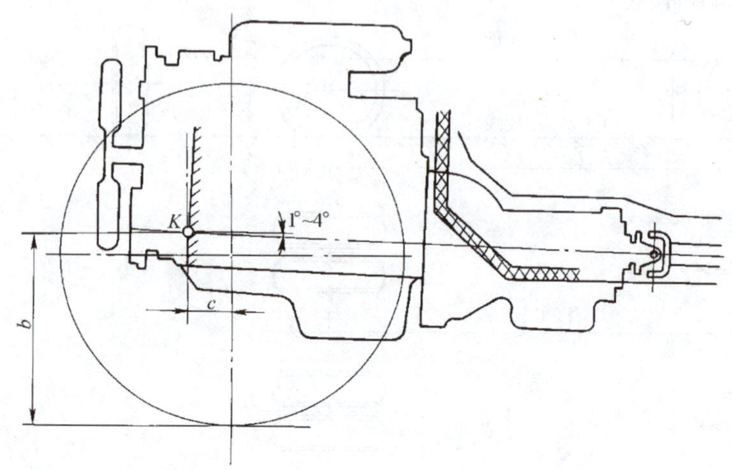

图 1-30 确定动力总成位置的主要尺寸

在发动机高度位置初步确定之后，风扇和散热器的高度随之而定，要求风扇中心与散热器几何中心相重合，以使散热器在整个面积上接受风扇的吹风冷却。护风罩用来增大送风量和减小散热器尺寸。为了保证空气的畅通，散热器中心与风扇之间应有不小于 50mm 的间隙，无护风罩时可减小到 30mm。

由于空气滤清器位于发动机进气歧管上，其高度影响发动机舱盖高度，为此将空气滤清器做成扁平状。发动机舱盖与发动机零件之间的间隙不得小于 25mm，以防止零件在关闭发动机舱盖时受到损伤。

2. 发动机的前后位置

发动机的前后位置会影响汽车的轴荷分配、乘用车前排座位的乘坐舒适性、发动机前置后轮驱动汽车的传动轴长度和夹角以及货车的面积利用率。

为减小传动轴夹角，发动机前置后轮驱动汽车的发动机常布置成向后倾斜状，使曲轴中心线与水平线之间形成 1°~4°夹角，乘用车多在 3°~4°之间，如图 1-30 所示。

发动机前置后轮驱动的乘用车，前纵梁之间的距离必须考虑吊装在发动机上的所有总成（如发电机、空调装置的压缩机等）以及从下面将发动机安装到汽车上的可能性；还应保证在修理和技术维护情况下，从上面安装发动机的可能性。

发动机的前后位置应与上下位置一起进行布置。前后位置确定以后，在侧视图上画下它的外形轮廓，然后用气缸体前端面与曲轴中心线交点 K 到前轮中心线之间的距离来标明其前后位置，如图 1-30 中的尺寸 c 所示。此后，可以确定汽车前围的位置：发动机与前围之间必须留有足够的间隙，以防热量传入客舱和保证零部件的安装；离合器壳与变速器应能同时拆下，而无须拆卸发动机的固定点，此时应特别注意离合器壳上面螺钉的接近性。

3. 发动机的左右位置

对于纵置发动机，其曲轴中心线在一般情况下与汽车中心线一致。这对底盘承载系统的受力和对发动机悬置支架的统一有利。少数汽车（如 4×4 汽车）考虑到前桥是驱动桥，为了使前驱动桥的主减速器总成上跳时不与发动机发生运动干涉，将发动机与前桥的主减速器向相反方向偏移。

发动机布置中除考虑上述位置外，还要考虑进气系统、排气系统、中冷器及涡轮增压等发动机附件的布置空间。

三、底盘的布置

1. 传动系统的布置

由于发动机、离合器、变速器装成一体，所以在发动机位置确定以后，包括发动机、离合器、变速器在内的动力总成位置也随之而定。驱动桥的位置取决于驱动轮的位置，同时为了使左、右半轴通用，差速器壳体中心线应与汽车中心线重合。为满足万向节传动轴两端夹角相等、满载静止时不大于4°且最大不大于7°的要求，常将后桥主减速器的轴线向上翘起。而在乘用车布置中，在侧视图上常将传动轴布置成U形方案，如图1-31所示。这样做可降低传动轴轴线的离地高度，有利于减小客舱地板凸包高度和保证后排中间座椅的座垫处有足够的厚度。在绘出传动轴最高轮廓线之后，根据凸包与中间传动轴之间的最小间隙一般应在10~15mm来确定地板凸包线位置。

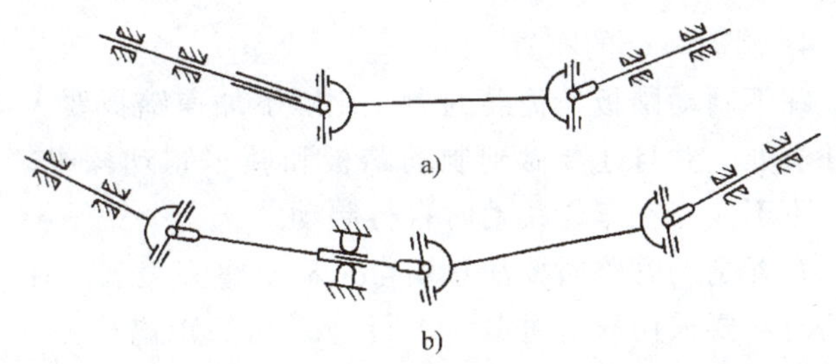

图1-31 U形布置万向节传动轴

a）普通型 b）带中间支承型

2. 转向系统的布置

（1）转向盘的布置 转向盘位于驾驶员座椅前方，为保证驾驶员能舒适地进行转向操作，应注意转向盘平面与水平面之间的夹角，并以取得转向盘前部盲区距离最小为佳，同时转向盘又不应当影响驾驶员观察仪表，还要考虑到转向盘周围（如风窗玻璃等）预留有足够的空间。

（2）转向器的布置 前悬架采用钢板弹簧时，为了避免悬架运动与转向机构运动出现不协调现象，应该将转向器布置在前钢板弹簧跳动中心附近，即前钢板弹簧前支架偏后不多的位置处。

因转向器固定在车架上，其轴线常与转向盘中心线不在一条直线上，为此用万向节和转向传动轴将它们连接起来。此时，因万向节连接的轴不在一个平面内，所以在正面碰撞时又对防止转向盘后移伤及驾驶员有利。长头车一般用两个万向节，平头车不用或用一个万向节的居多。

如果转向盘与转向器之间通过一根刚性轴直接连接时，转向盘相对驾驶员在纵向平面内偏斜一个角度，这既导致操作不便，又会因转向传动轴在俯视图上向前斜插而影响踏板的布置和驾驶员腿部的操纵动作。为此，要求转向轴在水平面内与汽车中心线之间的夹角不得大于5°。

转向摇臂与纵拉杆和转向节臂与纵拉杆之间的夹角，在中间位置时应尽可能布置成接近直角，以保证有较高的传动效率。

3. 悬架的布置

货车的前、后悬架和一些乘用车的后悬架，采用纵置半椭圆形钢板弹簧。为了满足转向轮偏转所需要的空间，常将前钢板弹簧布置在纵梁下面。钢板弹簧前端通过弹簧销和支架与车架连接，而后端用吊耳和支架与车架相连。这样布置有利于缓和来自路面的冲击。同时，为了满足主销后倾角的要求，货车的前钢板弹簧应布置成前高后低状；后钢板弹簧布置在车架与车轮之间，应注意钢板弹簧上的 U 形螺栓和固定弹簧的螺栓与车架之间应当有足够的间隙。

减振器应尽可能布置成直立状，以充分利用其有效行程；空间不允许时才布置成斜置状。

4. 制动系统的布置

踩下制动踏板所需要的力，比踩下加速踏板要大得多，因此，制动踏板应布置在更靠近驾驶员处，并且还要做到制动踏板和驻车制动操纵轻便。应检查杆件运动时有无干涉和死角，更不应当在车轮跳动时自行制动。

布置制动管路时要注意安全可靠，整齐美观。在一条管路上，当两个固定点之间有相对运动时，要采用软管过渡。平行管之间的距离应不小于 5mm，或者完全束在一起，交叉管之间的距离应不小于 20mm，同时注意不要将管子布置在车架纵梁内侧的下翼上，以免由于积水使管子腐蚀。

5. 踏板的布置

离合器踏板、制动踏板和加速踏板，布置在地板凸包与车身内侧壁之间。在离合器踏板左侧，应当留出在离合器不工作时可以放下左脚的空间，因此轮罩最好不要凸出到客舱内。加速踏板一般比制动踏板稍低，要求加速踏板与制动踏板之间留有大于一只完整鞋底宽度（60mm）的距离。

因为汽车行驶时驾驶员要不停地踩加速踏板，所以要求踩下时应轻便。驾驶员应当用脚后跟支靠在地板上，变化操纵时仅仅是通过改变踝关节角度来达到。为了操纵方便，从驾驶员方向看，加速踏板布置成朝外转的样子。

图 1-32 所示为德国 DIN73001 标准所推荐的踏板布置空间的尺寸关系。

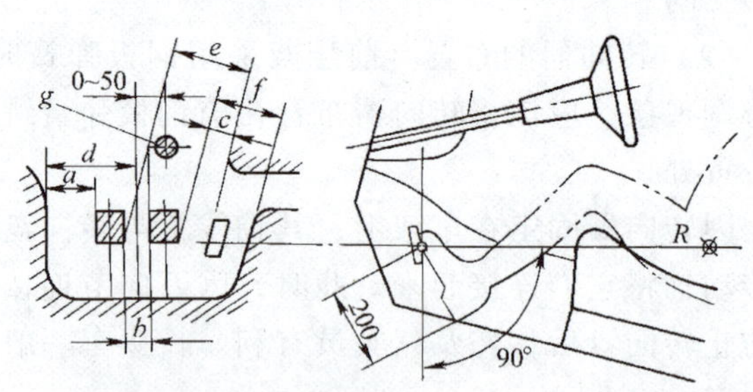

图 1-32　DIN73001 标准所推荐的踏板布置

d—离合器踏板所占空间　e—制动踏板所占空间

f—加速踏板所占空间　g—转向管柱

推荐尺寸：$a=130$mm　$b=60$mm　$c=70$mm

$d=260$mm　$e=200$mm　$f=170$mm

6. 底盘附件的布置

（1）油箱　根据汽车最大续驶里程（一般为 200～600km）来确定油箱的容积。乘用车为了在有限的空间内布置下油箱、备胎等物品，常视具体条件来确定其形状。布置油箱时应遵守的一条重要原则是：油箱应远离消声器和排气管（乘用车要求油箱距排气管的距离大于 300mm，否则应加装有效的隔热装置；油箱距裸露的电器插头及开关的距离不得小于 200mm），更不应当布置在发动机舱内。乘用车油箱常布置在行李舱内，而货车油箱布置在纵梁上。考虑到发生车祸时不会因冲撞到油箱而发生火灾，油箱又应当布置在碰撞时油箱不会受到损坏的地方。例如，将油箱布置在靠近乘用车后排座椅后部就比布置在行李舱后下部安全。

（2）备胎 乘用车备胎常布置在行李舱内，要求在装满行李的情况下，仍能方便地取出备胎，如将备胎立置于行李舱侧壁或后壁。此时，行李舱侧壁或后壁必须有大于车轮直径的高度。

货车备胎可以布置在车架尾部下方或是车架中部上方货箱底板下部。布置在车架尾部时常采用悬链式，可保证拆、装方便，并使汽车质心位置降低。但此时汽车离去角减小，通过性变坏。备胎置于车架中部上方时，常用翻转式结构。但在转动备胎时需要足够的空间，导致抬高货箱，使汽车质心位置增高。

（3）行李舱 要求发动机排量在2.5L左右的乘用车行李舱有效容积为$0.4\sim0.7m^3$，发动机排量在4L左右的乘用车为$0.7\sim0.9m^3$。为了能整齐地安放手提箱，行李舱底部应平整。受外形尺寸限制，当发动机排量在2.5L以下的乘用车难以达到上述要求时，可利用座椅下、车门和侧壁之间的空间来安放小件行李。客货两用乘用车将后排座椅设计成可翻式，翻转后，其后部形成一个有效容积很大的行李舱。

（4）蓄电池 蓄电池与起动机应位于同侧，并且它们之间的距离越近越好，以缩短线路，同时还要考虑拆装方便性和维修接近性。

四、车身的布置

1. 人体基本尺寸与人体样板

以运送人为主，兼顾运送少量行李的乘用车车身内部布置，必须考虑有良好的乘坐舒适性和足够的安全性。进行车身内部布置，并使之适合人体特性要求，离不开人体尺寸这一基本参数。图1-33和表1-25所示为对我国各地人体尺寸测量所得的统计数据。车身内部空间和操纵机构的布置，以及驾驶员与乘客座椅的尺寸和布置等，均以该统计数据作为依据。以表中均值来决定基本尺寸，以标准差来决定调整量。

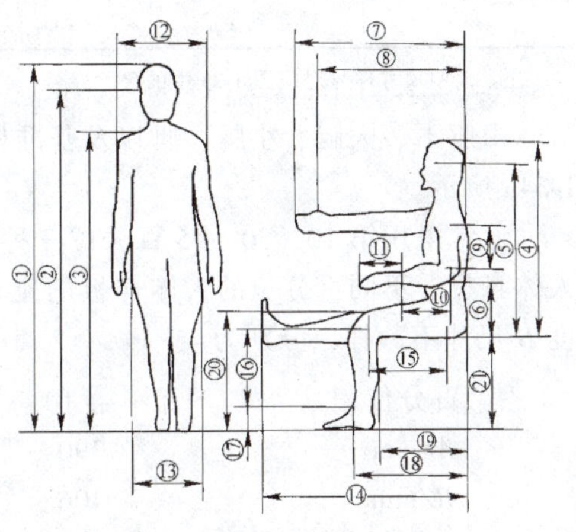

图1-33 人体基本尺寸

表1-25 人体基本尺寸

序号	测量项目	男		女	
		均值/mm	标准差/mm	均值/mm	标准差/mm
①	身高	1688.25	81.83	1586.17	51.29
②	眼高	1585.32	61.61	1480.25	76.02
③	肩高	1420.98	54.35	1320.26	60.96
④	坐高	896.53	36.12	848.52	31.58
⑤	坐姿眼高	794		743	
⑥	肘到座平面	245.23	41.81	238.63	25.63

（续）

序号	测量项目	男		女	
		均值/mm	标准差/mm	均值/mm	标准差/mm
⑦	上肢前伸长	837.78	36.81	784.50	37.98
⑧	拳前伸长	730.87	47.07	688.84	36.79
⑨	大臂长	269.21	16.36	260.74	19.79
⑩	小臂长	247.08	13.22	225.93	17.03
⑪	手长	192.53	9.46	179.00	9.52
⑫	肩宽	426.32	20.35	391.71	21.67
⑬	臀宽	333.75	22.62	394.71	23.99
⑭	下肢前伸长	1015.91	58.91	976.79	50.84
⑮	大腿长	422.48	28.44	409.21	35.39
⑯	小腿长	401.34	21.57	368.60	22.21
⑰	足高	70.69	5.46	65.78	6.94
⑱	膝臀间距	550.78	27.49	527.77	31.28
⑲	大腿平长	422.92	23.31	431.76	30.34
⑳	膝上到足底	515.08	24.67	479.89	23.61
㉑	膝弯到足底	405.79	19.49	382.77	20.83

注：表中尺寸序号对应图 1-33 中的尺寸序号。

由躯干、大腿、小腿、脚以及基准杆等组成的用来进行车身内部布置的人体样板，如图 1-34a 所示。

通常采用第 10、50、95 百分位三种尺寸的人体样板，分别代表矮小、中等、高大三种人体身材。不同百分位的人体样板的躯干长度尺寸相同，不同之处是小腿长度 A 和大腿长度 B 尺寸不一样，分别为：

百分位	第 10	第 50	第 95
A/mm	390	417	460
B/mm	406	432	456

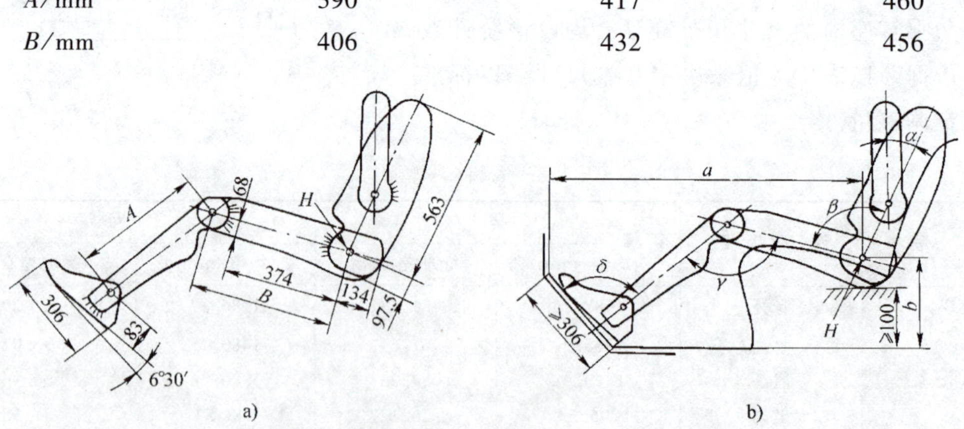

图 1-34 人体样板

a）人体样板 b）用人体样板进行车内布置

中等身材人体样板用来确定基本尺寸，而大、小人体样板用来确定座椅调整量。总布置设计初期绘尺寸控制图时，用1：5的比例绘制。在进行正式总布置时，可用1：2或1：1的比例绘制。

2. *H*点和*R*点及踵点的确定

能够比较准确地确定驾驶员或乘员在座椅中位置的参考点是躯干与大腿相连的旋转点“胯点”。实车测得的“胯点”位置称为*H*点。

进行总布置设计之初，先根据总布置要求确定一个座椅调至最后、最下位置时的“胯点”，令其为*R*点；然后以*R*点作为设计参考点进行设计。试制出样车后，将座椅调至最后、最下位置，用如图1-35所示的三维人体模型测量“胯点”，此“胯点”即为*H*点。而后将*H*点与*R*点相认证，并按*H*点位置确认或进行修改设计。如果测定的*H*点不超出以*R*点为中心的水平边长30mm、竖直边长20mm的矩形方框的范围，并且靠背角与设计值之间差值不大于3°，则认为*H*点与*R*点的相对位置满足要求。

驾驶员入座后，体重的大部分通过臀部作用于座椅的座垫上，一部分通过背部由靠背承受，少部分通过左、右手和脚的踵点作用于转向盘和地板上。在这种坐姿条件下，驾驶员在操作时身体上部的活动一定是绕*H*点的横向水平轴线转动。因此，*H*点的位置决定了与驾驶员操作方便、乘坐舒适相关的车内尺寸的基准。

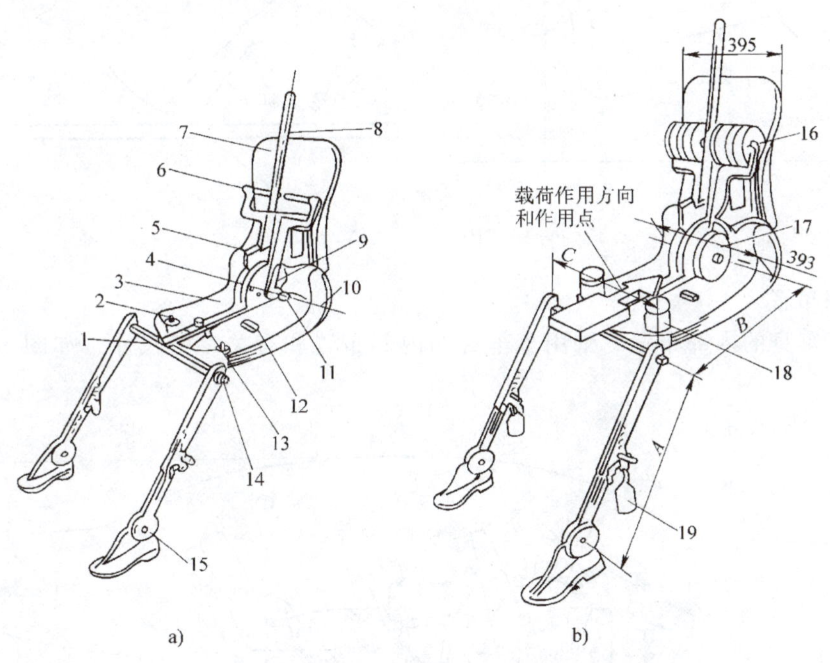

图1-35 三维人体模型

a）*H*点人体模型各构件名称 b）*H*点人体模型各构件的尺寸与载荷分布

1—连接膝关节的T形杆 2—大腿重块垫块 3—座位盘 4—臀部角度量角器 5—靠背角水平仪 6—躯干重块悬架 7—靠背盘 8—头部空间探测杆 9—靠背角量角器 10—*H*点标记钮 11—*H*点支枢 12—横向水平仪 13—大腿杆 14—膝部量角器 15—小腿夹角量角器 16—躯干重块 17—臀部重块 18—大腿重块 19—小腿重块

在车身侧视图上安放人体样板时，首先要确定人体样板踵点与胯点之间的垂直高度 b 和考虑到座垫、靠背压缩量以后的胯点位置。布置时，要使人体样板上的胯点与初选的座椅上的"胯"点重合，并将人体样板的踵点安放在加速踏板处的地板上的踵点，然后根据选定的坐姿角 α、β、γ 及 δ 在图样上进行布置，检查初选的 b 值等是否合适。

驾驶姿势时人体各部分夹角的合理范围如图 1-36 所示。

根据前地板基准面的位置并参考同类车型，确定加速踏板中心点的位置，加入 95 百分位的人体模板。将脚跟放在压缩地垫表面上，压缩后的地垫厚度一般为 18～20mm。将脚与加速踏板的接触点与加速中心点重合。该接触点到踵点（脚跟点）的距离可在 175～203mm 范围内选择，如图 1-37 所示。

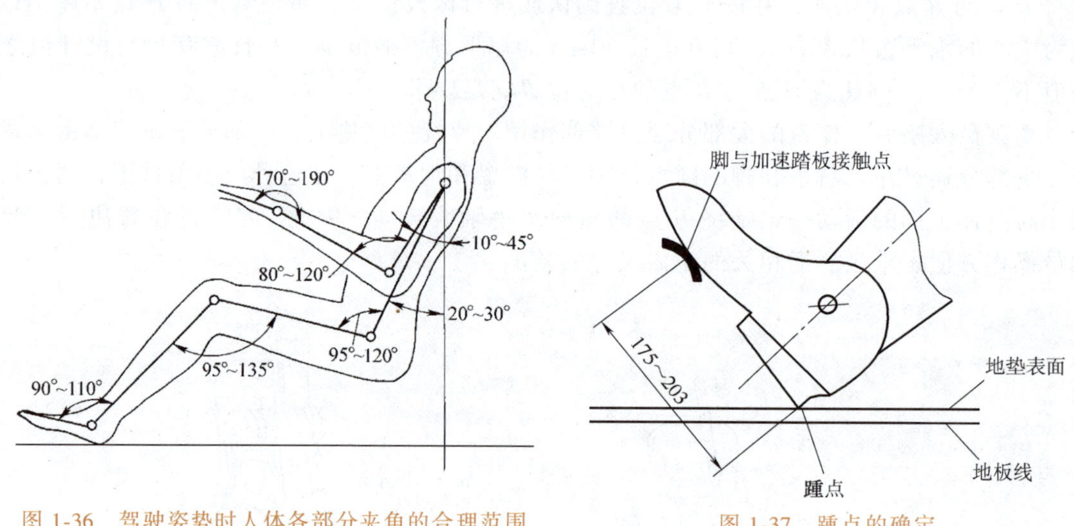

图 1-36 驾驶姿势时人体各部分夹角的合理范围

图 1-37 踵点的确定

3. 车身内部布置

（1）乘用车车身的内部布置 乘用车车身的内部布置和有关参考尺寸，如图 1-38 和表 1-26 所示。

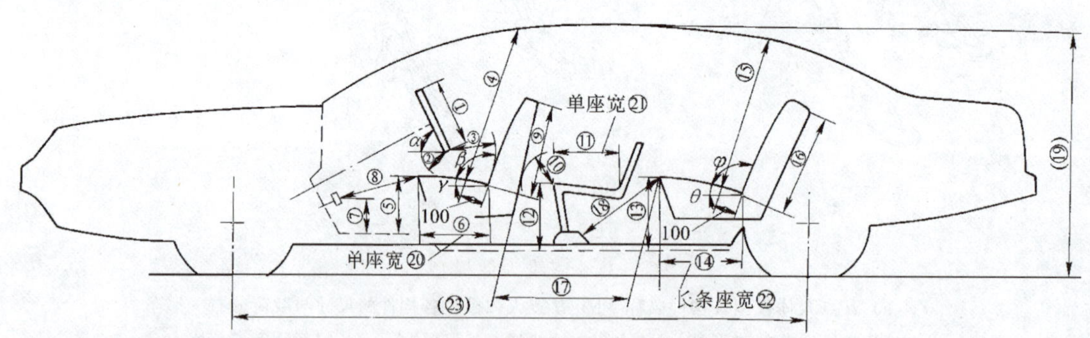

图 1-38 乘用车车身的内部布置尺寸

（2）货车车身的内部布置 货车车身的内部布置应当满足标准 GB/T 15705—1995《载货汽车驾驶员操作位置尺寸》的要求，如图 1-39 和表 1-27 所示。

表 1-26　乘用车车身的内部布置尺寸的范围

发动机排量 V/L	长度尺寸/mm						
	①	②	③	④	⑤	⑥	⑦
$V>4.0$	300~420	140~180	360~380	940~960	300~380	450~510	150~180
$1.6<V\leq2.5$	300~420	140~180	350~370	940~960	300~360	450~480	150~180
$1.0<V\leq1.6$	300~420	130~170	330~370	900~950	300~340	450~480	150~180
发动机排量 V/L	**长度尺寸/mm**						
	⑧	⑨	⑩	⑪	⑫	⑬	⑭
$V>4.0$	420~500	480~560	250~350	320~400	300~390	350~410	460~530
$1.6<V\leq2.5$	420~500	460~570				340~400	420~500
$1.0<V\leq1.6$	420~520	460~520				340~380	420~460
发动机排量 V/L	**长度尺寸/mm**						
	⑮	⑯	⑰	⑱	⑲	⑳	㉑
$V>4.0$	900~950	580~660	(三、二排) 850~700 500~650	500~700	1500~1800	150~650	550~580
$1.6<V\leq2.5$	900~930	560~620	250~500	500~600	1400~1600	500~600	
$1.0<V\leq1.6$	860~910	510~600	250~350	500~600	1290~1400	480~550	
发动机排量 V/L	**长度尺寸/mm**		**角度尺寸/(°)**				
	㉒	㉓	α	β	γ	θ	φ
$V>4.0$	1400~1700	2800~3500	55~70	97~105	6~10	8~13	99~105
$1.6<V\leq2.5$	1200~1400	2500~3000	55~70	97~105	6~10	8~13	99~105
$1.0<V\leq1.6$	800~1250	2000~2500	55~70	97~102	6~10	8~10	97~100

注：表中尺寸序号对应图 1-38 中的尺寸序号。

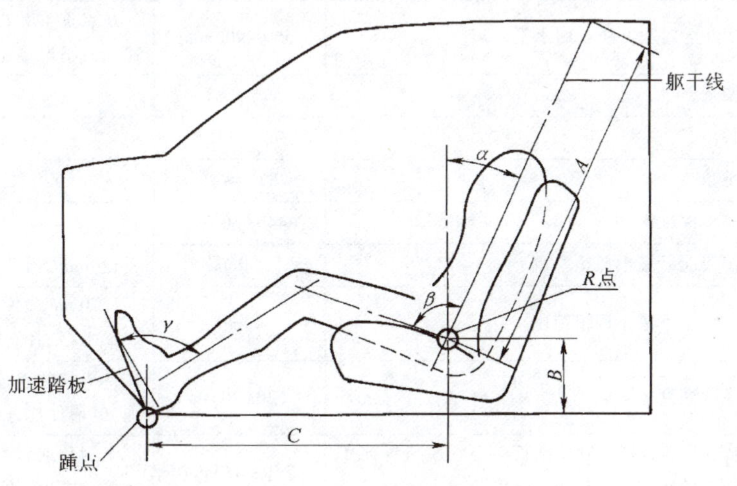

图 1-39　货车驾驶员操作位置尺寸（驾驶室轮廓指其内侧表面）

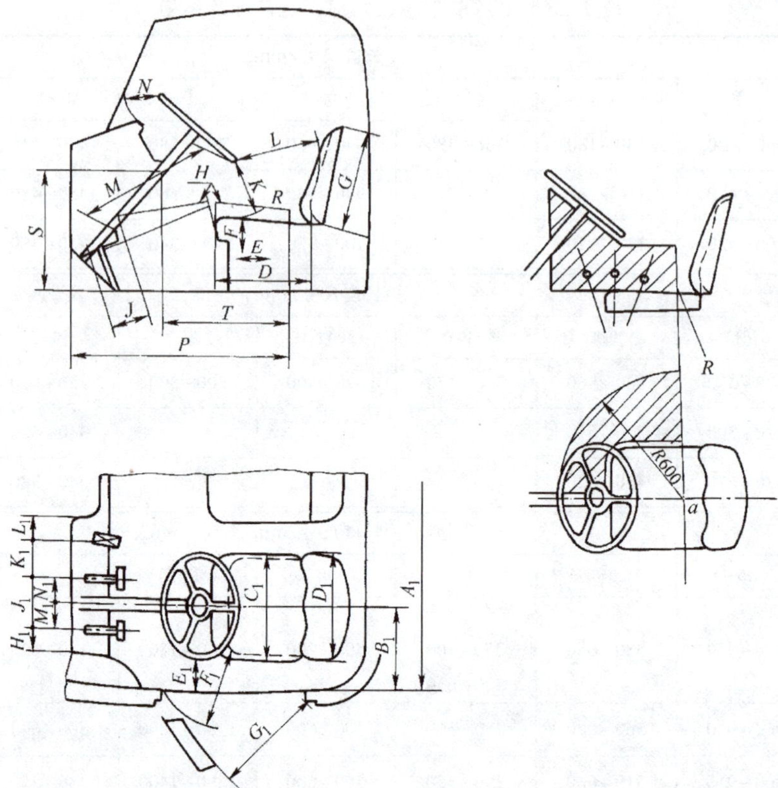

图 1-39 货车驾驶员操作位置尺寸（驾驶室轮廓指其内侧表面）（续）

表 1-27 货车驾驶员操作位置尺寸

尺寸序号	尺寸代码	尺 寸 名 称	尺寸范围	说 明
①	*A*	*R* 点至顶棚高	≥950mm	1. 沿躯干线量取 2. N_1 类货车≥910mm
②	*B*	*R* 点至地板距离	(370±130)mm	
③	*C*	*R* 点至驾驶员踵点的水平距离	550~900mm	踵点按 GB/T 15705—1995 中压下加速踏板情况确定
④	α	背角	5°~28°	
⑤	β	臀角	90°~115°	
⑥	γ	足角	87°~95°	
⑦	*D*	座垫深度	(440±60)mm	
⑧	*E*	座椅前后最小调整范围	100mm	140mm 为佳
⑨	*F*	座椅上下最小调整范围	40mm	1. 70mm 为佳 2. N_1 类货车允许不调
⑩	*G*	靠背高度	(520±70)mm	带头枕的整体式靠背，此尺寸可以增加，但增加部分的宽度应减小
⑪	*H*	*R* 点至离合器和制动踏板中心在座椅纵向中心面上的距离	750~850mm	气制动或带有加力器的离合器和制动器，此尺寸的增加不大于 100mm

（续）

尺寸序号	尺寸代码	尺寸名称	尺寸范围	说明
⑫	J	离合器、制动踏板的行程	≤200mm	
⑬	K	转向盘下缘至座垫上表面的距离	≥160mm	
⑭	L	转向盘后缘至靠背的距离	≥350mm	
⑮	M	转向盘下缘至离合器和制动踏板中心在转向柱纵向中心面上的距离	≥600mm	
⑯	N	转向盘外缘至前面及下面障碍物的距离	≥80mm	
⑰	P	R点至前围的水平距离	≥950mm	脚能伸到的最前位置
⑱	T	R点至仪表盘的水平距离	≥500mm	此二项规定达到一项即可
⑲	S	仪表盘下缘至地板的距离	≥540mm	
⑳	A_1	单人座驾驶室内部宽度 双人座驾驶室内部宽度 三人座驾驶室内部宽度	≥850mm ≥1250mm ≥1650mm	内宽是在高度为车门窗下缘、前门后支柱内侧量取
㉑	B_1	座椅中心面至前门后支柱内侧的距离	(360±30)mm	1. 在高度为前门窗下缘处量取 2. N_1类货车≥310mm
㉒	C_1	座垫宽度	≥450mm	
㉓	D_1	靠背宽度	≥450mm	在靠背最宽处测量
㉔	E_1	转向盘外缘至侧面障碍物的距离	≥100mm	N_1类货车≥80mm
㉕	F_1	车门打开时下部通道的宽度	≥250mm	
㉖	G_1	车门打开时上部通道的宽度	≥650mm	
㉗	H_1	离合器踏板中心至侧壁的距离	≥80mm	
㉘	J_1	离合器踏板纵向中心面至制动踏板纵向中心面的距离	≥110mm	
㉙	K_1	制动踏板纵向中心面至通过加速踏板中心的纵向中心面的距离	≥100mm	
㉚	L_1	加速踏板纵向中心面至最近障碍物的距离	≥60mm	
㉛	M_1	离合器踏板纵向中心面至转向柱纵向中心面的距离	50~150mm	
㉜		转向盘中心对座椅中心的偏移量	≤40mm	
㉝	N_1	制动踏板纵向中心面至转向柱纵向中心面的距离	50~150mm	
㉞		转向盘平面与汽车对称平面间的夹角	90°±5°	
㉟		变速杆手柄在所有工作位置时，应位于转向盘下面和驾驶员座椅右面，不低于座椅表面，在通过R点横向垂直平面之前，而在投影平面上距a点（a点为R点在水平面上的投影）小于等于600mm（如图1-39阴影线所示范围）		
㊱		变速杆和驻车制动器的手柄在任意位置时，距驾驶室内其他零件或操纵杆的距离≥50mm		

对于平头式货车，转向盘与水平面夹角较小，该尺寸可参考客车的有关尺寸确定。

（3）客车车身的内部布置　总长较大的客车多为平头式，驾驶员乘坐姿势与长头车相比更为直立，且座椅较高，转向盘与水平面的夹角较小。图 1-40 为大型客车车身的内部布置尺寸，表 1-28 的尺寸范围。

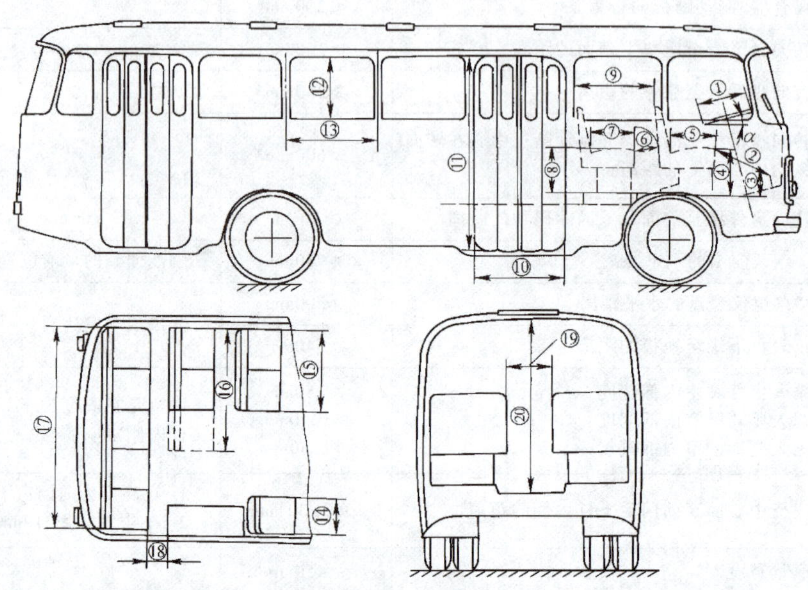

图 1-40　大型客车车身的内部布置尺寸

表 1-28　客车车身内部布置尺寸范围

车型	长度尺寸/mm						
	①	②	③	④	⑤	⑥	⑦
城市客车	500～550	450～550	130～160	450～500	460～500	200～220	400～450
城间客车	500～550	450～550	130～160	450～500	460～500	200～250	420～480
长途客车（旅游）	500～550	450～550	130～160	450～500	460～500	250～280	450～500
车型	长度尺寸/mm						
	⑧	⑨	⑩	⑪	⑫	⑬	⑭
城市客车	450～500	650～700	1000～1300	1900～2050	700～800	1000～1200	400～440
城间客车	450～500	650～750	800～1000	1850～2000	700～800	1000～1300	420～470
长途客车（旅游）	450～500	700～850	800～1000	1850～2000	650～800	1000～1300	450～500
车型	长度尺寸/mm						角度尺寸/(°)
	⑮	⑯	⑰	⑱	⑲	⑳	α
城市客车	800～860		2200～2300	200～250	450～600	1850～2200	10～20
城间客车	840～960	1200～1300	2250～2400	200～250	450～500	1850～2200	10～20
长途客车（旅游）	900～1000	1250～1350	2250～2450	250～300	400～450	1700～2000	10～20

注：表中尺寸序号对应图 1-40 中的尺寸序号。

五、运动校核

在总体布置设计中，进行运动检查包括两方面内容：从整车角度出发进行运动学正确性的检查；对于有相对运动的部件或零件进行运动干涉检查。上述检查关系到汽车能否正常工作，必须引起重视。

由于汽车是由许多总成组装在一起的，总体设计师应从整车角度考虑，根据总体布置和各总成结构特点完成运动正确性的检查。如发动机前置时，会因采用中间轴式或两轴式变速器的不同，使变速器输出轴的转动方向不同，这就会影响主减速器的结构，因此必须进行运动学方面的检查，以保证有足够的前进档数。又如，转向轮的转动方向必须与转向盘的转动方向保持一致，为此应对螺杆的旋向、摇臂的位置、转向传动机构的构成等进行运动学正确性的检查。

由于车轮跳动、前轮转向运动等原因造成零、部件之间有相对运动，并可能产生运动干涉而造成设计失误。原则上，有相对运动的地方都要进行运动干涉检查，如转向传动机构与悬架运动的校核；作转向轮跳动图，确定转向轮上跳并转向到极限位置时所占用的空间，然后据此确定翼子板开口形状、轮罩形状、减振器的最大拉伸和压缩长度，同时检查转向轮与纵拉杆、车架等之间的间隙是否足够；根据悬架跳动量，作传动轴跳动图，确定传动轴上、下跳动的极限及最大摆角，检查传动轴与横梁的间隙，以及传动轴长度的变化量；当后桥左、右轮在极限高度差位置时，决定货箱底板高度和后轮挡泥板位置，检查后钢板弹簧U形螺栓与车架之间的间隙。对于特种车辆，常根据结构特点不同确定检查的内容，如牵引车与半挂车转向时，半挂车货箱前板与驾驶室后围之间的间隙检查等。

同时还需要对座椅调节、发动机舱盖、行李舱盖和油箱盖的开合、玻璃升降、刮水器刮扫、后视镜调节、转向柱-转向盘调节、安全带、安全气囊等运动予以校核，确保运动无干涉。

此外，在总布置过程中，还需要根据GB 11562—2014《汽车驾驶员前方视野要求及测量方法》、GB 15084—2013《机动车辆 间接视野装置 性能和安装要求》、GB 11555—2009《汽车风窗玻璃除霜和除雾系统的性能和试验方法》、GB 11552—2009《乘用车内部凸出物》等国内标准和国际相关标准，进行前后视野、间接视野、仪表板视野、刮水器刮扫区、盲区及内部凸出物等校核，确保其满足相关法规要求。

练 习 题

1-1 理解产品生命周期的概念，其对汽车开发有怎样的影响？

1-2 请描述汽车产品开发过程的基本共性流程。

1-3 发动机前置前轮驱动的布置形式，如今在乘用车上得到广泛采用，其原因是什么？而发动机后置后轮驱动的布置形式在客车上得到广泛采用，其原因又是什么？

1-4 按照驾驶室与发动机相对位置的不同，货车可分为哪几种布置形式？各有什么优缺点？

1-5 汽车的主要参数分几类？各类又含有哪些参数？各质量参数是如何定义的？

1-6 在进行发动机选择时，除了书中所列出的主要性能指标外，还应该考虑哪些影响因素？

1-7 乘用车采用两厢式车身有什么优缺点？

1-8 对于越野车而言，如何选择合适的轮胎？

1-9 简述在绘制总布置图布置发动机及各总成的位置时，需要注意哪些问题或如何布置才是合理的？

1-10 总布置设计的一项重要工作是进行运动校核，运动校核的内容与意义是什么？

Chapter 2

第二章 离合器设计

第一节 概 述

对于以内燃机为动力的汽车，离合器在机械传动系统中是作为一个独立的总成而存在的，它是汽车传动系统中直接与发动机相连接的总成。目前，汽车上广泛采用的摩擦离合器是一种依靠主、从动部分之间的摩擦来传递动力且能分离的装置。它主要包括主动部分、从动部分、压紧机构和操纵机构四部分，其组成如下：

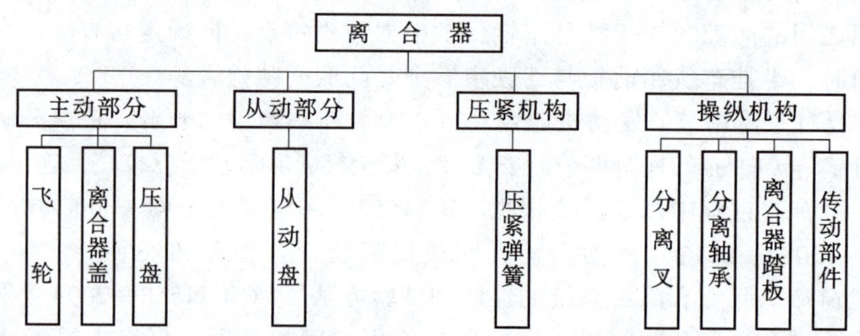

主、从动部分和压紧机构是保证离合器处于接合状态并能传递动力的基本结构，操纵机构是使离合器主、从动部分分离的装置。

离合器的主要功用：切断和实现发动机对传动系统的动力传递，保证汽车起步时将发动机与传动系统平顺地接合，确保汽车平稳起步；在换档时将发动机与传动系统分离，减少变速器中换档齿轮之间的冲击，确保汽车换档平顺；在工作中受到较大的动载荷时，能限制传动系统所承受的最大转矩，以防止传动系统各零部件因过载而损坏；有效地降低传动系统中的振动和噪声。

为了保证离合器具有良好的工作性能，设计离合器时应满足如下基本要求：

1）在任何行驶条件下，既能可靠地传递发动机的最大转矩，并有适当的转矩储备，又能防止传动系统过载。

2）接合时要完全、平顺、柔和，保证汽车起步时没有抖动和冲击。

3）分离时要迅速、彻底。

4）从动部分转动惯量要小，以减轻换档时变速器齿轮间的冲击，便于换档和减小同步器的磨损。

5）应有足够的吸热能力和良好的通风散热效果，以保证工作温度不致过高，延长其使用寿命。

6）应能避免和衰减传动系统的扭转振动，并具有吸收振动、缓和冲击和降低噪声的能力。

7）操纵轻便、准确，以减轻驾驶员的疲劳。

8）作用在从动盘上的总压力和摩擦材料的摩擦因数在离合器工作过程中变化要尽可能小，以保证有稳定的工作性能。

9）具有足够的强度和良好的动平衡，以保证其工作可靠、使用寿命长。

10）结构应简单、紧凑，质量小，制造工艺性好，拆装、维修、调整方便等。

随着汽车发动机转速、功率的不断提高和汽车电子技术的高速发展，人们对离合器的要求越来越高。从提高离合器工作性能的角度出发，传统的推式膜片弹簧离合器结构正逐步地向拉式膜片弹簧离合器结构发展，传统的人力操纵形式正向自动操纵的形式发展。因此，提高离合器的可靠性和延长其使用寿命，适应发动机的高转速、大功率需求，增加离合器传递转矩的能力和简化操纵，已成为离合器的发展趋势。

第二节　离合器的结构方案分析

现代汽车上应用最广泛的离合器是干式盘形摩擦离合器，可按从动盘数目、压紧弹簧布置形式、压紧弹簧结构形式和分离时作用力方向分类如下：

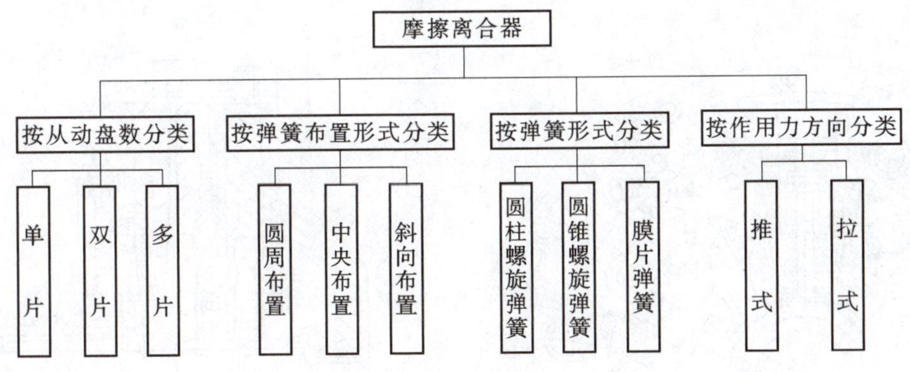

一、从动盘数的选择

1. 单片离合器

对乘用车和最大总质量小于6t的商用车而言，发动机的最大转矩一般不大，在布置尺寸允许的条件下，离合器通常只设有一片从动盘，如图2-1所示。单片离合器结构简单，轴向尺寸紧凑，散热良好，维修调整方便，从动部分转动惯量小，在使用时能保证分离彻底，采用轴向有弹性的从动盘可保证接合平顺。

2. 双片离合器

双片离合器（图2-2）与单片离合器相比，由于摩擦面数增加一倍，因而传递转矩的能力较大；接合更为平顺、柔和；在传递相同转矩的情况下，径向尺寸较小，踏板力较小；中间压盘通风散热性差，容易引起摩擦片过热，加快其磨损甚至导致烧坏；分离行程较大，不易分离彻底，所以设计时在结构上必须采取相应的措施；轴向尺寸较大，结构复杂；从动部分的转动惯量较大。这种结构一般用在传递转矩较大且径向尺寸受到限制的场合。

3. 多片离合器

多片离合器（图 2-3）多采用湿式传动方式，具有接合更加平顺、柔和，摩擦表面温度较低，磨损较小，使用寿命长等优点。但分离行程大，分离不彻底，轴向尺寸和从动部分转动惯量大，主要应用于最大总质量大于 14t 的商用车的行星齿轮变速器换档机构中。

二、压紧弹簧和布置形式的选择

1. 周置弹簧离合器

周置弹簧离合器（图 2-1）的压紧弹簧均采用圆柱螺旋弹簧，并均匀地布置在一个或同心的两个圆周上（图 2-2），其特点是结构简单、制

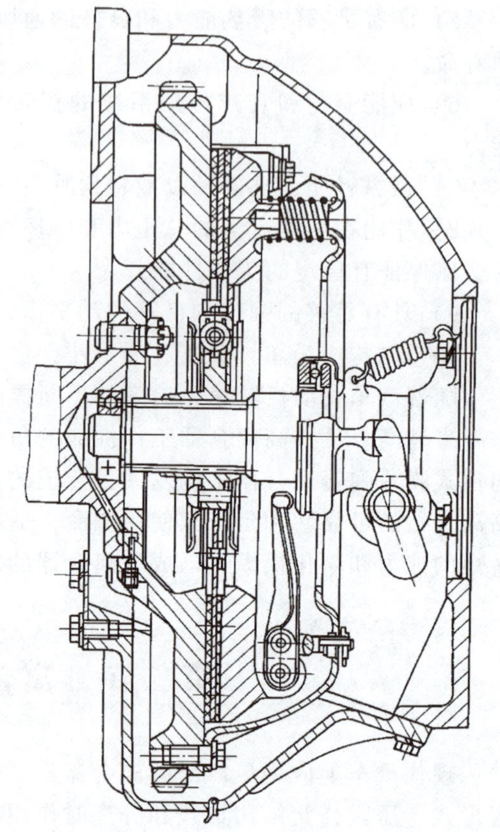

图 2-1 单片离合器

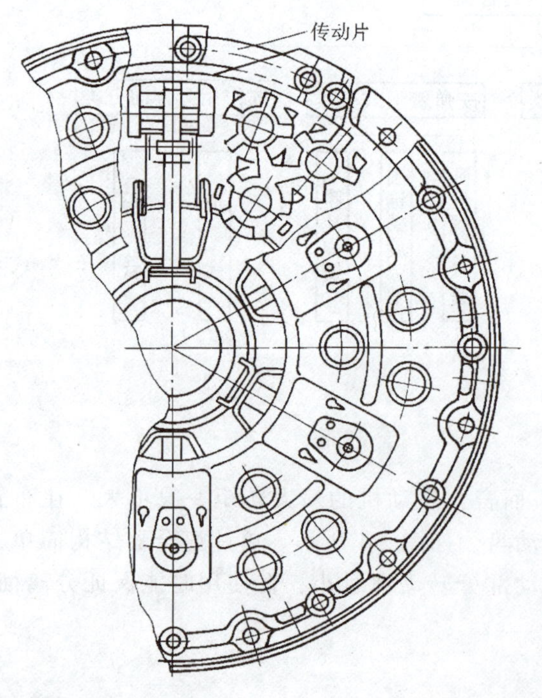

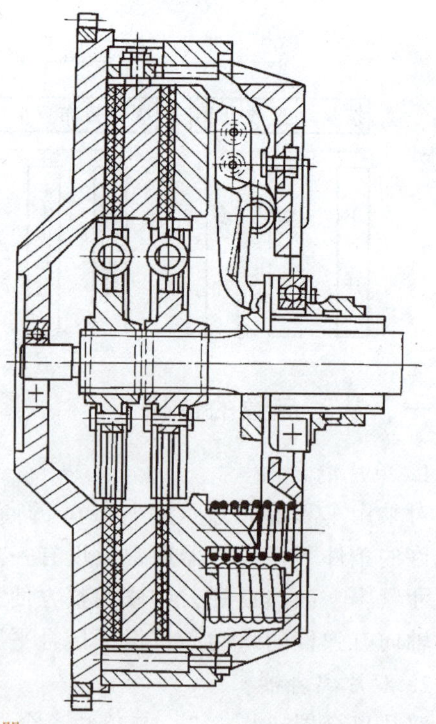

图 2-2 双片离合器

造容易，过去广泛应用于各类汽车上。此结构的弹簧压力直接作用于压盘上，为了保证摩擦片上压力均匀，压紧弹簧的数目要随摩擦片直径的增大而增多，而且应当是分离杠杆的倍数。因压紧弹簧直接与压盘接触，易受热回火失效。当发动机最大转速很高时，周置弹簧由于受离心力作用而向外弯曲，使弹簧压紧力显著下降，离合器传递转矩的能力也随之降低。此外，弹簧靠在其定位座上，易造成接触部位严重磨损，甚至会出现弹簧断裂现象。

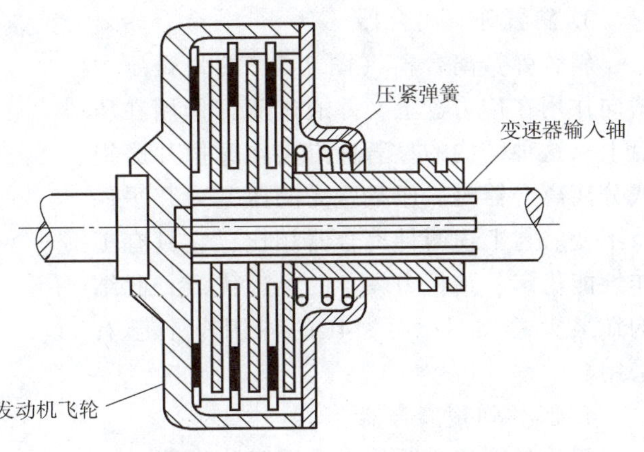

图 2-3 多片离合器

2. 中央弹簧离合器

中央弹簧离合器采用的压紧弹簧布置在离合器的中心，具有以下优点：由于可选较大的杠杆比，因此可得到足够的压紧力，且有利于减小踏板力，使操纵轻便；压紧弹簧不与压盘直接接触，不会使弹簧受热回火失效；通过调整垫片或螺纹容易实现压盘对压紧力的调整。其压紧弹簧可采用一至两个圆柱螺旋弹簧（图 2-4a），或用有利于缩短轴向尺寸的矩形断面圆锥弹簧（图 2-4b）。中央弹簧离合器结构较复杂，轴向尺寸较大，多用于发动机最大转矩大于 400~500N · m 的重型商用车上，以减轻其操纵力。

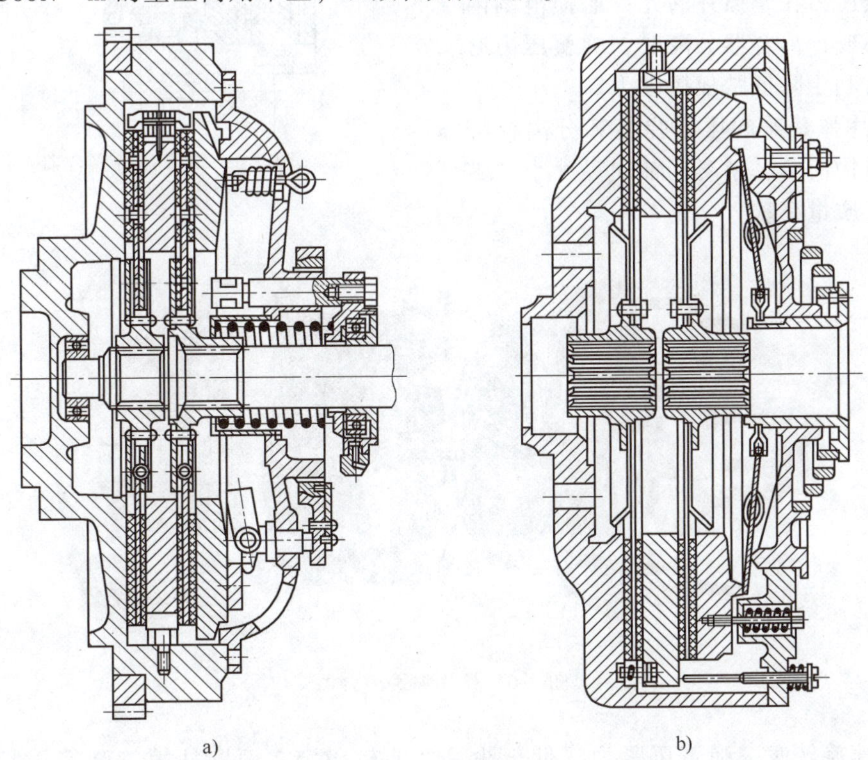

图 2-4 中央弹簧离合器

a）螺旋弹簧式 b）圆锥弹簧式

3. 斜置弹簧离合器

斜置弹簧离合器（图2-5）的弹簧压力斜向作用在传力盘上，并通过压杆作用在压盘上。这种结构的显著优点是在摩擦片磨损或分离离合器时，压盘所受的压紧力几乎保持不变。与上述两种离合器相比，它具有工作性能稳定、踏板力较小的突出优点。此结构在最大总质量大于14t的商用车上已有采用。

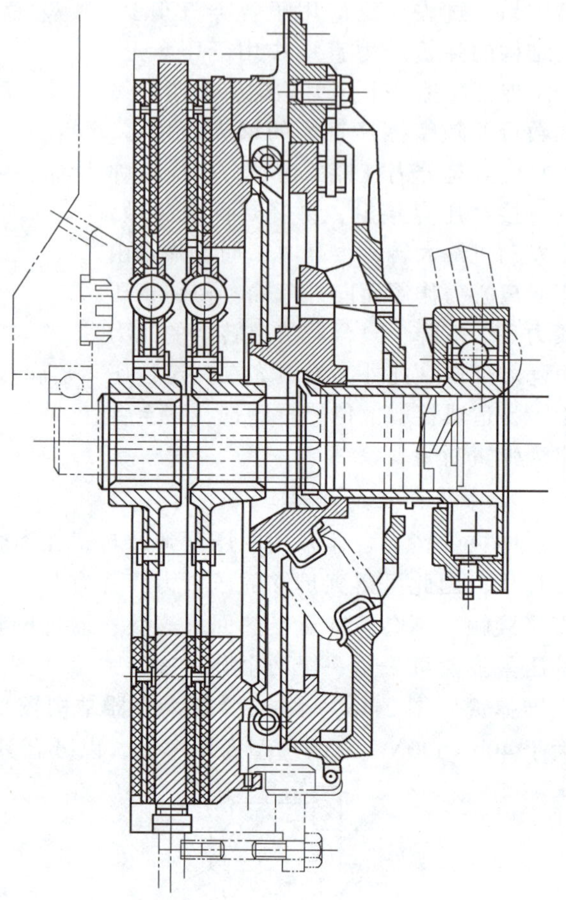

图2-5 斜置弹簧离合器

4. 膜片弹簧离合器

膜片弹簧离合器是指采用膜片弹簧（一种由弹簧钢制成的具有特殊结构的碟形弹簧，主要由碟簧部分和分离指部分组成）作为压紧弹簧的一类离合器，基本结构如图2-6所示。

与其他形式的离合器相比，膜片弹簧离合器具有一系列优点：

1）膜片弹簧具有较理想的非线性弹性特性，弹簧压力在摩擦片的允许磨损范围内基本保持不变；离合器分离时，弹簧压力有所下降，有利于降低踏板操纵力。

2）膜片弹簧兼起压紧弹簧和分离杠杆的作用，结构简单、紧凑，轴向尺寸小，零件数目少，质量小。

图2-6 膜片弹簧离合器

3）高速旋转时，弹簧压紧力降低很少，性能较稳定；而圆柱螺旋弹簧压紧力则明显下降。

4）膜片弹簧以整个圆周与压盘接触，使压力分布均匀，摩擦片接触良好，磨损均匀。

5）易于实现良好的通风散热，使用寿命长。

6）膜片弹簧中心与离合器中心线重合，平衡性好。

但膜片弹簧的制造工艺相对复杂，制造成本较高，对材质和尺寸精度要求较高，其非线性弹性特性在生产中不易控制，开口处容易产生裂纹，端部容易磨损。近年来，由于材料性能的提高，制造工艺和设计方法的逐步完善，膜片弹簧的制造已日趋成熟。因此，膜片弹簧离合器不仅在乘用车上被大量采用，而且在各种形式的商用车上也被广泛采用。

按其分离轴承运动方向不同，膜片弹簧离合器可分为推式和拉式两种。拉式膜片弹簧离合器（图 2-7a）与推式膜片弹簧离合器（图 2-7b）结构不同之处在于：膜片弹簧安装方向相反，拉式为小端向里凹，而推式为向外凸；拉式支承点在膜片弹簧大端附近，而推式支承点在膜片弹簧小端附近。

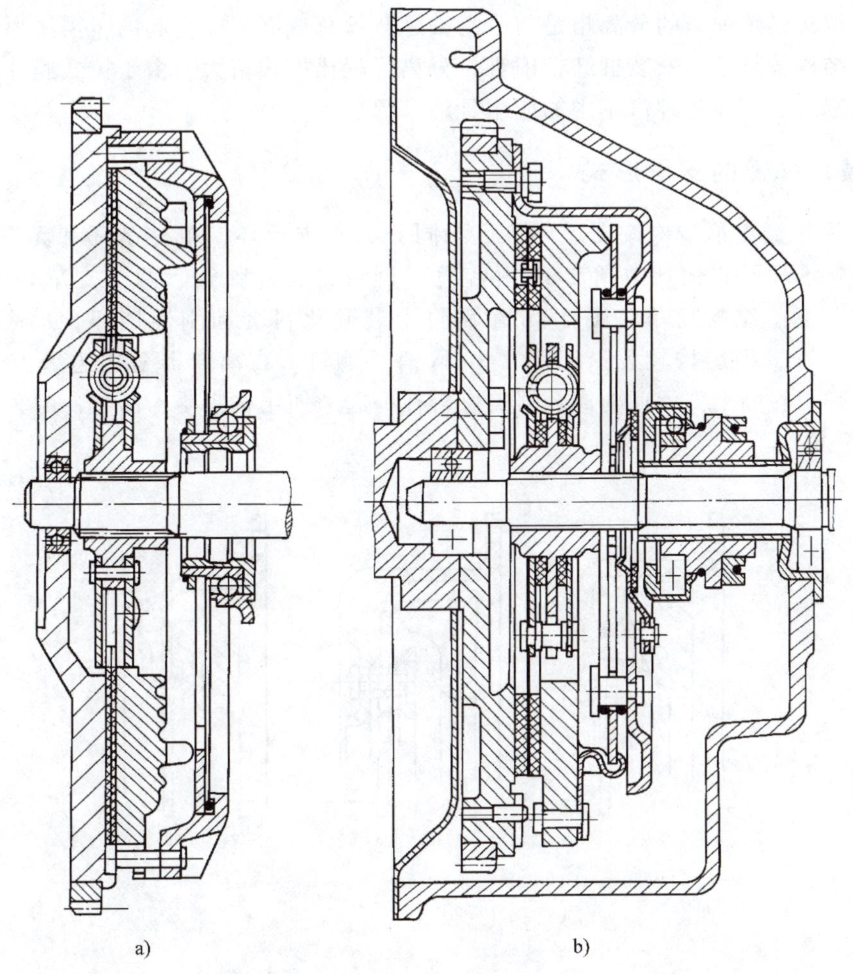

图 2-7 膜片弹簧离合器类型

a）拉式 b）推式

与推式相比，拉式膜片弹簧离合器具有许多优点：

1）取消了中间支承各零件，并不用支承环（图 2-11a）或只用一个支承环（图 2-11b），使其结构更简单、紧凑，零件数目更少，质量更小。

2）拉式膜片弹簧是以中部与压盘相压，在同样压盘尺寸的条件下可采用直径较大的膜片弹簧，提高了压紧力与传递转矩的能力，且并不增大踏板力，在传递相同的转矩时，可采用尺寸较小的结构。

3）在接合或分离状态下，离合器盖的变形量小，刚度大，分离效率更高。

4）拉式的杠杆比大于推式的杠杆比，且中间支承少，减少了摩擦损失，传动效率较高，踏板操纵更轻便，拉式的踏板力比推式的一般可减少约25%~30%。

5）无论在接合状态还是分离状态，拉式结构的膜片弹簧大端与离合器盖支承始终保持接触，在支承环磨损后不会形成间隙而增大踏板自由行程，不会产生冲击和噪声。

6）拉式膜片弹簧离合器使用寿命更长。

7）便于改善不带同步器变速器的换档性能。

但是，拉式膜片弹簧的分离指是与分离轴承套筒总成嵌装在一起的，需采用专门的分离轴承单元，结构较复杂，安装拆卸较困难；分离行程比推式略大。由于拉式膜片弹簧离合器综合性能优越，目前在各种汽车中的应用日趋广泛。

三、膜片弹簧的支承形式

推式膜片弹簧支承结构按支承环数目不同分为双支承环、单支承环和无支承环三种。图2-8为双支承环形式，其中图2-8a用台肩式铆钉将膜片弹簧、两个支承环与离合器盖定位铆合在一起，结构简单；图2-8b在铆钉上装硬化衬套和刚性挡环，提高了耐磨性，延长了使用寿命，但结构较复杂；图2-8c取消了铆钉，在离合器盖内边缘上伸出许多舌片，将膜片弹簧、两个支承环与离合器盖弯合在一起，使结构紧凑、简化，耐久性良好，应用广泛。

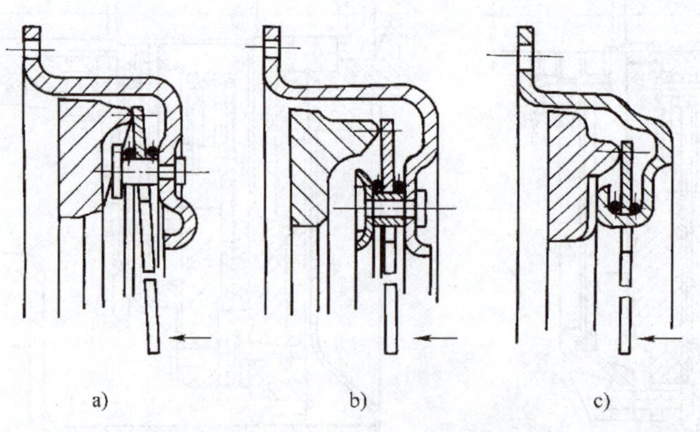

图2-8 推式膜片弹簧双支承环形式

图2-9为单支承环形式，在冲压离合器盖上设置一个环形凸台来代替后支承环（图2-9a），使结构简化，或在铆钉前侧以弹性挡环代替前支承环（图2-9b），以消除膜片弹簧与支承环之间的轴向间隙。

图2-10为无支承环形式，利用斜头铆钉的头部与冲压离合器盖上设置的环形凸台将膜片弹簧铆合在一起而取消前、后支承环（图2-10a），或在铆钉前侧以弹性挡环代替前支承

环，离合器盖上的环形凸台代替后支承环（图 2-10b），使结构更简化或取消铆钉，离合器盖内边缘处伸出的许多舌片将膜片弹簧与弹性挡环和离合器盖上的环形凸台弯合在一起（图 2-10c），结构最为简单。

图 2-11 为拉式膜片弹簧的支承结构形式，其中图 2-11a 为无支承环形式，将膜片弹簧的大端直接支承在离合器盖设置的环形凸台上；图 2-11b 为单支承环形式，将膜片弹簧大端支承在离合器盖中的支承环上。

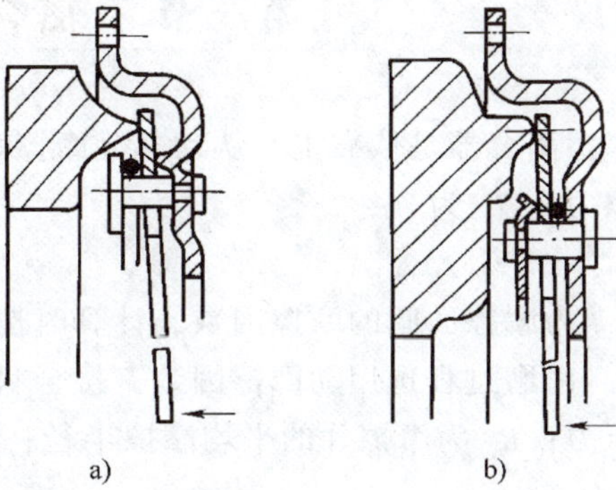

a) b)

图 2-9 推式膜片弹簧单支承环形式

四、压盘的驱动方式

压盘是离合器的主动部分，在传递转矩时它和发动机飞轮一同带动从动盘转动，所以它应与飞轮连接在一起。但这种连接应允许压盘在离合器分离过程中能自由地做轴向移动。

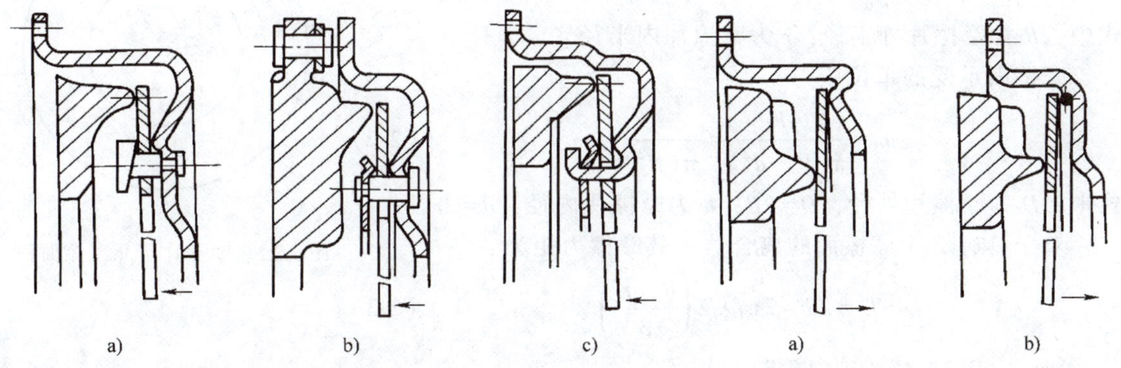

图 2-10 推式膜片弹簧无支承环形式

图 2-11 拉式膜片弹簧支承形式

压盘与飞轮的连接方式按其驱动方式可分为凸块-窗孔式、传力销式、键块式和弹性传动片式等多种形式。

前三种压盘的驱动方式都有共同的缺点，即连接之间有间隙，在传动中将产生冲击和噪声，且随着接触部分磨损的增加，间隙将加大，引起更大的冲击和噪声，甚至可能导致凸块根部出现裂纹而造成零件的早期损坏。另外，零件在相对滑动中有摩擦和磨损，降低了离合器操纵部分的传动效率，已基本被淘汰。

为了消除上述缺点，目前广泛采用的是弹性传动片式驱动方式，即沿圆周切向布置三组或四组薄弹簧钢带传动片，其两端分别与离合器盖和压盘以铆钉或螺栓连接，传动片的弹性允许其做轴向移动（图 2-2）。当发动机驱动时传动片受拉，当拖动发动机时传动片受压。弹性传动片式驱动方式结构简单，压盘与飞轮对中性能好，使用平衡性好，工作可靠，寿命长。但其反向承载能力差，汽车反拖时易折断传动片，故对材料要求较高，一般采用弹簧钢。

第三节 离合器主要参数的选择

摩擦离合器是依靠主、从动部分摩擦表面间的摩擦力矩来传递发动机转矩的。离合器的静摩擦力矩 T_c 为

$$T_c = fFZR_c \tag{2-1}$$

式中，f 为摩擦面间的摩擦因数，计算时按照所选定的摩擦对偶件材质确定（一般取0.25~0.30），滑磨过程选用动摩擦因数，接合状态选用静摩擦因数；F 为压盘施加在摩擦面上的工作压力；R_c 为摩擦片的平均摩擦半径；Z 为摩擦面数，单片离合器的 $Z=2$，双片离合器的 $Z=4$。

设 p_0 为摩擦面承受的单位压力，且压力分布均匀，则单元摩擦面积 dS（图2-12）上产生的单元摩擦力矩为

$$\mathrm{d}T = fp_0\mathrm{d}S\rho = fp_0\rho^2\mathrm{d}\varphi\mathrm{d}\rho$$

整个摩擦面上产生的摩擦力矩为

$$T = \int_r^R\int_0^{2\pi} fp_0\rho^2\mathrm{d}\rho\mathrm{d}\varphi = 2\pi fp_0\frac{R^3 - r^3}{3}$$

式中，R 为摩擦片外半径；r 为摩擦片内半径。

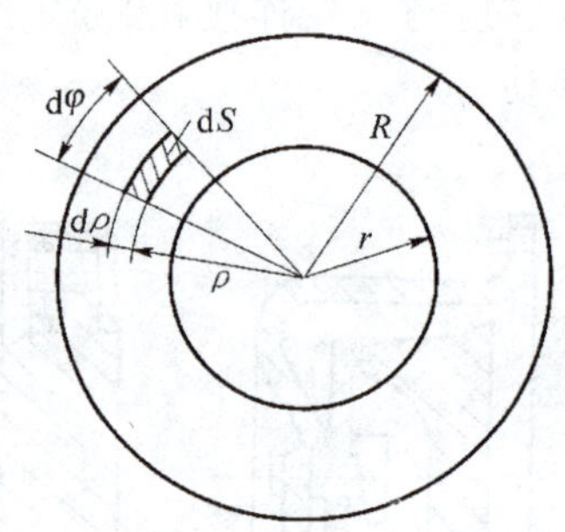

图2-12 摩擦片单元摩擦面积

摩擦面承受的单位压力 p_0 为

$$p_0 = \frac{4F}{\pi(D^2-d^2)} = \frac{F}{\pi(R^2-r^2)} \tag{2-2}$$

式中，D 为摩擦片外径，$D=2R$；d 为摩擦片内径，$d=2r$。

对于具有 Z 个摩擦面的离合器，其摩擦力矩为

$$T_c = ZT = 2\pi fp_0Z\left(\frac{R^3-r^3}{3}\right) \tag{2-3}$$

将式（2-2）代入式（2-3）得

$$T_c = fZF\left(\frac{2}{3}\frac{R^3-r^3}{R^2-r^2}\right) \tag{2-4}$$

比较式（2-1）和式（2-4），可得摩擦片平均摩擦半径 R_c 为

$$R_c = \frac{2}{3}\frac{R^3-r^3}{R^2-r^2} \tag{2-5}$$

当 $d/D \geqslant 0.6$ 时，R_c 可由下式相当准确地计算

$$R_c = \frac{D+d}{4} = \frac{R+r}{2} \tag{2-6}$$

将式（2-2）与式（2-5）代入式（2-1）得

$$T_c = \frac{\pi}{12}fZp_0D^3(1-c^3) \tag{2-7}$$

式中，c 为摩擦片内、外径之比，$c=d/D$，一般在0.53~0.70之间。

为了保证离合器在任何工况下都能可靠地传递发动机的最大转矩，设计时 T_c 应大于发动机最大转矩，即

$$T_c = \beta T_{emax} \tag{2-8}$$

式中，T_{emax} 为发动机最大转矩；β 为离合器的后备系数，定义为离合器所能传递的最大静摩擦力矩与发动机最大转矩之比，β 必须大于 1。

离合器的基本参数主要有性能参数 β 和 p_0，尺寸参数 D、d 和摩擦片厚度 b，以及结构参数摩擦面数 Z 和离合器间隙 Δt，最后还有摩擦因数 f。

一、后备系数 β

后备系数 β 是离合器设计中首要考虑的重要参数，它反映了离合器传递发动机最大转矩的可靠程度。在选择 β 时，应考虑：摩擦片在使用中发生一定磨损后，离合器仍能可靠地传递发动机最大转矩；防止离合器滑磨时间过长；防止传动系统过载；保证操纵轻便等因素。

显然，为可靠传递发动机最大转矩和防止离合器滑磨时间过长，β 不宜选得太小；为使离合器尺寸不致过大，减少传动系统过载，保证操纵轻便，β 又不宜选得太大；当发动机后备功率较大、使用条件较好时，β 可选得小些；当使用条件恶劣、需要拖带挂车时，为提高起步能力，减少离合器滑磨，β 应选得大些；汽车总质量越大，β 也应选得越大；采用柴油机时，由于工作比较粗暴，转矩较不平稳，选取的 β 值应比汽油机大些；发动机缸数越多，转矩波动越小，β 可选得越小；膜片弹簧离合器由于摩擦片磨损后压力保持较稳定，选取 β 值可比螺旋弹簧离合器小些；双片离合器的 β 值应大于单片离合器。各类汽车离合器 β 的取值范围见表 2-1。

表 2-1 离合器后备系数 β 的取值范围

车 型	后备系数 β
乘用车及最大总质量小于 6t 的商用车	1.20～1.75
最大总质量为 6～14t 的商用车	1.50～2.25
挂车	1.80～4.00

二、单位压力 p_0

单位压力 p_0 决定了摩擦表面的耐磨性，对离合器工作性能和使用寿命有很大影响，选取时应考虑离合器的工作条件、发动机后备功率的大小、摩擦片尺寸、材料及其质量和后备系数等因素。应按以下原则确定：对于离合器使用频繁、发动机后备系数较小、载质量大或经常在坏路面上行驶的汽车，p_0 应取小些；当摩擦片外径较大时，为了降低摩擦片外缘处的热负荷，p_0 应取小些；当后备系数较大时，可适当增大 p_0。

当摩擦片采用不同的材料时，p_0 取值范围见表 2-2。

表 2-2 摩擦片单位压力 p_0 的取值范围

<table>
<tr><th colspan="2">摩擦片材料</th><th>单位压力 p_0/MPa</th></tr>
<tr><td rowspan="2">非石棉树脂橡胶基材料</td><td>非缠绕型</td><td>0.15～0.30</td></tr>
<tr><td>缠绕型</td><td>0.25～0.40</td></tr>
<tr><td rowspan="2">粉末冶金材料</td><td>铁基</td><td rowspan="2">0.35～0.50</td></tr>
<tr><td>铜基</td></tr>
<tr><td colspan="2">金属陶瓷材料</td><td>0.70～1.50</td></tr>
</table>

三、摩擦片外径 D、内径 d 和厚度 b

摩擦片外径是离合器的重要参数，它对离合器的轮廓尺寸、质量和使用寿命有决定性的影响。

当离合器结构形式及摩擦片材料已选定，发动机最大转矩 T_{emax} 已知，结合式（2-7）和式（2-8），适当选取后备系数 β 和单位压力 p_0，可估算出摩擦片外径，即

$$D=\sqrt[3]{\frac{12\beta T_{emax}}{\pi f Z p_0(1-c^3)}} \tag{2-9}$$

摩擦片外径 D（mm）也可根据发动机最大转矩 T_{emax}（N · m）按如下经验公式选用

$$D=K_D\sqrt{T_{emax}} \tag{2-10}$$

式中，K_D 为直径系数，取值范围见表 2-3。

表 2-3 直径系数 K_D 的取值范围

车型	直径系数 K_D
乘用车	14.6
最大总质量为 1.8~14.0t 的商用车	16.0~18.5(单片离合器)
	13.5~15.0（双片离合器）
最大总质量大于 14.0t 的商用车	22.5~24.0

当摩擦片外径 D 确定后，摩擦片内径 d 可根据 d/D 在 0.53~0.70 之间来确定。在同样摩擦片外径 D 时，选用较小的摩擦片内径 d 虽可增大摩擦面积，提高传递转矩的能力，但会使摩擦面上的压力分布不均匀，使摩擦片内、外缘圆周的相对滑磨速度差别太大而造成摩擦面磨损不均匀，且不利于散热和扭转减振器的安装。摩擦片尺寸应符合尺寸系列标准 GB/T 5764—2011《汽车用离合器面片》，表 2-4 给出了离合器摩擦片的基本推荐尺寸。需要注意，所选的 D 应使摩擦片最大圆周速度不超过 65~70m/s，且重型汽车该值不超过 50m/s，以免摩擦片发生碎裂破坏。

摩擦片的厚度 b 为 3.0~5.5mm，一般随着摩擦片外径增大而增加。

表 2-4 离合器摩擦片基本推荐尺寸 （单位：mm）

外径	内径	厚度	外径	内径	厚度
160	110	3.0/3.2	275	175	3.5
170	120	3.0/3.2/3.5	300	190	3.5/3.8/4.0
180	125	3.0/3.2/3.5	325	200	3.5/3.8/4.0/4.2/4.5
190	133	3.0/3.2/3.5/3.8	350	220	5.0
200	140	3.5/3.8/4.0	380	220	5.0
210	143	3.5	395	230	4.0
225	150	3.2/3.5	400	250	4.2/4.8/5.0
240	160	3.2/3.5/3.8/4.0	420	220	3.5
250	160	3.5/4.0	430	240	3.5/4.0/4.2/4.5/5.0
255	160	3.2/3.5/3.8/4.0	450	265	5.0/5.5
267	165	3.5			

四、摩擦因数 f、摩擦面数 Z 和离合器间隙 Δt

摩擦片的摩擦因数取决于摩擦片所用的材料及其工作温度、单位压力和滑磨速度等因素。摩擦片的材料主要有树脂橡胶基的合成非石棉材料、粉末冶金材料和金属陶瓷材料等。目前主要使用树脂橡胶基的合成非石棉材料，同时要求不含重金属及其氧化物，并要求摩擦因数稳定，磨损率小，耐温在300℃以上。而粉末冶金材料和金属陶瓷材料的摩擦因数较大且稳定。各种摩擦材料的摩擦因数 f 的取值范围见表2-5。

表2-5 摩擦材料的摩擦因数 f 的取值范围

摩擦材料		摩擦因数 f
非石棉树脂橡胶基材料	非缠绕型	0.20~0.27
	缠绕型	0.20~0.35
粉末冶金材料	铁基	0.35~0.50
	铜基	0.25~0.35
金属陶瓷材料		0.40~0.45

摩擦面数 Z 为离合器从动盘数的两倍，取决于离合器所需传递转矩的大小及其结构尺寸。

离合器间隙 Δt 是指离合器处于正常接合状态、分离套筒被回位弹簧拉到后极限位置时，为保证摩擦片正常磨损过程中离合器仍能完全接合，在分离轴承和分离杠杆内端之间留有的间隙。该间隙 Δt 一般为3~4mm。

第四节 离合器的设计与计算

一、离合器基本参数的优化

设计离合器要确定离合器的性能参数和尺寸参数，这些参数的变化直接影响离合器的工作性能和结构尺寸。这些参数的确定在前面是采用先初选、后校核的方法。下面采用优化的方法来确定这些参数。

1. 设计变量

后备系数 β 由式（2-1）和式（2-8）确定，可以看出 β 取决于离合器工作压力 F 和离合器的主要尺寸参数 D 和 d。

单位压力 p_0 可由式（2-2）确定，p_0 也取决于 F 和 D 及 d。因此，离合器基本参数的优化设计变量选为

$$\boldsymbol{X}=[x_1 \quad x_2 \quad x_3]^{\mathrm{T}}=[F \quad D \quad d]^{\mathrm{T}} \tag{2-11}$$

2. 目标函数

离合器基本参数优化设计追求的目标，是在保证离合器性能要求的条件下使其结构尺寸尽可能小，即目标函数为

$$f(x)=\min\left[\frac{\pi}{4}(D^2-d^2)\right] \tag{2-12}$$

3. 约束条件

1）摩擦片外径 D（mm）的选取应使最大圆周速度 v_D 不超过 65~70m/s，即

$$v_D=\frac{\pi}{60}n_{\mathrm{emax}}D\times10^{-3}\leqslant65\sim70\mathrm{m/s} \tag{2-13}$$

式中，v_D 为摩擦片最大圆周速度（m/s）；n_{emax} 为发动机最高转速（r/min）。

2）摩擦片的内、外径比 c 应在 0.53~0.70 范围内，即

$$0.53\leqslant c\leqslant0.70 \tag{2-14}$$

3）为了保证离合器可靠地传递发动机的转矩，并防止传动系统过载，不同车型的 β 值应在一定范围内，最大范围为 1.2~4.0，即

$$1.2\leqslant\beta\leqslant4.0 \tag{2-15}$$

4）为了保证扭转减振器的安装，摩擦片内径 d 必须大于减振器弹簧位置直径 $2R_0$ 约 50mm（图 2-21），即

$$d>2R_0+50\mathrm{mm} \tag{2-16}$$

5）为反映离合器传递的转矩并保护过载的能力，单位摩擦面积传递的转矩应小于其许用值，即

$$T_{\mathrm{c0}}=\frac{4T_{\mathrm{c}}}{\pi Z(D^2-d^2)}\leqslant[T_{\mathrm{c0}}] \tag{2-17}$$

式中，T_{c0} 为单位摩擦面积传递的转矩（N·m/mm²）；$[T_{\mathrm{c0}}]$ 为其许用值（N·m/mm²），按表 2-6 选取。

表 2-6 单位摩擦面积传递转矩的许用值 （单位：N·m/mm²）

离合器规格 D/mm	≤210	>210~250	>250~325	>325
$[T_{\mathrm{c0}}]/\times10^{-2}$	0.28	0.30	0.35	0.40

6）为降低离合器滑磨时的热负荷，防止摩擦片损伤，对于不同车型，单位压力 p_0 根据所用的摩擦材料在一定范围内选取，p_0 的最大范围为 0.10~1.50MPa，即

$$0.10\mathrm{MPa}\leqslant p_0\leqslant1.50\mathrm{MPa} \tag{2-18}$$

7）为了减少汽车起步过程中离合器的滑磨，防止摩擦片表面温度过高而发生烧伤，离合器每一次接合的单位摩擦面积滑磨功应小于其许用值，即

$$w=\frac{4W}{\pi Z(D^2-d^2)}\leqslant[w] \tag{2-19}$$

式中，w 为单位摩擦面积滑磨功（J/mm²）；$[w]$ 为其许用值（J/mm²），对于乘用车 $[w]=0.40\mathrm{J/mm^2}$，对于最大总质量小于 6.0t 的商用车 $[w]=0.33\mathrm{J/mm^2}$，对于最大总质量大于 6.0t 的商用车 $[w]=0.25\mathrm{J/mm^2}$；W 为汽车起步时离合器接合一次所产生的总滑磨功（J），可根据下式计算

$$W=\frac{\pi^2n_{\mathrm{e}}^2}{1800}\left(\frac{m_{\mathrm{a}}r_{\mathrm{r}}^2}{i_0^2i_{\mathrm{g}}^2}\right) \tag{2-20}$$

式中，m_{a} 为汽车总质量（kg）；r_{r} 为轮胎滚动半径（m）；i_{g} 为汽车起步时所用变速器档位

的传动比；i_0 为主减速器传动比；n_e 为发动机转速（r/min），计算时乘用车取 2000r/min，商用车取 1500r/min。

二、膜片弹簧的弹性特性

膜片弹簧可认为由碟簧和分离指两部分组成，在推导其弹性特性时，忽略分离指的影响，即假设膜片弹簧在承载过程中，其子午断面刚性地绕此断面上的某中性点 O 转动（图 2-13）。

图 2-14 为膜片弹簧在自由状态、压紧状态和分离状态时承载与变形的示意图。通过支承环和压盘施加在膜片弹簧上的载荷 F_1（N）集中在支承点处，加载点间的相对轴向变形为 λ_1（mm）（图 2-14b），则膜片弹簧的弹性特性（图 2-15）如下式表示

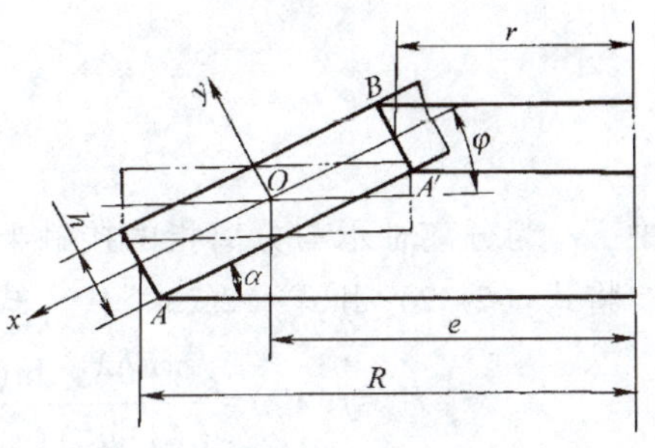

图 2-13 子午断面绕中性点的转动

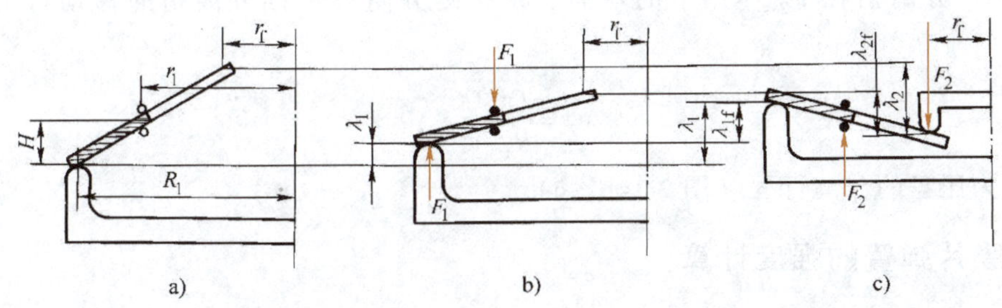

图 2-14 膜片弹簧在不同工作状态时的变形

a）自由状态 b）压紧状态 c）分离状态

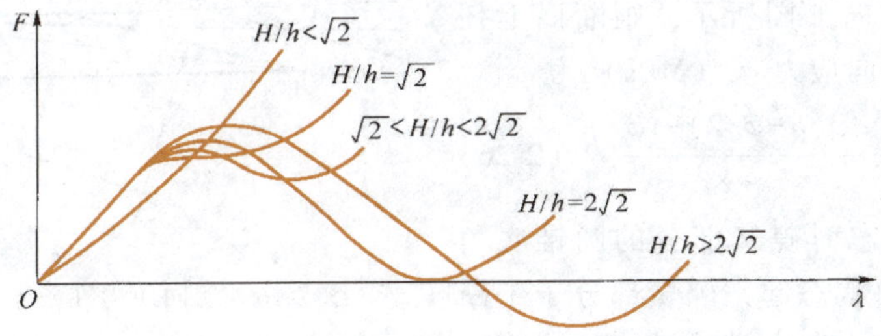

图 2-15 膜片弹簧的弹性特性曲线

$$F_1=f(\lambda_1)=\frac{\pi Eh\lambda_1}{6(1-\mu^2)}\frac{\ln(R/r)}{(R_1-r_1)^2}\left[\left(H-\lambda_1\frac{R-r}{R_1-r_1}\right)\left(H-\frac{\lambda_1}{2}\frac{R-r}{R_1-r_1}\right)+h^2\right] \tag{2-21}$$

式中，E 为材料的弹性模量（MPa），对于钢 $E=2.1\times10^5$MPa；μ 为材料的泊松比，对于钢 $\mu=0.3$；H 为膜片弹簧自由状态下碟簧部分的内截锥高度（mm）；h 为膜片弹簧钢板厚度（mm）；R、r 分别为自由状态下碟簧部分大、小端半径（mm）；R_1、r_1 分别为压盘加载点

和支承环加载点半径（mm）。

当离合器分离时，膜片弹簧的加载点将发生变化（图 2-14c）。设分离轴承对分离指端所加载荷为 F_2（N），相应作用点变形为 λ_2（mm）；另外，在分离与压紧状态下，只要膜片弹簧变形到相同的位置，其子午断面从自由状态也转过相同的转角，则有如下关系

$$\lambda_2=\frac{r_1-r_f}{R_1-r_1}\lambda_1 \tag{2-22}$$

$$F_2=\frac{R_1-r_1}{r_1-r_f}F_1 \tag{2-23}$$

式中，r_f 为分离轴承与分离指的接触半径（mm）。

将式（2-22）和式（2-23）代入式（2-21），即可求得 F_2 与 λ_2 的关系式为

$$F_2=f(\lambda_2)=\frac{\pi E h\lambda_2}{6(1-\mu^2)}\frac{\ln(R/r)}{(r_1-r_f)^2}\left[\left(H-\lambda_2\frac{R-r}{r_1-r_f}\right)\left(H-\frac{\lambda_2}{2}\frac{R-r}{r_1-r_f}\right)+h^2\right] \tag{2-24}$$

同样，将式（2-22）和式（2-23）分别代入式（2-21），也可分别得到 F_1 与 λ_2 和 F_2 与 λ_1 的关系式。

如果不计分离指在 F_2 作用下的弯曲变形，则分离轴承推分离指的移动行程 λ_{2f}（图 2-14c）为

$$\lambda_{2f}=\frac{r_1-r_f}{R_1-r_1}\lambda_{1f} \tag{2-25}$$

式中，λ_{1f} 为压盘的分离行程（图 2-14b、c）。

三、膜片弹簧的强度计算

由前述假设可知，子午断面在中性点 O 处沿圆周方向的切向应变为零，故该点的切向应力为零，O 点以外的点均存在切向应变和切向应力。建立如图 2-16 所示的坐标系 Oxy，坐标原点位于中性点 O，x 轴平行于子午断面的上、下两边，方向如图所示，则断面上任意点（x，y）的切向应力 σ_t（MPa）为

$$\sigma_t=\frac{E}{1-\mu^2}\frac{x\varphi(\alpha-\varphi/2)-y\varphi}{e+x} \tag{2-26}$$

式中，α 为自由状态时碟簧部分的圆锥底角（rad）；φ 为从自由状态起，碟簧部分子午断面的转角（rad）；e 为中性点半径（mm），$e=(R-r)/\ln(R/r)$。

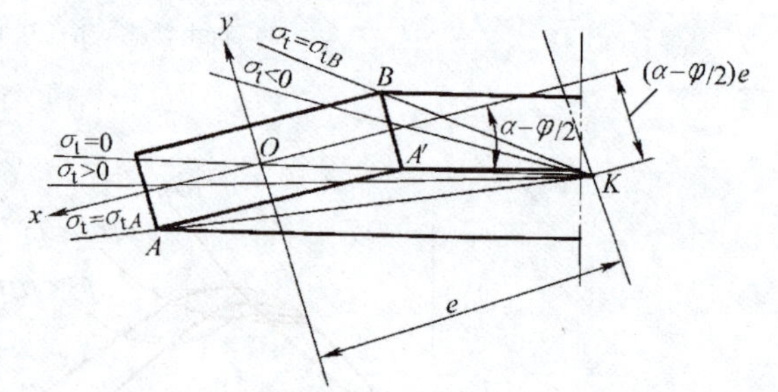

图 2-16 切向应力在子午断面中的分布

由式（2-26）可知，当 φ 一定时，一定的切向应力 σ_t 在 Oxy 坐标系中呈线性分布，当 $\sigma_t=0$ 时有

$$y=(\alpha-\varphi/2)x \tag{2-27}$$

因 $\alpha-\varphi/2$ 很小，$\alpha-\varphi/2\approx\tan(\alpha-\varphi/2)$，则式（2-27）表明：对于一定的 φ，零应力分布在过 O 点而与 x 轴成 $\alpha-\varphi/2$ 角的直线上（图 2-16）。实际上，当 $x=-e$ 时，无论 σ_t 为何值，

均存在 $y=-(\alpha-\varphi/2)e$，即对于一定的 φ，等应力线都汇交于 K 点，其坐标为 $x=-e$，$y=-(\alpha-\varphi/2)e$。显然，OK 为零应力直线，其内侧为压应力区，外侧为拉应力区；等应力线越远离零应力线，其应力值越高。由此可见，碟簧部分内上缘 B 点的切向压应力最大。当 K 点的纵坐标 $(\alpha-\varphi/2)e>h/2$ 时，A 点的切向拉应力最大；当 $(\alpha-\varphi/2)e<h/2$ 时，A'点的切向拉应力最大。

分析表明，B 点的应力值最高，通常只计算 B 点的应力来校核碟簧的强度。将 B 点坐标 $x\approx-(e-r)$ 和 $y=h/2$ 代入式（2-26），可得 B 点的应力 σ_{tB} 为

$$\sigma_{tB}=\frac{E}{(1-\mu^2)r}\left\{\frac{e-r}{2}\varphi^2-\left[(e-r)\alpha+\frac{h}{2}\right]\varphi\right\} \tag{2-28}$$

令 $d\sigma_{tB}/d\varphi=0$，可求出 σ_{tB} 达到极大值时的转角 φ_p 为

$$\varphi_p=\alpha+\frac{h}{2(e-r)} \tag{2-29}$$

式（2-29）表明，B 点的切向压应力达到极大值时，子午断面将相对于碟簧压平位置再多转动一个角度 $h/2(e-r)$。

当离合器彻底分离时，膜片弹簧子午断面的实际转角 $\varphi_f\geqslant\varphi_p$，计算 σ_{tB} 时，φ 应取 φ_p；如果 $\varphi_f<\varphi_p$，则 φ 取 φ_f。

在分离轴承推力 F_2 的作用下，B 点还受弯曲应力 σ_{rB}，其值为

$$\sigma_{rB}=\frac{6(r-r_f)F_2}{nb_r h^2} \tag{2-30}$$

式中，n 为分离指的数目；b_r 为一个分离指根部的宽度（mm）。

考虑到弯曲应力 σ_{rB} 是与切向压应力 σ_{tB} 相互垂直的拉应力，根据最大切应力强度理论，B 点的当量应力为

$$\sigma_{jB}=\sigma_{rB}-\sigma_{tB} \tag{2-31}$$

试验表明，裂纹首先在碟簧压应力最大的 B 点产生，但此裂纹并不发展到损坏，且不明显影响碟簧的承载能力。继后，在 A'点由于拉应力产生裂纹，这种裂纹是发展性的，一直发展到使碟簧破坏。在实际设计中，当膜片弹簧材料采用 60Si2MnA 时，通常应使 σ_{jB} 不大于 1500~1700MPa。

四、膜片弹簧基本参数的选择

（1）高厚比 H/h 和厚度 h 的选择 高厚比 H/h 对膜片弹簧的弹性特性影响极大，如图 2-15 所示。分析式（2-21）可知，当 $H/h<\sqrt{2}$时，$F_1=f(\lambda_1)$ 为增函数；$H/h=\sqrt{2}$时，$F_1=f(\lambda_1)$有一极值，该极值点恰为拐点；当 $H/h>\sqrt{2}$时，$F_1=f(\lambda_1)$有一极大值和一极小值，弹性特性曲线上有一段负刚度区域，可利用其达到分离离合器时载荷下降、操纵省力的目的；$H/h=2\sqrt{2}$时，$F_1=f(\lambda_1)$ 的极小值落在横坐标轴上，此时负刚度区域较大，易导致弹簧工作位置略微变动而造成压紧力变化过大的情况；$H/h>2\sqrt{2}$时，弹性特性曲线穿过了横坐标轴，具有更大的负刚度不稳定工况区，且具有载荷为负值的区域，此种特性适合于汽车液力传动中的锁止机构。因此，为保证离合器压紧力变化不大和操纵轻便，汽车离合器用膜片弹簧的高厚比 H/h 一般为 1.5~2.0，板厚 h 为 2~4mm。

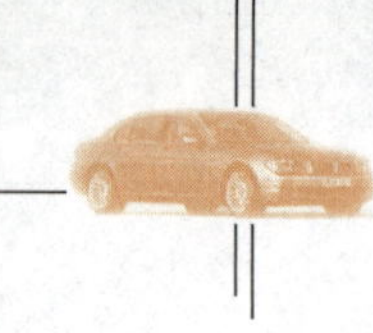

(2) R/r 比值和 R、r 的选择　研究表明，R/r 越大，弹簧材料利用率越低，弹簧越硬，弹性特性曲线受直径误差的影响越大，且应力越高。根据结构布置和压紧力的要求，R/r 一般为 1.20~1.35。为使摩擦片上的压力分布较均匀，推式膜片弹簧的 R 值应取为大于或等于摩擦片的平均半径 R_c，拉式膜片弹簧的 r 值宜取为大于或等于 R_c。而且，对于同样的摩擦片尺寸，拉式的 R 值比推式的大。

(3) 圆锥底角 α 的选择　膜片弹簧自由状态下圆锥底角 α 与内截锥高度 H 关系密切，$\alpha=\arctan[H/(R-r)]\approx H/(R-r)$，一般在 9°~15°范围内，其中乘用车取 10°~12°。

(4) 膜片弹簧工作点位置的选择　膜片弹簧工作点位置如图 2-17 所示。该曲线的拐点 H 对应着膜片弹簧的压平位置，而且 $\lambda_{1H}=(\lambda_{1M}+\lambda_{1N})/2$。新离合器在接合状态时，膜片弹簧工作点 B 一般取在凸点 M 和拐点 H 之间，且靠近或在 H 点处，一般 $\lambda_{1B}=(0.8\sim1.0)\lambda_{1H}$，以保证摩擦片在最大磨损限度 $\Delta\lambda$ 范围内的压紧力从 F_{1B} 到 F_{1A} 变化不大。当分离时，膜片弹簧工作点从 B 变到 C。为最大限度减小踏板力，C 点应尽量靠近 N 点。

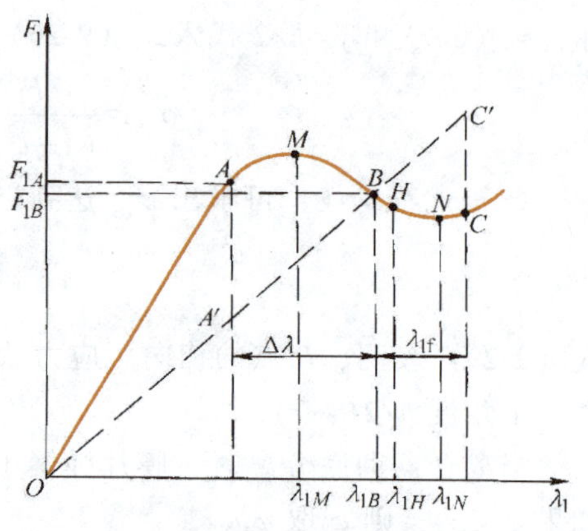

图 2-17　膜片弹簧工作点位置

(5) 分离指数目 n 的选取　分离指数目 n 常取为 18，大尺寸膜片弹簧可取 24，小尺寸膜片弹簧可取 12。

(6) 膜片弹簧小端内半径 r_0（图 2-18）及分离轴承作用半径 r_f 的确定　r_0 由离合器的结构决定，其最小值应大于变速器第一轴花键的外径。r_f 应大于 r_0。

(7) 切槽宽度 δ_1、δ_2 及半径 r_e（图 2-18）的确定　分离指的窗孔有多种形状，如图 2-19 所示。对于圆形窗孔，有 $\delta_1=3.2\sim3.5$mm，$\delta_2=9\sim10$mm，r_e 的取值应满足 $r-r_e\geqslant\delta_2$ 的要求。

(8) 压盘加载点半径 R_1 和支承环加载点半径 r_1 的确定　R_1 和 r_1 的取值将影响膜片弹簧的刚度。r_1 应略大于 r 且尽量接近 r，R_1 应略小于 R 且尽量接近 R。

五、膜片弹簧材料及制造工艺

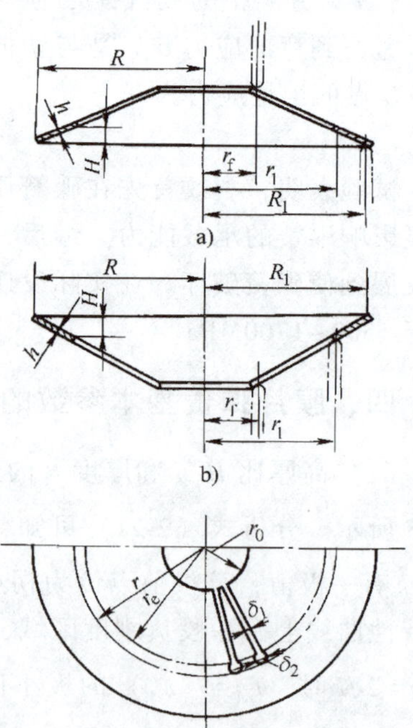

图 2-18　膜片弹簧的尺寸简图

a) 推式　b) 拉式　c) 俯视图

国内膜片弹簧一般采用 60Si2MnA 或 50CrVA 等优质高精度钢板材料。为了保证其硬度、几何形状、金相组织、载荷特性和表面质量等要求，需进行一系列热处理。为了提高膜片弹簧的承载能力，要对膜片弹簧进行强压处理，即沿其分离状态的工作方向，超过彻底分离点后继续施加过量的位移，使其过分离 3~8 次，以产生一定的塑性变形，从而使膜片弹簧的表面

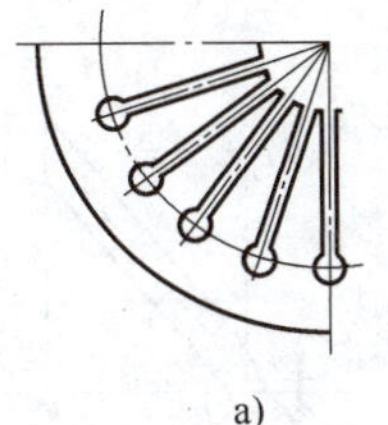
a)

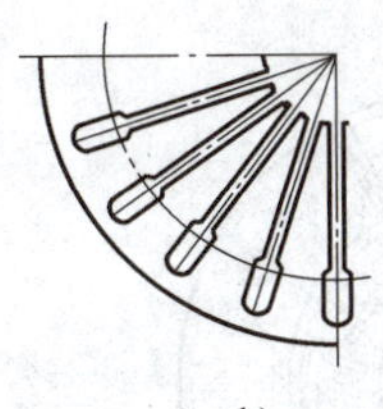
b)

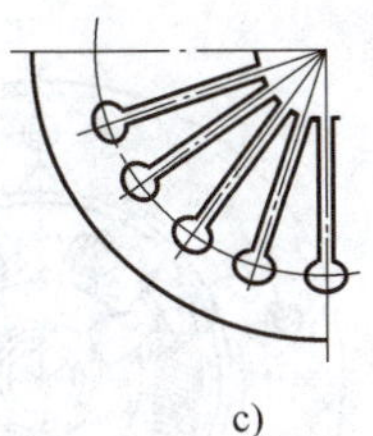
c)

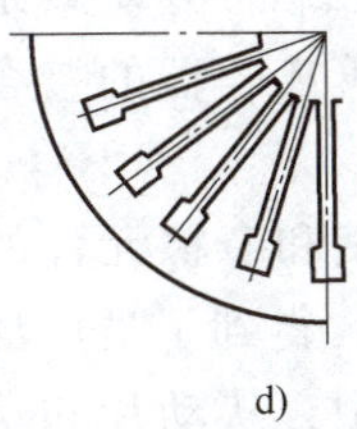
d)

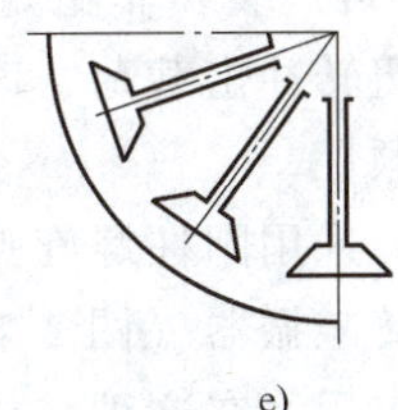
e)

图 2-19　分离指的窗孔形状

a）圆形　b）长圆形　c）椭圆形　d）矩形　e）梯形

产生与使用状态反方向的残余应力而达到强化的目的。一般来说，经强压处理后，在同样的工作条件下，可提高膜片弹簧的疲劳寿命 5%～30%。另外，对膜片弹簧的凹面或双面进行喷丸处理，即以高速弹丸流喷射到膜片弹簧表面，使表层产生塑性变形，从而形成一定厚度的表面强化层，起到冷作硬化的作用，同样也可提高承载能力和疲劳强度。

为了提高分离指的耐磨性，可对其端部进行高频淬火、喷镀铬合金和镀镉或四氟乙烯。在膜片弹簧与压盘接触圆形处，为了防止由于拉应力的作用而产生裂纹，可对该处进行挤压处理，以消除应力源。

膜片弹簧表面不得有毛刺、裂纹、划痕、锈蚀等缺陷。碟簧部分的硬度一般为 45～50HRC，分离指端硬度为 55～62HRC，在同一片上同一范围内的硬度差不大于 3 个单位。碟簧部分应为均匀的回火屈氏体和少量的索氏体。单面脱碳层的深度一般不得超过厚度的 3%。膜片弹簧的内、外半径公差一般为 H11 和 h11，厚度公差为±0.025mm，初始底锥角公差为±10′。膜片弹簧上下表面的表面粗糙度为 1.6μm，底面的平面度一般要求小于 0.1mm。膜片弹簧处于接合状态时，其分离指端的相互高度差一般要求小于 0.8～1.0mm。

第五节　扭转减振器的设计

一、扭转减振器的结构类型

为了降低汽车传动系统的振动，通常在传动系统中串联一个弹性-阻尼装置，即扭转减振器。

扭转减振器主要由弹性元件（减振弹簧或橡胶）和阻尼元件（阻尼片）等组成。弹性元件的主要作用是降低传动系统的首端扭转刚度，从而降低传动系统中扭转系统的某阶（通常为三阶）固有频率，改变系统的固有振型，使之尽可能避开由发动机转矩主谐量激励引起的共振；阻尼元件的主要作用是有效地耗散振动能量。因此，扭转减振器具有如下功能：

1）降低发动机曲轴与传动系统接合部分的扭转刚度，调谐传动系统扭振固有频率。

2）增加传动系统扭振阻尼，抑制扭转共振响应振幅，并衰减因冲击而产生的瞬态扭振。

3）控制动力传动系统总成怠速时离合器与变速器轴系的扭振，消减变速器怠速噪声和主减速器与变速器的扭振及噪声。

4）缓和非稳定工况下传动系统的扭转冲击载荷，改善离合器的接合平顺性。

采用圆柱螺旋弹簧和摩擦元件的扭转减振器（图 2-20）得到了最广泛的应用。在这种结构中，从动片和从动盘毂上都开有若干个窗口，在每个窗口中都装有减振弹簧，因而发动机转矩由从动片传递给从动盘毂时，必须通过沿从动片圆周切向布置的弹簧，这样就将从动片和从动盘毂弹性地连接在一起，从而改变了传动系统的刚度。当所有减振弹簧属同一规格并同时起作用时，扭转减振器的弹性特性为线性的。这种具有线性弹性特性的扭转减振器，结构较简单，广泛用于汽油机汽车中。当发动机为柴油机时，由于怠速时发动机旋转不均匀度较大，常引起变速器常啮合齿轮齿间的敲击，从而产生令人厌烦的变速器怠速噪声。在扭转减振器中，另设置一组刚度较小的弹簧，使其在发动机怠速工况下起作用，以消除变速器怠速噪声。此时可得到两级非线性特性，第一级的刚度很小，称为怠速级；第二级的刚度较大。在柴油机汽车中，目前广泛采用具有怠速级的两级或三级非线性扭转减振器。

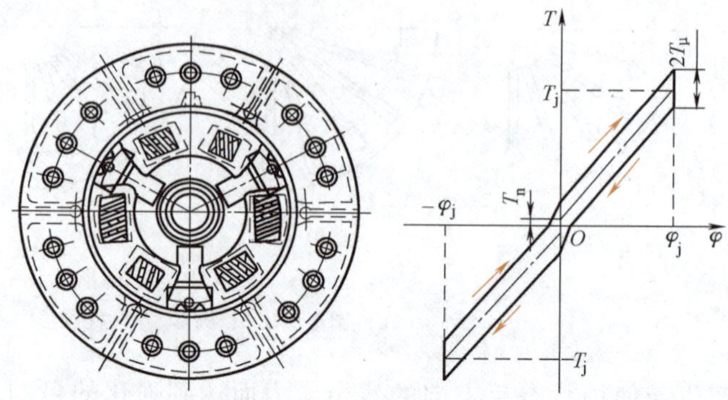

图 2-20 单级线性扭转减振器

在扭转减振器中，也有采用橡胶代替螺旋弹簧作为弹性元件，以液体阻尼器代替干摩擦阻尼器的结构形式，但因其会增大从动盘转动惯量，且需要专用橡胶，所以应用受到限制。

二、扭转减振器主要参数的选择

减振器的扭转刚度 k_φ 和阻尼摩擦元件间的阻尼摩擦转矩 T_μ 是扭转减振器的两个主要参数，决定了减振器的减振效果。其设计参数还包括极限转矩 T_j、预紧转矩 T_n 和极限转角 φ_j 等。

1. 极限转矩 T_j

极限转矩（图 2-20）是指减振器在消除了限位销与从动盘毂缺口之间的间隙 Δ_1（图 2-21）时所能传递的最大转矩，即限位销起作用时的转矩。它受限于减振弹簧的许用应力等因素，与发动机最大转矩有关，一般可取

$$T_j=(1.5\sim2.0)T_{emax} \tag{2-32}$$

式中，对于商用车，系数取 1.5；对于乘用车，系数取 2.0。

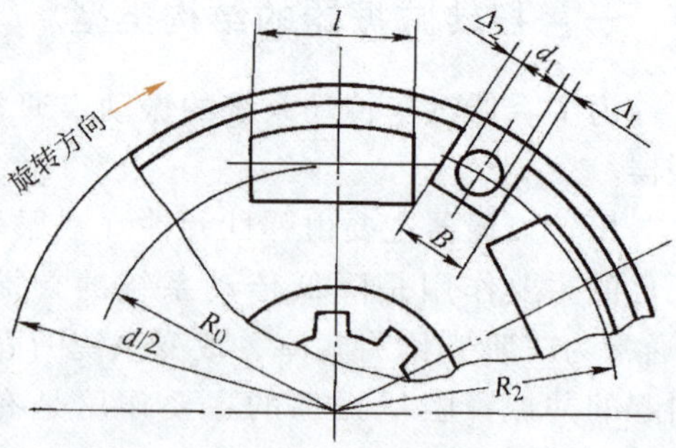

图 2-21 扭转减振器尺寸简图

试验表明，当减振器传递的极限转矩 T_j 与汽车后驱动轮的最大附着力矩 $T_{\varphi max}$ 相等时，传动系统的动载荷最小；若 $T_j<T_{\varphi max}$，系统将会产生冲击载荷；若 $T_j>T_{\varphi max}$，则会增大减振器的角刚度，使传动系统动载荷有所增大。因此，T_j 也可按下式选取

$$T_j = T_{\varphi max} = \frac{G_2 \varphi r_r}{i_0 i_{g1}} \tag{2-33}$$

式中，G_2 为满载汽车后驱动桥静载荷；φ 为附着系数，计算时取 $\varphi = 0.8$；r_r 为车轮滚动半径；i_0 为主减速比；i_{g1} 为变速器一档传动比。

2. 扭转刚度 k_φ

为了避免引起传动系统的共振，要合理选择减振器的扭转刚度 k_φ，使共振现象不发生在发动机常用的工作转速范围内。

k_φ 取决于减振弹簧的线刚度及其结构布置尺寸（图 2-21）。

设减振弹簧分布在半径为 R_0 的圆周上，当从动片相对从动盘毂转过 φ（rad）时，弹簧相应变形量为 $R_0\varphi$。此时所需加在从动片上的转矩为

$$T = 1000KZ_j R_0^2 \varphi \tag{2-34}$$

式中，T 为使从动片相对从动盘毂转过 φ（rad）所需加的转矩（N · m）；K 为每个减振弹簧的线刚度（N/mm）；Z_j 为减振弹簧个数；R_0 为减振弹簧位置半径（m）。

根据扭转刚度的定义，$k_\varphi = T/\varphi$，则

$$k_\varphi = 1000KZ_j R_0^2 \tag{2-35}$$

式中，k_φ 为减振器扭转刚度（N · m/rad）。

设计时，可按经验初选 k_φ 为

$$k_\varphi \leqslant 13T_j \tag{2-36}$$

3. 阻尼摩擦转矩 T_μ

由于减振器扭转刚度 k_φ 受结构及发动机最大转矩的限制，不可能很低，故为了在发动机工作转速范围内最有效地消振，必须合理选择减振器阻尼装置的阻尼摩擦转矩 T_μ。一般可按下式初选为

$$T_\mu = (0.06 \sim 0.17) T_{emax} \tag{2-37}$$

4. 预紧转矩 T_n

减振弹簧在安装时都有一定的预紧。研究表明，T_n 增加，共振频率将向减小频率的方向移动，这是有利的。但是 T_n 不应大于 T_μ，否则在反向工作时，扭转减振器将提前停止工作，故取

$$T_n = (0.05 \sim 0.15) T_{emax} \tag{2-38}$$

5. 减振弹簧的位置半径 R_0

R_0 的尺寸应尽可能大些（图 2-21），一般取

$$R_0 = (0.60 \sim 0.75) d/2 \tag{2-39}$$

6. 减振弹簧个数 Z_j

Z_j 的取值与摩擦片外径相关，可参照表 2-7 选取。

表 2-7 减振弹簧个数的选取

摩擦片外径 D/mm	225 ~ 250	>250 ~ 325	>325 ~ 350	>350
Z_j	4 ~ 6	6 ~ 8	8 ~ 10	>10

7. 减振弹簧总压力 F_Σ

当限位销与从动盘毂之间的间隙 Δ_1 或 Δ_2（图 2-21）被消除，减振弹簧传递的转矩达到

最大值 T_j 时，减振弹簧受到的压力 F_Σ 为

$$F_\Sigma = T_j / R_0 \tag{2-40}$$

8. 极限转角 φ_j

减振器从预紧转矩 T_n 增加到极限转矩 T_j 时，从动片相对从动盘毂的极限转角 φ_j 为

$$\varphi_j = 2\arcsin\frac{\Delta l}{2R_0} \tag{2-41}$$

式中，Δl 为减振弹簧的工作变形量。

φ_j 通常取 3°~12°，对汽车平顺性要求高或发动机工作不均匀时，φ_j 取上限。

三、双质量飞轮减振器

目前通用的从动盘减振器在特性上存在如下局限性：

1）它不能使发动机、变速器振动系统的固有频率降低到发动机怠速转速以下，因此不能避免怠速时的共振。研究表明，发动机、变速器振动系统的固有频率一般为 40~70Hz，相当于四缸发动机转速 1200~2100r/min，或六缸发动机转速 800~1400r/min，一般均高于怠速转速。

2）它在发动机实用转速范围 1000~2000r/min 内，难以通过降低减振弹簧刚度来得到更大的减振效果。因为在从动盘结构中，减振弹簧位置半径较小，其转角又受到限制，如降低减振弹簧刚度，就会增大转角并难以确保传递转矩的能力。

为解决上述问题出现了双质量飞轮减振器，其基本结构如图 2-22 所示。它主要由第一飞轮 1、第二飞轮 2 与扭转减振器 11 组成。第一飞轮 1 与联结盘 9 以螺钉 10 紧固在曲轴凸缘 8 上，并以滚针轴承 7 和球轴承 5 支承在与离合器盖总成 3 紧固的同轴线的第二飞轮 2 的短轴 6 上。在从动盘 4 中没有减振器。

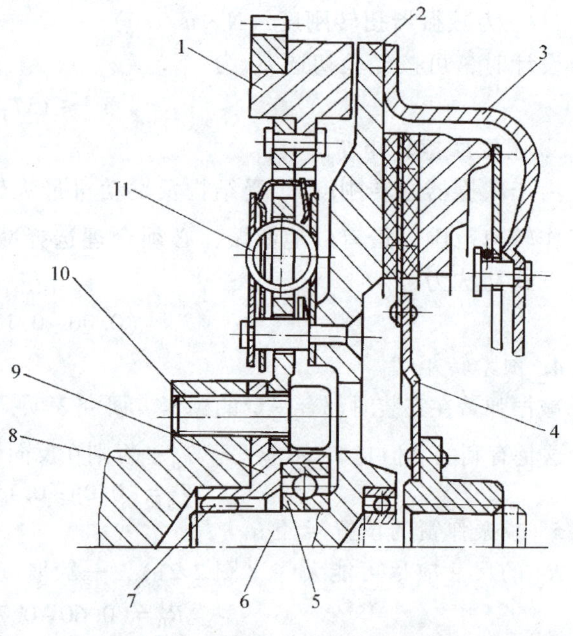

图 2-22 双质量飞轮减振器基本结构

1—第一飞轮 2—第二飞轮 3—离合器盖总成 4—从动盘 5—球轴承 6—短轴 7—滚针轴承 8—曲轴凸缘 9—联结盘 10—螺钉 11—扭转减振器

双质量飞轮减振器具有以下优点：

1）可以降低发动机、变速器振动系统的固有频率，以避免在怠速时发生共振。

2）可以加大减振弹簧的位置半径，降低减振弹簧刚度，并容许增大转角。

3）由于双质量飞轮减振器的减振效果较好，在变速器中可采用黏度较低的齿轮油而不致产生齿轮冲击噪声，并可改善冬季的换档过程。而且，由于从动盘中没有减振器，减小了从动盘的转动惯量，也有利于换档过程。

双质量飞轮有多种结构形式，按弹性元件不同可分为螺旋弹簧式、橡胶弹簧式两种；按弹簧布置不同可分为周向弹簧式和径向弹簧式两种，其中周向弹簧式又有长曲弹簧式和短直弹簧式等形式；按阻尼元件的不同可分为干摩擦阻尼式、黏性摩擦阻尼式和空气阻尼式等类型。

最为常见的是周向长曲弹簧式双质量飞轮（图 2-23a），在飞轮第一质量和减振器之间形成一个封闭的隔腔，在隔腔内布置长弧形螺旋弹簧，并采用内、外组合式弹簧或长、短弹簧分层布置等设计方案实现弹性分级。同时在隔腔内充满了润滑脂，在对运动起阻尼作用的同时也能润滑弹簧。由于弹簧较长，使飞轮两质量间有较大的相对扭转角（一般可达 20°~30°），可获得较小的扭转刚度，共振频率低，因而控制扭振和噪声的能力增强。其主要缺点是为了减小减振器的扭转刚度，则弹簧的刚度要小，所以弹簧较长，而弹簧与固定、保持弹簧的构件间会产生摩擦，摩擦将会使减振器的扭转特性受到影响；弹簧的磨损将影响减振器的寿命；同时还存在密封困难、阻尼的大小不易控制、加工精度要求高等问题。

周向短直弹簧式双质量飞轮（图 2-23b）采用等效长弧形弹簧的组合弹簧方式，各个组合弹簧布置在第一质量和弹簧盖盘形成的弹簧室内，并由驱动盘将各个组合弹簧并联；每个组合弹簧由分布半径相同的多个短直螺旋弹簧借助于滑块和弹簧帽串联；组合弹簧中的弹簧帽和滑块是组合弹簧的滑动支架和导向件，同时起限位作用，实现了用直螺旋弹簧沿圆周方向传递力的功能。其主要特点是可以通过滑块和弹簧帽以及弹簧个数组合的形式等多种方法，更方便灵活地实现多级非线性弹性特性。但是其结构相对复杂，零件数多，生产装配工艺复杂，对零件的制造精度要求也比较高。

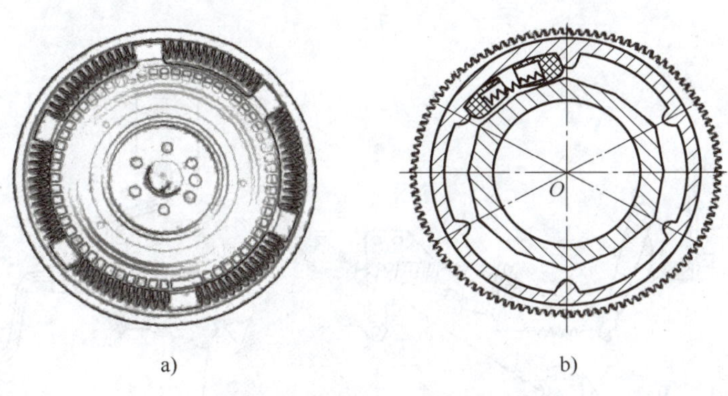

图 2-23 周向弹簧双质量飞轮

a）长曲弹簧式 b）短直弹簧式

第六节 离合器的操纵机构

一、基本要求

为保证离合器正常工作性能，对离合器操纵机构有如下基本要求：

1）踏板力要尽可能小，乘用车一般在 80~150N 范围内，商用车不大于 150N。

2）踏板行程一般在 80~150mm 范围内，最大不应超过 180mm。

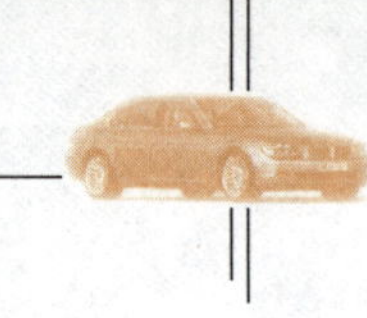

3）应有踏板行程调整装置，以保证摩擦片磨损后分离轴承的自由行程可以复原。

4）应有踏板行程限位装置，以防止操纵机构的零件因受力过大而损坏。

5）应具有足够的刚度。

6）传动效率要高。

7）发动机振动及车架和驾驶室的变形不会影响其正常工作。

8）工作可靠、寿命长，维修保养方便。

二、结构形式选择

离合器操纵机构，主要有机械式、液压式、气压式和自动操纵等形式。为了降低中型以上货车离合器的踏板力，在机械式和液压式操纵机构中有时还采用助力器方式。

机械式操纵机构有杆系和绳索两种形式。杆系操纵机构结构简单，工作可靠，广泛应用于各种汽车中。但其质量大，传动效率低，发动机的振动和车架或驾驶室的变形会影响其正常工作，在远距离操纵时，布置较困难。绳索操纵机构可克服上述缺点，且可采用适宜驾驶员操纵的吊挂式踏板结构（图 2-24）；但其寿命较短，机械效率不高，多用于发动机排量小于 1.6L 的乘用车中。

液压式操纵机构主要由吊挂式离合器踏板、主缸（总泵）、工作缸（分泵）、管路系统和回位弹簧等部分组成（图 2-25），具有摩擦阻力小、传动效率高、质量小、布置方便、便于采用吊挂踏板、驾驶室容易密封、发动机的振动和驾驶室或车架变形不会影响其正常工作、离合器接合较柔和等优点，故广泛应用于各种汽车中。

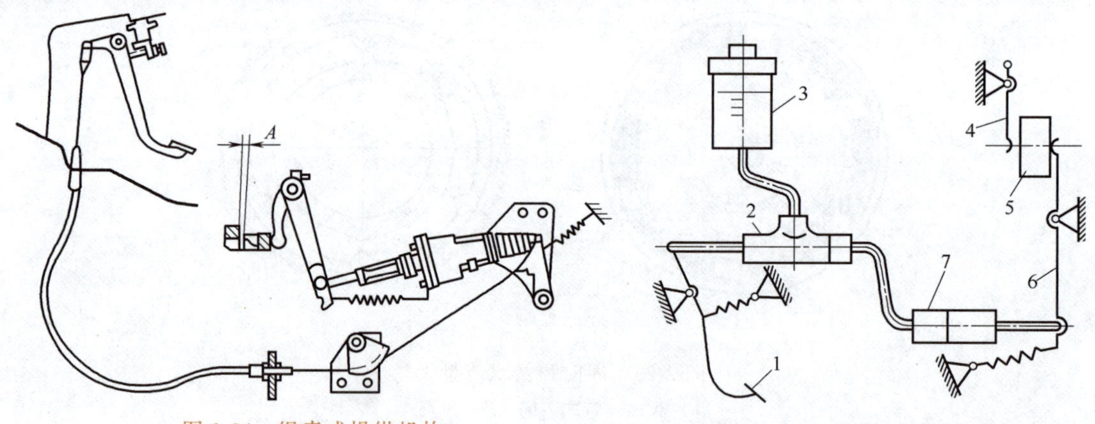

图 2-24　绳索式操纵机构

图 2-25　液压式操纵机构

1—踏板　2—主缸　3—储液室　4—分离杠杆　5—分离轴承　6—分离叉　7—工作缸

在具备压缩空气装置的汽车上可采用气压式操纵机构，它主要由踏板、操纵阀、工作缸、储气筒和管路等部分组成（图 2-26），具有操纵轻便的突出优点。设计时必须保证其随动作用，即工作缸活塞杆的行程与踏板行程成一定比例，而与作用时间的长短无关。这样就能保证当逐渐地松开离合器踏板时，离合器能平稳而柔和地接合。

在中型和重型货车上，离合器压紧弹簧的压紧力很大，为减轻离合器踏板力，在机械式和液压式操纵机构中常采用各种助力器。其中，弹簧式助力器结构简单，但助力效果有限，

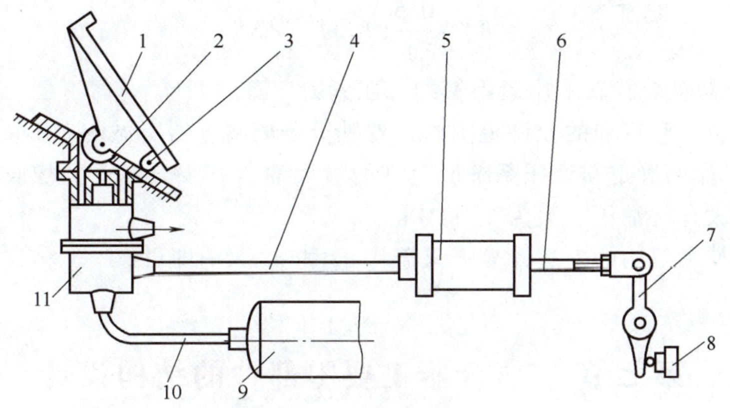

图 2-26 气压式操纵机构

1—离合器踏板 2—滚轮 3—踏板支承 4、10—管路 5—工作缸 6—推杆 7—分离拨叉 8—分离轴承 9—储气筒 11—操纵阀

一般仅可降低踏板力 25%~30%；气压式助力器多在大型客车和重型货车上采用。设计助力器时应保证其失效时，离合器仍能够由人力操纵。

三、设计计算

以液压式操纵机构为例，说明其设计计算过程。由图 2-27 可知，踏板行程 S 由自由行程 S_1 和工作行程 S_2 两部分组成，即

$$S=S_1+S_2=\left(S_{0f}+Z\Delta S\frac{c_2}{c_1}\right)\frac{a_2b_2d_2^2}{a_1b_1d_1^2} \tag{2-42}$$

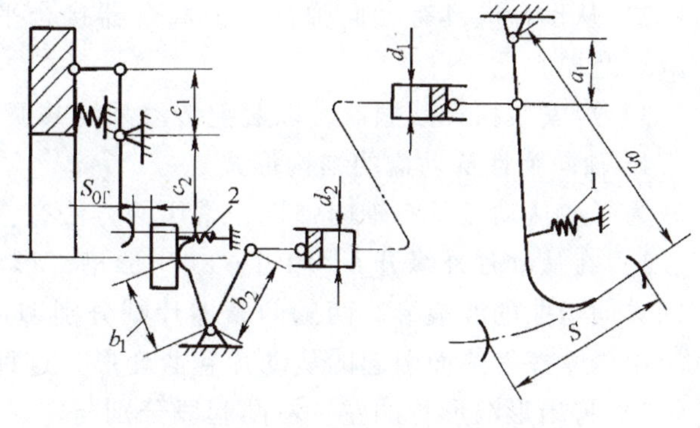

图 2-27 液压式操纵机构传动路线

1、2—回位弹簧

式中，S_{0f} 为分离轴承的自由行程，一般为 1.5~3.0mm，反映到踏板上的自由行程 S_1 一般为 20~30mm；d_1、d_2 分别为主缸和工作缸的直径；Z 为摩擦片面数；ΔS 为离合器分离时对偶摩擦面间的间隙，单片时 $\Delta S=0.85\sim1.30$mm，双片时 $\Delta S=0.75\sim0.90$mm；a_1、a_2、b_1、b_2、c_1、c_2 为杠杆尺寸（图 2-27）。

踏板力 F_f 为

$$F_f=\frac{F'}{i_\Sigma\eta}+F_s \tag{2-43}$$

式中，F' 为离合器分离时，压紧弹簧对压盘的总压力；i_Σ 为操纵机构总传动比，$i_\Sigma=\frac{a_2b_2c_2d_2^2}{a_1b_1c_1d_1^2}$；$\eta$ 为机械效率，液压式 $\eta=80\%\sim90\%$，机械式 $\eta=70\%\sim80\%$；F_s 为克服回位弹簧 1、2 的拉力所需的踏板力，在初步设计时，可忽略。

不考虑回位弹簧的作用，分离离合器所做的功 W_L 为

$$W_L=\frac{0.5}{\eta}(F_1+F')Z\Delta S \tag{2-44}$$

式中，F_1 为离合器接合状态下压紧弹簧的总压紧力。

在规定的踏板力和行程的允许范围内，驾驶员分离离合器所做的功不应大于30J。

工作缸直径 d_2 的确定与液压系统所允许的最大油压有关。考虑到橡胶软管及其管接头的密封要求，最大允许油压一般为5~8MPa。

对于机械式操纵机构的上述计算，只需将 d_1 和 d_2 取消即可。

第七节 离合器主要零部件的结构设计

一、从动盘总成

从动盘总成主要由从动盘毂、摩擦片、从动片、扭转减振器等组成。从动盘对离合器工作性能影响很大，设计时应满足如下要求：

1）从动盘的转动惯量应尽可能小，以减小变速器换档时轮齿间的冲击。

2）从动盘应具有轴向弹性，使离合器接合平顺，便于起步，而且使摩擦面压力均匀，以减小磨损。

3）应安装扭转减振器，以避免传动系统共振，并缓和冲击。

1. 轴向弹性从动盘的结构形式

为了使从动盘具有轴向弹性，常用的方法有：

1）在从动片外缘开6~12个“T”形槽，形成许多扇形，并将扇形部分冲压成依次向不同方向弯曲的波浪形。两侧的摩擦片则分别铆在每相隔一个的扇形上。“T”形槽还可以减小由于摩擦发热而引起的从动片翘曲变形。这种结构主要应用在商用车上。

2）将扇形波形片的左、右凸起段分别与左、右侧摩擦片铆接，由于波形片（厚度小于1.0mm）比从动片（厚1.5~2.5mm）薄，这种结构的轴向弹性较好，转动惯量较小，适宜于高速旋转，主要应用于乘用车和最大总质量小于6t的商用车上。

3）利用阶梯形铆钉杆的细段将成对波形片的左片铆在左侧摩擦片上，并交替地把右片铆在右侧摩擦片上。这种结构的弹性行程大，弹性特性较理想，可使汽车起步极为平顺。这种结构主要应用于发动机排量大于2.5L的乘用车上。

4）将靠近飞轮的左侧摩擦片直接铆合在从动片上，只在靠近压盘侧的从动片铆有波形片，右侧摩擦片用铆钉与波形片铆合。这种结构的转动惯量大，强度较高，传递转矩的能力大，主要应用于商用车上。

2. 从动盘毂

从动盘毂是离合器中承受载荷最大的零件，它几乎承受由发动机传来的全部转矩。它一般采用齿侧对中的矩形花键安装在变速器的第一轴上，花键的尺寸可根据摩擦片的外径 D 与发动机的最大转矩 T_{emax} 由表2-8选取。

从动盘毂轴向长度不宜过小，以免在花键轴上滑动时产生偏斜而使分离不彻底，一般取1.0~1.4倍的花键轴直径。从动盘毂一般采用锻钢（如35、45、40Cr等），并经调质处理，表面和心部硬度一般在26~32HRC。为提高花键内孔表面硬度和耐磨性，可采用镀铬工艺；对减振弹簧窗口及与从动片配合处，应进行高频处理。

表 2-8　从动盘毂花键的尺寸

摩擦片的外径 D/mm	发动机的最大转矩 T_{emax}/N·m	花键尺寸					挤压应力 σ_c/MPa
		齿数 n	外径 D'/mm	内径 d'/mm	齿厚 t/mm	有效齿长 l/mm	
160	49	10	23	18	3	20	9.8
180	69	10	26	21	3	20	11.6
200	108	10	29	23	4	25	11.1
225	147	10	32	26	4	30	11.3
250	196	10	35	28	4	35	10.2
280	275	10	35	32	4	40	12.5
300	304	10	40	32	5	40	10.5
325	373	10	40	32	5	45	11.4
350	471	10	40	32	5	50	13.0

3. 摩擦片

离合器摩擦片在性能上应满足如下要求：

1）摩擦因数较高且较稳定，工作温度、单位压力、滑磨速度的变化对其影响要小。

2）具有足够的机械强度与耐磨性。

3）密度要小，以减小从动盘的转动惯量。

4）热稳定性好，在高温下分离出的黏合剂少，无味，不易烧焦。

5）磨合性能好，不致刮伤飞轮和压盘表面。

6）接合时应平顺而不产生“咬合”或“抖动”现象。

7）长期停放后，摩擦面间不发生“黏着”现象。

离合器摩擦片所用的材料主要有石棉基摩擦材料、粉末冶金摩擦材料和金属陶瓷摩擦材料。石棉基摩擦材料具有摩擦因数较高（大约为0.3~0.45）、密度较小、制造容易、价格低廉等优点。但它性能不够稳定，摩擦因数受工作温度、单位压力、滑磨速度的影响大，故目前主要应用于中、轻载荷下。由于石棉在生产和使用过程中对环境有污染，对人体有害，故以玻璃纤维、金属纤维等来替代石棉纤维。粉末冶金和金属陶瓷摩擦材料具有传热性好、热稳定性与耐磨性好、摩擦因数较高且稳定、能承受的单位压力较高以及寿命较长等优点，但价格较贵，密度较大，接合平顺性较差，主要应用于载质量较大的商用车上。

摩擦片与从动片的连接方式有铆接和粘接两种。铆接方式连接可靠，更换摩擦片方便，适宜在从动片上安装波形片，但其摩擦面积利用率小，使用寿命短。粘接方式可增大实际摩擦面积，摩擦片厚度利用率高，具有较高的抗离心力和切向力的能力；但更换摩擦片困难，且使从动盘难以安装波形片，无轴向弹性，可靠性低。

4. 从动片

从动片要求质量轻，具有轴向弹性，硬度和平面度要求高。其材料常用中碳钢板（如50钢）或低碳钢板（如10钢），一般厚度为1.3~2.5mm，表面硬度为35~40HRC。

5. 波形片和减振弹簧

波形片一般采用65Mn，厚度小于1mm，硬度为40~46HRC，并经过表面发蓝处理。减振弹簧常采用60Si2MnA、50CrVA、65Mn等弹簧钢丝。

二、离合器盖总成

离合器盖总成除了压紧弹簧外，还有离合器盖、压盘、传动片、分离杠杆装置及支承环等。

1. 离合器盖

对离合器盖结构设计的要求：

1）应具有足够的刚度，否则将影响离合器的工作特性，增大操纵时的分离行程，减小压盘升程，严重时使摩擦面不能彻底分离。为此可采取如下措施：适当增大盖的板厚，一般为2.5~4.0mm；在盖上冲制加强肋或在盖内圆周处翻边；尺寸大的离合器盖可改用铸铁铸造。

2）应与飞轮保持良好的对中，以免影响总成的平衡和正常的工作。对中方式采用定位销或定位螺栓，也可采用止口对中。

3）盖的膜片弹簧支承处应具有高的尺寸精度。

4）为了便于通风散热，防止摩擦表面温度过高，可在离合器盖上开较大的通风窗孔，或在盖上加设通风扇片等。

乘用车和载质量较小的商用车的离合器盖一般用08、10钢等低碳钢板，载质量较大的商用车则常用铸铁件或铝合金压铸件。

2. 压盘

对压盘结构设计的要求：

1）压盘应具有较大的质量，以增大热容量，减小温升，防止其产生裂纹和破碎，有时可设置各种形状的散热筋或鼓风筋，以帮助散热通风。中间压盘可铸出通风槽，也可采用传热系数较大的铝合金压盘。

2）压盘应具有较大的刚度，使压紧力在摩擦面上的压力分布均匀并减小受热后的翘曲变形，以免影响摩擦片的均匀压紧及与离合器的彻底分离，厚度约为15~25mm。

3）与飞轮应保持良好的对中，并要进行静平衡，压盘单件的平衡精度应不低于15~20g·cm。

4）压盘高度（从承压点到摩擦面的距离）公差要小。

压盘的厚度初步确定后，应根据下式来校核离合器一次接合的温升

$$t=\frac{\gamma W}{mc} \tag{2-45}$$

式中，t 为压盘温升（℃），不超过8℃；c 为压盘的比热容，铸铁 $c=481.4\text{J/kg}\cdot℃$；m 为压盘质量（kg）；γ 为传到压盘的热量所占的比例，对单片离合器压盘 $\gamma=0.5$，对双片离合器压盘 $\gamma=0.25$，中间压盘 $\gamma=0.5$。

压盘形状较复杂，要求传热性好，具有较高的摩擦因数，通常采用灰铸铁，一般采用HT200、HT250、HT300，硬度为170~227HBW。也有少数压盘采用合金压铸件。

3. 传动片

传动片的作用是在离合器接合时，离合器盖通过它来驱动压盘共同旋转，分离时，又可

利用它的弹性来牵动压盘轴向分离并使操纵力减小。由于各传动片沿圆周均匀分布，它们的变形不会影响到压盘的对中性和离合器的平衡。

传动片常用3~4组，每组2~3片，每片厚度为0.5~1.0mm，一般由弹簧钢带65Mn制成。

4. 分离杠杆装置

对于分离杠杆装置的结构设计要求：

1）分离杠杆应具有较大的弯曲刚度，以免分离时杆件弯曲变形过大，减小了压盘行程，使分离不彻底。

2）应使分离杠杆支承机构与压盘的驱动机构在运动上不发生干涉。

3）分离杠杆内端高度应能调整，使各内端位于平行于压盘的同一平面，其高度差不大于0.2mm。

4）分离杠杆的支承处应采用滚针轴承、滚销或刀口支承，以减小摩擦和磨损。

5）应避免在高速转动时因分离杠杆的离心力的作用而降低压紧力。

6）为了提高通风散热能力，可将分离杠杆制成特殊的叶轮形状，用以鼓风。

分离杠杆主要由08低碳钢板冲压和35等中碳钢锻造成形（锻件硬度为131~156HBW）而成。

5. 支承环

支承环和支承铆钉的安装尺寸精度要高，耐磨性要好。支承环一般采用3.0~4.0mm的碳素弹簧钢丝。

三、分离轴承总成

分离轴承总成由分离轴承、分离套筒等组成。分离轴承在工作中主要承受轴向分离力，同时还承受在高速旋转时离心力作用下的径向力。曾采用推力球轴承（图2-28a）或向心球轴承，但其润滑条件差，磨损严重，噪声大，可靠性差，使用寿命低。后逐步改用角接触推力球轴承（图2-28b、c），采用全密封结构和高温锂基润滑脂，其端部形状与分离指舌尖部形状相配合，舌尖部为平面时采用球形端面，舌尖部为弧形面时采用平端面或凹弧形端面。

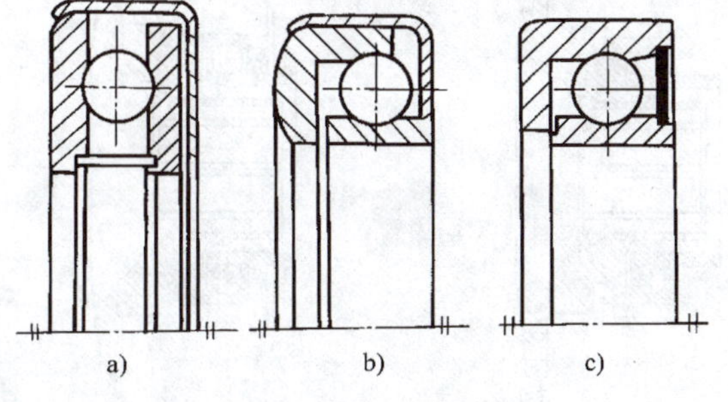

图2-28 分离轴承形式

a）推力球轴承 b）、c）角接触推力球轴承

现代汽车中多采用分离轴承单元形式，按离合器工作方式，分为推式轴承单元和拉式轴承单元两类，其中推式轴承单元包括非调心外圈旋转式轴承单元（图2-29a）、非调心内圈旋转式轴承单元（图2-29b）和自动调心式轴承单元（图2-29c）三种；拉式轴承单元包括非调心式轴承单元（图2-30a、b）和自动调心式轴承单元（图2-30c、d）两种。

相较于外圈旋转式轴承单元，内圈旋转式轴承单元将外圈固定不转，由内圈来推动分离指，适当地增大了膜片弹簧的杠杆比，且由于内圈转动，在离心力作用下，润滑脂在内、外圈间的循环得到改善，提高了轴承使用寿命。

当膜片弹簧旋转轴线与轴承不同心时，自动调心式轴承单元便会自动径向浮动到与其同心的位置，以保证分离轴承能均匀压紧各分离指舌尖部。这样可减小振动和噪声，减小分离指与分离轴承端面的磨损，使轴承不会出现过热而造成润滑脂的流失分解，延长轴承寿命。

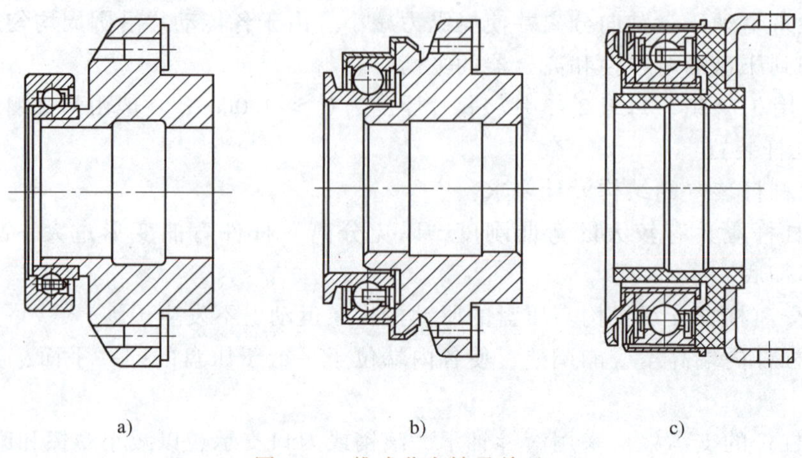

图 2-29 推式分离轴承单元

a）非调心外圈旋转式 b）非调心内圈旋转式 c）自动调心式

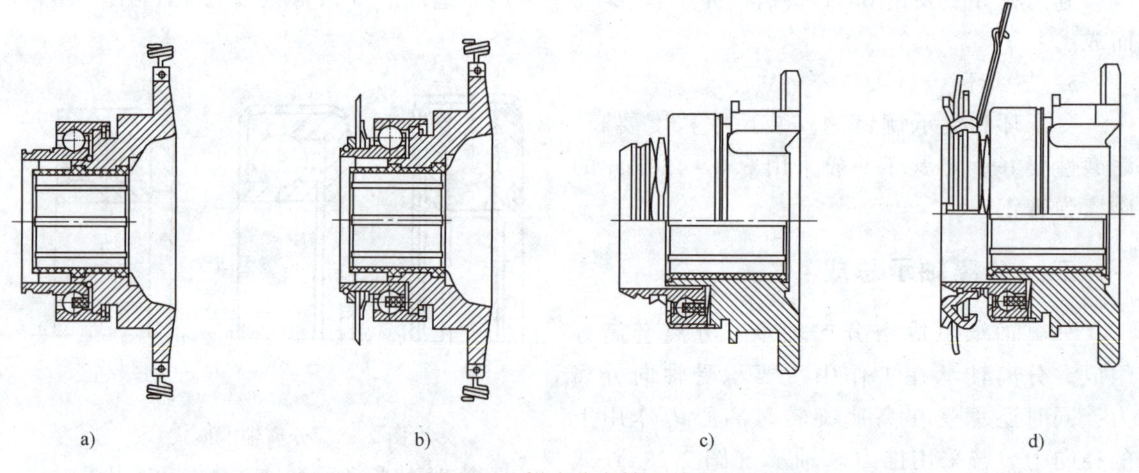

图 2-30 拉式分离轴承单元

a）非调心式（独立轴承单元） b）非调心式（与连接件组合的轴承单元）
c）自动调心式（独立轴承单元） d）自动调心式（与连接件组合的轴承单元）

练 习 题

2-1 设计离合器和离合器操纵机构时，各自应当满足哪些基本要求？

2-2 膜片弹簧主要参数如何选择？强度应如何校核？

2-3 何谓离合器的后备系数？影响其取值大小的因素有哪些？

2-4 膜片弹簧的弹性特性有何特点？影响弹性特性的主要因素是什么？工作点最佳位置应如何确定？

2-5 今有单片和双片离合器各一个，它们的摩擦衬片内、外径尺寸相同，传递的最大转矩 T_{emax} 相同，操纵机构的传动比也一样，问作用到踏板上的力 F_f 是否相等？如果不相等，哪个踏板上的力小？为什么？

2-6 新离合器接合状态时膜片弹簧的工作点 B 与达到最大磨损量时的工作点 A 相比，压紧力应相差不大，且通常 A 点压紧力应略高于 B 点，试分析为什么？

Chapter 3

第三章

机械式变速器设计

第一节　概　　述

变速器用来改变发动机传到驱动轮上的转矩和转速，目的是在原地起步、爬坡、转弯、加速等各种行驶工况下，使汽车获得不同的牵引力和速度，同时使发动机在最有利的工况范围内工作。变速器设有空档，可在起动发动机、汽车滑行或停车时使发动机的动力停止向驱动轮传输。变速器设有倒档，使汽车获得倒退行驶能力。需要时，变速器还有动力输出功能。

对变速器提出如下基本要求：

1）保证汽车有必要的动力性和经济性。

2）设置空档，用来切断发动机动力向驱动轮的传输。

3）设置倒档，使汽车能倒退行驶。

4）设置动力输出装置，需要时能进行功率输出。

5）换档迅速、省力、方便。

6）工作可靠。汽车行驶过程中，变速器不得有跳档、乱档以及换档冲击等现象发生。

7）变速器应当有高的工作效率。

8）变速器的工作噪声低。

9）变速器还应当满足轮廓尺寸和质量小、制造成本低、拆装容易、维修方便等要求。

为了满足汽车必要的动力性和经济性指标要求，需要对变速器的档数、传动比范围和各档传动比进行合理设计。一般汽车工作的道路条件越复杂、比功率越小，则变速器的传动比范围越大。

变速器由变速传动机构和操纵机构组成。变速传动机构可按前进档数或轴的形式进行分类，具体分类如下：

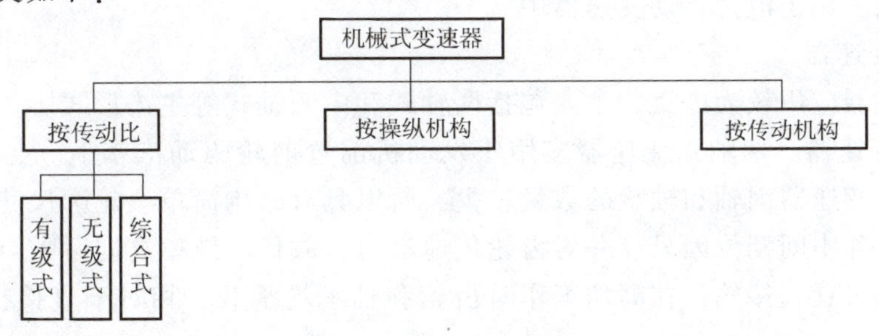

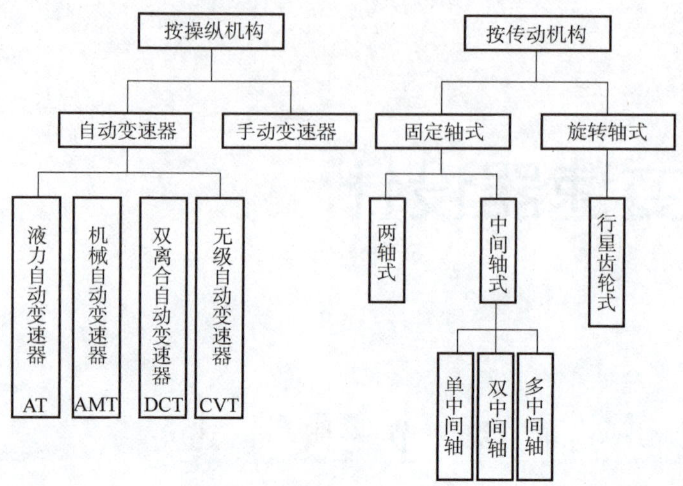

变速器操纵机构包括手动操纵和自动操纵两种，近年来，自动操纵式变速器逐渐成为乘用车市场的主流。

目前，汽车上应用的主流变速器包括手动变速器（Manual Transmission，MT）、机械自动变速器（Automated Manual Transmission，AMT）、双离合自动变速器（Dual-clutch Transmission，DCT）、液力自动变速器（Automatic Transmission，AT）以及无级自动变速器（Continuously Variable Transmission，CVT）等。一般来说手动变速器结构简单，传动效率高，成本较低，但是操作较为繁琐；机械自动变速器燃料经济性较好，成本较低，但是换档顿挫感较强，舒适性差；双离合自动变速器换档速度快，传动效率高，成本相对较低，但是平顺性和可靠性不如液力自动变速器和无级自动变速器；液力自动变速器舒适性好，但是传动效率较低，制造成本较高；无级自动变速器舒适性和燃料经济性较好，动力输出平稳，但是转矩承受能力较低，起步和加速动力偏弱。

第二节 变速器传动机构布置方案

机械式变速器因具有结构简单、传动效率高、制造成本低和工作可靠等优点，故在不同形式的汽车上得到广泛应用。

一、传动机构布置方案分析

根据传动轴运动方式的不同，变速器传动机构主要分为固定轴式和旋转轴式两种结构形式，其中旋转轴式多用于液力自动变速器中。

1. 固定轴式变速器

固定轴式变速器应用较为广泛，主要包括两轴式和中间轴式等主流形式。

（1）两轴式变速器　两轴式变速器多用于发动机前置前轮驱动汽车上。与中间轴式变速器相比，两轴式变速器因轴和轴承的数量较少，所以具有结构简单、轮廓尺寸小和容易布置等优点。此外，各中间档位因只经一对齿轮传递动力，故传动效率高同时噪声也低。但是两轴式变速器不能设置直接档，在高档工作时齿轮和轴承均承载，相对于直接档噪声增大，且容易损坏。另外，受结构限制，两轴式变速器的一档速比不可能设计得很大。对于前进档，两轴式变速器输入轴的转动方向与输出轴的转动方向相反；而中间轴式变速器的第一轴与输出轴的转动方向相同。

图 3-1 所示为发动机前置前轮驱动乘用车上的两轴式变速器典型传动方案。其特点是：变速器输出轴与主减速器主动齿轮做成一体，发动机纵置时，主减速器采用弧齿锥齿轮或准双曲面齿轮，发动机横置时则采用斜齿圆柱齿轮；多数方案的倒档传动采用滑动齿轮，其他档位均采用常啮合齿轮传动。图 3-1f 中的倒档齿轮为常啮合齿轮，并采用同步器换档；同步器多数装在输出轴上，这是因为一档主动齿轮尺寸小，同步器装在输入轴上有困难。高档的同步器可以装在输入轴后端，如图 3-1d、e 所示；图 3-1f 所示方案中五个档位均采用全同步器换档，以此为基础，只要将五档齿轮用尺寸相当的隔套替代，即可改变为四档变速器，从而形成一个系列产品。另外，图 3-1d 所示方案的变速器增加了辅助支承，以提高轴的刚度，减少由于轴变形而导致的齿轮磨损和降低工作噪声。

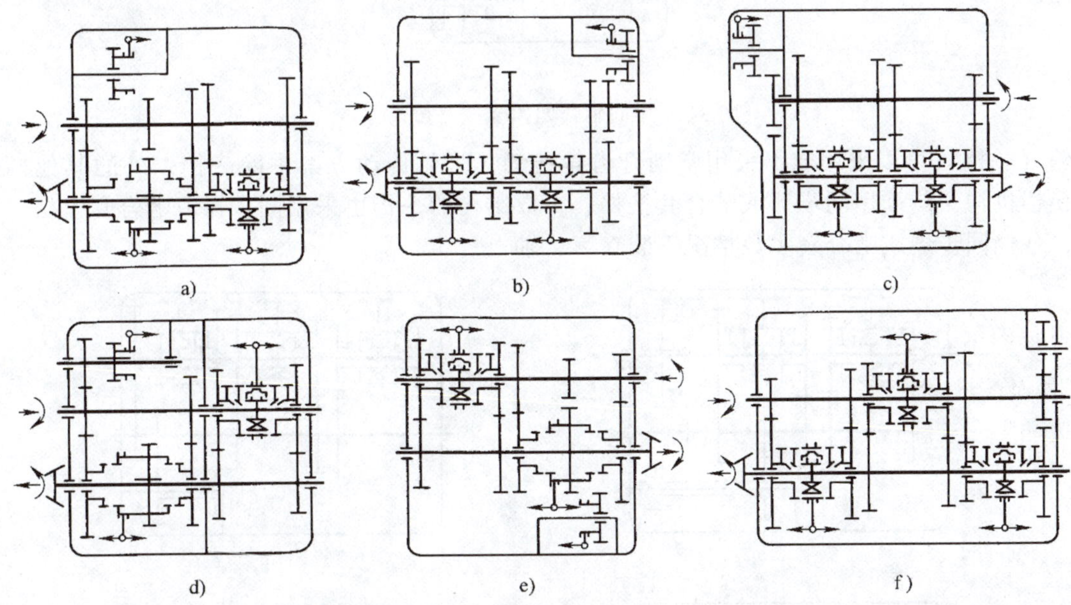

图 3-1 两轴式变速器传动方案

(2) 中间轴式变速器 中间轴式变速器多用于发动机前置后轮驱动的乘用车和发动机后置后轮驱动的客车上。变速器第一轴的前端经轴承支承在发动机飞轮上，第一轴上的花键用来连接离合器的从动盘，而第二轴的末端经花键与万向节连接。

图 3-2~图 3-4 分别示出了几种中间轴式四、五、六档变速器传动方案。其共同特点是：变速器的第一轴后端与常啮合主动齿轮做成一体。绝大多数方案的第二轴前端经轴承支承在第一轴后端的孔内，且保持两轴同轴，经啮合套或同步器将它们连接后可得到直接档。使用直接档，变速器的齿轮和轴承及中间轴均不承载，发动机转矩经变速器第一轴和第二轴直接输出，此时变速器的传动效率高（可达到 90%以上），噪声低、齿轮和轴承的磨损减小。对于除直接档以外的前进档，动力需要经过设置在第一轴、中间轴和第二轴上的两对齿轮传递，因此在变速器中间轴与第二轴之间的距离（中心距）不大的条件下，一档仍然有较大的传动比，但是这会导致传动效率略有降低。档位高的齿轮采用常啮合齿轮传动，档位低的

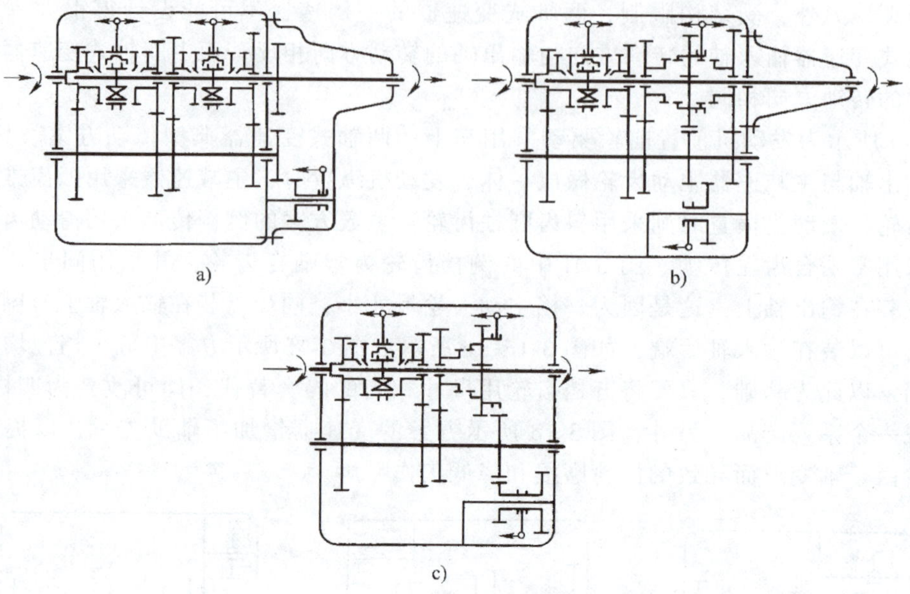

图 3-2　中间轴式四档变速器传动方案

齿轮（一档）可以采用或不采用常啮合齿轮传动；多数传动方案中除一档以外的其他档位的换档机构，均采用同步器或啮合套换档，少数结构的一档也采用同步器或啮合套换档。另外，各档同步器或啮合套多数情况下装在第二轴上。

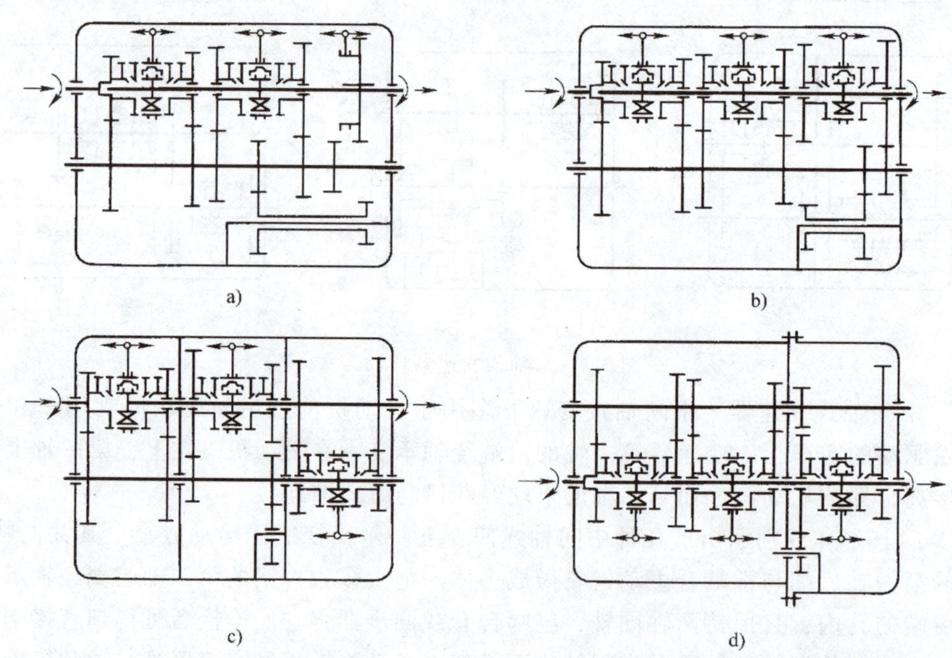

图 3-3　中间轴式五档变速器传动方案

在档位数相同的条件下，各中间轴式变速器主要在常啮合齿轮对数、轴的支承方式、换档方式和倒档传动方案以及档位布置顺序上有所差别。

如图 3-2 中的中间轴式四档变速器传动方案示例的区别为：图 3-2a、b 所示方案有四对

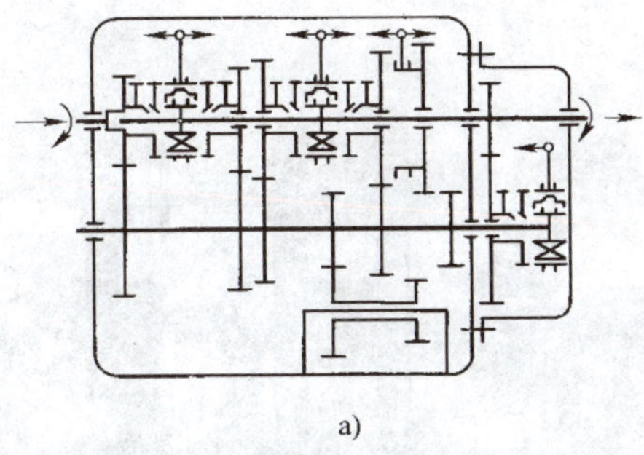
a)

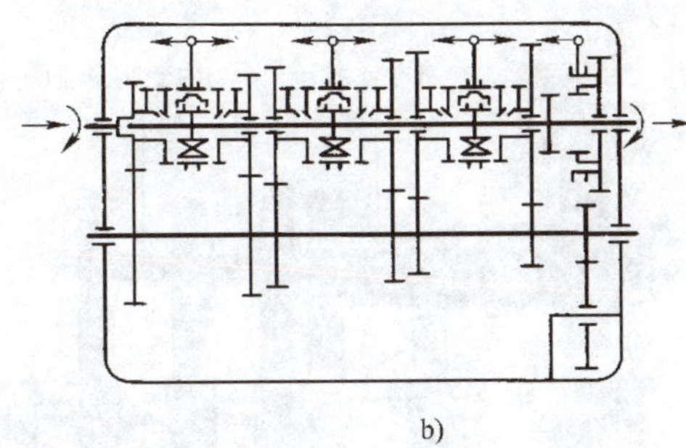
b)

图 3-4 中间轴式六档变速器传动方案

常啮合齿轮，倒档用直齿滑动齿轮换档。第二轴为三点支承，前端支承在第一轴的末端孔内，轴的中部和后端分别支承在变速器壳体和附加壳体上。图 3-2a 所示传动方案能达到提高中间轴和第二轴刚度的目的；图 3-2c 所示传动方案的二、三、四档用常啮合齿轮传动，而一、倒档用直齿滑动齿轮换档，第二轴为两点支承。

图 3-3 所示为中间轴式五档变速器传动方案示例。图 3-3a 所示方案中，除一、倒档用直齿滑动齿轮换档外，其余各档均为常啮合齿轮传动。图 3-3b、c、d 所示方案的各前进档均采用常啮合齿轮传动。图 3-3d 所示方案中的倒档和超速档安装在位于变速器后部的副箱体内，这样布置一方面可以提高轴的刚度、减少齿轮磨损和降低工作噪声，另一方面可以在不需要超速档的情况下，很容易改制成四档变速器。图 3-4a 所示方案中的一档、倒档和图 3-4b 所示方案中的倒档用直齿滑动齿轮换档，其余各档均为常啮合齿轮。

以上各方案中，凡采用常啮合齿轮传动的档位，其换档方式可以用同步器或啮合套来实现。同一变速器中，如果混合采用同步器和啮合套换档方式，那么高档位建议采用同步器换档，低档位建议采用啮合套换档。

对于采用中间轴式变速器的发动机前置后轮驱动乘用车，为缩短传动轴长度，可以将变速器第二轴加长并置于附加壳体内，如图 3-2a、b 所示。如果在附加壳体内布置倒档传动齿轮和换档机构，还能减小变速器主体部分的外形尺寸，提高中间轴和输出轴的刚度，如图 3-2a 所示。

采用如图 3-3c 所示的多支承结构方案也能提高轴的刚度。该方案中高档从动齿轮处于悬臂状态，一档和倒档齿轮布置在变速器壳体的中间跨距里，而中间档的同步器则布置在中间轴上。此时，如果变速器壳体在轴线所在平面上可分离，就能较好地解决轴和齿轮等零部件装配困难的问题。

(3) 双离合自动变速器　双离合自动变速器相当于采用两套变速器和两个离合器，一个变速器处于工作状态时另一个变速器空转，通过两个离合器的切换来实现两变速器交替进入工作状态，可在动力切断时间很短的情况下完成换档。其变速器中一般也采用固定轴式传动机构，类似有两轴式和中间轴式等结构形式，如图 3-5 所示。

按照中间轴数量及其布置方式进行分类，中间轴式双离合自动变速器又可分为单中间轴式和双中间轴式，其中双中间轴式的轴向尺寸更为紧凑，应用范围更广。图 3-6a~f 为几种典型的双离合自动变速器传动方案。

2. 倒档布置方案

与前进档位相比，倒档使用率不高，而且都是在停车状态下实现换倒档，故多数方案采

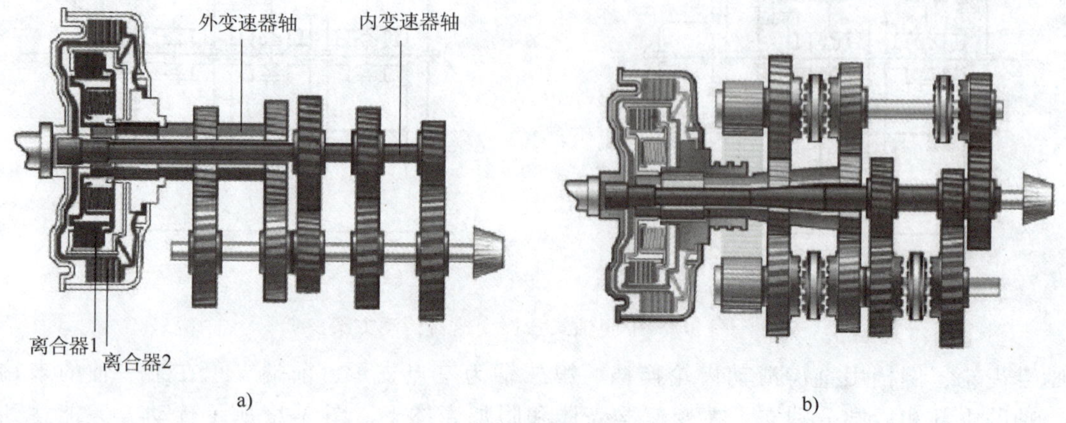

图 3-5　双离合自动变速器传动方案示意

a) 两轴式　b) 中间轴式

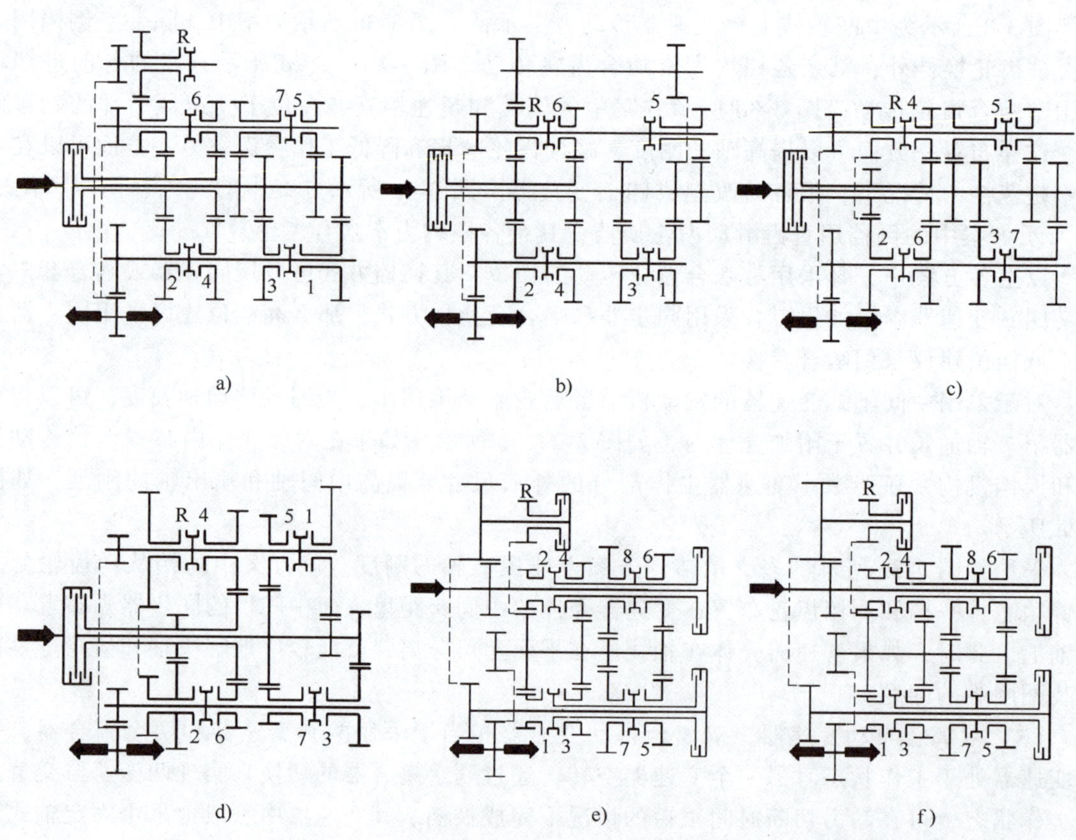

图 3-6　典型双离合自动变速器传动方案

用直齿滑动齿轮方式换倒档。为实现倒档传动，有些方案利用在中间轴和第二轴上的齿轮传动路线中加入一个中间传动齿轮的方案，如图 3-1a、b、c 和图 3-2a、b 所示；也有利用两个联体齿轮方案的，如图 3-2c 和图 3-3a、b 所示。前者虽然结构简单，但是中间传动齿轮的轮齿是在最不利的正、负交替对称变化的弯曲应力状态下工作；而后者是在较为有利的单向循环弯曲应力状态下工作，并使倒档传动比略有增加。也有少数变速器采用结构复杂和使成本增加的啮合套或同步器方案换入倒档，如图 3-1f 所示。

图 3-7 为常见的倒档布置方案。图 3-7b 所示方案的优点是换倒档时利用了中间轴上的一档齿轮，因而缩短了中间轴的长度；但换档时要求有两对齿轮同时进入啮合，使换档困难。图 3-7c 所示方案能获得较大的倒档传动比，缺点是换档顺序不合理。图 3-7d 所示方案针对前者的缺点做了修改，因而取代了图 3-7c 所示方案。图 3-7e 所示方案是将中间轴上的一、倒档齿轮做成一体，将其齿宽加长。图 3-7f 所示方案适用于全部齿轮副均为常啮合的齿轮，换档更为轻便。为了充分利用空间，缩短变速器轴向长度，有的货车采用如图 3-7g 所示的倒档传动方案，其缺点是一、倒档须各用一根变速器拨叉轴，致使变速器上盖中的操纵机构复杂一些。

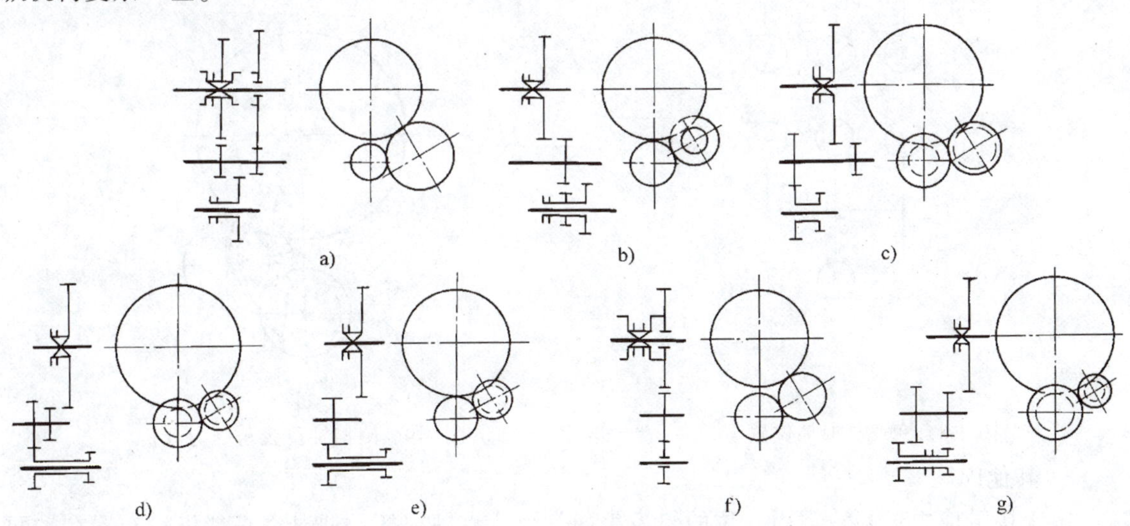

图 3-7　倒档布置方案

变速器的一档和倒档因传动比大，工作时齿轮受力较大，导致变速器轴产生较大的挠度和转角，使工作齿轮啮合状态变坏，最终导致轮齿磨损加快和工作噪声增加。因此，无论是两轴式变速器还是中间轴式变速器，一档与倒档齿轮都应当布置在靠近轴支承点的位置，然后按照从低档到高档的顺序布置各档齿轮，以保证轴有足够大的刚度，同时使装配更加容易。倒档的传动比虽然与一档的传动比接近，但因为使用倒档的时间非常短，从这点出发有些方案将一档布置在靠近轴的支承处，如图 3-2b、图 3-3b、图 3-4a 等所示，然后再布置倒档。此时在倒档工作时，轮齿磨损与噪声在短时间内略有增加，而在一档工作时轮齿的磨损与噪声有所减少。图 3-1c 将倒档齿轮布置在附加壳体内，并紧靠轴的支承处，而一档布置在变速器壳体右侧紧靠支承处，这个方案能很好地解决两个传动比大的档位都布置在靠近支承的地方这一问题。

倒档设置在变速器的左侧或右侧，在结构上均能实现，其区别在于挂倒档时驾驶员移动变速杆的方向不同。为防止意外挂入倒档，一般在挂倒档时需克服防误挂装置产生的阻力。从这一点来考虑，图 3-8a、b 的换档方案比图 3-8c 的方案更合理。图 3-8c 所示方案在挂一档时也需克服防止误挂倒档的阻力，这对驾驶员操纵是不利的。

除此之外，倒档的中间齿轮位于变速器的左侧或右侧对倒档轴的受力状况有不同程度的影响，如图 3-9 所示。

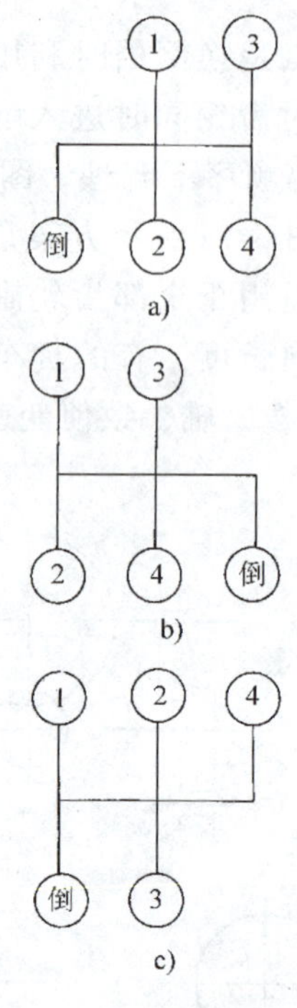

图 3-8 变速杆换档位置与顺序

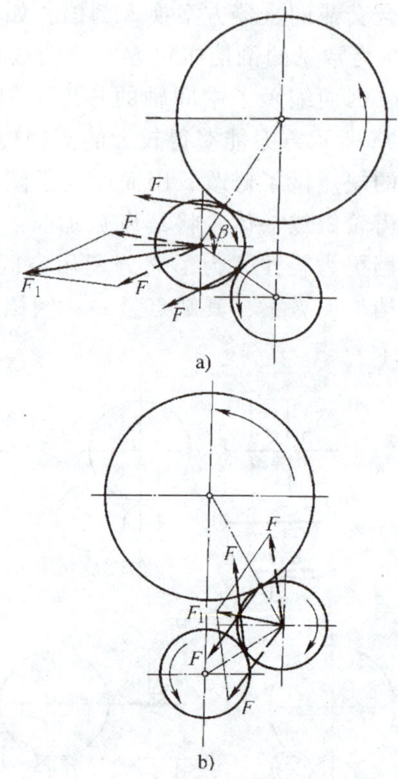

图 3-9 倒档轴位置与受力分析

3. 其他问题

由于接触应力过高，常用档位的轮齿表面易形成点蚀损坏。通过将高档齿轮布置在轴两端支承点中间区域的方式，可以减少由于轴的变形而引起的齿轮偏转角，进而使齿轮可以保持良好的啮合状态，以减少偏载并提高齿轮寿命。

某些汽车变速器设置有仅在好路或空车行驶时才使用的超速档，能够更充分地利用发动机功率，有助于减少发动机磨损和降低燃料消耗。但是与直接档相比，使用超速档会使传动效率降低、工作噪声增加。

机械式变速器的传动效率与所选用的传动方案有关，包括传递动力时处于工作状态的齿轮对数、每分钟转速、传递的功率、润滑系统的有效性、齿轮和壳体等零件的制造精度等。

图 3-10 为发动机纵置时的两轴式变速器结构。其特点是高档同步器布置在输入轴上，而低档同步器布置在输出轴上。为提高轴的刚度，增加了中间支承。

图 3-11 为发动机横置时的两轴式五档变速器结构。其结构特点是：前进档全部采用常啮合齿轮传动，故有五对常啮合齿轮，且换档机构皆为同步器，并全部装在输出轴上；高档常啮合齿轮布置在附加变速器壳体内呈悬臂状的输入、输出轴上；变速器输入轴为三点支承，其上多数齿轮与轴制成一体；离合器壳体、变速器壳体及附加变速器壳体和主减速器壳体连为一体；因主减速器齿轮采用斜齿圆柱齿轮，故可与变速器齿轮用同一种润滑油来润滑。

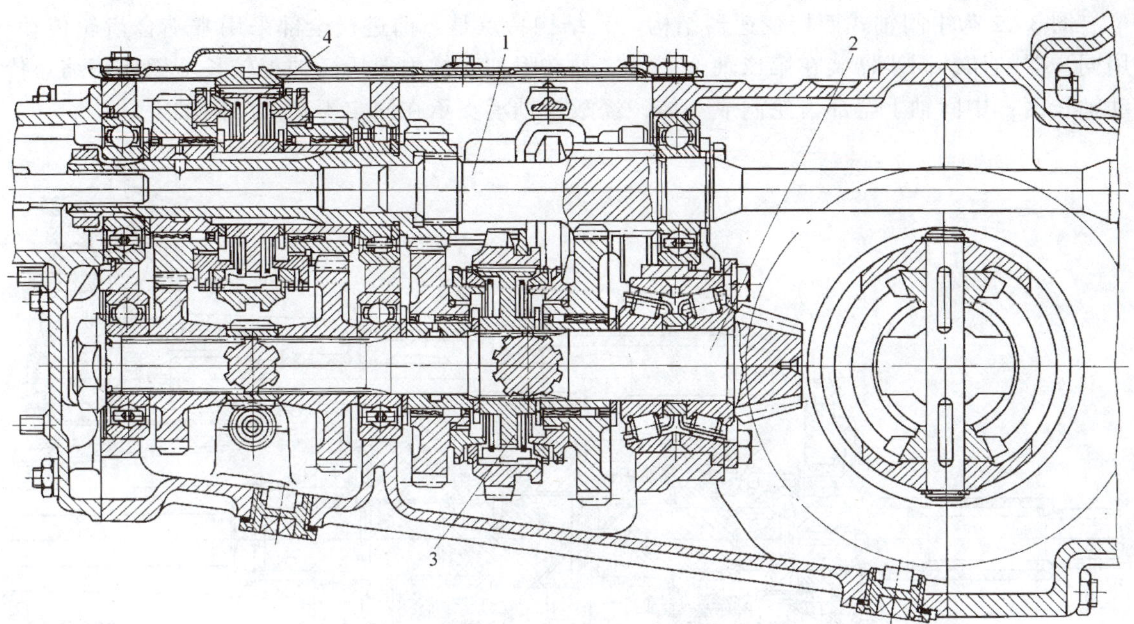

图 3-10 发动机纵置时的两轴式变速器结构

1—输入轴 2—输出轴 3、4—同步器

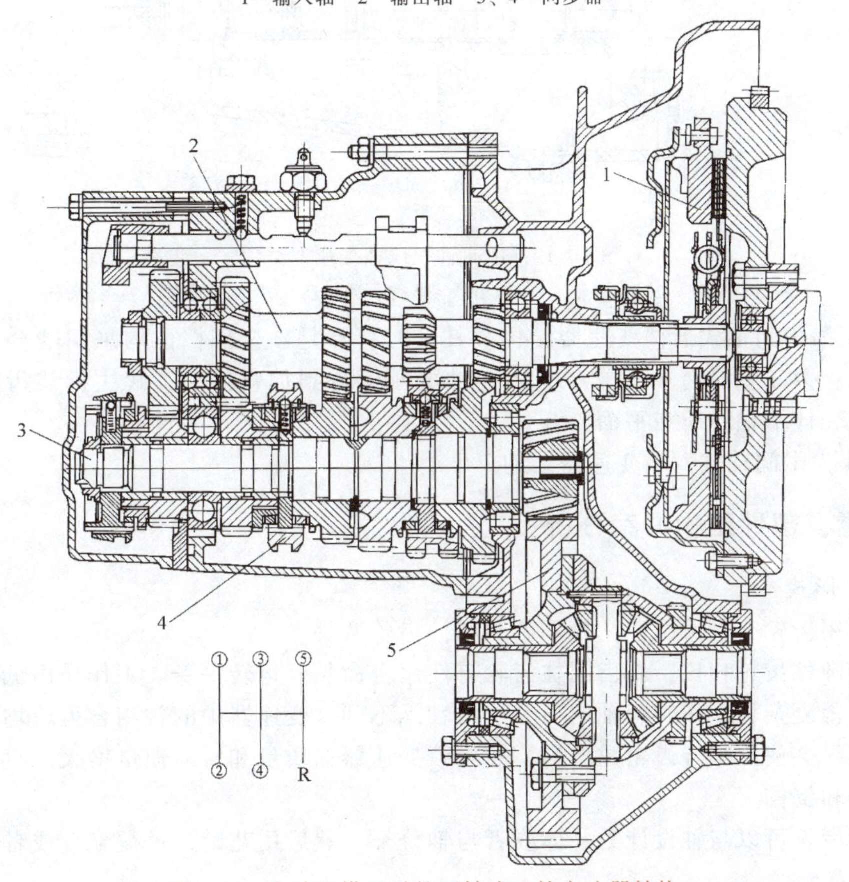

图 3-11 发动机横置时的两轴式五档变速器结构

1—离合器 2—输入轴 3—输出轴 4—同步器 5—主减速器从动齿轮

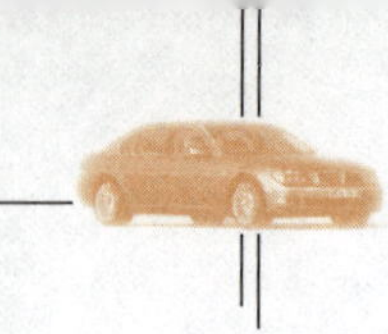

图 3-12 为中间轴式四档变速器结构。其结构特点是：前进档全部采用常啮合齿轮传动，用同步器换档，同步器装在第二轴上；第二轴在附加壳体内向后延伸得较长，因而可缩短传动轴长度；中间轴上全部齿轮制成一体，经滚针轴承支承在固定不动的中间轴上。

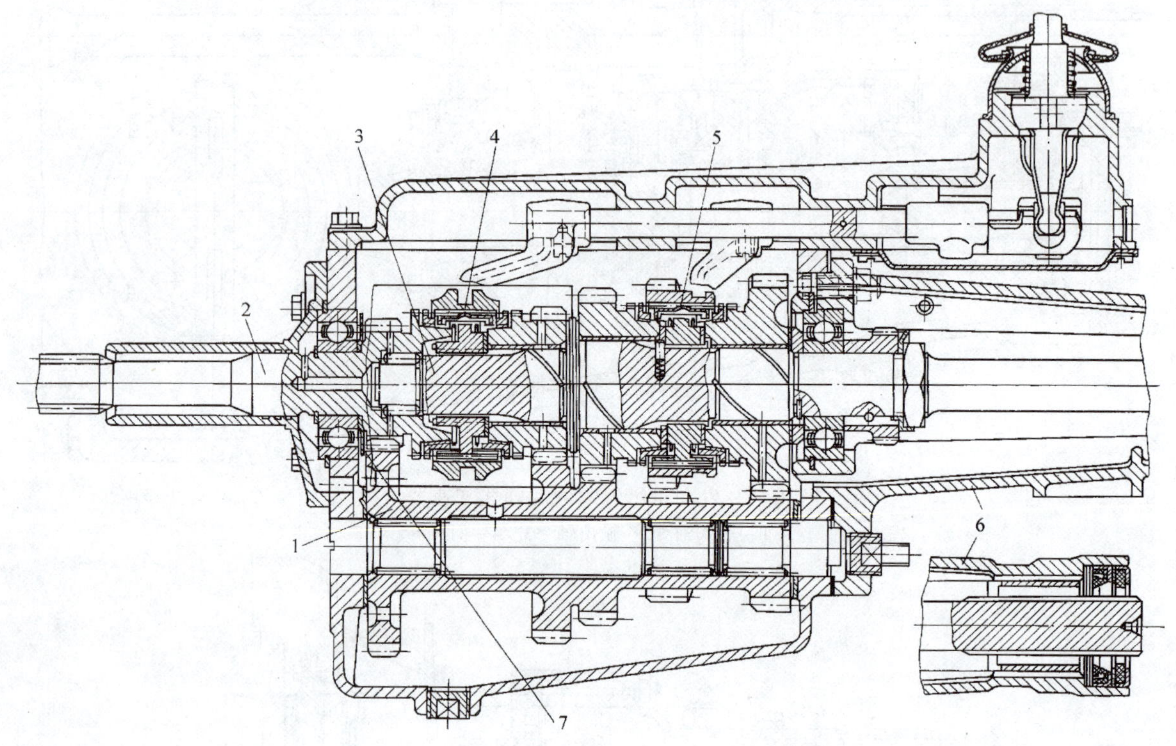

图 3-12 中间轴式四档变速器结构

1—连体齿轮 2—输入轴 3—输出轴 4、5—同步器 6—附加壳体 7—挡油环

图 3-13 为中间轴式五档变速器结构。其结构特点是：全部档位均采用啮合套或滑动齿轮方式换档；第二轴设有中间支承，因而轴的刚度得到加强；为了解决拆装齿轮、轴的困难，变速器壳体沿轴线所在平面分开。

图 3-14 为中间轴式六档变速器结构。

二、零、部件结构方案分析

1. 齿轮形式

变速器用齿轮有直齿圆柱齿轮和斜齿圆柱齿轮两种。

与直齿圆柱齿轮相比，斜齿圆柱齿轮有使用寿命长、运转平稳、工作噪声低等优点；缺点是制造时稍复杂，工作时有轴向力，这对轴承不利。变速器中的常啮合齿轮均采用斜齿圆柱齿轮，这样会使常啮合齿轮数增加，并导致变速器的质量和转动惯量增大。直齿圆柱齿轮仅用于低档和倒档。

变速器齿轮可以与轴设计为一体或者与轴分开，然后用花键、过盈配合或者滑动支承等方式与轴连接。

齿轮尺寸小又与轴分开时，其内孔直径到齿根圆处的厚度（图 3-15）会影响齿轮强度。

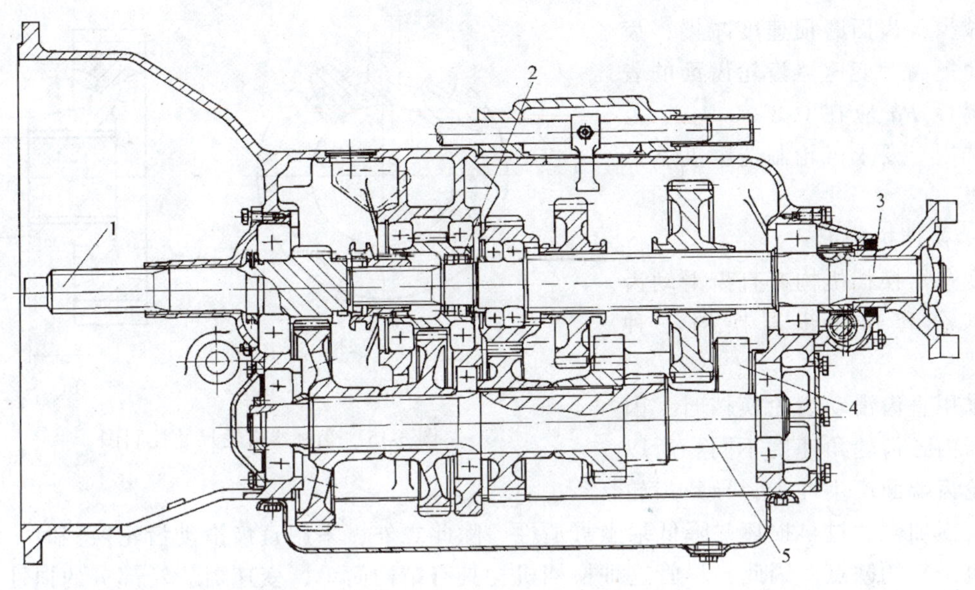

图 3-13 中间轴式五档变速器结构

1—第一轴 2—第二轴中间支承 3—第二轴 4—倒档齿轮 5—中间轴

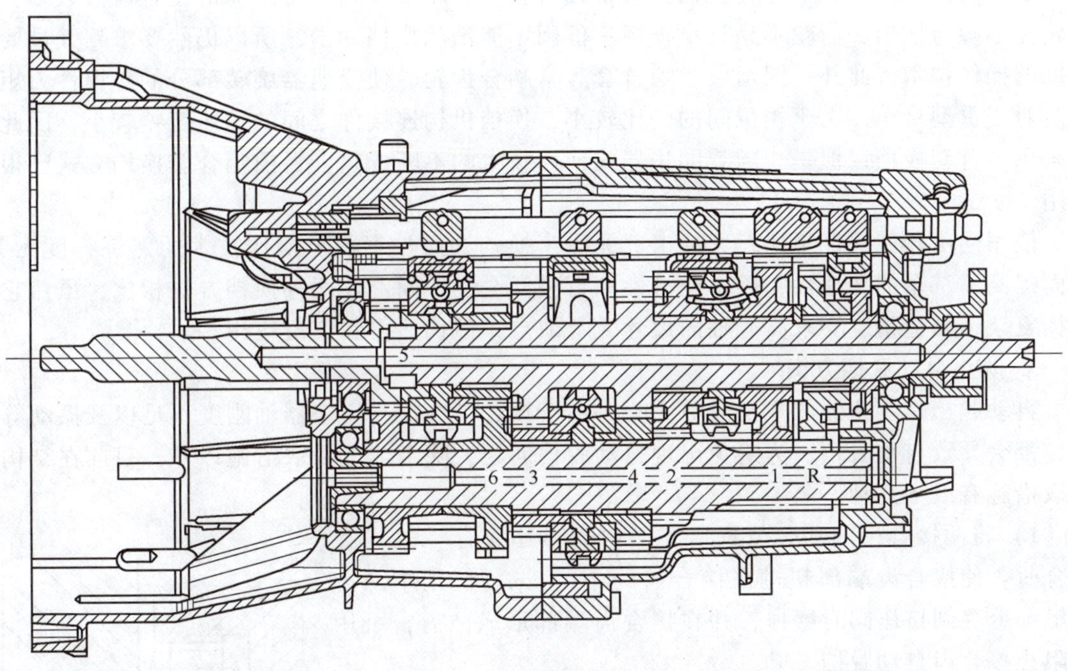

图 3-14 中间轴式六档变速器结构

要求尺寸 b 应该大于或等于轮齿危险断面处的厚度。为了使齿轮装在轴上以后，保持足够大的稳定性，齿轮轮毂部分的宽度尺寸 C，在结构允许条件下应尽可能取大些，至少满足 $C=(1.2\sim1.4)d_2$，其中，d_2 为花键内径。为了减小质量，轮辐处厚度 δ 应在满足强度条件下设计得薄些。图 3-15 中的尺寸 D_1 可取为花键内径的 1.25~1.40 倍。

齿轮表面粗糙度数值降低，则噪声减少，齿面磨损速度减慢，齿轮寿命提高。变速器齿轮齿面的表面粗糙度 Ra 应在 0.8～0.4μm 范围内选用。要求齿轮制造精度不低于 7 级。

2. 换档机构形式

变速器换档机构有直齿滑动齿轮、啮合套和同步器换档三种形式。

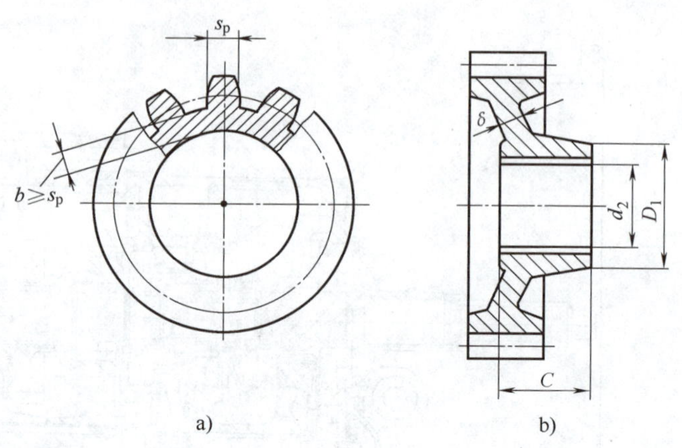

图 3-15 变速器齿轮尺寸控制图

采用直齿滑动齿轮换档时，因变速器内各齿轮角速度不同，所以会在轮齿端面产生冲击，导致齿轮端部磨损加剧、过早损坏并降低乘坐舒适性。除此之外，采用直齿滑动齿轮换档时，换档行程长也是它的缺点。因此，尽管这种换档机构具有结构简单，变速器旋转部分的惯性力矩较小，制造、拆装与维修容易等优点，但除一档、倒档外已很少使用。

当变速器第二轴上的齿轮与中间轴齿轮处于常啮合状态时，可以采用啮合套换档方式。相对于滑动齿轮换档，啮合套换档方式换档行程短，承受换档冲击载荷的接合齿齿数多，并且轮齿不参与换档，齿轮不易过早损坏；但因不能消除换档冲击，所以仍然要求驾驶员要有熟练的操作技术。此外，因增设了啮合套和常啮合齿轮，使变速器旋转部分的总惯性力矩增大。对于重型货车，由于档位间的公比较小，换档机构连接件之间的角速度差较小，因此可以采用啮合套换档。但是，随着同步器式换挡技术的不断成熟，目前啮合套换档方式已很少采用。

使用同步器能保证迅速、无冲击、无噪声换档，而与驾驶员操作技术的熟练程度无关，从而提高了汽车的加速性、燃料经济性和行驶安全性。同上述两种换档方法相比，虽然它有结构复杂、制造精度要求高、轴向尺寸大等缺点，但仍然得到广泛应用。

3. 防止自动脱档方案

自动脱档是变速器的主要故障之一。由于接合齿磨损、变速器轴刚度不足以及振动等原因，都会导致自动脱档。为避免出现自动脱档问题，除工艺上采取措施以外，目前在结构上采取措施有以下几种：

1）将两接合齿的啮合位置错开，如图 3-16 所示。这样在啮合时，使接合齿端部超过被接合齿约 1～3mm。使用中两齿接触部分受到挤压同时磨损，并在接合齿端部形成凸肩，可用来阻止接合齿自动脱档。

2）将啮合套齿座上前齿圈的齿厚切薄（切下 0.3～0.6mm），这样，换档后啮合套的后端面被后齿圈的前端面顶住，从而阻止自动脱档，如图 3-17 所示。

3）将接合齿的工作面设计并加工成斜面，形成倒锥角（一般倾斜 2°～3°），使接合齿面产生阻止自动脱档的轴向力，

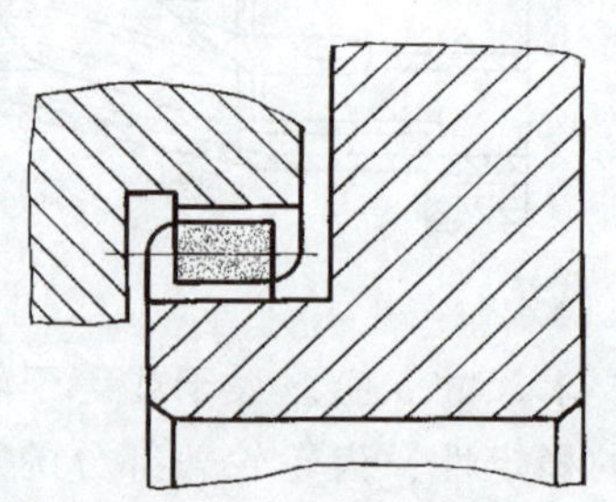
图 3-16 防止自动脱档的结构措施 I

如图 3-18 所示。这种方案比较有效，应用较多。将接合齿的齿侧设计并加工成台阶形状，也具有相同的阻止自动脱档的效果。

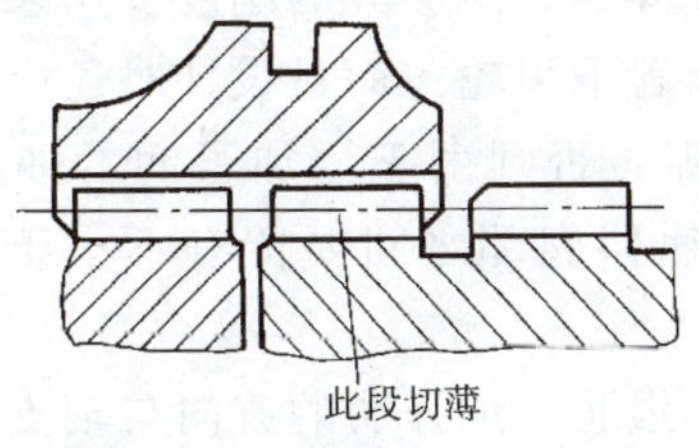

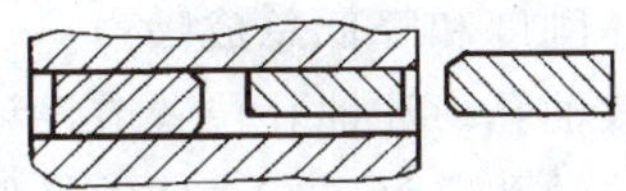

图 3-17 防止自动脱档的结构措施Ⅱ

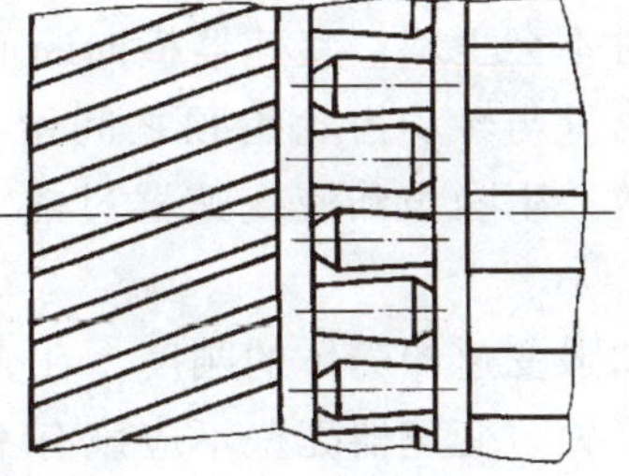

图 3-18 防止自动脱档的结构措施Ⅲ

4. 变速器轴承

做旋转运动的变速器轴支承在壳体或其他部位的地方，以及齿轮与轴不做固定连接处应安置轴承。变速器轴承常采用圆柱滚子轴承、球轴承、滚针轴承、圆锥滚子轴承、滑动轴套等。至于何处应当采用何种类型的轴承，是受结构限制并随所承受的载荷特点不同而不同。

汽车变速器有结构紧凑、尺寸小的特点，采用尺寸大些的轴承受结构限制，常在布置上有困难。如变速器的第二轴前端支承在第一轴常啮合齿轮的内腔中，内腔尺寸足够时可布置圆柱滚子轴承，若空间不足则采用滚针轴承。第二轴后端常采用球轴承，用来同时承受轴向力和径向力。变速器第一轴前端支承在飞轮的内腔里，因有足够大的空间，常采用一端有密封圈的球轴承来承受径向力。作用在第一轴常啮合齿轮上的轴向力，经第一轴后部轴承传给变速器壳体，此处常用轴承外圈有挡圈的球轴承。由于变速器向轻量化方向发展的需要，要求减小变速器中心距，这就影响到轴承外径的尺寸。为了保证轴承有足够的寿命，可选用能承受一定轴向力的无保持架的圆柱滚子轴承。中间轴上齿轮工作时产生的轴向力，原则上由前或后轴承来承受都可以，但当在壳体前端面布置轴承盖有困难时，必须由后端轴承承受轴向力，前端采用圆柱滚子轴承来承受径向力，而后端采用外圈有挡圈的球轴承或圆柱滚子轴承。

圆锥滚子轴承因有直径较小、宽度较宽，可承受高负荷和通过对轴承预紧能消除轴向间隙及轴向窜动等优点，故在一些变速器上得到应用。圆锥滚子轴承也有装配后需要调整预紧，使装配麻烦且磨损后轴易歪斜，从而影响齿轮正确啮合等一些缺点。当采用锥轴承时，要注意轴承的预紧，以免壳体受热膨胀后轴承出现间隙而使中间轴歪斜，导致齿轮不能正确啮合而损坏。

变速器第一轴、第二轴的后部轴承，以及中间轴前、后轴承，按直径系列一般选用中系列球轴承或圆柱滚子轴承。轴承的直径根据变速器中心距确定，并要保证壳体后壁两轴承孔之间的距离不小于 6~20mm。

滚针轴承、滑动轴套主要用在齿轮与轴不是固定连接，并要求两者有相对运动的地方。滚针轴承有滚动摩擦损失小、传动效率高、径向配合间隙小、定位及运转精度高、有利于齿轮啮合等优点。滑动轴套的径向配合间隙大，易磨损，间隙增大后影响齿轮的定位和运转精度并使工作噪声增加。滑动轴套的优点是制造容易，成本低。

5. 变速器壳体

变速器壳体的尺寸要尽可能小，同时质量也要小，并具有足够大的刚度，用来保证轴和轴承工作时不会歪斜。变速器横向断面尺寸应保证能布置下齿轮，而且设计时还应注意到壳体侧面的内壁与转动齿轮齿顶之间留有 5~8mm 的间隙，否则由于增加了润滑油的液压阻力，会导致产生噪声和使变速器过热。齿轮齿顶到变速器底部之间要留有不小于 15mm 的间隙。

为了加强变速器壳体的刚度，在壳体上应设计有加强肋。加强肋的方向与轴支承处的作用力方向有关。变速器壳壁不应该有不利于吸收齿轮振动和噪声的大平面。采用压铸铝合金壳体时，可以设计一些三角形的交叉肋条，用来增加壳体刚度和降低总成噪声。

为了注油和放油，在变速器壳体上设计有注油孔和放油孔。注油孔位置应设计在润滑油所在平面处，同时利用它作为检查油面高度的检查孔。放油孔应设置在壳体的最低处。放油螺塞采用永久磁性螺塞，可以吸住存留于润滑油内的金属颗粒。为了使从第一轴或第二轴后支承的轴承间隙处流出的润滑油再流回变速器壳内，常在变速器壳体前或后端面的两轴承孔之间开设回油孔。为了保持变速器内部为大气压力，在变速器顶部装有通气塞。

为了减小质量，变速器壳体采用压铸铝合金铸造时，壁厚取 3.5~4mm，采用铸铁壳体时，壁厚取 5~6mm。增加变速器壳体壁厚，虽然能提高壳体的刚度和强度，但会使质量及消耗的材料增加，提高了成本。

货车变速器壳体应设置动力输出孔。

第三节　变速器主要参数的选择

一、档数

汽车变速器的档数一般在 5~16 个档位范围内变化，个别会达到 20 个档位。不同类型的汽车，其使用条件不同，对整车性能要求不同，因而具有不同的档位个数。对于乘用车和总质量小于 3.5t 的商用车，通常采用 5~6 个档位；对于总质量大于 3.5t 的商用车，档数一般超过 6 个，为了便于生产和降低成本，普遍采用多段式设计，即在 4 档或 5 档的主变速器基础上，再配以档数较少（一般为 2 个）的副变速器，通过组合形成多档位的多段式变速器。

增加变速器的档数，能够改善汽车的动力性和燃料经济性以及平均车速。档数越多，变速器的结构越复杂，并且使轮廓尺寸和质量加大，同时操纵机构复杂，而且在使用时换档频率增高并增加了换档难度。

在最低档传动比不变的条件下，增加变速器的档数会使变速器相邻的低档与高档之间的传动比比值减小，使换档工作容易进行。要求相邻档位之间的传动比比值在 1.8 以下，该值越小换档工作越容易进行。对于商用车而言，比功率较小，因而变速器各档传动比多按等比级数进行分配，以有效避免各档位的重叠；对于乘用车，因中高档位的使用率较高，变速器多采用渐变传动比进行设计，档位越高，相邻档位之间的传动比比值越小。

近年来，为了降低油耗，变速器的档数有增加的趋势。目前，乘用车一般用5~7个档位的变速器。发动机排量大的乘用车变速器多用6~7个档。商用车变速器采用5~6个档或多档。载质量在2.0~3.5t的货车采用五档变速器，载质量在4.0~8.0t的货车采用六档变速器。多档变速器多用于总质量大些的货车和越野车上。

二、传动比范围

变速器的传动比范围是指变速器最低档传动比与最高档传动比的比值。最高档通常是直接档，传动比为1.0；有的变速器最高档是超速档，传动比为0.7~0.8。影响最低档传动比选取的因素有：发动机的最大转矩和最低稳定转速所要求的汽车最大爬坡能力、驱动轮与路面间的附着力、主减速比和驱动轮的滚动半径以及所要求达到的最低稳定行驶车速等。目前各类型乘用车的传动比范围分布在4.0~8.0之间，总质量小些的商用车的传动比分布在4.0~10.0之间，而重型商用车的传动比范围更大，分布在8.0~20.0之间。

三、中心距 *A*

对中间轴式变速器，将中间轴与第二轴轴线之间的距离称为变速器中心距 *A*；对两轴式变速器，将变速器输入轴与输出轴轴线之间的距离称为变速器中心距 *A*。中心距是一个基本参数，其大小不仅对变速器的外形尺寸、体积和质量大小有影响，而且对轮齿的接触强度有影响。中心距越小，轮齿的接触应力越大，齿轮寿命越短。因此，最小允许中心距应当由保证轮齿有必要的接触强度来确定。变速器轴经轴承安装在壳体上，从布置轴承的可能与方便和不因同一垂直面上的两轴承孔之间的距离过小而影响壳体的强度考虑，要求中心距取大些。此外，受一档小齿轮齿数不能过少的限制，要求中心距也要取大些。还有，变速器中心距取得过小，会使变速器长度增加，并因此而使轴的刚度被削弱和使齿轮的啮合状态变坏。

1. 中间轴式变速器中心距 *A* 的确定

初选中心距 *A* 时，可根据下述经验公式计算

$$A=K_A\sqrt[3]{T_{\mathrm{emax}}i_1\eta_{\mathrm{g}}} \tag{3-1}$$

式中，A 为变速器中心距（mm）；K_A 为中心距系数，乘用车 $K_A=8.9\sim9.3$，商用车 $K_A=8.6\sim9.6$，多档变速器 $K_A=9.5\sim11.0$；T_{emax} 为发动机最大转矩（N·m）；i_1 为变速器一档传动比；η_{g} 为变速器传动效率，取96%。

2. 乘用车变速器中心距 *A* 的确定

发动机前置前轮驱动（FF）和发动机前置后轮驱动（FR）乘用车的变速器中心距 *A*，也可以根据发动机排量与变速器中心距 *A* 的统计数据初选，如图3-19所示。

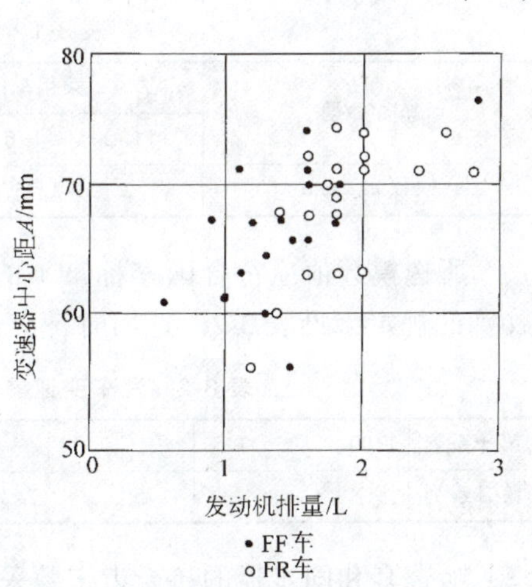

图3-19　变速器中心距 *A* 与发动机排量的关系

乘用车变速器的中心距一般为70~95mm，而轻型商用车变速器中心距为80~100mm，中型商用车变速器中心距为100~130mm，重型商用车变速器中心距为130~160mm。原则上，总质量小的汽车，变速器中心

距也小些。

四、外形尺寸

变速器的横向外形尺寸，可根据齿轮直径以及倒档中间齿轮和换档机构的布置初步确定。影响变速器壳体轴向尺寸的因素有档数、换档机构形式以及齿轮形式。

确定变速器壳体轴向尺寸的经验数据如下：

乘用车四档变速器壳体的轴向尺寸一般为 $(3.0\sim3.4)A$。

商用车变速器壳体的轴向尺寸可参考下列数据选择：四档 $(2.2\sim2.7)A$，五档 $(2.7\sim3.0)A$，六档 $(3.2\sim3.5)A$。

当变速器选用的档数和同步器多时，上述中心距系数应取给出范围的上限。为了检测方便，中心距 A 最好取为整数。

五、齿轮参数

1. 模数

齿轮模数是一个重要参数，并且影响它的选取因素又很多，如齿轮的强度、质量、噪声、工艺要求等。

应该指出，选取齿轮模数时一般遵守的原则是：

在变速器中心距相同的条件下，选取较小的模数，就可以增加齿轮的齿数，同时增加齿宽可使齿轮啮合的重合度增加，并减少齿轮噪声，所以为了减少噪声应合理减小模数，同时增加齿宽；为使质量小些，应该增加模数，同时减小齿宽；从工艺方面考虑，各档齿轮应该选用一种模数，而从强度方面考虑，各档齿轮应有不同的模数；减少乘用车齿轮工作噪声有较为重要的意义，因此齿轮的模数应选得小些；对货车，减小质量比减小噪声更重要，故齿轮应该选用大些的模数；变速器低档齿轮应选用大些的模数，其他档位选用另一种模数。少数情况下，汽车变速器各档齿轮均选用相同的模数。

变速器用齿轮模数的范围见表 3-1。

表 3-1 汽车变速器齿轮的法向模数 m_n

车　型	乘用车的发动机排量 V/L		货车的最大总质量 m_a/t	
	$1.0<V\leqslant1.6$	$1.6<V\leqslant2.5$	$6.0<m_a\leqslant14.0$	$m_a>14.0$
模数 m_n/mm	2.25~2.75	2.75~3.00	3.50~4.50	4.50~6.00

所选模数值应符合国家标准 GB/T 1357—2008《通用机械和重型机械用圆柱齿轮　模数》的规定，见表 3-2。选用时，应优先选用第一系列，括号内的模数尽可能不用。

表 3-2 汽车变速器常用的齿轮模数（摘自 GB/T 1357—2008）　（单位：mm）

第一系列	1.00	1.25	1.5	—	2.00	—	2.50	—	3.00	—	—	—	4.00	—	5.00	—	6.00
第二系列	—	—	—	1.75	—	2.25	—	2.75	—	(3.25)	3.50	(3.75)	—	4.50	—	5.50	—

啮合套和同步器的接合齿多数采用渐开线齿形。由于工艺上的原因，同一变速器中的接合齿模数相同。其取用范围是：乘用车和总质量 m_a 在 1.8~14.0t 的货车为 2.0~3.5mm；总质量 m_a 大于 14.0t 的货车为 3.5~5.0mm。选取较小的模数值可使齿数增多，有利于换档。

2. 压力角

齿轮压力角较小时，重合度较大并降低了轮齿刚度，为此能减少进入啮合和退出啮合时的动载荷，使传动平稳，有利于降低噪声；压力角较大时，可提高轮齿的抗弯强度和表面接触强度。试验证明：对于直齿轮，压力角为28°时强度最高，超过28°强度增加不多；对于斜齿轮，压力角为25°时强度最高。因此，理论上对于乘用车，为加大重合度以降低噪声应取用14.5°、15°、16°、16.5°等小些的压力角；对商用车，为提高齿轮承载能力应选用22.5°或25°等大些的压力角。

实际上，因国家规定的标准压力角为20°，所以变速器齿轮普遍采用的压力角为20°。啮合套或同步器的接合齿压力角有20°、25°、30°等，但普遍采用30°压力角。

应该指出，国外有些企业生产的乘用车变速器齿轮采用两种压力角，即高档齿轮采用小些的压力角以减少噪声；而低档和倒档齿轮采用较大的压力角，以增加强度。必须指出，齿轮采用小压力角和小模数时，除必须采用大的齿高系数外，还应采用大圆弧齿根，这样可以提高抗弯强度在30%以上。

3. 螺旋角

斜齿轮在变速器中得到广泛应用。选取斜齿轮的螺旋角，应该注意它对齿轮工作噪声、轮齿的强度和轴向力有影响。在齿轮选用大些的螺旋角时，使齿轮啮合的重合度增加，因而工作平稳，噪声降低。试验还证明：随着螺旋角的增大，轮齿的强度也相应提高。不过当螺旋角大于30°时，其抗弯强度骤然下降，而接触强度仍继续上升。因此，从提高低档齿轮的抗弯强度出发，并不希望用过大的螺旋角，以15°~25°为宜；而从提高高档齿轮的接触强度和增加重合度着眼，应当选用较大的螺旋角。

斜齿轮传递转矩时，要产生轴向力并作用到轴承上。设计时，应力求使中间轴上同时工作的两对齿轮产生的轴向力平衡，以减小轴承负荷，提高轴承寿命。因此，中间轴上不同档位齿轮的螺旋角应该是不一样的。为使工艺简便，在中间轴轴向力不大时，可将螺旋角设计成一样的，或者仅取为两种螺旋角。中间轴上全部齿轮的螺旋方向应一律取为右旋，则第一、第二轴上的斜齿轮应取为左旋。轴向力经轴承盖作用到壳体上。一档和倒档设计为直齿时，在这些档位上工作，中间轴上的轴向力不能抵消（但因为这些档位使用得少，所以也是允许的），而此时第二轴没有轴向力作用。

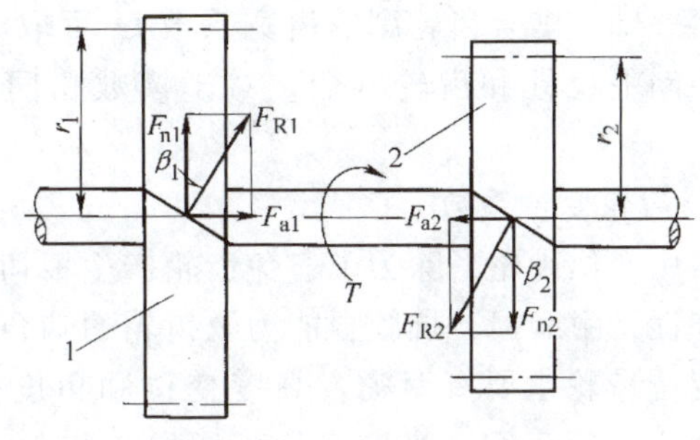

图3-20　中间轴轴向力的平衡

根据图3-20可知，欲使中间轴上两个斜齿轮的轴向力平衡，需满足下述条件

$$F_{a1} = F_{n1}\tan\beta_1$$

$$F_{a2} = F_{n2}\tan\beta_2 \tag{3-2}$$

由于 $T = F_{n1}r_1 = F_{n2}r_2$，为使两轴向力平衡，必须满足

$$\frac{\tan\beta_1}{\tan\beta_2}=\frac{r_1}{r_2} \tag{3-3}$$

式中，F_{a1}、F_{a2} 为作用在中间轴齿轮 1、2 上的轴向力；F_{n1}、F_{n2} 为作用在中间轴齿轮 1、2 上的圆周力；r_1、r_2 为齿轮 1、2 的节圆半径；T 为中间轴传递的转矩。

最后可用调整螺旋角的方法，使各对啮合齿轮因模数或齿数和不同等原因而造成的中心距不等现象得以消除。

斜齿轮螺旋角可在下面提供的范围内选用：

乘用车变速器：两轴式变速器为 20°~25°；中间轴式变速器为 22°~34°。货车变速器：18°~26°。

4. 齿宽

在选择齿宽时，应该注意齿宽对变速器的轴向尺寸、质量、齿轮工作平稳性、齿轮强度和齿轮工作时的受力均匀程度等均有影响。

考虑到尽可能缩短变速器的轴向尺寸和减小质量，应该选用较小的齿宽。另一方面，齿宽减小使斜齿轮传动平稳的优点被削弱，此时虽然可以用增加齿轮螺旋角的方法给予补偿，但这时轴承承受的轴向力增大，使其寿命降低。齿宽窄又会使齿轮的工作应力增加。选用宽些的齿宽，工作时会因轴的变形导致齿轮倾斜，使齿轮沿齿宽方向受力不均匀造成偏载，导致承载能力降低，并在齿宽方向磨损不均匀。

通常根据齿轮模数 $m(m_n)$ 的大小来选定齿宽 b：

直齿 $b=k_c m$，k_c 为齿宽系数，取为 4.5~8.0。

斜齿 $b=k_c m_n$，k_c 取为 6.0~8.5。

采用啮合套或同步器换档时，其接合齿的工作宽度初选时可取为 2~4mm。

第一轴常啮合齿轮副的齿宽系数 k_c 可取大些，使接触线长度增加，接触应力降低，以提高传动平稳性和齿轮寿命。对于模数相同的各档齿轮，档位低的齿轮的齿宽系数取得稍大。

5. 齿轮变位系数

采用变位齿轮，除为了避免齿轮产生根切和配凑中心距以外，它还影响齿轮的强度，使用平稳性，耐磨损、抗胶合能力及齿轮的啮合噪声。

变位齿轮主要有两类：高度变位和角度变位。高度变位齿轮副的一对啮合齿轮的变位系数之和等于零。高度变位可增加小齿轮的齿根强度，使它达到和大齿轮强度相接近的程度。高度变位齿轮副的缺点是不能同时增加一对齿轮的强度，也很难降低噪声。角度变位齿轮副的变位系数之和不等于零。角度变位既具有高度变位的优点，又避免了其缺点。

由几对齿轮安装在中间轴和第二轴上组合并构成的变速器，会因保证各档传动比的需要，使各相互啮合齿轮副的齿数和不同。为保证各对齿轮有相同的中心距，此时应对齿轮进行变位。当齿数和多的齿轮副采用标准齿轮传动或高度变位时，对齿数和少些的齿轮副应采用正角度变位。由于角度变位可获得良好的啮合性能及传动质量指标，故采用得较多。对斜齿轮传动，还可以通过选择合适的螺旋角来达到中心距相同的要求。

变速器齿轮是在承受循环负荷的条件下工作，有时还承受冲击负荷。对于高档齿轮，其主要损坏形式是齿面疲劳剥落，因此应按保证最大接触强度和抗胶合及耐磨损最有利的原则选择变位系数。为提高接触强度，应使总变位系数尽可能取大些，这样两齿轮的齿廓渐开线离基圆较远，以增大齿廓曲率半径，减小接触应力。对于低档齿轮，由于小齿轮的齿根强度较低，加之传递载荷较大，小齿轮可能出现齿根弯曲、断裂的现象。为提高小齿轮的抗弯强度，应根据危险断面齿厚相等的条件来选择大、小齿轮的变位系数，此时小齿轮的变位系数大于零。由于工作需要，有时齿轮齿数取得少（如一档主动齿轮）会造成轮齿根切。这不仅削弱了轮齿的抗弯强度，而且使重合度减小。此时应对齿轮进行正变位，以消除根切现象。

总变位系数 $\zeta_c=\zeta_1+\zeta_2$ 越小，一对齿轮齿根总的厚度越薄，齿根越弱，抗弯强度越低。但是由于轮齿的刚度减小，易于吸收冲击振动，故噪声要小一些。另外，ζ_c 值越小，齿轮的齿形重合度越大，这不但对降噪有利，而且由于齿形重合度增大，单齿承受最大载荷时的着力点距齿根近，弯曲力矩减小，相当于齿根强度提高，对由于齿根减薄而产生的削弱强度的因素有所抵消。

根据上述理由，为了降低噪声，对于变速器中除去一、二档和倒档以外的其他各档齿轮的总变位系数要选用较小一些的数值，以便获得低噪声传动。一般情况下，最高档和一轴齿轮副的 ζ_c 可以选为-0.2~0.2。随着档位的降低，ζ_c 值应该逐档增大。一、二档和倒档齿轮，应该选用较大的 ζ_c 值，以便获得高强度齿轮副。一档齿轮的 ζ_c 值可以选用1.0以上。

6. 齿顶高系数

齿顶高系数对重合度、轮齿强度、工作噪声、轮齿相对滑动速度、轮齿根切和齿顶厚度等有影响。若齿顶高系数小，则齿轮重合度小，工作噪声大；但因轮齿受到的弯矩减小，轮齿的弯曲应力也减少。一般齿顶高系数取为1.00。

为了增加齿轮啮合的重合度，降低噪声和提高齿根强度，有些变速器采用齿顶高系数大于1.00的细高齿制。采用细高齿制时，必须通过验算保证齿顶厚度不得小于 $0.3m_n$ 和齿轮没有根切和齿顶干涉。

六、各档齿轮齿数的分配

在初选中心距、齿轮模数和螺旋角以后，可根据变速器的档数、传动比和传动方案来分配各档齿轮的齿数。下面以图3-21所示的五档变速器为例说明分配齿数的方法。应该注意的是，各档齿轮的齿数比应该尽可能不是整数，以使齿面磨损均匀。

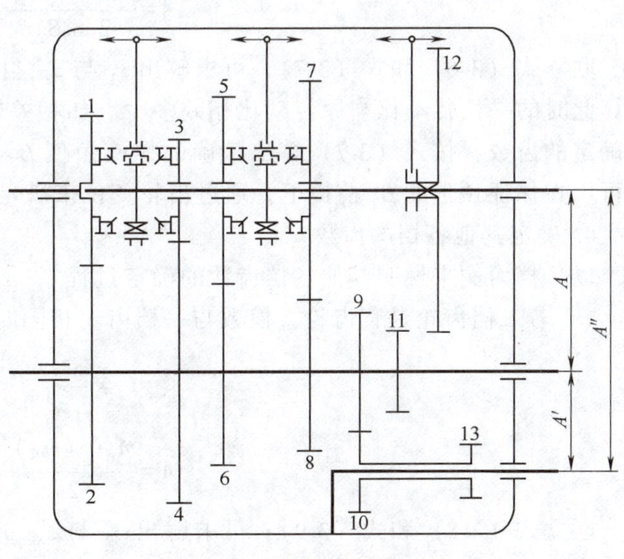

图3-21 五档变速器传动方案

1. 确定一档齿轮的齿数

一档传动比为

$$i_1=\frac{z_2z_{12}}{z_1z_{11}} \tag{3-4}$$

如果 z_{11} 和 z_{12} 的齿数确定了，则 z_2 与 z_1 的传动比可求出。为了求

z_{11}、z_{12} 的齿数，先求其齿数和 z_h

$$\left.\begin{aligned} 直齿\ z_h &= \frac{2A}{m} \\ 斜齿\ z_h &= \frac{2A\cos\beta}{m_n} \end{aligned}\right\} \tag{3-5}$$

计算后取 z_h 为整数，然后进行大、小齿轮齿数的分配。中间轴上的一档小齿轮的齿数尽可能取少些，以便使 z_{12}/z_{11} 的传动比大些，在 i_1 已定的条件下，z_2/z_1 的传动比可分配小些，使第一轴常啮合齿轮的齿数多些，以便在其内腔设置第二轴的前轴承并保证轮辐有足够的厚度。考虑到壳体上的第一轴轴承孔尺寸的限制和装配的可能性，该齿轮齿数又不宜取多。

中间轴上小齿轮的最少齿数，还受中间轴轴径尺寸的限制，即受刚度的限制。在选定时，对轴的尺寸及齿轮齿数都要统一考虑。乘用车中间轴式变速器一档传动比 $i_1=3.5\sim3.8$ 时，中间轴上一档齿轮的齿数可在 $z_{11}=15\sim17$ 之间选取，货车可在 12 ~ 17 之间选用。一档大齿轮齿数用 $z_{12}=z_h-z_{11}$ 计算求得。选择齿数时，尽量不使相配合齿轮的齿数和为偶数，以免引起齿面的不均匀磨损。

2. 对中心距 A 进行修正

计算出的齿数和 z_h 不是整数时，经过取整会使中心距发生变化，因此应根据取定的 z_h 和齿轮变位系数重新计算中心距 A，再以修正后的中心距 A 作为各档齿轮齿数分配的依据。此后，中心距 A 不再变动。

3. 确定常啮合传动齿轮副的齿数

由式（3-4）求出常啮合传动齿轮的传动比

$$\frac{z_2}{z_1}=i_1\frac{z_{11}}{z_{12}} \tag{3-6}$$

而常啮合传动齿轮的中心距与一档齿轮的中心距相等，即

$$A=\frac{m_n(z_1+z_2)}{2\cos\beta_2} \tag{3-7}$$

联立式（3-6）和式（3-7），可求解出 z_1 与 z_2，再将 z_1、z_2 都取整数；然后用式（3-4）核算此时的一档传动比与原传动比相差多少。如相差较大，则需调整齿数 z_1、z_2；最后根据所确定的齿数，按式（3-7）算出精确的螺旋角值 β_2，此值应在前述的选择范围内。此外，也可以在保证预选的 β_2 前提下，通过齿轮变位来满足中心距的要求。

4. 确定其他各档的齿数

以二档为例来说明其他各档齿数的确定过程。

1）若二档齿轮是直齿轮，模数与一档齿轮相同时，则有

$$i_2=\frac{z_2z_7}{z_1z_8} \tag{3-8}$$

$$A=\frac{m_n(z_7+z_8)}{2} \tag{3-9}$$

联立式（3-8）和式（3-9），可求解出 z_7 与 z_8，然后用取整后的 z_7 和 z_8 计算中心距。若与修正后所要求的中心距 A 有偏差，则可通过齿轮变位来调整。

2）若二档齿轮是斜齿轮，螺旋角 β_8 与常啮合齿轮的 β_2 不同时，由式（3-8）得

$$\frac{z_7}{z_8}=i_2\frac{z_1}{z_2} \tag{3-10}$$

而

$$A=\frac{m_n(z_7+z_8)}{2\cos\beta_8} \tag{3-11}$$

此外，从抵消或减少中间轴上的轴向力出发，还必须满足下列关系式

$$\frac{\tan\beta_2}{\tan\beta_8}=\frac{r_2}{r_8} \tag{3-12}$$

而

$$\frac{r_2}{r_8}=\frac{m_n z_2}{\cos\beta_2}\frac{\cos\beta_8}{m_n z_8}=\frac{z_2}{z_8}\frac{\cos\beta_8}{\cos\beta_2}$$

整理可得

$$\frac{\sin\beta_2}{\sin\beta_8}=\frac{z_2}{z_8} \tag{3-13}$$

联立式（3-10）、式（3-11）和式（3-13），可求解出 z_7、z_8 和 β_8 三个参数。此外，也可采用试凑法，即先选定螺旋角 β_8，联立式（3-10）和式（3-11），求出 z_7、z_8；再将 z_7、z_8 和 β_8 代入式（3-13）中，检查是否满足或近似满足轴向力平衡的关系。如相差太大，则要调整螺旋角 β_8。重复上述过程，直至符合设计要求为止。

其他各档齿轮的齿数可用上述同一方法确定。

5. 确定倒档齿轮齿数

倒档齿轮选用的模数往往与一档相近。图 3-21 所示倒档齿轮 10 的齿数，一般在 21～23 之间，初选 z_{10} 后，可计算出中间轴与倒档轴的中心距 A' 为

$$A'=\frac{1}{2}m(z_9+z_{10}) \tag{3-14}$$

最后，选取合适的齿轮 13 的齿数 z_{13}，计算倒档轴与第二轴的中心距 A'' 为

$$A''=\frac{1}{2}m(z_{12}+z_{13}) \tag{3-15}$$

并保证 $A'+A''>A$ 且倒档齿轮具有合理的装配关系。

第四节 变速器的设计与计算

一、齿轮的损坏形式

变速器齿轮的损坏形式主要有：轮齿折断、齿面疲劳剥落（点蚀）、移动换档齿轮端部破坏以及齿面胶合。

轮齿折断发生在下述几种情况下：轮齿受到足够大的冲击载荷作用，造成轮齿弯曲折断；轮齿在重复载荷作用下，齿根产生疲劳裂纹，裂纹扩展深度逐渐加大，然后出现弯曲折

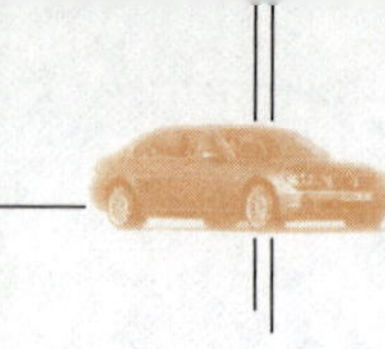

断。前者在变速器中出现得极少，而后者出现得多些。

轮齿工作时，一对齿轮相互啮合，齿面相互挤压，这时存在于齿面细小裂缝中的润滑油油压升高，并导致裂缝扩展，然后齿面表层出现块状剥落而形成小麻点，称之为齿面点蚀。它使齿形误差加大，产生动载荷，并可能导致轮齿折断。

用移动齿轮的方法完成换档的低档和倒档齿轮，由于换档时两个进入啮合的齿轮存在角速度差，换档瞬间在轮齿端部产生冲击载荷，并造成损坏。

负荷大、齿面相对滑动速度又高的齿轮，在接触压力大且接触处产生高温作用的情况下使齿面间的润滑油膜破坏，导致齿面直接接触，在局部高温、高压作用下齿面互相粘连，齿面沿滑动方向形成撕伤痕迹，称为齿面胶合。变速器齿轮的这种破坏出现较少。

二、轮齿强度计算

与其他机械设备用变速器相比，不同用途汽车的变速器齿轮使用条件仍是相似的。此外，汽车变速器齿轮用的材料、热处理方法、加工方法、精度级别、支承方式也基本一致。如汽车变速器齿轮用低碳合金钢制作，采用剃齿或磨齿精加工，齿轮表面采用渗碳淬火热处理工艺，齿轮精度不低于7级。因此，比用于计算通用齿轮强度公式更为简化一些的计算公式来计算汽车齿轮，同样可以获得较为准确的结果。下面介绍的是计算汽车变速器齿轮强度采用的简化计算公式。

1. 轮齿抗弯强度计算

(1) 直齿轮弯曲应力 σ_w

$$\sigma_w = \frac{F_t K_\sigma K_f}{bty} \tag{3-16}$$

该式也可整理为

$$\sigma_w = \frac{2T_g K_\sigma K_f}{\pi m^3 z K_c y} \tag{3-17}$$

式 (3-16) 和式 (3-17) 中，σ_w 为弯曲应力 (MPa)；F_t 为圆周力 (N)，$F_t = 2T_g/d$；T_g 为计算载荷 (N·mm)；d 为节圆直径(mm)；K_σ 为应力集中系数，可近似取 $K_\sigma = 1.65$；K_f 为摩擦力影响系数，主、从动齿轮在啮合点上的摩擦力方向不同，对弯曲应力的影响也不同，主动齿轮 $K_f = 1.1$，从动齿轮 $K_f = 0.9$；b 为齿宽(mm)；t 为端面齿距(mm)，$t = \pi m$，m 为模数；z 为齿数；y 为齿形系数，如图3-22所示；K_c 为齿宽系数，$K_c = 4.5 \sim 8.0$。

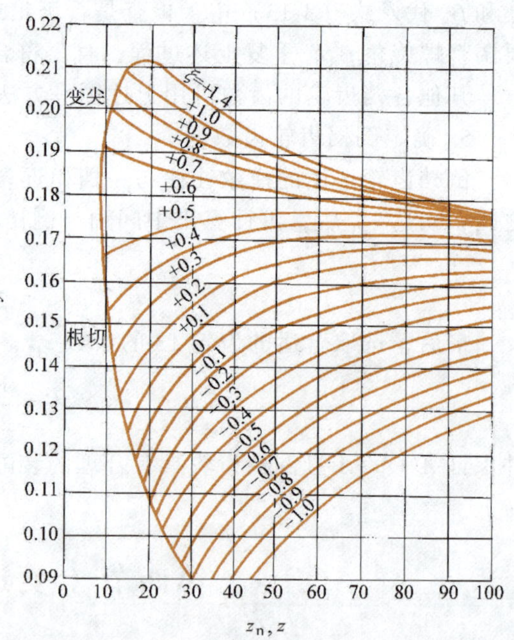

图 3-22 齿形系数图

(假定载荷作用在齿顶 $\alpha = 20°$，$f_0 = 1$)

当计算载荷 T_g 取作用到变速器第一轴上的最大转矩 T_{emax} 时，一、倒档直齿轮许用弯曲应力在 400~850MPa，货车可取下限，承受双向交变载荷作用的倒档齿轮的许用应力应取下限。

（2）斜齿轮弯曲应力 σ_w

$$\sigma_w=\frac{F_tK_\sigma}{btyK_\varepsilon} \tag{3-18}$$

该式也可整理为

$$\sigma_w=\frac{2T_g\cos\beta K_\sigma}{\pi zm_n^3yK_cK_\varepsilon} \tag{3-19}$$

式（3-18）和式（3-19）中，F_t 为圆周力（N），$F_t=2T_g/d$；T_g 为计算载荷（N·mm）；d 为节圆直径（mm），$d=m_nz/\cos\beta$，m_n 为法向模数（mm）；z 为齿数；β 为斜齿轮螺旋角（°）；K_σ 为应力集中系数，可以近似取 $K_\sigma=1.50$；b 为齿面宽（mm）；t 为端面齿距（mm），$t=\pi m_n$；y 为齿形系数，可按当量齿数 $z_n=z/\cos^3\beta$ 在图 3-22 中查得；K_ε 为重合度影响系数，$K_\varepsilon=2.0$；K_c 为齿宽系数，$K_c=6.0\sim8.5$。

当计算载荷 T_g 取作用到变速器第一轴上的最大转矩 T_{emax} 时，对乘用车常啮合齿轮和高档齿轮，许用应力在 180～350MPa 范围，对货车为 100～250MPa。

此外，还可根据 GB/T 3480—1997 的推荐方法进行变速器齿轮的抗弯强度校核，详见表 3-3。

表 3-3　抗弯强度校核的计算公式

强度条件		$\sigma_F\leqslant\sigma_{fp}$
齿根应力基本值 σ_{F0} /（N/mm²）	方法一	$\sigma_{F0}=\dfrac{F_t}{bm_n}Y_FY_sY_\beta$
	方法二	$\sigma_{F0}=\dfrac{F_t}{bm_n}Y_{F\alpha}Y_{s\alpha}Y_\varepsilon Y_\beta$
计算齿根应力 σ_F/（N/mm²）		$\sigma_F=\sigma_{F0}K_AK_VK_{F\alpha}K_{F\beta}$
许用齿根应力 σ_{FP}/（N/mm²）		$\sigma_{FP}=\dfrac{\sigma_{Flim}}{S_{Flim}}Y_{ST}Y_{NT}Y_{\delta relT}Y_{RrelT}Y_X$

表 3-3 中，方法一是以载荷作用于单对齿啮合区外界点为基础进行计算的；方法二是以载荷作用于齿顶，仅适用于端面重合度 $\varepsilon_\alpha<2$ 的齿轮传动为基础进行计算的。各计算式中，σ_F 为计算齿根应力（N/mm²）；σ_{FP} 为许用齿根应力（N/mm²）；σ_{F0} 为齿根应力的基本值（N/mm²）；F_t 为端面内分度圆上的切向力（N）；b 为工作齿宽（mm）；m_n 为法向模数（mm）；Y_F 为载荷作用于单对齿啮合区外界点时的齿形系数；Y_s 为载荷作用于单对齿啮合区外界点时的应力修正系数；Y_β 为螺旋角系数；$Y_{F\alpha}$ 为载荷作用于齿顶时的齿形系数；$Y_{s\alpha}$ 为载荷作用于齿顶时的应力修正系数；Y_ε 为抗弯强度计算的重合度系数；K_A 为使用系数；K_V 为动载系数；$K_{F\alpha}$ 为抗弯强度计算的齿间载荷分布系数；$K_{F\beta}$ 为抗弯强度计算的齿向载荷分布系数；σ_{Flim} 为试验齿轮的齿根弯曲疲劳极限（N/mm²）；S_{Flim} 为抗弯强度的最小安全系数；Y_{ST} 为试验齿轮的应力修正系数；Y_{NT} 为抗弯强度计算的寿命系数；$Y_{\delta relT}$ 为相对齿根圆角敏感系数；Y_{RrelT} 为相对齿根表面状况系数；Y_X 为抗弯强度计算的尺寸系数。

2. 轮齿接触应力 σ_j

$$\sigma_j=0.418\sqrt{\frac{FE}{b}\left(\frac{1}{\rho_z}+\frac{1}{\rho_b}\right)} \tag{3-20}$$

式中，σ_j 为轮齿的接触应力（MPa）；F 为齿面上的法向力（N），$F=F_t/(\cos\alpha\cos\beta)$，$F_t$ 为

圆周力（N），$F_t=2T_g/d$，T_g 为计算载荷（N·mm），d 为节圆直径（mm），α 为节点处压力角（°），β 为齿轮螺旋角（°）；E 为齿轮材料的弹性模量（MPa）；b 为齿轮接触的实际宽度（mm）；ρ_z、ρ_b 为主、从动齿轮节点处的曲率半径（mm），直齿轮 $\rho_z=r_z\sin\alpha$、$\rho_b=r_b\sin\alpha$，斜齿轮 $\rho_z=r_z\sin\alpha/\cos^2\beta$、$\rho_b=r_b\sin\alpha/\cos^2\beta$，$r_z$、$r_b$ 为主、从动齿轮节圆半径（mm）。

将作用在变速器第一轴上的载荷 $T_{emax}/2$ 作为计算载荷时，变速器齿轮的许用接触应力 σ_j 见表 3-4。

表 3-4　变速器齿轮的许用接触应力

齿　轮	σ_j/MPa	
	渗碳齿轮	液体碳氮共渗齿轮
一档和倒档	1900~2000	950~1000
常啮合齿轮和高档	1300~1400	650~700

此外，还可根据 GB/T 3480—1997 的推荐方法进行变速器齿轮的接触强度校核，详见表 3-5。

表 3-5　接触强度校核的计算公式

强度条件	$\sigma_H \leqslant \sigma_{HP}$
接触应力基本值 σ_{H0}/(N/mm²)	$\sigma_{H0}=Z_H Z_E Z_\epsilon Z_\beta\sqrt{\frac{F_t}{d_1 b}\frac{u+1}{u}}$
计算接触应力 σ_H/(N/mm²)	$\sigma_{H0}=\sigma_{H0}\sqrt{K_A K_V K_{H\alpha} K_{H\beta}}$
许用接触应力 σ_{HP}/(N/mm²)	$\sigma_{HP}=\frac{\sigma_{Hlim}}{S_{Hlim}}Z_{NT}Z_L Z_V Z_R Z_W Z_X$

表 3-5 中，σ_H 为计算接触应力（N/mm^2）；σ_{HP} 为许用接触应力（N/mm^2）；σ_{H0} 为节点处计算接触应力的基本值（N/mm^2）；F_t 为端面内分度圆上的切向力（N）；b 为工作齿宽（mm）；d_1 为小齿轮分度圆直径（mm）；u 为齿数比，$u=z_2/z_1$，z_1、z_2 分别为小齿轮和大齿轮的齿数；Z_H 为节点区域系数；Z_E 为弹性系数（$\sqrt{N/mm^2}$）；Z_ϵ 为重合度系数；Z_β 为螺旋角系数；K_A 为使用系数；K_V 为动载系数；$K_{H\alpha}$ 为接触强度计算的齿间载荷分配系数；$K_{H\beta}$ 为接触强度计算的齿向载荷分配系数；σ_{Hlim} 为试验齿轮的接触疲劳极限（N/mm^2）；S_{Hlim} 为接触强度的最小安全系数；Z_{NT} 为接触强度计算的寿命系数；Z_L 为润滑剂系数；Z_V 为速度系数；Z_R 为粗糙度系数；Z_W 为工作硬化系数；Z_X 为接触强度计算的尺寸系数。

变速器齿轮多数采用渗碳合金钢，其表层的高硬度与心部的高韧性相结合，能大大提高齿轮的耐磨性及抗弯曲疲劳和接触疲劳的能力。在选用钢材及热处理时，对可加工性及成本也应考虑。

国内汽车变速器齿轮材料主要采用 20CrMnTi、20Mn2TiB、15MnCr5、20MnCr5、25MnCr5、28MnCr5。渗碳齿轮表面硬度为 58~63HRC，心部硬度为 33~48HRC。

值得指出的是，采取喷丸处理、磨齿、加大齿根圆弧半径和压力角等措施，能使齿轮得到强化。对齿轮进行强力喷丸处理以后，轮齿产生残余压应力，齿轮弯曲疲劳寿命可成倍提高，接触疲劳寿命也有明显改善。在加大齿根圆弧半径的同时，进行强力喷丸处理，不仅可使残余压应力进一步增加，还改善了应力集中。齿轮在热处理之后进行磨齿，能消除齿轮热

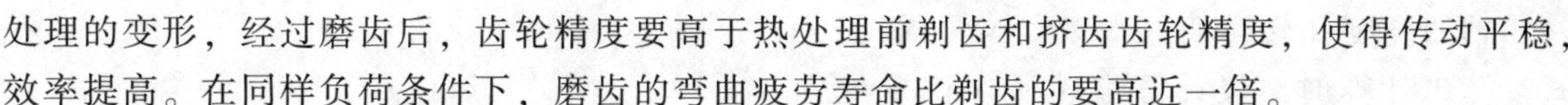

处理的变形，经过磨齿后，齿轮精度要高于热处理前剃齿和挤齿齿轮精度，使得传动平稳，效率提高。在同样负荷条件下，磨齿的弯曲疲劳寿命比剃齿的要高近一倍。

三、轴的强度计算

变速器轴多数情况下经轴承安装在壳体的轴承孔内，第一轴前端和中间轴式变速器的第二轴前端，分别装在飞轮内腔、第一轴常啮合齿轮的内腔里。当变速器中心距小，在壳体的同一端面布置两个滚动轴承有困难时，中间轴可以直接压入壳体孔中，并固定不动。此时，中间轴上的齿轮应采用全部齿轮连为一体的整体式齿轮，它结构简单，但若一个齿圈制造不合格或因工作损坏便会导致全部齿轮报废。

用移动齿轮方式实现换档的齿轮与轴之间，应选用矩形花键连接，以保证良好的定心和滑动灵活，而且定心外径及矩形花键齿侧的磨削比渐开线花键要容易。两轴式变速器输入轴和中间轴式变速器中间轴上的高档齿轮，通过轴与齿轮内孔之间的过盈配合和键固定在轴上。两轴式变速器的输出轴和中间轴式变速器的第二轴上的常啮合齿轮副的齿轮与轴之间，常设置有滚针轴承、滑动轴承，少数情况下齿轮直接装在轴上。此时，轴的表面粗糙度 Ra 不应低于 0.8μm，硬度不低于 63HRC。因渐开线花键定位性能良好，承载能力大且渐开线花键的齿短，小径相对增大能提高轴的刚度，所以轴与同步器上的轴套常用渐开线花键连接。

倒档轴为压入壳体孔中并固定不动的光轴。

变速器在工作时，由于齿轮上有圆周力、径向力和轴向力作用，变速器的轴要承受转矩和弯矩。要求变速器的轴应有足够的刚度和强度。因为刚度不足轴会产生弯曲变形，破坏了齿轮的正确啮合，对齿轮的强度、耐磨性和工作噪声等均有不利影响。因此，在设计变速器轴时，其刚度大小应以保证齿轮能有正确的啮合为前提条件。设计阶段可根据经验和已知条件先初选轴的直径，然后根据公式进行有关刚度和强度方面的验算。

（一）初选轴的直径

在已知中间轴式变速器中心距 A 时，第二轴和中间轴中部直径 $d\approx0.45A$，轴的最大直径 d_m 和支承间距离 L 的比值：对第一轴及中间轴，$d_m/L=0.16\sim0.18$；对第二轴，$d_m/L\approx0.18\sim0.21$。

第一轴花键部分直径 d（mm）可根据发动机最大转矩 T_{emax}（N·m）进行初选

$$d=K\sqrt[3]{T_{emax}} \tag{3-21}$$

式中，K 为经验系数，$K=4.0\sim4.6$；T_{emax} 为发动机最大转矩（N·m）。

（二）轴的强度验算

1. 轴的刚度验算

对齿轮工作影响最大的是轴在垂直面内产生的挠度和轴在水平面内的转角。前者使齿轮中心距发生变化，破坏了齿轮的正确啮合；后者使齿轮相互歪斜，如图 3-23 所示，致使沿齿长方向的压力分布不均匀。

初步确定轴的尺寸以后，可对轴进行刚度和强度验算。欲求中间轴式变速器第一轴的支点反作用力，必须先求第二轴的支点反力。档位不同，不仅齿轮上的圆周力、径向力和轴向力不同，而且力到支点的距离也有变化，所以应当对每个档位都进行验算。验算时，将轴看作铰接支承的梁。作用在第一轴上的转矩应取 T_{emax}。

轴的挠度和转角可按材料力学的有关公式计算。计算时，仅计算齿轮所在位置处轴的挠度和转角。第一轴常啮合齿轮副，因距离支承点近，负荷又小，通常挠度不大，故可以不必计算。

计算用齿轮啮合的圆周力 F_t、径向力 F_r 和轴向力 F_a 可按下式求出：

$$F_t = \frac{2T_{emax}i}{d}$$

$$F_r = \frac{2T_{emax}i\tan\alpha}{d\cos\beta}$$

$$F_\alpha = \frac{2T_{emax}i\tan\beta}{d} \tag{3-22}$$

式中，T_{emax} 为发动机最大转矩（N·m）；i 为至计算齿轮的传动比；d 为计算齿轮的节圆直径（mm）；α 为节点处压力角；β 为螺旋角。

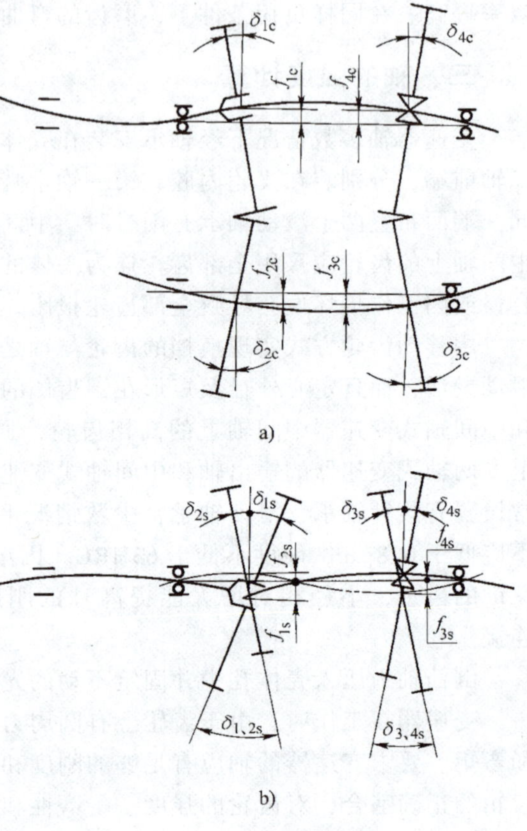

图 3-23 变速器轴的变形简图

a）轴在垂直面内的变形 b）轴在水平面内的变形

变速器齿轮在轴上的位置如图 3-24 所示时，若轴在垂直面内挠度为 f_c，在水平面内挠度为 f_s 和转角为 δ，则可用下式计算

$$f_c = \frac{F_t a^2 b^2}{3EIL}$$

$$f_s = \frac{F_r a^2 b^2}{3EIL} \tag{3-23}$$

$$\delta = \frac{F_a ab(b-a)}{3EIL}$$

式中，E 为弹性模量(MPa)，$E=2.1\times10^5$MPa；I 为惯性矩（mm^4），对于实心轴，$I=\pi d^4/64$；d 为轴的直径(mm)，花键处按平均直径计算；a、b 为齿轮上的作用力距支座 A、B 的距离(mm)；L 为支座间的距离（mm）。

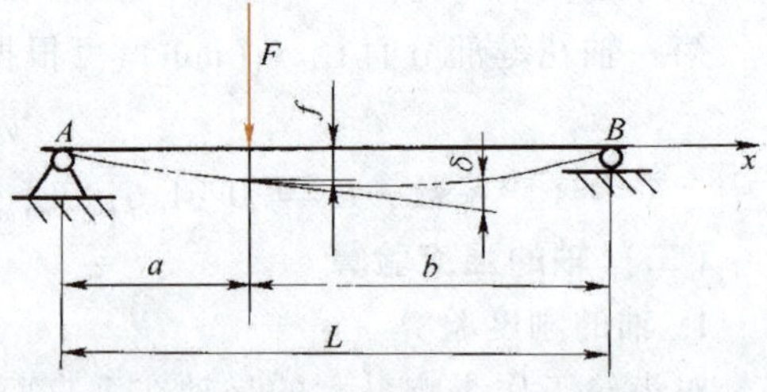

图 3-24 变速器轴的挠度和转角

轴的全挠度为 $f=\sqrt{f_c^2+f_s^2}\leqslant 0.2$mm。

轴在垂直面和水平面内挠度的允许值为 $[f_c]=0.05\sim0.10$mm，$[f_s]=0.10\sim0.15$mm。齿轮所在平面的转角不应超过 0.002rad。

与中间轴齿轮常啮合的第二轴上的齿轮，常通过青铜衬套或滚针轴承装在轴上，也有的省去衬套或滚针轴承直接装在轴上，这就能够增大轴的直径，因而使轴的刚度增加。

2. 轴的强度验算

作用在齿轮上的径向力和轴向力，使轴在垂直面内弯曲变形，而圆周力使轴在水平面内弯曲变形。在求取支点的垂直面和水平面内的支反力 F_c 和 F_s 之后，计算相应的弯矩 M_c、M_s。轴在转矩 T_n 和弯矩的同时作用下，其应力为

$$\sigma=\frac{M}{W}=\frac{32M}{\pi d^3} \tag{3-24}$$

式中，$M=\sqrt{M_c^2+M_s^2+T_n^2}$（N·mm）；$d$ 为轴的直径（mm），花键处取内径；W 为抗弯截面系数（mm^3）。

在低档工作时，$[\sigma]\leqslant 400MPa$。

除此之外，对轴上的花键，还应验算齿面的挤压应力。

变速器的轴一般用与齿轮相同的材料制造。

第五节　同步器设计

同步器有常压式、惯性式和惯性增力式三种。常压式同步器结构虽然简单，但有不能保证啮合件在同步状态下（即角速度相等）换档的缺点，现已不用。得到广泛应用的是惯性式同步器。

一、惯性式同步器

惯性式同步器能做到换档时，在两换档元件之间的角速度达到完全相等之前不允许换档，因而能很好地完成同步器的功能和实现对同步器的基本要求。

按结构分，惯性式同步器有锁销式、滑块式、锁环式、多片式和多锥式几种。虽然它们的结构不同，但是它们都有摩擦元件、锁止元件和弹性元件。下面以锁环式同步器为例说明其工作原理。

（一）锁环式同步器

1. 基本结构

如图 3-25 所示，锁环式同步器的结构特点是同步器的摩擦元件位于锁环 1 或 4 和齿轮 5 或 8 凸肩部分的锥形斜面上。作为锁止元件是做在锁环 1 或 4 上的齿和做在啮合套 7 上齿的端部，且端部均为斜面称为锁止面。弹性元件是位于啮合套座两侧的弹簧圈。弹簧圈将置于啮合套座花键上中部呈凸起状的滑块压向啮合套。在不换档的中间位置，滑块凸起部分嵌入啮合套中部的内环槽中，使同步器用来换档的零件保持在中立位置上。滑块两端伸入锁环缺口内，而缺口的尺寸要比滑块宽一个接合齿。

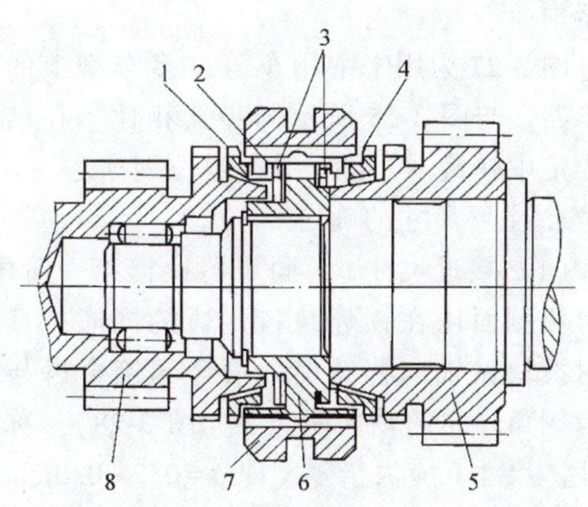

图 3-25　锁环式同步器

1、4—锁环（同步锥环）　2—滑块　3—弹簧圈　5、8—齿轮　6—啮合套座　7—啮合套

2. 工作原理

换档时，沿轴向作用在啮合套上的换档

力，推啮合套并带动滑块和锁环移动，直至锁环锥面与被接合齿轮上的锥面接触为止。之后，因作用在锥面上的法向力与两锥面之间存在角速度差 $\Delta\omega$，致使在锥面上作用有摩擦力矩，它使锁环相对啮合套和滑块转过一个角度，并由滑块予以定位。接下来，啮合套的齿端与锁环齿端的锁止面接触（图 3-26a），使啮合套的移动受阻，同步器处在锁止状态，换档的第一阶段工作至此已完成。换档力将锁环继续压靠在锥面上，并使摩擦力矩增大，与此同时在锁止面处作用有与之方向相反的拨环力矩。齿轮与锁环的角速度逐渐接近，在角速度相等的瞬间，同步过程结束，完成换档过程的第二阶段工作。之后，摩擦力矩随之消失，而拨环力矩使锁环回位，两锁止面分开，同步器解除锁止状态，啮合套上的接合齿在换档力作用下通过锁环去与齿轮上的接合齿啮合（图 3-26b），完成同步换档。

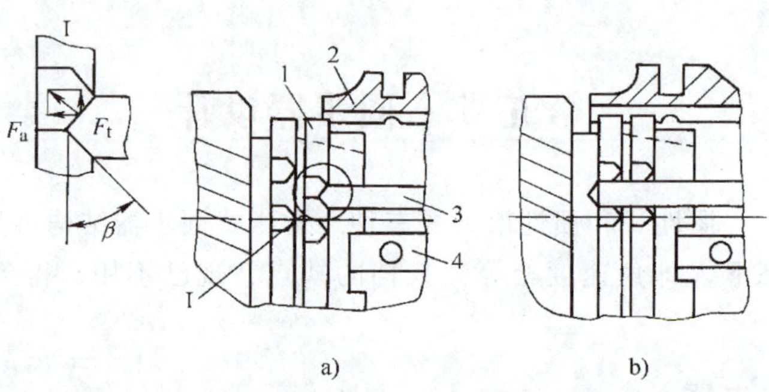

图 3-26 锁环式同步器工作原理

a）同步器锁止位置 b）同步器换档位置

1—锁环（同步锥环） 2—啮合套 3—啮合套上的接合齿 4—滑块

锁环式同步器有工作可靠、零件耐用等优点，但因结构布置上的限制，转矩容量不大，而且由于锁止面在锁环的接合齿上，会因齿端磨损而失效，因而主要用于乘用车和总质量不大的货车变速器中。

图 3-27 为用于乘用车等许多车型上的锁环式同步器。与图 3-25 所示同步器相比，在结构上两者的定中弹簧不一样，并有定位钢球。

3. 主要尺寸的确定

（1）接近尺寸 b 同步器换档第一阶段中间，在滑块侧面压在锁环缺口侧边的同时，且啮合套相对滑块做轴向移动前，啮合套接合齿与锁环接合齿倒角之间的轴向距离 b（图 3-28），称为接近尺寸。尺寸 b 应大于零，取 b=0.2~0.3mm。

（2）分度尺寸 a 滑块侧面与锁环缺口侧边接触时，啮合套接合齿与锁环接合齿中心线间的距离 a（图 3-28），称为分度尺寸。尺寸 a 应等于 1/4 接合齿齿距。

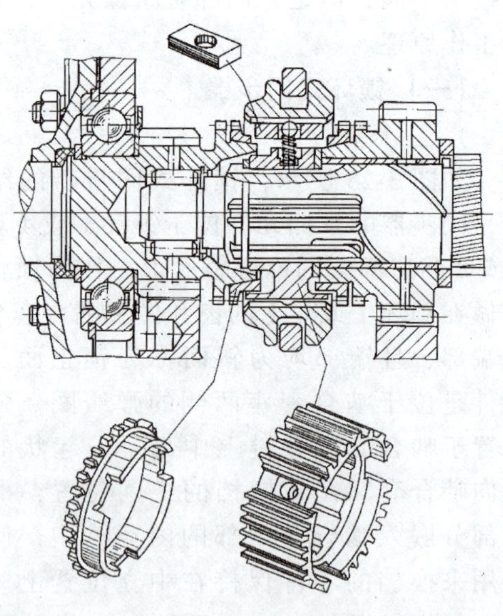

图 3-27 锁环式同步器

尺寸 a 和 b 是保证同步器处于正确锁止位置的重要尺寸，应予以控制。

（3）滑块转动距离 c　滑块在锁环缺口内转动距离 c（图 3-29）影响分度尺寸 a。滑块宽度 d、滑块转动距离 c 与缺口宽度尺寸 E 之间的关系如下

$$E=d+2c$$

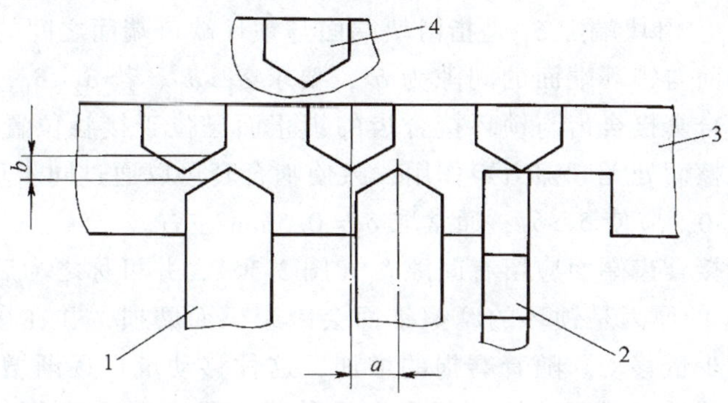

图 3-28　接近尺寸和分度尺寸

1—啮合套接合齿　2—滑块　3—锁环　4—齿轮接合齿

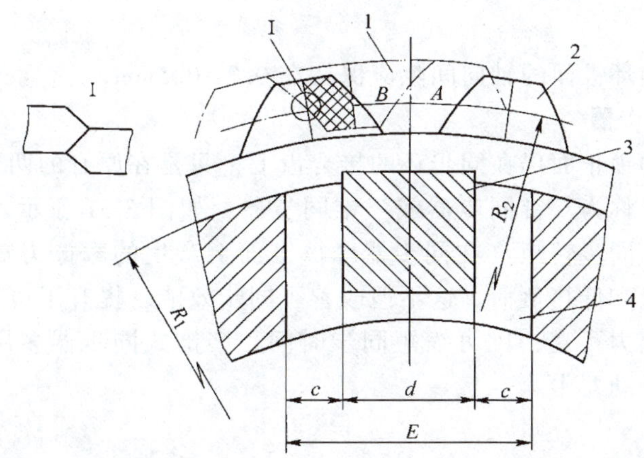

图 3-29　滑块转动距离

1—啮合套　2—锁环　3—滑块　4—锁环缺口

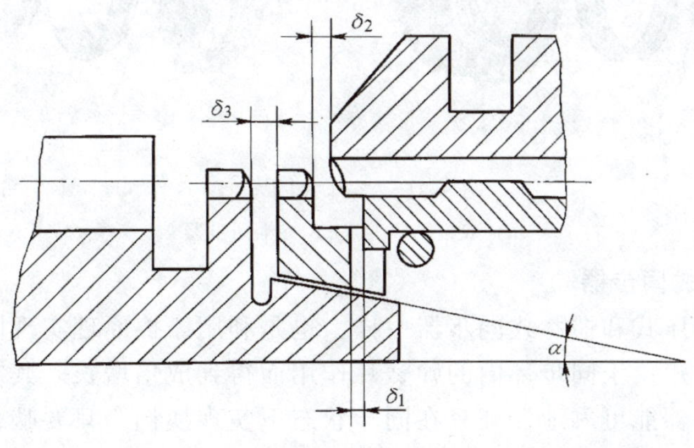

图 3-30　滑块端隙 δ_1

滑块转动距离 c 与接合齿齿距 t 的关系如下

$$c \approx \frac{R_1 t}{4R_2} \tag{3-25}$$

式中，R_1 为滑块轴向移动后的外半径（即锁环缺口外半径）；R_2 为接合齿分度圆半径。

（4）滑块端隙 δ_1　滑块端隙 δ_1 是指滑块端面与锁环缺口端面之间的间隙，如图 3-30 所示，同时，啮合套端面与锁环端面的间隙为 δ_2，要求 $\delta_2 > \delta_1$。若 $\delta_2 < \delta_1$，则换档时，在摩擦锥面尚未接触时，啮合套接合齿与锁环接合齿的锁止面已位于接触位置，即接近尺寸 $b<0$，此刻因锁环浮动，摩擦面处无摩擦力矩作用，致使啮合套可以通过同步环，而使同步器失去锁止作用。为保证 $b>0$，应使 $\delta_2 > \delta_1$，通常取 $\delta_1 = 0.5\text{mm}$ 左右。

锁环端面与齿轮接合齿端面应留有间隙 δ_3（图 3-30），并可称之为后备行程。

预留后备行程 δ_3 的原因是锁环的摩擦锥面会因摩擦而磨损，并在接下来的换档时，锁环要向齿轮方向增加少量移动。随着磨损的增加，这种移动量也逐渐增多，导致间隙 δ_3 逐渐减少，直至为零；此后，两摩擦锥面间会在这种状态下出现间隙和失去摩擦力矩。而此刻，若锁环上的摩擦锥面还未达到许用磨损的范围，同步器也会因失去摩擦力矩而不能实现锁环等零件与齿轮同步后换档，故属于因设计不当而影响同步器寿命。一般应取 $\delta_3 = 1.2 \sim 2.0\text{mm}$。

在空档位置，锁环锥面的轴向间隙应保持在 0.2~0.5mm。

（二）多锥式同步器

多锥式同步器的锁止面仍在同步环的接合齿上，只是在原有的两个锥面之间再插入一个或两个辅助同步锥，称为双锥同步器或三锥同步器，如图 3-31 所示。由于锥表面的有效摩擦面积成倍地增加，同步转矩（在同步器摩擦锥面上产生的摩擦力矩）也相应增加，因而具有较大的转矩容量和低热负荷。这不但改善了同步效能，提升了可靠性，而且使换档力大为减小。若保持换档力不变，则可缩短同步时间。多锥式同步器多用于总质量大些的货车主、副变速器以及分动器中。

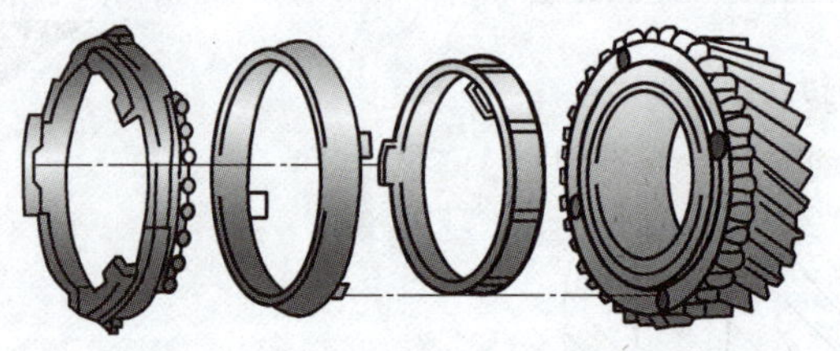

a)

b)

图 3-31　多锥式同步器

a）双锥同步器　b）三锥同步器

（三）惯性增力式同步器

这种同步器与常压式和惯性式同步器一样，也是利用摩擦原理实现同步，主要区别在于同步环产生的摩擦力矩由于同步环内的弹簧片作用而得到成倍增长。其结构如图 3-32 所示。

惯性增力式同步器能可靠地保证只在同步状态下实现换档。只要啮合套和换档齿轮之间存在转速差，弹簧片的支承力就阻止同步环缩小，从而也就阻止了啮合套移动。只有在转速差为零时，弹簧片才卸除载荷，于是对同步环直径的缩小失去阻力，这样才可能实现换档。惯性增力式同步器的摩擦力矩大，结构简单，工作可靠，轴向尺寸短，适用于货车变速器。

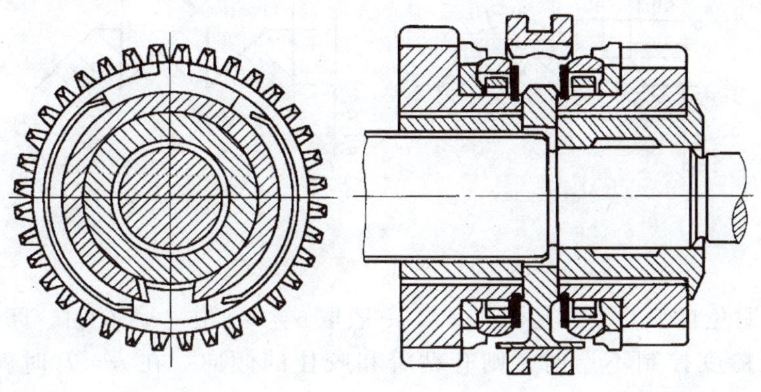

图 3-32　惯性增力式同步器

二、主要参数的确定

1. 摩擦因数 f

汽车在行驶过程中换档，特别是在高档区换档次数较多，意味着同步器工作频繁。同步器是在同步环与连接齿轮之间存在角速度差的条件下工作，要求同步环有足够的使用寿命，应当选用耐磨性能良好的材料。为了获得较大的摩擦力矩，又要求用摩擦因数大而且性能稳定的材料制作同步环，而同步器在油中工作，又使摩擦因数减小，这就为设计工作带来困难。

摩擦因数除与选用的材料有关外，还与工作面的表面粗糙度、润滑油种类和温度等因素有关。作为与同步环锥面接触的齿轮上的锥面部分与齿轮做成一体，用低碳合金钢制成。对锥面的表面粗糙度要求较高，用来保证在使用过程中摩擦因数变化小。若锥面的表面粗糙度值大，则在使用初期容易损害同步环锥面。

同步环常选用能保证具有足够高的强度和硬度、耐磨性能良好的黄铜合金制造，如锰黄铜、铝黄铜和锡黄铜等。

由黄铜合金与钢材构成的摩擦副，在油中工作的摩擦因数 f 取为 0.1。

摩擦因数对换档齿轮和轴的角速度能迅速达到相同有重要作用。摩擦因数大，则换档省力或同步时间短；摩擦因数小则反之，甚至失去同步作用。为此，在同步环锥面处制有破坏油膜的细牙螺纹槽及与螺纹槽垂直的泄油槽，用来保证摩擦面之间有足够的摩擦因数。

2. 同步环主要尺寸的确定

（1）同步环锥面上的螺纹槽　如果螺纹槽螺线的顶部设计得窄些，则刮去存在于摩擦锥面之间的油膜效果好。但顶部宽度过窄会影响接触面压强，使磨损加快。试验还证明：螺纹的齿顶宽对 f 的影响很大，f 随齿顶的磨损而降低，换档费力，故齿顶宽不易过大。螺纹槽设计得大些，可使被刮下来的油存在于螺纹之间的间隙中，但螺距增大又会使接触面减少，增加磨损速度。图 3-33a 中给出的尺寸适用于轻、中型汽车，图 3-33b 适用于总质量大些的货车。通常轴向泄油槽为 6~12 个，槽宽为 3~4mm。

（2）锥面半锥角 α　摩擦锥面半锥角 α 越小，摩擦力矩越大。但 α 过小则摩擦锥面将

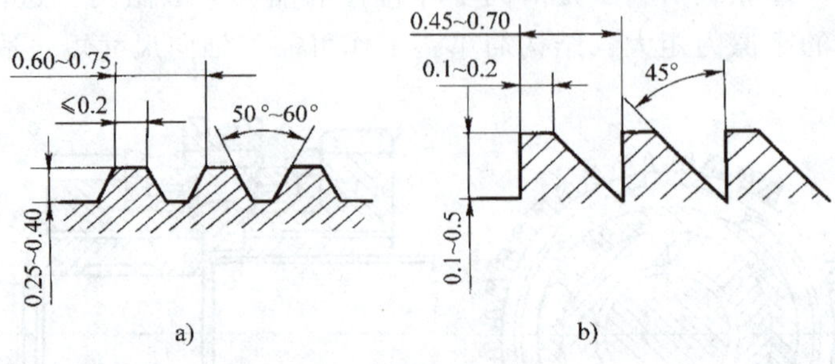

图 3-33　同步环螺纹槽形式

产生自锁现象，避免自锁的条件是 $\tan\alpha \geqslant f$。一般取 $\alpha=6°\sim8°$。$\alpha=6°$时，摩擦力矩较大，但在锥面的表面粗糙度控制不严时，则有粘着和咬住的倾向；在 $\alpha=7°$时就很少出现咬住现象。

（3）摩擦锥面平均半径 R　R 设计得越大，则摩擦力矩越大。R 往往受结构限制，包括变速器中心距及相关零件的尺寸和布置的限制，以及 R 取大以后还会影响同步环径向厚度尺寸要取小的约束，故不能取大。原则上是在可能的条件下，尽可能将 R 取大些。

（4）锥面工作长度 b　缩短锥面工作长度 b，可使变速器的轴向长度缩短，但同时也减小了锥面的工作面积，增加了单位面积压力并使磨损加速。设计时可根据下式计算确定 b

$$b=\frac{M_m}{2\pi pfR^2} \tag{3-26}$$

式中，p 为摩擦面的许用压力，对黄铜与钢的摩擦副，$p\approx1.0\sim1.5$MPa；M_m 为摩擦力矩；f 为摩擦因数；R 为摩擦锥面的平均半径。

式（3-26）中面积是假定在没有螺纹槽的条件下进行计算的。

（5）同步环径向厚度　与摩擦锥面平均半径一样，同步环的径向厚度要受结构布置上的限制，包括变速器中心距及相关零件特别是锥面平均半径 R 和布置上的限制，不宜取得很厚，但必须保证同步环有足够的强度。

乘用车同步环厚度比货车小些，应选用锻件或精密锻造工艺加工制成，这能提高材料的屈服强度和疲劳寿命。货车同步环可用压铸加工。锻造时选用锰黄铜等材料，铸造时选用铝黄铜等材料。有的变速器用高强度、高耐磨性的钢与钼配合的摩擦副，即在钢质或球墨铸铁同步环的锥面上喷镀一层钼（厚约 0.3~0.5mm），使其摩擦因数在钢与铜合金的摩擦副范围内，而耐磨性和强度有显著提高。也有的同步环是在铜环基体的锥孔表面喷上厚 0.07~0.12mm 的钼制成。喷钼环的寿命是铜环的 2~3 倍。以钢质为基体的同步环不仅可以节约铜，还可以提高同步环的强度。

3. 锁止角 β

锁止角 β 选取得正确，可以保证只有在换档的两个部分之间角速度差达到零值才能进行换档。影响锁止角 β 选取的因素，主要有摩擦因数 f、摩擦锥面平均半径 R、锁止面平均半径和锥面半锥角 α。已有结构的锁止角在 26°~42°范围内变化。

4. 同步时间 t

同步器工作时，要连接的两个部分达到同步的时间越短越好。除去同步器的结构尺寸、转动惯量对同步时间有影响以外，变速器输入轴、输出轴的角速度差及作用在同步器摩擦锥面上的轴向力，均对同步时间有影响。轴向力大，则同步时间减少。而轴向力与作用在变速杆手柄上的力有关，不同车型要求作用到手柄上的力也不相同。为此，同步时间与车型有关，计算时可在下述范围选取：对乘用车变速器，高档取 0.15~0.30s，低档取 0.50~0.80s；对货车变速器，高档取 0.30~0.80s，低档取 1.00~1.50s。

5. 转动惯量的计算

换档过程中依靠同步器改变转速的零件，统称为输入端零件，它包括第一轴及离合器的从动盘、中间轴及其上的齿轮、与中间轴上齿轮相啮合的第二轴上的常啮合齿轮。其转动惯量的计算是：首先求得各零件的转动惯量，然后按不同档位转换到被同步的零件上。对已有的零件，其转动惯量值通常用扭摆法测出；若零件未制成，可将这些零件分解为标准的几何体，并按数学公式合成求出转动惯量值。

三、同步器的计算

同步器的计算目的，是确定摩擦锥面和锁止面的角度，以及计算摩擦力矩和同步时间。摩擦锥面和锁止面的角度应能保证在连接件角速度完全相等以前不能进行换档。换档第一阶段，处于空档瞬间，考虑到润滑油阻力在常温条件下对齿轮转速的降低作用可忽略不计，并假设汽车在阻力不大的道路上行驶，同步时间不大于 1s，则认为在该瞬间汽车速度保持不变，即变速器输出端转速在换档瞬间不变，而输入端靠摩擦作用达到与输出端同步。如上所述，换档时为保证没有冲击地将齿轮和轴连接起来，必须使它们的转动角速度相等。如图 3-34 所示，此时同步器必需的摩擦力矩 M_m 为

$$M_m=\frac{J_r\Delta\omega}{t}=J_r\frac{(\omega_b-\omega_a)}{t} \tag{3-27}$$

$$=J_r\frac{1}{t}\left(\frac{\omega_e}{i_{k+1}}-\frac{\omega_e}{i_k}\right)$$

$$=\frac{J_r\omega_e}{t}\left(\frac{1}{i_{k+1}}-\frac{1}{i_k}\right) \tag{3-28}$$

式中，J_r 为离合器从动盘、第一轴和与第二轴常啮合齿轮连接在一起转动的齿轮的转动惯量；ω_e 为发动机的角速度；ω_a 为在第 k 档工作时变速器输出轴的角速度；ω_b 为第 $k+1$ 档的输出轴上齿轮的角速度；i_k、i_{k+1} 为变速器第 k 和 $k+1$ 档的传动比。

另一方面，设换档时作用在变速杆手柄上的法向力为 F_s（对乘用车和客车，取 $F_s=60N$；对货车，取 $F_s=100N$），变速杆手柄到啮合套的传动比为 i_{gs}，则作用在同步器摩擦锥面上的轴向力 F 应为

$$F=F_s i_{gs}\eta \tag{3-29}$$

式中，η 为换档机构的传动效率。

由此可算得工作面上的摩擦力矩 M_m 为

$$M_m=\frac{FfR}{\sin\alpha} \tag{3-30}$$

式中，α 为摩擦锥面半锥角；f 为工作锥面间的摩擦因数；R 为摩擦锥面平均半径。

同步时的摩擦力矩方程式为

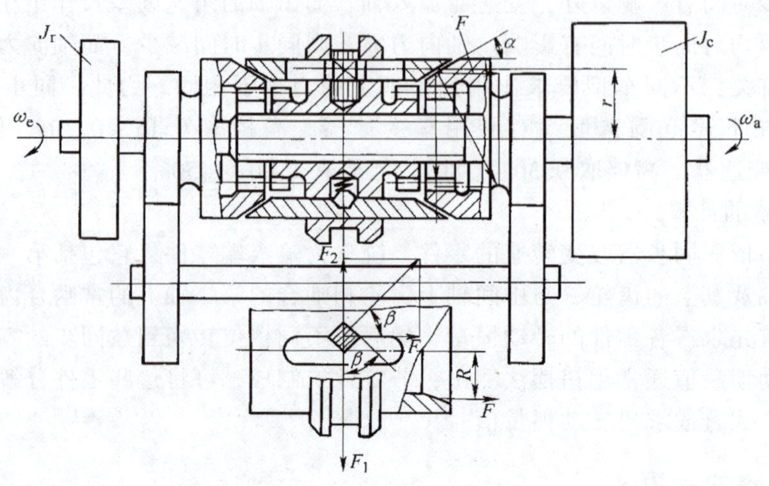

图 3-34 惯性式同步器计算简图

$$\frac{FfR}{\sin\alpha}=\frac{J_r\omega_e}{t}\left(\frac{1}{i_{k+1}}-\frac{1}{i_k}\right)$$

$$t=\frac{J_r\omega_e\sin\alpha}{FfR}\left(\frac{1}{i_{k+1}}-\frac{1}{i_k}\right) \tag{3-31}$$

以图 3-34 所示同步器结构为例，分析研究同步器应满足的锁止条件。

为防止连接件在转动角速度相等以前接合换档，必须满足下述条件

$$F_1>F_2 \tag{3-32}$$

式中，F_1 为由摩擦力矩 M_m 产生的，用来防止过早换档的力，即

$$F_1=\frac{M_m}{r}=\frac{FfR}{r\sin\alpha} \tag{3-33}$$

F_2 为因锁止面倾斜而产生的力，即

$$F_2=F\tan\beta \tag{3-34}$$

式中，r 为锁止面平均半径；β 为锁止面锁止角。

将式（3-33）、式（3-34）代入式（3-32）中，得

$$\frac{FfR}{r\sin\alpha}>F\tan\beta$$

因此，欲保证锁止和滑动齿套不能继续移动，必须满足

$$\tan\beta<\frac{fR}{r\sin\alpha} \tag{3-35}$$

第六节 变速器操纵机构

根据汽车使用条件的需要，驾驶员利用变速器的操纵机构完成选档和实现换档或退到空档。变速器的操纵机构由内部机构和外部机构两部分组成。

变速器操纵机构应当满足如下主要要求：

1）换档时只能挂入一个档位，通常通过互锁装置实现。

2）换档后应使齿轮在全齿长上啮合，防止自动脱档或自动挂档，通常通过自锁装置实现。

3）防止误挂倒档，通常通过倒档锁来实现。

用于机械式变速器的操纵机构，常见的是由变速杆、拨块、拨叉、变速叉轴及互锁、自锁和倒档锁装置等主要零件组成，并依靠驾驶员手力完成选档、换档或退到空档工作，称为手动换档变速器。根据变速杆与变速器相对位置的不同，手动换档变速器又分为直接操纵式和远距离操纵式。

1. 直接操纵式手动换档变速器

当变速器布置在驾驶员座椅附近时，可将变速杆直接安装在变速器上，并依靠驾驶员手力通过变速杆直接完成换档功能，称为直接操纵机构，如图3-35所示。这种操纵方案结构最简单，已得到广泛应用。近年来，单轨式操纵机构应用较多，其优点是减少了变速叉轴，各档同用一组自锁装置，因而使操纵机构简化，但它要求各档换档行程相等。

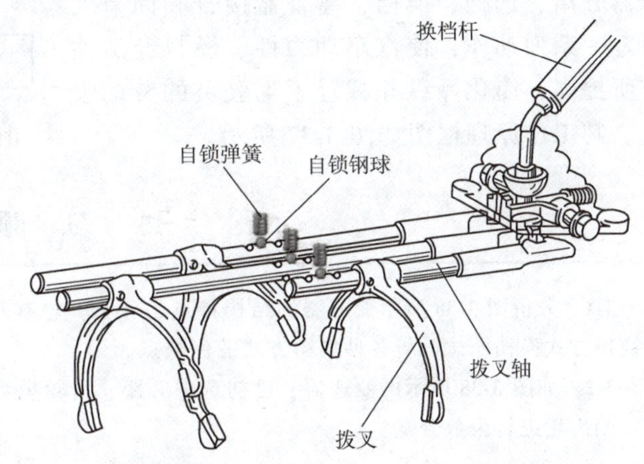

图 3-35 直接操纵式变速器操纵机构

2. 远距离操纵式手动换档变速器

平头式汽车或发动机后置后轮驱动汽车的变速器，受总体布置限制，变速器距驾驶员座位较远，这时需要在变速杆与拨叉之间布置若干传动件，换档手力经过这些转换机构才能完成换档功能。这种手动换档变速器，称为远距离操纵式手动换档变速器。图3-36所示为远距离操纵式手动换挡机构的工作原理简图。这时要求整套系统有足够的刚性，且各连接件之间间隙不能过大，否则换档手感不明显，并增加了变速杆颤动的可能性。此时，变速杆支座应固定在受车架变形、汽车振动影响较小的地方，最好将换档传动机构、发动机、离合器、变速器连成一体，以避免对操纵有不利的影响。

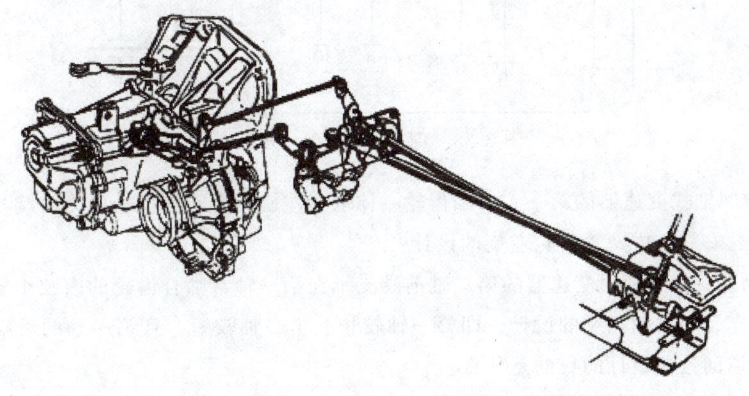

图 3-36 远距离操纵式手动换档机构工作原理简图

3. 电控自动换档变速器

尽管有级式机械变速器应用广泛，但是它有换档工作复杂、对驾驶员操作技术要求高并使驾驶员容易疲劳等缺点。20 世纪 80 年代以后，在固定轴式机械变速器基础上，通过应用计算机和电子控制技术，使之实现自动换档，并取消了变速杆和离合器踏板。驾驶员只需控制加速踏板，汽车在行驶过程中就能自动完成换档时刻的判断，接着自动实现收节气门、离合器分离、选档、换档、离合器接合和回节气门等一系列动作，使汽车动力性、燃料经济性有所提高，简化操纵并减轻了驾驶员的劳动强度。其工作原理框图如图 3-37 所示。

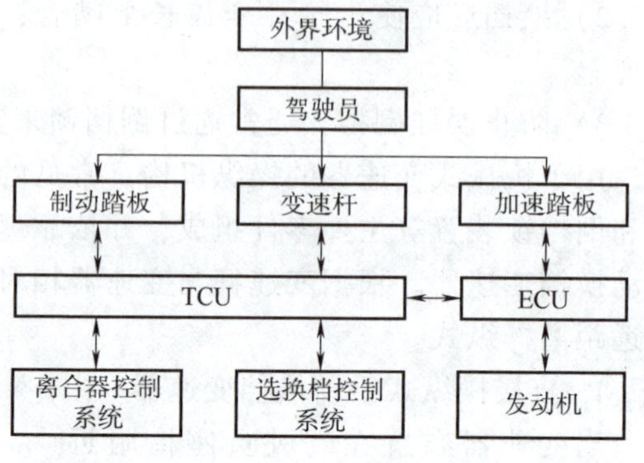

图 3-37 电控自动换档变速器工作原理框图

练 习 题

3-1 分析图 3-38 所示变速器的结构特点是什么？它有几个前进档？包括倒档在内，各档采用什么样的换档方式换档？试分析各种换档方式的优缺点。

3-2 如图 3-38 所示的变速器，已初选中心距、齿轮模数和螺旋角以及设计了各档传动比，请问如何对各档齿轮进行齿数分配？

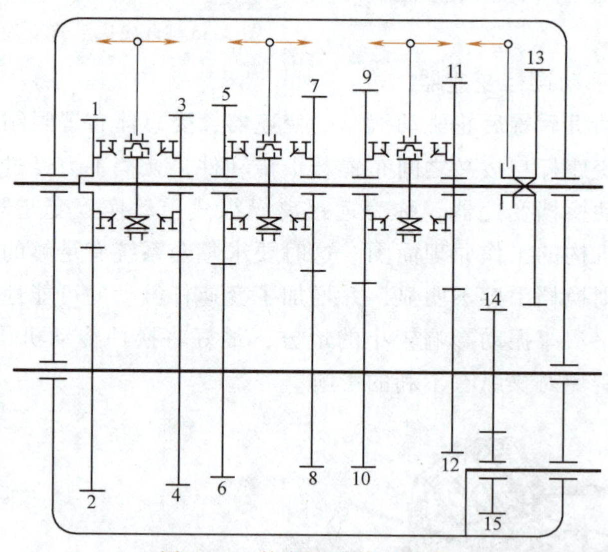

图 3-38 某变速器传动方案

3-3 为什么中间轴式变速器的第一、二轴齿轮一律取为左旋，中间轴齿轮取为右旋？试分析为什么不采用第一、二轴齿轮右旋，中间轴齿轮左旋的设计？

3-4 多数情况下，中间轴式变速器的第二轴前端支承在第一轴常啮合齿轮的内腔小轴承上，但对于部分传动比较大的货车，却采用相反的设计，即第一轴较长、第二轴较短，且第一轴的后端支承在第二轴的常啮合齿轮内腔。请问这样设计的目的是什么？

3-5 某重型商用车采用 16 档多段式（组合式）变速器，该变速器由 2 档的前置副变速器、4 档的主变速器和 2 档的后置副变速器组成，而且主、副变速器均为双中间轴式传动方案。试分析该变速器的传动方案与传统的中间轴式变速器相比，在总成布置、传动齿轮的参数设计、轮齿强度校核等方面具有哪些明显优势？其原因是什么？

3-6 手动变速器（MT）和机械式自动变速器（AMT）多属于非动力换档变速器，同步器是其关键分总成之一。试分析同步器应满足哪些功能需求，才能有利于提升变速器的换档品质（换档舒适性）？同步器的哪些设计参数对其使用寿命有显著影响？

3-7 在设计机械式变速器时，哪些位置的传动部件可考虑采用直齿圆柱齿轮？哪些位置应采用斜齿圆柱齿轮？这两种齿轮在抗弯强度和接触强度校核时有何区别？为什么说变速器的中心距 A 对轮齿的接触强度有影响？请分析是如何影响的。

Chapter 4

第四章

万向传动设计

第一节 概　　述

在现代汽车传动系统中，万向传动装置起到了承上启下的作用。万向传动装置一般由万向节、传动轴管及伸缩花键等组成，对于长轴距的汽车，有时还加装中间支承。万向传动装置主要用于工作过程中相对位置不断改变的两根轴间的动力与运动传递。

万向传动装置设计应满足如下基本要求：

1）保证所连接的两轴的夹角及相对位置在一定范围内变化时，能可靠而稳定地传递动力。

2）保证所连接的两轴尽可能等速运转。由于万向节夹角而产生的附加载荷、振动和噪声应在允许的范围内，在使用车速范围内不应产生共振现象。

3）传动效率高，使用寿命长，结构简单，制造方便，维修容易等。

万向传动装置在汽车上的应用比较广泛。

对于发动机前置后轮驱动的汽车，由于布置、设计、安装等原因，变速器输出轴轴线和驱动桥输入轴轴线难以保持在同一轴线上，并且在汽车行驶过程中，由于不平路面的冲击等因素影响，悬架系统的不断变形会使两轴的相对位置经常变化，故变速器和驱动桥无法刚性连接，一般采用两个十字轴万向节和一根传动轴组成的可伸缩万向传动装置，如图 4-1 所示。

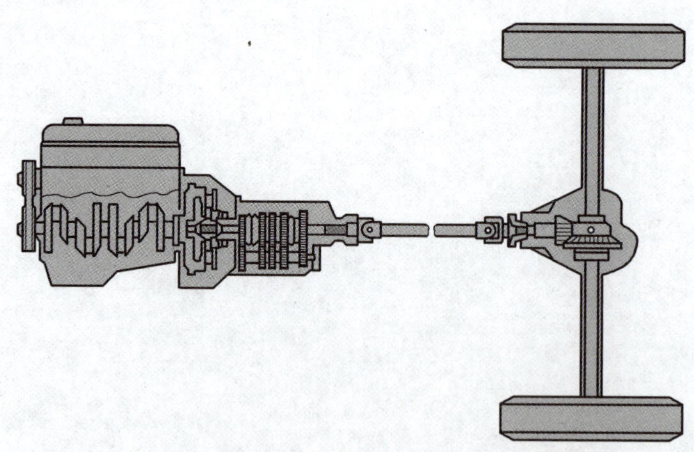

图 4-1　变速器与驱动桥之间的万向传动装置

当变速器离驱动桥较远时，还需要将传动轴分成两段，避免因传动轴过长而引起自振频率降低，进而造成高转速下的共振。通常采用主传动轴和中间传动轴方式，并在中间传动轴后端设置中间支撑，从而提高传动轴的临界转速和工作可靠性，如图 4-2 所示。

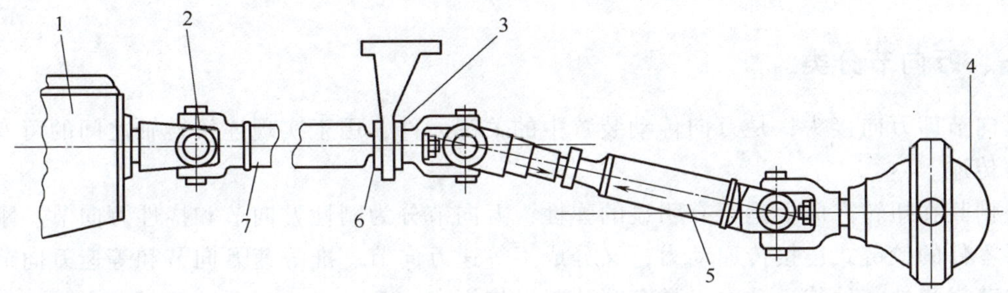

图 4-2　分段式万向传动装置

1—变速器　2—万向节　3—中间支承　4—驱动桥　5—传动轴　6—球轴承　7—传动轴

对于转向驱动桥，左、右驱动轮需要随汽车行驶轨迹变化而改变方向，这时多采用等速万向传动装置，如图 4-3 所示。

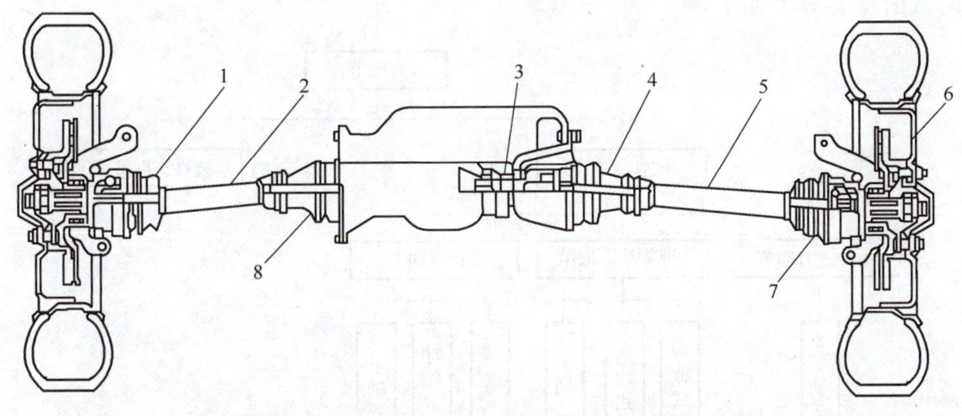

图 4-3　转向驱动桥中的万向传动装置

1、7—固定端万向节　2、5—驱动半轴　3—差速器　4、8—滑移端万向节　6—驱动轮

某些汽车根据总布置要求需将离合器与变速器、变速器与分动器之间拉开一段距离，考虑到它们之间很难保证轴与轴同心，为了消除制造、装配误差以及车架变形对传动的影响，在其间通常也设置有万向传动装置，多采用十字轴万向传动轴或挠性万向传动轴，如图 4-4 所示。

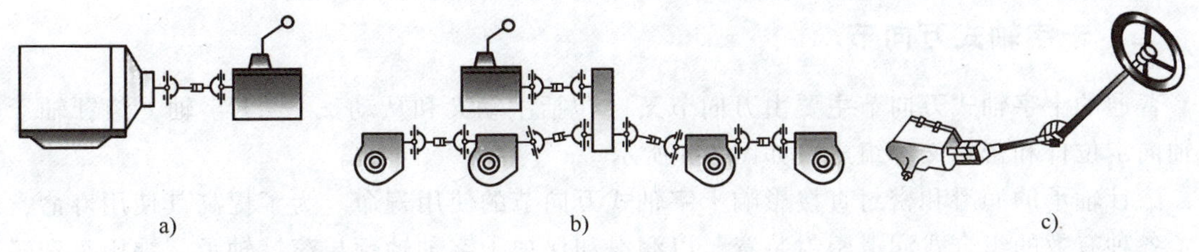

图 4-4　万向传动装置在其他场合中的应用

a）离合器与变速器之间　b）变速器与分动器及各驱动桥之间　c）转向操纵机构

第二节 万向节结构方案分析

一、万向节分类

万向节即万向接头，是万向传动装置中的关键元件，用于实现连接转轴之间的可变角度的动力传递。

根据其在扭转方向上是否有明显的弹性，万向节分为刚性万向节和挠性万向节。刚性万向节靠零件的铰链式连接传递动力，又分成不等速万向节、准等速万向节和等速万向节；挠性万向节靠弹性零件传递动力，具有缓冲减振作用。

不等速万向节是指万向节连接的两轴夹角大于零时，输出轴和输入轴之间以变化的瞬时角速度比传递运动，但平均角速度相等的万向节。准等速万向节是指在设计角度下以相等的瞬时角速度传递运动，而在其他角度下以近似相等的瞬时角速度传递运动的万向节。等速万向节则是指输出轴和输入轴以始终相等的瞬时角速度传递运动的万向节。

万向节的主要分类如下：

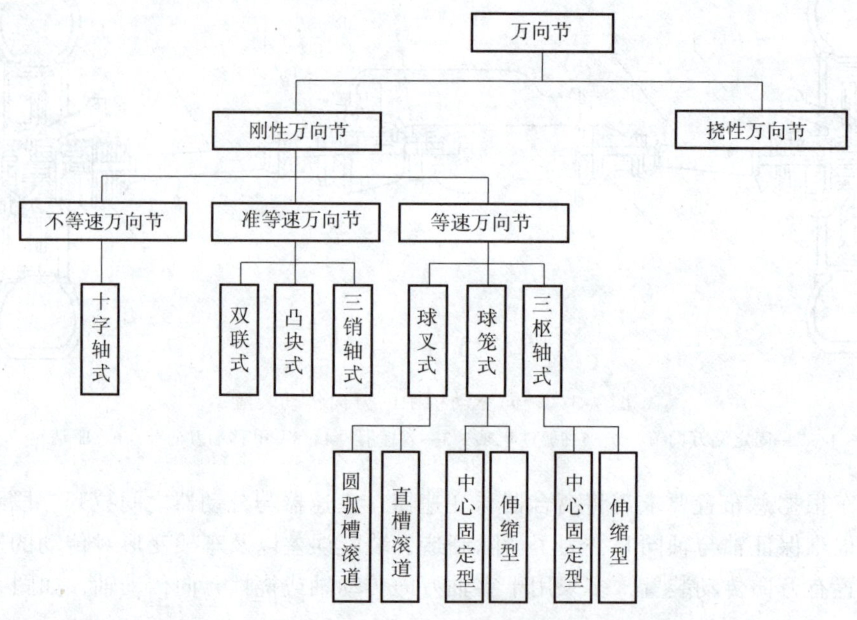

二、十字轴式万向节

普通的十字轴式万向节主要由万向节叉（包括主动叉和从动叉）、十字轴、滚针轴承及其轴向定位件和密封件等组成，如图 4-5 所示。

滚针轴承的润滑和密封直接影响十字轴式万向节的使用寿命。为了提高其使用寿命，出现了各种有效的组合式润滑密封装置，以润滑和保护十字轴轴颈与滚针轴承。乘用车和轻型客车、货车常于装配时封入润滑脂进行润滑，以减少车辆的润滑点，这时应采用密封效果较好的双刃口或多刃口橡胶油封。

如在结构较复杂的双刃口复合油封（图 4-6a）中反装的单刃口橡胶油封，用作径向密封；另一双刃口橡胶油封用作端面密封。当向十字轴内腔注入润滑油时，陈油、磨损产物及多余的润滑油便从橡胶油封内圆表面与十字轴轴颈接触处溢出，不需安装安全阀，防尘、防水效果良好。在灰尘较多的条件下使用时，可显著提高万向节寿命。图 4-6b 为一乘用车上采用的多刃口油封，适合安装在无润滑油流通系统的万向节上。

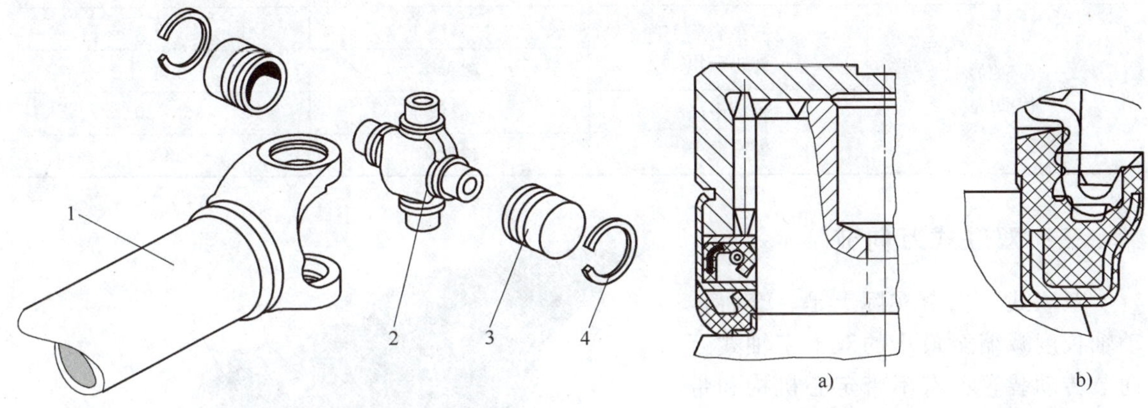

图 4-5　普通十字轴式万向节

1—万向节叉　2—十字轴　3—滚针轴承组件　4—卡环

图 4-6　滚针轴承油封

a）双刃口复合油封　b）多刃口油封

滚针轴承中的滚针直径差值应控制在 0.003mm 以内，否则会加重载荷在滚针间的分配不均匀性。滚针轴承的径向间隙过大会使受载的滚针数减少及引起滚针歪斜，间隙过小则可能令滚针受热卡住，合适的间隙为 0.009~0.095mm。滚针的周向总间隙取 0.08~0.30mm 为宜。重型汽车有时采用较粗的滚针并分成两段以提高其寿命，也有以滚柱代替滚针的结构。为防止十字轴轴向窜动及避免摩擦发热，有的万向节会在十字轴轴端和轴承碗之间加装端面滚针轴承。

根据滚针轴承的轴向定位方式和万向节连接方式不同，十字轴式万向节可分为内卡式、外卡式、翼型式等多种形式，如图 4-7 所示。

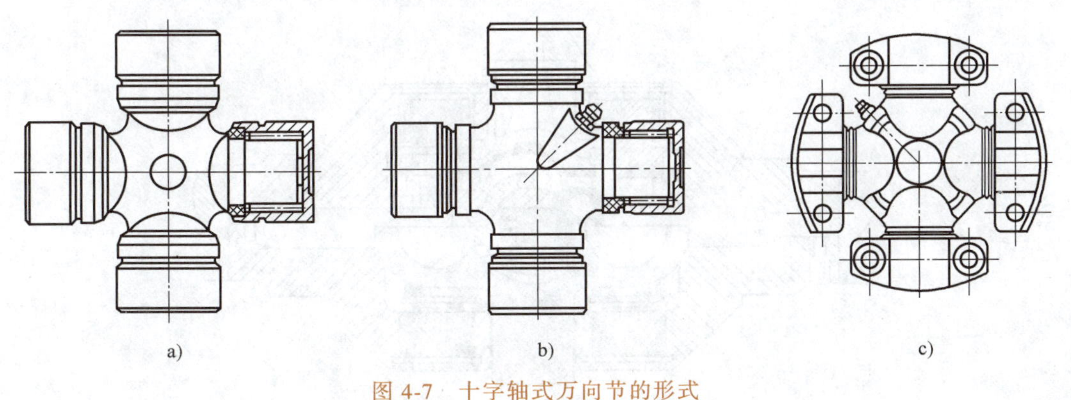

图 4-7　十字轴式万向节的形式

a）内卡式　b）外卡式　c）翼型式

十字轴式万向节结构简单，强度高，耐久性好，传动效率高，生产成本低；但所连接的两轴夹角不宜过大，当夹角由 4°增至 16°时，万向节中的滚针轴承寿命将下降为原来寿命的

1/4。十字轴万向节夹角 α 的允许范围见表 4-1。

表 4-1 十字轴式万向节夹角 α 的允许范围

万向节安装位置或相连接总成			α 不大于
离合器—变速器,变速器—分动器（相连接总成均安装在车架上）			1°~3°
驱动桥传动轴	汽车满载静止夹角	一般汽车	6°
		越野车	12°
	行驶中的极限夹角	一般汽车	15°~20°
		越野车	30°

三、双联式万向节

双联式万向节实际上是一套将传动轴长度减缩至最小的双十字轴式万向节传动装置，有不带定心机构和带定心机构两种结构形式。如图 4-8 所示，万向节双联叉 3 两侧面各有两个凸缘，两个十字轴 1 和 2 借助于滚针轴承装进两个凸缘的孔内。这种双联式万向节等速性较差。

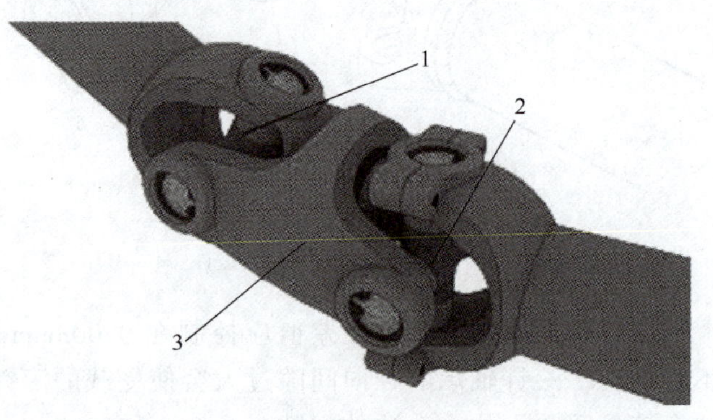

图 4-8 无定心装置的双联式万向节

1、2—十字轴 3—双联叉

为了保证双联式万向节连接的轴工作转速趋于相等，可用分度机构实现定心，以确保所连接的两轴接近等速转动，如图 4-9 所示，在结构中设有保证输入轴与双联叉轴线间夹角 α_1 和双联叉轴线与输出轴间夹角 α_2 近似相等的分度机构。

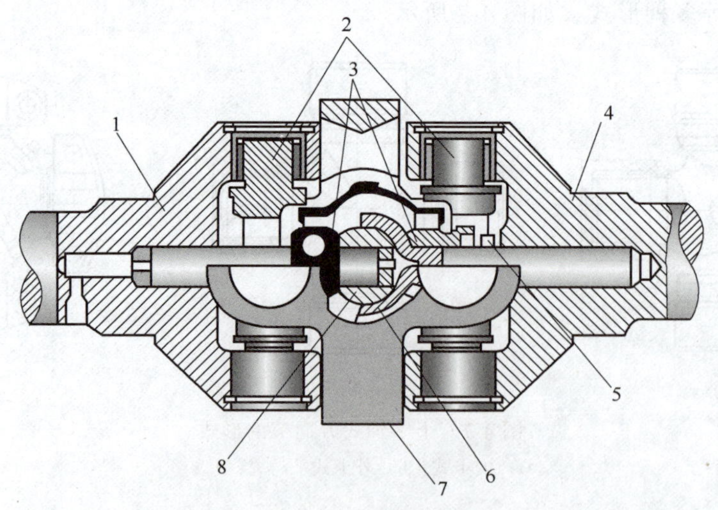

图 4-9 带分度机构的双联式万向节

1、4—万向节叉 2—十字轴 3—油封 5—弹簧 6—球碗 7—双联叉 8—球头当两轴夹角为0°时，球头与球碗的中心与两十字轴中心的连线中点重合。当万向节叉4相对万向节叉1摆动时，如果球头与球碗的中心（实际上也就是输出轴与输入轴的交点）能沿两十字轴中心连线的中垂线移动，就能够满足 $\alpha_1=\alpha_2$ 的条件，但是球头与球碗的中心（实际上就是球头的中心）只能绕万向节叉4上的十字轴中心做圆弧运动。在当输出轴与输入轴的夹角较小时，处在圆弧上的两轴轴线交点离上述中垂线很近，使得 α_1 与 α_2 的差很小，能使两轴角速度接近相等。

现在的双联式万向节多采用偏心式结构，即使万向节中心与转向中心偏离一定距离（一般偏离1.0~3.5mm），从而使输入轴与输出轴的角速度接近相等，如图4-10所示。这种偏心双联式万向节取消了分度机构，结构相对简单，可靠性有所提高，因而在越野车的转向驱动桥中应用较为广泛。

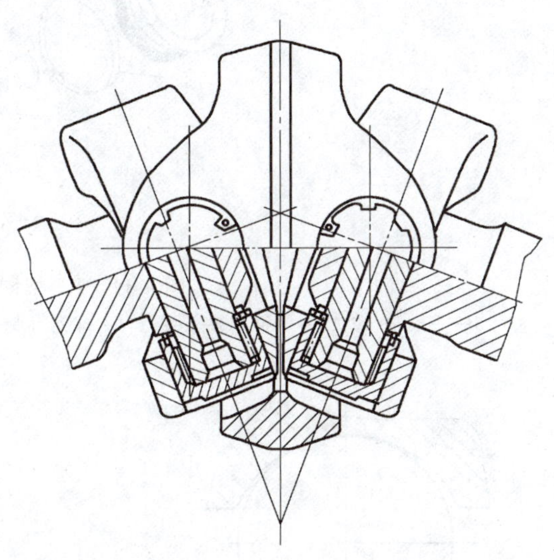

图4-10 偏心十字轴双联式万向节

双联式万向节的主要优点是允许两轴间的夹角较大（一般可达50°，偏心十字轴双联式万向节可达60°），轴承密封性好，传动效率高，工作可靠，制造方便；缺点是外形尺寸较大，零件数目较多，结构较复杂，传递转矩有限。当应用于转向驱动桥时，由于双联式万向节轴向尺寸较大，为使主销轴线延长线与地面的交点和轮胎的印迹中心偏离不大，就必须用较大的主销内倾角。

四、等速万向节

1. 球笼式万向节

按主、从动叉在传递动力过程中轴向是否产生位移，球笼式万向节分为中心固定型和伸缩型两大类。

（1）固定型球笼式万向节　RF型固定型球笼式万向节的基本结构如图4-11所示。星形套7以内花键与主动轴1相连，其外表面设置有6条凹槽（形成内滚道）。球形壳8的内表面设置有对应的6条凹槽（形成外滚道）。6个钢球分别嵌装在6条滚道中，并由保持架4使之保持在同一平面内。动力由主动轴1经过钢球6、球形壳8输出。

还有一种BJ型固定型球笼式万向节，其基本结构与上述RF型相近，主要区别在于：RF型的滚道在径向截面上为圆形，钢球与滚道为两点接触，而BJ型的滚道在径向截面为椭圆形，钢球与滚道为四点接触，如图4-12所示。

固定型球笼式万向节两轴交角范围较大，通常在45°~50°范围之内，且在工作时，无论传动方向如何，6个钢球全部参与传递动力，具有承载能力强、结构紧凑、拆装方便等优点，应用较为广泛。

（2）伸缩型球笼式万向节　伸缩型球笼式万向节与固定型球笼式万向节类似，其中VL型伸缩型球笼式万向节基本结构如图4-13所示。

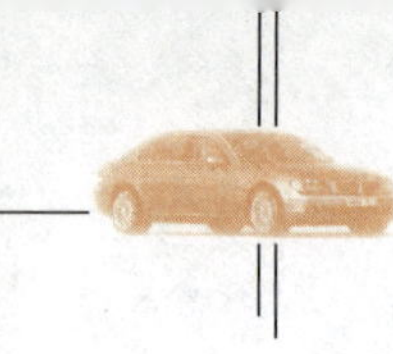

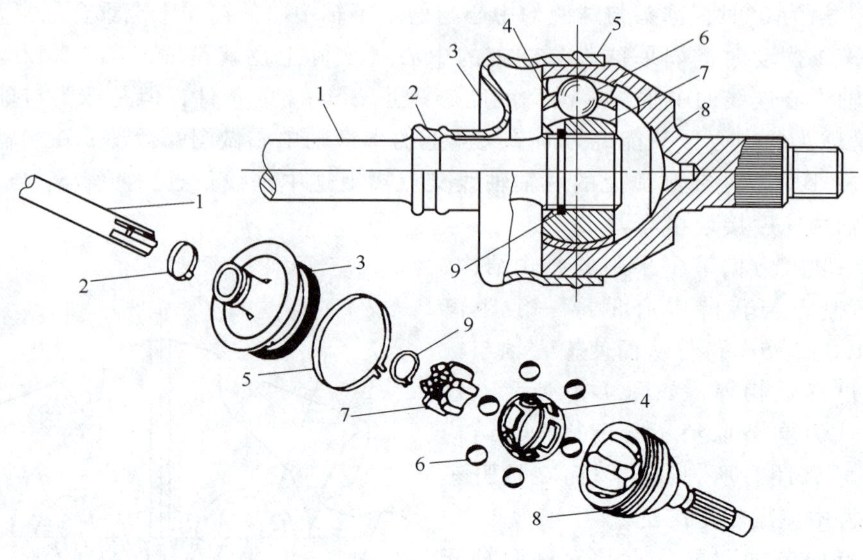

图 4-11 RF 型固定型球笼式万向节

1—主动轴 2、5—钢箍 3—外罩 4—球笼（保持架） 6—钢球 7—星形套 8—球形壳 9—卡环

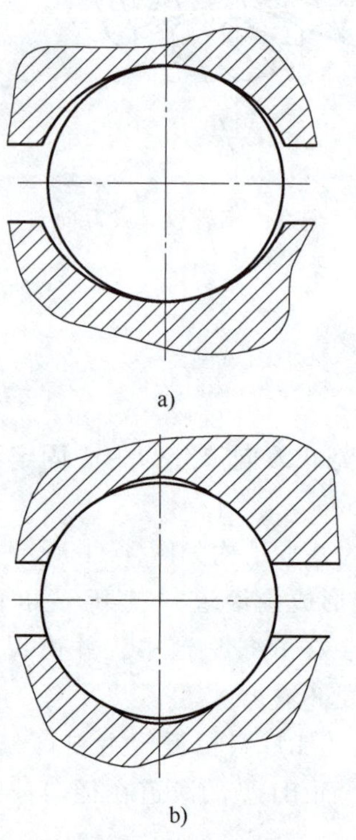

图 4-12 RF 型与 BJ 型固定型球笼式万向节滚道

a）RF 型 b）BJ 型

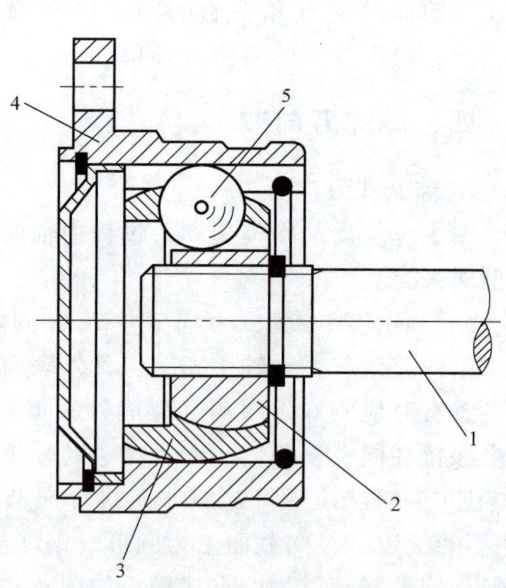

图 4-13 伸缩型球笼式万向节（VL 型）

1—主动轴 2—星形套 3—球笼（保持架）4—筒形壳 5—钢球

VL 型伸缩型球笼式万向节的内外滚道采用圆筒形直槽，在传递动力过程中，星形套 2 和筒形壳 4 可沿轴向相对移动，故可以省去滑动花键。这不仅使结构更加简化，而且由于星

形套 2 与筒形壳 4 之间的轴向移动是通过钢球 5 沿内外道滚动来实现的，与滑动花键相比，阻力明显减小，适用于断开式驱动桥。

伸缩型球笼式万向节多用于前置前驱且采用独立悬架的乘用车转向驱动桥靠近主减速器侧。伸缩型球笼式万向节两轴交角范围约为 20°~25°，相较十字轴式万向节相邻两轴的交角范围有所增大，但要小于固定型球笼式万向节。

2. 三枢轴式万向节

三枢轴式万向节是一种球面滚轮式可伸缩的等速万向节，如图 4-14 所示。三枢轴式万向节主要由筒形壳、球面滚轮、滚针、三枢轴、弹性挡圈、卡簧等元件组成。

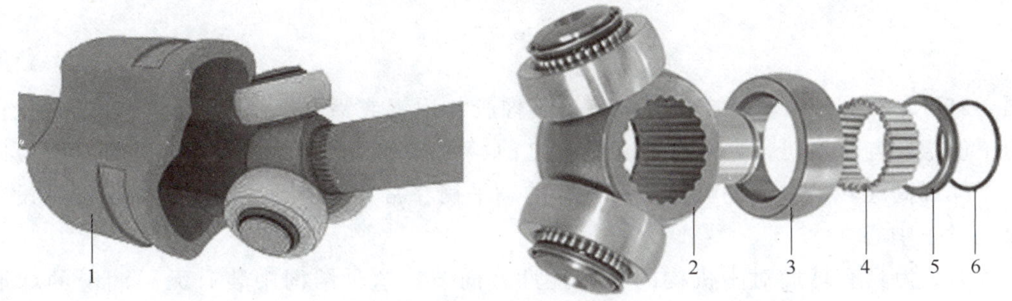

图 4-14 三枢轴式万向节

1—筒形壳 2—三枢轴 3—球面滚轮 4—滚针 5—弹性挡圈 6—卡簧

三枢轴式万向节主要用于断开式驱动桥内侧，靠近主减速器一侧。输入轴外花键与筒形壳轴端内花键相配合，动力由差速器传至筒形壳，经筒形壳内轨道与球面滚轮外球面接触来传递转矩，动力经由滚针轴承、三枢轴传至半轴另一侧的万向节输出到车轮。球面滚轮可沿筒形壳内轨槽壁既滚动又滑动，并能在内槽轨道内自动调心，达到滑动花键的效果。理论上应该确保三个球面滚轮的轴线处于同一平面内，同时三个球面滚轮的轴线要相交于一点，即三枢轴的中心，并且要等分圆周，也就是说其沿周向分布的轴间夹角为 120°。一般三枢轴式万向节可制成为固定式（GE 型）或伸缩式（GI 型）。

三枢轴式万向节能允许最大轴间交角为 43°，具有体积小、重量轻、润滑好、散热快、承载大、结构简单、工作可靠、布置紧凑、运转平稳、工艺性突出等特点，因而广泛应用在汽车驱动桥中，特别是应用在采用轻量化设计和布置较为困难的中小排量乘用车中。

五、挠性万向节

挠性万向节依靠橡胶弹性元件的弹性变形来保证在相交两轴间传动时不发生干涉。弹性元件可以是橡胶盘、橡胶金属套筒、铰接块、六角环形橡胶圈等多种形状（图 4-15）。

图 4-15a 为盘形橡胶挠性万向节。与轴相连的两个万向节叉通过螺栓与弹性盘相连而传递动力。这种结构一般用于轴间夹角不大于 5°的万向节传动中，常用来连接同时安装在车架或车身上的两个部件。盘形挠性万向节的弹性元件通常是 4~12 层的橡胶纤维或橡胶帘布片结构，并用金属零件加固，在挠性万向节装配时，通常使纤维层依次错开，以便于当挠性盘变形时，保证纤维帘布层承受最小的力。

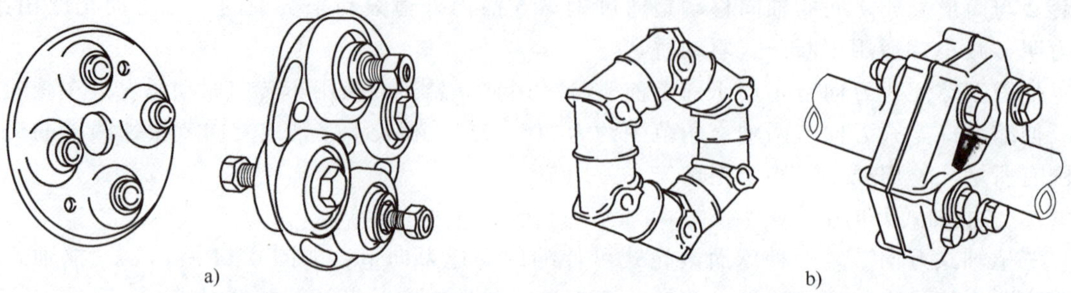

图 4-15 挠性万向节

a）盘形 b）六角环形

图 4-15b 为六角环形橡胶挠性万向节，其橡胶与用钢或铝合金制成的金属骨架硫化在一起。为了使橡胶与金属可靠地结合，在硫化之前，骨架镀一层黄铜覆盖层。使用这种万向节时，为了保证高速转动时传动轴总成有良好的动平衡，常在万向节所连接的两轴端部设专门机构保证对正中心。

图 4-16a 为具有球面对中机构的环形挠性万向节。这种结构中装有无须润滑的球形滑动对中轴承，如能正确地选择轴承配合，可使其内部在装配后具有适当的预紧力。为使万向节有必要的寿命，总是设法使其轴向位移引起的轴向力、侧向位移引起的侧向力和万向节工作角引起的力矩尽可能小，使挠性万向节主要传递工作转矩。有的结构允许有一定的轴向变形（图 4-16b）。当这种环形挠性万向节的轴向变形量满足使用要求时，可省去伸缩花键。

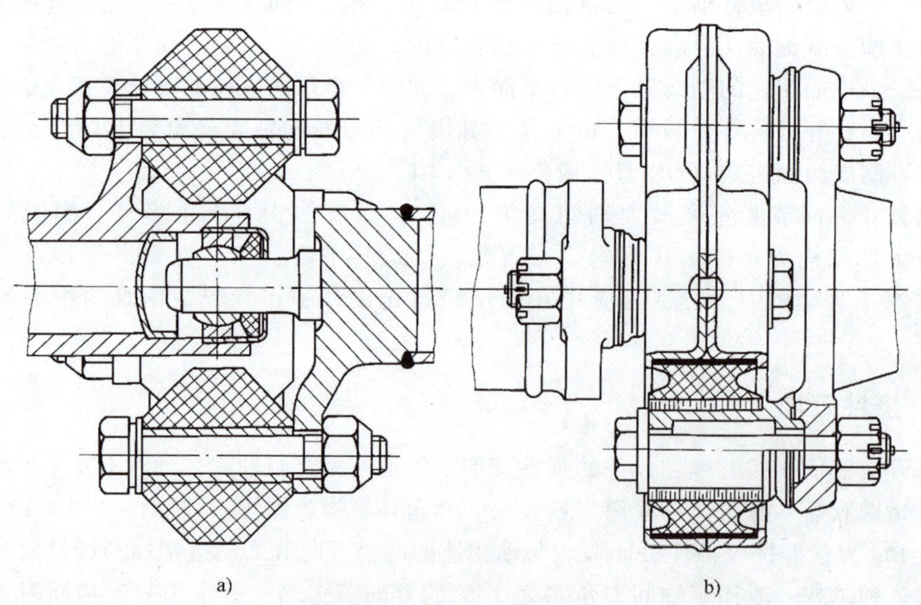

图 4-16 环形挠性万向节

a）具有球面对中机构的挠性万向节 b）具有轴向变形的挠性万向节

挠性万向节能减小传动系统的扭转振动、动载荷和噪声，结构简单，使用中不需润滑，一般用于两轴间夹角不大（一般为3°~5°）和有很小轴向位移的万向传动场合，如它常在乘用车三万向节传动中，被用来作为靠近变速器的第一万向节，或在载质量较大的商用车中用于发动机与变速器之间、变速器与分动器之间，以消除制造安装误差和车架变形对传动的影响。

用于橡胶金属套筒结构的橡胶应具有的力学特性为：抗拉强度不小于15MPa；相对伸长率不小于350%；肖氏硬度为65~75HS；最大挤压应力为7.5~8.0MPa；切变模量$G=0.85$MPa；工作温度为-45~80℃。

第三节 万向传动的运动和受力分析

一、十字轴式万向节传动

1. 单十字轴式万向节传动

当十字轴式万向节的主、从动轴之间的夹角为α时，主、从动轴的角速度ω_1、ω_2之间存在如下关系

$$\frac{\omega_2}{\omega_1}=\frac{\cos\alpha}{1-\sin^2\alpha\cos^2\varphi_1} \tag{4-1}$$

式中，φ_1为主动叉转角，定义为万向节主动叉所在平面与万向节主、从动轴所在平面的夹角。

由于$\cos\varphi_1$是周期为2π的周期函数，所以ω_2/ω_1也是同周期的周期函数。当φ_1为0、π时，ω_2达最大值，$\omega_{2\max}=\omega_1/\cos\alpha$；当$\varphi_1$为$\pi/2$、$3\pi/2$时，$\omega_2$达最小值，$\omega_{2\min}=\omega_1\cos\alpha$。因此，当主动轴以等角速度转动时，从动轴时快、时慢，此即为普通十字轴式万向节传动的不等速性。

十字轴式万向节传动的不等速性可用转速不均匀系数K来表示

$$K=\frac{\omega_{2\max}-\omega_{2\min}}{\omega_1}=\sin\alpha\tan\alpha \tag{4-2}$$

如不计万向节的摩擦损失，主、从动轴转矩T_1和T_2与各自相应的角速度有$T_1\omega_1=T_2\omega_2$的关系，这样有

$$T_2=\frac{1-\sin^2\alpha\cos^2\varphi_1}{\cos\alpha}T_1 \tag{4-3}$$

显然，当ω_2/ω_1最小时，从动轴上的转矩为最大值，$T_{2\max}=T_1/\cos\alpha$；当ω_2/ω_1最大时，从动轴上的转矩为最小值，$T_{2\min}=T_1\cos\alpha$。当T_1与α一定时，T_2在其最大值与最小值之间每一转变化两次。

具有夹角α的十字轴式万向节，由于其主、从动叉轴上的转矩T_1、T_2作用在不同的平面上，因此仅在主动轴驱动转矩和从动轴反转矩的作用下是不能平衡的。在不计万向节惯性力矩时，主、从动叉轴上的转矩T_1、T_2的矢量互成一角度而不能自行封闭，此时在万向节

上必然还作用有另外的力矩。从万向节叉与十字轴之间的约束关系分析可知，主动叉对十字轴的作用力矩，除主动轴驱动转矩 T_1 之外，还有作用在主动叉平面的弯曲力矩 T'_1。同理，从动叉对十字轴也作用有从动轴反转矩 T_2 和作用在从动叉平面的弯曲力矩 T'_2。在这四个力矩的作用下，使十字轴万向节得以平衡。

下面仅讨论主动叉在以下两特殊位置时，附加弯曲力矩的大小及变化特点。

当主动叉处于 $\varphi_1=0$ 和 π 位置时（图 4-17a），由于 $\boldsymbol{T}_1$ 作用在十字轴轴线平面上，故 $\boldsymbol{T}'_1$ 必为零；而 $\boldsymbol{T}_2$ 的作用平面与十字轴不共平面，必有 $\boldsymbol{T}'_2$ 存在，且矢量 $\boldsymbol{T}'_2$ 垂直于矢量 $\boldsymbol{T}_2$，合矢量 $\boldsymbol{T}'_2+\boldsymbol{T}_2$ 指向十字轴平面的法线方向，与 $\boldsymbol{T}_1$ 大小相等，方向相反。这样，从动叉上的附加弯矩 $T'_2=T_1\sin\alpha$。

当主动叉处于 $\varphi_1=\pi/2$ 和 $3\pi/2$ 位置时（图 4-17b），同理可知 T'_2 为零，主动叉上的附加弯矩 $T'_1=T_1\tan\alpha$。

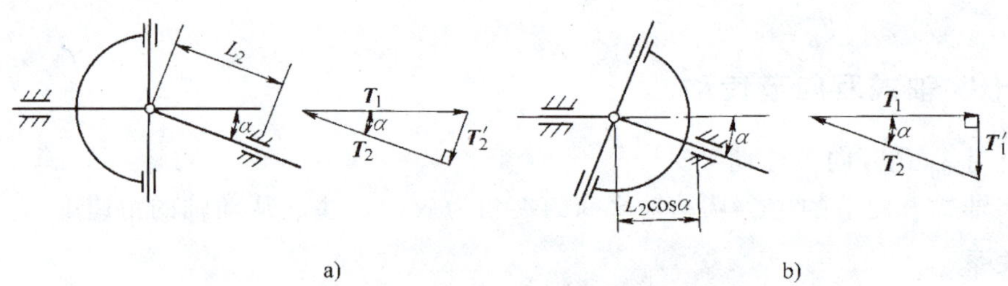

图 4-17 十字轴万向节的力矩平衡

a）$\varphi_1=0$、π b）$\varphi_1=\pi/2$、$3\pi/2$

分析可知，附加弯矩 T'_1、T'_2 的大小是在零与上述两最大值之间变化，变化周期为 π，即每一转变化两次。T'_2 使从动叉轴支承承受周期性变化的径向载荷为

$$F_{2j}=\frac{T'_2}{L_2}=\frac{T_1\sin\alpha}{L_2} \tag{4-4}$$

式中，L_2 为万向节中心至从动叉轴支承间的距离。

此时，万向节也承受与上述力大小相等、方向相反的力。与此方向相反的反作用力矩则由主动叉轴的支承承受。同样，T'_1 使主动叉轴支承承受周期性变化的径向载荷，万向节也承受与其大小相等、方向相反的力。在从动轴支承和万向节上造成大小相等、方向相反的侧向载荷为

$$F_{2c}=\frac{T_1\tan\alpha}{L_2\cos\alpha} \tag{4-5}$$

附加弯矩可引起与万向节相连零部件的弯曲振动，在万向节主、从动轴支承上引起周期性变化的径向载荷，从而激起支承处的振动，使传动轴产生附加应力和变形，从而降低传动轴的疲劳强度。因此，为了控制附加弯矩，应避免两轴之间的夹角过大。

如果十字轴式万向节的主动叉轴转速不变，则从动叉轴周期性加速、减速旋转产生的惯性力矩为

$$T_{2G}=J_2\varepsilon_2 \tag{4-6}$$

式中，J_2 为从动叉轴旋转质量的转动惯量；ε_2 为从动叉轴的角加速度，可通过对式（4-1）求导得出

$$\varepsilon_2 = \frac{\omega_1^2 \cos\alpha \sin^2\alpha \sin 2\varphi_1}{1-\sin^2\alpha \cos^2\varphi_1} \tag{4-7}$$

由图 4-18 可见，当输入轴转速很高，且输入、输出轴之间夹角较大时，由于从动叉轴旋转的不均匀加剧所产生的从动叉轴角加速度很大，导致惯性力矩可能会超过十字轴式万向节的传递转矩许用值。应采取有效方法降低此惯性力矩。

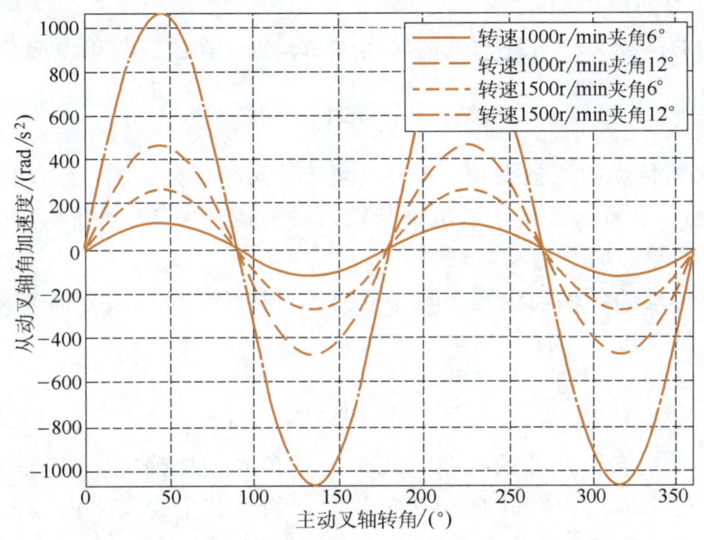

图 4-18　从动叉轴角加速度与主动叉轴转角的关系

2. 双十字轴式万向节传动

当输入轴与输出轴之间存在夹角 α 时，单个十字轴式万向节的输出轴相对于输入轴是不等速旋转的。为使处于同一平面的输出轴与输入轴等速旋转，可采用双万向节传动，但必须保证与传动轴相连的两万向节叉布置在同一平面内，且使两万向节夹角 α_1 与 α_2 相等（图 4-19a、c）。

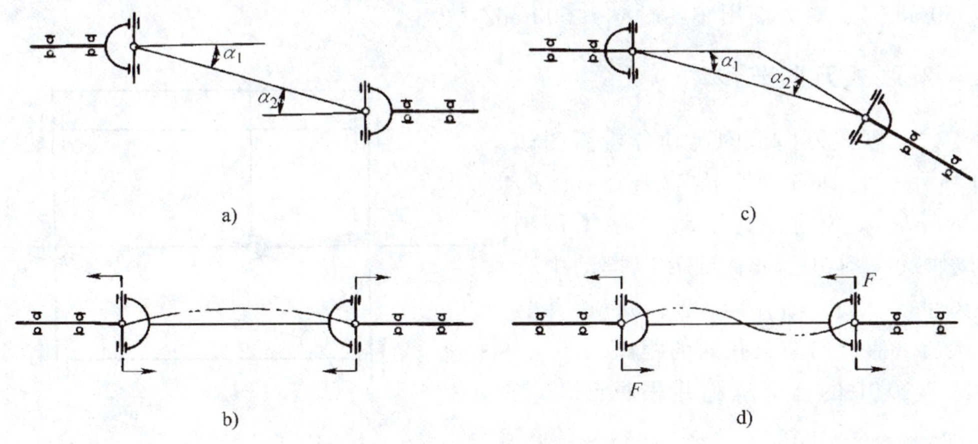

图 4-19　附加弯矩对传动轴的作用

在双万向节传动中，直接与输入轴和输出轴相连的万向节叉所受的附加弯矩分别由相应轴的支承反力平衡。当输入轴与输出轴的轴线平行时（图 4-19a），直接连接传动轴的两万向节叉所受的附加弯矩彼此平衡，传动轴发生如图 4-19b 中双点画线所示的弹性弯曲，从而引起传动轴的弯曲振动。当输入轴与输出轴的轴线相交时（图 4-19c），传动轴两端万向节叉上所受的附加弯矩方向相同，不能彼此平衡，传动轴发生如图 4-19d 中双点画线的弹性弯曲，因此对两端的十字轴产生大小相等、方向相反的径向力。此径向力作用在滚针轴承碗的底部，并在输入轴与输出轴的支承上引起反力。

3. 多十字轴式万向节传动

多万向节传动的从动叉相对主动叉的转角差 $\Delta\varphi$ 的计算公式与单万向节相似，可写成

$$\Delta\varphi=\frac{\alpha_e^2}{4}\sin2(\varphi_1+\theta) \tag{4-8}$$

式中，α_e 为多万向节传动的当量夹角；θ 为主动叉的初相位角；φ_1 为主动轴转角。

式（4-8）表明，多万向节传动输出轴与输入轴的运动关系，如同具有夹角为 α_e，而主动叉具有初相位 θ 的单万向节传动一样。

假如多万向节传动的各轴轴线均在同一平面，且各传动轴两端万向节叉平面之间的夹角为零或 $\pi/2$，则当量夹角 α_e 为

$$\alpha_e=\sqrt{|\alpha_1^2\pm\alpha_2^2\pm\alpha_3^2\pm\cdots|} \tag{4-9}$$

式中，α_1、α_2、α_3 等为各万向节的夹角。式中的正负号这样确定：当第一万向节的主动叉处在各轴轴线所在的平面内，在其余的万向节中，如果其主动叉平面与此平面重合定义为正，与此平面垂直定义为负。

为使多万向节传动的输出轴与输入轴等速旋转，应使 $\alpha_e=0$。

万向节传动输出轴与输入轴的转角差会引起动力总成支承和悬架弹性元件的振动，还能引起与输出轴相连齿轮的冲击和噪声及驾驶室内的谐振噪声。因此，在设计多万向节传动时，总是希望其当量夹角 α_e 尽可能小。一般设计时，应使空载和满载两种工况下的 α_e 不大于 3°。另外，对多万向节传动输出轴的角加速度幅值 $\alpha_e^2\omega_1^2$ 应加以限制。对于乘用车，$\alpha_e^2\omega_1^2\leqslant350\text{rad/s}^2$；对于商用车，$\alpha_e^2\omega_1^2\leqslant600\text{rad/s}^2$。

二、双联式万向节传动

偏心式双联式万向节的运动分析简图如图 4-20 所示，它具有两个摆动中心 A、B。当主动轴偏转 α 角时，其摆动中心 A 移到 A'，从动轴的摆动中心 B 移到 B'，摆动中心间的距离保持不变，即 $AB=A'B'=a+b$，并等于中间架前、后万向节叉孔间的距离。

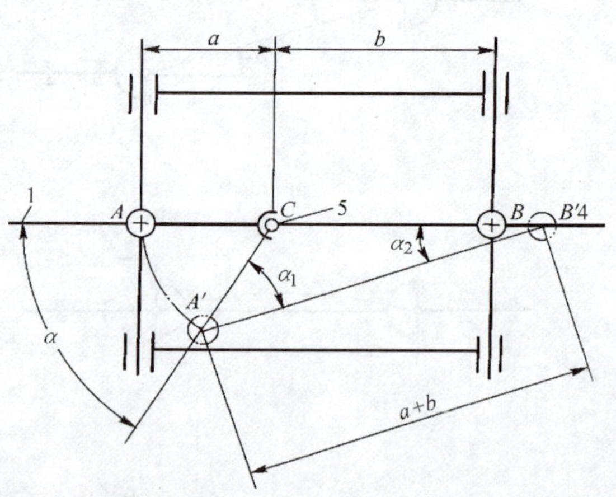

图 4-20 双联式万向节的运动分析简图

由图 4-20 中的 $\triangle A'B'C$ 并根据正弦定理有

$$\sin\alpha_1=\frac{b\sin\alpha}{a+b} \tag{4-10}$$

将 $\alpha=\alpha_1+\alpha_2$ 代入式（4-10），可得

$$\cot\alpha_1 = \frac{(a+b)/b - \cos\alpha_2}{\sin\alpha_2} \tag{4-11}$$

为了实现等角速传动，应使 $\alpha_1 = \alpha_2$，代入式（4-11），可得

$$\cos\alpha_1 = (a+b)/2b \tag{4-12}$$

对于结构已确定的双联式万向节，a 和 b 是确定的值，则 α_1 与 α_2 只在某一转角下才能相等，因此双联式万向节在不同转角下只能实现近似等角速传动。

三、球笼式万向节传动

图 4-21 为球笼式万向节等速原理示意图，球形壳 1 的内球面，星形套 2 的外球面，保持架 4 的内、外球面以及星形套、钟形壳上的钢球沟槽中心，均与两轴轴线交点 O 重合。

钢球中心 C 的瞬时速度，由主动轴侧计算为 $v_1 = b\omega_1$，由从动轴侧计算为 $v_2 = a\omega_2$。事实上钢球中心只能有一个速度，即 $v_1 = v_2$，这就要求 $a\omega_2 = b\omega_1$，显然，要使主动轴和从动轴同步，即 $\omega_2 = \omega_1$，则必须 $a = b$，反之亦然。总之，不论轴旋转到哪个位置，只要 $a = b$，则主动轴和从动轴的瞬时运动速度都是相等的，即 $\omega_2 = \omega_1$。为满足 $a = b$，保持架 4 的轴线与主动轴及从动轴轴线之间的夹角 α_1、α_2 应满足下列条件：$\alpha_1 = \alpha_2 = \alpha/2$，即钢球中心位于两轴轴线夹角的角平分面上，这就是球笼式万向节的等速条件。

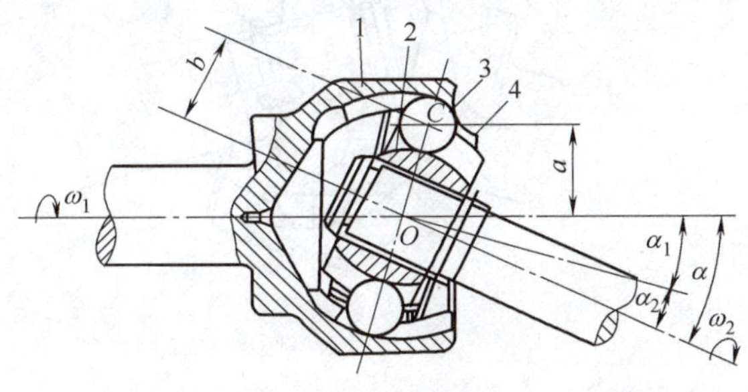

图 4-21 球笼式万向节等速原理示意图

1—球形壳 2—星形套 3—钢球 4—保持架（球笼）

最初设计的球笼式万向节是带有分度杆装置的，如图 4-22 所示。这种装置的球笼式万向节，通过合理选择分度杆尺寸，使所有钢球中心位于主、从动轴轴线夹角的角平分面上，从而使两轴转速同步。但这种结构的万向节零件数量多，安装和使用不方便，后来不再使用。

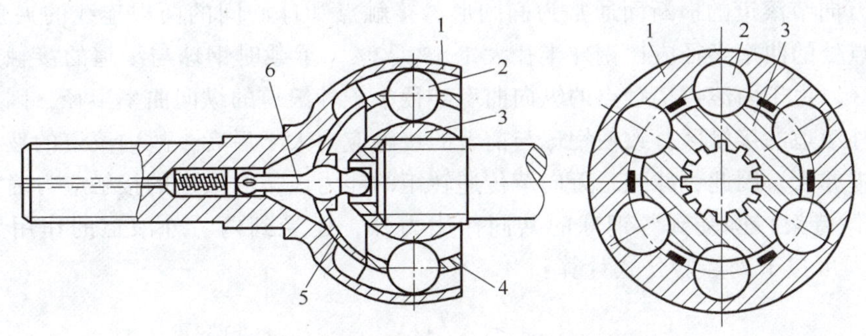

图 4-22 带分度杆的球笼式万向节

1—球形壳 2—钢球 3—星形套 4—球笼（保持架） 5—导向盘 6—分度杆

目前球笼式万向节多采用偏心距式结构来实现主、从动轴的等速性。固定型球笼式万向节如图 4-23a 所示，其球形壳外滚道的中心 A 与星形套内滚道的中心 B 并不同心，而是对称

偏离于万向节中心 O 的两侧，即 $OA=OB$，而且从钢球中心 C 到 A 和 B 的距离相等，即 $AC=BC$，且 CO 共边，显然 $\triangle COA\cong\triangle COB$，故有 $\angle COA=\angle COB$，这就保证了传动钢球中心 C 在工作范围内将处于主、从动轴轴线夹角的角平分面上，从而保证主、从动轴的转速相同。

伸缩型球笼式万向节如图 4-23b 所示，其结构与固定型球笼式万向节相近，仅内、外滚道为圆筒形直槽。这种万向节的球笼（保持架）内球面中心 B 与外球面中心 A 位于万向节中心 O 的两边，且与 O 等距。钢球中心 C 到 A、B 的距离也相等，保证了传动钢球中心 C 在工作范围内将处于主、从动轴轴线夹角的角平分面上，也实现了等速传动。

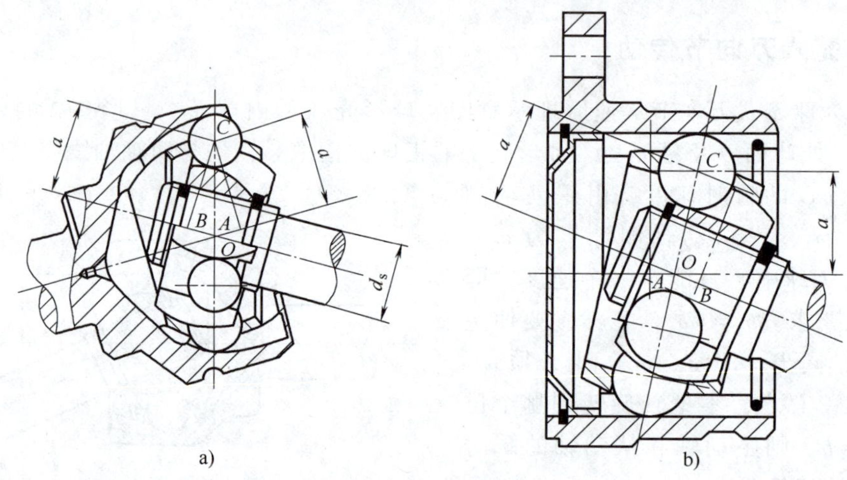

图 4-23　偏心距式球笼万向节

a）固定型　b）伸缩型

在球笼式等速万向节中，钢球是主要的传力部件，钢球的运动对万向节的工作能力和使用性能有着重要的影响。当主、从动轴之间夹角为零时，钢球的运动平面与传动轴垂直，此时钢球的运动轨迹为圆。当主动轴与从动轴之间存在夹角 α 之后，钢球有三种运动分量：第一种是绕轴线的旋转运动，其运动轨迹为椭圆；第二种是平行于轴线的往复直线运动，每转动一周钢球往返一次；第三种是垂直于轴线的往复直线运动，每转动一周钢球往返两次。因此当球笼式万向节在某一夹角 α 下高速转动时，钢球将产生很大的轴向力。

球笼式万向节滚道的横断面通常为椭圆形，接触点和球心间的两根连线的夹角为 $2\times45°$，椭圆在接触点处的曲率半径应比钢球半径大 1.5%~2%。承载时钢球与滚道的接触点实际上为椭圆形接触区。由于内滚道接触点的纵向曲率半径小于外滚道的纵向曲率半径，因而内滚道的接触区小于外滚道的接触区，致使钢球与前者的接触应力大于后者，故内滚道的疲劳寿命较外滚道短，磨损亦大。因此，球笼式万向节传递转矩的能力应按内滚道的接触应力确定。

球笼（保持架）除受到各钢球的共同作用力外，还受到内、外滚道的作用力，受力情况比较复杂，可按下列经验公式计算：

$$F_C=\frac{T_1}{e\tan\varphi\tan\gamma}\sin\alpha \tag{4-13}$$

式中，F_C 为球笼（保持架）承受载荷（N）；T_1 为万向节传递转矩（N·m）；α 为主、从动轴夹角；e 为偏移距（m）；φ 为偏移角，$\varphi=\arccos(2e/D)$，其中 D 为钢球回转中心距离（m）；$\gamma=\tan\theta/\sin\varphi$，其中 θ 为压力角，对于椭圆形断面为 45°。

第四节　万向节的设计计算

一、万向传动轴的计算载荷

1. 起动转矩

以发动机最大转矩与变速器最低档传动比相匹配时，作用于万向传动装置的转矩作为计算载荷。

对于用在变速器与驱动桥之间的万向传动装置有

$$T_{se1}=\frac{k_d k T_{emax} i_1 i_f \eta}{n} \tag{4-14}$$

对于用在转向驱动桥中的万向传动装置有

$$T_{se2}=\frac{k_d k T_{emax} i_1 i_f i_0 \eta}{2n} \tag{4-15}$$

式中，T_{emax} 为发动机最大转矩（N·m）；i 为变速器最低档传动比；η 为发动机到万向传动轴之间的传动效率；i_f 为分动器传动比，取法参见表 4-2；n 为计算驱动桥数，取法参见表 4-2；k 为液力变矩器变矩系数，$k=(k_0-1)/2+1$，其中 k_0 为液力变矩器最大变矩系数；k_d 为离合器突然接合所产生的动载系数，若装用液力自动变速器则 $k_d=1$，若装用具有手动机械变速器的高性能赛车 $k_d=3$，其他车型按性能系数 f_j 确定，若 $f_j=0$ 则取 $k_d=1$，若 $f_j>0$ 则取 $k_d=2$ 或由经验选定。

其中性能系数 f_j 由下式计算：

$$f_j=\begin{cases}\dfrac{1}{100}\left(16-0.195\dfrac{m_a g}{T_{emax}}\right) & 当\ 0.195\dfrac{m_a g}{T_{emax}}<16\ 时\\ 0 & 当\ 0.195\dfrac{m_a g}{T_{emax}}\geqslant 16\ 时\end{cases} \tag{4-16}$$

式中，m_a 为汽车满载质量（kg），若有挂车，则满载质量还包括挂车质量。

表 4-2　i_f 与 n 选取表

车型	高档传动比 i_{fg} 与低档传动比 i_{fd} 的关系	i_f	n
4×4	$i_{fg}>i_{fd}/2$	i_{fg}	1
	$i_{fg}<i_{fd}/2$	i_{fd}	2
6×6	$i_{fg}/2>i_{fd}/3$	i_{fg}	2
	$i_{fg}/2<i_{fd}/3$	i_{fd}	3

2. 附着转矩

以驱动轮打滑时作用于万向传动装置的转矩作为计算载荷。

对于用在变速器与驱动桥之间的万向传动装置有

$$T_{ss1}=\frac{G_2 m'_2 \varphi r_r}{i_0 i_m \eta_m} \tag{4-17}$$

对于用在转向驱动桥中的万向传动装置有

$$T_{\mathrm{ss2}}=\frac{G_1 m'_1 \varphi r_{\mathrm{r}}}{2 i_{\mathrm{m}} \eta_{\mathrm{m}}} \tag{4-18}$$

式中，G_2 为满载状态下一个驱动桥上的静载荷（N）；m'_2 为汽车加速度最大时的后轴负荷转移系数，乘用车取 $m'_2=1.2\sim1.4$，商用车取 $m'_2=1.1\sim1.2$；φ 为轮胎与路面间的附着系数，对于安装一般轮胎的公路用汽车，在良好的混凝土或沥青路上，φ 可取 0.85，对于安装防侧滑轮胎的乘用车，φ 可取 1.25，对于越野车，φ 值变化较大，一般取 1；r_{r} 为车轮滚动半径（m）；i_0 为主减速器传动比；i_{m} 为减速器从动齿轮到车轮之间的传动比；η_{m} 为主减速器主动齿轮到车轮之间的传动效率；G_1 为满载状态下转向驱动桥上的静载荷（N）；m'_1 为汽车加速度最大时的前轴负荷转移系数，乘用车取 $m'_1=0.8\sim0.85$，商用车取 $m'_1=0.75\sim0.90$。

3. 日常行驶平均转矩

以汽车日常行驶时作用于万向传动装置的转矩作为计算载荷。

对于用在变速器与驱动桥之间的万向传动装置有

$$T_{\mathrm{sf1}}=\frac{F_{\mathrm{t}} r_{\mathrm{r}}}{i_0 i_{\mathrm{m}} \eta_{\mathrm{m}} n} \tag{4-19}$$

对于用在转向驱动桥中的万向传动装置有

$$T_{\mathrm{sf2}}=\frac{F_{\mathrm{t}} r_{\mathrm{r}}}{2 i_{\mathrm{m}} \eta_{\mathrm{m}} n} \tag{4-20}$$

式中，F_{t} 为汽车日常行驶时的平均牵引力（N）。

对于公路用汽车，使用条件较为稳定，汽车日常行驶时的平均牵引力可按下式计算：

$$F_{\mathrm{t}}=m_{\mathrm{a}} g(f_{\mathrm{R}}+f_{\mathrm{H}}+f_{\mathrm{j}}) \tag{4-21}$$

式中，f_{R} 为道路滚动阻力系数，乘用车取 $f_{\mathrm{R}}=0.010\sim0.015$，货车取 $f_{\mathrm{R}}=0.010\sim0.020$，越野车取 $f_{\mathrm{R}}=0.020\sim0.035$；$f_{\mathrm{H}}$ 为汽车正常使用时的平均爬坡能力系数，乘用车取 $f_{\mathrm{H}}=0.08$，货车和城市客车取 $f_{\mathrm{H}}=0.05\sim0.09$，长途客车取 $f_{\mathrm{H}}=0.06\sim0.10$，越野车取 $f_{\mathrm{H}}=0.09\sim0.30$；$f_{\mathrm{j}}$ 为性能系数，根据式（4-16）确定。

需要注意日常行驶平均转矩与汽车使用状况密切相关，在实际计算中还有多种其他方式，比如可按平均行驶车速、变速器档位使用率、典型行驶循环工况等方法进行计算。

当对万向传动装置进行静强度计算时，计算载荷 T_1 取 T_{se1} 和 T_{ss1} 的最小值，或取 T_{se2} 和 T_{ss2} 的最小值，即 $T_1=\min[T_{\mathrm{se1}},\ T_{\mathrm{ss1}}]$ 或 $T_1=\min[T_{\mathrm{se2}},\ T_{\mathrm{ss2}}]$，安全系数一般取 2.5～3.0。当对万向传动装置进行疲劳寿命计算时，计算载荷 T_1 取 T_{sf1} 或 T_{sf2}。

二、十字轴式万向节设计计算

十字轴式万向节的损坏形式主要有滚针轴承和十字轴轴颈的磨损。过度磨损后，滚针轴承碗和十字轴轴颈工作表面将出现压痕和剥落。一般情况下，当磨损或压痕超过 0.15mm 时便应报废。

十字轴滚针轴承中的滚针直径通常不小于 1.6mm，以免压碎，而且尺寸差别要小，否则会加重载荷在滚针间分配的不均匀性，公差带控制在 0.003mm 以内。滚针轴承径向间隙过大时，承受载荷的滚针数减少，有出现滚针卡住的可能性；间隙过小又有可能会受热卡住或因脏物阻滞卡住。合适的间隙为 0.009～0.095mm，滚针轴承的周向总间隙以 0.08～0.30mm 为好。滚针的长度一般不超过轴颈的长度，这可使其既具有较高的承载能力，又不致因滚针过长发生歪斜而造成应力集中。滚针在轴向的游隙通常不应超过 0.2～0.4mm。

十字轴滚针轴承的接触应力应满足

$$\sigma_j = 272\sqrt{\left(\frac{1}{d_1}+\frac{1}{d_0}\right)\frac{F_n}{L_b}} \leqslant [\sigma_j] \tag{4-22}$$

式中，d_1 为十字轴轴颈直径（mm）；d_0 为滚针直径（mm）；L_b 为滚针工作长度（mm），$L_b = L-(0.15\sim1.00)d_0$，其中 L 为滚针总长度（mm）；F_n 为在合力 F 作用下一个滚针所受的最大载荷（N），由下式确定

$$F_n = \frac{4.6F}{iZ} \tag{4-23}$$

式中，i 为滚针列数；Z 为每列中的滚针数。

当滚针和十字轴轴颈表面硬度在 58HRC 以上时，许用接触应力 $[\sigma_j]$ 为 3000～3200MPa。

十字轴主要失效形式是轴颈根部断裂，所以设计时应保证该处有足够的抗弯强度。

设作用于十字轴轴颈中点的力为 F（图 4-24），则有

$$F = \frac{T_1}{2r\cos\alpha} \tag{4-24}$$

式中，T_1 为万向传动轴的计算转矩，$T_1 = \min[T_{se}, T_{ss}]$；$r$ 为合力 F 作用线到十字轴中心之间的距离；α 为主、从动叉轴的最大夹角。

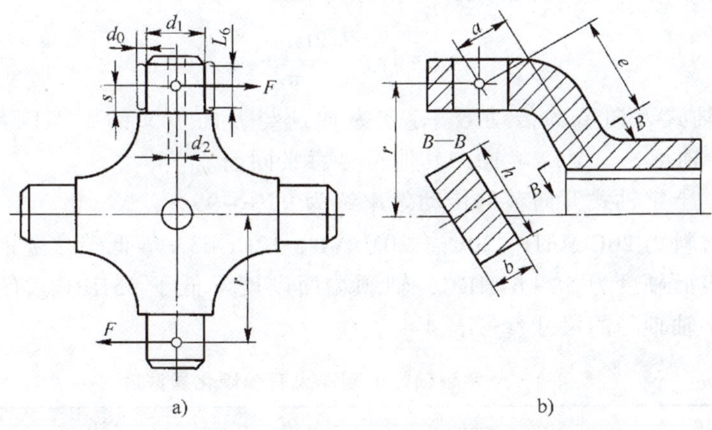

图 4-24　十字轴及万向节叉受力简图

a）十字轴　b）万向节叉

十字轴轴颈根部的弯曲应力 σ_W 和切应力 τ 应满足

$$\sigma_W = \frac{32d_1Fs}{\pi(d_1^4-d_2^4)} \leqslant [\sigma_W] \tag{4-25}$$

$$\tau=\frac{4F}{\pi(d_1^2-d_2^2)}\leqslant[\tau] \tag{4-26}$$

式中，d_1 为十字轴轴颈直径（mm）；d_2 为十字轴油道孔直径（mm）；s 为合力 F 作用线到轴颈根部的距离（mm）；$[\sigma_W]$ 为许用弯曲应力，一般取 250~350MPa；$[\tau]$ 为许用切应力，一般取 80~120MPa。

万向节叉与十字轴组成连接支承，在力 F 作用下产生支承反力，在与十字轴轴孔中心线成45°的 B—B 截面处，万向节叉承受弯曲和扭转载荷，其弯曲应力 σ_W 和扭转应力 τ_b 应满足

$$\sigma_W=\frac{Fe}{W}\leqslant[\sigma_W] \tag{4-27}$$

$$\tau_b=\frac{Fa}{W_t}\leqslant[\tau_b] \tag{4-28}$$

式中，W、W_t 分别为截面 B—B 处的抗弯截面系数和抗扭截面系数，矩形截面 $W=bh^2/6$，$W_t=khb^2$，椭圆形截面 $W=bh^2/10$，$W_t=\pi hb^2/16$，其中 h、b 分别为矩形截面的高和宽或椭圆形截面的长轴和短轴，k 是与 h/b 有关的系数，按表4-3选取；e、a 如图4-24所示；许用弯曲应力 $[\sigma_W]$ 一般取 50~80MPa，许用扭转应力 $[\tau_b]$ 一般取 80~160MPa。

表4-3 系数 k 的选取

h/b	1.0	1.5	1.75	2.0	2.5	3.0	4.0	10
k	0.208	0.231	0.239	0.246	0.258	0.267	0.282	0.312

十字轴式万向节的传动效率与两轴的轴间夹角 α、十字轴的支承结构和材料、加工和装配精度以及润滑条件等有关。当 $\alpha\leqslant25°$时，可按下式计算

$$\eta_0=1-f\frac{d_1}{r}\frac{2\tan\alpha}{\pi} \tag{4-29}$$

式中，η_0 为十字轴式万向节的传动效率；f 为轴颈与万向节叉的摩擦因数，滑动轴承 $f=$ 0.15~0.20，滚针轴承 $f=0.05$~0.10；其他符号意义同前。

通常情况下，十字轴式万向节的传动效率约为97%~99%。

十字轴常用材料为20CrMnTi、20Cr、20MnVB、12CrNi3A等低碳合金钢，轴颈表面进行渗碳淬火处理，表面硬度为58~64HRC，轴颈端面硬度不低于55HRC，有效硬化层深度和心部硬度根据十字轴轴径的尺寸参考表4-4。

表4-4 十字轴轴径渗碳淬火有效硬化层深度

十字轴轴径 d_1 /mm	>	—	18	30	50
	≤	18	30	50	—
有效硬化层深度/mm		0.6~1.0	0.8~1.2	1.0~1.4	1.1~1.5
心部硬度 HRC		35~48	33~48	30~45	25~40

十字轴轴颈表面的表面粗糙度 Ra 值不超过0.4μm，轴颈端面的表面粗糙度 Ra 值不超过0.8μm，轴颈根部圆弧表面处的表面粗糙度 Ra 值不超过1.6μm，轴颈其他非磨加工处的表面粗糙度 Ra 值不超过3.2μm。

万向节叉一般采用 35、40、45 中碳钢或中碳合金钢 40CrNiMoA，经调质处理，硬度为 18~33HRC，滚针轴承碗材料一般采用 GCr15。

在选择十字轴式万向节规格时，需要考虑其静态转矩和动态转矩承载能力。

静态转矩可按下式计算：

$$T_0=\frac{2}{S_0}C_0r \tag{4-30}$$

式中，T_0 为十字轴式万向节的静态转矩（N·m）；r 为合力 F 作用线到十字轴中心的距离（也称为万向节有效工作半径，m）；S_0 为静态安全系数，一般取 0.8~1.0；C_0 为万向节静态承载能力系数（N）。

C_0 可按以下经验公式计算：

$$C_0=38iZd_0L_b \tag{4-31}$$

式中各符号含义参见式（4-22）和式（4-23）中的解释。

由此计算得到的十字轴式万向节静态转矩 T_0 必须要大于或等于所选十字轴式万向节规格的额定转矩（可由生产厂家产品目录或说明书获得该数据）。

动态转矩可按下式计算：

$$T_d=2C_d\frac{r}{k_t} \tag{4-32}$$

式中，T_d 为十字轴式万向节的动态转矩（N·m）；C_d 为万向节动态承载能力系数（N）；k_t 为轴承因子，重负荷工况取 1.00~1.33，轻负荷工况取 1.33~1.66。

C_d 可按以下经验公式计算：

$$C_d=f_c(iL_b)^{7/9}Z^{3/4}d_0^{29/27} \tag{4-33}$$

式中，f_c 为动态能力系数，表示材料、结构、比例和滚针与滚道之间的配合对十字轴式万向节承载能力的影响程度。

$$f_c=f_1f_2 \tag{4-34}$$

式中，f_1 为几何系数，它是一个关于滚针直径与滚针分布直径比值的函数；f_2 为轴承能力系数，一般取 0.70~0.83。

根据动态转矩，还可以初步估算十字轴式万向节的疲劳寿命为

$$L_h=\frac{1.5\times10^6}{n_x\alpha_x}\left(\frac{T_d}{T_x}\right)^{10/3} \tag{4-35}$$

式中，L_h 为十字轴式万向节的疲劳寿命（h）；n_x 为工作转速（r/min）；α_x 为万向节主、从动叉轴夹角（°）；T_x 为工作转矩，一般可取日常行驶平均转矩或多循环行驶工况折算转矩（N·m）。

三、球笼式万向节设计计算

对于球笼式万向节，以与星形套连接轴的直径 d_s 作为万向节的基本尺寸（也称为名义尺寸），可按下面的经验公式计算：

$$d_s = \sqrt[3]{\frac{T_1 S_F}{87.2}} \tag{4-36}$$

式中，T_1 为万向节的计算转矩（N·mm），$T_1=\min[T_{se}, T_{ss}]$；S_F 为使用因素，对于无振动的理想传动取 1.0，有轻微振动的取 1.2~1.5，有中等振动的取 1.7~2.0，振动十分严重的取 2.7~3.6。

根据连接套轴径可按表 4-5 查询钢球直径、星形套、花键、球形壳等相关尺寸。

表 4-5 球笼式万向节系列尺寸参数

项目		单位												
轴颈直径 d_s		in	0.750	0.875	0.937	1.000	1.125	1.250	1.500	1.750	2.000	2.250	2.500	3.000
		mm	19.1	22.2	23.8	25.4	28.6	31.8	38.1	44.5	50.8	57.2	63.5	76.2
钢球直径		in	9/16	21/32	0.7087	3/4	27/32	15/16	9/8	21/16	3/2	27/16	15/8	9/4
		mm	14.288	16.669	18.000	19.050	21.431	23.812	28.575	33.338	38.100	42.862	47.625	57.150
星形套	最大直径	mm	22.42/22.35	26.67/26.59	26.67/26.59	30.48/30.35	33.15/33.02	37.16/37.08	46.10/45.97	53.34/53.24	60.45/60.33	66.70/66.57	74.37/74.24	—
	最小直径	mm	20.22/20.09	24.67/24.56	24.69/24.56	25.53/25.40	30.61/30.48	33.35/33.22	41.28/41.15	48.08/47.96	54.10/53.98	59.66/59.54	66.55/66.42	—
	槽距	mm	22.75/45.5	22.75/45.5	22.75/45.5	20/40	20/40	13/26	10.5/21	9/18	8/16	7.25/14.5	6.5/13	—
	花键齿数		19	23	23	23	25	18	18	18	18	18	18	—
球形壳外径		mm	70	81	88	92	103	115	137	160	182	204	227	272

钢球回转中心直径 D 可按下式计算：

$$D=K(D_{ei}+D_k) \tag{4-37}$$

式中，K 为钢球回转中心直径系数，$K=0.51\sim0.53$，一般取 0.52；D_{ei}、D_k 为星形套花键大径和球形壳外径，按表 4-5 选取。

星形套、钟形壳钢球滚道沟槽的断面形状如图 4-25 所示，滚道沟槽断面是椭圆形的一部分。钢球与星形套、球形壳的滚道沟槽各只有两点接触。一般设计滚道沟槽形状时，通过控制椭圆弧的大小，使接触点和钢球中心的连线与中间截面的夹角成 45°，接触点处椭圆曲率半径与钢球直径之比，可根据所需接触区而定。球形壳和星形套采用 15NiMo 制造，并经渗碳、淬火、回火处理；选用轴承用钢球，材料为 GCr15。

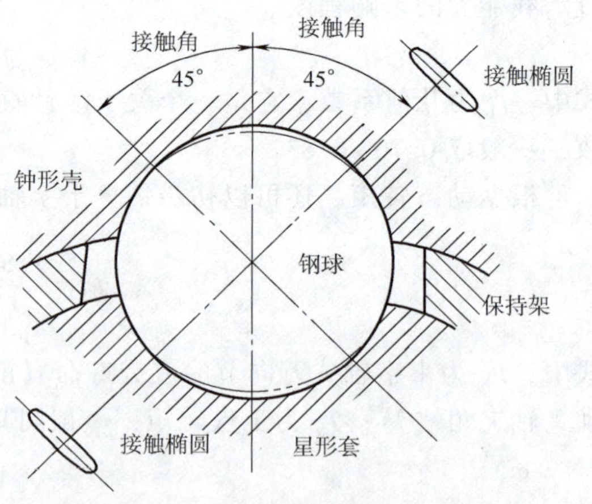

图 4-25 球笼式万向节接触区示意图

考虑到制造工艺性和经济性，星形套内滚道和球形壳外滚道的椭圆取相同几何参数，一般推荐值为：滚道长半轴取 0.531148d，滚道短半轴取 0.510310d，滚道与钢球最大间隙为 0.001685d，其中 d 为钢球直径。

球笼式万向节的失效形式主要是钢球与接触滚道表面的疲劳点蚀。在特殊情况下，因热处理不当、润滑不良或温度过高等也会因磨损而损坏。由于星形套滚道接触点的纵向曲率半径小于外半轴滚道的纵向曲率半径，所以前者上的接触椭圆比后者上的要小，即前者的接触应力大于后者。因此，应控制钢球与星形套内滚道表面的接触应力，并以此来确定万向节的承载能力。不过，由于影响接触应力的因素较多，计算较复杂，目前还没有统一的计算方法。

球笼式万向节的转矩传递能力可按下式计算：

$$T=z\left(\frac{p_0}{c_\mathrm{p}}\right)^3 d^2 R\sin\alpha\cos\gamma \tag{4-38}$$

式中，T 为球笼式万向节的转矩传递能力（N · m）；p_0 为许用比载荷（$\mathrm{N/mm^2}$）；c_p 为相似系数（$(\mathrm{N/mm^2})^{2/3}$），与钢球和滚道的接触方式及材料属性等有关；z 为传力钢球个数，一般取 6；d 为钢球直径；R 为钢球回转中心半径（m）；α 为输入轴、输出轴夹角；γ 为钢球与滚道的压力角，对于椭圆形滚道截面为 45°。

若用静态许用比载荷代入式（4-38）计算，可得到球笼式万向节的静态转矩 T_0；若用动态许用比载荷代入式（4-38）计算，可得到球笼式万向节的动态转矩 T_d。

根据动态转矩 T_d 可以计算球笼式万向节的疲劳寿命：

$$L_\mathrm{h}=\frac{K}{n_\mathrm{x}^t}\left(\frac{A_\mathrm{x}T_\mathrm{d}}{T_\mathrm{x}}\right)^3 \tag{4-39}$$

式中，L_h 为球笼式万向节的疲劳寿命（h）；n_x 为工作转速（r/min）；A_x 为夹角影响系数，$A_\mathrm{x}=(1-\sin\alpha)\cos^2\alpha$，其中 α 为输入、输出轴平均夹角；T_x 为工作转矩（N · m）；K、t 为系数，当 $n_\mathrm{x}\leqslant 1000\mathrm{r/min}$ 时，取 $K=25339$，$t=0.557$，当 $n_\mathrm{x}>1000\mathrm{r/min}$ 时，取 $K=470756$，$t=1$。

推荐计算是根据变速器各档位下的工作转矩 $T_{\mathrm{x}i}$ 和工作转速 $n_{\mathrm{x}i}$，求得各档位的当量疲劳寿命 $L_{\mathrm{h}i}$ 为

$$L_{\mathrm{h}i}=\frac{K}{n_{\mathrm{x}i}^t}\left(\frac{A_\mathrm{x}T_\mathrm{d}}{T_{\mathrm{x}i}}\right)^3 \tag{4-40}$$

再根据各档位使用率 α_i，计算出总疲劳寿命 L_ha 为

$$\frac{1}{L_\mathrm{ha}}=\sum_{i=1}^{n}\frac{a_i}{L_{\mathrm{h}i}} \tag{4-41}$$

式中，n 为变速器档位数。

在初始设计时，可取日常行驶平均转矩或多循环行驶工况折算转矩对球笼式万向节疲劳寿命进行估算。

四、挠性万向节设计计算

在挠性万向节中，主要的工作元件是橡胶类零件，由于橡胶的力学性能不如金属那样稳定，与材料配方及制造工艺关联度较大，且对外界温度和零件本身几何形状较为敏感，因此一般对于橡胶零件的计算还带有近似的性质。更为完备的设计需要建立在仿真分析与反复试验验证的基础上。

对于图 4-26 所示的盘式挠性万向节，必须对其橡胶弹性盘的拉应力和挤压应力进行分析：

$$\sigma_L = \frac{T_{emax}}{iRb(R_1 - R_2 - d_0)} \leqslant [\sigma_L] \tag{4-42}$$

$$\sigma_j = \frac{T_{emax}}{iRbd_0} \leqslant [\sigma_j] \tag{4-43}$$

式中，T_{emax} 为挠性万向节静强度计算用转矩（N·mm）；i 为一个万向节叉上的螺栓数；R 为橡胶盘的平均半径（mm）；R_1、R_2 为橡胶盘的外半径和内半径（mm）；b 为橡胶盘的厚度（mm）；d_0 为螺栓孔的直径（mm）；许用拉应力 $[\sigma_L]$ = 12 ~ 15MPa；许用挤压应力 $[\sigma_j]$ = 8MPa。

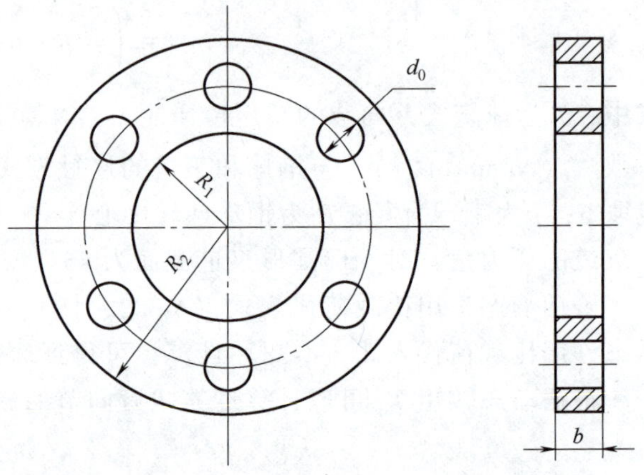

图 4-26　盘式挠性万向节示意图

布层-橡胶盘式挠性万向节的最大圆周速度不应超过 15m/s。

具有金属钢丝绳的橡胶盘式挠性万向节的最大圆周速度不应超过 30m/s，其工作时的拉裂强度由钢丝绳来决定，应保证其安全系数大于 5。

第五节　传动轴和中间支承的分析与设计

一、传动轴的分析与设计

汽车传动轴的基本参数包括传动轴长度及其变化范围、主动轴与从动轴之间的夹角及其变化范围、传动轴的临界转速、轴管形式及尺寸、滑动花键尺寸等。在确定这些参数时，应保证传动轴在任何工作条件下都工作可靠，寿命长。

传动轴的长度和夹角以及它们的变化范围，是由汽车总布置设计所决定的。设计时应保证足够的传动轴长度变化量，即在传动轴长度处于最大值时，内花键与外花键有足够的配合长度；在传动轴长度处于最小值时，内花键与外花键不会顶死。传动轴夹角的大小会影响万向节十字轴和滚针轴承的寿命、万向传动装置的效率和传动轴旋转的不均匀性。在确定传动轴夹角及变化范围时，必须考虑到当悬架上下变形至极限位置时的情况。传动轴的长度和夹角以及它们的变化范围，可用作传动轴跳动图的方法来确定。

万向节传动轴的夹角和长度主要取决于转速。表 4-6 给出的是各种转速下推荐采用的最大夹角值；表 4-7 列出了传动轴长度、夹角及其安全转速的关系（表中 n_k 表示传动轴的临界转速）。

表 4-6 各种转速下推荐采用的最大夹角值

传动轴转速/(r/min)	6000	4500	3500	3000	2500	2000	1500
最大夹角值/(°)	3	4	5	6	7	9	12

表 4-7 传动轴长度、夹角及其安全转速的关系

传动轴长度/mm	0~1140	1140~1520	1520~1830	—
夹角/(°)	0~6	0~6	0~6	≥6
安全转速	$0.90n_k$	$0.85n_k$	$0.80n_k$	$0.65n_k$

所谓临界转速，是指当传动轴的工作转速接近于其弯曲振动固有频率时，即出现共振现象，以致振幅急剧增加而引起传动轴折断时的转速。临界转速主要取决于传动轴的尺寸、结构及其支承情况。

传动轴的临界转速可用下式计算：

$$n_k = 1.2\times10^8 \frac{\sqrt{D_c^2+d_c^2}}{L_c^2} \tag{4-44}$$

式中，n_k 为传动轴的临界转速（r/min）；L_c 为传动轴的支承长度（mm），取两万向节中心之间的距离；d_c 和 D_c 分别为传动轴轴管的内、外径（mm）。

在设计传动轴时，必须使传动轴工作转速低于临界转速，一般取安全系数 $K=n_k/n_{max}=1.2\sim2.0$，其中 n_{max} 为传动轴的最高转速（r/min）。$K=1.2$ 用于精确动平衡、高精度的伸缩花键及万向节间隙比较小时。

由式（4-44）可知，在 D_c 和 L_c 相同时，实心轴比空心轴的临界转速低，且浪费材料，因此多采用空心传动轴。实心传动轴仅用于作为与等速万向节相连的转向驱动桥的半轴，或用作断开式驱动桥的摆动半轴。另外，当传动轴长度超过 1.5m 时，为了提高 n_k 以及总布置上的考虑，常将传动轴断开成两根或三根，万向节用三个或四个，即在中间传动轴上加设中间支承。

应当指出，上述计算临界转速的公式是在传动轴两端支承为刚性的假设条件下推导出来的。实际上由于传动轴一端接弹性悬置在车架上的动力总成，另一端接弹性悬架在车架上的驱动桥，所以传动轴两端并非刚性，而且有一定的弹性，因此计算临界转速的公式是近似的。

传动轴管一般由壁厚均匀易平衡、壁薄（1.5~3.0mm）、管径较大、扭转强度高、弯曲刚度大、适于高速旋转的低碳钢板卷制的电焊钢管制成。

在长度一定时，传动轴轴管的断面尺寸应保证传动轴具有足够的强度和足够高的临界转速。同时，断面尺寸还应保证有足够的扭转强度。轴管的扭转应力 τ_c 应满足

$$\tau_c = \frac{16D_cT_1}{\pi(D_c^4-d_c^4)} \leqslant [\tau_c] \tag{4-45}$$

式中，T_1 为传动轴的计算转矩（N · mm）；$[\tau_c]$ 为许用扭转应力，一般取 300MPa；其余符号同前。

传动轴中由滑动叉和矩形或渐开线外花键组成的滑动花键来实现传动长度的变化。对于

传动轴上的外花键，通常以底径计算其扭转应力 τ_h，许用应力一般按安全系数 2~3 确定。

$$\tau_h = \frac{16T_1}{\pi d_h^3} \tag{4-46}$$

式中，T_1 为传动轴的计算转矩（N·mm）；d_h 为外花键的花键内径（mm）。

传动轴滑动花键的齿侧挤压应力 σ_y 应满足

$$\sigma_y = \frac{T_1 K'}{\frac{D_h + d_h}{4} \frac{D_h - d_h}{2} L_h n_0} \tag{4-47}$$

式中，T_1 为传动轴的计算转矩（N·mm）；K'为花键转矩分布不均匀系数，$K'=1.3\sim1.4$；D_h 和 d_h 分别为花键的外径和内径（mm）；L_h 为花键的有效工作长度（mm）；n_0 为花键齿数；当花键的齿面硬度大于 35HRC 时，许用挤压应力 $[\sigma_y]=25\sim50$MPa，对于非滑动花键 $[\sigma_y]=50\sim100$MPa。

当传递转矩的花键伸缩时，产生的轴向阻力 F_a 为

$$F_a = f\frac{T_2}{r} \tag{4-48}$$

式中，T_2 为传动轴所传递的转矩；r 为滑动花键齿侧工作表面的中径；f 为摩擦因数。

可见，轴向阻力与摩擦因数成正比，因此有效降低摩擦因数是减少轴向阻力的重要方法。可以通过对花键齿进行磷化处理或喷涂尼龙层，在花键槽中放入滚针、滚柱或滚珠等滚动元件，以滚动摩擦代替滑动摩擦等方式降低摩擦因数，提高传动效率。但加滚动元件的结构较复杂，成本较高。有时对于有严重冲击载荷的传动，还采用具有弹性的传动轴。传动轴上的花键应有润滑及防尘措施，花键齿与键槽间隙不宜过大，且应按对应标记装配，以免装错而破坏传动轴总成的动平衡。传动轴的伸缩花键一端不应靠近后驱动桥，而应靠近变速器或中间支承，以减小其轴向阻力和磨损。

传动轴总成的不平衡是传动系统弯曲振动的一个激励源，当高速旋转时，将产生明显的振动和噪声。万向节中十字轴的轴向窜动、传动轴滑动花键中的间隙、传动轴总成两端连接处的定心精度、高速回转时传动轴的弹性变形、传动轴上点焊平衡片时的热影响等因素，都能改变传动轴总成的不平衡度。提高滑动花键的耐磨性和万向节花键的配合精度、缩短传动轴长度并增加其弯曲刚度，都能降低传动轴的不平衡度。为了消除点焊平衡片的热影响，应在冷却后再进行动平衡检验。传动轴的不平衡度，对于乘用车，在 3000~6000r/min 时应不大于 25~35g·cm；对于商用车，在 1000~4000r/min 时不大于 50~100g·cm。另外，传动轴总成的径向全跳动应不大于 0.5~0.8mm。

二、中间支承的分析与设计

在长轴距汽车上，为了提高传动轴临界转速，避免共振以及考虑整车总体布置上的需要，常将传动轴分段。在乘用车中，有时为了提高传动系统的弯曲刚度，改善传动系统弯曲振动特性，减小噪声，也将传动轴分成两段。当传动轴分段时，需加设中间支承。

中间支承通常安装在车架横梁上或车身底架上，以补偿传动轴轴向和角度方向的安装误差，以及车辆行驶过程中由于弹性支承的发动机的窜动和车架等变形所引起的位移。图 4-27

为目前广泛采用的橡胶弹性中间支承，其结构中采用单列滚子轴承，橡胶弹性元件能吸收传动轴的振动，降低噪声。这种弹性中间支承不能传递轴向力，它主要承受传动轴因不平衡、偏心等因素引起的径向力，以及万向节上的附加弯矩所引起的径向力。

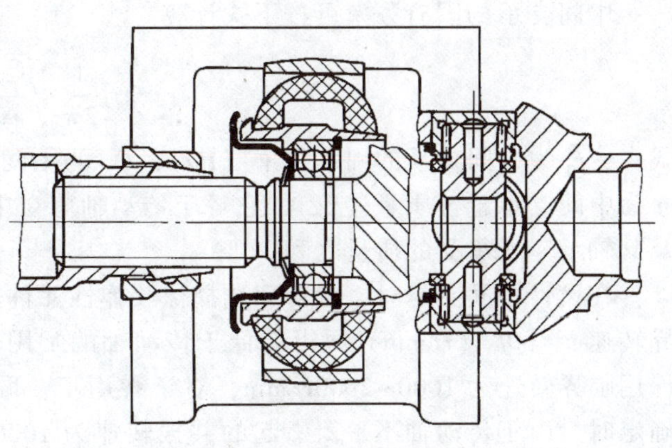

图 4-27　橡胶弹性中间支承

图 4-28 为摆臂式中间支承，摆臂机构能适应中间传动轴轴线在纵向平面的位置变化，改善了轴承的受力状况，橡胶衬套能适应传动轴轴线在横向平面内少量的位置变化。

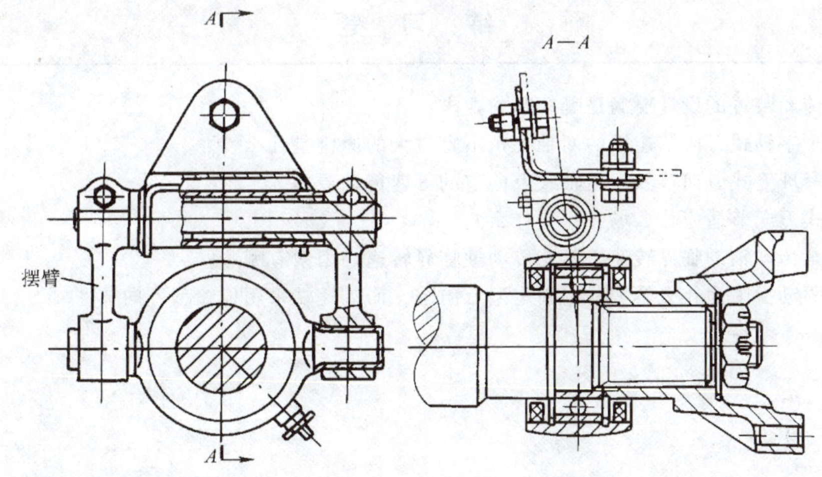

图 4-28　摆臂式中间支承

有的 6×6 越野车，中间支承安装在中驱动桥上（中桥为非贯通桥）。由于中间支承要承受传动轴滑动花键伸缩所引起的方向变化的轴向力，同时要平衡万向节的附加弯矩，所以大都采用两个圆锥滚子轴承（图 4-29），且轴承座被牢靠地固定在中桥壳上。

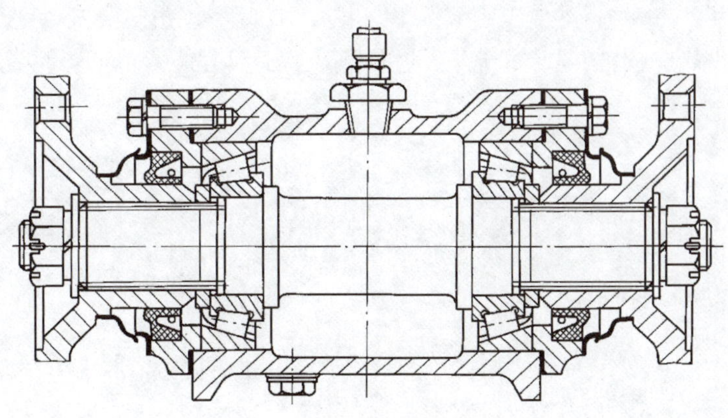

图 4-29　越野车传动轴中间支承

中间支承的固有频率可按下式计算

$$f_0=\frac{1}{2\pi}\sqrt{\frac{C_R}{m}} \tag{4-49}$$

式中，f_0 为中间支承的固有频率（Hz）；C_R 为中间支承橡胶弹性元件的径向刚度（N/mm）；m 为中间支承悬置质量（kg），它等于传动轴落在中间支承上的一部分质量与中间支承轴承及其轴承座所承受的质量之和。

在设计中间支承时，应合理选择橡胶弹性元件的径向刚度 C_R，使固有频率 f_0 对应的临界转速 $n=60f_0$（r/min）尽可能低于传动轴的常用转速范围，以免共振，保证隔振效果好。许用临界转速为1000~2000r/min，对于乘用车，取下限。当中间支承的固有频率依此数据确定时，由于传动轴不平衡引起的共振转速为1000~2000r/min，而由于万向节上的附加弯矩引起的共振转速为500~1000r/min。

练 习 题

4-1 万向传动装置的设计要满足哪些基本要求？

4-2 要求十字轴式万向节连接的两轴夹角不宜过大的原因是什么？

4-3 试解释球笼式万向节和三枢轴式万向节的等速传动原理。

4-4 双联式万向节适应什么场合？为什么？

4-5 什么是传动轴的临界转速？影响传动轴临界转速的因素有哪些？

4-6 转向驱动桥中为什么轮端采用固定型万向节，而减速端采用伸缩型万向节？

Chapter 5

第五章 驱动桥设计

第一节 概　述

驱动桥位于传动系统末端，其基本功用首先是增矩、降速，改变转矩的传递方向，即增大由传动轴或直接从变速器传来的转矩，并将转矩合理地分配给左、右驱动车轮；其次，驱动桥还要承受作用于路面和车架或车身之间的垂直力、纵向力和横向力，以及制动力矩和反作用力矩等。

驱动桥一般由主减速器、差速器、车轮传动装置和桥壳等组成，转向驱动桥还有等速万向节。

设计驱动桥时应当满足如下基本要求：

1）选择适当的主减速比，以保证汽车在给定条件下具有最佳的动力性和燃料经济性。

2）外廓尺寸小，保证汽车具有足够的离地间隙，以满足通过性要求。

3）齿轮及其他传动件工作平稳，噪声小。

4）在各种载荷和转速工况下有高的传动效率。

5）驱动桥内的齿轮、轴和驱动桥壳应具有足够的强度和刚度，以确保齿轮的正确啮合和使用寿命，承受和传递作用于路面和车架或车身间的各种力和力矩；在此条件下，尽可能降低质量，尤其是簧下质量，以减少不平路面的冲击载荷，提高汽车行驶平顺性。

6）与悬架导向机构运动协调；对于转向驱动桥，还应与转向机构运动协调。

7）结构简单，加工工艺性好，制造容易，维修、调整方便。

第二节 驱动桥结构方案分析

根据结构形式不同，驱动桥分为断开式和非断开式两类。驱动车轮采用独立悬架时，应选用断开式驱动桥；驱动车轮采用非独立悬架时，则应选用非断开式驱动桥。

断开式驱动桥（图 5-1）的结构特点是没有连接左右驱动车轮的刚性整体外壳或梁，主减速器、差速器及其壳体安装在车架或车身上，通过万向传动装置驱动车轮。此时，主减速器、差速器和部分车轮传动装置的质量均为簧上质量。两侧的驱动车轮经独立悬架与车架或车身作弹性连接，因此可以彼此独立地相对于车架或车身上下摆动。为防止车轮跳动时因轮距变化而使万向传动装置与独立悬架导向装置产生运动干涉，在设计车轮传动装置时，应采

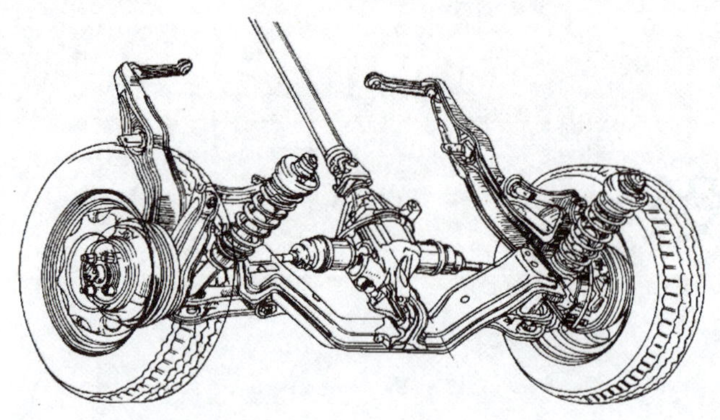

图 5-1 断开式驱动桥

用滑动花键轴或允许轴向适量移动的万向传动机构。

非断开式驱动桥（图 5-2）的桥壳是一根支承在左右驱动车轮上的刚性空心梁，主减速器、差速器和半轴等所有传动件都装在其中。此时，驱动桥、驱动车轮均属簧下质量。

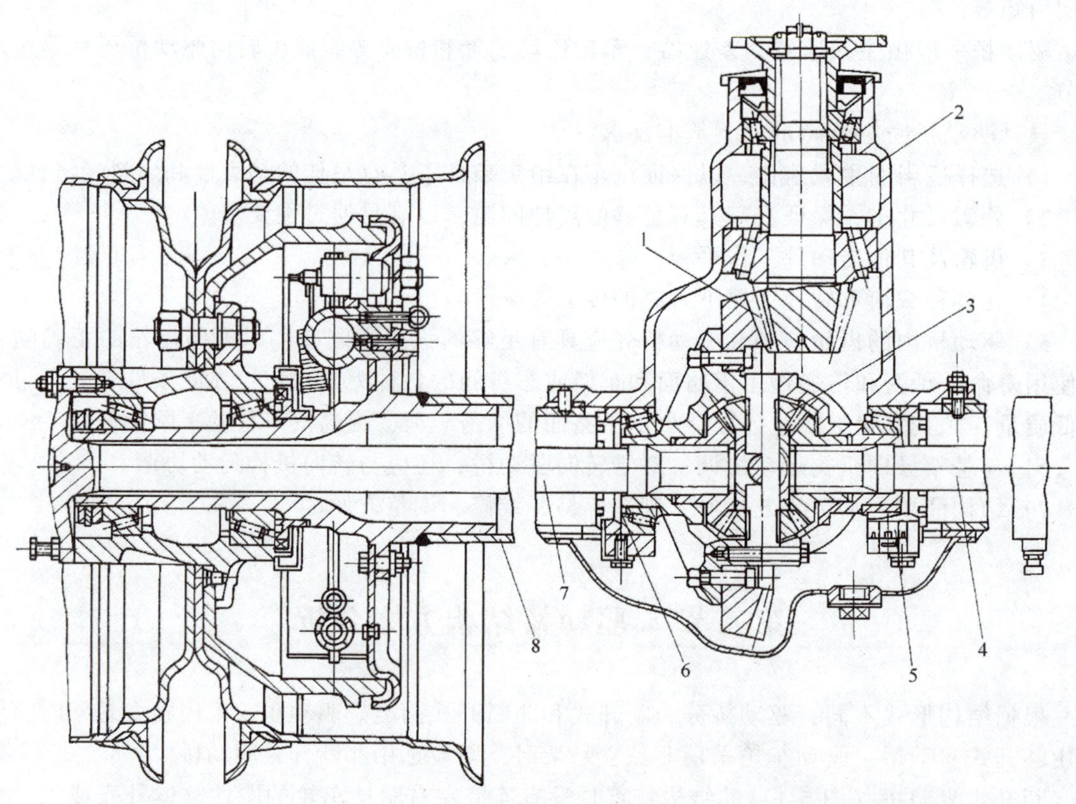

图 5-2 非断开式驱动桥

1—主减速器 2—套筒 3—差速器 4、7—半轴 5—调整螺母 6—调整垫片 8—桥壳

与非断开式驱动桥相比，断开式驱动桥能显著减小汽车簧下质量，从而改善汽车行驶平顺性，提高了平均行驶速度；减小了汽车行驶时作用于车轮和车桥上的动载荷，提

高了零部件的使用寿命；增加了汽车离地间隙；由于驱动车轮与路面的接触情况及对各种地形的适应性较好，增强了车轮的抗侧滑能力；若与之配合的独立悬架导向机构设计合理，可增加汽车的不足转向效应，提高汽车的操纵稳定性。但其结构较复杂，成本较高。断开式驱动桥在乘用车和部分越野车上应用广泛。非断开式驱动桥结构简单，成本低，工作可靠，广泛应用于各种商用车和部分乘用车上。但由于其簧下质量较大，对汽车的行驶平顺性和降低动载荷有不利的影响。

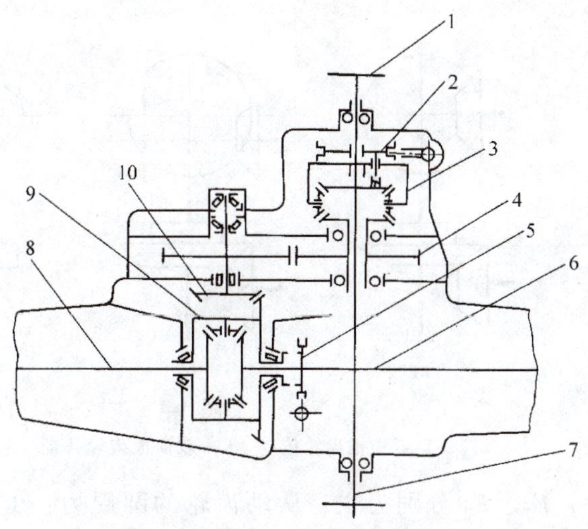

图 5-3　贯通式驱动桥结构简图

1—输入轴凸缘　2—轴间差速器锁　3—轴间差速器　4—贯通用圆柱齿轮　5—轮间差速器锁　6、8—半轴　7—输出轴　9—轮间差速器　10—主减速器

为了提高汽车的载质量和通过性，总质量较大的商用车大多采用多桥驱动方式，而各驱动桥又采用贯通式的布置形式，如图 5-3 所示。

第三节　主减速器设计

一、主减速器的结构形式

主减速器可根据齿轮类型、减速形式以及主、从动齿轮的支承形式不同分类。

（一）主减速器的齿轮类型

主减速器的齿轮有弧齿锥齿轮、双曲面齿轮、圆柱齿轮和蜗轮蜗杆等形式。

1. 弧齿锥齿轮传动

弧齿锥齿轮传动（图 5-4a）的特点是主、从动齿轮的轴线垂直相交于一点。由于轮齿端面重叠的影响，至少有两对以上的轮齿同时啮合，因此可以承受较大的负荷，加之其轮齿不是在齿的全长上同时啮合，而是逐渐由齿的一端连续而平稳地转向另一端，所以工作平稳，噪声和振动小，但弧齿锥齿轮对啮合精度很敏感，齿轮副锥顶稍不吻合就会使工作条件急剧恶化，并加剧齿轮的磨损，使噪声增大。

2. 双曲面齿轮传动

双曲面齿轮传动（图 5-4b）的特点是主、从动齿轮的轴线相互垂直而不相交，且主动齿轮轴线相对从动齿轮轴线向上或向下偏移一距离 E，称为偏移距。此偏移距使主动齿轮的螺旋角 β_1 大于从动齿轮的螺旋角 β_2，并将 β_1 与 β_2 之差称为偏移角 ε（图 5-5）。根据啮合面上法向力相等，可求得主、从动齿轮圆周力之比为

$$\frac{F_1}{F_2}=\frac{\cos\beta_1}{\cos\beta_2} \tag{5-1}$$

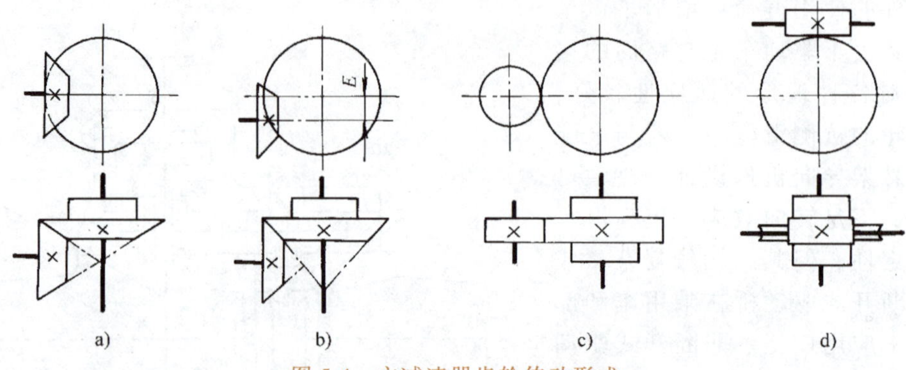

图 5-4 主减速器齿轮传动形式

a）弧齿锥齿轮传动 b）双曲面齿轮传动 c）圆柱齿轮传动 d）蜗轮蜗杆传动

式中，F_1、F_2 分别为主、从动齿轮的圆周力；β_1、β_2 分别为主、从动齿轮的螺旋角。

螺旋角是指在锥齿轮节锥表面展开图上的齿形线任意一点 A 的切线 TT 与该点和节锥顶点连线之间的夹角。在齿面宽中点处的螺旋角称为中点螺旋角（图 5-5）。通常不特殊说明，则螺旋角是指中点螺旋角。

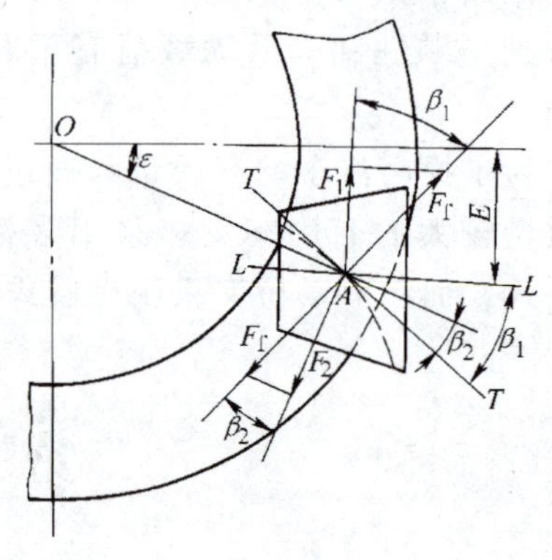

图 5-5 双曲面齿轮副受力情况

双曲面齿轮的传动比 i_{0s} 为

$$i_{0s}=\frac{F_2r_2}{F_1r_1}=\frac{r_2\cos\beta_2}{r_1\cos\beta_1} \tag{5-2}$$

式中，r_1、r_2 分别为主、从动齿轮的平均分度圆半径。

令 $K=\cos\beta_2/\cos\beta_1$，则 $i_{0s}=Kr_2/r_1$。由于 $\beta_1>\beta_2$，因此 $K>1$，一般为 1.25~1.50。

弧齿锥齿轮的传动比 i_{0l} 为

$$i_{0l}=\frac{r_2}{r_1} \tag{5-3}$$

因此，与弧齿锥齿轮传动相比，双曲面齿轮传动具有以下优点：当双曲面齿轮与弧齿锥齿轮尺寸相同时，双曲面齿轮传动具有更大的传动比；当传动比一定，从动齿轮尺寸相同时，双曲面主动齿轮比相应的弧齿锥齿轮有更大的直径和较高的轮齿强度及较大的主动齿轮轴和轴承刚度；当传动比一定，主动齿轮尺寸相同时，双曲面从动齿轮比相应的弧齿锥齿轮的尺寸要小，从而可以获得更大的离地间隙；此外，由于偏移距的存在，使双曲面齿轮在工作过程中不仅存在与弧齿锥齿轮相同的沿齿高方向的侧向滑动，而且还有沿齿长方向的纵向滑动，从而可以改善齿轮的磨合过程，使其具有更高的运转平稳性；双曲面传动的主动齿轮的螺旋角较大，同时啮合的齿数较多，重合度更大，既可提高传动的平稳性，又可以使齿轮的抗弯强度提高约 30%；双曲面传动的主动齿轮直径及螺旋角都较大，所以相啮合轮齿的当量曲率半径较相应的弧齿锥齿轮大，从而可以降低齿面间的接触应力；双曲面传动的主动齿轮螺旋角较大，则不产生根切的最小齿数可减少，因此可以选用较少的齿数，有利于增加传动比；双曲面传动的主动齿轮较大，因此加工时所需的刀盘刀顶距较大，切削刃寿命较长；双曲面齿轮的偏移距还有利于实现汽车的总体布置。例如，主动齿轮轴线采用下偏移的双曲面齿轮可以降低乘用车万向传动轴的高度，从而降低地板中部凸起通道高度或车厢地板高度，进而降低车身高度。当采用上偏移双曲面齿轮时，便于实现多桥驱动汽车采用贯通式驱动桥结构。

双曲面齿轮传动也存在下述缺点：首先，沿齿长方向的纵向滑动会使摩擦损失增加，降低传动效率，双曲面齿轮的传动效率约为96%，而弧齿锥齿轮可达99%；双曲面齿轮齿面间的压力和摩擦功较大，可能导致油膜破坏和齿面烧结咬死，抗胶合能力较低。因此，需要选用可改善油膜强度和带有防刮伤添加剂的双曲面齿轮油来进行润滑。

双曲面齿轮传动因具有一系列优点，因而较弧齿锥齿轮的应用更为广泛。

一般情况下，当主减速器速比大于4.5而轮廓尺寸又有限时，采用双曲面齿轮传动更为合理；而当传动比小于2.0时，双曲面齿轮传动的主动齿轮相对于弧齿锥齿轮传动的主动齿轮就显得过大，此时选用弧齿锥齿轮更合理，因为后者具有较大的差速器可利用空间；对于中等传动比，两种齿轮传动均可采用。

3. 圆柱齿轮传动

圆柱齿轮传动（图5-4c）广泛用于发动机横置的前置前驱动乘用车驱动桥（图5-6）和双级主减速器驱动桥（图5-8）以及轮边减速器（图5-10）。此时，齿轮皆应采用斜齿轮。

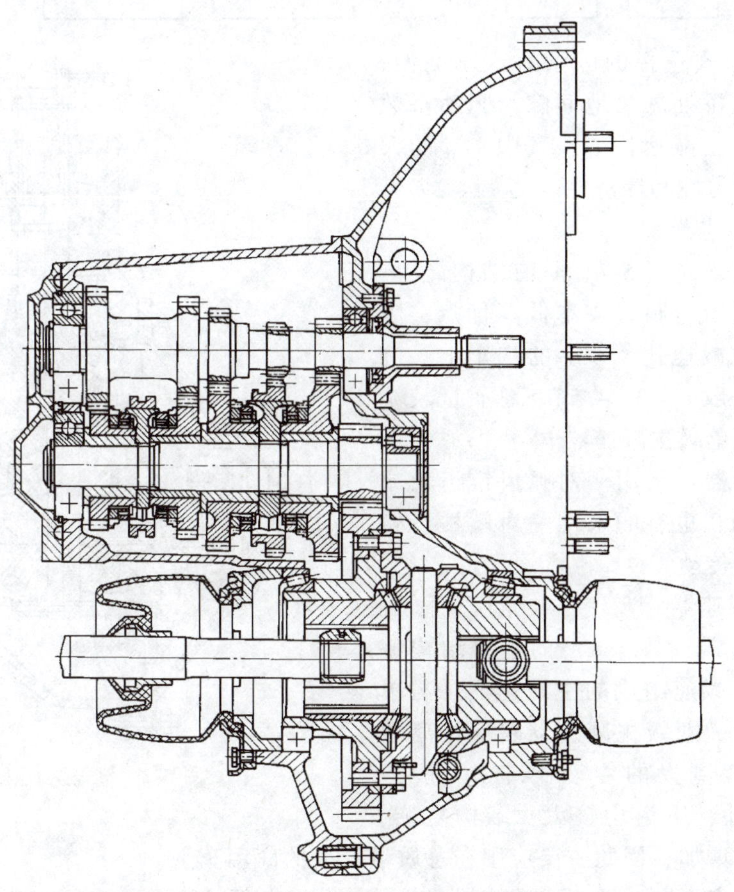

图5-6 发动机横置的前置前驱动乘用车驱动桥

4. 蜗轮蜗杆传动

与其他齿轮传动形式相比，蜗轮蜗杆传动（图 5-4d）具有下述优点：轮廓尺寸及质量小，并可获得较大的传动比（通常 $i_0=8\sim14$）；工作非常平稳，无噪声；便于汽车的总体布置及贯通式多桥驱动布置；可以传递大的载荷，使用寿命长；结构简单，拆装方便，调整容易。其主要缺点是蜗轮齿圈要求使用昂贵的有色金属合金（青铜）制造，材料成本高；此外，传动效率较低。

蜗轮蜗杆传动主要用于生产批量不大的个别总质量较大的多桥驱动汽车和具有高转速发动机的客车上。

（二）主减速器的减速形式

根据减速形式特点不同，主减速器分类如下：

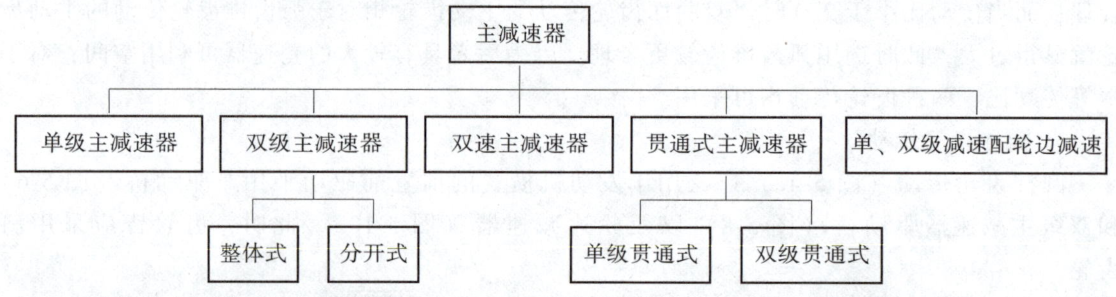

影响减速形式选择的因素有汽车类型、使用条件、驱动桥处的离地间隙、驱动桥数和布置形式以及主减速比 i_0。其中，i_0 的大小影响汽车的动力性和经济性。

1. 单级主减速器

单级主减速器（图 5-7）具有结构简单、质量小、尺寸紧凑、制造成本低等优点，因而广泛应用于主减速比 $i_0\leqslant7$ 的汽车上。例如，乘用车（一般 $i_0=3\sim4.5$）、总质量较小的商用车都采用单级主减速器。

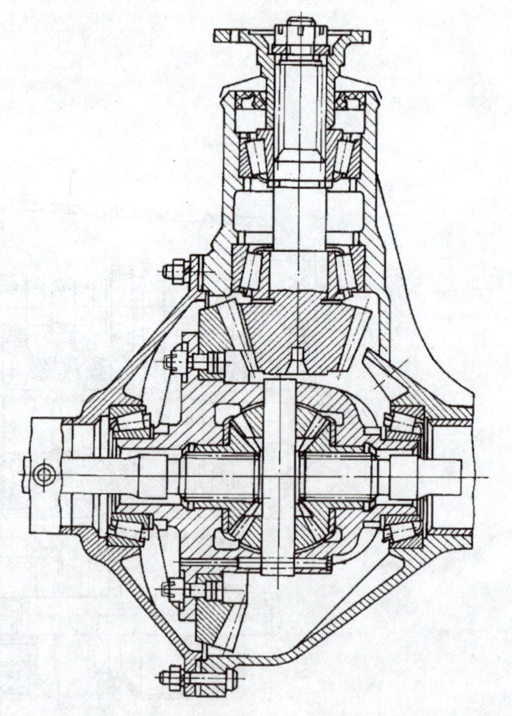

图 5-7　单级主减速器

单级主减速器多采用一对弧齿锥齿轮或双曲面齿轮传动，也有的采用一对圆柱齿轮传动或蜗轮蜗杆传动。

2. 双级主减速器

双级主减速器（图 5-8）的主要结构特点是由两级齿轮减速组成的主减速器。与单级主减速器相比，双级主减速器在保证离地间隙相同时可得到大的传动比，i_0 一般为 $7\sim12$；但其尺寸、质量均较大，结构复杂，制造成本也显著增加，因此主要应用在总质量较大的商用车上。

根据结构特点不同，双级主减速器分为整体式和分开式两种。分开式双级主减速器的第

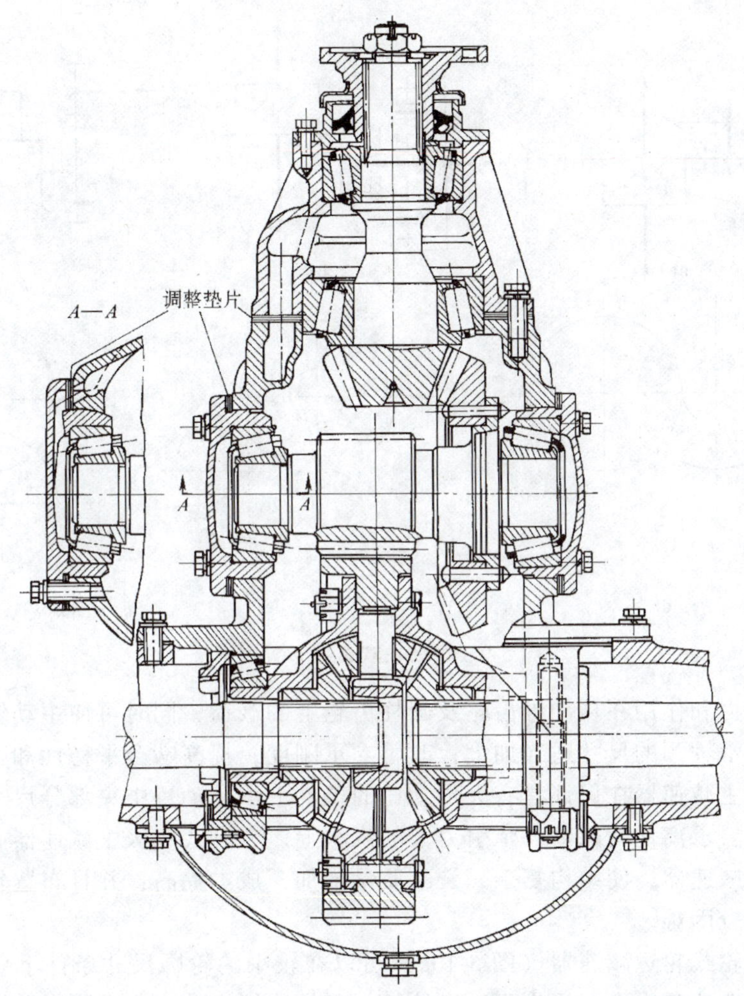

图 5-8　双级主减速器

一级设于驱动桥中部，称为中央减速器；第二级设于轮边，称为轮边减速器。

整体式双级主减速器有多种结构方案：第一级为锥齿轮，第二级为圆柱齿轮（图 5-9a）；第一级为锥齿轮，第二级为行星齿轮；第一级为行星齿轮，第二级为锥齿轮（图 5-9b）；第一级为圆柱齿轮，第二级为锥齿轮（图 5-9c）。

对于第一级为锥齿轮，第二级为圆柱齿轮的双级主减速器，可有纵向水平布置（图 5-9d）、斜向布置（图 5-9e）和垂向布置（图 5-9f）三种布置方案。

纵向水平布置可以使总成的垂向轮廓尺寸减小，从而降低汽车的质心高度；但使纵向尺寸增加，用在长轴距汽车上可少量减小传动轴长度。因此，它不宜用于短轴距汽车，因为过短的传动轴会导致万向传动轴夹角加大。垂向布置使驱动桥纵向尺寸减小，可减小万向传动轴夹角；但由于主减速器壳固定在桥壳的上方，不仅使垂向轮廓尺寸增大，而且降低了桥壳刚度，不利于齿轮工作。这种布置可便于贯通式驱动桥的布置。斜向布置对传动轴布置和提高桥壳刚度有利。

锥齿轮-圆柱齿轮式双级主减速器在分配传动比时，通常将圆柱齿轮副和锥齿轮副传动比的比值取在 1.4~2.0 范围内，而且锥齿轮副传动比一般为 1.7~3.3，这样可以减小锥齿

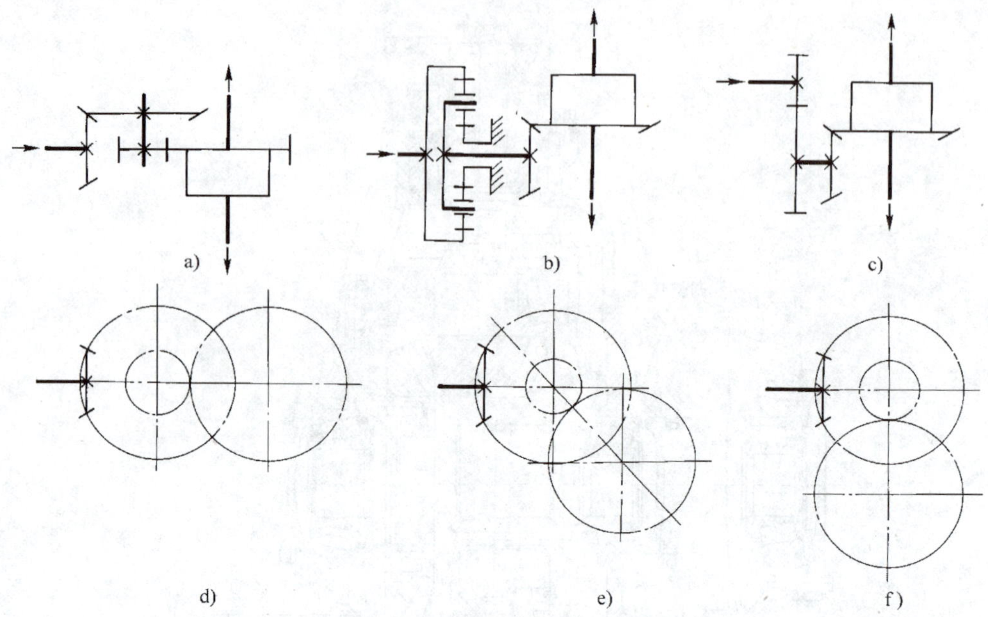

图 5-9 双级主减速器布置方案

轮啮合时的轴向力和作用在从动锥齿轮及圆柱齿轮上的载荷，同时可使主动锥齿轮的齿数适当增多，使其支承轴颈的尺寸适当加大，改善支承刚度，提高啮合平稳性和工作可靠性。

分开式双级主减速器在保证具有大传动比的条件下，驱动桥中央部分尺寸较小，离地间隙较大，适用于要求离地间隙高、牵引力大的汽车上。分开式双级主减速器必须在每个驱动轮旁增设一轮边减速器，使结构复杂，簧下质量增加，成本提高，并且布置轮毂、轴承、车轮和制动器都比较困难。

圆柱行星齿轮式轮边减速器（图 5-10a）可以在较小的轮廓尺寸条件下获得较大的传动比，且可以布置在轮毂之内。用作驱动齿轮的太阳轮连接半轴，内齿圈由花键连接在半轴套管上，行星齿轮架驱动轮毂。行星齿轮一般为 3~5 个均匀布置，使处于行星齿轮中间的太阳轮得到自动定心。行星锥齿轮式轮边减速器（图 5-10b）装于轮毂的外侧，具有两个轮边减速比。当换档用接合轮 12 位于图示位置时，轮边减速器位于低档；当接合轮被专门的操纵机构 13 移向外侧并与侧盖 15 的内花键相接合，使半轴直接驱动轮边减速器壳及轮毂时，轮边减速器位于高档。

普通外啮合圆柱齿轮式轮边减速器根据主、从动齿轮相对位置的不同，可分为主动齿轮上置和下置两种形式。主动齿轮上置式轮边减速器主要用于高通过性的越野车上，可提高桥壳的离地间隙；主动齿轮下置式轮边减速器（图 5-10c）主要用于要求降低车身地板高度和汽车质心高度的城市客车和长途客车上，提高了汽车行驶稳定性，方便乘客上、下车。

3. 双速主减速器

双速主减速器（图 5-11）内由齿轮的不同组合可获得两种传动比。它与普通变速器相配合，可得到双倍于变速器的档位。双速主减速器的高、低档传动比，是根据汽车的使用条件、发动机功率及变速器各档传动比的大小来选定的。大的主减速比用于汽车满载行驶或在恶劣道路上行驶，以克服较大的行驶阻力并减少变速器中间档位的变换次数；小的主减速比

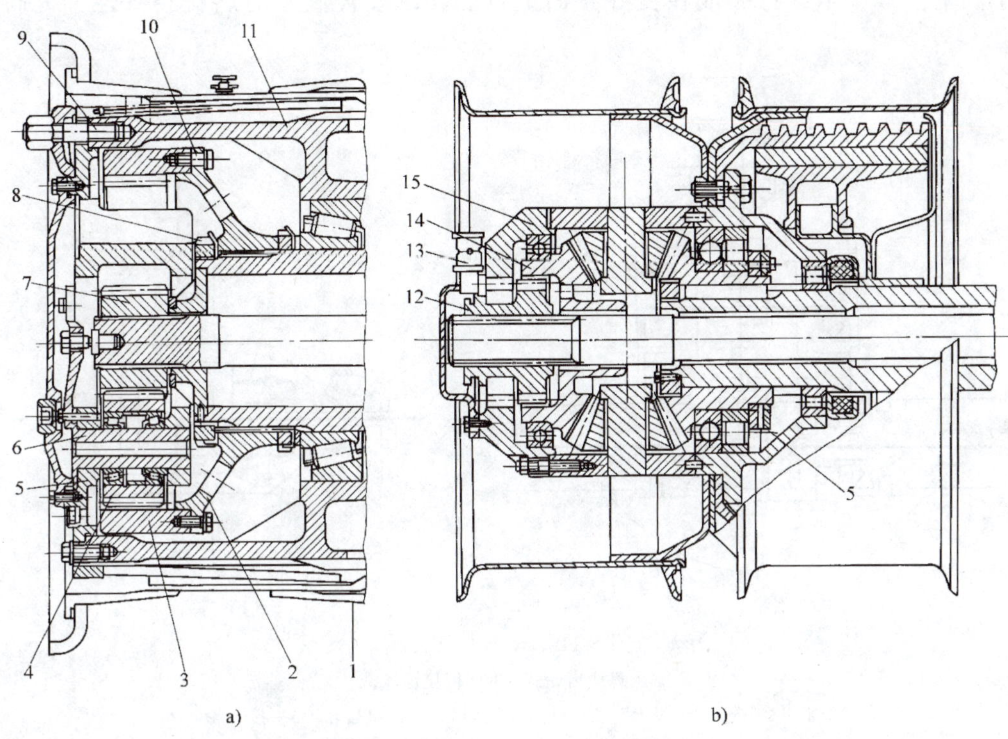

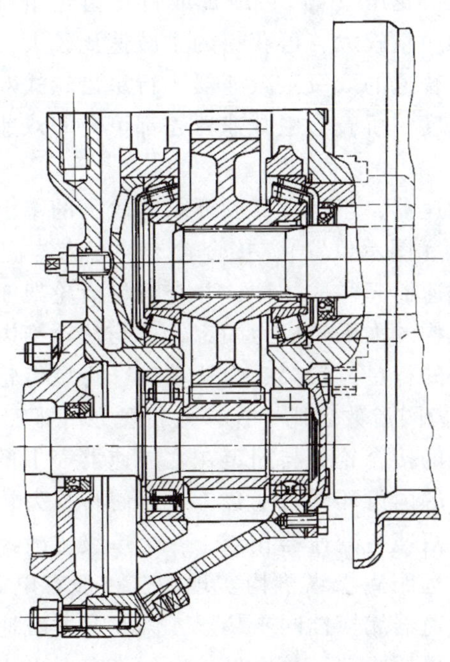

图 5-10 轮边减速器

a）圆柱行星齿轮式 b）行星锥齿轮式 c）普通外啮合圆柱齿轮式

1—轮辋 2—环齿轮架 3—环齿轮 4—行星齿轮 5—行星齿轮架 6—行星齿轮轴 7—太阳轮 8—锁紧螺母 9、10—螺栓 11—轮毂 12—接合轮 13—操纵机构 14—外锥齿轮 15—侧盖则用于汽车空载、半载行驶或在良好路面上行驶，以改善汽车的燃料经济性，提高平均车速。

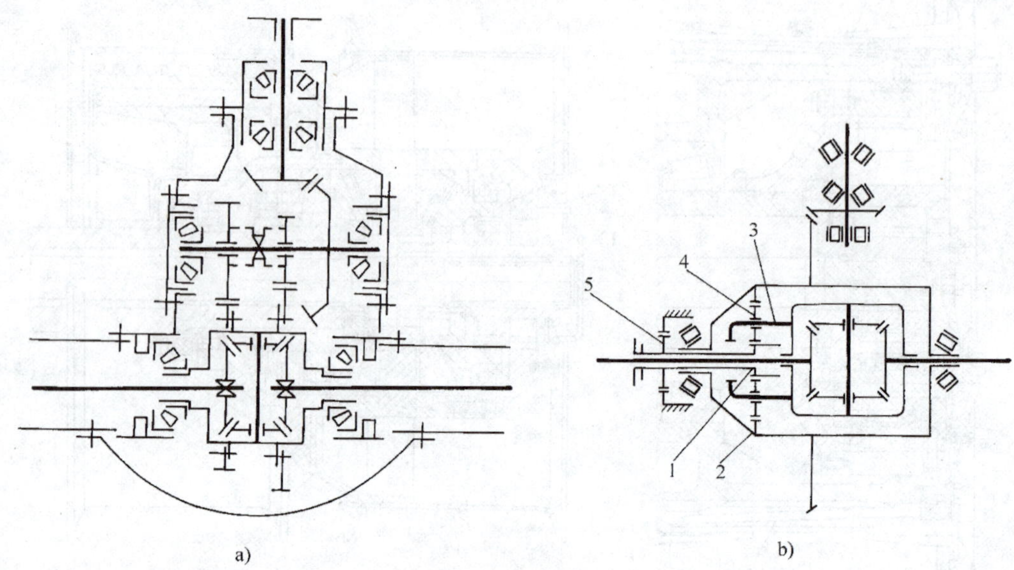

图 5-11　双速主减速器

a）圆柱齿轮式　b）行星齿轮式

1—太阳轮　2—齿圈　3—行星齿轮架　4—行星齿轮　5—接合轮

双速主减速器可以由圆柱齿轮组（图 5-11a）或行星齿轮组（图 5-11b）构成。圆柱齿轮式双速主减速器结构尺寸和质量较大，可获得的主减速比较大，只要更换圆柱齿轮轴，去掉一对圆柱齿轮，即可变型为普通的双级主减速器。行星齿轮式双速主减速器结构紧凑，质量较小，具有较高的刚度和强度，桥壳与主减速器壳都可与非双速的通用，但需加强行星轮系和差速器的润滑。

对于行星齿轮式双速主减速器，当汽车行驶要求有较大的牵引力时，驾驶员通过操纵机构将啮合套及太阳轮推向右方（图示位置），接合轮 5 的短齿与固定在主减速器上的接合齿环相接合，太阳轮 1 就与主减速器壳联成一体，并与行星齿轮架 3 的内齿环分离，而仅与行星齿轮 4 啮合。于是，行星机构的太阳轮成为固定轮，与从动锥齿轮联成一体的齿圈 2 为主动轮，与差速器左壳联在一起的行星齿轮架 3 为从动件，行星齿轮起减速作用，其传动比为 $1+\alpha$，其中 α 为太阳轮齿数与齿圈齿数之比。在一般行驶条件下，通过操纵机构使啮合套及太阳轮移到左边位置，啮合套的接合轮 5 与固定在主减速器壳上的接合齿环分离，太阳轮 1 与行星齿轮 4 及行星齿轮架 3 的内齿环同时啮合，从而使行星齿轮无法自转，行星齿轮机构不再起减速作用。显然，此时双速主减速器相当于一个单级主减速器。

双速主减速器的换档是由远距离操纵机构实现的，一般有电磁式、气压式和电-气压综合式操纵机构。由于双速主减速器无换档同步装置，因此其主减速比的变换是在停车时进行的。双速主减速器主要在一些单桥驱动且总质量较大的汽车上采用。

4. 贯通式主减速器

（1）单级贯通式主减速器　单级贯通式主减速器（图 5-12）具有结构简单、质量较小、尺寸紧凑等优点，并可使中、后桥的大部分零件，尤其是使桥壳、半轴等主要零件具有互换性等优点，它主要用于总质量较小的多桥驱动汽车上。

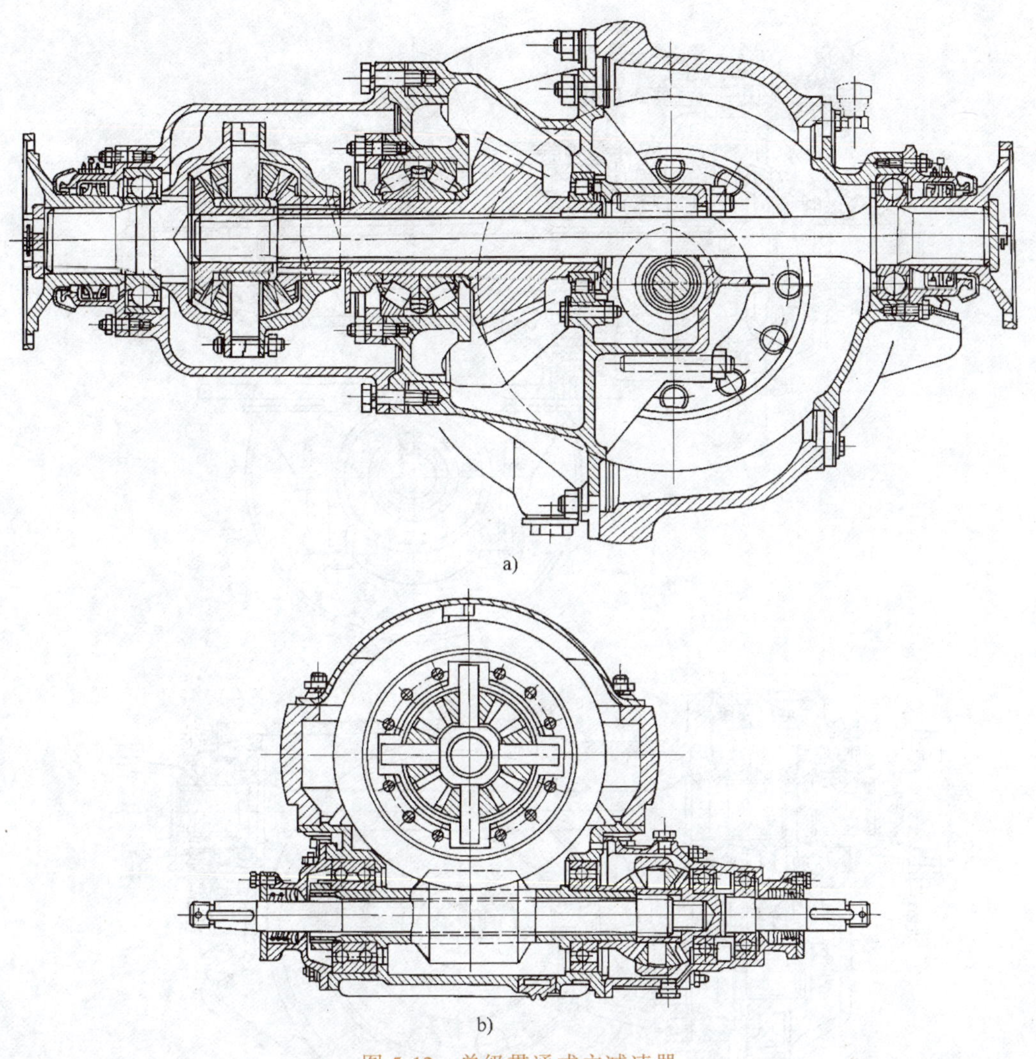

图 5-12　单级贯通式主减速器

a）双曲面齿轮式　b）蜗轮蜗杆式

根据减速齿轮形式不同，单级贯通式主减速器又可分为双曲面齿轮式及蜗轮蜗杆式两种结构。双曲面齿轮式单级贯通式主减速器（图 5-12a）是利用双曲面齿轮副轴线偏移的特点，将一根贯通轴穿过中桥并通向后桥。但是这种结构受主动齿轮最少齿数和偏移距大小的限制，而且主动齿轮工艺性差，主减速比最大值仅在 5 左右，故多用于总质量较小汽车的贯通式驱动桥上。当用于总质量较大的汽车时，可通过增设轮边减速器或加大分动器传动比等方法来加大总传动比。蜗轮蜗杆式单级贯通式主减速器（图 5-12b）在结构质量较小的情况下可得到较大的传动比，适用于各种吨位多桥驱动汽车的贯通式驱动桥的布置。此外，它还具有工作平滑无声、便于汽车总布置的优点。如蜗杆下置式布置方案应用于客车的贯通式驱动桥，可降低车厢地板高度。

（2）双级贯通式主减速器　对于总质量较大的多桥驱动汽车，由于主减速比较大，多采用双级贯通式主减速器（图 5-13）。根据齿轮的组合方式不同，可分为锥齿轮-圆柱齿轮式和圆柱齿轮-锥齿轮式两种形式。锥齿轮-圆柱齿轮式双级贯通式主减速器（图 5-13a）可

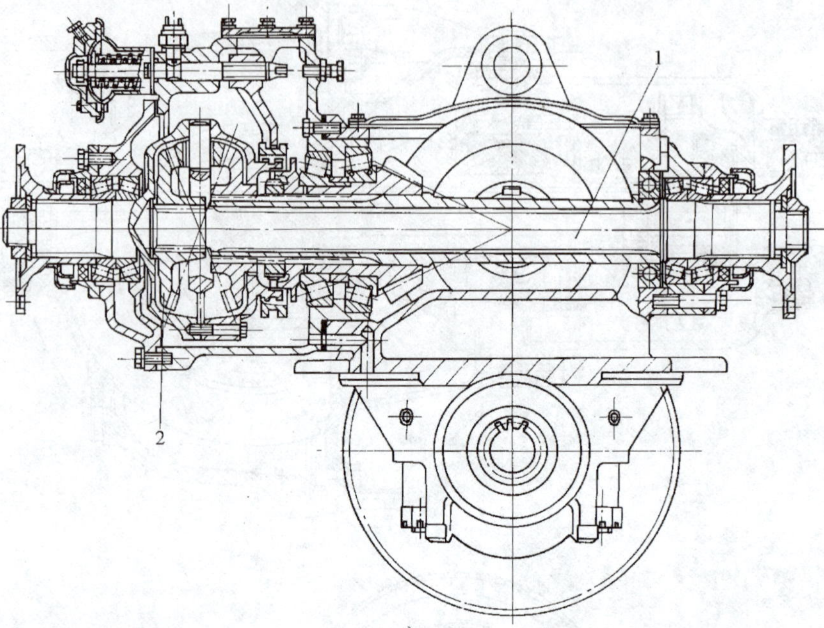

a)

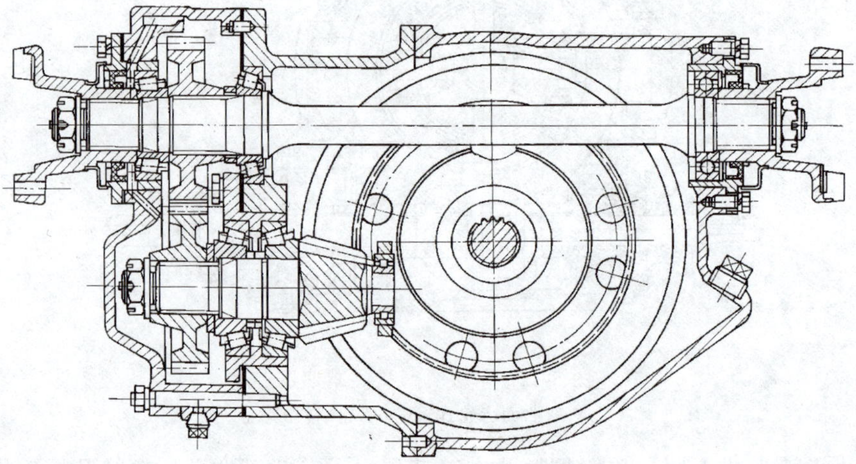

b)

图 5-13 双级贯通式主减速器

a）锥齿轮-圆柱齿轮式 b）圆柱齿轮-锥齿轮式

1—贯通轴 2—轴间差速器

得到较大的主减速比，但是结构高度尺寸大，主动锥齿轮工艺性差，从动锥齿轮采用悬臂式支承，支承刚度差，拆装也不方便。圆柱齿轮-锥齿轮式双级贯通式主减速器（图 5-13b）的第一级圆柱齿轮副有利于贯通式布置，兼具减速作用。若仅用于贯通，可取其传动比为 1。在设计中，应根据中、后桥锥齿轮的布置、旋转方向、双曲面齿轮的偏移方式以及圆柱齿轮副在锥齿轮副前后的布置位置等因素来确定锥齿轮的螺旋方向。所选的螺旋方向应使主、从动锥齿轮有相斥的轴向力。这种结构与前者相比，结构紧凑，高度尺寸减小，有利于降低车厢地板及整车质心高度。

（三）主减速器主、从动锥齿轮的支承形式

主减速器必须保证主、从动齿轮有良好的啮合状况，才能使它们处于很好的运行状态。齿轮的正确啮合，除与齿轮的加工质量、齿轮的装配调整及轴承、主减速器壳体的刚度有关以外，还与齿轮的支承刚度有关。

1. 主动锥齿轮的支承形式

主动锥齿轮的支承形式可分为悬臂式支承和跨置式支承两种。

悬臂式支承（图 5-14a）的结构特点是，在锥齿轮大端一侧有较长的轴，并在其上安装一对圆锥滚子轴承。为了减小悬臂长度 a 和增加两支承间的距离 b，以改善支承刚度，应使两轴承圆锥滚子的大端朝外，使作用在齿轮上离开锥顶的轴向力由靠近齿轮的轴承承受，而反向轴向力则由另一轴承承受。为了尽可能地增加支承刚度，支承距离 b 应大于 2.5 倍的悬臂长度 a，且应比齿轮节圆直径的 70%还大，另外靠近齿轮的轴径应不小于尺寸 a。为了方便拆装，应使靠近齿轮的轴承轴径比另一轴承的支承轴径大些。靠近齿轮的支承轴承有时也采用圆柱滚子轴承，这时另一轴承必须采用能承受双向轴向力的双列圆锥滚子轴承。支承刚度除了与轴承形式、轴径大小、支承间距离和悬臂长度大小有关以外，还与轴承与轴及轴承与座孔之间的配合紧度有关。

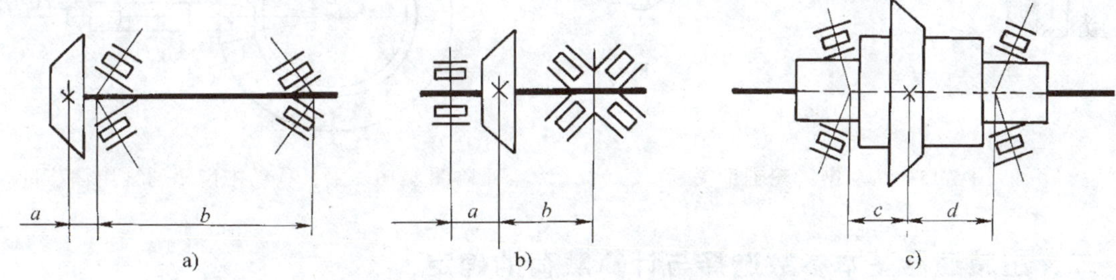

图 5-14　主减速器锥齿轮的支承形式

a）主动锥齿轮悬臂式支承形式　b）主动锥齿轮跨置式支承形式　c）从动锥齿轮支承形式

悬臂式支承结构简单，支承刚度较差，用于传递转矩较小的主减速器上。

跨置式支承（图 5-14b、图 5-21）的结构特点是在锥齿轮两端的轴上均有轴承，这样可大大增加支承刚度，又使轴承负荷减小，齿轮啮合条件改善，因此齿轮的承载能力高于悬臂式。此外，由于齿轮大端一侧轴颈上的两个相对安装的圆锥滚子轴承之间的距离很小，可以缩短主动齿轮轴的长度，使布置更紧凑，并可减小传动轴夹角，有利于整车布置。但是跨置式支承必须在主减速器壳体上有支承导向轴承所需要的轴承座，使主减速器壳体结构复杂，加工成本提高。另外，因主、从动齿轮之间的空间很小，致使主动齿轮的导向轴承尺寸受到限制，有时甚至布置不下或使齿轮拆装困难。跨置式支承中的导向轴承都为圆柱滚子轴承，并且内、外圈可以分离或根本不带内圈，它仅承受径向力，尺寸根据布置位置而定，是易损坏的一个轴承。

在需要传递较大转矩情况下，最好采用跨置式支承。

2. 从动锥齿轮的支承形式

从动锥齿轮的支承刚度与轴承的形式、支承间的距离及载荷在轴承之间的分布比例有关（图 5-14c）。从动锥齿轮多用圆锥滚子轴承支承。为了增加支承刚度，两轴承的圆锥滚子大端应向内，以减小尺寸 $c+d$。为了使从动锥齿轮背面的差速器壳体处有足够的位置设置加强

肋以增强支承稳定性，$c+d$ 应不小于从动锥齿轮大端分度圆直径的 70%。为了使载荷能尽量均匀分配在两轴承上，应尽量使尺寸 c 等于或大于尺寸 d。

在具有大主减速比和径向尺寸较大的从动锥齿轮的主减速器中，为了限制从动锥齿轮因受轴向力作用而产生偏移，在从动锥齿轮的外缘背面加设辅助支承（图 5-15a、b，图 5-21）。辅助支承与从动锥齿轮背面之间的间隙，应保证当偏移量达到允许极限，即与从动锥齿轮背面接触时，能够制止从动锥齿轮继续偏移。主、从动齿轮在载荷作用下的偏移量许用极限值如图 5-16 所示。由图示可知，支承面与从动锥齿轮背面间的安装间隙应不大于 0.25mm。

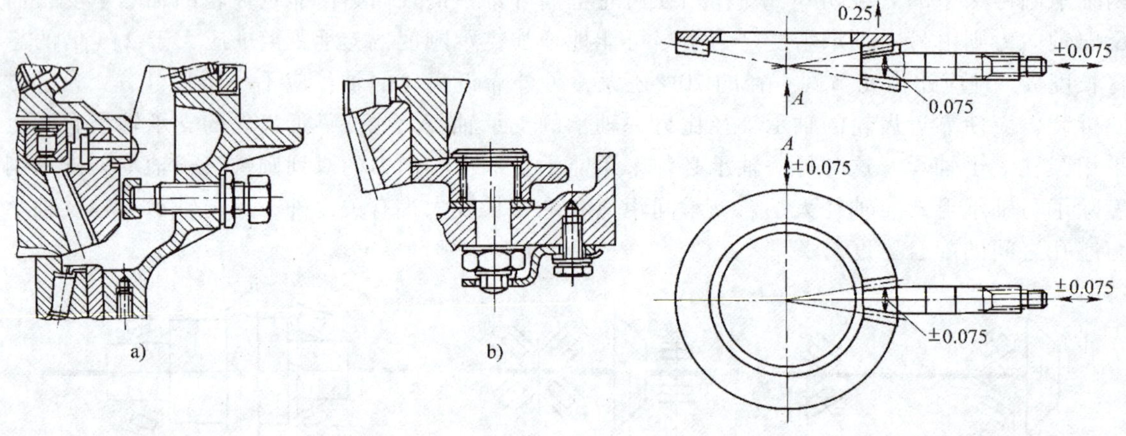

图 5-15　从动锥齿轮辅助支承

图 5-16　主、从动锥齿轮的许用偏移量

二、主减速器基本参数选择与计算载荷的确定

主减速比 i_0、驱动桥的离地间隙和计算载荷，是主减速器设计的基础数据，应在汽车总体设计时确定。

（一）主减速比

主减速比对主减速器的结构形式、轮廓尺寸、质量大小以及当变速器处于最高档位时汽车的动力性和燃料经济性都有直接影响。i_0 的选择应在汽车总体设计时和传动系统总传动比 i_T 一起由整车动力性计算确定。通过优化设计方法，对包括发动机与传动系统等动力系统参数进行优化匹配来选择 i_0 值，以确保整车获得最佳的动力性和燃料经济性。

在给定发动机最大功率 P_{emax} 及其转速 n_P 的情况下，所选择的 i_0 值应能保证汽车满足最高车速 v_{amax} 设计要求。此时 i_0 值应按下式计算确定：

$$i_0 = 0.377\frac{r_r n_P}{v_{amax} i_{gh}} \tag{5-4}$$

式中，r_r 为车轮的滚动半径（m）；i_{gh} 为变速器最高档传动比。

按式（5-4）求得的 i_0 值应参考同类型汽车相应数值，并考虑到主减速齿轮可能选择的齿数，将 i_0 值予以修正并最后确定。

（二）主减速器齿轮计算载荷的确定

汽车主减速器锥齿轮有格里森和奥利康两种切齿方法，这里仅介绍格里森齿制锥齿轮计算载荷的三种确定方法。

1. 按发动机最大转矩和最低档传动比确定从动锥齿轮的计算转矩 T_{ce}

$$T_{ce}=\frac{k_d T_{emax} k i_1 i_f i_0 \eta}{n} \tag{5-5}$$

式中，T_{ce} 为计算转矩（N·m）；其他参数见式（4-14）、式（4-15）的注释。

2. 按驱动轮打滑转矩确定从动锥齿轮的计算转矩 T_{cs}

$$T_{cs}=\frac{G_2 m'_2 \varphi r_r}{i_m \eta_m} \tag{5-6}$$

式中，T_{cs} 为计算转矩（N·m）；其他参数见式（4-17）、式（4-18）的注释。

3. 按汽车日常行驶平均转矩确定从动锥齿轮的计算转矩 T_{cf}

$$T_{cf}=\frac{F_t r_r}{i_m \eta_m n} \tag{5-7}$$

式中，T_{cf} 为计算转矩（N·m）；F_t 为汽车日常行驶平均牵引力（N）；其他参数见式（4-17）、式（4-18）的注释。

由式（5-5）和式（5-6）求得的计算转矩，是作用到从动锥齿轮上的最大转矩，不同于用式（5-7）求得的日常行驶平均转矩。当计算锥齿轮最大应力时，计算转矩 T_c 应取前面两种的较小值，即 $T_c=\min[T_{ce},T_{cs}]$；当计算锥齿轮疲劳寿命时，T_c 取 T_{cf}。

主动锥齿轮的计算转矩为

$$T_z=\frac{T_c}{i_0 \eta_G} \tag{5-8}$$

式中，T_z 为主动锥齿轮的计算转矩（N·m）；i_0 为主减速比；η_G 为主、从动锥齿轮间的传动效率，计算时对于弧齿锥齿轮副，η_G 取 95%，对于双曲面齿轮副，当 $i_0>6$ 时，η_G 取 85%，当 $i_0\leqslant 6$ 时，η_G 取 90%。

（三）锥齿轮主要参数的选择

主减速器锥齿轮的主要参数有主、从动锥齿轮齿数 z_1 和 z_2，从动锥齿轮大端分度圆直径 D_2 和端面模数 m_s，主、从动锥齿轮齿面宽 b_1 和 b_2，双曲面齿轮副的偏移距 E，中点螺旋角 β，法向压力角 α 等。

1. 主、从动锥齿轮齿数 z_1 和 z_2

选择主、从动锥齿轮齿数时应考虑如下因素：

1）为了磨合均匀，z_1、z_2 之间应避免有公约数。

2）为了得到理想的齿面重合度和高的轮齿抗弯强度，主、从动齿轮齿数和应不少于 40。

3）为了啮合平稳、噪声小和具有高的疲劳强度，对于乘用车，z_1 一般不少于 9；对于商用车，z_1 一般不少于 6。

4）主减速比 i_0 较大时，z_1 尽量取得少些，以便得到满意的离地间隙。

5）对于不同的主减速比，z_1 和 z_2 应有适宜的搭配。

2. 从动锥齿轮大端分度圆直径 D_2 和端面模数 m_s

对于单级主减速器，增加尺寸 D_2 会影响驱动桥壳高度尺寸和离地间隙，减小 D_2 又影响跨置式主动齿轮的前支承座的安装空间和差速器的安装。

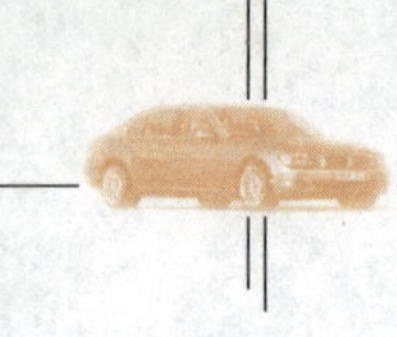

D_2 可根据经验公式初选，即

$$D_2 = K_{D_2}\sqrt[3]{T_c} \tag{5-9}$$

式中，D_2 为从动齿轮大端分度圆直径（mm）；K_{D_2} 为直径系数，一般为 13.0~15.3；T_c 为从动锥齿轮的计算转矩（N·m），$T_c = \min[T_{ce}, T_{cs}]$。

m_s 由下式计算

$$m_s = D_2/z_2 \tag{5-10}$$

式中，m_s 为齿轮端面模数。

同时，m_s 还应满足

$$m_s = K_m\sqrt[3]{T_c} \tag{5-11}$$

式中，K_m 为模数系数，取 0.3~0.4。

3. 主、从动锥齿轮齿面宽 b_1 和 b_2

锥齿轮齿面过宽并不能增大齿轮的强度和寿命，反而会导致因锥齿轮轮齿小端齿沟变窄引起的切削刀头顶面宽过窄及刀尖圆角过小。这样，不但减小了齿根圆角半径，加大了应力集中，还降低了刀具的使用寿命。此外，安装时有位置偏差或由于制造、热处理变形等原因，使齿轮工作时载荷集中于轮齿小端，会引起轮齿小端过早损坏和疲劳损伤。另外，齿面过宽也会引起装配空间减小。但是齿面过窄，轮齿表面的耐磨性会降低。

对于从动锥齿轮齿面宽 b_2，推荐不大于其节锥距 A_2 的 0.3 倍，即 $b_2 \leqslant 0.3A_2$，而且 b_2 应满足 $b_2 \leqslant 10m_s$，一般也推荐 $b_2 = 0.155D_2$。对于弧齿锥齿轮，b_1 一般比 b_2 大 10%。

4. 双曲面齿轮副偏移距 E

E 值过大将使齿面纵向滑动过大，从而引起齿面早期磨损和擦伤；E 值过小，则不能发挥双曲面齿轮传动的特点。一般对于乘用车和总质量不大的商用车，$E \leqslant 0.2D_2$，且 $E \leqslant 40\%A_2$；对于总质量较大的商用车，$E \leqslant (0.10 \sim 0.12)D_2$，且 $E \leqslant 20\%A_2$。另外，主减速比越大，则 E 也应越大，但应保证齿轮不发生根切。

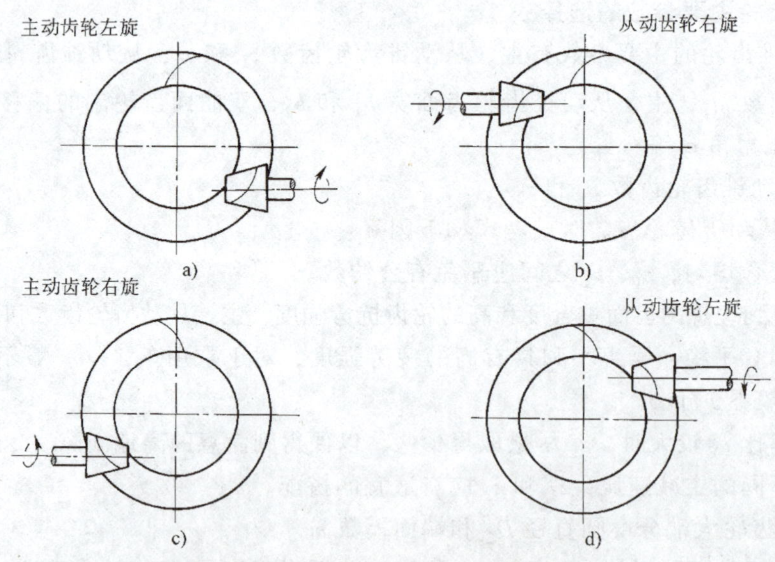

图 5-17 双曲面齿轮的偏移和螺旋方向

a)、b）主动齿轮轴线下偏移 c)、d）主动齿轮轴线上偏移

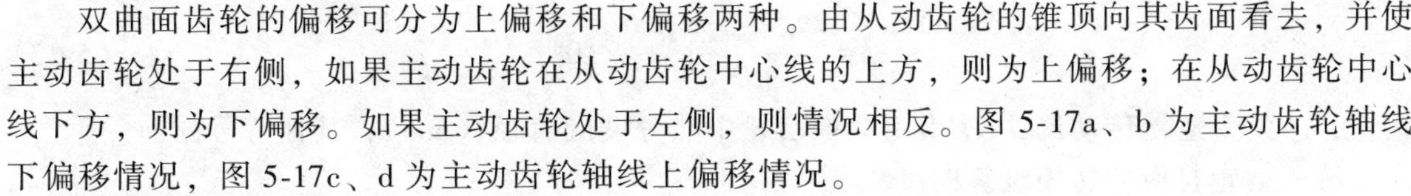

双曲面齿轮的偏移可分为上偏移和下偏移两种。由从动齿轮的锥顶向其齿面看去，并使主动齿轮处于右侧，如果主动齿轮在从动齿轮中心线的上方，则为上偏移；在从动齿轮中心线下方，则为下偏移。如果主动齿轮处于左侧，则情况相反。图 5-17a、b 为主动齿轮轴线下偏移情况，图 5-17c、d 为主动齿轮轴线上偏移情况。

5. 中点螺旋角 β

螺旋角沿齿宽是变化的，轮齿大端的螺旋角最大，轮齿小端的螺旋角最小。

弧齿锥齿轮副的中点螺旋角是相等的，双曲面齿轮副的中点螺旋角是不相等的。

选择 β 时，应考虑它对齿面重合度 ε_F、轮齿强度和轴向力大小的影响。β 越大，则 ε_F 也越大，同时啮合的齿数越多，传动就越平稳，噪声越低，而且轮齿的强度越高。一般 ε_F 应不小于 1.25，在 1.5~2.0 时效果最好。但是 β 过大，会导致轴向力增大。

汽车主减速器弧齿锥齿轮螺旋角或双曲面齿轮副的平均螺旋角一般为 35°~40°。乘用车选用较大的 β 值以保证较大的 ε_F，使运转平稳，噪声低；商用车选用较小的 β 值以防止轴向力过大，通常取 35°。

6. 螺旋方向

从锥齿轮锥顶看，齿形从中心线上半部向左倾斜为左旋，向右倾斜为右旋。主、从动锥齿轮的螺旋方向是相反的。螺旋方向与锥齿轮的旋转方向影响其所受轴向力的方向。当变速器挂前进档时，应使主动齿轮的轴向力离开锥顶方向，这样可使主、从动齿轮有分离趋势，防止轮齿因卡死而损坏。

7. 法向压力角 α

法向压力角大一些可以增加轮齿强度，减少齿轮不发生根切的最少齿数。但对于小尺寸的齿轮，压力角大易使齿顶变尖及刀尖宽度过小，并使齿轮端面重合度下降。因此，对于小负荷工作的齿轮，一般采用小压力角，可使齿轮运转平稳，噪声低。对于弧齿锥齿轮，乘用车的 α 一般选用 14°30′或 16°，商用车的 α 为 20°或 22°30′。对于双曲面齿轮，从动齿轮轮齿两侧的压力角是相同的，但主动齿轮轮齿两侧的压力角是不等的。选取平均压力角时，乘用车为 19°或 20°，商用车为 20°或 22°30′。

三、主减速器锥齿轮强度计算

在选好主减速器锥齿轮的主要参数后，可根据所选择的齿形计算锥齿轮的几何尺寸，而后根据所确定的计算载荷进行强度验算，以保证锥齿轮有足够的强度和寿命。

轮齿损坏形式主要有弯曲疲劳折断、过载折断、齿面点蚀及剥落、齿面胶合、齿面磨损等。下面所介绍的强度验算是近似的，在实际设计中还要依据台架和道路试验及实际使用情况等来检验。

1. 单位齿长圆周力

主减速器锥齿轮的表面耐磨性，常用轮齿上的单位齿长圆周力来估算，即

$$p=\frac{F}{b_2} \tag{5-12}$$

式中，p 为轮齿上的单位齿长圆周力（N/mm）；F 为作用在轮齿上的圆周力（N）；b_2 为从动齿轮的齿面宽（mm）。

按发动机最大转矩计算时

$$p=\frac{2k_{\mathrm{d}}T_{\mathrm{emax}}ki_{\mathrm{g}}i_{\mathrm{f}}\eta}{nD_1b_2}\times 10^3 \tag{5-13}$$

式中，i_g 为变速器传动比；D_1 为主动锥齿轮中点分度圆直径（mm）；其他符号同前。

按驱动轮打滑的转矩计算时

$$p=\frac{2G_2m'_2\varphi r_{\mathrm{r}}}{D_2b_2i_{\mathrm{m}}\eta_{\mathrm{m}}}\times 10^3 \tag{5-14}$$

式中符号同前。

许用的单位齿长圆周力［p］见表 5-1。在现代汽车设计中，由于材质及加工工艺等制造质量的提高，［p］有时高出表中数值的 20%～25%。

表 5-1 单位齿长圆周力许用值［p］

汽车类别		$[p]/\mathrm{N\cdot mm^{-1}}$（按发动机最大转矩计算时）			$[p]/\mathrm{N\cdot mm^{-1}}$（按驱动轮打滑转矩计算时）	轮胎与地面的附着系数 φ
		一档	二档	直接档		
乘用车		893	536	321	893	0.85
商用车	货车	1429	—	250	1429	
	客车	982	—	214	—	

2. 轮齿抗弯强度

锥齿轮轮齿的齿根弯曲应力为

$$\sigma_{\mathrm{w}}=\frac{2T_{\mathrm{c}}k_0k_{\mathrm{s}}k_{\mathrm{m}}}{k_{\mathrm{v}}m_{\mathrm{s}}bDJ_{\mathrm{w}}}\times 10^3 \tag{5-15}$$

式中，σ_w 为锥齿轮轮齿的齿根弯曲应力（MPa）；T_c 为所计算齿轮的计算转矩（N·m），对于从动齿轮 $T_c=\min[T_{ce},T_{cs}]$ 和 T_{cf}，对于主动齿轮，T_c 还要按式（5-8）换算；k_0 为过载系数，一般取 1；k_s 为尺寸系数，它反映了材料性质的不均匀性，与齿轮尺寸及热处理等因素有关，当 $m_s\geq 1.6$mm 时，$k_s=(m_s/25.4)^{0.25}$，当 $m_s<1.6$mm 时，$k_s=0.5$；k_m 为齿面载荷分配系数，跨置式结构 $k_m=1.0\sim1.1$，悬臂式结构 $k_m=1.00\sim1.25$；k_v 为质量系数，当轮齿接触良好，齿距及径向跳动精度高时，$k_v=1.0$；b 为所计算齿轮的齿面宽（mm）；D 为所计算齿轮的大端分度圆直径（mm）；J_w 为所计算齿轮的轮齿弯曲应力综合系数，取法见参考文献［36］。

上述按 $\min[T_{ce},T_{cs}]$ 计算的最大弯曲应力不超过 700MPa；按 T_{cf} 计算的疲劳弯曲应力不应超过 210MPa，破坏的循环次数为 6×10^6。

3. 轮齿接触强度

锥齿轮轮齿的齿面接触应力为

$$\sigma_{\mathrm{J}}=\frac{c_{\mathrm{p}}}{D_1}\sqrt{\frac{2T_{\mathrm{z}}k_0k_{\mathrm{s}}k_{\mathrm{m}}k_{\mathrm{f}}}{k_{\mathrm{v}}bJ_{\mathrm{J}}}\times 10^3} \tag{5-16}$$

式中，σ_J 为锥齿轮轮齿的齿面接触应力（MPa）；D_1 为主动锥齿轮大端分度圆直径（mm）；b 取 b_1 和 b_2 中的较小值（mm）；k_s 为尺寸系数，它考虑了齿轮尺寸对淬透性的影响，通常取 1.0；k_f 为齿面品质系数，它取决于齿面的表面粗糙度及表面覆盖层的性质（如镀铜、磷化处理等)，对于制造精确的齿轮，k_f 取 1.0；c_p 为综合弹性系数，钢对钢齿轮 c_p 取 $232.6N^{1/2}/mm$；J_J 为齿面接触强度的综合系数，取法见参考文献［36］；k_0、k_m、k_v 见式（5-15）的说明。

上述按 min［T_{ce}，T_{cs}］计算的最大接触应力不应超过 2800MPa；按 T_{cf} 计算的疲劳接触应力不应超过 1750MPa。主、从动齿轮的齿面接触应力是相同的。

四、主减速器锥齿轮轴承的载荷计算

1. 锥齿轮齿面上的作用力

锥齿轮在工作过程中，相互啮合的齿面上作用有一法向力。该法向力可分解为沿齿轮切线方向的圆周力、沿齿轮轴线方向的轴向力及垂直于齿轮轴线的径向力。

（1）齿宽中点处的圆周力　齿宽中点处的圆周力 F 为

$$F=\frac{2T}{D_{m2}} \tag{5-17}$$

式中，T 为作用在从动齿轮上的转矩；D_{m2} 为从动齿轮齿宽中点处的分度圆直径，由式（5-18）确定，即

$$D_{m2}=D_2-b_2\sin\gamma_2 \tag{5-18}$$

式中，D_2 为从动齿轮大端分度圆直径；b_2 为从动齿轮齿面宽；γ_2 为从动齿轮节锥角。

由式 $F_1/F_2=\cos\beta_1/\cos\beta_2$ 可知，对于弧齿锥齿轮副，作用在主、从动齿轮上的圆周力是相等的；对于双曲面齿轮副，它们的圆周力是不等的。

（2）锥齿轮的轴向力和径向力　图 5-18 为主动锥齿轮齿面受力图。其螺旋方向为左旋，从锥顶看旋转方向为逆时针。F_T 为作用在节锥面上的齿面宽中点 A 处的法向力，在 A 点处的螺旋方向的法平面内，F_T 分解成两个相互垂直的力 F_N 和 F_f。F_N 垂直于 OA 且位于∠OOA 所在的平面，F_f 位于以 OA 为切线的节锥切平面内。F_f 在此切平面内又可分解成沿切线方向的圆周力 F 和沿节锥母线方向的力 F_s。F 与 F_f 之间的夹角为螺旋角 β，F_T 与 F_f 之间的夹角为法向压力角 α。这样有

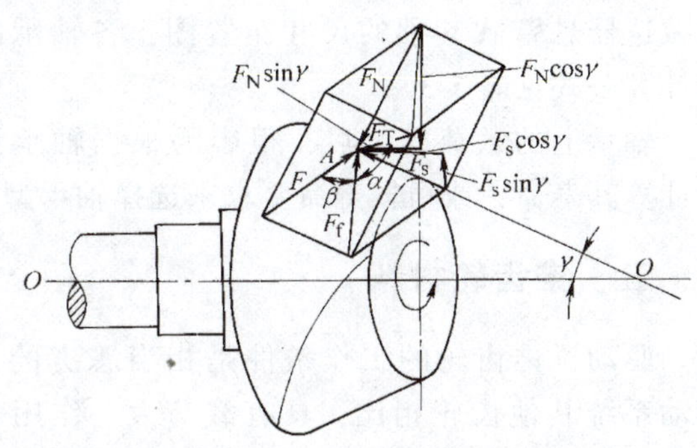

图 5-18　主动锥齿轮齿面受力图

$$F=F_T\cos\alpha\cos\beta \tag{5-19}$$

$$F_N=F_T\sin\alpha=F\tan\alpha/\cos\beta \tag{5-20}$$

$$F_s=F_T\cos\alpha\sin\beta=F\tan\beta \tag{5-21}$$

于是，作用在主动锥齿轮齿面上的轴向力 F_{az} 和径向力 F_{Rz} 分别为

$$F_{az}=F_N\sin\gamma+F_s\cos\gamma \tag{5-22}$$

$$F_{Rz}=F_N\cos\gamma-F_s\sin\gamma \tag{5-23}$$

若主动锥齿轮的螺旋方向和旋转方向改变时，主、从动齿轮齿面上所受的轴向力和径向力计算公式见表 5-2。

表 5-2 齿面上的轴向力和径向力计算公式

主动齿轮		轴向力	径向力
螺旋方向	旋转方向		
右	顺时针	主动齿轮 $F_{az}=\frac{F}{\cos\beta}(\tan\alpha\sin\gamma-\sin\beta\cos\gamma)$	主动齿轮 $F_{Rz}=\frac{F}{\cos\beta}(\tan\alpha\cos\gamma+\sin\beta\sin\gamma)$
左	逆时针	从动齿轮 $F_{ac}=\frac{F}{\cos\beta}(\tan\alpha\sin\gamma+\sin\beta\cos\gamma)$	从动齿轮 $F_{Rc}=\frac{F}{\cos\beta}(\tan\alpha\cos\gamma-\sin\beta\sin\gamma)$
右	逆时针	主动齿轮 $F_{az}=\frac{F}{\cos\beta}(\tan\alpha\sin\gamma+\sin\beta\cos\gamma)$	主动齿轮 $F_{Rz}=\frac{F}{\cos\beta}(\tan\alpha\cos\gamma-\sin\beta\sin\gamma)$
左	顺时针	从动齿轮 $F_{ac}=\frac{F}{\cos\beta}(\tan\alpha\sin\gamma-\sin\beta\cos\gamma)$	从动齿轮 $F_{Rc}=\frac{F}{\cos\beta}(\tan\alpha\cos\gamma+\sin\beta\sin\gamma)$

注：公式中的节锥角 γ 在计算主动齿轮受力时用面锥角代之，计算从动齿轮受力时用根锥角代之。计算结果中，如轴向力为正值表明力的方向离开锥顶，负值表示指向锥顶；径向力是正值表明力使该齿轮离开相啮合齿轮，负值表明力使该齿轮趋向相啮合齿轮。当计算双曲面齿轮受力时，α 为轮齿驱动齿廓的法向压力角。

2. 锥齿轮轴承的载荷

当锥齿轮齿面上所受的圆周力、轴向力和径向力计算确定后，根据主减速器齿轮轴承的布置尺寸，即可求出轴承所受的载荷。图 5-19 为单级主减速器悬臂式支承的尺寸布置图，各轴承的载荷计算公式见表 5-3。

轴承上的载荷确定后，很容易根据轴承型号来计算其寿命，或根据寿命要求来选择轴承型号。

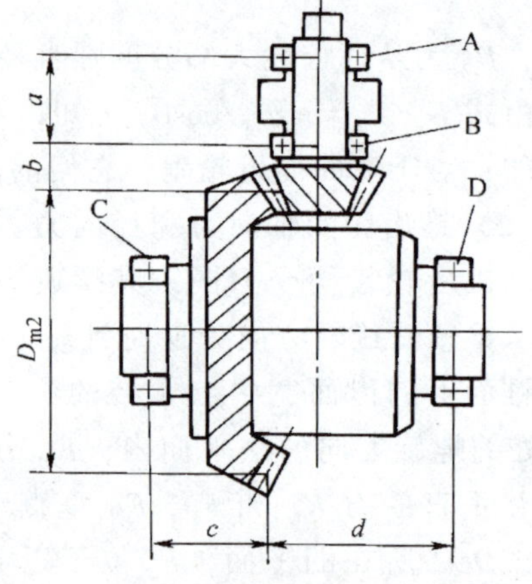

图 5-19 单级主减速器轴承布置尺寸

五、锥齿轮材料

驱动桥锥齿轮的工作条件是相当恶劣的，与传动系统其他齿轮相比，具有载荷大、作用时间长、变化多、有冲击等特点，是传动系统中的薄弱环节。锥齿轮材料应满足如下要求：

表 5-3 轴承上的载荷

轴承	力	公式	轴承	力	公式
轴承A	径向力	$\sqrt{\left[\frac{F(a+b)}{a}\right]^2+\left[\frac{F_{Rz}(a+b)}{a}-\frac{F_{az}D_{m1}}{2a}\right]^2}$	轴承C	径向力	$\sqrt{\left(\frac{Fd}{c+d}\right)^2+\left[\frac{F_{Rc}d}{c+d}+\frac{F_{ac}D_{m2}}{2(c+d)}\right]^2}$
	轴向力	F_{az}		轴向力	F_{ac}
轴承B	径向力	$\sqrt{\left(\frac{Fb}{a}\right)^2+\left(\frac{F_{Rz}b}{a}-\frac{F_{az}D_{m1}}{2a}\right)^2}$	轴承D	径向力	$\sqrt{\left(\frac{Fc}{c+d}\right)^2+\left[\frac{F_{Rc}c}{c+d}-\frac{F_{ac}D_{m2}}{2(c+d)}\right]^2}$
	轴向力	0		轴向力	0

注：D_{m1}、D_{m2} 分别为主、从动齿轮轮齿宽中点的分度圆直径。

1）具有高的弯曲疲劳强度和表面接触疲劳强度，齿面具有高的硬度以保证有高的耐磨性。

2）轮齿心部应有适当的韧性以适应冲击载荷，避免在冲击载荷下齿根折断。

3）锻造性能、可加工性及热处理性能良好，热处理后变形小或变形规律易控制。

4）选择合金材料时，尽量少用含镍、铬元素的材料，而是选用含锰、钒、硼、钛、钼、硅等元素的合金钢。

汽车主减速器锥齿轮目前常用渗碳合金钢制造，主要有 20CrMnTi、20MnVB、20MnTiB、22CrNiMo 和 16SiMn2WMoV 等。

渗碳合金钢的优点是表面可得到碳含量较高的硬化层（一般碳的质量分数为 0.8%～1.2%），具有相当高的耐磨性和抗压性，而心部较软，具有良好的韧性，故该材料的抗弯强度、表面接触强度和承受冲击的能力均较好。由于其碳含量较低，故锻造性能和可加工性较好。其主要缺点是热处理费用高；表面硬化层以下的基底较软，在承受很大压力时可能产生塑性变形；如果渗透层与心部的碳含量相差过多，便会引起表面硬化层的剥落。

为改善新齿轮的磨合，防止其在运行初期出现早期的磨损、擦伤、胶合或咬死，锥齿轮在热处理及精加工后，做厚度为 0.005～0.020mm 的磷化处理或镀铜、镀锡处理。对齿面进行应力喷丸处理，可提高齿轮寿命 25%。对于滑动速度高的齿轮可进行渗硫处理，以提高耐磨性。渗硫后摩擦因数可显著降低，这样即使润滑条件较差，也能防止齿面擦伤、咬死和胶合。

第四节 差速器设计

汽车行驶时，左、右车轮在同一时间内所滚过的路程往往不等。例如，转弯时内、外两侧车轮行程显然不同，即外侧车轮滚过的距离大于内侧车轮；汽车在不平路面上行驶时，由于路面波形不同也会造成两侧车轮滚过的路程不等；即使在平直路面上行驶，由于轮胎气压、轮胎负荷、胎面磨损程度不同以及制造误差等因素的影响，也会引起左、右车轮因滚动半径不同而使左、右车轮行程不等。如果驱动桥的左、右车轮刚性连接，则行驶时不可避免地会产生驱动轮在路面上滑移或滑转。这不仅会加剧轮胎磨损与功率和燃料的消耗，而且可能导致转向和操纵性能恶化。为了防止这些现象的发生，汽车左、右驱动轮间都装有轮间差速器，从而保证了驱动桥两侧车轮在行程不等时具有不同的旋转角速度，满足了汽车行驶运动学的要求；在多桥驱动汽车上还常装有轴间差速器，以提高通过性，同时避免在驱动桥间产生功率循环及由此引起的附加载荷，使传动系统零件损坏、轮胎磨损和增加燃料消耗等。

差速器用来在两输出轴间分配转矩，并保证两输出轴有可能以不同的角速度转动。汽车上广泛采用的差速器为对称锥齿轮式差速器，它具有结构简单、质量较小等优点，故应用广泛。它又分为普通锥齿轮式差速器、强制锁止式差速器和限滑差速器等。

一、差速器结构形式选择

（一）普通锥齿轮式差速器

普通锥齿轮式差速器结构简单、工作平稳可靠，一直广泛用于一般使用条件下的汽车驱动桥中。图 5-20 为其示意图，图中 ω_0 为差速器壳的角速度；ω_1、ω_2 分别为左、右两半轴的角速度；T_0 为差速器壳接受的转矩；T_r 为差速器的内摩擦力矩；T_1、T_2 分别为左、右两半轴对差速器的反转矩。

根据运动分析可得

$$\omega_1+\omega_2=2\omega_0 \tag{5-24}$$

显然，当一侧半轴不转时，另一侧半轴将以两倍的差速器壳体角速度旋转；当差速器壳体不转时，左、右半轴将等速、反向旋转。

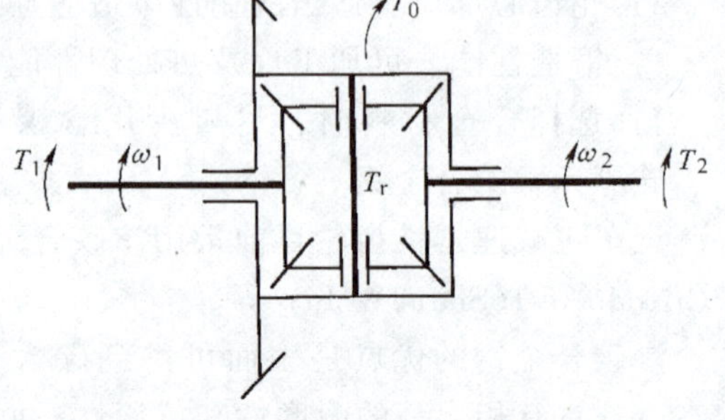

图 5-20 普通锥齿轮式差速器示意图

根据力矩平衡可得

$$\begin{cases}T_1+T_2=T_0\\T_2-T_1=T_r\end{cases} \tag{5-25}$$

差速器性能常以锁紧系数 k 来表征，定义为差速器的内摩擦力矩与差速器壳接受的转矩之比，由下式确定

$$k=T_r/T_0 \tag{5-26}$$

结合式（5-25）可得

$$\begin{cases}T_1=0.5T_0(1-k)\\T_2=0.5T_0(1+k)\end{cases} \tag{5-27}$$

定义半轴的转矩比为 $k_b=T_2/T_1$，则 k_b 与 k 之间有

$$k_b=\frac{1+k}{1-k};\ k=\frac{k_b-1}{k_b+1} \tag{5-28}$$

普通锥齿轮差速器的锁紧系数 k 一般为 0.05~0.15，两半轴的转矩比 k_b 为 1.11~1.35，这说明左、右半轴的转矩差别不大，故可以认为分配给两半轴的转矩大致相等，这样的分配比例对于在良好路面上行驶的汽车来说是合适的。当汽车越野行驶或在泥泞、冰雪路面上行驶，一侧驱动车轮与地面的附着系数很小时，尽管另一侧车轮与地面有良好的附着，其驱动转矩也不得不随附着系数小的一侧同样地减小，无法发挥潜在的牵引力，以致汽车停驶。

（二）强制锁止式差速器

强制锁止式差速器（图 5-21）通常是在普通锥齿轮差速器基础上设计的，常称之为差速锁。当一个驱动轮处于附着系数较小的路面时，可通过液压或气动操纵机构使内、外接合器（即差速锁）啮合，此后差速器壳与半轴锁紧在一起，使差速器不起作用，这样可充分利用地面的附着系数，使牵引力达到可能的最大值。使用中，在汽车进入难行驶路之前操纵差速锁锁止差速器，在驶出难行驶路段并刚进入较好路段时，应及时将差速锁松开，以避免出现因无差速作用带来的不良后果。

对于装有强制锁止式差速器的 4×2 型汽车，假设一驱动轮行驶在低附着系数 φ_{min} 的路面上，另一驱动轮行驶在高附着系数 φ 的路面上，这样装有普通锥齿轮差速器的汽车所能发挥的最大牵引力 F_t 为

$$F_t=\frac{G_2}{2}\varphi_{min}+\frac{G_2}{2}\varphi_{min}=G_2\varphi_{min} \tag{5-29}$$

式中，G_2 为驱动桥上的负荷。

如果差速器完全锁住，则汽车所能发挥的最大牵引力 F'_t 为

$$F'_t=\frac{G_2}{2}\varphi+\frac{G_2}{2}\varphi_{min}=\frac{G_2}{2}(\varphi+\varphi_{min}) \tag{5-30}$$

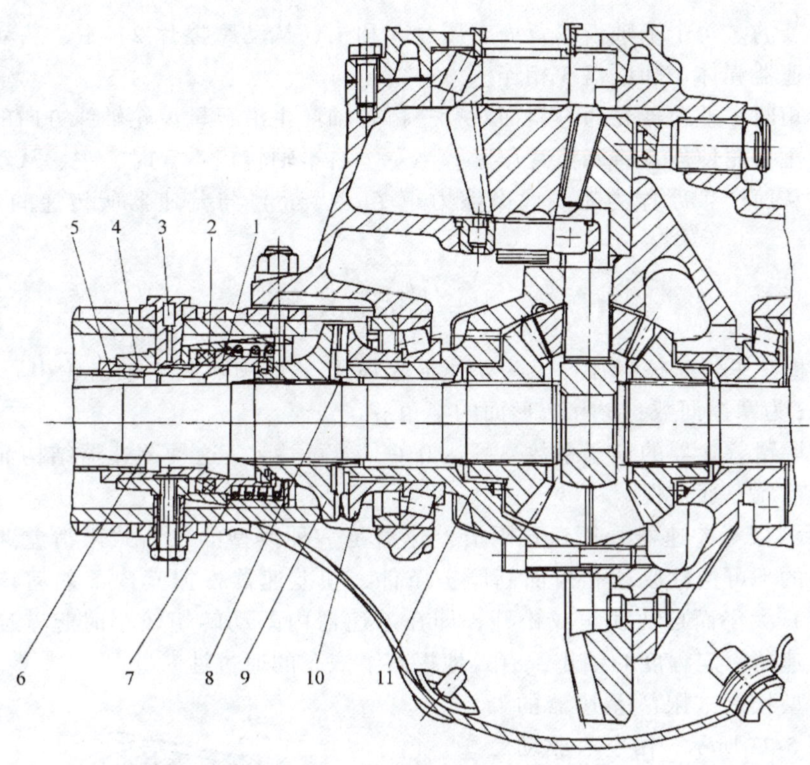

图 5-21 强制锁止式差速器

1—活塞 2—活塞皮碗 3—气管路接头 4—工作缸 5—套管 6—半轴
7—压力弹簧 8—锁圈 9—外接合器 10—内接合器 11—差速器壳

可见，采用差速锁将普通锥齿轮差速器锁住，可使汽车的牵引力提高 $(\varphi+\varphi_{\min})/2\varphi_{\min}$ 倍，从而提高汽车通过性。

当然，如果左、右车轮都处于低附着系数的路面，虽锁住差速器，但牵引力仍然超过车轮与地面间的附着力，汽车也无法行驶。

强制锁止式差速器可充分利用原差速器结构，并且结构简单，操作方便。

（三）限滑差速器

限滑差速器是一种能根据路面情况自动改变或控制驱动轮间转矩分配的差速器。根据其工作原理，目前汽车上主要使用的限滑差速器可分为转矩式、转速式和主动控制式三大类。

1. 转矩式限滑差速器

（1）摩擦片式限滑差速器　摩擦片式限滑差速器是在对称式锥齿轮差速器上发展而来。为了增加差速器的内摩擦力矩，在半轴齿轮 7 与差速器壳体 1 之间装上了摩擦片 2（图 5-22）。两根行星齿轮轴 5 互相垂直，轴的两端制成 V 形面 4 与差速器壳孔上的 V 形面相配，两个行星齿轮轴 5 的 V

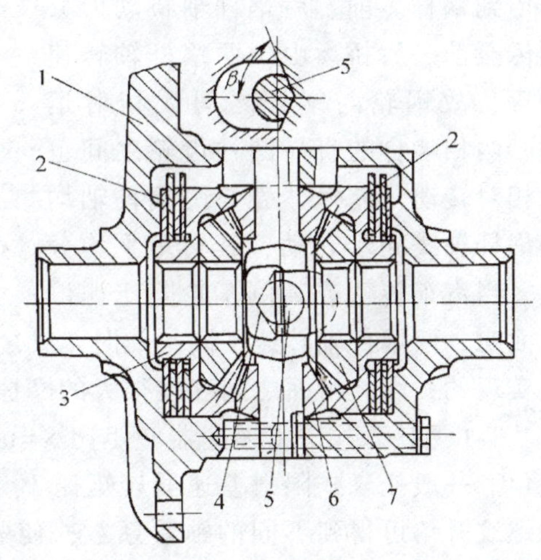

图 5-22 摩擦片式限滑差速器

1—差速器壳体 2—摩擦片 3—压盘 4—V 形面
5—行星齿轮轴 6—行星齿轮 7—半轴齿轮

形面是反向安装的。每个半轴齿轮背面有压盘 3 和主、从动摩擦片 2，主、从动摩擦片 2 分别经花键与差速器壳体 1 和压盘 3 相连。

当传递转矩时，差速器壳通过斜面对行星齿轮轴产生沿行星齿轮轴线方向的轴向力，该轴向力推动行星齿轮使压盘将摩擦片压紧。当左、右半轴转速不等时，主、从动摩擦片间产生相对滑转，从而产生摩擦力矩。此摩擦力矩 T_r(N · m) 与差速器所传递的转矩 T_0 成正比，可表示为

$$T_r = \frac{T_0 r_f}{r_d} fz\tan\beta \tag{5-31}$$

式中，r_f 为摩擦片平均摩擦半径；r_d 为差速器壳体 V 形面中点到半轴齿轮中心线的距离；f 为摩擦因数；z 为摩擦面数；β 为 V 形面的半角。

摩擦片式限滑差速器的锁紧系数 k 可达 0.6，k_b 可达 4。这种差速器结构简单，工作平稳，可明显提高汽车通过性。

（2）托森式限滑差速器　托森式限滑差速器是一种典型的轮齿式限滑差速器。它利用蜗轮蜗杆传动的不可逆性原理和齿面高摩擦条件，使差速器根据其内部差动转矩（差速器的内摩擦力矩）大小而自动锁止或松开，即在差速器内差动转矩较小时起差速作用，而过大时自动将差速器一定程度的锁止，有效地提高了汽车的通过性。

轴间 T-1 型托森式限滑差速器的内部结构如图 5-23 所示，由空心驱动轴 2、差速器壳 3、后蜗杆 5、前蜗杆 9、蜗轮轴 7（6 个）和直齿圆柱齿轮 6（12 个）、蜗轮 8（6 个）等组成。

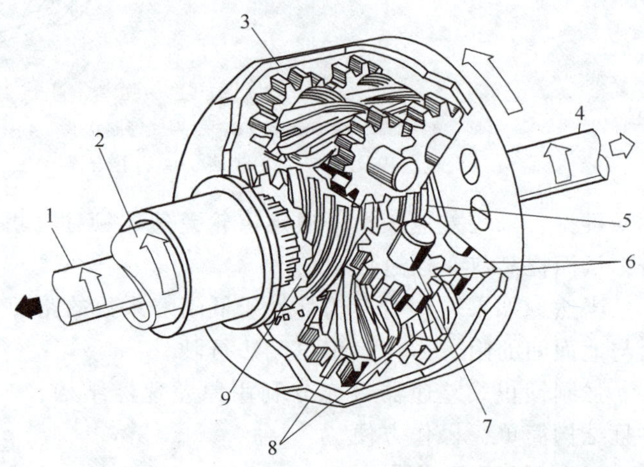

图 5-23　轴间 T-1 型托森式限滑差速器

1—前蜗杆轴　2—空心驱动轴　3—差速器壳　4—后蜗杆轴　5—后蜗杆　6—直齿圆柱齿轮　7—蜗轮轴　8—蜗轮　9—前蜗杆

当汽车直线行驶时，来自发动机的动力通过空心驱动轴 2 传至差速器壳 3，再通过蜗轮轴 7 传到蜗轮 8，最后传到蜗杆。前、后蜗杆轴将动力分别传至前、后桥。由于两蜗杆轴转速相等，故蜗轮与蜗杆之间无相对运动，两相啮合的直齿圆柱齿轮之间也无相对转动，差速器壳与两蜗杆轴均绕蜗杆轴线同步转动，其转矩平均分配。当汽车转弯或某侧车轮陷于泥泞路面时，两蜗杆轴转速不同。此时两轴之间转速差是通过一对相啮合的圆柱齿轮的相对转动而实现的，因其齿面之间存在很大的摩擦力，从而产生摩擦力矩。

T-1 型托森式限滑差速器转矩比 $S=\tan(\beta+\rho)/\tan(\beta-\rho)$，其中 β 为蜗杆螺旋角，ρ 为摩擦角。一般托森式限滑差速器转矩比 k_b 可达 5.5~9，锁紧系数 k 可达 0.7~0.8。选取不同的螺纹升角可得到不同的锁紧系数，使驱动力既可来自蜗杆，也可以来自蜗轮。为减少磨损，提高使用寿命，转矩比 k_b 一般降低到 3~3.5 较好，这样即使在一端车轮附着条件很差的情况下，仍可以利用附着力大的另一端车轮产生足以克服行驶阻力的驱动力。

轮间 T-2 型托森式限滑差速器如图 5-24 所示，主要由特制齿形的行星齿轮与半轴齿轮

组成，其行星齿轮一端与同侧半轴齿轮相啮合，另一端与另一侧的行星齿轮相啮合。与轮间 T-1 型托森式限滑差速器最大的不同在于采用了平行轴式轮齿结构。

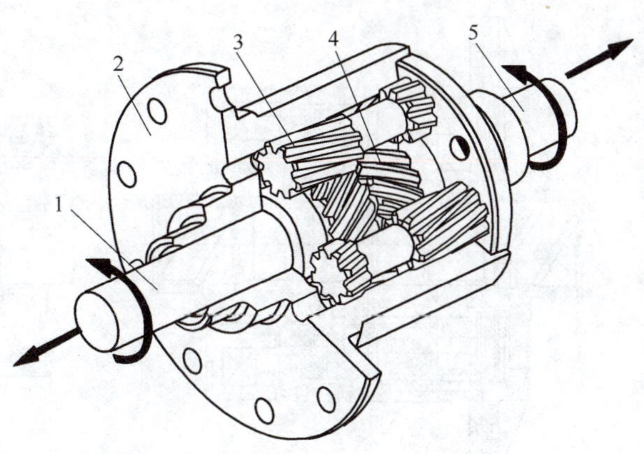

图 5-24 轴间 T-2 型托森式限滑差速器

1、5—半轴 2—差速器壳

3—行星齿轮 4—半轴齿轮

2. 转速式限滑差速器

最典型的转速式限滑差速器为黏性式差速器，常称之为黏性联轴器。它是一种利用液体的黏性摩擦特性来实现限滑的差速器，其限滑功能取决于前、后轴（轴间差速器）或左、右轮（轮间差速器）转速之差。

黏性联轴器结构简图如图 5-25 所示。内叶片 2 与 A 轴 1 以花键连接，叶片可在轴上滑动；外叶片 6 与壳体 3 也以花键连接，但叶片内有隔环 7，防止外叶片轴向移动。隔环的厚度决定了内、外叶片的间隙。叶片上各自加工有孔或槽，壳体内充入作为黏性工作介质的硅油 4，用油封密封。

黏性联轴器属于液体黏性传动装置，是依靠硅油的黏性阻力来传递动力，即通过内、外叶片间硅油的油膜剪切力来传递动力。一般在密封的壳体内填充了占其空间 80%～90% 的硅油（其余是空气），高黏度的硅油存在于内、外叶片的间隙内。当 A 轴与 B 轴之间有转速差时，内、外叶片间将产生剪切阻力，使转矩由高速轴传递到低速轴。它所能传递的转矩与联轴器的结构、硅油黏度及输入轴、输出轴的转速差有关。

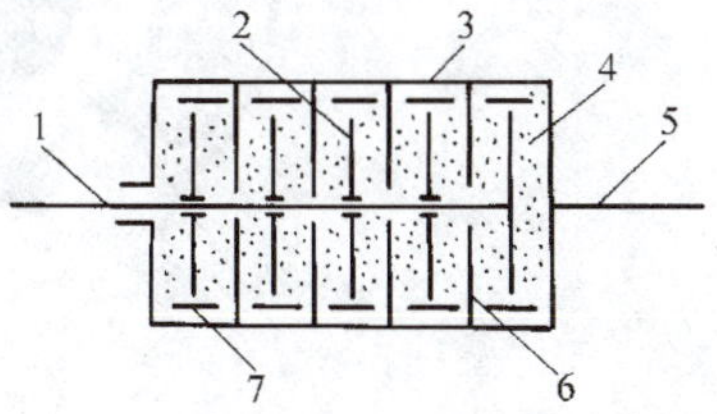

图 5-25 黏性联轴器结构简图

1—A 轴 2—内叶片 3—壳体 4—硅油

5—B 轴 6—外叶片 7—隔环

3. 主动控制式限滑差速器

转矩式和转速式限滑差速器在工作过程中，分别根据对转矩或转速差的感知实现限滑差速作用，使其具有限滑转矩自动适应和自动调整功能，驾驶员无法进行主动控制。为此，近年来在有些轿车和越野车上，采用了主动控制式限滑差速器，图 5-26 为目前主要应用的电磁式、电液式和电机式三种主要结构形式。

随着汽车技术的发展尤其是电子技术的广泛应用，主动控制式限滑差速器将有更大的发展空间。

二、普通锥齿轮差速器齿轮设计

（一）差速器齿轮主要参数选择

1. 行星齿轮数 n

行星齿轮数 n 需根据承载情况来选择，在承载不大的情况下 n 可取两个，反之应取 $n=4$。

2. 行星齿轮球面半径 R_b

行星齿轮球面半径 R_b 反映了差速器锥齿轮节锥距的大小和承载能力，可根据经验公式

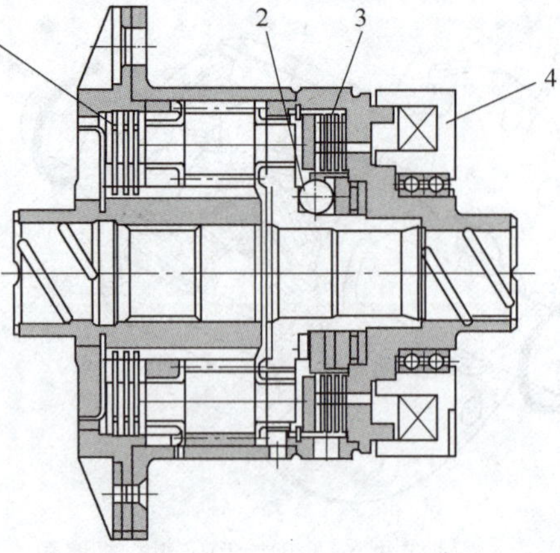

a)

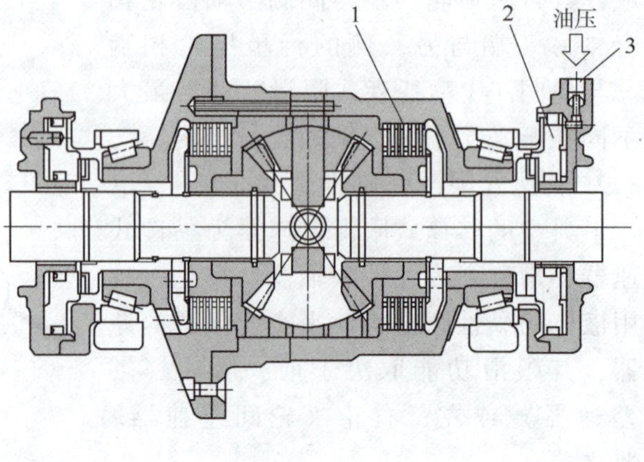

b)

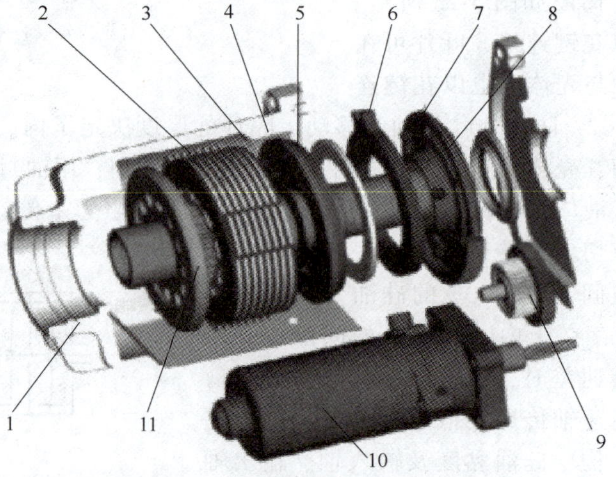

c)

图 5-26 主动控制式限滑差速器

a）电磁式

1、3—摩擦组件 2—凸轮 4—电磁装置

b）电液式

1—摩擦组件 2—活塞 3—液压油路

c）电机式

1—差速器壳 2—摩擦组件 3—复位弹簧 4—固定架 5、11—推力压盘 6—促动机构输出盘 7—导球 8—促动机构输入盘 9—减速装置 10—电动机

来确定

$$R_b = K_b \sqrt[3]{T_d} \tag{5-32}$$

式中，K_b 为行星齿轮球面半径系数，$K_b = 2.5 \sim 3.0$，对于有四个行星齿轮的乘用车和商用车取小值，对于有两个行星齿轮的乘用车及四个行星齿轮的越野车和矿用车取大值；T_d 为差速器计算转矩（N·m），$T_d = \min[T_{ce}, T_{cs}]$；$R_b$ 为球面半径（mm）。

行星齿轮节锥距 A_0 为

$$A_0 = (0.98 \sim 0.99) R_b \tag{5-33}$$

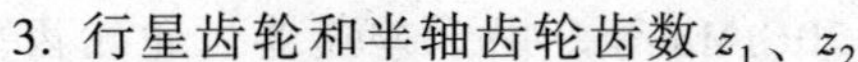

3. 行星齿轮和半轴齿轮齿数 z_1、z_2

为了使轮齿有较高的强度，希望取较大的模数，但尺寸会增大，于是又要求行星齿轮的齿数 z_1 应取少些，但 z_1 一般不少于 10。半轴齿轮齿数 z_2 在 14~25 之间选用。大多数汽车的半轴齿轮与行星齿轮的齿数比 z_2/z_1 在 1.5~2.0 的范围内。

为使两个或四个行星齿轮能同时与两个半轴齿轮啮合，两半轴齿轮的齿数和必须能被行星齿轮数整除，否则差速齿轮不能装配。

4. 行星齿轮和半轴齿轮节锥角 γ_1、γ_2 及模数 m

行星齿轮和半轴齿轮节锥角 γ_1、γ_2 分别为

$$\begin{cases}\gamma_1=\arctan(z_1/z_2)\\ \gamma_2=\arctan(z_2/z_1)\end{cases} \tag{5-34}$$

锥齿轮大端的端面模数 m 为

$$m=\frac{2A_0}{z_1}\sin\gamma_1=\frac{2A_0}{z_2}\sin\gamma_2 \tag{5-35}$$

5. 压力角 α

汽车差速齿轮大都采用压力角为 22°30′、齿高系数为 0.8 的齿形。某些总质量较大的商用车采用 25°压力角，以提高齿轮强度。

6. 行星齿轮轴直径 d 及支承长度 L

行星齿轮轴直径 d（mm）为

$$d=\sqrt{\frac{T_0\times10^3}{1.1[\sigma_c]nr_d}} \tag{5-36}$$

式中，T_0 为差速器壳传递的转矩（N · m）；n 为行星齿轮数；r_d 为行星齿轮支承面中点到锥顶的距离（mm），约为半轴齿轮齿宽中点处平均直径的一半；$[\sigma_c]$ 为支承面允许挤压应力，取 98MPa。

行星齿轮在轴上的支承长度 L 为

$$L=1.1d \tag{5-37}$$

（二）差速器齿轮强度计算

差速器齿轮的尺寸受结构限制，而且承受的载荷较大，它不像主减速器齿轮那样经常处于啮合传动状态，只有当汽车转弯或左、右轮行驶不同的路程时，或一侧车轮打滑而滑转时，差速器齿轮才能有啮合传动的相对运动。因此，对于差速器齿轮，主要应进行抗弯强度计算。轮齿弯曲应力 σ_w（MPa）为

$$\sigma_w=\frac{2T_c k_s k_m}{k_v m b_2 d_2 J n}\times10^3 \tag{5-38}$$

式中，n 为行星齿轮数；J 为综合系数，取法见参考文献［36］；b_2、d_2 分别为半轴齿轮齿宽及其大端分度圆直径（mm）；T_c 为半轴齿轮计算转矩（N · m），$T_c=0.6T_0$；k_v、k_s、k_m 按主减速器齿轮强度计算的有关数值选取。

当 $T_0=\min\ [T_{ce},\ T_{cs}]$ 时，$[\sigma_w]=980\text{MPa}$；当 $T_0=T_{cf}$ 时，$[\sigma_w]=210\text{MPa}$。

差速器齿轮与主减速器齿轮一样，基本上都是用渗碳合金钢制造，目前用于制造差速器

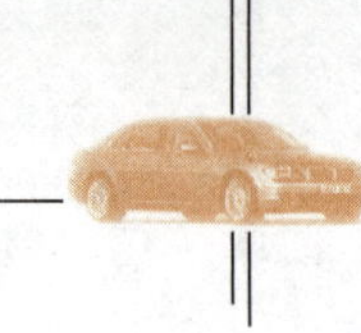

锥齿轮的材料为20CrMnTi、20CrMoTi、22CrMnMo和20CrMo等。由于差速器齿轮轮齿要求的精度较低，所以精锻差速器齿轮工艺已被广泛应用。

三、多桥驱动汽车的轴间差速器

多桥驱动汽车在行驶过程中，各驱动桥上的车轮转速会因车轮行程或滚动半径的差异而不等，如果前、后桥间刚性连接，则前、后驱动车轮将以相同的角速度旋转，从而产生前、后驱动车轮运动学上的不协调。通常，后轮由于负荷较大使得滚动半径变小而趋于滑移，而前轮趋于滑转，并分别引起与行驶方向相反或相同的道路切向反作用力，使前轮具有正驱动力，成为真正的驱动轮，而后轮具有负驱动力，成为事实上的制动轮。因此，传到前轮的功率除用于克服车轮的滚动阻力、滑动阻力和汽车空气阻力等所消耗的功率外，还用于克服后轮上的负驱动力所消耗的功率 P_2'。而负驱动力的方向与车轮旋转方向一致，因此 P_2' 为后轮的输入功率。由此形成功率流，即功率 P_2' 由前驱动车轮经地面传给后驱动轮并经传动系重新返回前驱动轮，周而复始地循环传递。通常将 P_2' 称为循环功率或寄生功率。功率流的存在会导致发动机功率的无益消耗，加速轮胎磨损，损坏传动系，降低汽车的动力性、经济性和通过性。当前、后轮滚动半径差别较大，尤其在硬路面上行驶时，上述现象更为严重。为此，公路用多桥驱动汽车应装有轴间差速器（图5-27）。轴间差速器的缺点是结构复杂，同时降低了汽车的抗滑转能力，需要安装差速锁或自锁式差速器。

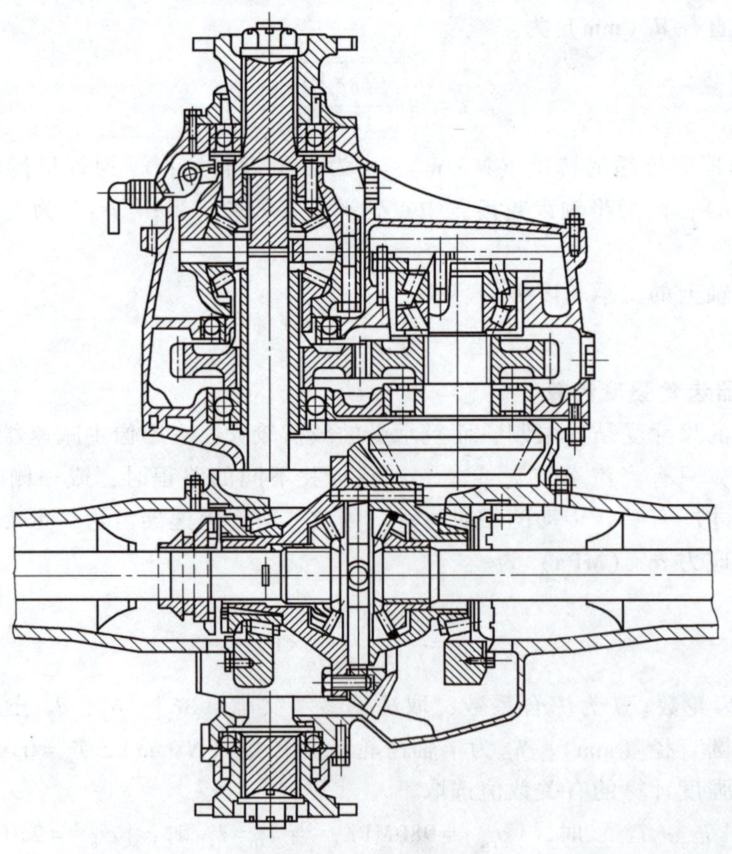

图5-27 轴间差速器

第五节　车轮传动装置设计

驱动车轮的传动装置位于传动系统的末端，其基本功用是接受从差速器传来的转矩并将其传给车轮。对于断开式驱动桥和转向驱动桥（图 5-28），驱动车轮的传动装置为万向传动装置；对于非断开式驱动桥，驱动车轮传动装置的主要零件为半轴。以下仅讲述半轴的设计。

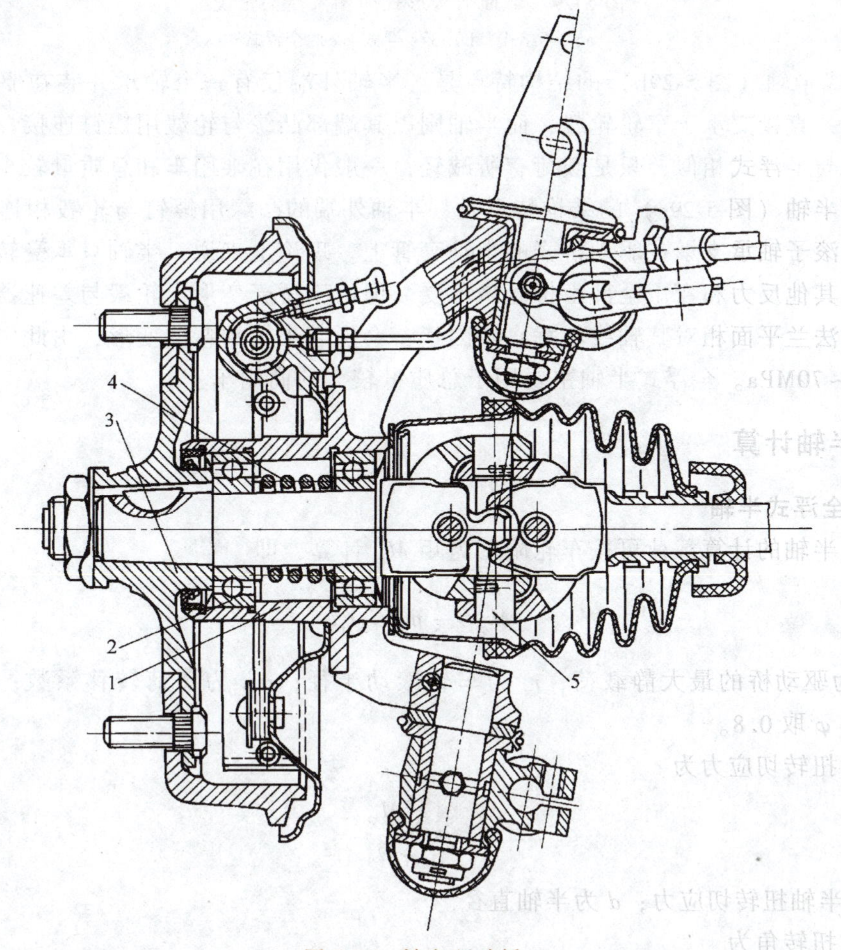

图 5-28　转向驱动桥

1—轮毂　2—轮毂轴承　3—制动鼓　4—固定弹簧　5—等速万向节

一、半轴结构形式

半轴根据其车轮端的支承方式不同，可分为半浮式、3/4 浮式和全浮式三种形式。

半浮式半轴（图 5-29a）的结构特点是，半轴外端的支承轴承位于半轴套管外端的内孔中，车轮装在半轴上。半浮式半轴除传递转矩外，其外端还承受由路面对车轮的反力所引起的全部力和力矩。半浮式半轴结构简单，所受载荷较大，只用于乘用车和总质量较小的商用车上。

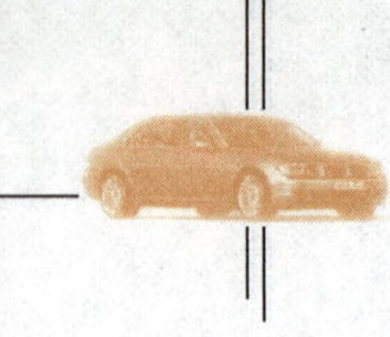

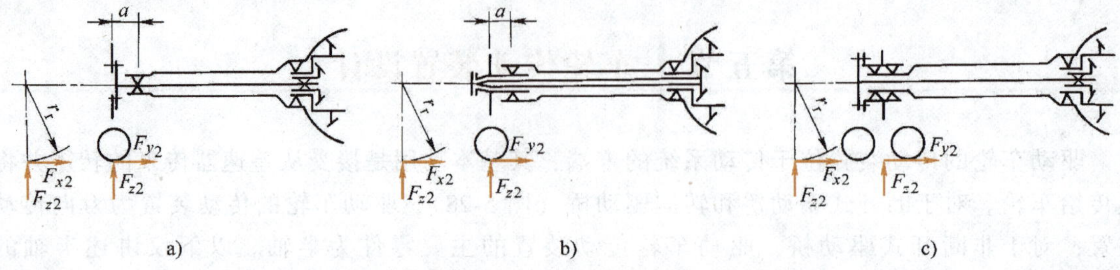

图 5-29 半轴结构形式简图及受力情况

a）半浮式 b）3/4 浮式 c）全浮式

3/4 浮式半轴（图 5-29b）的结构特点是，半轴外端仅有一个轴承并装在驱动桥壳半轴套管的端部，直接支承于车轮轮毂，而半轴则以其端部凸缘与轮毂用螺钉连接。该形式半轴的受载情况与半浮式相似，只是载荷有所减轻，一般仅用在乘用车和总质量较小的商用上。

全浮式半轴（图 5-29c）的结构特点是，半轴外端的凸缘用螺钉与轮毂相连，而轮毂又由两个圆锥滚子轴承支承在驱动桥壳的半轴套管上。理论上来说，半轴只承受转矩，作用于驱动轮上的其他反力和弯矩全部由桥壳来承受。但由于桥壳变形、轮毂与差速器半轴齿轮不同心、半轴法兰平面相对其轴线不垂直等因素，会引起半轴的弯曲变形，由此引起的弯曲应力一般为 5~70MPa。全浮式半轴主要用于总质量较大的商用车上。

二、半轴计算

（一）全浮式半轴

全浮式半轴的计算载荷可按车轮附着力矩 M_φ 计算，即

$$M_\varphi=\frac{1}{2}m'_2G_2r_r\varphi \tag{5-39}$$

式中，G_2 为驱动桥的最大静载荷；r_r 为车轮滚动半径；m'_2 为负荷转移系数；φ 为附着系数，计算时 φ 取 0.8。

半轴的扭转切应力为

$$\tau=\frac{16M_\varphi}{\pi d^3} \tag{5-40}$$

式中，τ 为半轴扭转切应力；d 为半轴直径。

半轴的扭转角为

$$\theta=\frac{Ml}{GI_p}\frac{180}{\pi} \tag{5-41}$$

式中，θ 为扭转角；l 为半轴长度；G 为材料的切变模量；I_p 为半轴断面的极惯性矩，$I_p=\pi d^4/32$。

半轴的扭转切应力宜为 500~700MPa，转角宜为每米长度 6°~15°。

（二）半浮式半轴

半浮式半轴设计应考虑如下三种载荷工况

1. 纵向力 F_{x2} 最大和侧向力 F_{y2} 为 0

此时垂向力 $F_{z2}=m'_2G_2/2$，纵向力最大值 $F_{x2}=F_{z2}\varphi=m'_2G_2\varphi/2$，计算时 m'_2 可取 1.2，φ 取 0.8。

半轴弯曲应力 σ 和扭转切应力 τ 为

$$\begin{cases}\sigma=\dfrac{32a\sqrt{F_{x2}^2+F_{z2}^2}}{\pi d^3}\\ \tau=\dfrac{16F_{x2}r_r}{\pi d^3}\end{cases} \tag{5-42}$$

式中，a 为轮毂支承轴承到车轮中心平面之间的距离，如图 5-29a 所示。

合成应力为

$$\sigma_n=\sqrt{\sigma^2+4\tau^2} \tag{5-43}$$

2. 侧向力 F_{y2} 最大和纵向力 $F_{x2}=0$

此时意味着汽车发生侧滑。外轮上的垂直反力 F_{z2o} 和内轮上的垂直反力 F_{z2i} 分别为

$$\begin{cases}F_{z2o}=G_2\left(0.5+\dfrac{h_g}{B_2}\varphi_1\right)\\ F_{z2i}=G_2-F_{z2o}\end{cases} \tag{5-44}$$

式中，h_g 为汽车质心高度；B_2 为轮距；φ_1 为侧滑附着系数，计算时 φ_1 可取 1.0。

外轮上的侧向力 F_{y2o} 和内轮上的侧向力 F_{y2i} 分别为

$$\begin{cases}F_{y2o}=F_{z2o}\varphi_1\\ F_{y2i}=F_{z2i}\varphi_1\end{cases} \tag{5-45}$$

内、外车轮上的总侧向力 F_{y2} 为 $G_2\varphi_1$。

这样，外轮半轴的弯曲应力 σ_o 和内轮半轴的弯曲应力 σ_i 分别为

$$\begin{cases}\sigma_o=\dfrac{32(F_{y2o}r_r-F_{z2o}a)}{\pi d^3}\\ \sigma_i=\dfrac{32(F_{y2i}r_r+F_{z2i}a)}{\pi d^3}\end{cases} \tag{5-46}$$

3. 汽车通过不平路面，垂向力 F_{z2} 最大，纵向力 $F_{x2}=0$，侧向力 $F_{y2}=0$

此时垂直力最大值 F_{z2} 为

$$F_{z2}=\frac{1}{2}kG_2 \tag{5-47}$$

式中，k 为动载系数。乘用车 $k=1.75$；货车 $k=2.0$；越野车 $k=2.5$。

半轴弯曲应力 σ 为

$$\sigma=\frac{32F_{z2}a}{\pi d^3}=\frac{16kG_2a}{\pi d^3} \tag{5-48}$$

半浮式半轴的许用合成应力为 600~750MPa。

（三）3/4 浮式半轴

3/4 浮式半轴计算与半浮式类似，只是半轴的危险断面不同，危险断面位于半轴与轮毂相配表面的内端。

半轴和半轴齿轮一般采用渐开线花键连接，对花键应进行挤压应力和键齿切应力验算。挤压应力不大于200MPa，切应力不大于73MPa。

三、半轴设计

（一）半轴的结构设计

1）全浮式半轴杆部直径可按下式初步选取

$$d=K\sqrt[3]{M_{\varphi}} \tag{5-49}$$

式中，d为半轴杆部直径（mm）；M_{φ}为半轴计算转矩（N·mm），按式（5-39）计算；K为直径系数，取0.205~0.218。

根据初选的d，按前面的应力公式进行强度校核。

2）半轴的杆部直径应小于或等于半轴花键的底径，以便使半轴各部分基本达到等强度。

3）半轴的破坏形式大多是扭转疲劳损坏，在结构设计时应尽量增大各过渡部分的圆角半径，尤其是凸缘与杆部、花键与杆部的过渡部分，以减小应力集中。

4）当杆部较粗且外端凸缘也较大时，可采用两端用花键连接的结构。

5）设计全浮式半轴杆部的强度储备应低于驱动桥其他传力零件的强度储备，使半轴起一个“熔丝”的作用。半浮式半轴直接安装车轮，应视为保安件。

（二）半轴的材料与热处理

半轴多采用含铬的中碳合金钢制造，如40Cr、40CrMnMo、40CrMnSi、40CrMoA、35CrMnSi、35CrMnTi等。半轴的热处理过去都采用调质处理的方法，调质后要求杆部硬度为388~444HBW（凸缘部分可降至248HBW）。近年来采用高频、中频感应淬火处理的日益增多。这种处理方法使半轴表面淬硬达52~63HRC，硬化层深约为其半径的1/3，心部硬度可定为30~35HRC；不淬火区（凸缘等）的硬度可定在248~277HBW范围内。由于硬化层本身的强度较高，加之在半轴表面形成大的残余压应力，以及采用喷丸处理、滚压半轴凸缘根部过渡圆角等工艺，使半轴的静强度和疲劳强度大为提高，尤其是疲劳强度提高得十分显著。先进工艺的采用使得近年来不用合金钢而采用中碳钢（40钢、45钢）的半轴日益增多。

（三）半轴可靠性设计

在汽车设计中，可靠性已成为比较重要的技术指标之一。对于产品设计，须考虑各参量的统计分散性，进行随机不确定分析，真实正确地反映产品的强度与受载等情况。

1. 可靠度计算

对于全浮式半轴来说，所受的扭转切应力τ按下式计算

$$\tau=\frac{16T}{\pi d^3} \tag{5-50}$$

式中，T为半轴所传递的转矩；d为半轴的直径。

根据二阶矩技术，以应力极限状态表示的状态方程为

$$g(\boldsymbol{X})=r-\frac{16T}{\pi d^3} \tag{5-51}$$

式中，r为半轴材料的扭转强度；$\boldsymbol{X}$为基本随机变量矢量，$\boldsymbol{X}=[r \quad T \quad d]^{\mathrm{T}}$。

设基本随机变量矢量 X 的均值 $E(X)=[\mu_r \quad \mu_T \quad \mu_d]^{\mathrm{T}}$，方差 $D(X)=[\sigma_r^2\ 0\ 0\ 0\ \sigma_T^2\ 0\ 0\ 0\ \sigma_d^2]^{\mathrm{T}}$，且认为这些随机变量是服从正态分布的相互独立的随机变量。$g(X)$ 是反映半轴状态和性能的状态函数，可表示半轴的两种状态：

$$\begin{cases} g(X) \leqslant 0 & \text{失败状态} \\ g(X) > 0 & \text{安全状态} \end{cases}$$

将 $g(X)$ 在均值 $E(X)=\overline{X}$ 处展开成二阶泰勒级数，可得到 $g(X)$ 的二阶近似均值 μ_g 和一阶近似方差 σ_g^2

$$\begin{cases} \mu_g = E[g(X)] = g(\overline{X}) + \dfrac{1}{2}\dfrac{\partial^2 g(\overline{X})}{\partial X^{\mathrm{T}^2}} D(X) \\ \sigma_g^2 = D[g(X)] = \dfrac{\partial g(\overline{X})}{\partial X^{\mathrm{T}}} D(X) \end{cases} \tag{5-52}$$

不论 $g(X)$ 服从什么分布，可靠性指标定义为

$$\beta = \mu_g / \sigma_g \tag{5-53}$$

可靠度的一阶估计量为

$$R = \varphi(\beta) \tag{5-54}$$

式中，$\varphi(\beta)$ 为标准正态分布函数。

2. 可靠性设计

给定半轴可靠度 R，查表得可靠性指标 β，由式（5-52）经推导整理得

$$(\mu_r^2 - \beta^2\sigma_r^2)\mu_d^6 - 2\mu_r A\mu_d^3 + A^2 - \beta^2 B = 0 \tag{5-55}$$

式中，$A = \dfrac{16\sigma_T}{\pi} + \dfrac{96\mu_T}{\pi} \times (0.005)^2$；$B = \dfrac{256\sigma_T^2}{\pi^2} + \dfrac{2304\mu_T^2}{\pi^2} \times (0.005)^2$。

根据加工误差和 3σ 法则，取半轴直径标准差 σ_d 为 0.005 倍的半轴直径均值 μ_d，求解式（5-55）即可求得半轴最小直径的均值 μ_d 和标准差 σ_d。

第六节 驱动桥结构元件设计

一、驱动桥壳设计

驱动桥壳的主要功用是支承汽车质量，并承受由车轮传来的路面反力和反力矩，并经悬架传给车架（或车身）；它又是主减速器、差速器、半轴的装配基体。

驱动桥壳应满足如下设计要求：

1）应具有足够的强度和刚度，以保证主减速器齿轮啮合正常并不使半轴产生附加弯曲应力。

2）在保证强度和刚度的前提下，尽量减小质量以提高行驶平顺性。

3）保证足够的离地间隙。

4）结构工艺性好，成本低。

5）保护装于其上的传动系统部件和防止泥水浸入。

6）拆装、调整、维修方便。

（一）驱动桥壳结构方案分析

驱动桥壳大致可分为可分式、整体式和组合式三种形式。

1. 可分式桥壳

可分式桥壳（图5-30）由一个垂直接合面分为左右两部分，两部分通过螺栓连接成一体。每一部分均由一铸造壳体和一个压入其外端的半轴套管组成，轴管与壳体用铆钉连接。

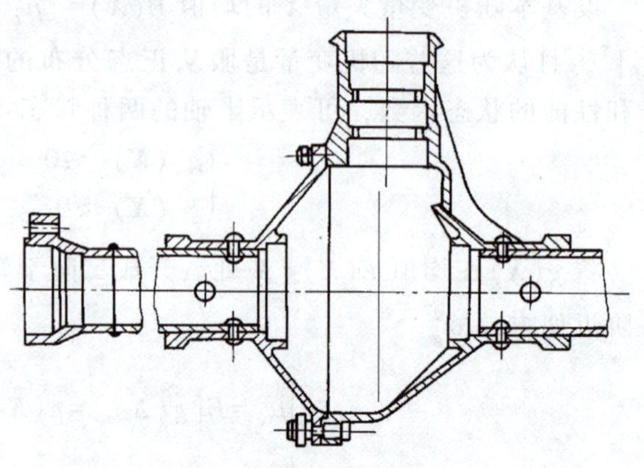

图5-30 可分式桥壳

这种桥壳结构简单，制造工艺性好，主减速器支承刚度好。但拆装、调整、维修很不方便，桥壳的强度和刚度受结构的限制，曾用于总质量不大的汽车上，现已较少使用。

2. 整体式桥壳

整体式桥壳（图5-31）的特点是整个桥壳是一根空心梁，桥壳和主减速器壳为两体。它具有强度和刚度较大，主减速器拆装、调整方便等优点。

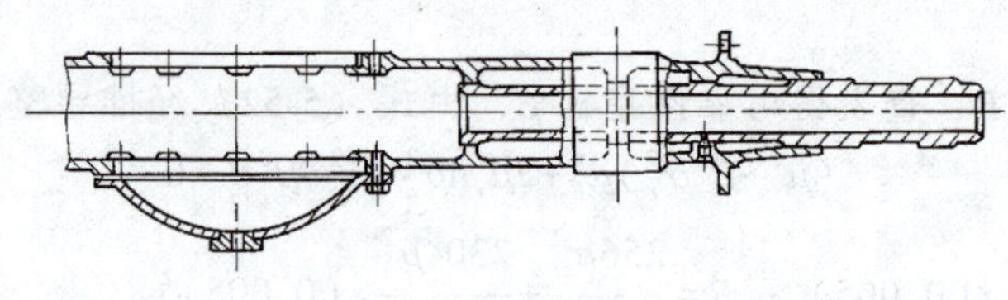

a)

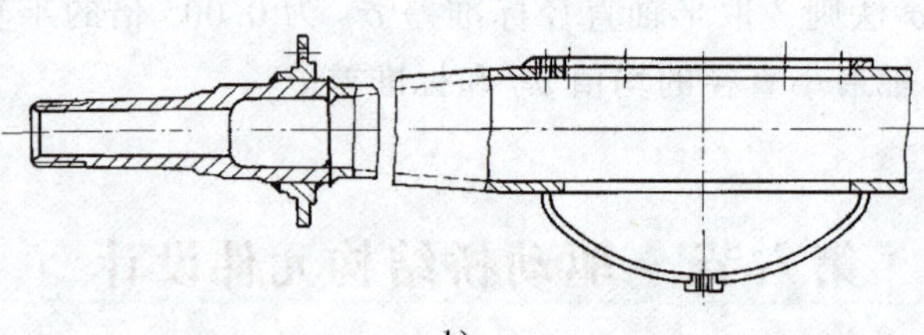

b)

图5-31 整体式桥壳

a）铸造式 b）钢板冲压焊接式

按制造工艺不同，整体式桥壳可分为铸造式（图5-31a）、钢板冲压焊接式（图5-31b）和扩张成形式三种。铸造式桥壳的强度和刚度较大，但质量大，加工面多，制造工艺复杂，主要用于总质量较大的货车上。钢板冲压焊接式和扩张成形式桥壳质量小，材料利用率高，制造成本低，适于大量生产，广泛应用于乘用车和总质量较小的商用车上。

3. 组合式桥壳

组合式桥壳（图5-32）是将主减速器壳与部分桥壳铸为一体，而后用无缝钢管分别压入壳体两端，两者之间用塞焊或销钉固定。它的优点是从动齿轮轴承的支承刚度较好，主减速器的装配、调整比可分式桥壳方便；然而要求有较高的加工精度，故常用于乘用车和总质量较小的商用车上。

（二）驱动桥壳强度计算

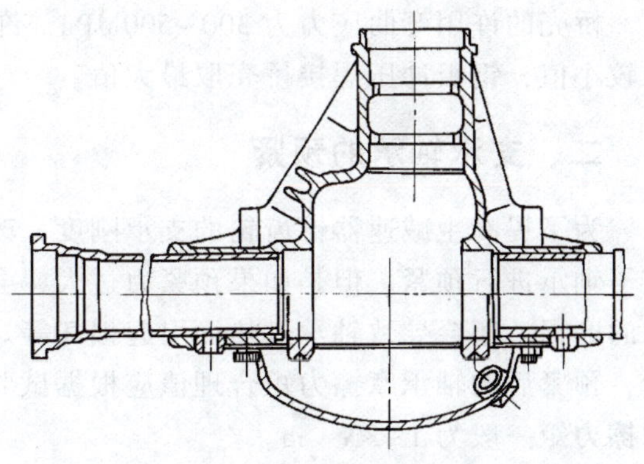
图 5-32 组合式桥壳

对于具有全浮式半轴的驱动桥，桥壳上强度计算的载荷工况与半轴强度计算的三种载荷工况相同。图 5-33 为驱动桥壳的受力图，桥壳的危险断面通常在钢板弹簧座内侧附近，桥壳端部的轮毂轴承座根部也应列为危险断面进行强度验算。

1）当牵引力或制动力最大时，桥壳钢板弹簧座处危险断面的弯曲应力 σ 和扭转切应力 τ 分别为

$$\left\{\begin{aligned}\sigma&=\frac{M_{\mathrm{v}}}{W_{\mathrm{v}}}+\frac{M_{\mathrm{h}}}{W_{\mathrm{h}}}\\ \tau&=\frac{T_{\mathrm{T}}}{W_{\mathrm{T}}}\end{aligned}\right. \tag{5-56}$$

式中，M_{v} 为地面对车轮垂直反力在危险断面引起的垂直平面内的弯矩，$M_{\mathrm{v}}=m'_2G_2b/2$；$b$ 为轮胎中心平面到板簧座之间的横向距离，如图 5-33 所示；M_{h} 为一侧车轮上的牵引力或制动力 F_{x2} 在水平面内引起的弯矩；$M_{\mathrm{h}}=F_{x2}b$；T_{T} 为牵引或制动时，上述危险断面所受转矩，$T_{\mathrm{T}}=F_{x2}r_{\mathrm{r}}$；$W_{\mathrm{v}}$、$W_{\mathrm{h}}$、$W_{\mathrm{T}}$ 分别为危险断面处的垂直平面和水平面弯曲的抗弯截面系数及抗扭截面系数。

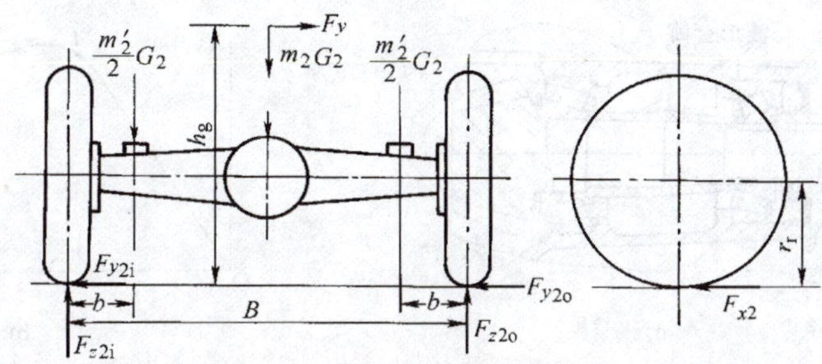

图 5-33 桥壳受力简图

2）当侧向力最大时，桥壳内、外板簧座处断面的弯曲应力 σ_{i}、σ_{o} 分别为

$$\left\{\begin{aligned}\sigma_{\mathrm{i}}&=\frac{F_{z2\mathrm{i}}(b+\varphi_1 r_{\mathrm{r}})}{W_{\mathrm{v}}}\\ \sigma_{\mathrm{o}}&=\frac{F_{z2\mathrm{o}}(b-\varphi_1 r_{\mathrm{r}})}{W_{\mathrm{v}}}\end{aligned}\right. \tag{5-57}$$

式中，$F_{z2\mathrm{i}}$、$F_{z2\mathrm{o}}$ 为内、外侧车轮的地面垂直反力；r_{r} 为车轮滚动半径；φ_1 为侧滑时的附着系数。

3）当汽车通过不平路面时，危险断面的弯曲应力 σ 为

$$\sigma=\frac{kG_2b}{2W_{\mathrm{v}}} \tag{5-58}$$

桥壳的许用弯曲应力为300～500MPa，许用扭转切应力为150～400MPa。可锻铸铁桥壳取较小值，钢板冲压焊接桥壳取最大值。

二、支承轴承的预紧

为了提高主减速器锥齿轮的支承刚度，改善齿轮啮合的平稳性，应对支承锥齿轮的圆锥滚子轴承进行预紧。但是如果预紧力过大，会使轴承工作条件变坏，降低传动效率，加速轴承的磨损，还会导致轴承过热而引起损坏等。通常轴承预紧度的大小用轴承的摩擦力矩来衡量，预紧后的轴承摩擦力矩合理值应根据试验确定。对于货车，主动锥齿轮圆锥滚子轴承的摩擦力矩一般为1～3N·m。

主动锥齿轮轴承预紧力的调整，可利用精选两轴承内圈之间的套筒长度（图5-2）、调整垫片厚度（图5-8）等方法进行。实际上采用这些方法不太方便，因为若要得到合适的轴承预紧度，往往需反复调整多次。近年来，采用具有轴向弹性的波形套筒调整轴承预紧度的方法应用得较多。波形套筒安置在两轴承内圈之间（图5-34a）或轴承与轴肩之间，其上有一波纹区或其他容易产生轴向变形的部分。该套筒的轴向载荷与轴向变形之间，具有如图5-34b所示的特性。A点为流动点，当轴承预紧后，波形套选在A点以后的塑性变形区工作。由于该区载荷变形曲线平坦，因而容易使轴承预紧度保持在规定范围内。但每拆装一次，由于材料的冷作硬化，套筒的一端需要加一薄垫片，以使波形套筒再次在塑性变形区工作。波形套筒用冷拔低碳无缝钢管制造。一个新的波形套筒拆装3～4次就会因塑性太小而报废，这是其主要缺点。

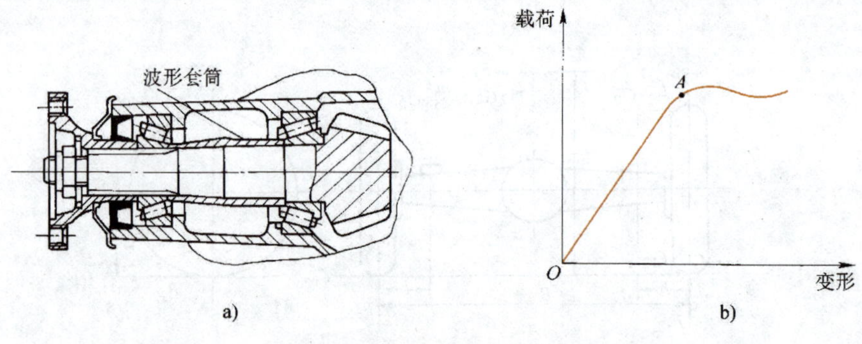

图5-34　波形套筒及其特性

从动锥齿轮圆锥滚子轴承的预紧力，靠轴承外侧的调整螺母（图5-2）或主减速器壳与轴承盖之间的调整垫片（图5-7）来调整。

三、锥齿轮啮合调整

在轴承预紧度调整之后，须进行锥齿轮啮合调整，以保证齿轮副啮合印迹正常，并使齿轮大端处齿侧间隙在适当的范围内（一般为0.1～0.35mm）。主减速器锥齿轮正确的啮合印迹位于齿高中部稍偏小端。当轮齿啮合印迹不正常或齿侧间隙不适宜时，可加、减主减速器壳与轴承之间的调整垫片（图5-8），再轴向移动主动锥齿轮，将从动锥齿轮轴承外两调整螺母旋进旋出相同的角度，或将主减速器壳一侧的垫片（图5-8）的一部分取出放到另一侧，以便移动从动锥齿轮，实现对锥齿轮的啮合调整。

四、润滑

对于弧齿锥齿轮主减速器，可加注一般的齿轮油；但对于双曲面齿轮主减速器，则必须加注双曲面齿轮油。加油孔应设在加油方便之处，放油孔应设在桥壳最低处。为了防止因主减速器和桥壳中部温度高使壳内气压增大而引起漏油，需装通气塞。

差速器壳上应开孔使润滑油能进入，以保证差速齿轮和滑动表面的润滑。

主动锥齿轮上的后轴承距从动锥齿轮较远，无法采用飞溅润滑。为此，常在主减速器壳上设置油道，齿轮飞溅出来的油进入油杯状的油口，经油道流到后轴承处。主动锥齿轮轴的后轴承滚锥大端向外，有向外泵油的作用，因而在该轴承外侧要有回油道口，使油能流回桥壳，以保护油封不被破坏。

练 习 题

5-1 驱动桥主减速器有哪几种结构形式？简述各种结构形式的主要特点及其应用。

5-2 主减速器中，主、从动锥齿轮的齿数应当如何选择才能保证具有合理的传动特性和满足结构布置上的要求？

5-3 简述多桥驱动汽车安装轴间差速器的必要性。

5-4 对驱动桥壳进行强度计算时，图示其受力状况并指出危险断面的位置，验算工况有几种？各工况下强度验算的特点是什么？

5-5 汽车为典型布置方案，驱动桥采用单级主减速器，且从动齿轮布置在左侧。如果将其移到右侧，试问传动系统的其他部分需要如何变动才能够满足使用要求？为什么？

Chapter 6

第六章 从动桥设计

第一节 概　　述

从动桥是指没有驱动功能的车桥，按照功能不同可以分为转向桥和支持桥。它们的功用是承受并传递车轮和悬架之间全部的力和力矩，并保证整车的平顺性能和操纵稳定性能。此外，转向桥还要实现车轮绕主销的偏转与回正，实现整车的转向运动。

从动桥按照结构形式不同可以分为断开式和非断开式两种。非断开式车桥具有整体式横梁，将两侧车轮连在一起，与非独立悬架配合使用。而断开式车桥没有整体式横梁，两侧车轮分别通过推力杆和控制臂与车身（或车架）相连接，与独立悬架相匹配。此时，车桥传力元件成为独立悬架导向机构，这部分内容在本章中不做介绍。下面主要介绍非断开式的转向桥（前桥）和支持桥（后桥）。

转向桥主要由前梁、转向节、主销、轴承等组成，如图 6-1 所示。前梁 12 是转向桥最主要的零件，由中碳钢或中碳合金钢模锻而成。其两端各有一呈拳形的加粗部分，通过主销 10 与转向节 5 相连接。为提高其抗弯强度，其较长的中间部分采用工字形断面结构，并相对两端向下偏移一定距离，以便降低汽车发动机的安装位置。转向节与主销之间装有衬套 7，使转向节可以绕主销偏转。转向节与前梁拳形部分之间装有滚子推力轴承 11，减少二者之间的摩擦。在转向节外侧轮轴处，装有用于安装车轮轮毂的轮毂轴承 3、4。

对于非断开式转向桥而言，转向轮定位参数是由转向桥的结构决定的。主销后倾角和主销内倾角的大小是由主销 10 的轴线在空间的位置状态决定的，而这主要取决于前梁拳形部分主销孔的设计和加工。前轮外倾角是由空载状态下转向节轮轴轴线与地面之间的夹角形成的，取决于转向节的设计和装配关系。车轮前束可以通过改变转向横拉杆的长度来调节，前桥的设计需要满足前束的调整范围要求。

支持桥比较简单，如图 6-2 所示。其主要结构是由横梁和纵臂组焊而成的后桥焊接总成 2，前端的橡胶-金属支承座 1 用于连接车身，纵臂后端安装后车轮总成，上面连接后悬架。支持桥将车身、车轮、悬架连接到一起，并在车身和车轮之间传递纵向力和横向力，带动车轮旋转。

从动桥的设计要求包括：

1）从动桥应该有足够的强度。作为行驶系统的重要承载部件，在汽车行驶过程中即使遇到最严重的受力工况，从动桥也要可靠地承受并传递车轮与悬架之间的作用力和力矩，不能出现损坏。

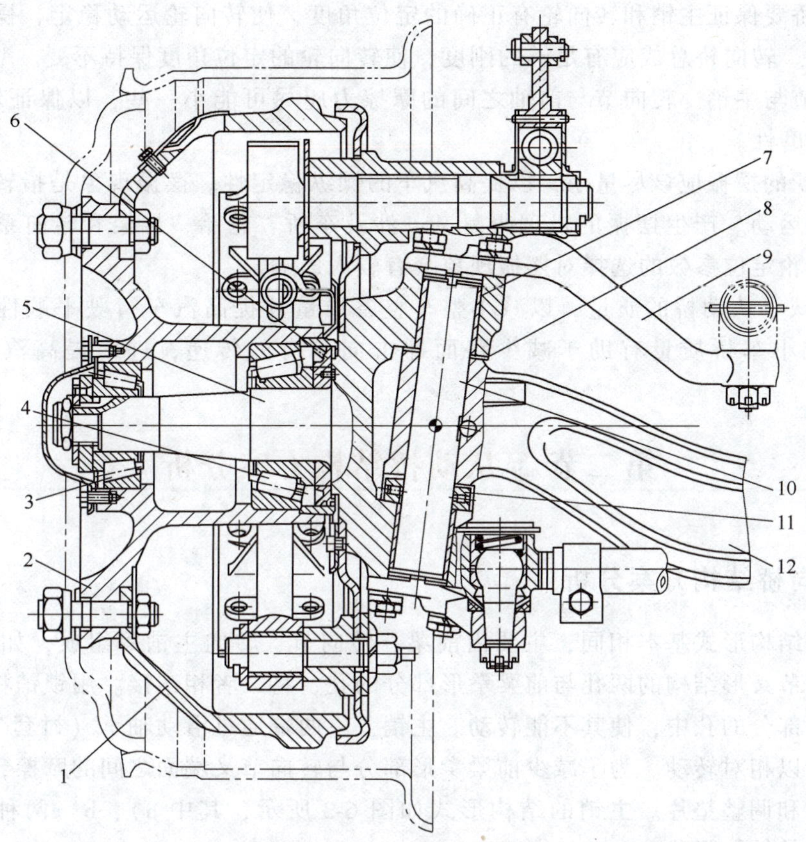

图 6-1 某商用车转向桥

1—制动鼓 2—轮毂 3、4—轮毂轴承 5—转向节 6—油封 7—衬套 8—调整垫片 9—转向节臂 10—主销 11—滚子推力轴承 12—前梁

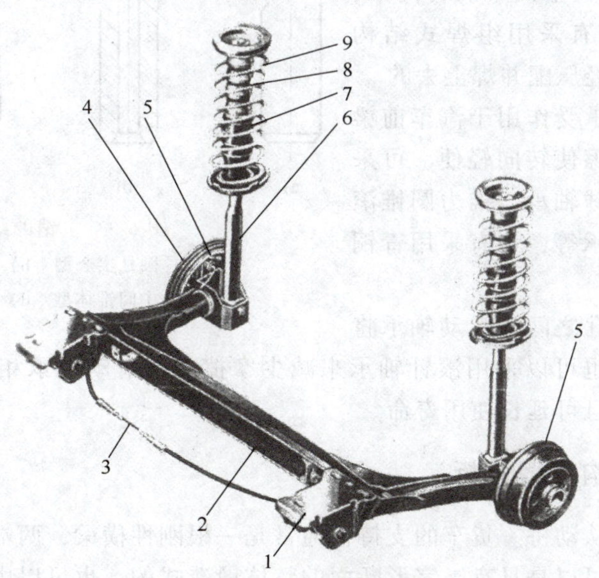

图 6-2 某乘用车后支持桥

1—橡胶-金属支承座 2—后桥焊接总成 3—驻车制动拉索 4—制动鼓 5—后制动器 6—后减振器 7—橡胶护套 8—缓冲限位块 9—后螺旋弹簧

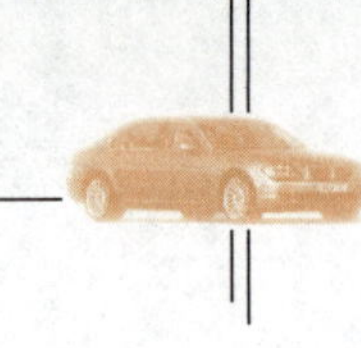

2）转向桥要保证主销和转向轮有正确的定位角度，使转向轮运动稳定，操纵轻便并减轻轮胎的磨损。转向桥总成应有足够的刚度，使转向轮的定位角度保持不变。

3）转向节与主销、转向节与前轴之间的摩擦力应尽可能小一些，以保证转向轻便性，并有足够的耐磨性。

4）转向轮的摆振应该尽量小，以提高汽车的操纵稳定性。摆振现象是指转向轮绕主销轴线持续偏摆运动。产生摆振的机理很复杂，涉及车桥、轮胎、悬架和转向系统等诸多因素，其中转向轮定位参数的选择对摆振现象会有较大影响。

5）尽量减小从动桥的质量，以减小整车整备质量并提高汽车行驶平顺性。车桥属于簧下质量，减小车桥质量有助于减少路面冲击向车身的传递，进而提高汽车的行驶平顺性。

第二节 从动桥结构方案分析

一、转向桥结构方案分析

转向桥的结构形式基本相同，主要由前梁、转向节、转向主销等组成，如图 6-1 所示。主销穿过转向节叉形结构的两孔与前梁拳形部分的孔，将二者相连接。用锁销将主销中部固定在前梁拳形部分的孔中，使其不能转动。主销上下两端通过滑动轴承（衬套 7）与转向节叉孔连接，可以相对转动。为了减少前梁拳形部分与转向节叉端面之间的摩擦，在它们之间装有推力轴承和调整垫片。主销的结构形式如图 6-3 所示，其中 a）、b）两种形式结构简单，是最常见的结构形式。

转向节多用中碳合金钢模锻成整体式结构（图 6-1），有些大型汽车的转向节，由于其尺寸过大，也有采用组焊式结构的，即其轮轴部分是经压配并焊上去的。

转向节推力轴承承受作用于汽车前梁上的重力。为减小摩擦使转向轻便，可采用滚动轴承，如推力球轴承、推力圆锥滚子轴承或圆锥滚子轴承等，也有采用青铜止推垫片的。

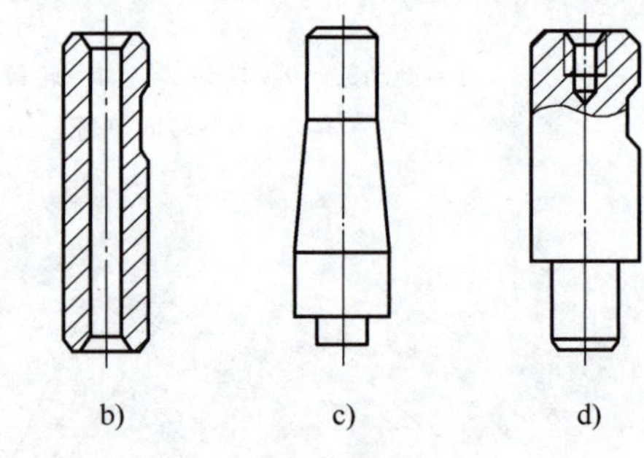

图 6-3 主销的结构形式

a）圆柱实心型 b）圆柱空心型

c）中间锥体型 d）两段圆柱型

主销与转向节叉孔之间的滑动轴承将承受较大的径向力，也可以采用滚针轴承来减少摩擦。与滑动轴承相比，滚针轴承效率更高，转向阻力更小，且可延长使用寿命。

二、支持桥结构方案分析

支持桥即非转向从动桥。货车的支持桥通常是一根刚性横梁，两端带有轮轴和固定制动底板用的凸缘。横梁可以是具有工字形断面的整体锻造式的，也可以由两端的锻造轮轴凸缘与中间的无缝钢管组焊而成。

横梁结构采用无缝钢管组焊而成的支持桥如图 6-4 所示。其结构简单，造价低廉且轮胎的磨损较轻，接地性好，车轮跳动时轮距及车轮定位参数都不会改变。在加装横向传力杆后，轮胎承受地面侧向反力时的受力情况如图 6-5 所示。当汽车转弯时，后车身的离心力通过横向传力杆作用在车桥上。为了平衡离心力的作用，地面对车轮产生侧向力 F_{y2L} 与 F_{y2R}。此时，外侧车轮将产生附加的垂直载荷 $\Delta F_z = F_T h/B$（其中 B 为轮距），而内侧车轮减少同样的垂直载荷。

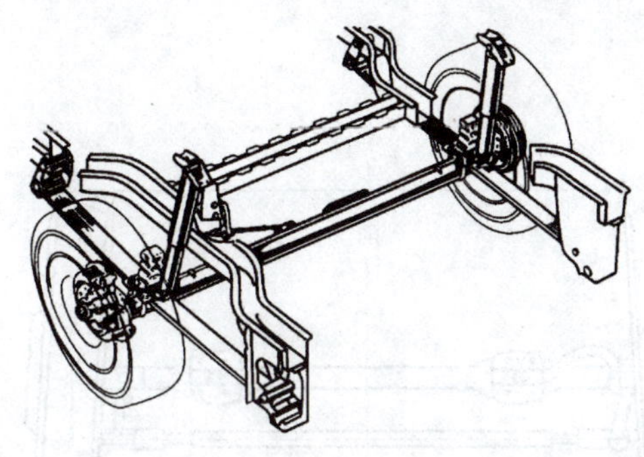

图 6-4 支持桥的结构

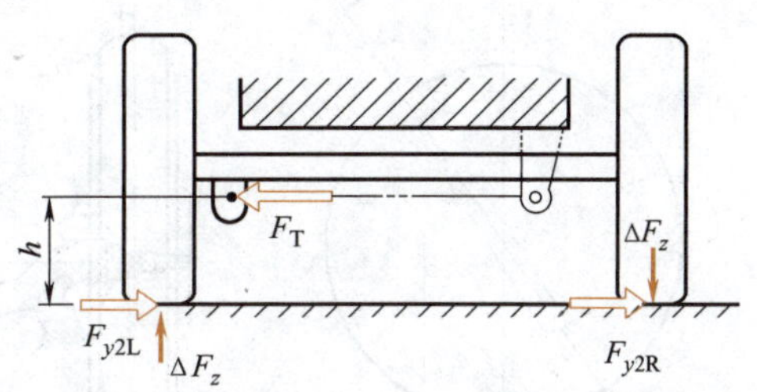

图 6-5 支持桥侧向受力情况

轿车多采用发动机前置前桥驱动的布置形式，其后桥即为支持桥。图 6-6 为某乘用车后桥的结构示意图及受力分析。它由一根用钢板制成呈 V 形断面的横梁和分别与其左、右端焊成一体并伸向后车轮的纵臂构成，称为复合纵臂式后支持桥。在车轮跳动时，V 形断面横梁受到扭转作用。由于其具有一定扭转弹性，因此又称为扭转梁或弹性梁。该弹性横梁还兼起横向稳定杆的作用，因此对它的刚度还应该有一定的要求。复合纵臂式后支持桥结构简单，制造方便；质量小，有利于提高汽车的平顺性；占用空间少，有利于整车布置；能够改善由于车身侧倾而引起的轴转向效应；可设置车轮外倾角，且在车轮跳动时外倾角变化较小；横梁两端的衬套在侧向（y 方向）的刚度最大，因此具有较大的抗侧向力的能力。当汽车转弯时，两后轮承受地面侧向反力 F_{y2L} 和 F_{y2R}（图 6-6），使车轮相对于连接衬套 Q_1 和 Q_2 产生少量逆时针摆动，从而增加了过度转向的趋势；其横梁承受扭转和剪切载荷，在横梁与纵臂的焊缝处应力较大，成为复合纵臂式后支持桥的危险点。

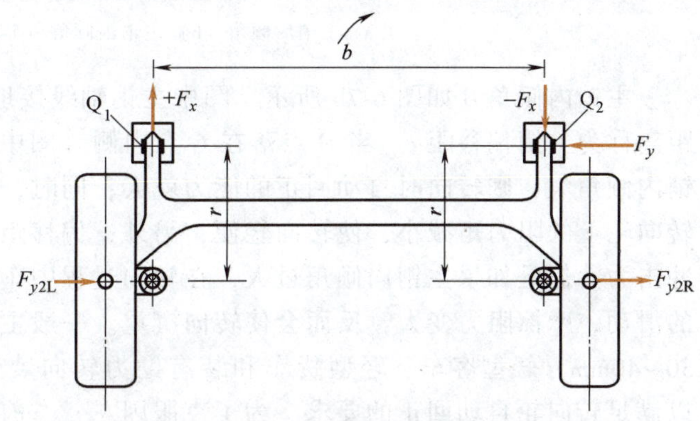

图 6-6 复合纵臂式后桥结构示意图及受力分析

第三节 从动桥主要参数的选择

一、车轮定位参数的选择

主销后倾角 γ 使主销轴线与路面的交点位于轮胎接地中心之前，该距离称为后倾拖距

a，如图 6-7a 所示。当汽车直线行驶过程中，转向轮偶然受到外力作用而偏转时，地面对车轮的侧向力 F_y 产生的绕主销转动的力矩将阻碍车轮偏转，此力矩称为稳定力矩。它可以保证汽车具有较好的直线行驶稳定性，但在汽车转向时它却成了阻力矩，因此主销后倾角也不宜过大，通常在 3°以内。现代轿车采用低压宽断面轮胎，由于胎压降低，弹性增加，具有较大的弹性回正力矩，故主销后倾角就可以减小到接近于零，甚至为负值。

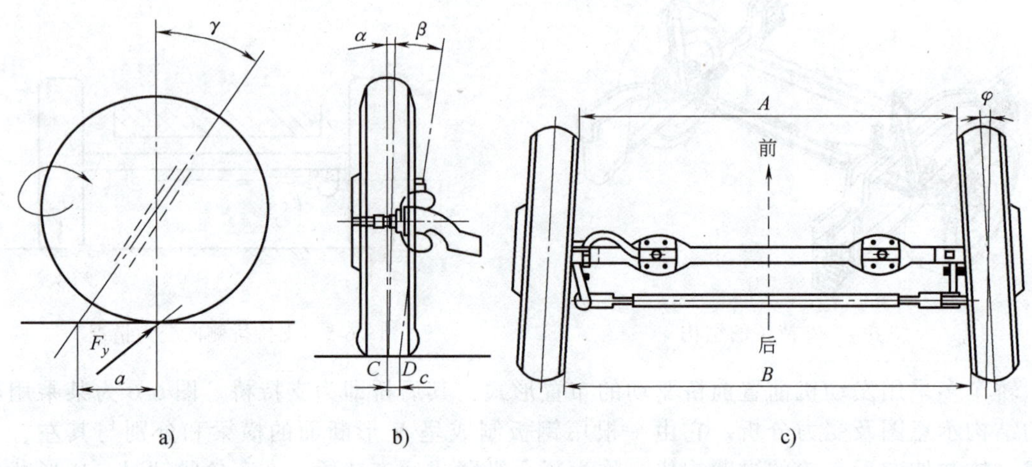

图 6-7 车轮定位参数

a）主销后倾角 b）主销内倾角和车轮外倾角 c）前束

主销内倾角 β 如图 6-7b 所示，图中主销轴线接地点 D 与轮胎中心平面接地点 C 之间的距离称为主销偏移距 c。当 D 点落在 C 点内侧（图中所示）则 c 为正值，否则 c 为负值。主销内倾角大，则转向时自动回正的能力就大；同时，主销偏移距减小，即转向时地面作用在转向轮上的阻力矩减小，使转向轻便；另外，偏移距减小也可以减少转向轮传递到转向盘的冲击力。但是如果主销内倾角过大，在转向过程中车轮绕主销偏转时，车轮将出现相对路面的滑动，摩擦阻力变大，反而会使转向沉重。一般主销内倾角为 5°~8°，主销偏移距一般为 30~40mm。轻型客车、轻型货车和装有助力转向装置的汽车可以选择较大的主销内倾角，以满足转向轮自动回正的要求。为了克服因左、右前轮制动力不等而导致汽车在制动时跑偏的现象，可以将主销偏移距取为负值。当主销偏移距为正值 c 时，如图 6-8a 所示，如果汽车制动时左侧前轮产生的制动力 F_{1L} 大于右侧的 F_{1R}，则二者的差值 $\Delta F_1 = F_{1L} - F_{1R}$ 将产生使整车绕质心逆时针转动的转矩 T_1，车辆向左跑偏行驶；同时，ΔF_1 将使车轮绕自身主销逆时针偏转，使汽车向左转向行驶，加剧了跑偏现象。若主销偏移距为负值 $-c$，如图 6-8b 所示，当汽车制动时，两侧前轮制动力的差值 ΔF_1 使车辆向左跑偏行驶时，ΔF_1 产生的绕自身主销的转矩 T_1 是顺时针方向的，它将使汽车向右转向行驶，从而削弱了车辆的向左跑偏。

在安装转向轮时，其轮胎中心平面不是垂直于地面的，而是向外倾斜一个角度 α（约为 0.5°~1.5°），称为车轮外倾角，如图 6-7b 所示。它可以避免汽车重载时车轮产生负的外倾即内倾现象，同时车轮外倾也与拱形路面相适应。由于车轮外倾使轮胎接地点向内缩，减小了主销偏移距，从而使转向轻便并改善了制动时的方向稳定性。

具有外倾角的车轮在滚动时犹如滚锥，因此当汽车向前行驶时，左、右两前轮前端会向

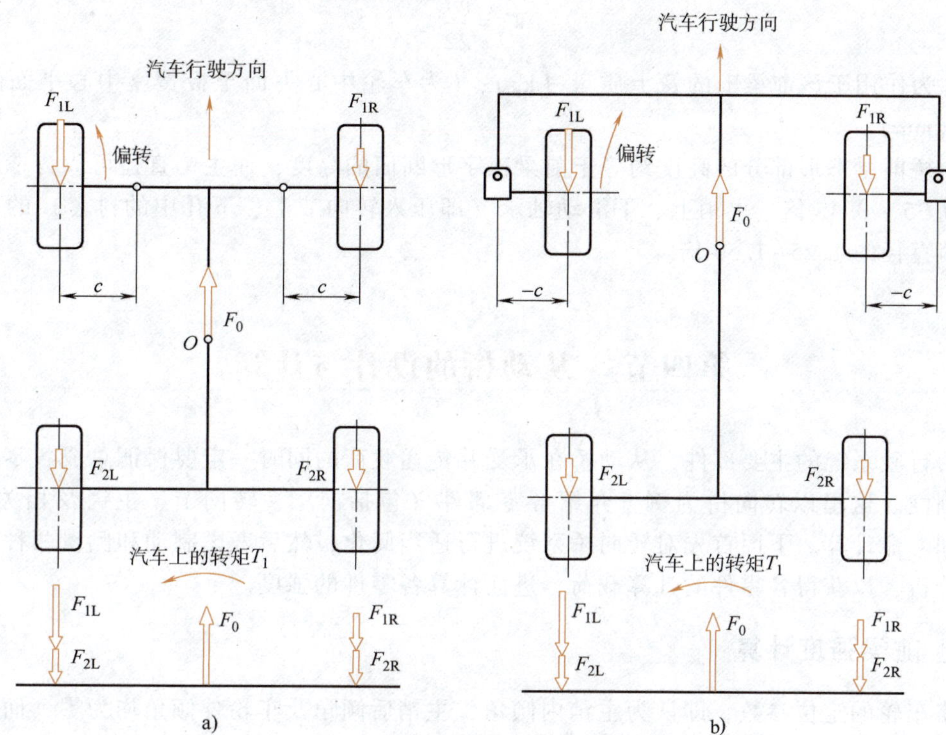

图 6-8　负主销偏移距对制动跑偏的抑制作用

a）主销偏移距为正　b）主销偏移距为负

外运动。为了消除汽车在行驶中因车轮外倾导致的车轮前端向外张开的不利影响，在车轮安装时，可使汽车两前轮的中心平面不平行，且左、右轮前面轮缘间的距离 A 小于后面轮缘间的距离 B，如图 6-7c 所示。这样，前轮在外倾角和前束的共同作用下，基本可以实现每一瞬时的滚动方向向着正前方。前束值即 $B-A$，一般汽车约为 0~12mm，可通过改变转向横拉杆的长度来调整。设定前束的名义值时，应考虑转向梯形中的弹性和间隙等因素。

二、断面参数的选择

转向桥的前梁采用工字形断面结构，可以在保证其垂向平面内弯曲刚度和强度的前提下尽量减小质量。工字形断面尺寸的推荐值如图 6-9 所示，图中双点画线绘出的是其当量断面。该断面的垂向抗弯截面系数 W_v 和水平抗弯截面系数 W_h 可近似取为

$$W_v = 20a^3$$

$$W_h = 5.5a^3$$

式中，a 为工字形断面的中部尺寸（mm）。

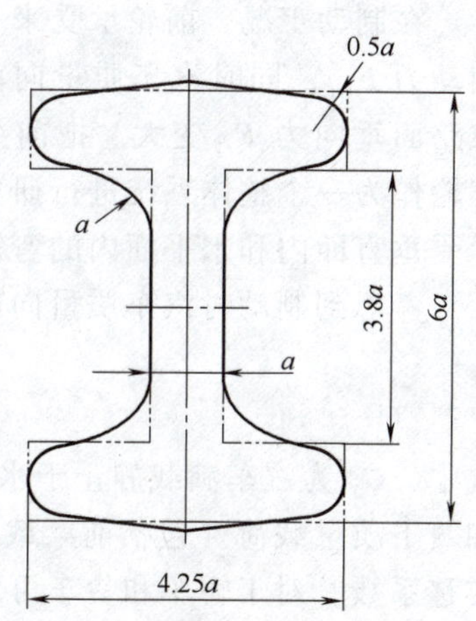

图 6-9　前梁工字形断面尺寸及推荐值

在设计中，初选前梁在板簧座处的抗弯截面系数 $W_v(\mathrm{mm}^3)$，可采用经验公式

$$W_v = \frac{ml}{22}$$

式中，m 为作用于该前梁上的簧上质量（kg）；l 为车轮中心平面至板簧座中心平面间的横向距离（mm）。

转向桥前梁拳形部分的高度约等于前梁工字形断面的高度，而主销直径可取为拳形部分高度的 0.35 ~0.45 倍。主销上、下滑动轴承（即压入转向节上、下孔中的衬套）的长度则取为主销直径的 1.25~1.50 倍。

第四节 从动桥的设计与计算

作为行驶系统的主要部件，从动桥在承受并传递载荷的同时一定要保证总成各零部件的强度和刚度。这里以转向桥为例，介绍各零部件（包括前梁、转向节、主销及相关轴承）的应力和寿命计算。下面首先对转向桥系统进行适当简化，然后考虑制动和侧滑两种工况进行受力分析，以获得各零件的计算载荷，进而计算各零件的强度。

一、前梁强度计算

忽略车轮的定位参数，即认为主销内倾角、主销后倾角及车轮外倾角均为零，而左、右转向节轮轴轴线重合且与主销轴线位于同一横向垂直平面内。假设前桥簧上质量载荷 G_{1u} 作用在板簧支承座处，簧下质量载荷分成两部分，前梁载荷 G_s 等效作用在板簧支承座处，每个车轮（包括轮毂、制动器等）的载荷 G_w 分别作用在各自的车轮平面内，如图 6-10 所示。

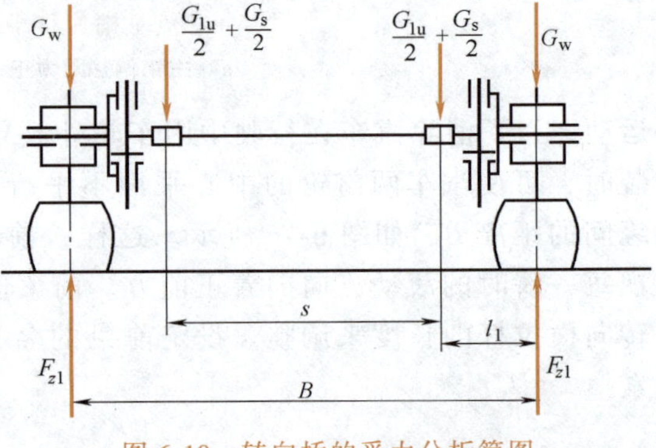

图 6-10 转向桥的受力分析简图

1. 制动工况

在制动工况，前轮承受来自路面的纵向制动力 F_{B1}，同时汽车质量向前桥转移，导致路面垂向力 F_{z1} 变大。把前梁、转向节和车轮作为一个整体系统进行研究，得到制动工况的受力分析简图如图 6-11 所示。此时前梁承受垂直面内和水平面内的弯矩以及转矩。

考虑到制动时汽车质量向前桥转移，则前轮承受的地面垂向反力为

$$F_{z1} = \frac{G_1}{2} m_1' \tag{6-1}$$

式中，G_1 为汽车满载静止于水平路面时前桥给地面的载荷（N），为前桥簧上质量载荷 G_{1u} 和簧下质量载荷（包括前梁载荷 G_s 和车轮载荷 $2G_w$）的和；m_1' 为汽车制动时对前桥的质量转移系数，对于轿车和货车可取 1.4~1.7。

前轮所承受的制动力为

$$F_{B1} = F_{z1}\varphi \tag{6-2}$$

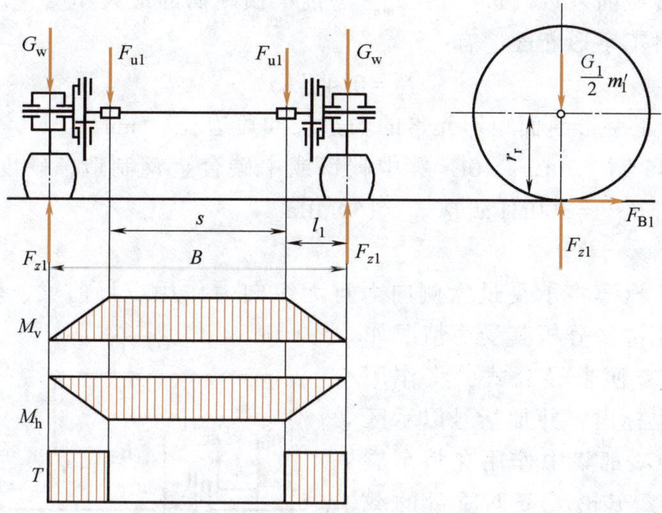

图 6-11 转向桥在制动工况下的受力分析简图弯矩、转矩图

式中，φ 为轮胎与路面之间的附着系数。

对于前梁、转向节和车轮的整体系统，由 F_{z1} 和 F_{B1} 引起的垂直方向弯矩 M_v 和水平方向的弯矩 M_h 在两钢板弹簧座之间达到最大值，分别为

$$\begin{cases} M_v=(F_{z1}-G_w)l_1=\left(\dfrac{G_1}{2}m_1'-G_w\right)\dfrac{B-s}{2} \\ M_h=F_{B1}l_1=F_{z1}\varphi l_1=\dfrac{G_1}{2}m_1'\varphi\dfrac{B-s}{2} \end{cases} \tag{6-3}$$

式中，l_1 为轮胎中线至板簧座中线间的距离（mm）；B 为前轮轮距（mm）；s 为前梁上两钢板弹簧支承座中线间的距离（mm）。

制动力 F_{B1} 还使前梁系统产生绕横轴的转矩 T，并经钢板弹簧传递给车身，使车身产生俯仰运动

$$T=F_{B1}r_r=\frac{G_1}{2}m_1'\varphi r_r \tag{6-4}$$

式中，r_r 为轮胎的滚动半径（mm）。

根据图 6-11 给出的前梁在汽车制动工况下的弯矩图及转矩图，可以计算前梁在钢板弹簧座附近危险断面处（假设前梁各截面的抗弯截面系数、扭转截面系数近似相等）的弯曲应力 σ_w(MPa) 和扭转应力 τ(MPa)

$$\begin{cases} \sigma_w=\dfrac{M_v}{W_v}+\dfrac{M_h}{W_h} \\ \tau=\dfrac{T}{W_T}=\dfrac{T}{J_K/\delta_{max}} \end{cases} \tag{6-5}$$

式中，W_v 和 W_h 分别为前梁在危险断面处垂直面内和水平面内的抗弯截面系数；W_T 为前梁

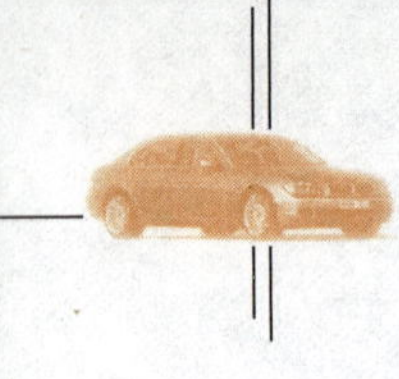

在危险断面处的扭转截面系数（mm^3）；δ_{max} 为前梁横断面的最大厚度（mm）；J_K 为前梁横断面的极惯性矩，对工字形断面，有

$$J_K = 0.4\sum h\delta^3 \tag{6-6}$$

式中，h 和 δ 分别为工字形断面矩形元素的长边长和短边长（mm）。

前梁一般采用45钢、30Cr、40Cr等中碳钢或中碳合金钢制造，硬度为241～285HBW。前梁应力的许用值 $[\sigma_w]=300MPa$、$[\tau]=150MPa$。

2. 侧滑工况

在侧滑工况下，汽车将承受最大侧向力且无纵向力作用。将前梁、转向节作为研究对象，假设汽车向左侧滑，分析其受力情况如图6-12所示。为了方便推导公式，将作用在整车系统上的力也标出，并加括号以示区分。假设前桥载荷 G_1 都集中作用在整车质心位置，忽略前梁、车轮等簧下质量的载荷。由于侧向力和垂向力都处于前梁的垂直面内，因此前梁只承受垂直面内的弯矩作用。

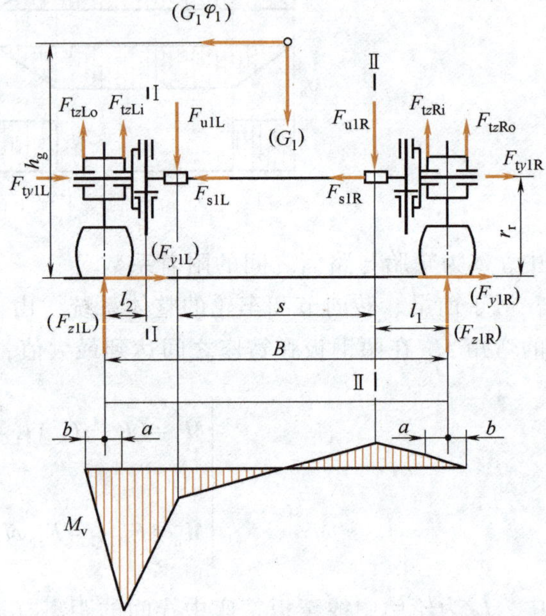

图6-12 转向桥在侧滑工况下的受力分析简图和弯矩图

确定左、右前轮承受的地面垂向反力 F_{z1L}、F_{z1R} 和侧向反力 F_{y1L}、F_{y1R} 分别为

$$\begin{cases} F_{z1L}=\dfrac{G_1}{2}\left(1+\dfrac{2h_g\varphi_1}{B}\right) \\ F_{z1R}=\dfrac{G_1}{2}\left(1-\dfrac{2h_g\varphi_1}{B}\right) \\ F_{y1L}=\dfrac{G_1}{2}\left(1+\dfrac{2h_g\varphi_1}{B}\right)\varphi_1 \\ F_{y1R}=\dfrac{G_1}{2}\left(1-\dfrac{2h_g\varphi_1}{B}\right)\varphi_1 \end{cases} \tag{6-7}$$

式中，B 为汽车前轮轮距（mm）；h_g 为汽车质心高度（mm）；φ_1 为轮胎与路面之间的侧向附着系数，取 $\varphi_1=1.0$。如果汽车向右侧滑（汽车左转弯时），地面提供的侧向力 F_{y1L}、F_{y1R} 方向向左，与图6-12中力的方向相反，这时上式中的正负号要取相反的符号。

侧滑时，左、右钢板弹簧对前梁的垂向作用力（N）为

$$\begin{cases} F_{u1L}=\dfrac{G_1}{2}+\dfrac{G_1\varphi_1(h_g-r_r)}{s} \\ F_{u1R}=\dfrac{G_1}{2}-\dfrac{G_1\varphi_1(h_g-r_r)}{s} \end{cases} \tag{6-8}$$

式中，r_r 为车轮滚动半径（根据图6-12所示应为板簧座上表面的离地高度，因二者近似相等，故进行简化，mm）；s 为两板簧座中心间的距离（mm）。

汽车侧滑时左、右前轮轮毂内外（i/o）轴承的径向支承力（N）分别为

$$\begin{cases} F_{tzLi}=\dfrac{b}{a+b}F_{z1L}+\dfrac{r_r}{a+b}F_{y1L} \\ F_{tzLo}=\dfrac{a}{a+b}F_{z1L}-\dfrac{r_r}{a+b}F_{y1L} \\ F_{tzRi}=\dfrac{b}{a+b}F_{z1R}-\dfrac{r_r}{a+b}F_{y1R} \\ F_{tzRo}=\dfrac{a}{a+b}F_{z1R}+\dfrac{r_r}{a+b}F_{y1R} \end{cases} \tag{6-9}$$

式中，a 和 b 分别为轮毂内/外轴承支承点到各自车轮中心平面的距离（mm）。

根据式（6-7）和式（6-9）可以求出左、右前轮轮毂内、外轴承对转向节轮轴的径向支承力 F_{tzLi}、F_{tzLo}、F_{tzRi} 和 F_{tzRo}。再根据式（6-8）中作用在前梁钢板弹簧座处的垂向力 F_{u1L}、F_{u1R}，可绘出前梁与转向节在汽车侧滑时在垂直面内的受力弯矩图（图 6-12）。由该弯矩图可见，对于前梁而言，其最大弯矩发生在汽车侧滑方向一侧（左侧）拳形部分的主销孔处（截面Ⅰ—Ⅰ，相当于前梁的最左端），而另一侧则在钢板弹簧座处（截面Ⅱ—Ⅱ），可由下式直接求出

$$\begin{cases} M_{\text{I}-\text{I}}=F_{z1L}l_2-F_{y1L}r_r \\ M_{\text{II}-\text{II}}=F_{z1R}l_1+F_{y1R}r_r \end{cases} \tag{6-10}$$

式中，l_2 为轮胎中心线至主销轴线的距离（mm）。

假设前梁各截面处的抗弯截面系数相等，则截面Ⅰ—Ⅰ和Ⅱ—Ⅱ即为危险截面，利用弯矩除以抗弯截面系数即为危险截面的弯曲应力；如果考虑前梁不同位置的截面形状不同（如主销孔处并非工字形断面），需要计算不同位置截面的抗弯截面系数，进一步细化分析危险截面，然后再计算各危险截面处的弯曲应力。

二、转向节强度计算

根据前面的受力分析可知，转向节的危险断面处于轴径为 d_1 的轮轴根部，即Ⅲ—Ⅲ剖面处，如图 6-13a 所示。

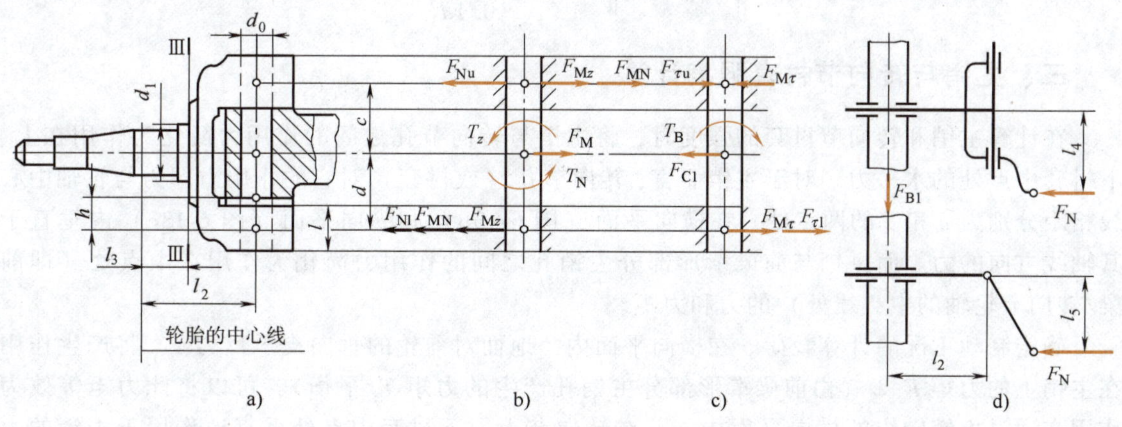

图 6-13 转向节主销结构受力示意图

a）转向节主销示意图 b）主销横向平面受力图 c）主销纵向平面受力图 d）转向桥结构图

1. 制动工况

转向节轮轴在Ⅲ—Ⅲ剖面处仅承受垂向弯矩 M_v 和水平方向弯矩 M_h 而不承受转矩，因制动力矩不经转向节的轮轴传递，而直接由制动底板传递给在转向节上的安装平面。这时的 M_v 和 M_h 可按下式计算

$$\begin{cases} M_v=(F_{z1}-G_w)l_3=\left(\dfrac{G_1}{2}m_1'-G_w\right)l_3 \\ M_h=F_{z1}\varphi l_3=\dfrac{G_1}{2}m_1'\varphi l_3 \end{cases} \tag{6-11}$$

式中，l_3 为轮胎中心线至Ⅲ—Ⅲ剖面间的距离；其他符号含义与前梁强度计算中的一致。

Ⅲ—Ⅲ剖面处的合成弯曲应力 σ_w 为

$$\sigma_w=\frac{\sqrt{M_v^2+M_h^2}}{W} \tag{6-12}$$

式中，W 为转向节轮轴根部截面的抗弯截面系数，$W=\pi d_1^3/32\approx0.1d_1^3$；$d_1$ 为转向节轮轴根部轴径（图 6-13a）；其他符号含义同前。

转向节一般采用 30Cr、40Cr 等中碳合金钢制造，心部硬度为 241~285HBW，高频淬火后表面硬度为 57~65HRC，硬化层深 1.5~2.0mm。轮轴根部的圆角需经滚压处理，许用弯曲应力 $[\sigma_w]=550\text{MPa}$。

2. 侧滑工况

在汽车侧滑时，左、右转向节在危险断面Ⅲ—Ⅲ处的弯矩是不等的，右转弯工况（图 6-12）可分别按下式求得

$$\begin{cases} M_{L\text{Ⅲ—Ⅲ}}=F_{z1L}l_3-F_{y1L}r_r \\ M_{R\text{Ⅲ—Ⅲ}}=F_{z1R}l_3+F_{y1R}r_r \end{cases} \tag{6-13}$$

左、右转向节在危险断面处的弯曲应力为

$$\begin{cases} \sigma_{WL}=\dfrac{M_{L\text{Ⅲ—Ⅲ}}}{W}=\dfrac{F_{z1L}l_3-F_{y1L}r_r}{0.1d_1^3} \\ \sigma_{WR}=\dfrac{M_{R\text{Ⅲ—Ⅲ}}}{W}=\dfrac{F_{z1R}l_3+F_{y1R}r_r}{0.1d_1^3} \end{cases} \tag{6-14}$$

三、主销与转向节衬套强度计算

在计算主销和转向节衬套的强度时，将主销与转向节孔之间的作用力简化为作用在上、下衬套中点处的水平力。对于主销而言，转向节孔（或衬套）对它的作用力即为与轮轴中心线相距分别为 c 和 d 的两点处，在横向平面（图 6-13b）和纵向平面（图 6-13c）内垂直于其轴线方向的力。而主销与前梁拳形部分主销孔之间的作用力简化为作用在中点处（即前梁/转向节轮轴的中心线处）的力和力矩。

确定制动工况的计算载荷。在横向平面内，地面对前轮的垂向支承反力 F_{z1} 将产生作用在主销上的力矩 $F_{z1}l_2$（由前梁拳形部分主销孔产生的力矩 T_z 平衡），可以将此力矩等效为作用在通过主销轴线的横向平面内，并在转向节上、下衬套中点处垂直地作用于主销的力 F_{Mz} 所形成的力偶矩 $F_{Mz}(c+d)$（图 6-13b），有

$$F_{Mz}=\frac{F_{z1}l_2}{c+d} \tag{6-15}$$

主销受到的制动力矩 $F_{B1}r_r$ 的作用由纵向平面内前梁拳形部分作用在主销上的力矩 T_B 所平衡，可以等效为纵向平面内作用于主销上、下衬套中点处的力 $F_{M\tau}$（图 6-13c），有

$$F_{M\tau}=\frac{F_{B1}r_r}{c+d}=\frac{F_{z1}\varphi r_r}{c+d} \tag{6-16}$$

制动力 F_{B1} 通过车轮、转向节作用于主销，等效为上、下衬套中点处的力 $F_{\tau u}$ 和 $F_{\tau l}$（图 6-13c），并由前梁孔处的纵向力 $F_{C1}(=F_{B1})$ 相平衡，此时有

$$\begin{cases}F_{\tau u}=\dfrac{F_{B1}d}{c+d}\\[2ex]F_{\tau l}=\dfrac{F_{B1}c}{c+d}\end{cases} \tag{6-17}$$

由转向桥的俯视图（图 6-13d 下图）可知，制动时转向横拉杆的作用力 F_N 为

$$F_N=\frac{F_{B1}l_2}{l_5} \tag{6-18}$$

在横向平面内（图 6-13d 上图），力 F_N 与轮轴中心线的垂直距离为 l_4。将 F_N 通过转向节等效作用到主销上，则形成上、下衬套中点处的力 F_{Nu} 和 F_{Nl}，二者的合力由前梁拳形部分处作用在主销上的力 $F_M(=F_N)$ 相平衡，因此有

$$\begin{cases}F_{Nu}=\dfrac{F_Nd}{c+d}\\[2ex]F_{Nl}=\dfrac{F_Nc}{c+d}\end{cases} \tag{6-19}$$

另一方面，力 F_N 从着力点处移至轮轴中心线处，将对主销产生一个侧向力矩，可以等效为作用在主销上的力偶矩 $F_{MN}(c+d)$，并由前梁拳形部分的孔作用在主销上的转矩 T_N（图 6-13b）相平衡。故有

$$F_{MN}=\frac{F_Nl_4}{c+d} \tag{6-20}$$

由图 6-13b 可知，在转向节上、下衬套的中点处作用于主销的合力 F_u 和 F_l 分别为

$$\begin{cases}F_u=\sqrt{(F_{Mz}+F_{MN}-F_{Nu})^2+(F_{M\tau}-F_{\tau u})^2}\\F_l=\sqrt{(F_{Mz}+F_{MN}+F_{Nl})^2+(F_{M\tau}+F_{\tau l})^2}\end{cases} \tag{6-21}$$

由以上两式可见，在汽车制动工况下，主销的最大载荷发生在转向节下衬套的中点处，其值为由式（6-21）计算所得的 F_l。

对于侧滑工况，只考虑在横向平面内起作用的力和力矩。这时，作用于左、右转向节主销上的力 F_{Mz} 是不相等的，它们可分别按下式求得

$$\begin{cases}F_{MzL}=\dfrac{F_{z1L}l_2-F_{y1L}r_r}{c+d}=\dfrac{G_1(1+2h_g\varphi_1/B)(l_2-\varphi_1r_r)}{2(c+d)}\\[2ex]F_{MzR}=\dfrac{F_{z1R}l_2+F_{y1R}r_r}{c+d}=\dfrac{G_1(1-2h_g\varphi_1/B)(l_2+\varphi_1r_r)}{2(c+d)}\end{cases} \tag{6-22}$$

式中符号含义同前。

取 F_1、F_{MzL}、F_{MzR} 中最大的作为主销的计算载荷 F_j，计算主销在前梁拳形部分下端面处的弯曲应力 σ_w 和切应力 τ_s。

$$\begin{cases}\sigma_w=\dfrac{F_jh}{0.1d_0^3}\\[2ex]\tau_s=\dfrac{4F_j}{\pi d_0^2}\end{cases}\tag{6-23}$$

式中，d_0 为主销直径（mm）；h 为转向节下衬套中点至前梁拳形部分下端面的距离（mm），如图 6-13a 所示。

主销的许用弯曲应力 $[\sigma_w]=500\text{MPa}$，许用切应力 $[\tau_s]=100\text{MPa}$。主销采用 20Cr、20CrNi、20CrMnTi 等低碳合金钢制造，并进行渗碳淬火处理，渗碳层深 1.0~1.5mm，硬度达到 56~62HRC。

转向节衬套的挤压应力 σ_c 为

$$\sigma_c=\frac{F_j}{ld_0}\tag{6-24}$$

式中，l 为衬套长度（mm）；F_j 为计算载荷（N），$F_j=\max\{F_1,F_{MzL},F_{MzR}\}$。转向节衬套的许用挤压应力 $[\sigma_c]=50\text{MPa}$。

在静载荷下，式（6-24）的计算载荷取

$$F_j=F_{Mz}=\frac{F_{z1}l_2}{c+d}=\frac{G_1}{2}\frac{l_2}{c+d}\tag{6-25}$$

式中符号含义同前。此时取 $[\sigma_c]\leqslant 1.5\text{MPa}$。

四、转向节推力轴承和止推垫片的计算

1. 推力轴承的计算载荷

对于转向节推力轴承，标准计算工况设定为汽车以等速 $v_a=40\text{km/h}$ 沿半径 $R=50\text{m}$ 或以 $v_a=20\text{km/h}$ 沿半径 $R=12\text{m}$ 的圆周行驶。如果汽车向右转弯，则其前外轮（即前左轮）的地面垂向反力 F_{z1L} 将增大。这时，汽车前桥的侧滑条件为

$$F_{P1}=m_1\frac{v_a^2}{R}\geqslant F_{y1L}+F_{y1R}=G_1\varphi_1=m_1g\varphi_1\tag{6-26}$$

式中，F_{P1} 为前桥所受的离心力（N）；m_1 为汽车满载时整车质量分配给前桥的部分（kg）；R 为汽车转弯半径（mm）；v_a 为汽车行驶速度（mm/s）；g 为重力加速度（mm/s^2）；其他符号意义同前。

由式（6-26）可得到，前桥不出现侧滑时，轮胎与地面之间的侧向附着系数至少为

$$\varphi_1=\frac{v_a^2}{Rg}\tag{6-27}$$

将式（6-27）代入式（6-7），得

$$F_{z1L}=\frac{G_1}{2}\left(1+\frac{2h_g}{B}\frac{v_a^2}{Rg}\right)\tag{6-28}$$

将上述计算工况的 v_a、R 等有关数据代入式（6-28），并设 $h_g/B=0.5$，则有

$$F_{z1L}=1.25G_1/2=0.625G_1$$

可以近似地认为推力轴承的轴向载荷 F_a 等于上述前外轮的地面垂向反力，即

$$F_a=0.625G_1 \tag{6-29}$$

2. 止推垫片的挤压应力

当采用青铜止推垫片代替转向节推力轴承时，在汽车满载情况下，止推垫片的静载荷可取为 $F_a=G_1/2$，这时止推垫片的挤压应力为

$$\sigma_c=\frac{4F_a}{\pi(D^2-d^2)} \tag{6-30}$$

式中，d 和 D 为止推垫片的内、外径。通常取 $[\sigma_c]\leqslant 30\text{MPa}$。

上述的非断开式转向桥的转向节、主销、转向节衬套和止推垫片的强度计算、相应的许用应力以及选择转向推力轴承的方法，同样适用于断开式转向桥相应零件的计算。

练 习 题

6-1 请画图说明主销偏移距对制动跑偏的影响。

6-2 前梁工字形断面尺寸应该如何选取？

6-3 制动工况下前梁强度应该如何计算？

6-4 转向节的危险断面在哪里？如何进行强度计算？

6-5 主销强度应该如何计算？

6-6 转向节推力轴承的计算载荷应该如何确定？

Chapter 7

第七章 悬架设计

第一节 概　述

悬架是现代汽车上的重要总成之一，它把悬架（或车身）与车轴（或车轮）弹性地连接起来。其主要任务是传递作用在车轮和车架（或车身）之间的一切力和力矩；缓和路面传给车架（或车身）的冲击载荷，衰减由此引起的承载系统的振动，保证汽车的行驶平顺性；保证车轮在路面不平和载荷变化时有理想的运动特性，保证汽车的操纵稳定性，使汽车获得高速行驶能力。

尽管现代汽车悬架有各种不同的结构形式，但一般主要由弹性元件、导向机构和减振器三部分以及横向稳定器、缓冲块等辅助元件组成（图 7-1）。弹性元件使车架（或承载式车身）与车桥（或车轮）之间做弹性联系，承受和传递垂直载荷，缓和及抑制不平路面所引起的冲击；导向机构一般由导向杆系组成，用来决定车轮相对于车架（或车身）的运动特性，并传递除弹性元件传递的垂直力以外的各种力和力矩；减振器用以加快振动的衰减，限制车身和车轮的振动；横向稳定器主要用来改善侧倾角刚度，从而能减少转弯行驶时车身的侧倾角和横向角振动；缓冲块用来减轻车轴对车架（或车身）的直接冲撞，防止弹性元件产生过大的变形。

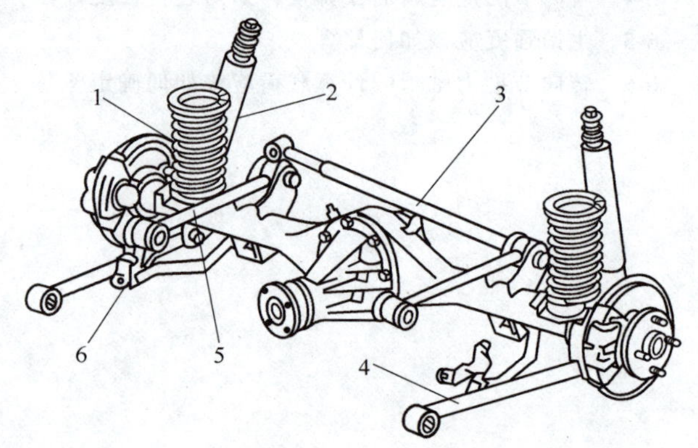

图 7-1　悬架组成示意图

1—弹性元件　2—减振器　3—横向推力杆　4—下控制臂　5—上控制臂　6—横向稳定器

应当指出，任何悬架只要具有上述功用即可，在结构上并非一定要设置上述全套装置。如在商用车中广泛采用的多片钢板弹簧悬架，它既有缓冲、减振的功能，又担负起传力和导向的任务，因此，不需要再安装导向机构，甚至不再设置减振器。

悬架的设计要求有：

1）保证汽车有良好的行驶平顺性。

2）具有合适的衰减振动能力。

3）保证汽车具有良好的操纵稳定性。

4）汽车制动或加速时要保证车身稳定。

5）有良好的隔声能力。

6）结构紧凑，占用空间尺寸要小。

7）可靠地传递车身与车轮之间的各种力和力矩，在满足零部件质量要小的同时，还要保证有足够的强度和寿命。

为了满足汽车具有良好的行驶平顺性，要求由簧上质量与弹性元件组成的振动系统的固有频率应在合适的频段，并尽可能低。前、后悬架固有频率的匹配应合理，对于乘用车，一般要求前悬架固有频率略低于后悬架的固有频率，还要尽量避免悬架撞击车架（或车身）。在簧上质量变化的情况下，车身高度变化要小，此时应考虑采用非线性弹性特性悬架。

此外，还要正确地选择悬架方案和参数，在车轮上、下跳动时，使汽车转向轮定位参数变化不大，车轮运动与导向机构运动要协调，避免前轮摆振；在汽车转向时，应使之稍有不足转向特性。

根据汽车两侧车轮运动是否相互关联，汽车悬架可分为非独立悬架和独立悬架两种形式，如图 7-2 所示。

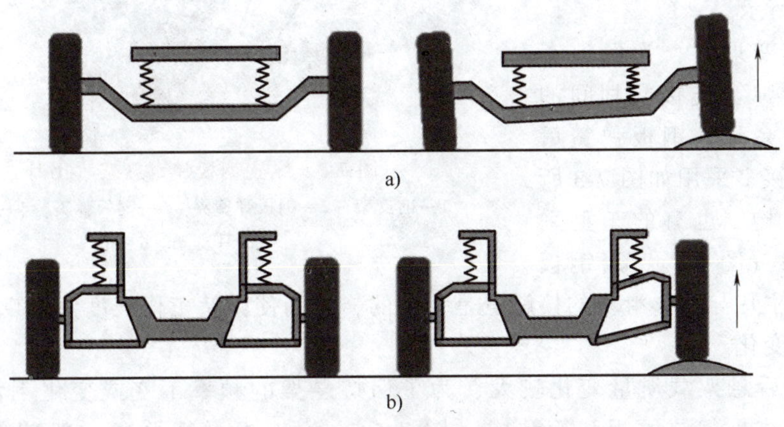

图 7-2 非独立悬架和独立悬架示意图

a）非独立悬架 b）独立悬架

非独立悬架（图 7-2a）的结构特点是汽车两侧车轮分别安装在一根整体式的车轴两端，车轴则通过弹性元件与车架相连接。这种悬架当一侧车轮因道路不平而跳动时，会影响另一侧车轮的运动，因此称为非独立悬架。独立悬架（图 7-2b）则是两侧车轮分别安装在断开式的车轴两端，每段车轴和车轮单独通过弹性元件与车架相连。这样当一侧车轮跳动时，对另一侧车轮运动不产生影响，因此称为独立悬架。

在汽车行驶过程中，传统悬架的弹性特性和阻尼特性是一定的，当受到外界激励（比如汽车以一定速度驶过坑洼不平路面）时，只能“被动”地响应，无法保证汽车在所有工况下具有良好的行驶平顺性、乘坐舒适性和操纵稳定性，因此称为被动悬架。为了改善上述不足，陆续出现了能根据汽车行驶条件（车辆的运动状态和路面状况等）进行刚度和阻尼特性自适应调节的悬架，称为主动悬架和半主动悬架。它们不仅能很好地提高汽车行驶性能，而且能更好地保持车厢姿态，减小侧倾与纵倾。

第二节 悬架结构方案分析

一、非独立悬架方案分析

非独立悬架因其结构简单，工作可靠，被广泛应用于货车中和部分乘用车后悬架中。非独立悬架的结构，特别是导向机构的结构，随所采用的弹性元件不同而有差异。采用螺旋弹簧、空气弹簧时，需要有较复杂的导向机构；而采用钢板弹簧时，由于钢板弹簧本身可兼起导向机构的作用，并有一定的减振作用，使得悬架结构大为简化，因而在非独立悬架中大多数采用钢板弹簧作为弹性元件。

在板簧式非独立悬架中，钢板弹簧一般是纵向安置的，它与车桥的连接绝大多数是用两个U形螺栓，将钢板弹簧的中部刚性地固定在车桥上部。钢板弹簧两端通过钢板弹簧销与车架支座活动铰接，以起传力和导向作用，如图7-3所示。

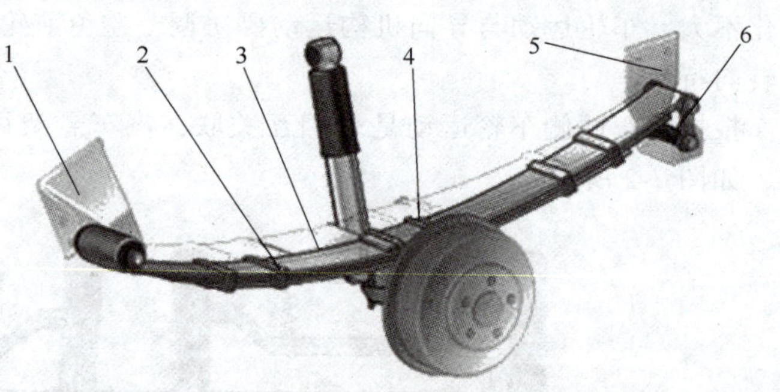

图7-3 纵置钢板弹簧悬架（吊耳式）

1—前支架 2—钢板弹簧夹 3—钢板弹簧 4—U形螺栓 5—吊耳支架 6—吊耳

钢板弹簧变形时，为保证车架两端与钢板弹簧连接卷耳间的距离有伸缩的余地，钢板弹簧后端与车架的连接多采用如图7-3所示的吊耳式结构。也有的车型采用滑板式结构（图7-4），当钢板弹簧变形时，主片与弧形滑块的接触点是变动的，从而使弹簧工作长度发生变化，此时钢板弹簧刚度略有变化。

由于货车后悬架载质量变化较大，为了保持悬架的频率不变或变化不大，广泛地在后悬架中采用主副簧式钢板弹簧结构（图7-5）。副钢板弹簧总成一般装在主簧总成上方，当后悬架负荷较小时，仅由主钢板弹簧总成起作用。在负荷增加到一定程度时，副钢板弹簧总成与车架上的支架接触，开始起作用。此时，主、副钢板弹簧总成一起工作，一起承受载荷而使悬架刚度增大，保证车身振动频率不致因载荷增加而变化过大。

为提高汽车的行驶平顺性，有的轻型货车后悬架采用将副簧（各片板簧的曲率半径不同）置于主簧之下的渐变刚度钢板弹簧（图7-6）。载荷小时，主簧起作用，当载荷增加到一定值时，副簧各片开始逐步与主簧接触，悬架刚度随之相应提高，弹簧特性变为非线性。当副簧各片完全接触后，弹簧特性又变为线性，此时相当于主副簧结构。

以纵置钢板弹簧为弹性元件兼作导向装置的非独立悬架，其主要优点是：结构简单，制造容易，维修方便，工作可靠。其缺点是：由于整车布置上的限制，钢板弹簧不可能有足够的长度（特别是前悬架），使之刚度较大，所以汽车平顺性较差；簧下质量大；在不平路面上行驶时，左、右车轮相互影响，并使车轴（桥）和车身倾斜；当两侧车轮不同步跳动时，车轮会左右摇摆，使前轮容易产生摆振；前轮跳动时，悬架易与转向传动机构运动干涉；当

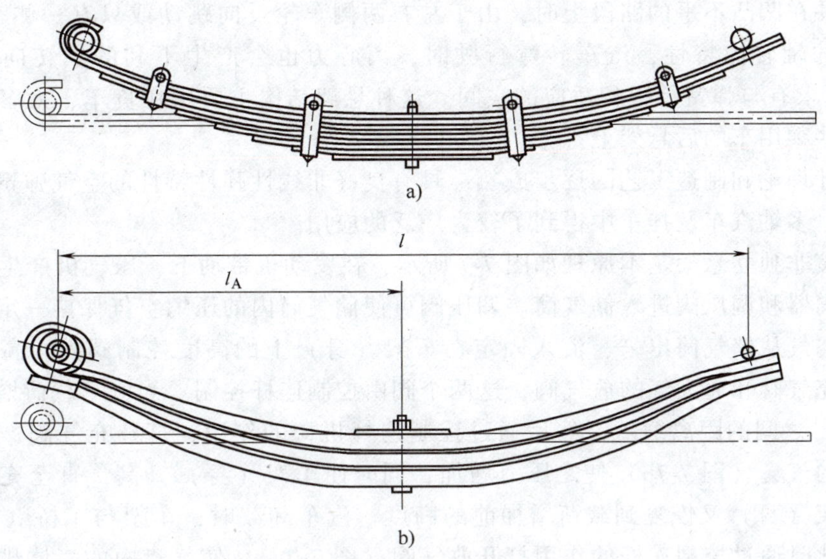

图 7-4　纵置钢板弹簧悬架（滑板式）

a）多片簧　b）少片簧

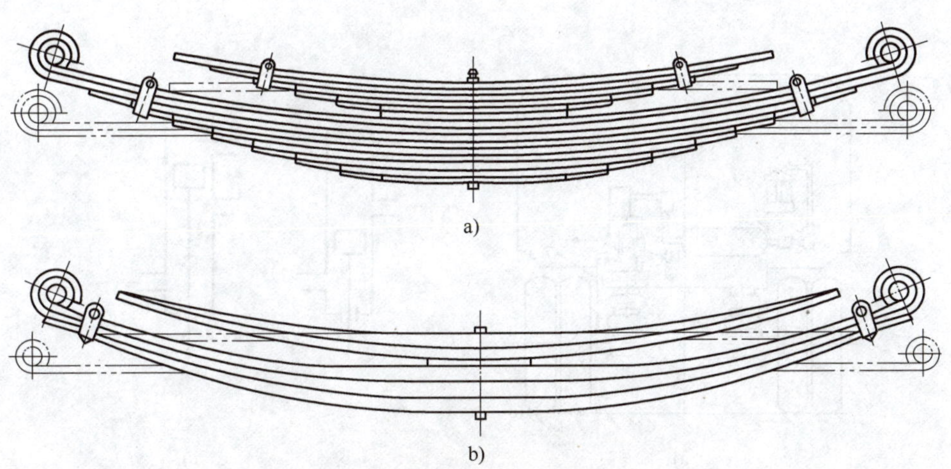

图 7-5　纵置钢板弹簧悬架（主副簧式）

a）多片簧　b）少片簧

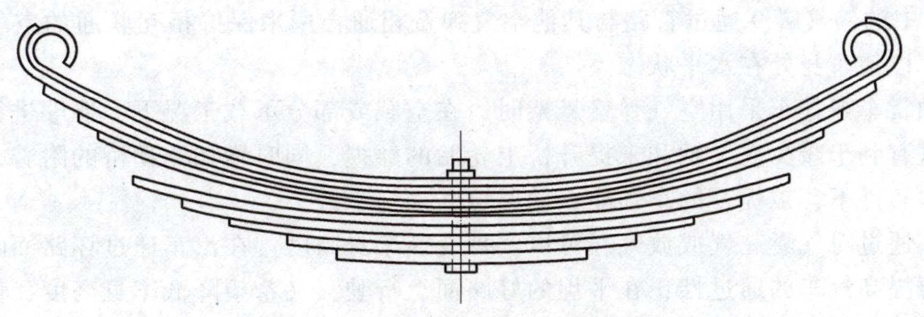

图 7-6　渐变刚度钢板弹簧悬架

汽车直线行驶在凹凸不平的路段上时，由于左右两侧车轮反向跳动或只有一侧车轮跳动时，会产生不利的轴转向特性；汽车转弯行驶时，离心力也会产生不利的轴转向特性；车轴（桥）上方要求有与弹簧行程相适应的空间。这种悬架结构主要用在货车、大客车的前、后悬架以及某些乘用车的后悬架上。

随着设计理论和制造工艺的逐步成熟，具有良好非线性弹性特性的空气弹簧非独立悬架在重型货车、多轴汽车及挂车中得到了较为广泛的应用。

空气弹簧非独立悬架基本原理如图 7-7 所示，在发动机带动下，压气机产生的压缩空气经过油水分离器和调压阀进入储气筒。调压阀可使储气筒内的压缩空气保持一定的压力。需要时，压缩空气从储气筒出来，流入固定在车架（身）上的高度控制阀内。高度控制阀上有通气源的充气阀和通大气的放气阀，这两个阀由控制连杆控制。当汽车载荷增加时，车架与车桥（轴）之间的距离缩短，然后通过控制连杆机构的作用，打开充气阀，压缩空气流入空气弹簧的气囊（图 7-7b）使之压力增加，同时使车架（身）升高，直至充气阀关闭为止，此时车架（身）又恢复到载荷增加前的高度。汽车卸载时，车架与车桥（轴）之间的距离增大，此时通过控制连杆的作用打开放气阀（图 7-7c），使气囊内的气体排入大气，压力减小，直至车架（身）高度恢复到卸载前的位置为止。因此，装有空气弹簧悬架的汽车，从空载到满载的各种载荷状态下均能保持车身高度不变。这有利于乘客上、下车或工人装、卸货物。

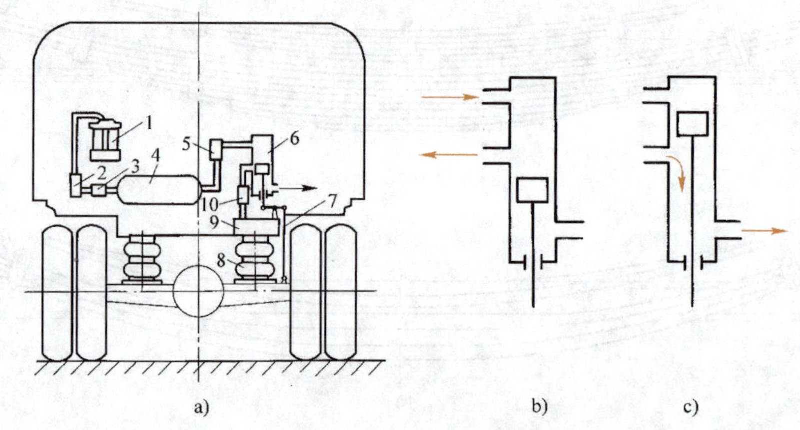

图 7-7 空气弹簧非独立悬架

1—压气机 2—油水分离器 3—调压阀 4—储气筒 5、10—空气滤清器 6—高度控制阀 7—控制连杆 8—空气弹簧 9—储气罐

图 7-7 中的储气罐 9 通过管路与其他空气弹簧相通，用来保持相互联通的空气弹簧有相同的压力，以使车身处在水平状态。

当多轴货车或挂车采用空气弹簧悬架时，在空载或部分承载工况下，能够进行单轴或多轴提升，这有利于减少提升轴和未提升桥上轮胎的磨损，同时增加驱动桥的附着力。当未提升桥过载的条件下，被提升的车轴能自动回位并参与承载。

此外，通过对气囊充气或放气，可以实现变换车身高度。在汽车通过坏路面时，要求升起车身以便提高汽车的通过性；在平坦的好路面上行驶，又希望降低车身高度，借以获得低的质心高度和较好的行驶稳定性以及减少空气阻力。

采用空气弹簧以后，在汽车左、右侧的簧上质量不均匀时，通过高度控制阀的作用，可以保证整车车身处于水平状态。在汽车高速转弯的行驶条件下，与采用钢板弹簧悬架的汽车相比，采用空气弹簧悬架的汽车车身侧倾角明显减小。

汽车行驶在路上，车轮对路面作用有冲击力，车速越高冲击力越大。在垂直、纵向和横向力的综合作用下，形成对路面的剪切力，使路面形成凸包、波浪等而损坏。总质量越大的汽车，对高速公路破坏的程度越严重，这也是造成高速公路损坏的主要原因之一。装用空气弹簧悬架的汽车，因空气弹簧悬架的刚度低，所以车轮对路面作用的动载荷要小，这就使路面受到的破坏程度得以减轻。

二、独立悬架方案分析

独立悬架的结构特点是两侧的车轮各自独立地与车架（或车身）弹性连接，故而具有以下优点：两侧车轮可以单独运动而相互不影响，在不平道路上行驶时可减少车架和车身振动；减小了汽车的簧下质量，有利于降低冲击载荷，提高平均行驶速度；采用断开式车桥，便于将发动机的位置降低和前移，使整车质心高度下降，改善了汽车的行驶稳定性；占用空间较小，给予车轮较大的运动空间，能采用较小刚度的弹簧，降低了振动频率，改善了汽车的行驶平顺性。上述优点使得独立悬架广泛应用在现代汽车中，特别是乘用车前悬架中。但独立悬架也存在结构复杂、维修不便、成本较高等缺点。

独立悬架按车轮运动形式的不同，可主要分为横臂式独立悬架（车轮在汽车横向平面内摆动）、纵臂式独立悬架（车轮在汽车纵向平面内摆动）、麦弗逊式独立悬架（车轮沿主销移动的悬架）和斜臂式独立悬架（车轮在汽车斜向平面内摆动）四种类型，如图 7-8 所示。

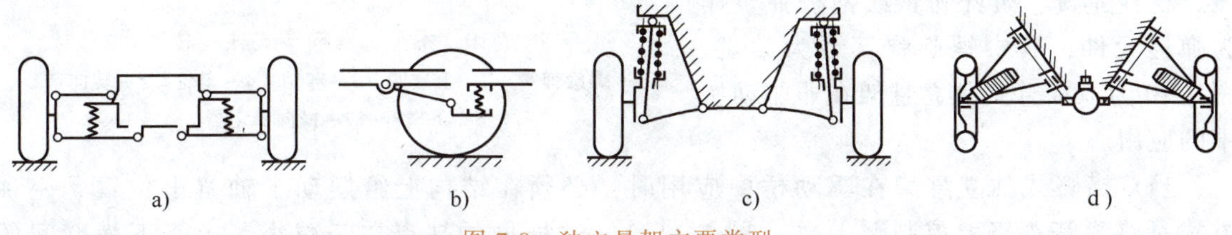

图 7-8 独立悬架主要类型

a）横臂式 b）纵臂式 c）麦弗逊式 d）斜臂式

1. 横臂式独立悬架

横臂式独立悬架可分为单横臂式独立悬架和双横臂式独立悬架两种形式。

单横臂式独立悬架结构简单，侧倾中心较高，有较强的抗侧倾能力，但车轮上下运动时，车轮平面将产生倾斜而改变轮距的大小，并使主销内倾角及车轮外倾角均发生较大变化。轮距变化使轮胎产生横向滑移，破坏轮胎与地面的附着，因此这种悬架较少应用于前悬架。

双横臂式独立悬架按其上、下横臂的长短又可分为等长双横臂式和不等长双横臂式两种。等长双横臂式独立悬架（图 7-9a）在其车轮做上下跳动时，可保持主销倾角不变，但轮距却有较大的变化，会使轮胎磨损严重，故已很少采用。不等长双横臂式独立悬架（图 7-9b）在车轮上下跳动时，只要适当地选择上、下横臂长度并合理布置，即可使轮距及车轮定位参数的变化量限定在允许范围内，因此，不等长双横臂式独立悬架能保证汽车有良好的行驶稳定性，已在中、高级轿车的前悬架广泛采用。

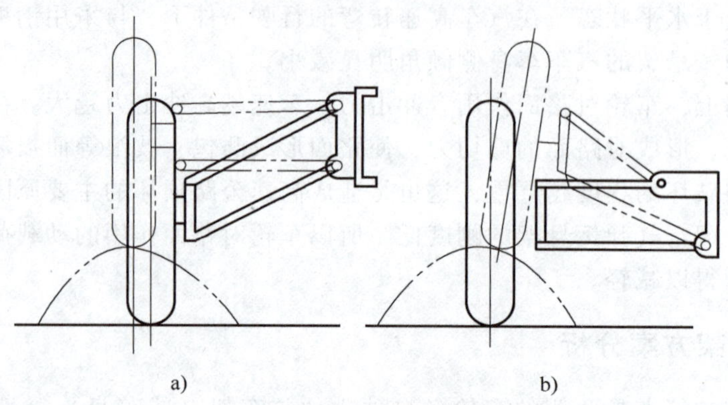

图 7-9 双横臂式独立悬架示意图

a）等长双横臂式 b）不等长双横臂式

双横臂式独立悬架的突出优点在于设计的灵活性，可以通过合理选择空间导向杆系的铰接点的位置及导向臂（或称为控制臂）的长度，使得悬架具有合适的运动特性（亦即当车轮跳动或车身侧倾时，车轮定位角及轮距的变化能尽量满足设计的要求），并且形成恰当的侧倾中心和纵倾中心。

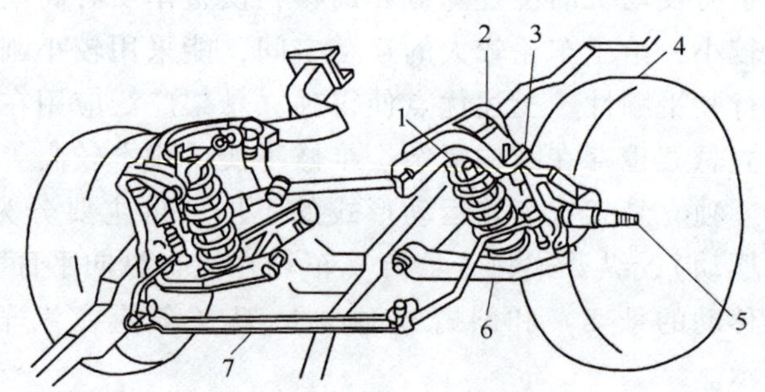

图 7-10 不等长双横臂式独立悬架

1—螺旋弹簧 2—上横臂 3—球销 4—车轮 5—转向节 6—下横臂 7—横向稳定器

双横臂式独立悬架可采用螺旋弹簧、空气弹簧、扭杆弹簧或钢板弹簧作为弹性元件，其中螺旋弹簧最为常见。图 7-10 为双横臂式独立悬架在非驱动桥中的应用。

当双横臂式独立悬架在驱动桥中应用时，必须在结构上给摆动半轴留出位置。一种方式是将弹簧置于上控制臂上方（图 7-11a），这样做的缺点在于减小了上、下横臂间的垂直距离和弹簧的行程，并且振动直接传递给车身前端；另一种方式是采用专门的叉形构件为摆动半轴留出空间（图 7-11b），或者经过特别设计，使弹簧、减振器位于摆动半轴后方。

2. 纵臂式独立悬架

纵臂式独立悬架也称为拖曳臂式独立悬架，由平行于汽车行驶方向的纵臂承担导向和传力作用，可分为单纵臂式独立悬架和双纵臂式独立悬架两种形式，如图 7-12 所示。单纵臂式独立悬架在车轮上下运动时，主销后倾角会产生很大变化（图 7-12a），因此这种悬架较少在前悬架中应用。

纵臂式独立悬架可以采用螺旋弹簧或扭杆弹簧作为弹性元件，如图 7-13 所示。

纵臂式独立悬架结构简单，占用垂向及横向空间小，纵臂转动点即为悬架的纵倾中心，将两个纵臂长度做成相等，形成平行四连杆机构，可使车轮上下运动时主销后倾角不变，因而这种形式的悬架适用于转向轮。但纵臂式独立悬架侧倾中心位于地面，增加了汽车转向时

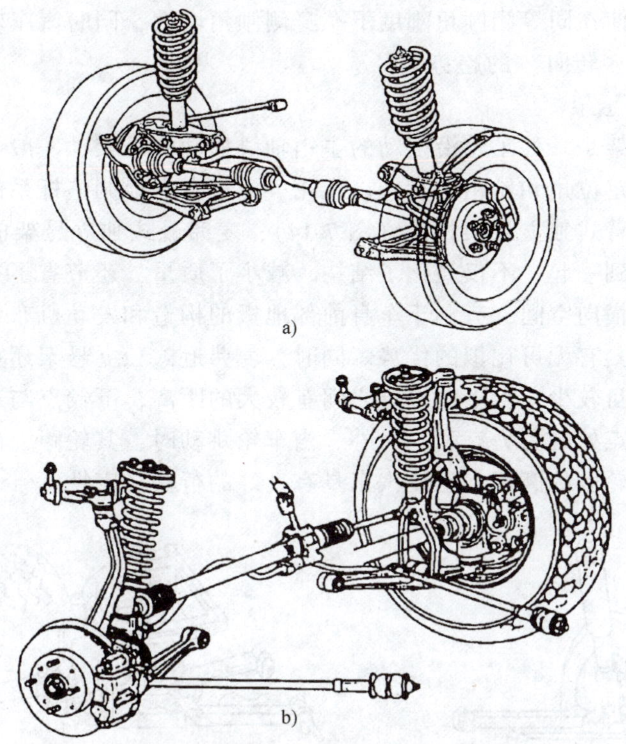

图 7-11 双横臂式独立悬架应用于驱动桥示意图

a）弹簧置于上控制臂上方 b）叉形构件

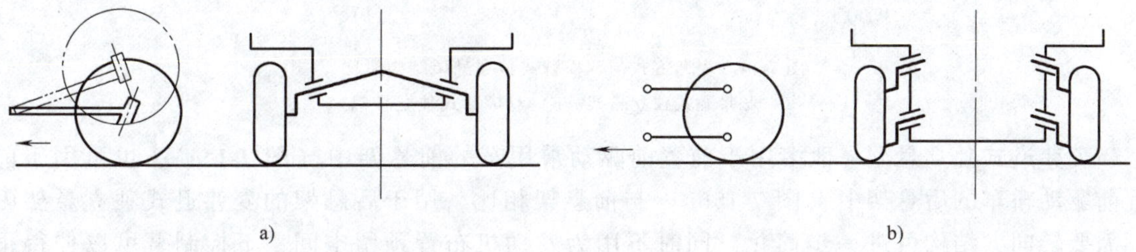

图 7-12 纵臂式独立悬架示意图

a）单纵臂式 b）双纵臂式

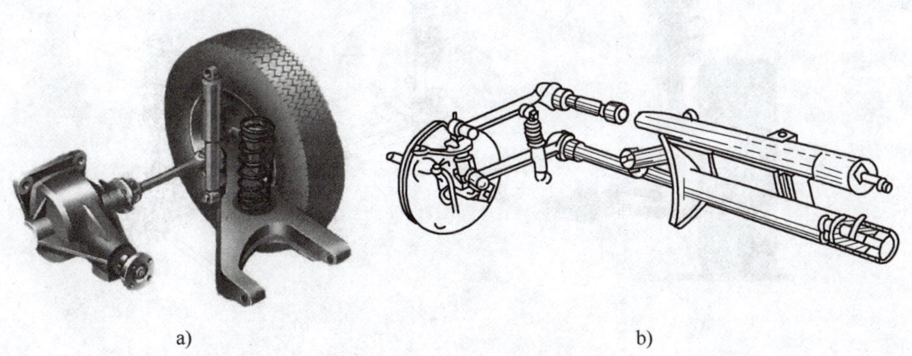

图 7-13 纵臂式独立悬架

a）螺旋弹簧（单纵臂） b）扭杆弹簧（双纵臂）

惯性力的作用力臂，使在同等侧倾角刚度下车身侧倾角增大，同时汽车转向时，在侧向力的作用下，有增加“过多转向”的趋势。

3. 麦弗逊式独立悬架

麦弗逊式独立悬架是一种车轮沿摆动的主销轴线移动的悬架，一般由滑动立柱和下控制臂组成。变形时主销定位角和轮距都有些许变化。通过合理地调整杆系的布置，可使定位参数变化极小。与双横臂式独立悬架相比（图 7-14），麦弗逊式独立悬架的最大特点在于将导向机构及减振器集成到一起，不仅简化了结构，减小了质量，还节省了空间，降低了制造成本，并且几乎不占用横向空间，有利于车身前部地板的构造和发动机布置，这一点在用于紧凑型轿车的前悬架时具有无可比拟的优势。同时，麦弗逊式独立悬架还具有以下优点：弹簧行程较大；铰接点数目较少；上下铰接点之间有较大的距离，下铰点与车轮接地点之间距离较小，这对减少铰接点处的受力有利。另外，当车轮跳动时，其轮距、前束及车轮外倾角等均改变不大，减轻了轮胎的磨损，也使汽车具有良好的行驶稳定性。

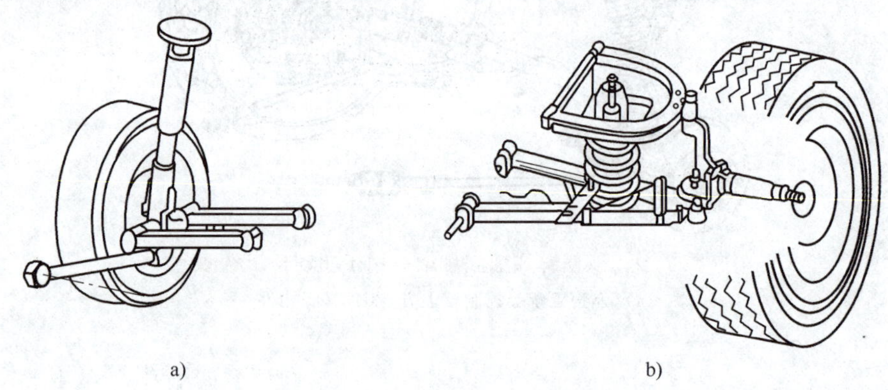

图 7-14 麦弗逊式与双横臂式独立悬架结构对比

a）麦弗逊式独立悬架 b）双横臂式独立悬架

麦弗逊式独立悬架一般多用于前置前驱动乘用车的前悬架中（图 7-15a），也可用于前置前驱动轿车的后悬架中（图 7-15b）。与前悬架相比，用于后悬架的麦弗逊式独立悬架因不需要转向，结构可进一步简化，同时不用为发动机布置预留空间，下控制臂可以伸得很长，以减小车轮跳动时轮距及外倾角的变化量。

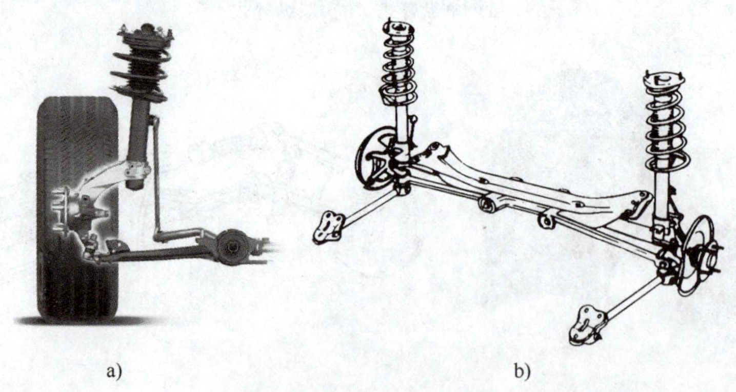

图 7-15 麦弗逊式独立悬架的应用

a）在前悬架中的应用 b）在后悬架中的应用

4. 单斜臂式独立悬架

单斜臂式独立悬架，也称为半拖曳臂式独立悬架，是介于单横臂和单纵臂之间的一种悬架形式，可视为单纵臂式独立悬架的变型使用（图 7-16）。单斜臂绕与汽车纵轴线成一定夹角的轴线摆动。适当选择夹角能形成恰当的侧倾中心及纵倾中心，可使轮距、车轮外倾及前束等车轮定位参数变化较小，从而获得良好的操纵稳定性。

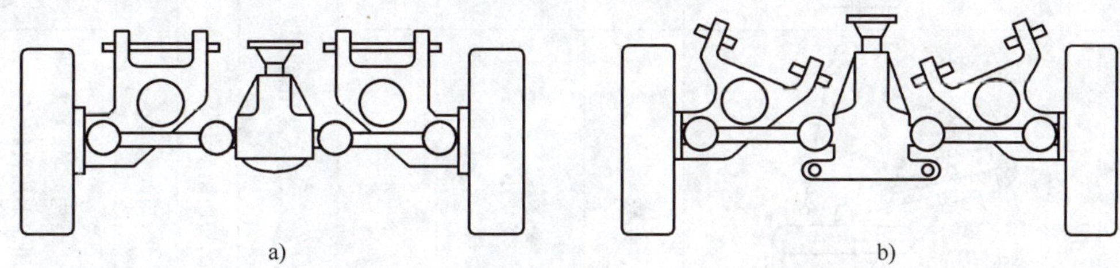

图 7-16　纵臂式独立悬架与斜臂式独立悬架的比较

a）纵臂式独立悬架示意　b）斜臂式独立悬架示意

5. 多连杆式独立悬架

多连杆式独立悬架是指采用多根杆件（通常 4~5 根）组合在一起来控制车轮位置变化的独立悬架，图 7-17 为五连杆式独立悬架示意图。由于多连杆式独立悬架具有连杆作用的组合效应，能较好地消除外倾角的变化，即使车身晃动，也能使轮胎保持垂直；能在车轮跳动时很好地抑制轮距和前束的变化；能提高悬架的整体刚性，使其不易受侧向力影响而产生几何变化；能实现主销后倾的最佳位置，并改善加速和制动工况下的平顺性和舒适性，同时保证直线行驶稳定性。但其结构相对复杂，占用侧向空间大（不便于发动机布置），成本偏高，维修不便。

6. 扭转梁随动臂式悬架

扭转梁随动臂式悬架是指左右车轮之间用一根可扭转的弹性梁连接，而使左右后轮介于独立悬架的不直接相连与非独立悬架的刚性连接之间，故这种悬架可看成是近似独立悬架（有称其为半独立悬架，或复合纵臂式悬架），其中的弹性横梁还兼起横向稳定杆的作用。由于扭转梁随动臂式悬架结构简单，成本较低，占用空间小，且维修方便，因而在部分乘用车后悬架中得到应用，其基本结构如图 7-18 所示。

表 7-1 分析了不同形式独立悬架的特点。

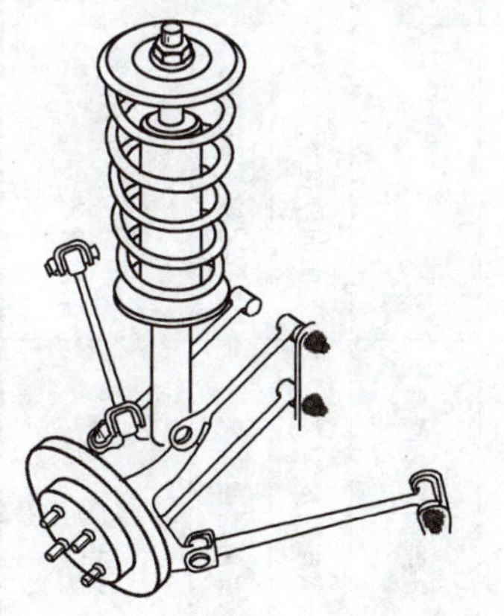

图 7-17　多连杆式独立悬架示意图

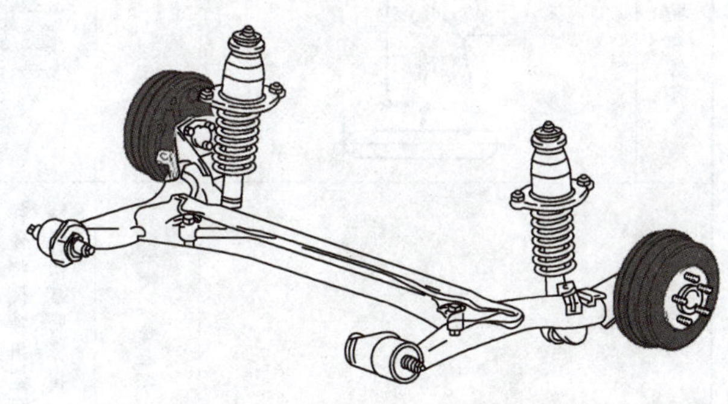

图 7-18　扭转梁随动臂式悬架基本结构

表 7-1 不同形式悬架的特点

特性	双横臂式	单横臂式	单纵臂式	单斜臂式	麦弗逊式	扭转梁随动臂式①
		a) b)				
侧倾中心高度	比较低	比较高（特别是图 a 所示结构）	比较低	居单横臂式和单纵臂式之间	比较高	比较低
车轮相对车身跳动时车轮定位参数的变化	车轮外倾角与主销内倾角均有变化	车轮外倾角与主销内倾角变化大	主销后倾角变化大	有变化	变化小	左、右轮同时跳动时不变
轮距	变化小，故轮胎磨损速度慢	变化大，故轮胎磨损速度快	不变	变化不大	变化很小	不变
悬架侧倾角刚度	较小，需要用横向稳定器	较大，可不装横向稳定器	较小，需要用横向稳定器	居单横臂式和单纵臂式之间	较大，可不装横向稳定器	
横向刚度	横向刚度大		横向刚度小	横向刚度较小	横向刚度大	
占用的空间尺寸	占用较多的空间	占用较少的空间	几乎不占用高度空间		占用的空间小	
其他	结构稍复杂，前悬架用得较多	结构简单，成本低，前悬架上用得少	结构简单，成本低		结构简单、紧凑，乘用车上用得较多	结构简单，用于发动机前置前轮驱动乘用车的后悬架

① 国内也有人将此悬架称为半独立悬架。

三、前、后悬架方案的选择

目前汽车的前、后悬架采用的方案有：前轮和后轮均采用非独立悬架；前轮采用独立悬架，后轮采用非独立悬架；前轮与后轮均采用独立悬架。

前、后悬架均采用纵置钢板弹簧非独立悬架的汽车转向行驶时，内侧悬架处于减载而外侧悬架处于加载状态，于是内侧悬架受拉伸，外侧悬架受压缩，结果与悬架固定连接的车轴（桥）的轴线相对汽车纵向中心线偏转一角度 α。对前轴，这种偏转使汽车不足转向趋势增加；对后桥，则增加了汽车过多转向趋势，如图 7-19a 所示。乘用车将后悬架纵置钢板弹簧的前部吊耳位置布置得比后边吊耳低，于是悬架的瞬时运动中心位置降低，与悬架连接的车桥位置处的运动轨迹如图 7-19b 所示，即处于外侧悬架与车桥连接处的运动轨迹是 oa 段，结果后桥轴线的偏离不再使汽车具有过多转向的趋势。

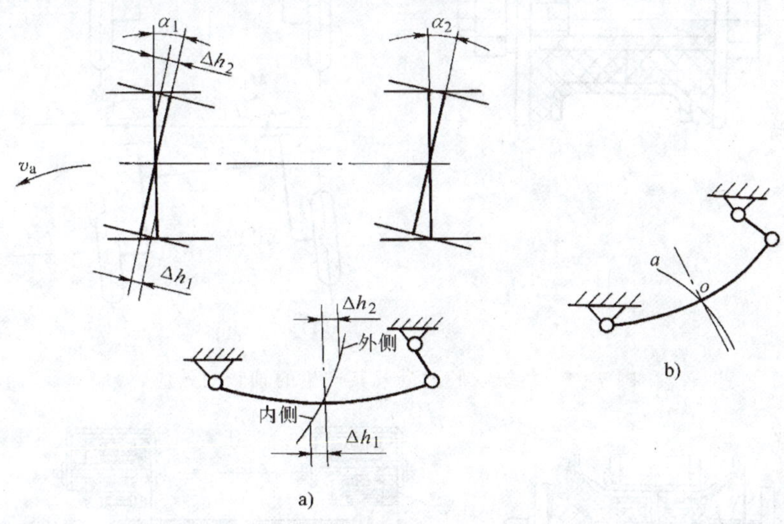

图 7-19 汽车的轴转向效应

另外，前悬架采用纵置钢板弹簧非独立悬梁时，因前轮容易发生摆振现象，不能保证汽车有良好的操纵稳定性，所以乘用车的前悬架多采用独立悬架。

发动机前置前轮驱动的乘用车，常采用麦弗逊式前悬架和扭转梁随动臂式后悬架。

图 7-20 为麦弗逊式前悬架，其弹性元件——螺旋弹簧套装在减振器外部，下摆臂的球头伸到轮毂空间内，使结构非常紧凑。当主销轴线的延长线与地面的交点位于轮胎胎冠印迹中心线外侧时，具有负的主销偏移距 r_s，这对保证汽车制动稳定性有利。

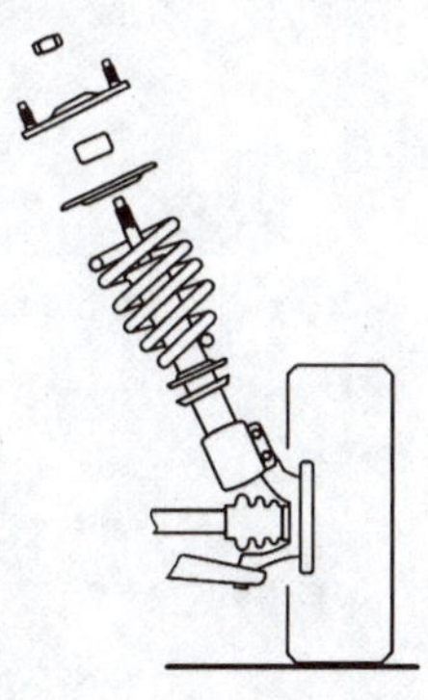

图 7-20 麦弗逊式独立悬架

扭转梁随动臂式后悬架，除在表 7-1 中介绍的一些特点外，由于扭转梁随动臂式支承点处采用各向异性的橡胶衬套，既具有隔振性能，又能防止汽车因后轴轴转向而产生过多转向。图 7-21a 为悬架铰接点处采用传统橡胶衬套支座。因橡胶部分比较厚大，能较好地隔振、隔声；但是在侧向力作用下，由于橡胶的弹性作用，后轴会产生不利于操纵稳定性的轴转向效应（图 7-21b）。图 7-22a 所示橡胶衬套，在横截面上按对角线方向开有楔形孔，使之在不同的方向有不同的刚度，即沿汽车纵轴线方向衬套有较小的刚度，以保证汽车在驶过道路接缝或小凸起阻碍时能较好地缓和冲击与振动；而当车轮承受 F_{y1} 和 F_{y2} 侧向力作用时，可将 F_{y1} 和 F_{y2} 简化到作用在衬套上的力 F_1、F_2 和力矩 M_1、M_2（图 7-22c），橡胶衬套在侧向力 F_1、F_2 作用下，衬套内侧相对外侧移动，同时锥形凸肩相互压紧（图 7-22b），使纵向刚度和总扭转刚度增大，从而减轻了轴转向效应。因此，装用这种橡胶衬套的汽车转弯行驶时，比装用传统橡胶衬套的汽车具有更好的操纵稳定性。值得指出的是，在装配时要特别注意这种衬套的安装方向。

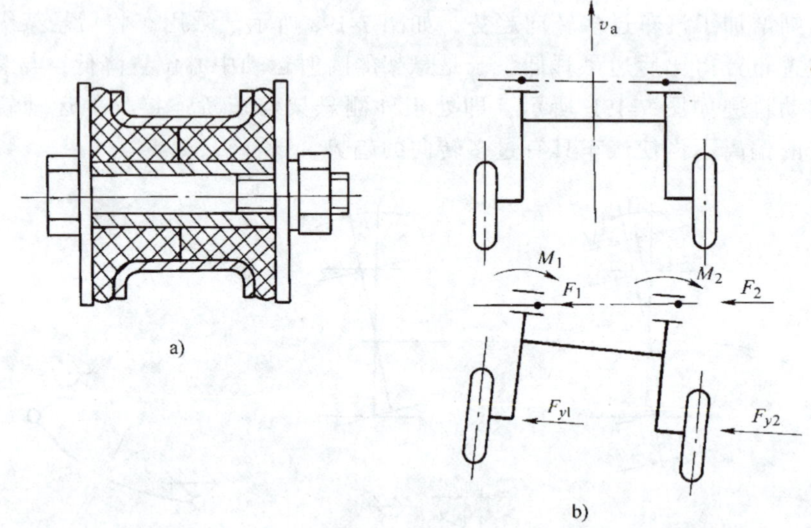

图 7-21 传统橡胶衬套及其产生的轴转向效应

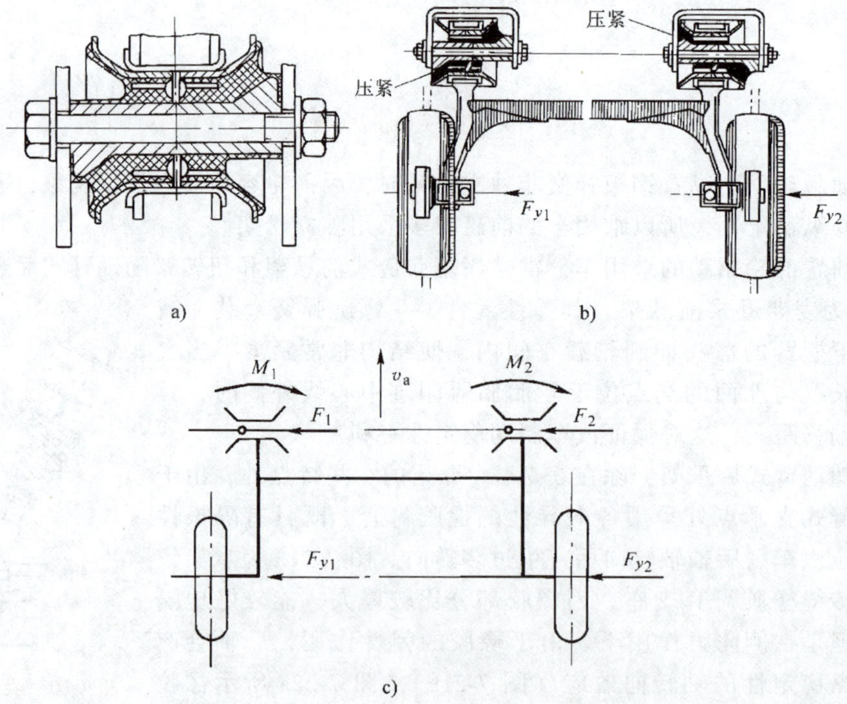

图 7-22 扭转梁随动臂式悬架用橡胶衬套

四、辅助元件

1. 横向稳定器

为了降低汽车的固有振动频率以改善行驶平顺性，现代汽车悬架的垂直刚度 c 一般都倾向取较小值，从而能降低车身固有频率 $n(n=\sqrt{c/m_s}/(2\pi))$，达到改善汽车平顺性的目的。但因为悬架侧倾角刚度 c_φ 和悬架垂直刚度 c 之间是正比关系，所以减小垂直刚度 c 的同时使侧倾角刚度 c_φ 也减小，并使车厢侧倾角增加，影响了汽车的行驶稳定性，也会让车厢中的乘员感到不舒适，降低了行车安全感。为此，现代汽车大多采用加装横向稳定器，在不增大悬架垂直刚度 c 的条件下，增大悬架的侧倾角刚度 c_φ，以保证汽车的行驶稳定性。

横向稳定器在独立悬架中的典型安装方式如图 7-23 所示。当左、右车轮同向等幅跳动时，横向稳定器不起作用；当左、右车轮有垂向的相对位移时，横向稳定器受扭，发挥弹性元件的作用。

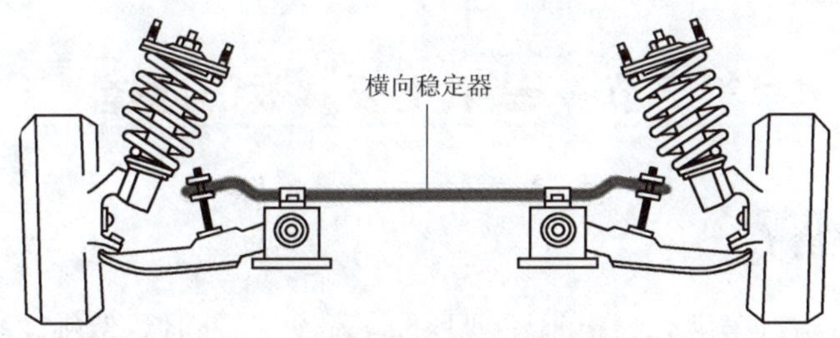

图 7-23　横向稳定器安装示意图

通常在汽车的前、后悬架中都装有横向稳定器，或者只在前悬架中安装。因为汽车转弯行驶产生的侧倾力矩，使内、外侧车轮的负荷发生转移，并影响车轮侧偏刚度 K 和车轮侧偏角 δ 变化。前、后轴（桥）车轮负荷转移的大小，主要取决于前、后悬架的侧倾角刚度值。当前悬架侧倾角刚度 $c_{\varphi1}$ 大于后悬架侧倾角刚度 $c_{\varphi2}$ 时，前轴（桥）的车轮负荷转移大于后轴（桥）车轮上的负荷转移，并使前轮侧偏角 δ_1 大于后轮侧偏角 δ_2，以保证汽车有不足转向特性。若只在后悬架中安装，则会使汽车趋于过多转向。需要注意的是，当汽车在坑洼不平的路面行驶时，左、右车轮之间有垂向相对位移，由于横向稳定器的作用，增加了车轮处的垂向刚度，对汽车行驶平顺性有不利影响。

2. 缓冲块

缓冲块通常用图 7-24 所示形状的橡胶制造。通过硫化将橡胶与钢板连接为一体，再经焊在钢板上的螺钉将缓冲块固定到车架（车身）或其他部位上，起到限制悬架最大行程的作用。

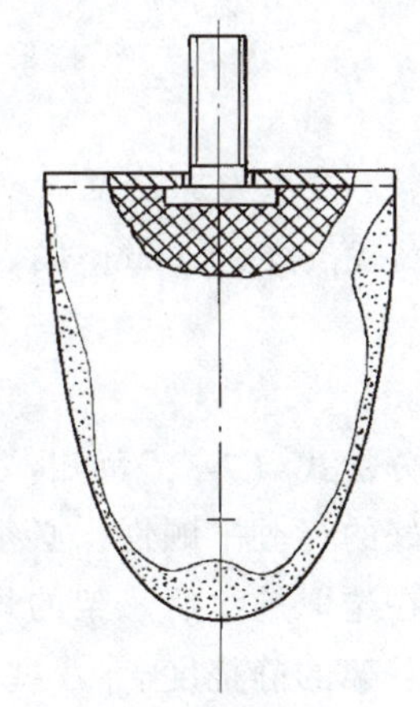

图 7-24　橡胶缓冲块

有些汽车装用多孔聚氨酯制成（图 7-25）的几种形状的缓冲块，它兼有辅助弹性元件的作用。多孔聚氨酯是一种有很高强度和耐磨性能的复合材料。这种材料起泡时就形成了致密的耐磨外层，但其外廓尺寸增加却不大，这点与橡胶不同。有些汽车的缓冲块装在减振器上，除了减振以外，还能有效保护减振器和悬架系统，降低行驶噪声，减少油封漏油。

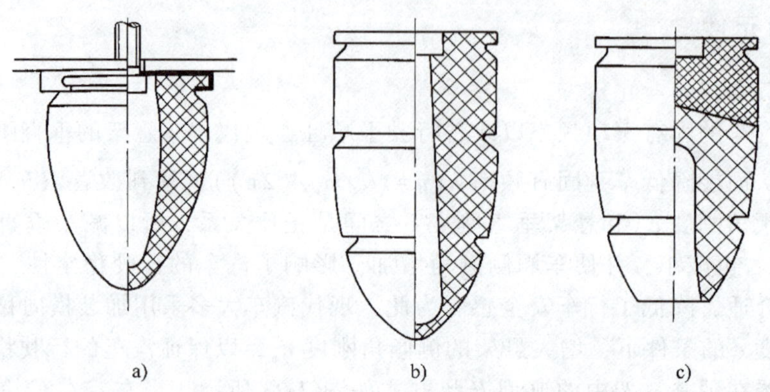

图 7-25 由多孔聚氨酯制成的辅助弹性元件形状

第三节 悬架主要参数的选择

一、悬架静挠度 f_c

悬架静挠度 f_c 是指汽车满载静止时悬架上的载荷 F_w 与此时悬架刚度 c 之比，即 $f_c = F_w / c$。

汽车前、后悬架与其簧上质量组成的振动系统的固有频率，是影响汽车行驶平顺性的主要参数之一。因现代汽车的质量分配系数 ε 多为 0.8~1.2，近似等于 1，于是汽车前、后轴上方车身两点的振动可认为不存在相互关联。因此，汽车前、后部分车身的固有频率 n_1 和 n_2（亦称偏频）可用下式表示

$$n_1 = \frac{\sqrt{c_1 / m_1}}{2\pi}; \quad n_2 = \frac{\sqrt{c_2 / m_2}}{2\pi} \tag{7-1}$$

式中，c_1、c_2 为前、后悬架的刚度（N/m）；m_1、m_2 前、后悬架的簧上质量（kg）。

当采用弹性特性线性变化的悬架时，前、后悬架的静挠度可用下式表示

$$f_{c1} = \frac{m_1 g}{c_1}; \quad f_{c2} = \frac{m_2 g}{c_2} \tag{7-2}$$

式中，g 为重力加速度（一般取 9.81m/s^2）。

将 f_{c1}、f_{c2}（mm）代入式（7-1）得到

$$n_1 = \sqrt{\frac{250}{f_{c1}}}; \quad n_2 = \sqrt{\frac{250}{f_{c2}}} \tag{7-3}$$

分析式（7-3）可知：悬架的静挠度 f_c 直接影响车身振动的偏频 n。因此，欲保证汽车有良好的行驶平顺性，必须正确选取悬架的静挠度。

在选取前、后悬架的静挠度值 f_{c1} 和 f_{c2} 时，应当使之接近，并希望后悬架的静挠度 f_{c2} 比前悬架的静挠度 f_{c1} 小些，这有利于防止车身产生较大的纵向角振动。理论分析证明：若汽车以较高车速驶过单个路障，$n_1/n_2<1$ 时的车身纵向角振动要比 $n_1/n_2>1$ 时小，故推荐取

$f_{c2}=(0.8\sim0.9)f_{c1}$。考虑到货车前、后轴荷的差别和驾驶员的乘坐舒适性，取前悬架的静挠度值大于后悬架的静挠度值，推荐$f_{c2}=(0.6\sim0.8)f_{c1}$。为了改善小排量乘用车后排乘客的乘坐舒适性，有时取后悬架的偏频低于前悬架的偏频。

用途不同的汽车，对平顺性要求也不同。以运送人为主的乘用车，对平顺性的要求最高，客车次之，货车更次之。对发动机排量在 1.6L 以下的乘用车，前悬架满载偏频要求在 1.00~1.45Hz，后悬架则要求在 1.17~1.58Hz。原则上，乘用车的发动机排量越大，悬架的偏频应越小，要求满载前悬架偏频在 0.80~1.15Hz，后悬架则要求在 0.98~1.30Hz。货车满载时，前悬架偏频要求在 1.50~2.10Hz，而后悬架则要求在 1.70~2.17Hz。选定偏频以后，再利用式（7-3）即可计算出悬架的静挠度。

二、悬架动挠度f_d

悬架动挠度f_d是指从满载静平衡位置开始悬架压缩到结构允许的最大变形（通常指缓冲块压缩到其自由高度的1/2或2/3）时，车轮中心相对车架（或车身）的垂直位移。要求悬架应有足够大的动挠度，以防止在坏路面上行驶时经常碰撞缓冲块。对乘用车，f_d取70~90mm；对客车，f_d取50~80mm；对货车，f_d取60~90mm。

悬架的静挠度f_c及动挠度f_d的取值受到汽车总布置允许的工作行程的限制，对于乘用车来说悬架总的工作行程（动挠度f_d与静挠度f_c之和）一般应不小于160mm。

三、悬架弹性特性

悬架受到的垂直外力F与由此所引起的车轮中心相对于车身位移f（即悬架的变形）的关系曲线，称为悬架的弹性特性。其切线的斜率是悬架的刚度。

悬架的弹性特性有线性弹性特性和非线性弹性特性两种。当悬架变形f与所受垂直外力F之间成固定的比例变化时，弹性特性为一直线，称为线性弹性特性，此时悬架刚度为常数。当悬架变形f与所受垂直外力F之间不成固定的比例变化时，弹性特性如图 7-26 所示。此时，悬架刚度是变化的，其特点是在满载位置（图中点 8）附近，刚度小且曲线变化平缓，因而平顺性良好；距满载较远的两端，曲线变陡，刚度增大。这样，可在有限的动挠度f_d范围内，得到比线性悬架更多的动容量。悬架的动容量是指悬架从静载荷的位置起，变形到结构允许的最大变形为止消耗的功。悬架的动容量越大，对缓冲块击穿的可能性越小。

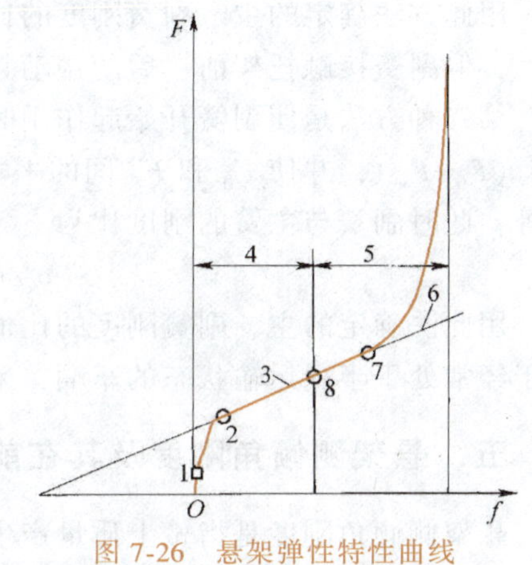

图 7-26 悬架弹性特性曲线

1—缓冲块复原点 2—复原行程中缓冲块脱离支架的点 3—主弹簧的弹性特性曲线 4—复原行程 5—压缩行程 6—在缓冲块压缩期悬架的弹性特性曲线 7—缓冲块压缩时开始接触弹性支架的点 8—额定载荷之点

对于空载与满载时簧上质量变化大的货车和客车，为了减少振动频率和车身高度的变化，应当选用刚度可变的非线性悬架。乘用车簧上质量在使用中虽然变化不大，但为了减少车轴对车架的撞击，减少转弯行驶时的侧倾与制动时的前俯角和加速时的后仰角，也应当采用刚度可变的非线性悬架。

为了使悬架近似实现理想的非线性弹性特性，可以采取使用空气弹簧或在悬架中增加辅助弹簧的方法。增加辅助弹簧可以采用主副簧式钢板弹簧或渐变刚度钢板弹簧或橡胶辅助弹簧。采用辅助弹簧时，应当针对不同的车型及其用途合理地确定悬架的弹性特性。

四、后悬架主、副簧刚度的分配

货车后悬架多采用有主、副簧结构的钢板弹簧。其悬架弹性特性曲线如图 7-27 所示。载荷小时副簧不工作，载荷达到一定值（图 7-27 中的 F_K）时副簧与托架接触，开始与主簧共同工作。

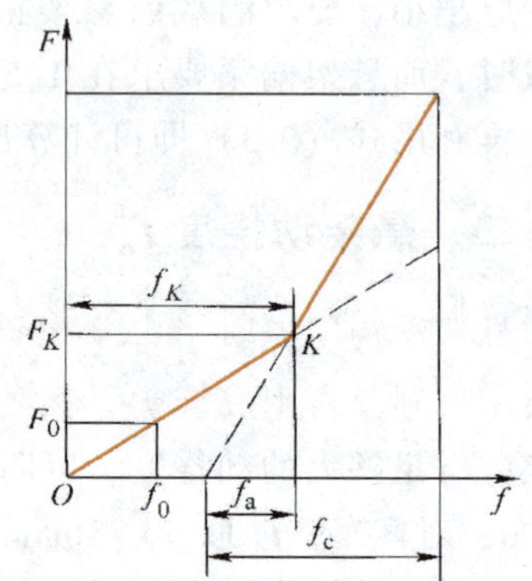

图 7-27 货车主、副簧为钢板弹簧结构的弹性特性

如何确定副簧开始参加工作的载荷 F_K 和主、副簧之间的刚度分配，受悬架的弹性特性和主、副簧上载荷分配的影响。原则上，要求车身从空载到满载时的振动频率变化要小，以保证汽车有良好的平顺性；还要求副簧参加工作前、后的悬架振动频率变化不大。这两项要求不能同时满足。具体确定方法有两种：第一种方法是使副簧开始起作用时的悬架挠度 f_a 等于汽车空载时悬架的挠度 f_0，而使副簧开始起作用前一瞬间的挠度 f_K 等于满载时悬架的挠度 f_c。于是，可求得 $F_K=\sqrt{F_0F_w}$。式中，F_0 和 F_w 分别为空载与满载时的悬架载荷。副簧、主簧的刚度比为

$$c_a/c_m=\sqrt{\lambda}-1,\lambda=F_w/F_0 \tag{7-4}$$

式中，c_a 为副簧刚度；c_m 为主簧刚度。

用此方法确定的主、副簧刚度的比值，能保证在空、满载使用范围内悬架振动频率变化不大，但副簧接触托架前、后的振动频率变化比较大。

第二种方法是使副簧开始起作用时的载荷等于空载与满载时悬架载荷的平均值，即 $F_K=0.5(F_0+F_w)$，并使 F_0 和 F_K 间的平均载荷对应的频率与 F_K 和 F_w 间平均载荷对应的频率相等，此时副簧与主簧的刚度比为

$$c_a/c_m=(2\lambda-2)/(\lambda+3) \tag{7-5}$$

用此法确定的主、副簧刚度的比值，能保证副簧起作用前、后悬架振动频率变化不大。对于经常处于半载运输状态的车辆，采用此法较为合适。

五、悬架侧倾角刚度及其在前、后轴的分配

悬架侧倾角刚度是指簧上质量产生单位侧倾角时，悬架给车身的弹性恢复力矩。它对车身侧倾角有影响。侧倾角过大或过小都不好。乘坐侧倾角刚度过小而侧倾角过大的汽车，乘员缺乏舒适感和安全感。侧倾角刚度过大而侧倾角过小的汽车又缺乏汽车发生侧翻的感觉，同时使轮胎侧偏角增大。如果发生在后轮，会使汽车增加了过多转向的可能。要求在侧向惯性力等于 0.4 倍车重时，乘用车车身侧倾角在 2.5°~4°，货车车身侧倾角不超过 6°。

此外，还要求汽车转弯行驶时，在 $0.4g$ 的侧向加速度作用下，前、后轮侧偏角之差 $\delta_1-\delta_2$ 应当在 1°~3°范围内。而前、后悬架侧倾角刚度的分配会影响前、后轮的侧偏角大小，从而影响转向特性，所以设计时还应考虑悬架侧倾角刚度在前、后轴上的分配。为满足汽车

稍有不足转向特性的要求，应使汽车前轴的轮胎侧偏角略大于后轴的轮胎侧偏角。为此，应该使前悬架具有的侧倾角刚度略大于后悬架的侧倾角刚度。对乘用车，前、后悬架侧倾角刚度的比值一般为 1.4~2.6。

第四节 弹性元件的设计与计算

一、钢板弹簧的设计与计算

（一）钢板弹簧的布置方案

钢板弹簧是由若干片长度不等、曲率半径不同、厚度相等或不等的弹簧钢片叠合在一起组成的一根近似等强度的弹性梁。

钢板弹簧在汽车上可以纵置或者横置。纵置钢板弹簧能传递各种力和力矩，并且结构简单，故应用更为广泛。纵置钢板弹簧又有对称式与不对称式之分（图 7-28)。钢板弹簧中部在车轴（桥）上的固定中心至钢板弹簧两端卷耳中心之间的距离若相等，则为对称式钢板弹簧；若不相等，则为不对称式钢板弹簧。多数情况下，汽车采用对称式钢板弹簧；由于整车布置上的原因，或者需要在不改变钢板弹簧安装位置的同时调整轴距以达到改善轴荷分配的目的时，采用不对称式钢板弹簧。

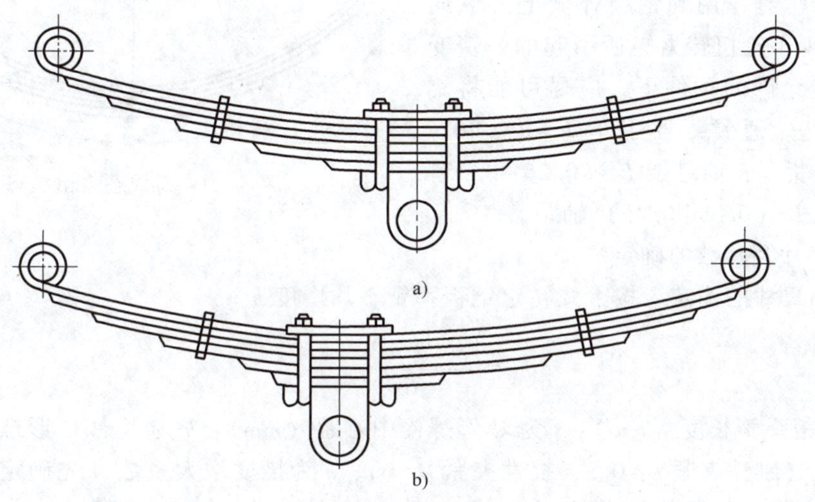

图 7-28 对称式与不对称式钢板弹簧

在货车上还采用了一种由单片或 2~3 片变厚度断面弹簧片所构成的少片变截面钢板弹簧（图 7-29)，其弹簧片断面尺寸沿长度方向是连续变化的，片宽保持不变；片间放有起减摩作用的青铜、塑料或尼龙垫片，或做成只在端部接触以减少片间摩擦。这种少片变截面钢板弹簧较好地克服了多片钢板弹簧质量大、行驶平顺性较差等缺点。

（二）钢板弹簧主要参数的确定

1. 满载弧高 f_a

满载弧高 f_a 是指钢板弹簧装在车轴（桥）上，汽车满载时钢板弹簧主片上表面与两端

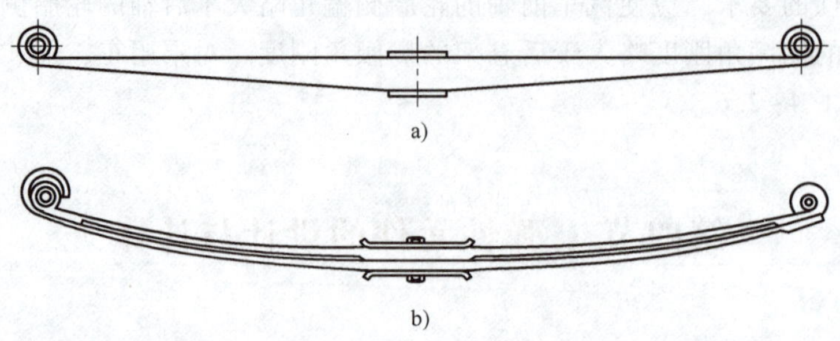

图 7-29　少片变截面钢板弹簧

a）单片簧　b）2 片簧

（不包括卷耳孔半径）连续间的最大高度差（图 7-30）、f_a 用来保证汽车具有给定的高度。当 $f_a=0$ 时，钢板弹簧在对称位置上工作。考虑到使用期间钢板弹簧塑造性变形的影响和为了在车架高度已限定时能得到足够的动挠值，常限 $f_a=10\sim20$mm。

2. 钢板弹簧长度 L 的确定

钢板弹簧长度 L 是指弹簧伸直后两卷耳中心之间的距离（图 7-30）。增加 L 能显著降低弹簧应力，提高使用寿命；降低弹簧刚度，改善汽车行驶平顺性；在垂直刚度 c 给定的条件下，又能明显增加纵向角度刚度（指产生单位纵向转角时作用到钢板弹簧上的纵向力矩）；能减少车轮扭转力矩所引起的弹簧变形。在总布置允许的条件下，应尽可能将钢板弹簧取长些。通常，乘用车 $L=(0.40\sim0.55)$ 轴距；货车，前悬架 $L=(0.26\sim0.35)$ 轴距，后悬架 $L=(0.35\sim0.45)$ 轴距。

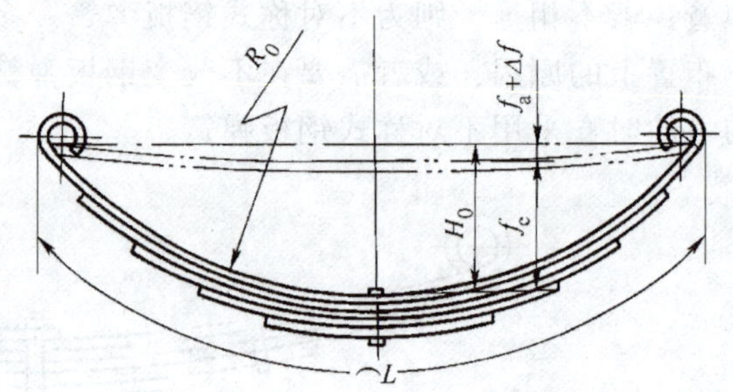

图 7-30　钢板弹簧总成在自由状态下的弧高

3. 断面尺寸及片数的确定

（1）断面尺寸的确定　按下式初定钢板弹簧平均厚度 h_p

$$h_p=\frac{(L-ks)^2\delta[\sigma_w]}{6Ef_c} \tag{7-6}$$

式中，L 为钢板弹簧长度（mm）；s 为 U 形螺栓中心距（mm）；k 为考虑 U 形螺栓夹紧后的无效长度系数（刚性夹紧 $k=0.5$，挠性夹紧 $k=0$）；δ 为挠度增大系数（先确定与主片长度等长的重叠片数 n_1，再估计一个总片数 n_0，求得 $\eta=n_1/n_0$，然后用 $\delta=1.5/[1.04(1+0.5\eta)]$ 初定 δ）；$[\sigma_w]$ 为许用弯曲应力，对于 55SiMnVB 或 60Si2Mn 等材料，表面经喷丸处理后，前悬架钢板弹簧 $[\sigma_w]=350\sim450$MPa，后悬架主钢板弹簧 $[\sigma_w]=450\sim550$MPa、副钢板弹簧 $[\sigma_w]=220\sim240$MPa；E 为钢板弹簧材料的弹性模量（MPa）；f_c 为悬架静挠度（mm）。

确定 h_p 后，再选择片宽 b。增大片宽，能增加卷耳强度，但当车身受侧向力倾斜时，弹簧的扭曲应力增加。前悬架若过宽则会影响转向轮的最大转角；片宽选取过窄，又得增加片数，增加片间的摩擦和弹簧的总厚。片厚 h 和片宽 b 应符合国产型材规格尺寸，可参见国家标准 GB/T 33164.1—2016《汽车悬架系统用弹簧钢　第 1 部分：热轧扁钢》的相关规定。

片厚 h、片宽 b 和片数 n 的改变，都会影响总惯性矩的大小，从而影响垂直刚度 c 和平顺性的变化。其中片厚 h 的影响最大。增加片厚 h，可以减少片数 n。从工艺角度希望各片厚度尽量相同，但因为主片工作条件恶劣，为了加强主片及卷耳，也常将主片加厚，其余各片厚度稍薄。一副钢板弹簧不宜超过三组。为使各片寿命接近，又要求最厚片与最薄片厚度之比应小于 1.5。

(2) 片数的选择 减少片数 n，有利于制造和装配，并可以降低片间干摩擦，改善行驶平顺性。但片数 n 过少又会使钢板弹簧和等强度梁的差别增大，材料利用率变差。多片钢板弹簧一般取 6~14 片，重型货车可达 20 片；用变截面少片簧时，片数选 1~4 片。

4. 各片长度的确定

假设各片厚度不同，则各片长度确定步骤如下：

先将各片厚度 h_i 的立方值 h_i^3 按同一比例尺沿纵坐标绘制在图上（图 7-31），再沿横坐标量出主片长度的一半 $L/2$ 和 U 形螺栓中心距的一半 $s/2$，得到 A、B 两点。AB 连线与各叶片上侧边的交点即为各片长度。如果存在与主片等长的重叠片，就从 B 点到最后一个重叠片的上侧边端点连一直线，此直线与各片上侧边的交点即为各片长度。各片实际长度尺寸需经圆整后确定。

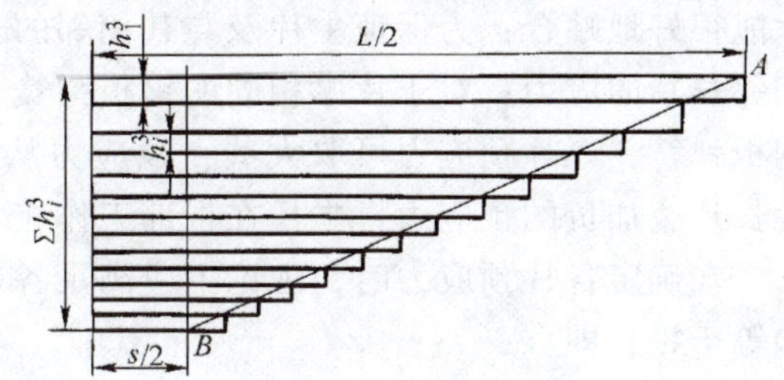

图 7-31 叶片断面形状

(三) 钢板弹簧的刚度验算

可按下式验算刚度：

$$c = 6\alpha E \Big/ \left[\sum_{k=1}^{n} a_{k+1}^3 (Y_k - Y_{k+1}) \right] \tag{7-7}$$

其中 $a_{k+1} = l_1 - l_{k+1}$ $\quad Y_k = 1 \Big/ \sum_{i=1}^{k} J_i$ $\quad Y_{k+1} = 1 \Big/ \sum_{i=1}^{k+1} J_i$

式中，α 为经验修正系数，$\alpha = 0.90 \sim 0.94$；E 为材料的弹性模量；l_1、l_{k+1} 为主片和第 $k+1$ 片的一半长度。

式 (7-7) 中的 l_1，如果用中心螺栓到卷耳中心间的距离代入，求得的刚度值为钢板弹簧总成的自由刚度 c_j；如果用有效长度，即 $l_1' = l_1 - 0.5ks$，则求得的刚度值是钢板弹簧总成的夹紧刚度 c_z。

(四) 钢板弹簧总成在自由状态下的弧高及曲率半径计算

1. 自由状态下的弧高 H_0

钢板弹簧各片装配后，在预压缩和 U 形螺栓夹紧前，其主片上表面与两端（不包括卷耳孔半径）连线间的最大高度差（图 7-30），称为钢板弹簧总成在自由状态下的弧高 H_0，有

$$H_0 = f_c + f_a + \Delta f \tag{7-8}$$

式中，f_c 为静挠度；f_a 为满载弧高；Δf 为钢板弹簧总成用 U 形螺栓夹紧后引起的弧高变化，$\Delta f = \dfrac{s(3L-s)(f_a+f_c)}{2L^2}$，$s$ 为 U 形螺栓中心距，L 为钢板弹簧主片长度。

2. 各片自由状态下曲率半径的确定

钢板弹簧总成在自由状态下的曲率半径近似为

$$R_0=L^2/(8H_0) \tag{7-9}$$

矩形断面钢板弹簧装配前各片曲率半径由下式确定

$$R_i=R_0/[1+(2\sigma_{0i}R_0)/(Eh_i)] \tag{7-10}$$

式中，R_i 为第 i 片弹簧自由状态下的曲率半径（mm）；σ_{0i} 为各片弹簧的预应力（MPa）；E 为材料的弹性模量（MPa）；h_i 为第 i 片弹簧的厚度（mm）。

选取各片弹簧预应力 σ_{0i} 时应考虑：装配前各片弹簧片间的间隙相差不大，且装配后各片能很好地贴合；为保证主片及与其相邻的长片有足够的使用寿命，应适当降低主片及与其相邻长片的应力；对于片厚相同的钢板弹簧，各片预应力值不宜选取过大；对于片厚不同的钢板弹簧，厚片预应力可取大些；预应力从长片到短片由负值逐渐递增至正值，其中1~4片长片叠加负的预应力；主片在根部工作应力与预应力叠加后的合成应力为300~500MPa。

在确定各片预应力时，理论上应满足各片弹簧在根部处预应力所造成的弯矩 M_i 之代数和等于零，即

$$\sum_{i=1}^{n} M_i = \sum_{i=1}^{n} \sigma_{0i} W_i = 0 \tag{7-11}$$

式中，W_i 为各片的抗弯截面系数（mm^3）。

（五）钢板弹簧总成弧高的核算

等厚叶片的总成曲率半径 R_0 为

$$1/R_0 = \sum_{i=1}^{n} (L_i/R_i) \Big/ \sum_{i=1}^{n} L_i \tag{7-12}$$

式中，L_i 为钢板弹簧第 i 片的长度。

则钢板弹簧总成弧高为

$$H=L^2/(8R_0) \tag{7-13}$$

用式（7-13）与用式（7-8）计算的结果应相近，如相差较多，可经重新选用各片预应力再行核算。

（六）钢板弹簧的强度校核

1）紧急制动时，前钢板弹簧承受的载荷最大，在它的后半段出现的最大应力 σ_{max} 为

$$\sigma_{max}=G_1m_1'l_2(l_1+\varphi c)/[(l_1+l_2)W_0] \tag{7-14}$$

式中，G_1 为作用在前轮上的垂直静负荷；m_1'为制动时前轴负荷转移系数，乘用车 $m_1'=1.20\sim1.40$，货车 $m_1'=1.40\sim1.60$；l_1、l_2 为钢板弹簧前、后段长度；φ 为道路附着系数，取0.8；W_0 为钢板弹簧总截面系数；c 为弹簧固定点到路面的距离（图7-32）。

2）汽车驱动时，后钢板弹簧承受的载荷最大，在其前半段出现的最大应力 σ_{max} 为

$$\sigma_{max}=G_2m_2'l_1(l_2+\varphi c)/[(l_1+l_2)W_0]+G_2m_2'\varphi/(bh_1) \tag{7-15}$$

式中，G_2 为作用在后轮上的垂直静负荷；m_2'为驱动时后轴负荷转移系数，乘用车 $m_2'=1.25\sim1.30$，货车 $m_2'=1.10\sim1.20$；φ 为道路附着系数；b 为钢板弹簧片宽；h_1 为钢板弹簧主片厚度。

此外，还应当验算汽车通过不平路面时钢板弹簧的强度。许用应力［σ］取为1000MPa。

3）钢板弹簧卷耳和弹簧销的强度核算。钢板弹簧主片卷耳受力如图7-33所示。卷耳处所受应力 σ 是由弯曲应力和拉（压）应力合成的应力，即

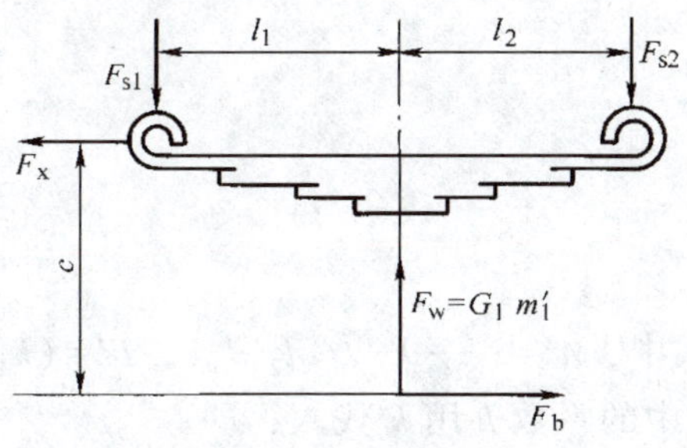

图 7-32　汽车制动时钢板弹簧的受力图

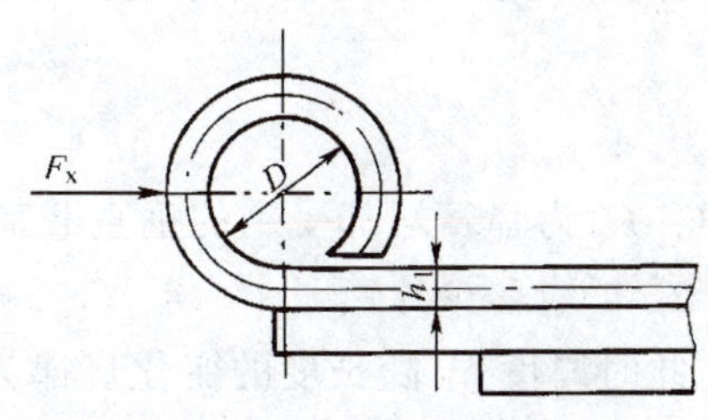

图 7-33　钢板弹簧主片卷耳受力图

$$\sigma=3F_x(D+h_1)/(bh_1^2)+F_x/(bh_1) \tag{7-16}$$

式中，F_x 为沿弹簧纵向作用在卷耳中心线上的力；D 为卷耳内径；b 为钢板弹簧宽度；h_1 为主片厚度。许用应力 $[\sigma]$ 取为 350MPa。

钢板弹簧销受到的挤压应力 σ_z 为

$$\sigma_z=F_s/(bd) \tag{7-17}$$

式中，F_s 为满载静止时钢板弹簧端部的载荷；b 为卷耳处叶片宽；d 为钢板弹簧销直径。

用 30 或 40 钢经液体碳氮共渗处理时，弹簧销许用挤压应力 $[\sigma_z]=3\sim4\text{MPa}$；用 20 钢或 20Cr 钢经渗碳处理或用 45 钢经高频淬火后，许用应力 $[\sigma_z]\leqslant7\sim9\text{MPa}$。

钢板弹簧多数情况下采用 55SiMnVB 钢或 60Si2Mn 钢制造。常采用表面喷丸处理工艺和减少表面脱碳层深度的措施来提高钢板弹簧的寿命。表面喷丸处理有一般喷丸和应力喷丸两种。后者可使钢板弹簧表面的残余应力比前者大很多。

（七）少片弹簧设计

少片弹簧既有采用抛物线形状的（图 7-34a），也有采用分段折线代替抛物线的（图 7-34b）。

1. 抛物线形少片簧

此时厚度 h_x 随长度的变化规律为 $h_x=h_2(x/l_2)^{1/2}$，惯性矩 $J_x=J_2(x/l_2)^{3/2}$，单片刚度为

$$c=\frac{6EJ_2\xi}{l^3[1+(l_2/l)^3k]} \tag{7-18}$$

式中，E 为材料的弹性模量；ξ 为修正系数，取 0.92；$J_2=(bh_2{}^3)/12$，其中 b 为片宽；$k=1-(h_1/h_2)^3$；l、l_2、h_1、h_2 如图 7-34a 所示。

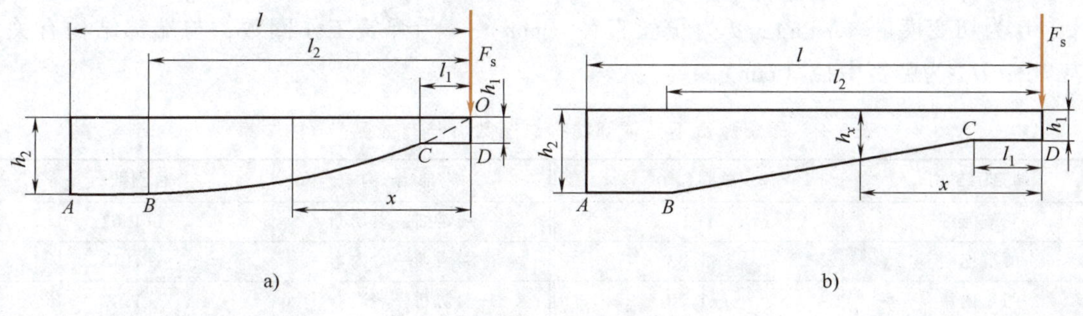

图 7-34　少片变截面钢板弹簧

a）抛物线形　b）折线形

弹簧在抛物线区段内各点应力相等，其值为

$$\sigma=\frac{6F_s l_2}{bh_2^2} \tag{7-19}$$

式中，F_s 为弹簧端部受到的垂直载荷（N）。

2. 折线形少片簧

此时厚度 h_x 随长度的变化规律为 $h_x=A'x+B'$，式中，$A'=(h_2-h_1)/(l_2-l_1)$，$B'=(h_1l_2-h_2l_1)/(l_2-l_1)$。单片刚度仍用式（7-18）计算，但式中的系数 k 用 k' 代入，即

$$k'=\gamma^3-\frac{3}{2}\left(\frac{1-\alpha}{1-\beta}\right)^3\left[2\ln\beta+\frac{4(1-\beta)(1-\gamma)}{(1-\alpha)}-\left(\frac{1-\gamma}{1-\alpha}\right)^2(1-\beta^2)\right]-1 \tag{7-20}$$

式中，$\alpha=l_1/l_2$；$\beta=h_1/h_2$；$\gamma=\alpha/\beta$。

当 $l_1>l_2(2\beta-1)$ 或 $2h_1<h_2$ 时，弹簧最大应力点发生在 $x=B'/A'$ 处，此处 $h_x=A'x+B'=2B'$，其应力为

$$\sigma_{\max}=3F_s/2bA'B' \tag{7-21}$$

当 $l_1\leqslant l_2(2\beta-1)$ 时，最大应力点发生在 B 点，其应力为

$$\sigma_{\max}=3F_s l_2/2bh_2^2 \tag{7-22}$$

$\sigma_{\max}$ 应小于许用应力［σ］。

由 n 片组成少片弹簧时，其总刚度为各片刚度之和，其应力则按各片所承受的载荷分量计算。少片弹簧的宽度，在布置允许的情况下尽可能取宽些，以增强横向刚度，常取 75~100mm。厚度 $h_1>8$mm，以保证足够的抗剪强度并防止太薄而淬裂。h_2 取 12~20mm。

二、螺旋弹簧的设计与计算

螺旋弹簧是由钢丝卷制而成的，断面一般呈圆形，绕成螺旋状。与钢板弹簧相比，螺旋弹簧具有质量小、占用空间少、结构简单、制造方便、无须润滑等优点，且比能容量高，能充分发挥材料潜能，可在弹簧内部安装减振器、行程限位器或导向柱等，使悬架结构较为紧凑，因此在现代汽车中应用较为广泛。但螺旋弹簧只能承受垂直载荷，不能承受侧向力，因此必须另设导向机构，以传递力和力矩。

普通圆柱螺旋弹簧的刚度可用下式计算

$$c=\frac{Gd^4}{8iD_m^3} \tag{7-23}$$

式中，G 为切变模量（MPa）；d 为簧丝直径（mm）；i 为弹簧工作圈数，与端部结构有关，见表 7-2；D_m 为弹簧中径（mm）。

表 7-2 螺旋弹簧不同端部结构总圈数 n 与有效圈数 i 的关系

端部结构	总圈数 n	端部结构	总圈数 n
两端碾细	$i+2$	一端碾细一端切断	$i+1.67$
两端切断	$i+1.33$	一端碾细一端内弯	$i+1.75$
两端内弯	$i+1.50$	一端切断一端内弯	$i+1.42$

螺旋弹簧的切应力为

$$\tau=\frac{8F_sD_mK'}{\pi d^3}=\frac{8F_sCK'}{\pi d^2} \tag{7-24}$$

式中，F_s 为螺旋弹簧受到的载荷（N）；C 为弹簧的旋绕比，$C=D_m/d$；K'为考虑簧圈曲率对弹簧强度影响的系数，$K'=\frac{4C-1}{4C-4}+\frac{0.615}{C}$。

弹簧的旋绕比 C 可按表 7-3 推荐值选取。

表 7-3 螺旋弹簧的旋绕比推荐值

d/mm	2.5~6	7~16	17~50
C	4~9	4~8	4~6

通过适当改变弹簧相关参数，还可以实现变刚度的非线性弹性特性。图 7-35a 为变节距圆柱型螺旋弹簧，弹簧节距可以由小到大、单向排列，也可以按两端小中间大、双向排列。节距的大小，可以在单圈之间变化，也可以是几圈为一组取成几种不同的节距。图 7-35b 为等节距圆锥型螺旋弹簧（变弹簧中径）。此外还有等螺旋角圆锥螺旋弹簧、变丝径等内径螺旋弹簧等多种形式。

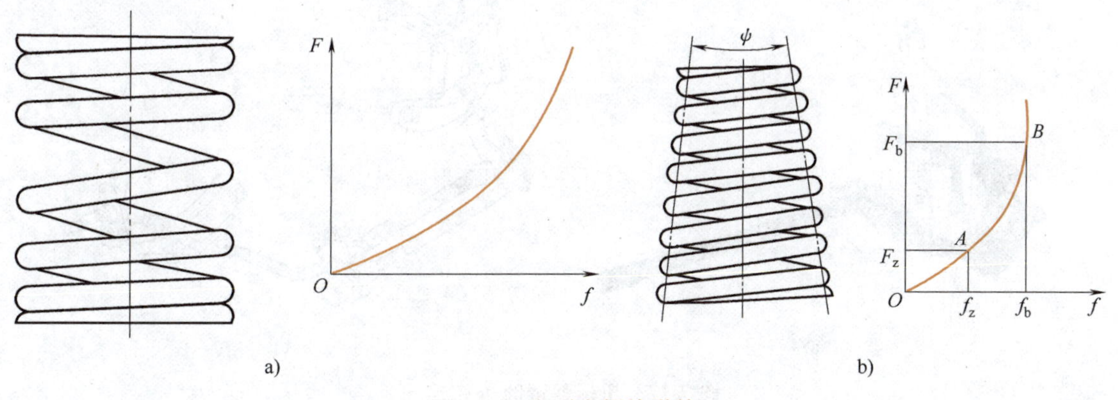

图 7-35 变刚度螺旋弹簧

a）变节距圆柱型 b）等节距圆锥型

三、扭杆弹簧的设计与计算

扭杆弹簧的两端分别与车架（车身）和导向臂连接，利用杆体的扭转实现弹性作用。与钢板弹簧相比，扭杆弹簧具有比能容量高、质量小、结构紧凑、便于布置、保养维修容易等优点，但对材料及工艺要求较严，且需要另设导向机构。

按照断面形状不同，扭杆弹簧分为圆形、管形、片形等形式。按照元件数量不同，扭杆弹簧分为单杆式（图 7-36a、b）和组合式两种，组合式扭杆又有并联（图 7-36c、d）和串联（图 7-36e）两种。

圆形断面单杆式扭杆，端部一般做成花键，工艺性良好，装配容易，因而得到广泛应用，但材料利用不够合理。管形断面扭杆，材料利用合理，且便于制作组合式扭杆，但工艺较为复杂。片形断面扭杆，工艺性好，弹性佳，扭角大，可靠性高，一片断了之后仍能工作，但材料利用不够合理。组合式扭杆，能缩短弹性元件长度，有利于在汽车上的布置。采

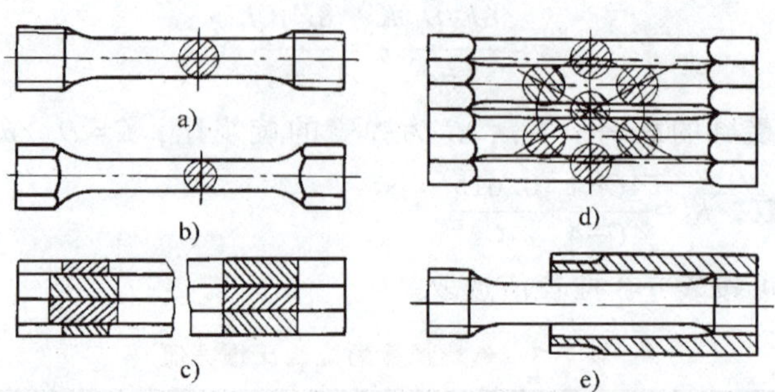

图 7-36 扭杆弹簧断面形状及端部结构

a）圆形断面扭杆，端部为花键 b）圆形断面扭杆，端部为六角形
c）片形组合式扭杆 d）圆形组合式扭杆 e）串联组合式扭杆

用圆断面组合式扭杆时，可以用 2、4 或 6 根组合形成的组合式扭杆。

扭杆在汽车上可以纵置（图 7-37a）、横置或介于两者之间。当采取横置方案时，因横置扭杆较短，扭杆应力偏高，故采用组合式扭杆或交错式横置（图 7-37b）。

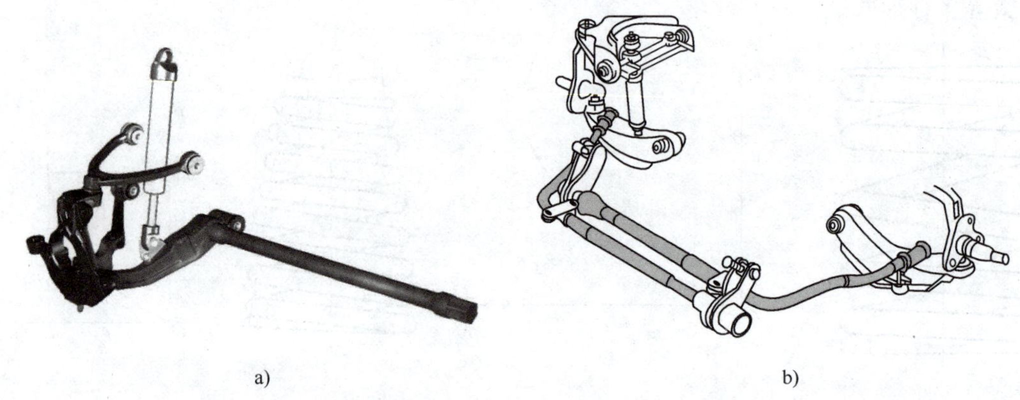

图 7-37 扭杆弹簧的布置方案

a）纵置 b）横置（交错式）

以常用的圆形断面扭杆为例，介绍扭杆弹簧的设计要点。设计前应当根据对汽车平顺性的要求，先确定悬架的刚度 c，进而确定扭杆直径 d 和扭杆长度 L 等主要尺寸（图 7-38）。

扭杆直径 d 按下式计算

$$d=\sqrt[3]{16M_{\max}/(\pi\tau)} \qquad (7\text{-}25)$$

式中，$M_{\max}$ 为扭杆承受的最大扭矩；τ 为扭转切应力，可取允许扭转切应力。

扭杆的有效长度 L 为

$$L=\pi d^4 G/(32c_n) \qquad (7\text{-}26)$$

式中，G 为切变模量；c_n 为扭杆的扭转刚度。

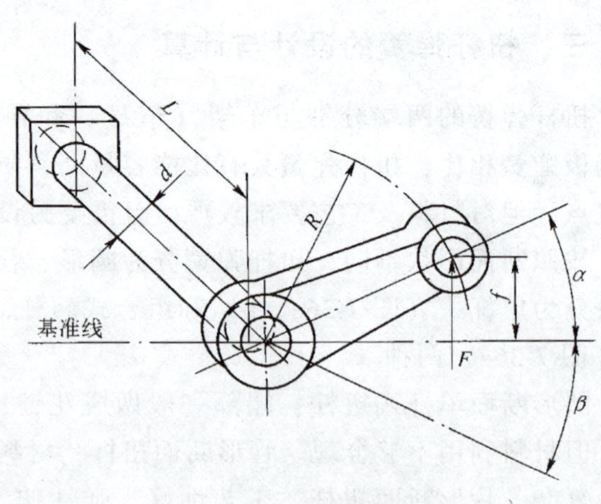

图 7-38 扭杆弹簧与臂

分析式（7-26）可知：扭杆直径 d 和有效长度 L 对扭杆的扭转刚度 c_n 有影响。增加扭杆直径 d 会使扭杆的扭转刚度 c_n 增大，因悬架刚度与扭杆扭转刚度成正比，所以汽车平顺性变差；而扭杆直径 d 又必须满足式（7-25）的强度要求，不能随意减小。增加扭杆有效长度 L 能减小扭杆的扭转刚度 c_n，使汽车平顺性获得改善；但过长的扭杆在汽车上布置有困难，此时宜采用组合式扭杆。

常采用45CrNiMoVA、40Cr、42CrMo、50CrV等弹簧钢制造扭杆。为了提高疲劳强度，扭杆需要经过预扭和喷丸处理。经过预扭和喷丸处理的扭杆许用切应力［τ］可在800～900MPa范围内选取，乘用车可取上限，货车宜取下限。

扭杆弹簧可分为端部、杆部和过渡段三部分。圆形扭杆使用有花键的端部占多数，这种结构在端部直径较小时也能保证足够的强度。为使端部和杆部寿命一样，推荐端部直径 $D=(1.2\sim1.3)d$，其中 d 为扭杆直径；花键长度 $l=0.4D$，端部花键一般采用渐开线花键。

从端部直径到杆部直径之间的一段称为过渡段。为了使这段的应力集中降到最小，过渡段的尺寸应该是逐渐变化的。比较常用的方法是采用一个30°夹角的锥体，把端部和杆部连接起来（图7-39a），过渡段长 $L_g=(D-d)/(2\tan15°)$，过渡圆角 $r=1.5d$。

过渡段可以分为靠近直径为 D 的花键端部的非有效部分和靠近直径为 d 的杆部的有效部分，即这一部分可以看作扭杆工作长度的一部分，称为有效长度 L_e。

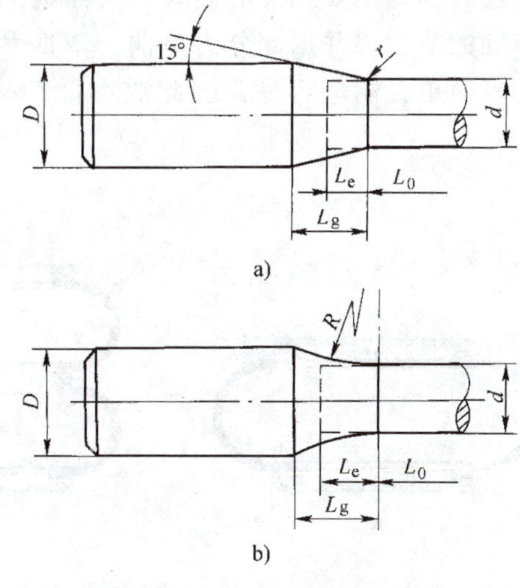

图7-39　扭杆端部、杆部与过渡段

a）锥度过渡段　b）圆弧过渡段

对于图7-39a所示结构，有效长度 L_e 为

$$L_e=\frac{L_g}{3}\left[\frac{d}{D}+\left(\frac{d}{D}\right)^2+\left(\frac{d}{D}\right)^3\right] \tag{7-27}$$

有效长度 L_e 也可以用图7-40所示线图求出。

对于图7-39b所示结构，有效长度 L_e 可用下式计算

$$L_e=\frac{L_g}{48}\left[8\left(\frac{d}{D}\right)^3+10\left(\frac{d}{D}\right)^2+15\frac{d}{D}+15\left(\frac{d}{D-d}\right)^{0.5}\arctan\left(\frac{D}{d}-1\right)^{0.5}\right] \tag{7-28}$$

过渡段圆弧半径 R 为

$$R=\frac{L_g^2}{D-d}+\frac{D-d}{4} \tag{7-29}$$

扭杆的工作长度 L 等于杆身长 L_0 再加有效长度 L_e 的两倍，即

$$L=L_0+2L_e \tag{7-30}$$

与扭杆花键连接的支座上的内花键长度，要求比扭杆上的外花键长度长些，并且设计时还应保证内花键两

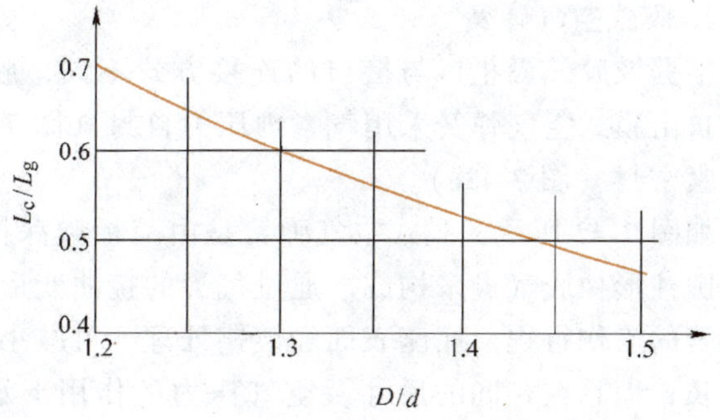

图7-40　求过渡段有效长度的线图

端的长度都要超出扭杆花键长度。

有的扭杆端部采用直接锻造出六角形的结构。为了提高侧边的平直度，锻后再进行精压加工。六角对边的宽度 B 与扭杆直径 d 之间要求保持 $B=(1.2\sim1.4)d$ 的关系，以保证六角形的端部有足够的强度。

四、空气弹簧的设计与计算

(一) 空气弹簧的类型

空气弹簧是在含有帘布层结构的橡胶气囊中充入压缩气体（气压为 0.5～1MPa）、利用空气可压缩性实现弹性作用的一种非金属弹簧，根据结构不同，可分为囊式、膜式和复合式三种形式。

1. 囊式空气弹簧

以橡胶囊为主要元件的囊式空气弹簧，在用来承受内压张力的钢质腰环分割下，气囊被分为不同的节数，并据此分为单曲、双曲和多曲气囊三种，如图 7-41 所示。囊式空气弹簧结构比较简单，制造容易，因此成本低；又因为工作时橡胶膜的曲率变化小，所以使用寿命长。

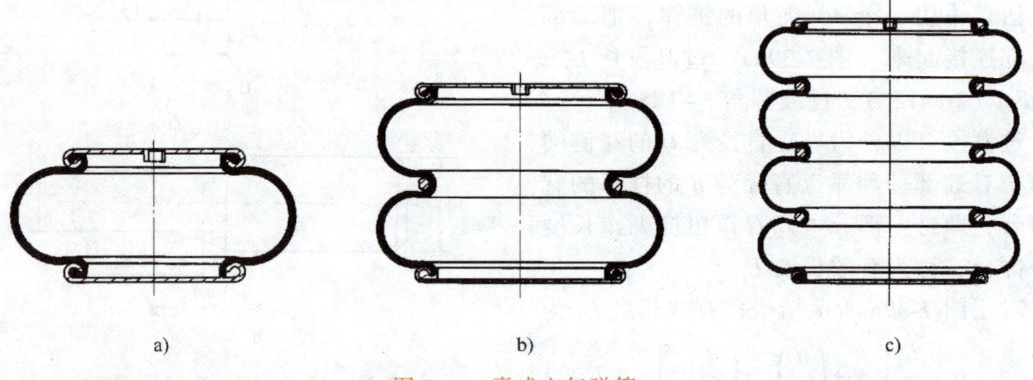

图 7-41　囊式空气弹簧

a）单曲气囊　b）双曲气囊　c）多曲气囊

囊式空气弹簧的刚度与气囊的气室容积、气体压力和气囊的曲数有关。增加气室容积能够降低刚度。在气室容积相同的条件下，气囊曲数越多弹簧刚度越低；而过多的气囊曲数，又使得弹簧的横向稳定性变坏。因此，多数情况下采用双曲气囊。囊式空气弹簧的刚度比膜式空气弹簧的要高。

2. 膜式空气弹簧

根据橡胶气囊止口与接口的连接方式不同，膜式空气弹簧又有自由膜式和约束膜式两种。自由膜式空气弹簧采用气囊内压力自封（图 7-42a、b），约束膜式空气弹簧则一般用螺栓夹紧密封（图 7-42c）。

如图 7-42 所示，膜式空气弹簧是由盖板和深拉钢板或铸钢制成的底座，并在它们之间安放圆柱形橡胶气囊来构成。通过气囊的挠曲变形实现整体伸缩。改变气囊长度，可增加空气弹簧的工作行程。底座表面经镀铬处理，可减小摩擦。虽然膜式空气弹簧不如囊式的使用寿命长，而且在相同的尺寸及空气压力的作用下承载能力也小，但是膜式空气弹簧的刚度低，并且可以通过改变底座形状的方法控制有效面积变化率来获得较为理想的弹性特性。

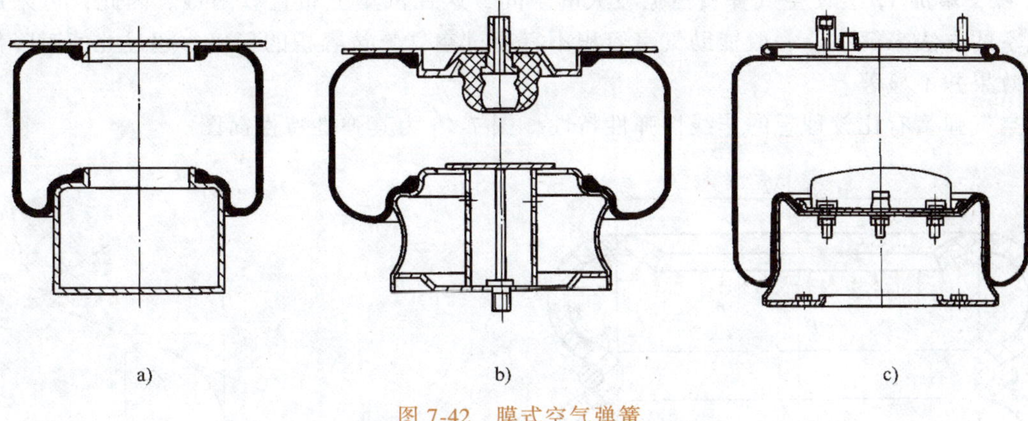

图 7-42　膜式空气弹簧

a)、b）自由膜式　c）约束膜式

3. 复合式空气弹簧

如图 7-43 所示，复合式空气弹簧的结构介于囊式与膜式之间，并具有膜式空气弹簧刚度较低的特点。复合式空气弹簧制造复杂，成本略高。

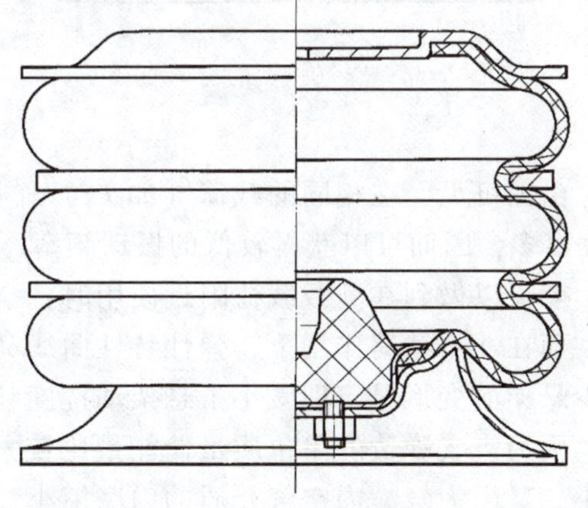

图 7-43　复合式空气弹簧

（二）空气弹簧的刚度及弹性特性

当在充满气体的空气弹簧上作用外力，会引起弹簧的微小变形及相应的气体容积变化量。空气弹簧刚度可用下式计算

$$c=\frac{kp_0V_0^k}{V^{k+1}}A^2+\left(\frac{p_0V_0^k}{V^k}-p_a\right)\frac{\mathrm{d}A}{\mathrm{d}f} \tag{7-31}$$

式中，p_0 为静平衡位置时气囊内气体的绝对压力（MPa）；V_0 为静平衡位置时气囊内的气体容积（mm^3）；p_a 为大气压力；k 为多变指数，当汽车载荷缓慢变化时（气体状态变化接近等温过程），取 $k=1.0$，当汽车在行驶过程中振动较为激烈时（气体状态变化接近绝热过程），取 $k=1.4$，一般情况下取 $k=1.33$；A 为空气弹簧的有效面积（mm^2），$A=\pi D^2/4$，其中 D 为空气弹簧的有效直径（mm）（图 7-44）；$\mathrm{d}A/\mathrm{d}f$ 为空气弹簧的有效面积变化率。

当达到静平衡位置时，有 $V=V_0$，则此时空气弹簧刚度 c_0 为

$$c_0=\frac{kp_0}{V_0}A^2+(p_0-p_a)\frac{\mathrm{d}A}{\mathrm{d}f} \tag{7-32}$$

静平衡位置时空气弹簧的振动频率为

$$n_0=\frac{1}{2\pi}\sqrt{\frac{kp_0Ag}{(p_0-p_a)V_0}+\frac{g}{A}\frac{\mathrm{d}A}{\mathrm{d}f}} \tag{7-33}$$

式中，g 为重力加速度。

分析上式可知，影响振动频率的主要因素是有效面积变化率 $\mathrm{d}A/\mathrm{d}f$ 和空气弹簧的气体容积 V_0。为了得到较低的振动频率，应该减少有效面积变化率 $\mathrm{d}A/\mathrm{d}f$ 或增加空气弹簧的气体

容积 V_0，增加 V_0 会使空气弹簧占据较大的空间，这在汽车上布置有困难。因此，可采用辅助气室的方法来解决。一般辅助气室容积不宜超过空气弹簧容积的三倍，超过此值对降低频率的效果并不显著。

空气弹簧有比较理想的非线性弹性特性，图 7-45 为其弹性特性简图。

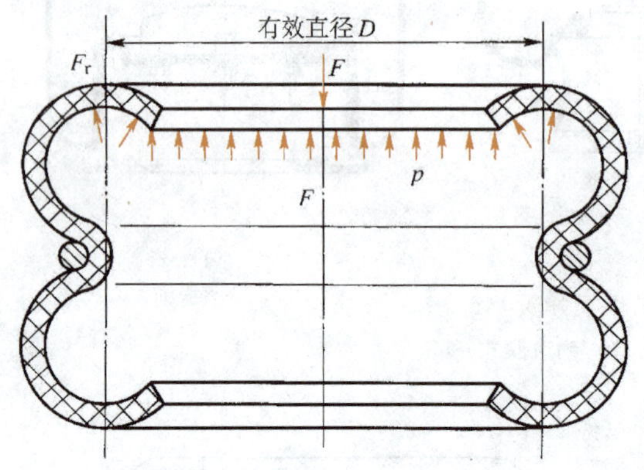

图 7-44 空气弹簧的有效直径

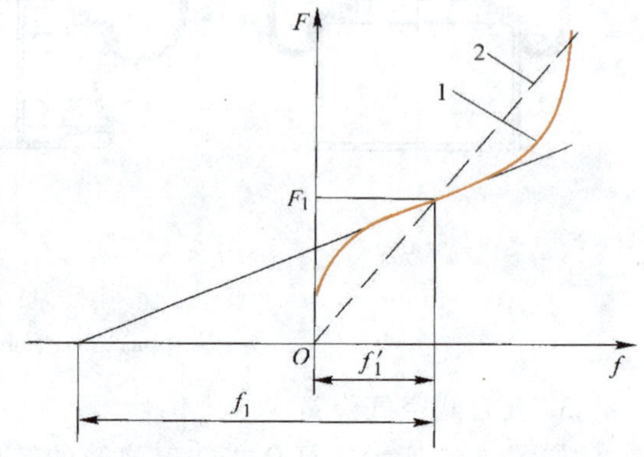

图 7-45 空气弹簧的非线性弹性特性

1—空气弹簧的弹性特性 2—钢板弹簧的弹性特性

由图可见，在相同的载荷（如 F_1）作用下，空气弹簧的静挠度 f_1 比钢板弹簧的静挠度 f_1' 大很多，因而可以获得较低的振动频率，提高汽车的行驶平顺性。只要合理地选取设计参数，就可以做到在满载载荷附近使用时，空气弹簧的弹性特性曲线平缓，变化小，刚度比较低；而在冲击载荷作用下，弹性特性曲线又呈陡直状态变化，说明刚度增大。这在使用中能减少悬架的变形量，即减小了悬架动挠度和减少了碰撞车架的机会，改善了乘坐舒适性。

因为空气弹簧的单位质量储能量比较大，所以空气弹簧本身的质量比较小，因而簧下质量小。又因为气囊内空气介质的内摩擦小，工作时几乎没有噪声，对高频振动的吸收和隔声性能均良好。除此之外，空气弹簧的寿命是钢板弹簧的 2~3 倍。

空气弹簧气囊工作环境恶劣，不仅压力、温度不断变化，而且容易受到酸碱物质的侵蚀。因此，要求气囊能适应-40~70℃ 的温度变化，并能抗磷化物质、酸碱溶剂和臭氧等的侵蚀。同时对密封要求严格，要求在 24h 内压降不超过 0.02MPa。

（三）空气弹簧的布置方式

空气弹簧布置位置不同，对车身的侧倾角刚度、转向轮转角以及空气弹簧的承载均有影响。在可能的条件下，尽量将空气弹簧布置在车架外侧。这样可以在加大两侧空气弹簧中心距的同时，获得比较大的车身侧倾角刚度。

与钢板弹簧相比，由于空气弹簧直径比较大，所以占用较多的横向空间。若在转向轴上布置的空气弹簧离开主销位置较远，当汽车转向时，转向轮易与气囊发生运动干涉，因此限制了转向轮的最大转角不可能很大，这就使汽车的最小转弯直径增大，汽车机动性能变坏。除此之外，转向轮与气囊反复摩擦又容易损伤气囊，缩短了它的寿命。基于上述原因，转向轴上的空气弹簧常布置在主销所在位置的内侧，如图 7-46 所示；在驱动桥上，空气弹簧可以布置在其后面，或在驱动桥前方、后面各布置一个，如图 7-47 所示。

采用图 7-46 和图 7-47 所示悬架结构中的钢板弹簧，除用作导向机构传递纵向力、横向力及力矩以外，也兼有弹性元件的双重作用。这种方案的结构虽然简单，但是为了满足强度

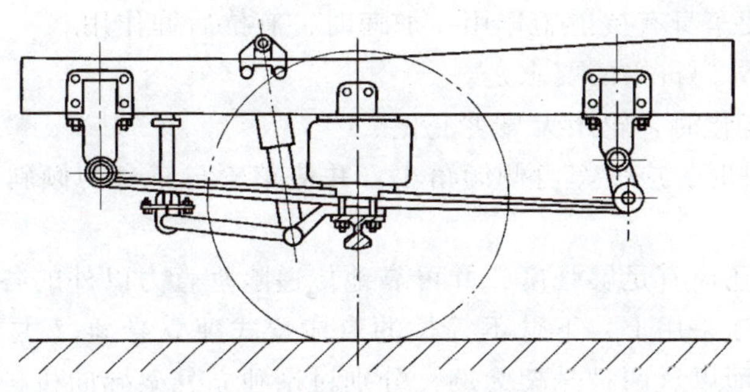

图 7-46 空气弹簧在转向轴上的布置

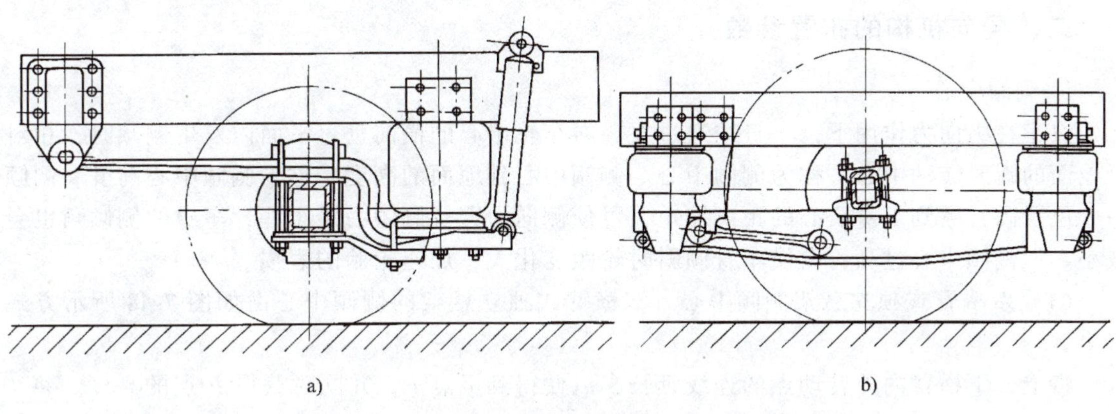

图 7-47 空气弹簧在驱动桥上的布置

a）空气弹簧布置在驱动桥一端 b）空气弹簧布置在驱动桥前、后端

要求，钢板弹簧的刚度就不能过低。因此，要获得理想的悬架弹性特性比较困难。如果将钢板弹簧传递的力或力矩分散给推力杆一部分，则钢板弹簧的刚度可以低些。

第五节 独立悬架导向机构的设计

一、设计要求

导向机构不仅承受所有的力和力矩，而且影响着车轮定位参数，决定着悬架的运动特性。

对前轮独立悬架导向机构的要求是：

1）悬架上载荷变化时，保证轮距变化不超过±4.0mm，轮距变化大会引起轮胎早期磨损。

2）悬架上载荷变化时，前轮定位参数要有合理的变化特性，车轮不应产生纵向加速度。

3）汽车转弯行驶时，应使车身侧倾角小。在 0.4g 侧向加速度作用下，车身侧倾角≤6°，并使车轮与车身的倾斜同向，以增强不足转向效应。

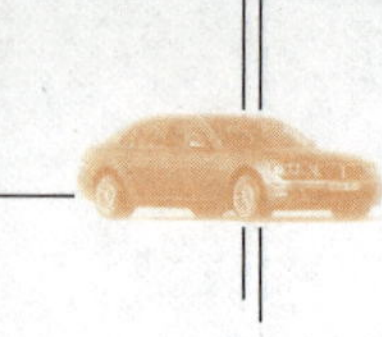

4）制动时，应使车身有抗前俯作用；加速时，有抗后仰作用。

对后轮独立悬架导向机构的要求是：

1）悬架上载荷变化时，轮距无显著变化。

2）汽车转弯行驶时，应使车身侧倾角小，并使车轮与车身的倾斜反向，以减小过多转向效应。

此外，导向机构还应有足够强度，并可靠地传递除垂直力以外的各种力和力矩。

目前，汽车上广泛采用上、下臂不等长的双横臂式独立悬架（主要用于前悬架）和麦弗逊式独立悬架。下面以这两种悬架为例，分别讨论独立悬架导向机构参数的选择方法，分析导向机构参数对前轮定位参数和轮距的影响。

二、导向机构的布置参数

1. 侧倾中心

汽车在纵向力作用下，车身在通过左、右车轮中心的横向垂直平面内发生侧倾时，相对于地面的瞬时转动中心，称为侧倾中心。侧倾中心到地面的高度，称为侧倾中心高度。侧倾中心位置高，它到车身质心的距离缩短，可使侧向力臂及侧倾力矩小些，车身的侧倾角也会减小。但侧倾中心过高，会使车身倾斜时轮距变化大，加速轮胎的磨损。

（1）双横臂式独立悬架侧倾中心　双横臂式独立悬架的侧倾中心由如图 7-48 所示方式得出。

将上、下横臂内外转动点的连线延长，以便得到极点 P，并同时获得 P 点的高度。将 P 点与车轮接地点 N 连接，即可在汽车轴线上获得侧倾中心 W。

当横臂相互平行时（图 7-49），P 点位于无穷远处。作出与其平行的通过 N 点的平行线，同样可获得侧倾中心 W。

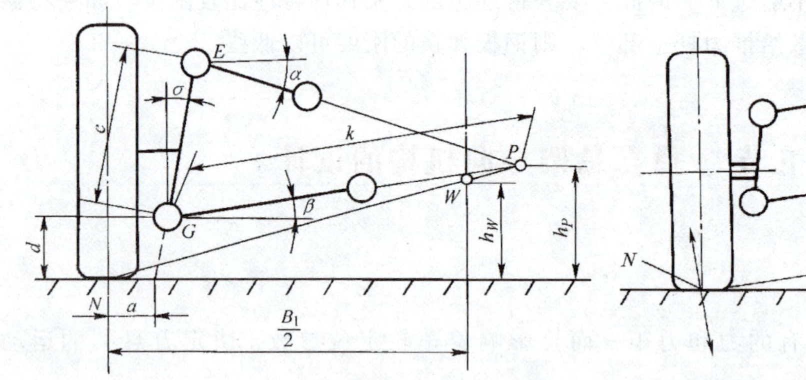

图 7-48　双横臂式独立悬架侧倾中心 W 的确定

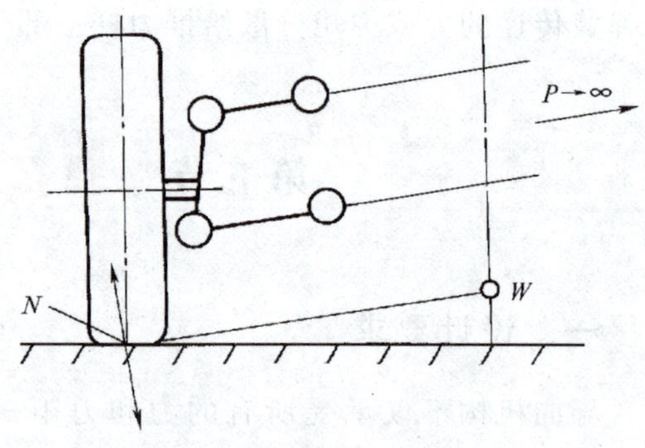

图 7-49　横臂相互平行的双横臂式悬架侧倾中心的确定

双横臂式独立悬架的侧倾中心高度 h_W 为

$$h_W=\frac{B_1}{2}\frac{h_P}{k\cos\beta+d\tan\sigma+a} \tag{7-34}$$

式中
$$k=c\frac{\sin(90°+\sigma-\alpha)}{\sin(\alpha+\beta)}\qquad h_P=k\sin\beta+d$$

（2）麦弗逊式独立悬架的侧倾中心　麦弗逊式独立悬架的侧倾中心由图 7-50 所示方式得出。

从悬架与车身的固定连接点 E 作活塞杆运动方向的垂直线并将下横臂线延长。两条线的交点即为极点 P。将 P 点与车轮接地点 N 的连线交在汽车轴线上，交点 W 即为侧倾中心。

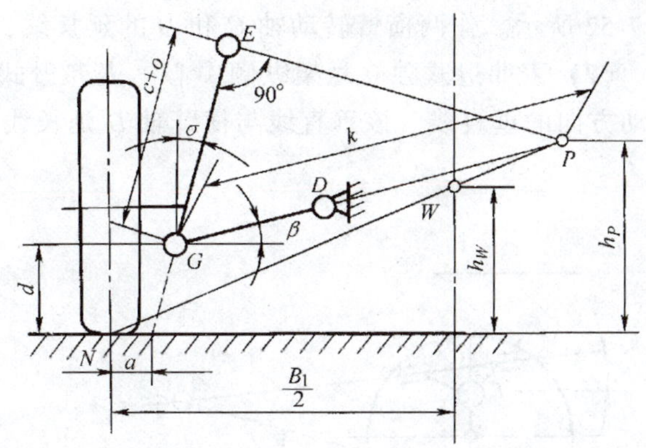

图 7-50　麦弗逊式独立悬架侧倾中心的确定

麦弗逊式独立悬架的弹簧减振器轴线 EG 布置得越接近垂直，下横臂 GD 布置得越接近水平，则侧倾中心 W 就越接近地面，从而使得在车轮上跳时车轮外倾角的变化不理想。

麦弗逊式独立悬架侧倾中心的高度 h_W 为

$$h_W=\frac{B_1}{2}\frac{h_P}{k\cos\beta+d\tan\sigma+a} \tag{7-35}$$

式中
$$k=\frac{c+o}{\sin(\alpha+\beta)} \qquad h_P=k\sin\beta+d$$

单横臂式、单纵臂式和双纵臂式独立悬架的侧倾中心如图 7-51 所示。

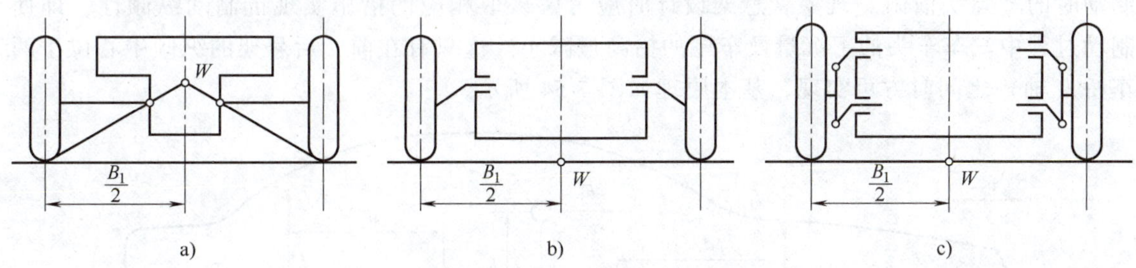

图 7-51　其他形式独立悬架的侧倾中心

a）单横臂式　b）单纵臂式　c）双纵臂式

2. 侧倾轴线

在独立悬架中，汽车前部与后部侧倾中心的连线称为侧倾轴线，侧倾轴线应大致与地面平行，且尽可能离地面高些。平行是为了使得在曲线行驶时前、后轴上的轴荷变化接近相等，从而保证中性转向特性；而尽可能高则是为了使车身的侧倾限制在允许范围内。

然而，前悬架的侧倾中心高度受到允许的轮距变化限制，并且几乎不可能超过 150mm。此外，在前轮驱动的汽车中，由于前桥轴荷大，且为驱动桥，故应尽可能使前轮轮荷变化小。因此，在独立悬架（纵臂式悬架除外）中，侧倾中心高度为：前悬架 0～120mm；后悬架 80～150mm。

设计时首先要确定（与轮距变化有关的）前悬架的侧倾中心高度，然后确定后悬架的侧倾中心高度。当后悬架采用独立悬架时，其侧倾中心高度要稍大些。如果用钢板弹簧非独立悬架时，后悬架的侧倾中心高度要取得更大些。

3. 纵倾中心

（1）双横臂式独立悬架纵倾中心　双横臂式独立悬架的纵倾中心可用作图法得出，如

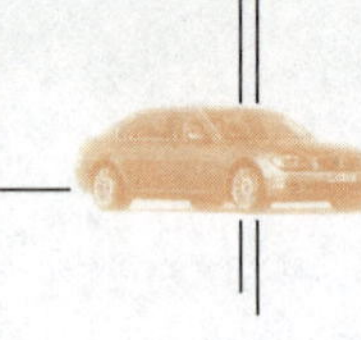

图 7-52 所示。作两横臂转动轴 C 和 D 的延长线，两线的交点 O 即为纵倾中心。

（2）麦弗逊式独立悬架纵倾中心　麦弗逊式独立悬架的纵倾中心，可由 E 点作减振器运动方向的垂直线。该垂直线与横臂轴 D 延长线的交点 O 即为纵倾中心，如图 7-53 所示。

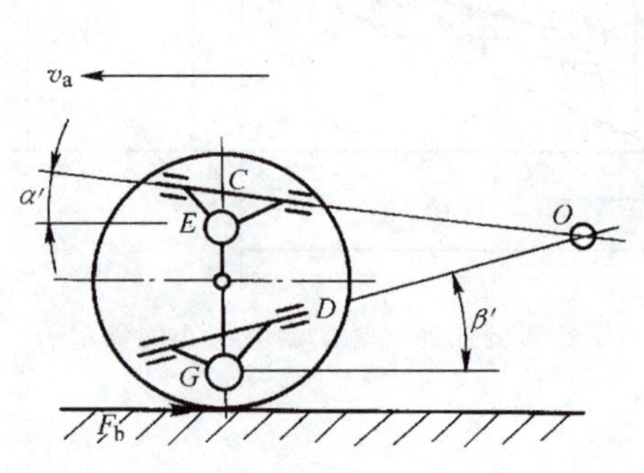

图 7-52　双横臂式独立悬架的纵倾中心

图 7-53　麦弗逊式独立悬架的纵倾中心

4. 抗制动纵倾性（抗制动前俯角）

汽车在制动时，由于惯性力的作用会造成轴荷转移，并伴随前、后悬架的变形，表现为制动时的“点头前俯”现象。悬架设计时应考虑采取相应的措施实现抗制动纵倾性，即使制动过程中汽车车头的下沉量及车尾的抬高量减小。这只有在前、后悬架的纵倾中心位于两车桥（轴）之间时方可实现，基本原理如图 7-54 所示。

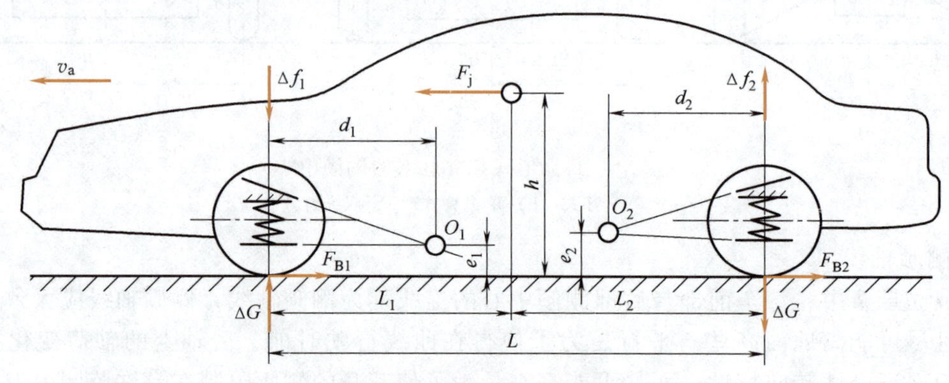

图 7-54　抗制动纵倾性

前悬架采用双横臂式独立悬架，且上横臂轴轴线向后倾斜，下横臂轴轴线为水平布置，其纵倾中心位于两轴线延长线的交点 O_1 处。后悬架采用多连杆独立悬架结构，纵倾中心为上、下控制臂轴线延长线的交点 O_2 处。

图 7-54 画出制动时汽车承受的各种动态作用力，没有考虑汽车静止时所受重力的作用，故在图上没有画出汽车质心上重力及前、后轮上的静止反力。当汽车以减速度 j 制动时，汽车质心上作用有惯性力 $F_j = m_a j$，它使前、后轮上的负荷发生转移。前、后轮负荷的增减量为 ΔG，其大小是 $\Delta G = F_j h/L$，h 为汽车质心高度，L 为轴距。前、后轮上的制动力为 F_{B1}、F_{B2}，总制动力为 $F_B = F_j$，则前、后轮的制动力为

$$\begin{cases}F_{B1}=\beta F_B=\beta F_j\\F_{B2}=F_B-F_{B1}=(1-\beta)F_B=(1-\beta)F_j\end{cases} \tag{7-36}$$

式中，β 为制动力分配系数。

在 F_j 的作用下，车身产生前俯现象，同时引起前弹簧有附加压缩变形 Δf_1 和后弹簧附加伸张变形 Δf_2，结果在前、后弹簧上端产生附加力 $\Delta F_1=C_1\Delta f_1$ 和 $\Delta F_2=C_2\Delta f_2$，式中的 C_1、C_2 分别为前、后弹簧刚度。如果取车轮和悬架作自由体进行分析，并假定：弹簧上的载荷转移可用车轮上的载荷转移来替代；忽略车轮惯性力矩和滚动阻力不计，则根据前、后悬架各动态力对 O_1、O_2 的力矩平衡条件得

$$(C_1\Delta f_1-\Delta G)d_1+F_{B1}e_1=0 \tag{7-37}$$

$$(C_2\Delta f_2-\Delta G)d_2+F_{B2}e_2=0 \tag{7-38}$$

式中，d_1、d_2 为前、后悬架纵倾中心到前、后轴中心的距离；e_1、e_2 为前、后悬架纵倾中心到地面的高度。

经整理式（7-36）、式（7-37）和式（7-38）后得

$$\begin{cases}\Delta f_1=\dfrac{F_j}{c_1d_1}\left(\dfrac{h}{L}d_1-\beta e_1\right)\\\Delta f_2=\dfrac{F_j}{c_2d_2}\left[\dfrac{h}{L}d_2-(1-\beta)e_2\right]\end{cases} \tag{7-39}$$

分析式（7-39）可知，反映制动时车身前俯程度的 Δf_1 和 Δf_2 除与总布置参数、制动力大小及其分配以及悬架刚度有关外，主要取决于纵倾中心位置 O_1 和 O_2。对前轮而言，O_1 点位置可用 e_1、d_1 值确定。满足无前俯现象的纵倾中心位置，对车头有 $\Delta f_1=0$，对车尾有 $\Delta f_2=0$。因此，由式（7-39）可得

$$\frac{h}{L}d_1-\beta e_1=0,\frac{h}{L}d_2-(1-\beta)e_2=0$$

或

$$\frac{e_1}{d_1}=\frac{h}{\beta L},\frac{e_2}{d_2}=\frac{h}{(1-\beta)L} \tag{7-40}$$

如发生前俯现象，则 $\Delta f_1>0$，$\Delta f_2>0$，即

$$\frac{h}{L}d_1-\beta e_1>0,\frac{h}{L}d_2-(1-\beta)e_2>0$$

或

$$\frac{e_1}{d_1}<\frac{h}{\beta L},\frac{e_2}{d_2}<\frac{h}{(1-\beta)L} \tag{7-41}$$

当 h、L、β 等参数确定后，可通过设计合适的悬架纵倾中心位置来获得预期的抗制动前俯效果。为了减少车轮传到车身上的冲击力，纵倾中心位置的选择不能达到理想的无前俯效果。一般是 $\dfrac{e_1}{d_1}<\dfrac{h}{\beta L}$，$\dfrac{e_2}{d_2}<\dfrac{h}{(1-\beta)L}$，即制动时仍有一定程度的前俯现象，并用前轮抗前俯率 η_d 和后轮抗抬起率 η_r 来表示制动时的前俯程度：

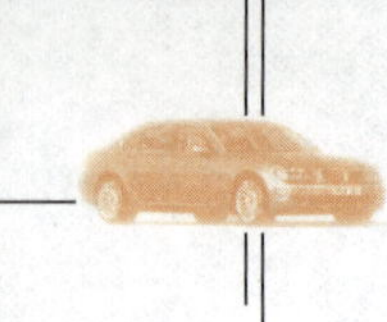

$$\eta_d=\frac{e_1\beta L}{d_1h}\times100\%,\eta_r=\frac{e_2(1-\beta)L}{d_2h}\times100\% \tag{7-42}$$

对乘用车，前轮抗前俯率 η_d 一般取 50%~70%。

5. 抗驱动纵倾性（抗驱动后仰角）

汽车在驱动时，由于惯性力的作用也会造成轴荷转移，并伴随前、后悬架的变形，表现为驱动时的“后仰垂尾”现象。悬架设计时也应考虑采取相应的措施实现抗驱动纵倾性，即在驱动过程中减小前轮驱动汽车车头的抬高量或后轮驱动汽车车尾的下沉量。与抗制动纵倾性不同的是，只有当汽车为单桥驱动时，该性能才起作用。对于独立悬架而言，是纵倾中心位置高于驱动桥车轮中心，这一性能方可实现。

前轮驱动汽车采用前轮抗后仰率 η_1，后轮驱动汽车采用后轮抗后沉率 η_s 来表示加速时的后仰程度：

$$\eta_1=\frac{e_1L}{d_1h}\times100\%,\eta_s=\frac{e_2L}{d_2h}\times100\% \tag{7-43}$$

6. 悬架横臂的定位角

独立悬架中的横臂铰链轴大多为空间倾斜布置。为了描述方便，将横臂空间定位角（图 7-55）定义为：横臂轴的水平斜置角 α'，悬架抗前俯角 β'，悬架斜置初始角 θ'。

三、双横臂式独立悬架导向机构设计

1. 纵向平面内上、下横臂轴布置方案

上、下横臂轴抗前俯角的匹配对主销后倾角的变化有较大影响。图 7-56 给出了六种可能匹配布置方案的主销后倾角 γ 值随车轮跳动的变化曲线。图中横坐标为 γ 值，纵坐标为车轮接地中心的垂直位移量 Z。各匹配方案中，β_1'、β_2' 角度的取值如图所示，其正负号按右手定则确定。

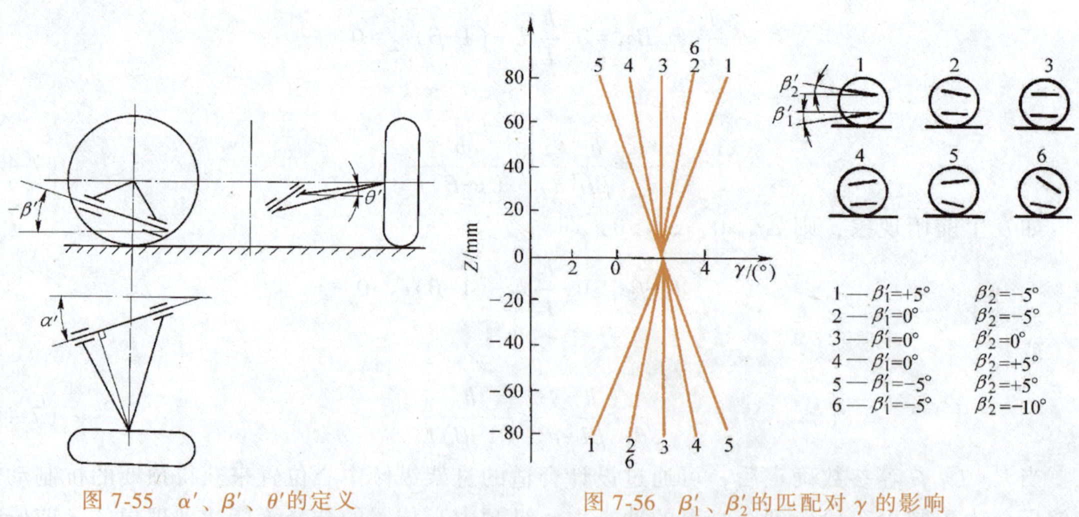

图 7-55 α'、β'、θ'的定义

图 7-56 β_1'、β_2'的匹配对 γ 的影响

为了提高汽车的制动稳定性和舒适性，一般希望主销后倾角的变化规律为：在悬架弹簧压缩时后倾角增大，在弹簧拉伸时后倾角减小，用以造成制动时因主销后倾角变大而在控制臂支架上产生防止制动前俯的力矩。

分析图 7-56 中 γ 的变化曲线可知，第 4、5 方案的变化规律为压缩行程 γ 减少，拉伸行程 γ 增大，这与所希望的规律正好相反，因此不宜用在汽车前悬架中；第 3 方案虽然主销后倾角的变化最小，但其抗前俯的作用也小，所以现代汽车中也很少采用；第 1、2、6 方案主销后倾角的变化规律是比较好的，所以这三种方案在现代汽车中被广泛采用。

2. 横向平面内上、下横臂的布置方案

比较图 7-57a、b、c 三图可以清楚地看到，上、下横臂布置不同，所得侧倾中心的位置也不同，这样就可根据对侧倾中心位置的要求来设计上、下横臂在横向平面内的布置方案。

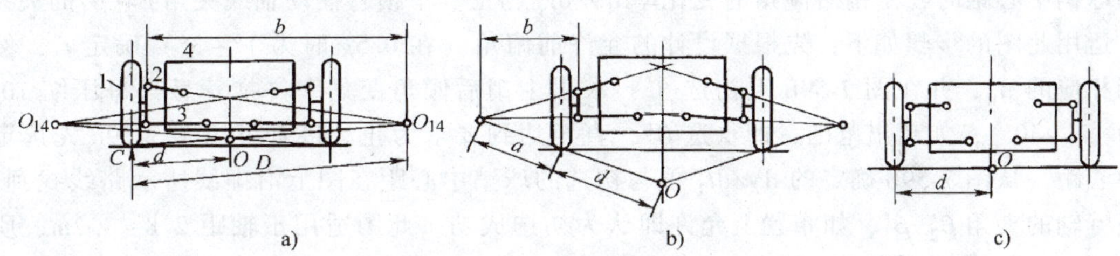

图 7-57 上、下横臂在横向平面内的布置方案

3. 水平面内上、下横臂的布置方案

下横臂轴 $M—M$ 和上横臂轴 $N—N$ 与纵轴线的夹角，分别用 α_1' 和 α_2' 来表示，称为导向机构上、下横臂轴的水平斜置角。一般规定，轴线前端远离汽车纵轴线的夹角为正，反之为负；与汽车纵轴线平行者，夹角为零。

为了使车轮在遇到凸起路障时能够一面上跳，一面向后退让，以减少传到车身上的冲击力，还为了便于布置发动机，大多数前置发动机汽车的悬架下横臂轴 $M—M$ 的斜置角 α_1' 为正，而上横臂轴 $N—N$ 的斜置角 α_2' 则有正值、零值和负值三种布置方案，如图 7-58a、b、c 所示。上、下横臂轴斜置角不同的组合方案，对车轮跳动时前轮定位参数的变化规律有很大影响。如车轮上跳，下横臂轴斜置角 α_1' 为正、上横臂轴斜置角 α_2' 为负值或零值时，主销后倾角随车轮的上跳而增大。如组合方案为上、下横臂轴斜置角 α_1'、α_2' 都为正值，如图 7-58a 所示，则主销后倾角随车轮的上跳有较少增加甚至减少（当 $\alpha_1'<\alpha_2'$ 时）。至于采取哪种方案为好，要与上、下横臂在纵向平面内的布置一起考虑。当车轮上跳、主销后倾角变大时，车身上的悬架支承处会产生反力矩，有抑制制动时的前俯作用。但主销后倾角变得太大时，会

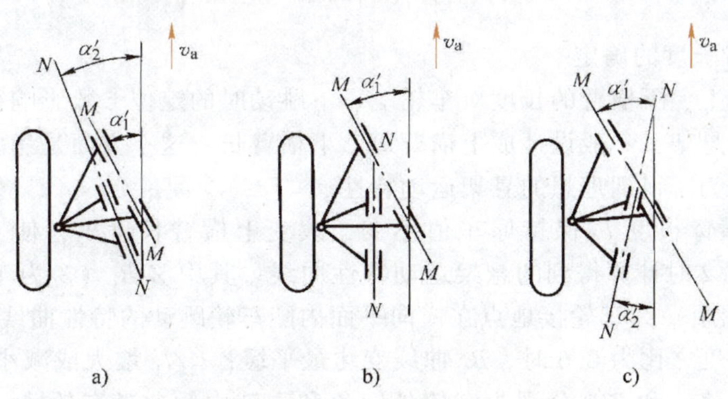

图 7-58 水平面内上、下横臂轴的布置方案

a）α_1' 和 α_2' 皆为正值 b）α_1' 为正值，α_2' 为零 c）α_1' 为正值，α_2' 为负值

使支承处反力矩过大，同时使转向系统对侧向力十分敏感，易造成车轮摆振或转向盘上力的变化。因此，希望乘用车的主销后倾角原始值为-1°~+2°。当车轮上跳时，悬架每压缩10mm，主销后倾角变化范围为10′~40′。

为了综合上述要求，选择适当的抗前俯角，国外已根据设计经验制定出一套列线图，如图 7-59 所示。该图由三组线图组成：图 7-59a 为汽车在不同减速度时（以重力加速度 g 的百分数表示），前轮上方车身下沉量 f_1 与抗前俯率 η_d 的关系；图 7-59b 为下横臂摆动轴线与水平线夹角 β_1' 不相同时，主销后倾角 γ 的变化率 $d\gamma/df_1$ 与抗前俯率的关系；图 7-59c 为不同球销中心距时，主销后倾角的变化率 $d\gamma/df_1$ 与上、下横臂摆动轴线夹角 $\beta_2'-\beta_1'$ 的关系。

运用此图的步骤如下：先根据设计的允许前俯角（在 0.5g 时为 1°~3°）确定 f_1，然后找到相应的 η_d，并在图 7-59b 上初选 β_1'，求出主销后倾角变化率（推荐悬架每压缩 10mm 时为 10′~40′）；如超出范围，即重选 β_1'，直至达到要求为止。接着可用图 7-59c 先选定球销中心距，从图 7-59b 确定的 $d\gamma/df_1$ 值与初选的球销中心距在图上沿虚线所示路线找到上、下横臂轴的夹角 $\beta_2'-\beta_1'$，如布置上允许即认为初选成功。此图适用于轴距 2.8~3.2m、质心高为 0.58~0.6m 的乘用车。

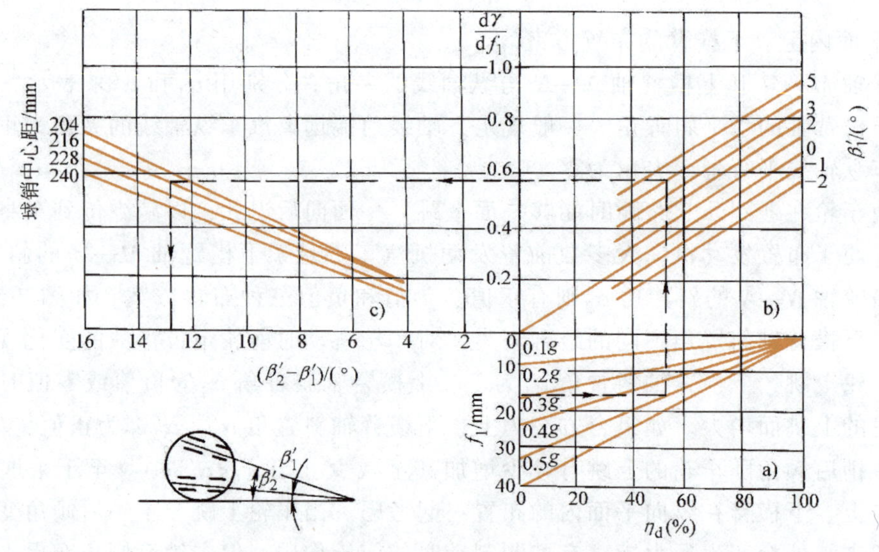

图 7-59 选择上、下横臂轴线纵向倾角的线图

4. 上、下横臂长度的确定

双横臂式悬架上、下横臂的长度对车轮上、下跳动时的定位参数影响很大。现代乘用车所用的双横臂式前悬架，一般设计成上横臂短、下横臂长。这一方面是考虑到布置发动机方便，另一方面也是为了得到理想的悬架运动特性。

图 7-60 为下横臂长度 l_1 保持原车值不变，改变上横臂长度 l_2，使 l_2/l_1 分别为 0.4、0.6、0.8、1.0、1.2 时计算得到的悬架运动特性曲线。其中 Z-B_y（Z 为车轮接地点的垂直位移，B_y 为 1/2 轮距）为车轮接地点在横向平面内随车轮跳动的特性曲线。由图可以看出，当上、下横臂的长度之比为 0.6 时，B_y 曲线变化最平缓；l_2/l_1 增大或减小时，B_y 曲线的曲率都增加。图中的 Z-α 和 Z-β 分别为车轮外倾角和主销内倾角随车轮跳动的特性曲线。当 $l_2/l_1=1.0$ 时，α 和 β 均为直线并与横坐标垂直，α 和 β 在悬架运动过程中保持定值。

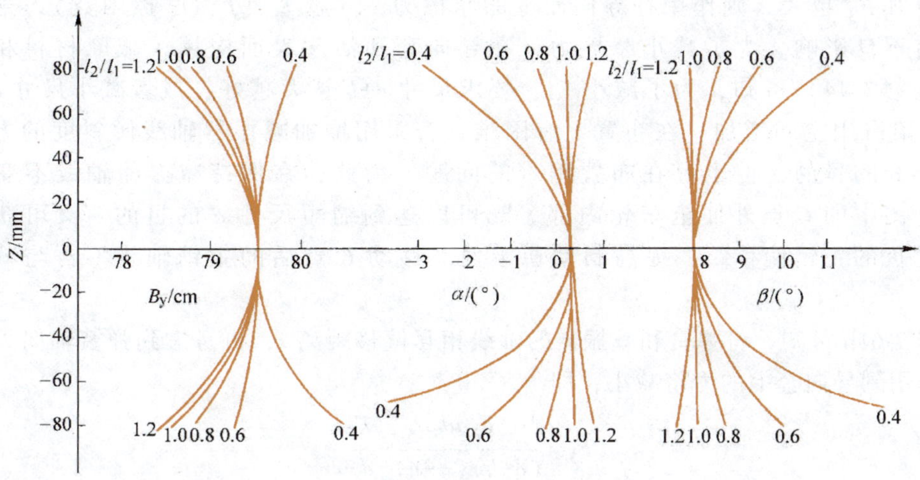

图 7-60 上、下横臂长度之比 l_2/l_1 改变时的悬架运动特性

设计汽车悬架时，希望轮距变化要小，以减少轮胎磨损，提高其使用寿命，因此应选择 l_2/l_1 在 0.6 附近；为保证汽车具有良好的操纵稳定性，希望前轮定位角度的变化要小，这时应选择 l_2/l_1 在 1.0 附近。综合以上分析，该悬架的 l_2/l_1 应在 0.6~1.0 范围内。根据我国乘用车设计的经验，在初选尺寸时，l_2/l_1 取 0.65 为宜。

四、麦弗逊式独立悬架导向机构设计

1. 导向机构受力分析

分析图 7-61a 所示的麦弗逊式独立悬架受力简图可知，作用在导向套上的横向力 F_3 可根据图上的布置尺寸求得

$$F_3=\frac{F_1ad}{(c+b)(d-c)} \tag{7-44}$$

式中，F_1 为前轮上的静载荷 F_1' 减去前轴簧下质量的 1/2。

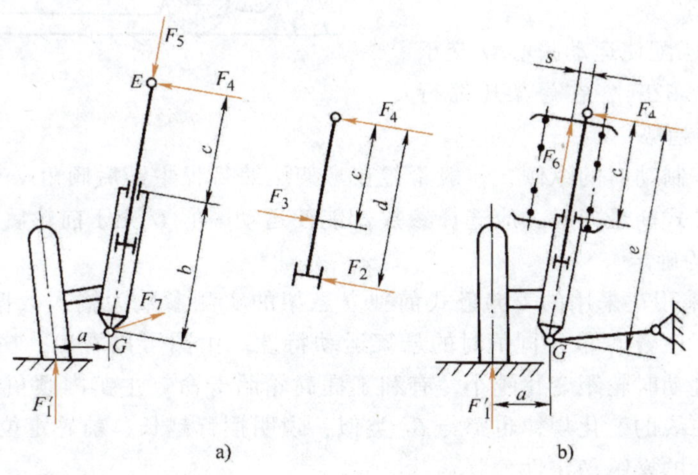

图 7-61 麦弗逊式独立悬架导向机构受力简图

横向力 F_3 越大，则作用在导向套上的摩擦力 F_3f 越大（f 为摩擦因数），这对汽车平顺性有不良影响。为了减小摩擦力，在导向套和活塞表面应用了减摩材料和特殊工艺。由式（7-44）可知，为了减小 F_3，要求尺寸 $c+b$ 越大越好，或者减小尺寸 a。增大 $c+b$ 使悬架占用空间增加，在布置上有困难；若采用增加减振器轴线倾斜度的方法，可达到减小 a 的目的，但也存在布置困难的问题。为此，在保持减振器轴线不变的条件下，常将图中的 G 点外伸至车轮内部，既可以达到缩短尺寸 a 的目的，又可获得较小的甚至是负的主销偏移距，提高制动稳定性。移动 G 点后的主销轴线不再与减振器轴线重合。

由图 7-61b 可知，将弹簧和减振器的轴线相互偏移距离 s，再考虑到弹簧轴向力 F_6 的影响，则作用到导向套上的力将减小，即

$$F_3=\frac{F_1ad}{(c+b)(d-c)}-\frac{F_6s}{d-c} \tag{7-45}$$

由式（7-45）可知，增加距离 s，有助于减小作用到导向套上的横向力 F_3。

为了发挥弹簧反力减小横向力 F_3 的作用，有时还将弹簧下端布置得尽量靠近车轮，从而造成弹簧轴线及减振器轴线成一角度。这就是麦弗逊式独立悬架中，主销轴线、滑柱轴线和弹簧轴线不共线的主要原因。

2. 横臂轴线布置方式的选择

麦弗逊式独立悬架的横臂轴线与主销后倾角的匹配，影响汽车的纵倾稳定性。图 7-62 中，O 点为汽车纵向平面内悬架相对于车身跳动的运动瞬心。当摆臂轴的抗前俯角 $-\beta'$ 等于静平衡位置的主销后倾角 γ 时，横臂轴线正好与主销轴线垂直，运动瞬心交于无穷远处，主销轴线在悬架跳动时做平动。因此，γ 值保持不变。

当 $-\beta'$ 与 γ 的匹配使运动瞬心 O 交于前轮后方时（图 7-62a），在悬架压缩行程，γ 角有增大的趋势。

当 $-\beta'$ 与 γ 的匹配使运动瞬心 O 交于前轮前方时（图 7-62b），在悬架压缩行程，γ 角有减小的趋势。

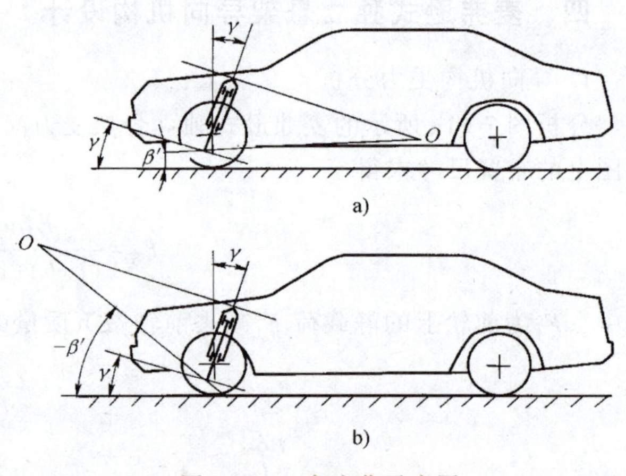

图 7-62 γ 角变化示意图

为了减少汽车制动时的纵倾，一般希望在悬架压缩行程主销后倾角 γ 有增加的趋势。因此，在设计麦弗逊式前悬架时，应选择参数 β' 能使运动瞬心 O 交于前轮后方。

3. 横臂长度的确定

图 7-63 为某乘用车采用的麦弗逊式前独立悬架的实测参数为输入数据的计算结果。图中的几组曲线是下横臂 l_1 取不同值时的悬架运动特性。由图可以看出，横臂越长，B_y 曲线越平缓，即车轮跳动时轮距变化越小，有利于提高轮胎寿命。主销内倾角 β、车轮外倾角 α 和主销后倾角 γ 曲线的变化规律也都与 B_y 类似，说明摆臂越长，前轮定位角度的变化越小，将有利于提高汽车的操纵稳定性。

具体设计时，在满足布置要求的前提下，应尽量加长横臂长度。

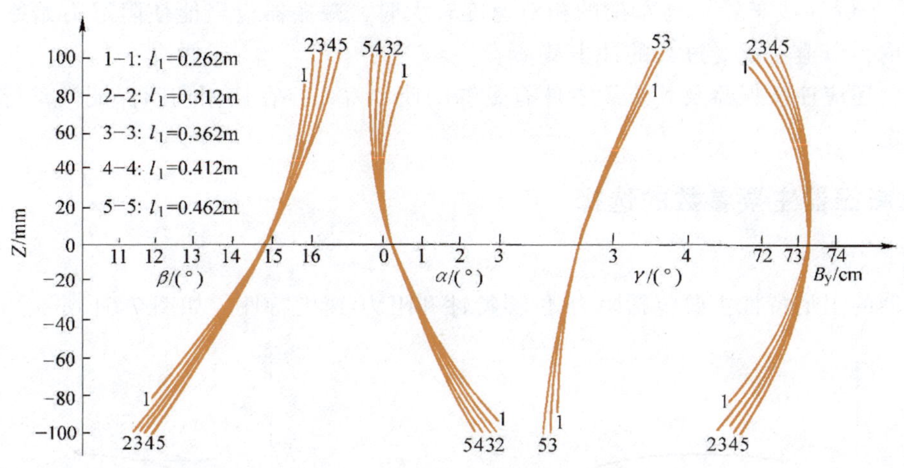

图 7-63 麦弗逊式独立悬架运动特性

第六节 减振器

一、减振器分类

汽车悬架中广泛采用的是内部充有液体的液力式减振器。当汽车车身和车轮振动时，减振器内的液体在流经阻尼孔时的摩擦和液体的黏性摩擦形成了振动阻力，将振动能量转变为热能，并散发到周围的空气中去，达到迅速衰减振动的目的。如果能量的耗散仅仅是在压缩行程或者是在伸张行程进行，则把这种减振器称为单向作用式减振器；反之称为双向作用式减振器。后者因减振作用比前者好而得到广泛应用。

根据结构形式不同，减振器分为摇臂式和筒式两种。虽然摇臂式减振器能在比较大的工作压力（10~20MPa）条件下工作，但由于它的工作特性受活塞磨损和工作温度变化的影响大而遭淘汰。筒式减振器工作压力虽然仅为 2.5~5MPa，但是因为工作性能稳定而在现代汽车上得到广泛的应用。筒式减振器又分为单筒式、双筒式和充气筒式三种。普通双筒式减振器性价比较好，但因在连续或高速工作下很容易发生泡沫化现象，使减振器工作时产生空程，导致阻力不连续，不仅影响减振性能，而且可能会引起噪声。双筒充气式减振器具有工作性能稳定、干摩擦阻力小、噪声低、寿命长等优点，并消除了泡沫化、阻力空程和不连续等现象，提高了整车乘坐舒适性和高速操稳性，在乘用车上得到越来越多的应用。

减振器的阻尼力越大，振动消除得越快，但却使并联的弹性元件的作用不能充分发挥，同时，过大的阻尼力还可能导致减振器连续零件及车架损坏。为保证减振器具有良好的工作性能，对减振器设计提出如下基本要求：

1）在悬架压缩行程（车桥与车架相互靠近的行程）内，减振器阻尼力应较小，以便充分利用弹性元件的弹性来缓和冲击。

2）在悬架伸张行程（车桥与车架相互远离的行程）内，减振器的阻尼力应较大，以便能够迅速减振。

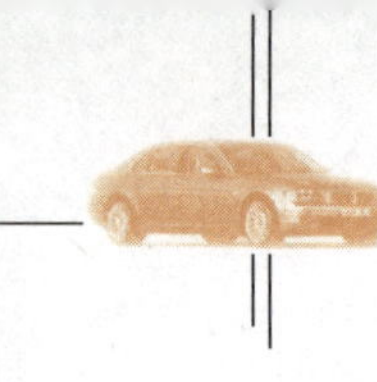

3）当车桥（或车轮）与车架的相对速度较大时，减振器应当能使阻尼力始终保持在一定限度之内，以避免承受过大的冲击载荷。

此外，还应使减振器及其连续零件有足够的使用寿命，在使用期间保证汽车行程平顺性的性能稳定。

二、减振器主要参数的选择

1. 阻尼特性

减振器的阻尼特性主要包括阻力-位移特性和阻力-速度特性，如图 7-64 所示。

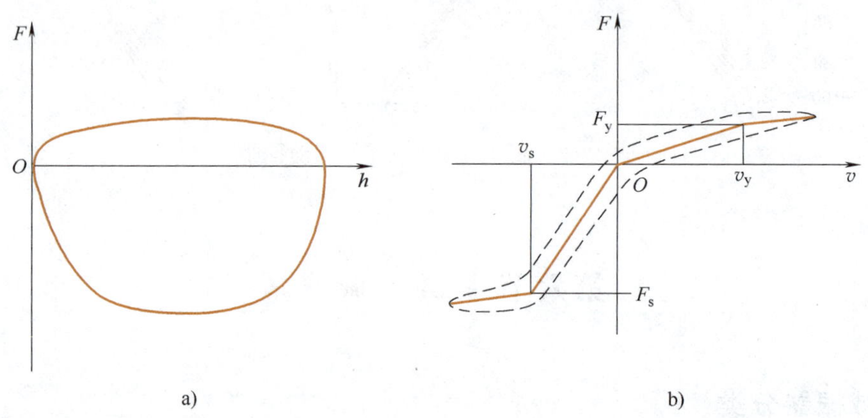

图 7-64 减振器的特性

a）阻力-位移特性 b）阻力-速度特性

阻力-位移特性也叫示功图，其所围绕的面积是阻尼力 F 在一个周期内所做的功，通常，减振器的阻力 F 与减振器的振动速度 v 之间的关系为

$$F=\delta v^{n} \tag{7-46}$$

式中，δ 为减振器阻尼系数；n 为速度指数。

在减振器打开前，减振器中的阻力 F 与减振器振动速度 v 之间基本保持线性关系，即 $n=1$。如图 7-64b 所示，减振器的阻力-速度特性曲线一般由四段近似直线的线段组成，其中压缩行程和伸张行程各占两段。各段特性曲线的斜率是减振器的阻尼系数

$$\delta=F/v \tag{7-47}$$

在没有特别指明时，减振器的阻尼系数是指卸荷阀开启前的阻尼系数。通常压缩行程的阻尼系数 $\delta_y=F_y/v_y$ 与伸张行程的阻尼系数 $\delta_s=F_s/v_s$ 并不相等。

2. 阻尼比 ψ

阻尼比 ψ 也叫相对阻尼系数，可用来评价振动衰减的快慢程度，它也是标志悬架“软”或“硬”的重要指标，是振动衰减的标志，可用下式计算

$$\psi=\delta/(2\sqrt{cm_s}) \tag{7-48}$$

式中，c 为悬架系统的垂直刚度；m_s 为簧上质量。

式（7-48）表明，阻尼比 ψ 的物理意义是：减振器的阻尼作用在不同刚度 c 和不同簧上质量 m_s 的悬架系统匹配时，会产生不同的阻尼效果。ψ 值越大，振动能迅速衰减，但同时又将较大的路面冲击力传递到车身；ψ 值小则反之。通常情况下，将压缩行程的阻尼比 ψ_y

取得小些，伸张行程时的阻尼比 ψ_s 取得大些。两者之间保持有 $\psi_y=(0.25\sim0.5)\psi_s$ 的关系。

设计时，先选取 ψ_y 与 ψ_s 的平均值 ψ。对于无内摩擦的弹性元件悬架，取 $\psi=0.25\sim0.35$；对于有内摩擦的弹性元件悬架，ψ 值取小些。对于行驶路面条件较差的汽车，ψ 值应取大些，一般取 $\psi_s>0.3$；为避免悬架碰撞车架，取 $\psi_y=0.5\psi_s$。

3. 阻尼系数 δ

由式（7-48）可知减振器阻尼系数 $\delta=2\psi\sqrt{cm_s}$，而悬架系统振动固有频率 $\omega=\sqrt{c/m_s}$，所以理论上有 $\delta=2\psi m_s\omega$。但实际上，阻尼系数与减振器布置方式有关。

当减振器如图 7-65a 所示安装时，其阻尼系数 δ 为

$$\delta=2\psi m_s\omega n^2/a^2 \tag{7-49}$$

式中，n 为双横臂悬架的下臂长；a 为减振器在下横臂上的连接点到下横臂在车身上的铰接点之间的距离。

当减振器如图 7-65b 所示安装时，其阻尼系数 δ 为

$$\delta=2\psi m_s\omega n^2/(a^2\cos^2\alpha) \tag{7-50}$$

式中，α 为减振器轴线与铅垂线之间的夹角。

当减振器如图 7-65c 所示安装时，其阻尼系数 δ 为

$$\delta=2\psi m_s\omega/\cos^2\alpha \tag{7-51}$$

分析式（7-49）~式（7-51）可知：在下横臂长度 n 不变的条件下，改变减振器在下横臂上的固定点位置或者减振器轴线与铅垂线之间的夹角 α，会影响减振器阻尼系数的变化。

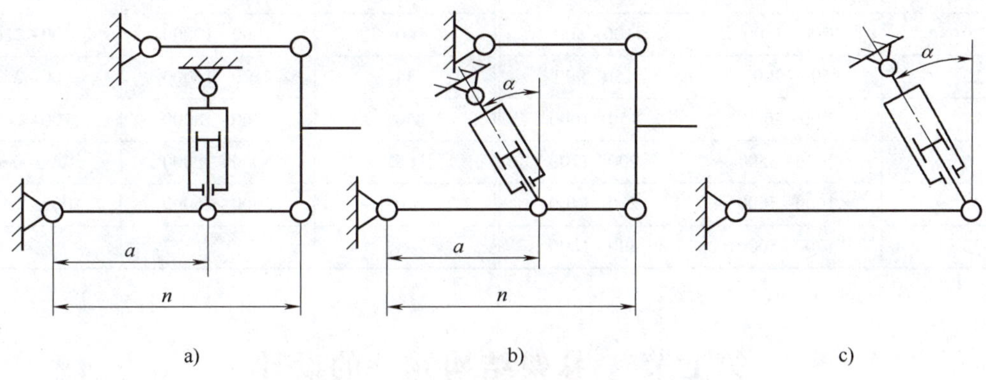

图 7-65 减振器安装位置

4. 最大卸荷力 F_0

为了减小传到车身的冲击力，有些减振器中安装了卸荷阀。当减振器活塞振动速度达到一定值时，卸荷阀便被打开，使减振器所提供的最大阻尼力得到限制。此时的活塞速度称为卸荷速度 v_x。在减振器安装如图 7-65b 所示时

$$v_x=A\omega a\cos\alpha/n \tag{7-52}$$

式中，v_x 为卸荷速度，一般为 0.15~0.30m/s；A 为车身振幅，取±40mm；ω 为悬架振动固有频率（即悬架偏频）。

如已知伸张行程时的阻尼系数 δ_s，在伸张行程的最大卸荷力 $F_0=\delta_s v_x$。

5. 工作缸直径 D

根据伸张行程的最大卸荷力 F_0，可初定减振器工作缸直径 D 为

$$D=\sqrt{\frac{4F_0}{\pi[p](1-\lambda^2)}} \tag{7-53}$$

式中，$[p]$ 为工作缸最大允许压力，取 3～4MPa；λ 为连杆直径与缸筒直径之比，双筒式减振器取 $\lambda=0.40\sim0.50$，单筒式减振器取 $\lambda=0.30\sim0.35$。

减振器的工作缸直径有 20mm、25mm、27mm、30mm、32mm、35mm、40mm、45mm、50mm、65mm、70mm 等多种规格，选取时可参考 QC/T 491—2018《汽车减振器性能要求及台架试验方法》等相关标准选用。

减振器储液缸直径一般为 $D_c=1.35\sim1.50D$，壁厚一般取 2.0～2.5mm，材料可选 20 钢。表 7-4 给出了双筒式减振器最大外径尺寸的参考值。表 7-5 给出了各种工作缸直径减振器的额定阻尼力范围（速度为 0.52m/s，温度为 20℃）。

表 7-4 双筒式减振器最大外径尺寸参考值

（单位：mm）

工作缸直径 D	20	25	27	30	32	35	40	45	50	65	70
储液缸最大外径 D_c	34	45	46	46	55	58	63	68	78	88	95
防尘罩最大外径 D_o	49	54	56	56	67	70	75	80	90	102	110

表 7-5 减振器额定阻尼力范围

工作缸直径/mm	复原阻尼力/N	压缩阻尼力/N	工作缸直径/mm	复原阻尼力/N	压缩阻尼力/N
20	200～1600	100～800	40	1600～10000	400～2200
25	500～2000	150～900	45	2500～15000	500～2500
27	700～3000	150～1000	50	4000～18000	700～2800
30	1000～3500	200～1200	65	5000～20000	1000～3600
32	1000～4000	200～1400	70	5000～25000	1000～10000
35	1200～5000	400～1800			

第七节 悬架结构元件的设计

一、钢板弹簧的叶片和卷耳

1. 叶片的断面形状

最常用的钢板弹簧材料为热轧弹簧扁钢，其叶片断面形状接近矩形（两侧为圆边）。由于矩形断面的中性轴位于对称位置上（图 7-66a），工作时，一面受拉力，另一面受压力作用，而且上、下表面的名义拉应力和压应力的绝对值相等。因材料的抗拉性能低于抗压性能，所以叶片的疲劳破坏总是首先产生于受拉伸的上表面。因此，叶片常采用如图 7-66b、c、d 所示的抛物线侧边或单面单槽、单面双槽形状，以使断面的中性轴上移，从而改善了应力在叶片断面上的分布情况。与传统矩形断面的叶片相比，可节约 10%～14%的材料，疲劳寿命约可提高 30%。

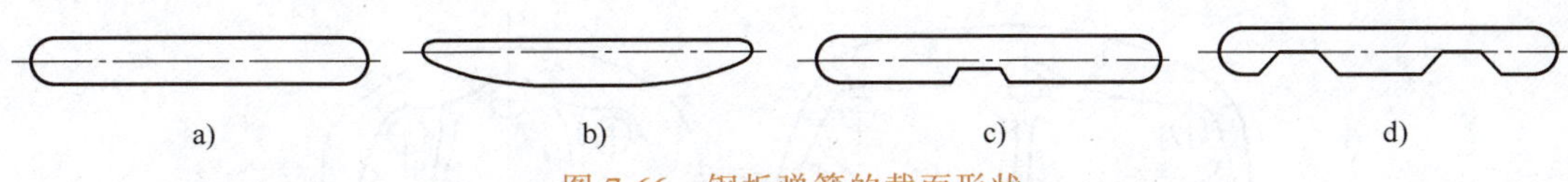

图 7-66 钢板弹簧的截面形状

a）标准型（矩形） b）抛物线侧边 c）单面单槽 d）单面双槽

2. 叶片的端部形状

钢板弹簧叶片端部的形状有矩形、梯形和椭圆形三种（图 7-67）。叶片端部为矩形时，其制造容易，成本低，但容易引起叶片之间压力集中，造成摩擦和磨损严重；又因端部刚性大，使之与等应力梁相差多些。将叶片端部制成梯形时，除节省一部分材料外，还能减小叶片质量，并使钢板弹簧更好地接近等应力梁。叶片端部经压延形成图 7-67c 所示的沿长度方向呈变厚状的椭圆形叶片组成的钢板弹簧，更接近等应力梁，同时质量也小。

3. 端部的支承形式

钢板弹簧的端部支承形式主要有卷耳和滑板两种。

卷耳可分为上卷式、平卷式、下卷式三种。图 7-68a 为得到广泛应用的上卷式卷耳，其特点是制造工艺性良好，但因卷耳中心线与主片断面中心线之间存在一定距离，所以工作时叶片内应力较大。图 7-68b 为带有加强片的上卷式卷耳，其特点是第二片端部也向上卷起，包在第一片卷耳上（可以部分或者全部包住），使主片工作条件改善，从而提高了工作可靠性。图 7-68c 为平卷式卷耳，其卷耳中心线与主片中心线在同一直线上，可减少附加给主片的力矩，降低了主片卷耳的内应力，但制造工艺性不好。图 7-68d 为下卷式卷耳，可用于对板簧安装位置有特殊要求的情况（如保证不足转向趋势），但无法实现加强的双主片。图 7-68e 为长圆形卷耳，卷耳孔内一般装有刚度方向异性橡胶块，有利于缓解悬架的水平冲击。对于承载比较大的钢板弹簧，可以采用图 7-68 f 所示的可拆卸卷耳结构。

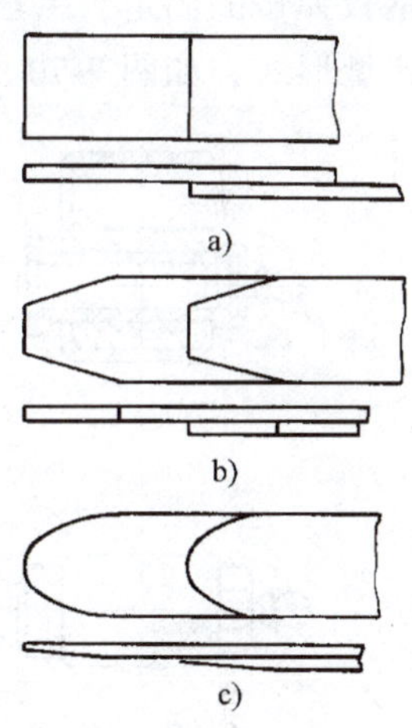

图 7-67 叶片端部形状

a）矩形 b）梯形 c）椭圆形

有些汽车采用滑板式支承结构，图 7-68g 为主副簧结构中的副簧滑板支承方式，图 7-69 为用于主簧结构的滑板连接方式。这种滑板支承方式结构简单、拆装方便、无须润滑，并减少了主片附加应力，延长了弹簧寿命，但在工作过程中弹簧刚度略有变化。

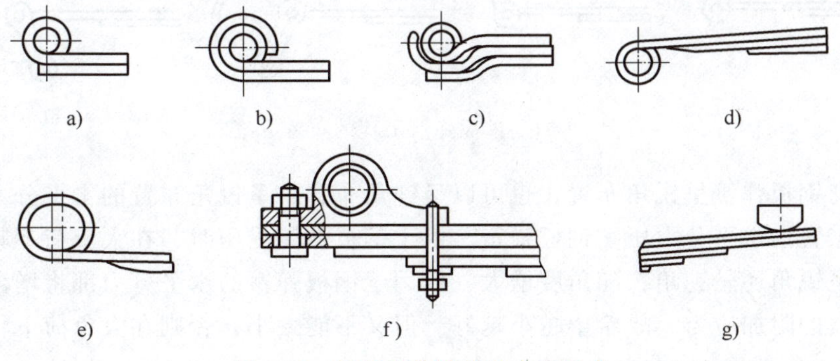

图 7-68 钢板弹簧端部的支承形式

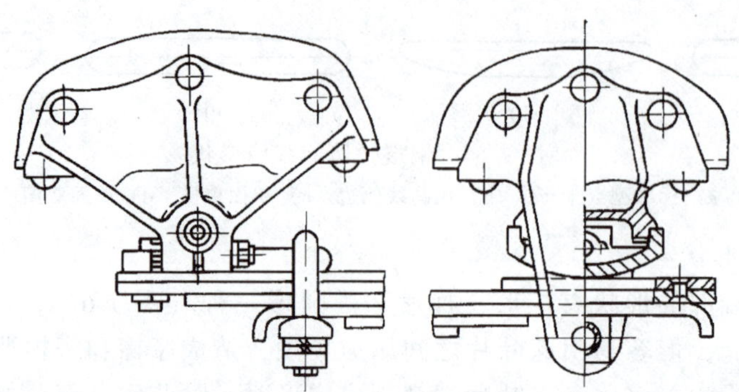

图 7-69 钢板弹簧滑板式支承结构

4. 吊耳的形式与布置方案

钢板弹簧的固定，一般一端为固定卷耳，一端为活动吊耳，吊耳有 C 形、叉形和分体式等典型形式，如图 7-70 所示。

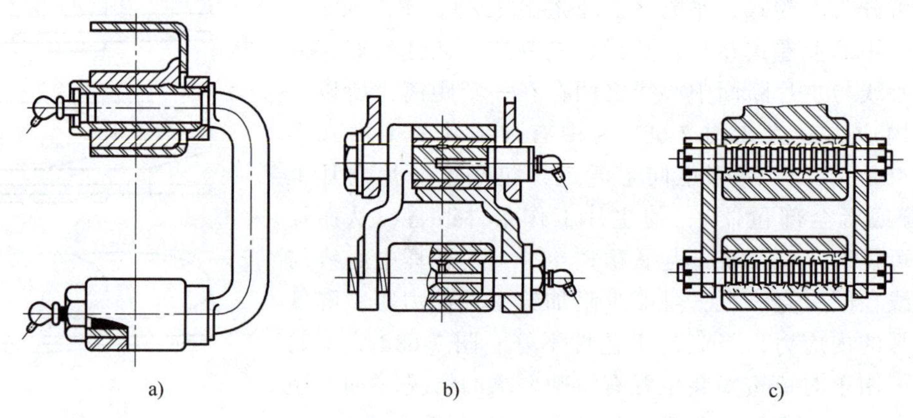

图 7-70 钢板弹簧吊耳形式

a）C 形 b）叉形 c）分体式

吊耳与车架之间有四种连接方式，如图 7-71 所示。前两种为常规布置，后两种为非常规布置。吊耳的倾角和长度都是有一定要求的，它们对悬架刚度和车架高度均有影响。

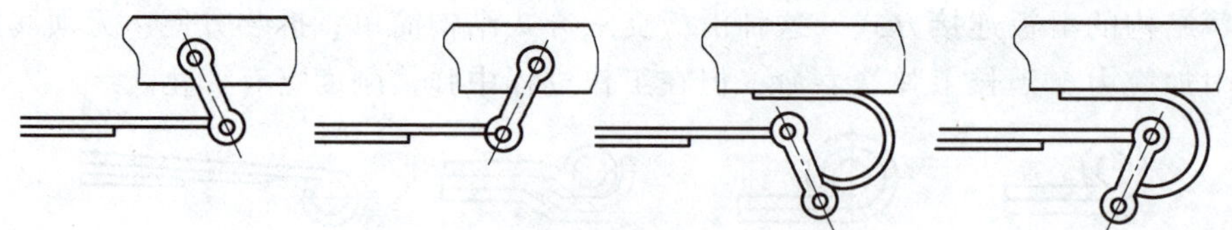

图 7-71 钢板弹簧吊耳的布置方案

吊耳可与钢板弹簧呈锐角布置，也可以呈钝角布置。呈锐角布置的水平分力拉伸钢板弹簧，呈钝角布置的水平分力压缩钢板弹簧。由于钢板弹簧受压时，在大负荷下频率剧增。无论吊耳倾角呈锐角还是钝角，随角度增大，作用于钢板弹簧的水平分力都将增大，致使钢板弹簧引起较大的附加应力，故希望越小越好。但又不能太小，否则在大负荷下将有可能出现“反耳”现象，一般取 30°左右。

二、控制臂与推力杆

独立悬架中用纵臂、横臂或者斜臂（统称控制臂）中的三者之一，将车轮（或车轴）与车架（或车身）连接起来。有些悬架在车轴与车架（车身）之间布置有纵向或横向推力杆。控制臂或推力杆在车轮（或车轴）与车架（或车身）之间传递力和力矩，并决定了它们的结构形式。对于仅沿轴线方向传递拉力或压力，并伴随有纵向弯曲作用的推力杆，大多数用端部有接头的简单钢管制造，并应当保证有足够的纵向弯曲应力；少数情况下也可以用能获得比较大的纵向抗弯强度、断面为异形的板材制造，如用两个槽形断面的梁组合成一个工字形的梁。

为了保证顺利的装配和补偿制造与安装时可能产生的误差，有时要求推力杆具有调节长度的功能。如果两个推力杆连接成一体并有一定的夹角（图 7-72），基于上述相同的理由，还可能提出改变两个臂之间夹角的要求。图 7-72 所示结构中，接头与推力杆经螺纹连接，使两者相对转动就能达到调节长度的目的；而松开夹紧螺栓 2，又能调节两个推力杆之间的夹角。

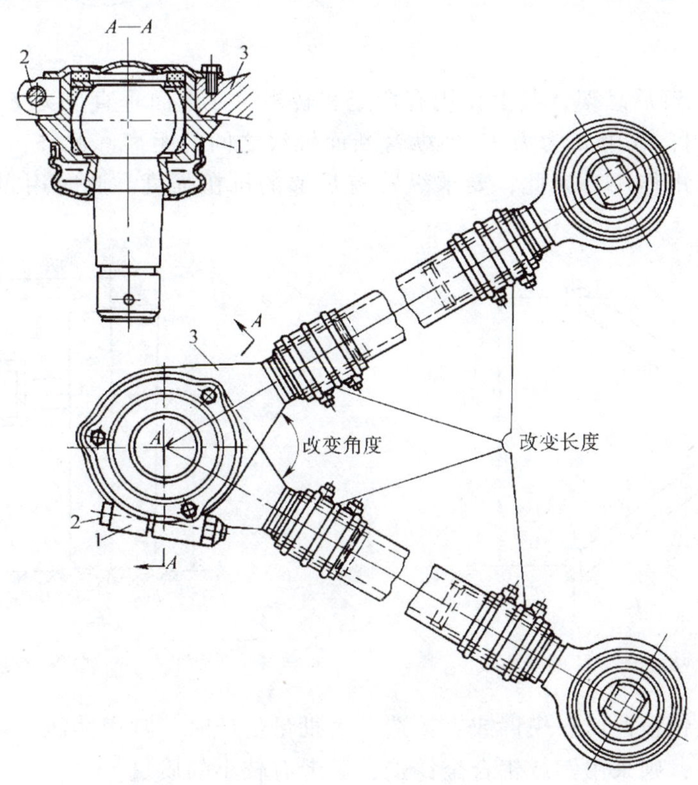

图 7-72　推力杆及其调节机构

1—接头　2—夹紧螺栓　3—推力杆柄

控制臂在比较复杂的受力状态下工作，要承受牵引力、制动力、侧向力和力矩等。为了提高控制臂的刚度，臂的横断面应该采用具有较深结构的构件或者用封闭式的箱形断面结构（图 7-73）。

有的控制臂传递来自车轮方向的纵向力作用，其受力状况如图 7-74 所示。为了减小作用在车身上固定支点处的力，要求支点间有足够大的距离 a。

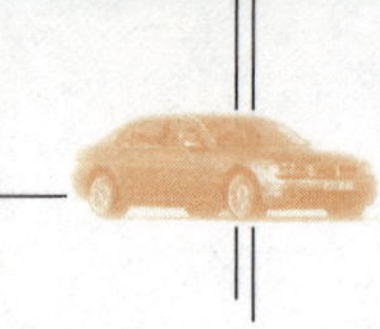

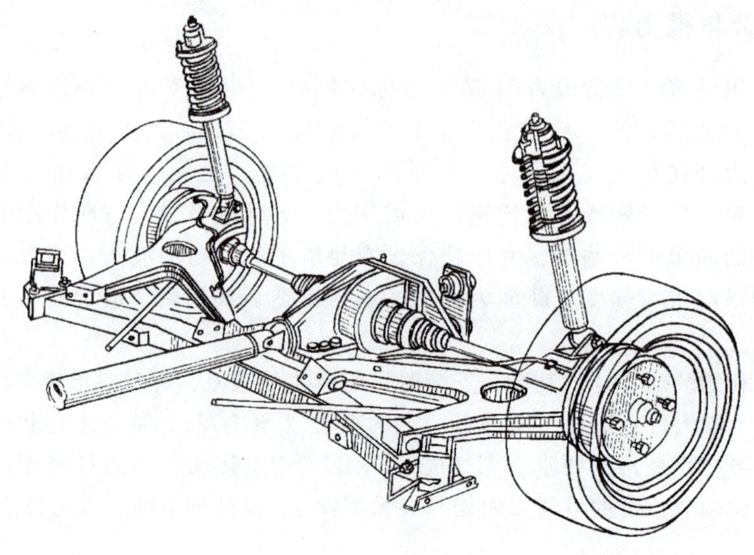

图 7-73 箱形断面纵臂

图 7-75 为单纵臂后悬架，其上作用有弯矩和转矩。在地面垂直反力 F_z 作用下，单纵臂受转矩 $T=F_zh$ 作用，式中 h 为力 F_z 到纵臂断面轴线之间的距离。此外，在侧向力 F_y 作用下对纵臂也产生转矩作用。为此，要求纵臂有足够的抗扭强度。此时用封闭的箱形断面最合理。

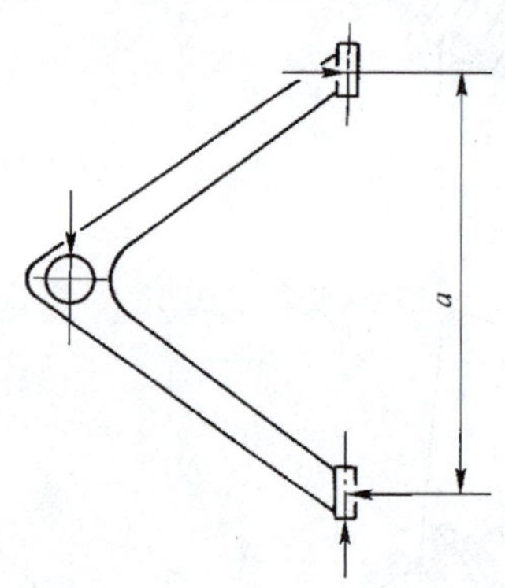

图 7-74 独立悬架臂的受力图

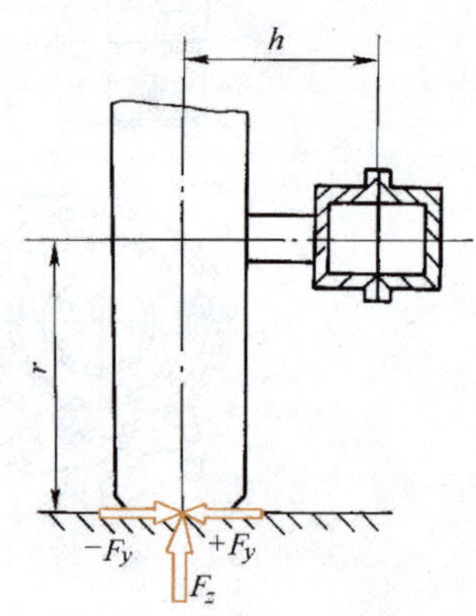

图 7-75 单纵臂受力图

控制臂可以用钢板冲压、模锻或者铸造。大批量生产时，常用冲压、模锻的生产方式制造；小批量生产时，则采用钢或铝合金铸造，后者有较小的质量。

三、接头与球销

控制臂或推力杆常通过位于它们端部的接头与其他件实现连接。这些接头应满足下述要求：应当有较小的摩擦；在使用期间不需要进行保养，以减少使用成本或降低劳动强度；接头应有一定的弹性；具有隔声性能。因为上述四个要求相互有矛盾，所以同时都满足有困难。目前，在接头内设计有橡胶衬套或者塑料衬套，橡胶衬套使接头有弹性变形，并有隔声性能；塑料衬套应该用聚氨酯、聚酰胺酯或聚四氟乙烯材料制造。

根据结构不同，接头有轴销式接头和球销式接头两种。接头所连接的两部分之间的相对运动形式和传力特点，将影响接头形式的选择。如位于转向轮内侧的双横臂独立悬架上的接头 2 和 5（图 7-76），由于转向时车轮绕主销轴线回转，同时车轮在垂直面内有位移，因此要求此处接头能够完成空间运动，采用球销式接头能够很好地满足上述要求。

图 7-77 中所示球销式接头的特点是，用塑料制成整体式球碗，利用塑料的弹性将球头销压入球头碗后再装到球座上，工作时球头销的球面部分在球头碗内滑动。这种接头能承受各个方向的作用力，在使用中又不要求保养。以前这种结构的球头销在钢质球碗内工作，需要经常保养润滑。与图 7-77b 所示球销式接头相比，图 7-77a 所示球销式接头的球头销部分与球头碗的接触面积增大，因而能承受更大的垂直方向的载荷而单位压力并不大。

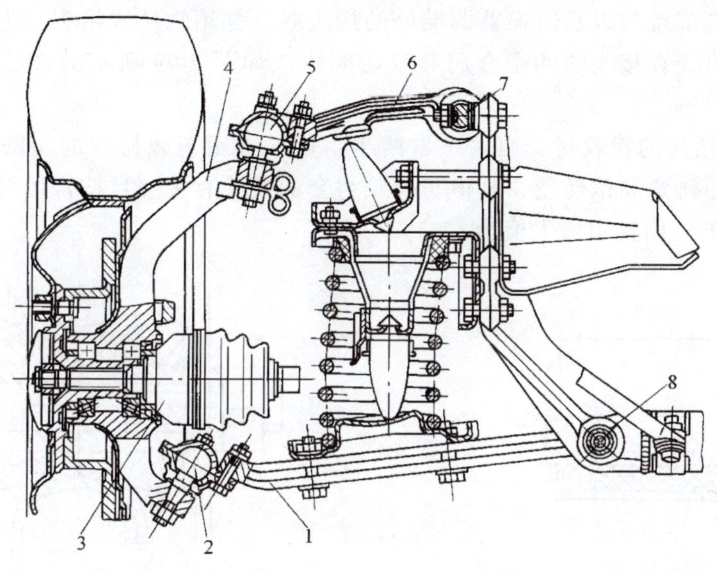

图 7-76 双横臂独立悬架

1—下横臂 2、5—球销式接头 3—万向节 4—转向节 6—上横臂 7、8—轴销式接头

图 7-78 所示球销式接头的球头碗分为两半，位于球头碗下方的弹簧紧紧压靠在下球头碗上，因而能消除因工作面磨损产生的间隙。

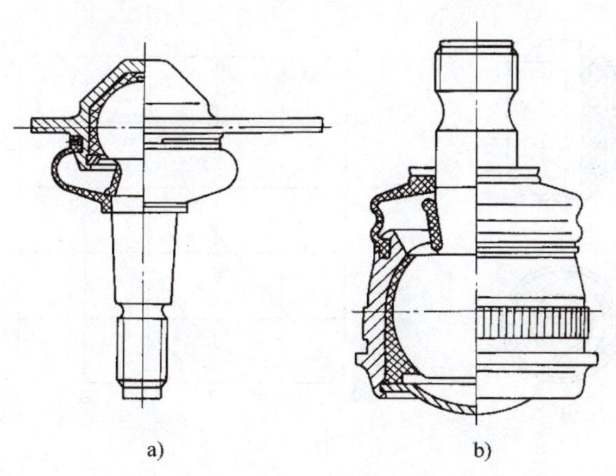

图 7-77 球销式接头

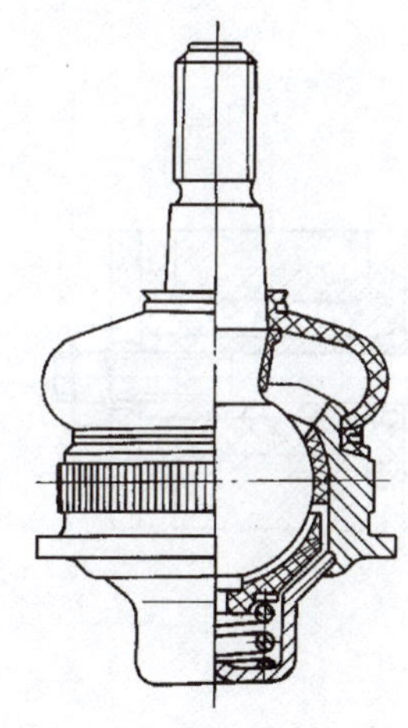

图 7-78 球头碗分为两半的球销式接头

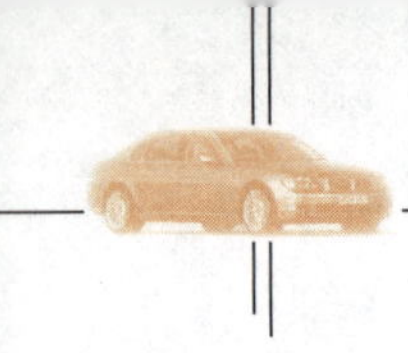

图 7-77b 和图 7-78 所示球销式接头采用滚铆工艺，使壳体下部金属卷向内侧并压紧端盖，使之成为不可拆的球销式接头。为防止灰尘和水进入球销式接头内部，常在球销和壳体之间设置密封罩。

接头所连接的两部分，若其中之一仅是绕某一轴线相对另一部分转动时，应该用轴销式接头。如图 7-76 所示双横臂独立悬架的上、下横臂靠近汽车中部一端的接头 7 和 8，此外还有横向稳定杆的端部接头以及减振器两端处的接头等，都用轴销式接头。为了避免产生噪声和将噪声传给车身，在接头的两个金属套筒之间压入如图 7-79 所示的橡胶衬套。这种结构最简单。

图 7-80 所示结构的橡胶衬套由左、右两半组成，常用于减振器的端部接头。橡胶衬套可允许有一定的扭转角和偏转角，其值与橡胶衬套的尺寸有关。目前常用尺寸条件下，允许的转动角可达±30°，偏转角最大值为±7°。

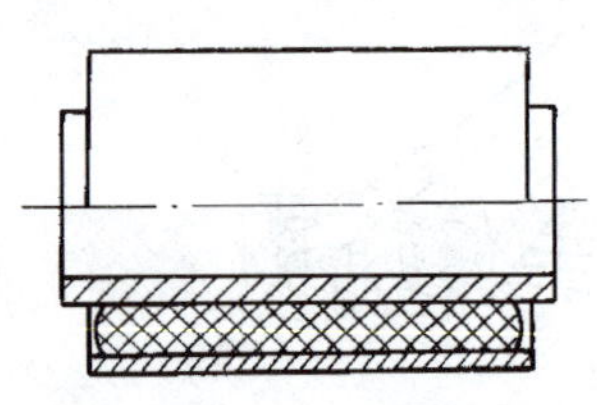

图 7-79 轴销式接头

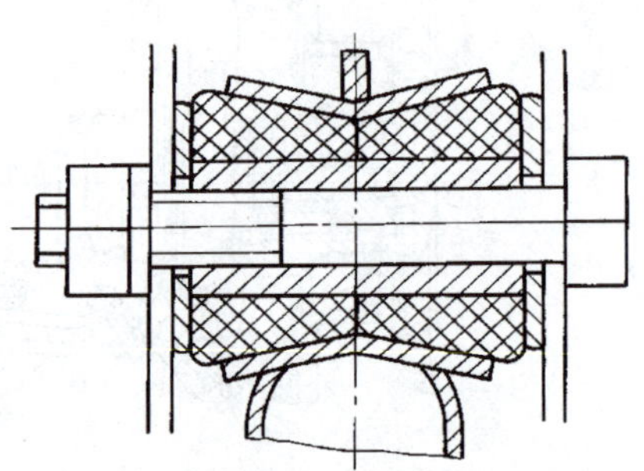

图 7-80 橡胶衬套分为两半的轴销式接头

橡胶衬套的外侧可以做成凸肩状（图 7-81），凸肩可以用来阻止橡胶衬套相对外套移动，使之在轴向有可靠的固定位置，此时橡胶衬套的凸肩可以做得窄些。当要求承受轴向力时，橡胶衬套上的凸肩应该做得宽些。

有些悬架对橡胶衬套的刚度在不同方向有不同的要求。如图 7-82 所示结构中，通过去除一部分在 F_x 力作用处的橡胶衬套实体，使之刚度减小，从而获得比 F_z 力作用方向刚度要小些的轴销式接头。这种接头对橡胶衬套的安装方向要求正确无误。

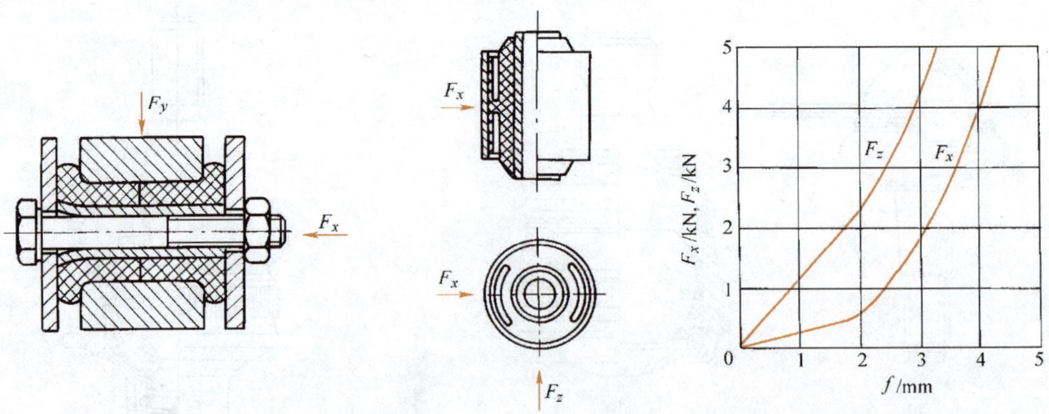

图 7-81 橡胶衬套有凸肩的轴销式接头

图 7-82 各向刚度不同的接头

练 习 题

7-1 设计悬架结构时，应当满足哪些基本要求？为什么？

7-2 非独立悬架有哪些典型形式？各有何优缺点？

7-3 独立悬架有哪些典型形式？各有何优缺点？

7-4 为什么在重型商用车中空气悬架应用越来越广泛？

7-5 设计少片簧悬架时，要考虑哪些参数？

7-6 双横臂悬架的参数对车轮定位有怎样的影响？

7-7 为什么设计麦弗逊悬架时，它的主销轴线、滑柱轴线和弹簧轴线三条线不在一条线上？

7-8 扭杆弹簧有什么特点？在双横臂中应用扭杆弹簧有怎样的优缺点？

7-9 为什么要有适度的抗制动前俯和抗驱动后仰？如何实现？

7-10 减振器的阻尼比如何选择？

Chapter 8

第八章 转向系统设计

第一节 概　　述

汽车在行驶过程中，需按驾驶员的意志经常改变其行驶方向，即进行汽车转向。绝大部分汽车采用偏转车轮方式来实现汽车转向，即设置一套专门的机构，使汽车转向桥（一般是前桥）上的车轮（即转向轮）相对于汽车纵轴线偏转一定角度。在汽车直线行驶时，转向轮往往也会受到路面侧向干扰力的作用，自动偏转而改变行驶方向。此时，驾驶员也可以利用这套机构使转向轮向相反方向偏转，从而使汽车恢复原来的行驶方向。这一套用来改变或恢复汽车行驶方向的专设机构，称为转向系统。

为保证汽车能按驾驶员的意志而进行合适的转向行驶，对转向系统提出如下基本要求：

1）汽车转弯行驶时，全部车轮应绕瞬时转向中心旋转，任何车轮不应有侧滑。不满足这项要求会加速轮胎磨损，并降低汽车的行驶稳定性。

2）汽车转向行驶后，在驾驶员松开转向盘的条件下，转向轮能自动返回到直线行驶位置，并稳定行驶。

3）汽车在任何行驶状态下，转向轮都不得产生自振，转向盘没有摆动。

4）转向传动机构和悬架导向装置共同工作时，由于运动不协调使车轮产生的摆动应最小。

5）保证汽车有较高的机动性，具有迅速和小转弯行驶能力。

6）操纵轻便。

7）转向轮碰撞到障碍物以后，传给转向盘的反冲力要尽可能小。

8）在转向器和转向传动机构的球头处，有消除因磨损而产生间隙的调整机构。

9）在发生碰撞事故导致转向轴和转向盘由于车架或车身变形而共同后移时，转向系统应有能使驾驶员免遭或减轻伤害的防伤装置。

10）进行运动校核，保证转向轮与转向盘转动方向一致。

实现上述要求的关键在于合理设计转向系统，确保左、右转向车轮之间有着协调的转角关系。按转向能源的不同，汽车转向系统可分为机械转向系统和助力转向系统两大类。

机械转向系统以驾驶员的体力作为转向能源，主要由转向操纵机构、机械转向器和转向传动机构三大部分组成，其典型结构如图 8-1 所示。

助力转向系统是在机械转向系统的基础上加设助力转向装置而成，兼用驾驶员体力和发动机动力（或电池电力）作为转向能源。在正常情况下，汽车转向所需的能量只有一小部分由驾驶员提供，而大部分能量由助力转向装置提供。但在助力转向装置失效时，一般还应当能由驾驶员独立承担汽车转向任务，其典型结构如图 8-2 所示。

有些转向系统中还设置有转向减振器，能够防止转向轮产生自振，同时又能使传到转向盘上的反冲力明显降低。

在设计转向系统时，需要满足以下性能指标：要求 M_1 类汽车以 50km/h 的车速，M_2、M_3、N_1、N_2、N_3 类汽车以 40km/h 的车速沿曲线半径为 50m 的弯道的切线方向驶离时，转向盘不得有异常振动。为了使汽车具有良好的机动性能，必须使转向轮有尽可能大的转角，并要达到按前外轮车轮轨迹计算，其最小转弯半径大小能达到汽车轴距的 2~2.5 倍。通常用转向时驾驶员作用在转向盘上的手力大小和转向盘转动圈数多少两项指标来评价操纵轻便性。当汽车以 10km/h 的车速从直线进入转弯半径为 12m 的弯道上行驶时，作用到转向盘上的最大手力对于 M_1、M_2 类汽车为 150N，对于 M_3、N_1 类汽车为 200N，对于 N_2、N_3 类汽车为 245N。乘用车转向盘从中间位置转到每一端的圈数不得超过 2.0 圈，货车则要求不超过 3.0 圈。

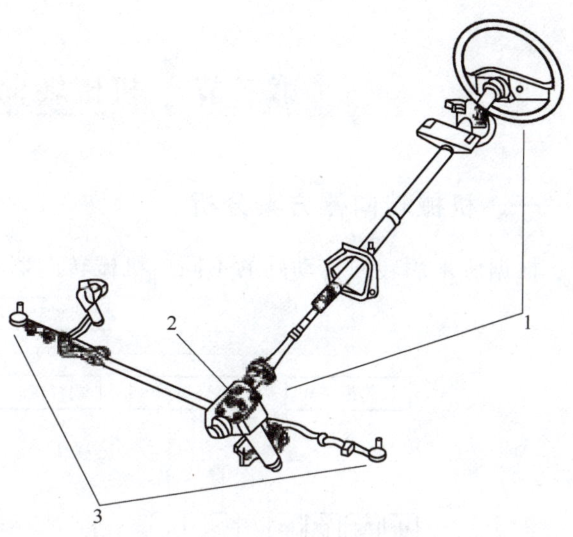

图 8-1 机械转向系统典型结构示意图

1—转向操纵机构 2—机械转向器 3—转向传动机构

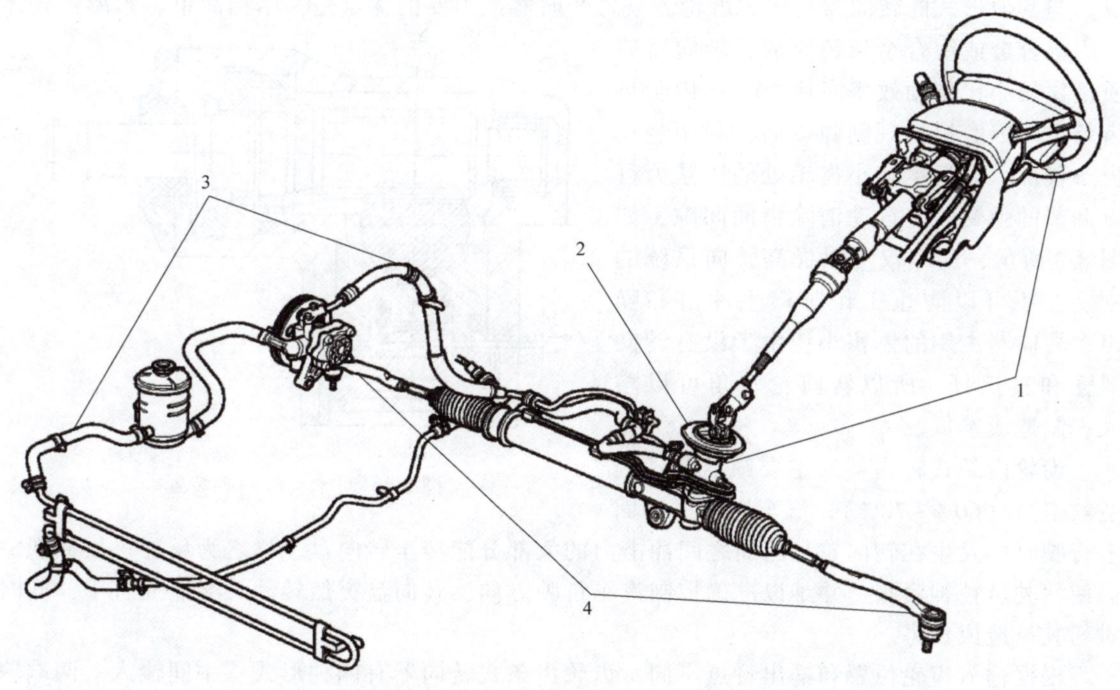

图 8-2 助力转向系统典型结构示意图

1—转向操纵机构 2—助力转向器 3—助力装置 4—转向传动机构

第二节 机械转向系统方案分析

一、机械转向器方案分析

根据所采用转向传动副的不同，机械转向器有多种结构形式，其主要分类如下所示：

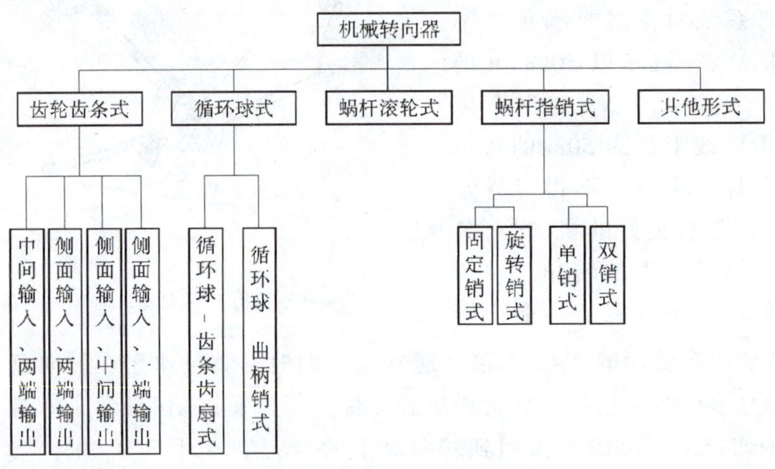

1. 齿轮齿条式转向器

齿轮齿条式转向器由与转向轴做成一体的转向齿轮和常与转向横拉杆做成一体的齿条组成。与其他形式的转向器相比，齿轮齿条式转向器最主要的优点是：结构简单、紧凑；壳体采用铝合金或镁合金压铸而成，转向器的质量比较小；传动效率高达90%；齿轮与齿条之间因磨损出现间隙以后，利用装在齿条背部、靠近主动小齿轮处的压紧力可以调节的弹簧，能自动消除齿间间隙，如图8-3所示，这不仅可以提高转向系统的刚度，还可以防止工作时产生冲击和噪声；转向器占用的体积小；由于没有转向摇臂和直拉杆，所以转向轮转角可以增大；制造成本低。

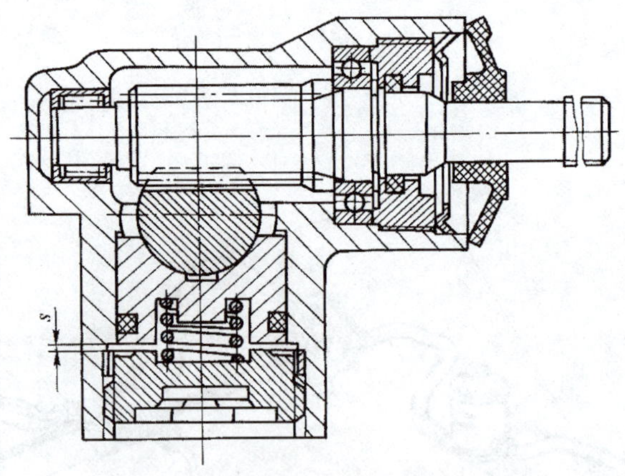

图8-3 自动消除间隙装置

齿轮齿条式转向器的主要缺点是：因逆效率高（60%~70%），汽车在不平路面上行驶时，发生在转向轮与路面之间冲击力的大部分能传至转向盘，称之为反冲。反冲现象会使驾驶员精神紧张，并难以准确控制汽车行驶方向，转向盘突然转动又会造成打手，同时对驾驶员造成伤害。

根据输入齿轮位置和输出特点不同，齿轮齿条式转向器有四种形式：中间输入、两端输出（图8-4a）；侧面输入、两端输出（图8-4b）；侧面输入，中间输出（图8-4c）；侧面输入、一端输出（图8-4d）。

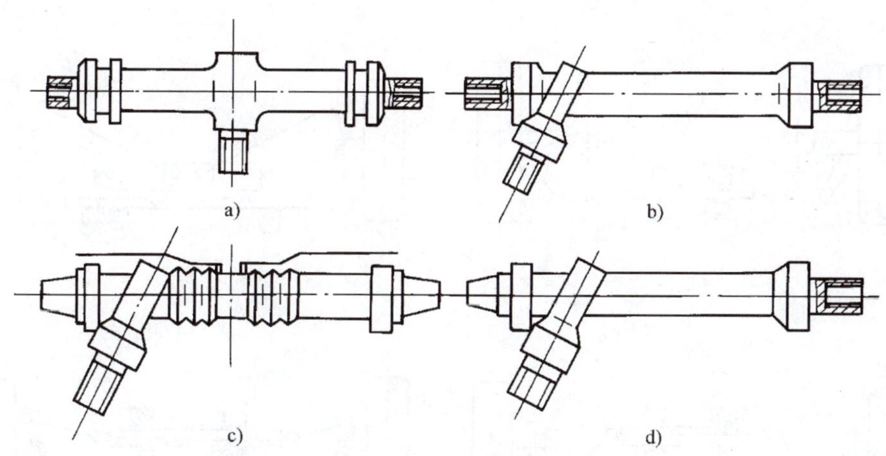

图 8-4 齿轮齿条式转向器的四种形式

采用侧面输入、中间输出方案时，由图 8-5 可见，与齿条固连的左、右拉杆延伸到接近汽车纵向对称平面附近。由于拉杆长度增加，车轮上下跳动时拉杆摆角减小，有利于减少车轮上下跳动时转向系统与悬架系统的运动干涉。拉杆与齿条用螺栓固定连接（图 8-5），因此，两拉杆与齿条同时向左或向右移动，为此在转向器壳体上开有轴向的长槽，从而降低了它的强度。

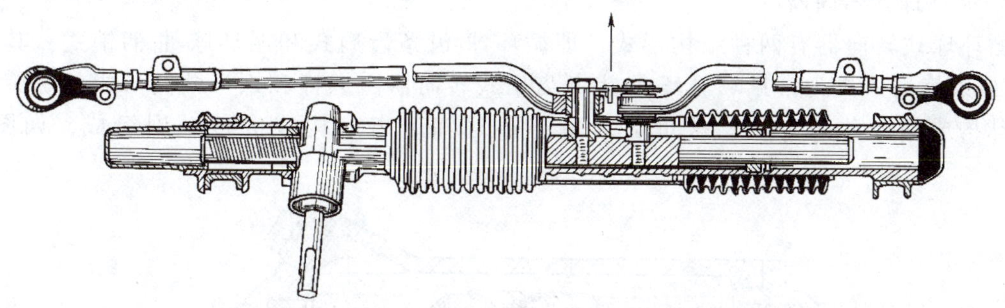

图 8-5 拉杆与齿条的连接

采用两端输出方案时，由于转向拉杆长度受到限制，容易与悬架系统导向机构产生运动干涉。

侧面输入、一端输出的齿轮齿条式转向器，常用在平头货车上。

如果齿轮齿条式转向器采用直齿圆柱齿轮与直齿齿条啮合，则运转平稳性降低，冲击大，工作噪声增加。此外，齿轮轴线与齿条轴线之间的夹角只能是直角，为此因与总体布置不适应而遭淘汰。采用斜齿圆柱齿轮与斜齿齿条啮合的齿轮齿条式转向器，重合度增加，运转平稳，冲击与工作噪声均下降，而且齿轮轴线与齿条轴线之间的夹角易于满足总体设计的要求。因为斜齿工作时有轴向力作用，所以转向器应该采用推力轴承，使轴承寿命降低，还有斜齿轮的滑磨比较大是它的缺点。

根据齿轮齿条式转向器和转向梯形相对前轴位置的不同，齿轮齿条式转向器在汽车上有四种布置形式：转向器位于前轴后方，后置梯形；转向器位于前轴后方，前置梯形；转向器位于前轴前方，后置梯形；转向器位于前轴前方，前置梯形，如图 8-6 所示。

齿轮齿条式转向器广泛应用于乘用车上。载质量不大，前轮采用独立悬架的货车和客车

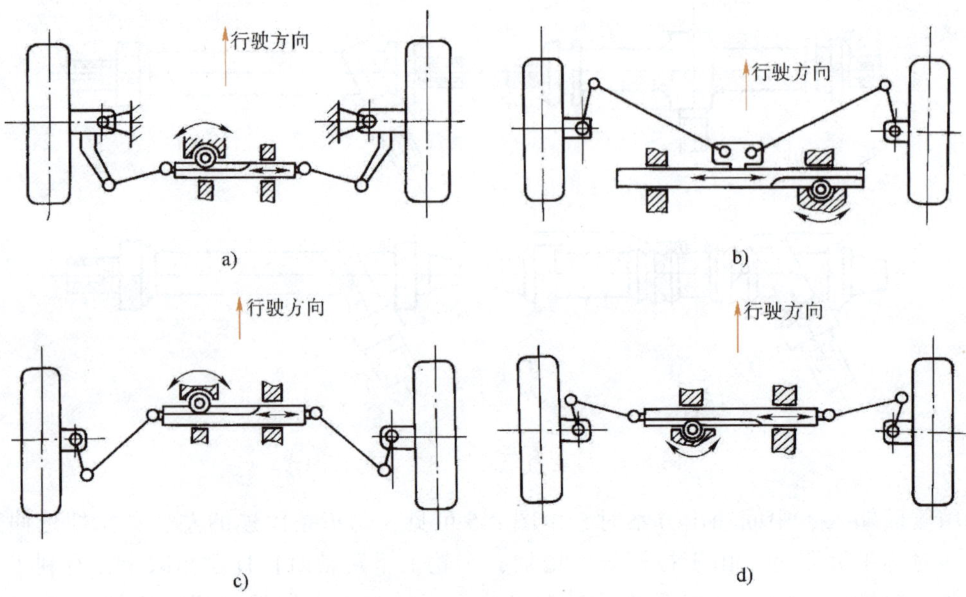

图 8-6 齿轮齿条式转向器的四种布置形式

有些也用齿轮齿条式转向器。

2. 循环球式转向器

循环球式转向器有两种结构形式，即循环球-齿条齿扇式和循环球-曲柄销式，其中循环球-齿条齿扇式更为常见。循环球-齿条齿扇式转向器由螺杆和螺母共同形成的螺旋槽内装钢球构成的传动副，以及螺母上齿条与摇臂轴上齿扇构成的传动副组成，如图 8-7 所示。

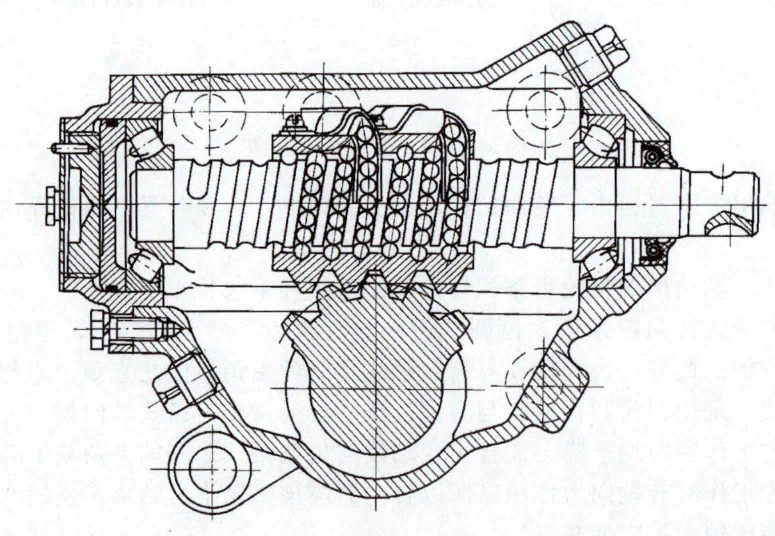

图 8-7 循环球式转向器

循环球式转向器的优点是：在螺杆和螺母之间有可以循环流动的钢球，将滑动摩擦转变为滚动摩擦，因而传动效率可达到 75%～85%；在结构和工艺上采取措施后，包括提高制造精度，改善工作表面的表面粗糙度和螺杆、螺母上的螺旋槽经淬火和磨削加工，使之有足够的硬度和耐磨损性能，可保证有足够的使用寿命；转向器的传动比可以变化；工作平稳可靠；齿条和齿扇之间的间隙调整工作容易进行（图 8-8）；适合用来做整体式动力转向器。

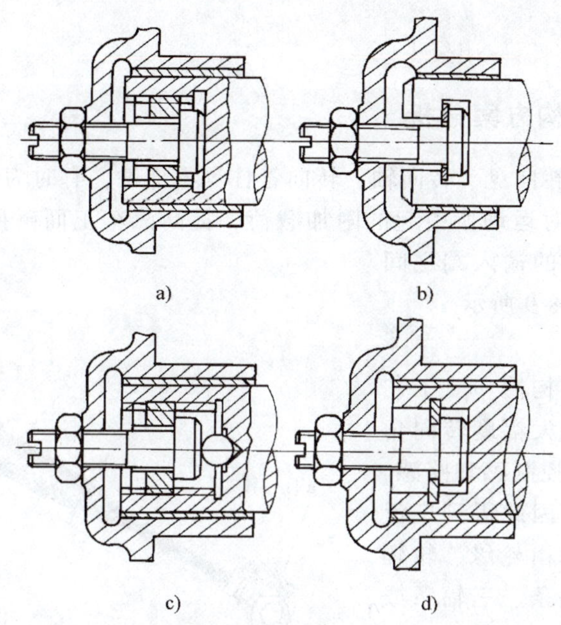

图 8-8　循环球式转向器的间隙调整机构

循环球式转向器的主要缺点是：逆效率高，结构复杂，制造困难，制造精度要求高。

循环球式转向器主要用于商用车上。

3. 蜗杆滚轮式转向器

蜗杆滚轮式转向器由蜗杆和滚轮啮合而构成。其主要优点是：结构简单；制造容易；因为滚轮的齿面和蜗杆上的螺纹呈面接触，所以有比较高的强度，工作可靠，磨损小，寿命长；逆效率低。

蜗杆滚轮式转向器的主要缺点是：正效率低；工作齿面磨损以后，调整啮合间隙比较困难；转向器的传动比不能变化。

这种转向器曾在汽车上广泛使用过，目前已很少采用。

4. 蜗杆指销式转向器

蜗杆指销式转向器的销子若不能自转，称为固定销式蜗杆指销式转向器；销子除随同摇臂轴转动外，还能绕自身轴线转动的，称为旋转销式转向器。根据销子数量不同，又有单销和双销之分。

蜗杆指销式转向器的优点是：转向器的传动比可以做成不变的或者变化的；指销和蜗杆之间的工作面磨损后，调整间隙工作容易进行。

固定销蜗杆指销式转向器的结构简单，制造容易；但是因销子不能自转，销子的工作部位基本保持不变，所以磨损快，工作效率低。旋转销式转向器的效率高，磨损慢，但结构复杂。

要求摇臂轴有较大的转角时，应该采用双销式结构。双销式转向器在直线行驶区域附近，两个销子同时工作，可降低销子上的负荷，减少磨损。当一个销子脱离啮合状态时，另一个销子要承受全部作用力，而恰恰在此位置，作用力达到最大值，所以设计时要注意核算其强度。双销与单销蜗杆指销式转向器相比，结构复杂，尺寸和质量大，并且对两主销间的位置精度、蜗杆上螺纹槽的形状及尺寸精度等要求高。此外，传动比的变化特性和传动间隙特性的变化受限制。

目前蜗杆指销式转向器应用较少。

二、转向操纵机构方案分析

转向操纵机构包括转向盘、转向轴、转向管柱等零部件，有时为了布置方便，减小由于装置位置误差及部件相对运动所引起的附加载荷，提高汽车正面碰撞的安全性以及便于拆装，在转向轴与转向器的输入端之间安装转向万向节，如图 8-9 所示。

1. 转向盘

由于圆形转向盘结构简单，工艺性能好，适宜于需要用大幅度转向角的转向系统，有很好的控制感和路感，符合人们的使用习惯，因此得到广泛使用。圆形转向盘一般由轮缘、轮辐和轮毂等组成，有两辐条、三辐条或四辐条等结构形式，如图 8-10 所示。

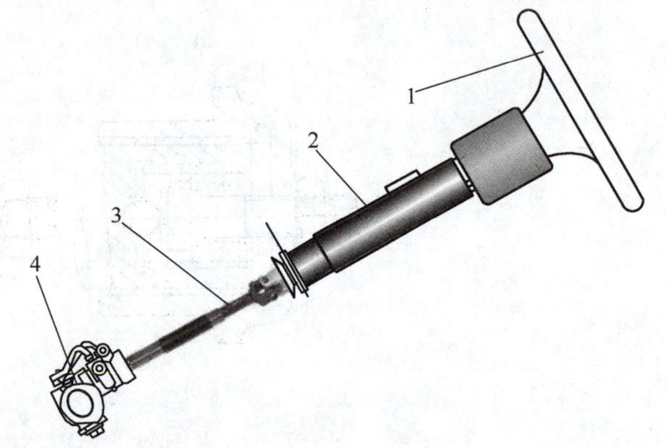

图 8-9 转向操纵机构示意图

1—转向盘 2—转向管柱 3—转向轴 4—转向器

圆形转向盘基本尺寸有 380mm、400mm、425mm、450mm、475mm、500mm、550mm 等多种规格，其轮毂孔可采用 45°压力角的圆柱直齿渐开线花键与转向轴连接，模数一般取 0. 5mm 左右。

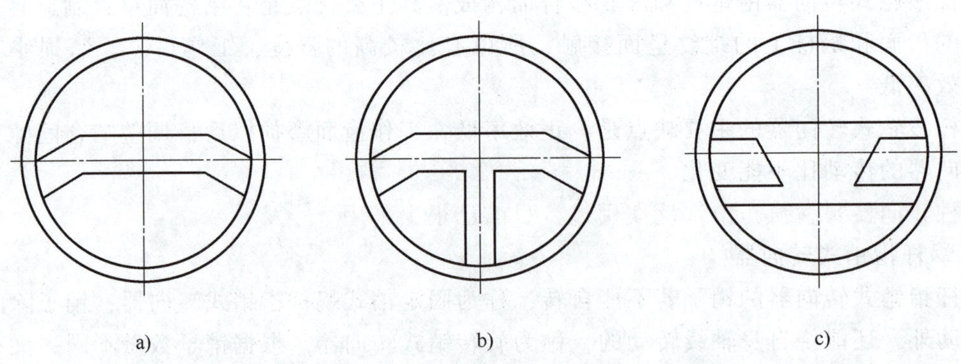

图 8-10 转向盘典型形式

a) 两辐条 b) 三辐条 c) 四辐条

转向盘内部由成形的金属骨架构成。骨架外面一般包有柔软的合成橡胶或树脂，也有包皮革的，这样可有良好的手感，还可防止手心出汗时握转向盘打滑。当汽车发生碰撞时，从安全性考虑，不仅要求转向盘应具有柔软的外表皮，起到缓冲作用，还要求转向盘在碰撞时，其骨架能产生一定变形，以吸收冲击能量，减轻驾驶员受伤的程度。

2. 转向轴与转向管柱及防伤安全机构

转向轴是连接转向盘和转向器的传动件，并传递它们之间的转矩。转向管柱安装在车身上，支承着转向盘。转向轴从转向管柱中穿过，支承在管柱内的轴承和衬套上。

根据交通事故统计资料和对汽车碰撞试验结果的分析表明：汽车正面碰撞时，转向盘、转向管柱是使驾驶员受伤的主要元件。因此，要求汽车在以 48km/h 的速度、正面与其他物体碰撞的试验中，转向管柱和转向轴在水平方向的后移量不得大于 127mm；在台架试验中，用人体模型的躯干以 6.7m/s 的速度碰撞转向盘时，作用在转向盘上的水平力不得超过 11123N，见 GB 11557—2011《防止汽车转向机构对驾驶员伤害的规定》。为此，除要求装有吸能式转向盘外，还要求转向管柱也必须备有缓和冲击的防伤安全机构，即使有关零件在撞击时产生塑性变形、弹性变形或是利用摩擦等来吸收冲击能量。

例如，当转向传动轴中采用万向节连接的结构时，只要布置合理，即可在汽车正面碰撞时防止转向轴等向乘客舱或驾驶室内移动，如图 8-11 所示。这种结构虽然不能吸收碰撞能量，但其结构简单，只要万向节连接的两轴之间存在夹角，正面碰撞后转向传动轴和转向盘就处在图中双点画线的位置，转向盘没有后移便不会危及驾驶员安全。

防伤安全机构主要有可分离式和缓冲吸能式两种典型结构形式。

图 8-12 所示为可分离式防伤安全机构，其结构较为简单，制造容易。转向轴分为两段，上转向轴的下端经弯曲成形后，其轴线与主轴轴线之间偏移一段距离，其端面与焊有两个圆头圆柱销的紧固板焊接，两圆柱销的中心线对称于上转向轴的主轴线。下转向轴呈 T 字形，其上端与一个压铸件相连，压铸件上铸有两孔，孔内压入橡胶套与塑料衬套后再与上转向轴呈倒钩状连接，构成安全转向轴。该轴在使用过程中除传递转矩外，在受到一定数值的轴向力时，上、下转向轴能自动脱开，如图 8-12b 所示，以确保驾驶员安全。

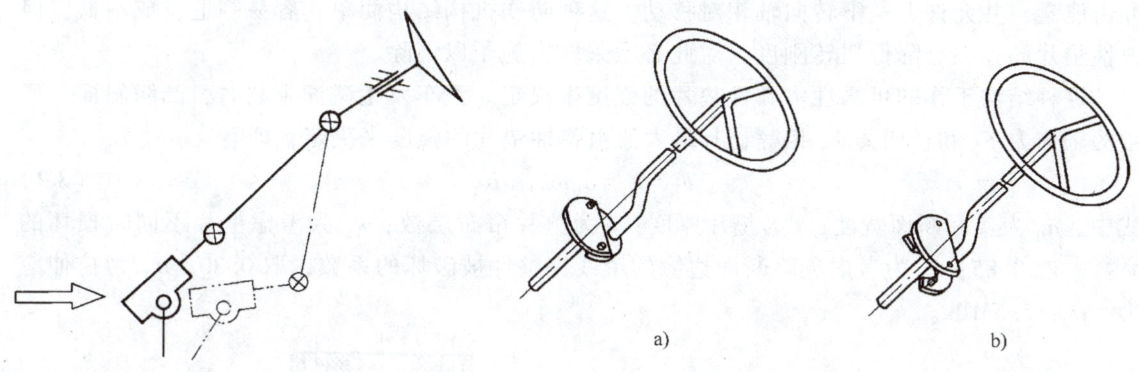

图 8-11　防伤转向传动轴简图　　图 8-12　可分离式防伤安全机构

图 8-13 所示为安全联轴套管缓冲吸能式防伤安全机构。位于两个万向节之间的转向传动轴，是由套管 1 和轴 3 组成。套管经过挤压处理后形成的内孔形状与两侧经铣削加工后所形成的轴断面形状与尺寸完全一致。装配后从两侧的孔中注入塑料，形成塑料销钉 2 将套管与轴连接为一体。汽车与其他物体正面冲撞时，作用在套管与轴之间的轴向力使塑料销钉受到剪切作用，达到一定值以后剪断销钉，然后套管与轴相对移动，存在其间的塑料能增大摩擦阻力吸收冲击能量。此外，套管与轴相互压缩，长度缩短，可以减少转向盘向驾驶员一侧的移动量，起到保护驾驶员的作用。这种防伤机构的结构简单，制造容易，只要合理地选取销钉数量与直径，便能保证它可靠地工作和吸收冲击能量。碰撞后因套管与轴仍处于连接状态，所以汽车仍有可能转向行驶到不妨碍交通的路边。

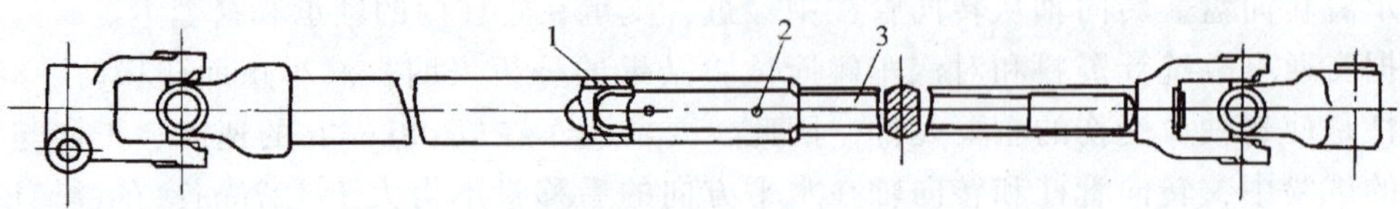

图 8-13 安全联轴套管

1—套管 2—塑料销钉 3—轴

为了使转向管柱受到压缩时产生轴向变形，并消耗一定的变形能量，有些转向管柱中的部分管壁制成网格状（图 8-14a）或采用波纹管形式（图 8-14b）。

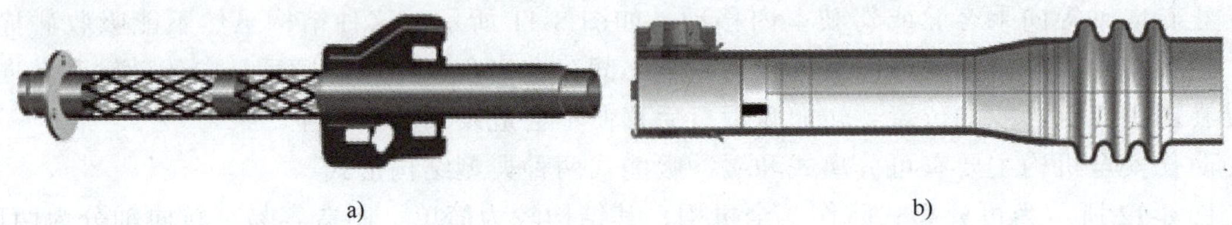

图 8-14 缓冲吸能转向管柱

a）网格状 b）波纹管

也有采用弹性联轴器式防伤机构的，其由上、下转向轴 1、5 和有 45°斜面的凸缘 2、弹性垫片 4（用涂有橡胶的多层帘布制成）、连接螺栓 3 组成，如图 8-15 所示。汽车一旦出现严重的、破坏性碰撞事故，弹性垫片不仅有轴向变形，而且能被撕裂直至断开，同时吸收了冲击能量，并允许上、下转向轴相对移动。这种防伤机构结构简单，容易制造，成本低。但弹性垫片的存在会降低扭转刚度，对此必须采取措施予以消除。

这种结构工作的可靠性由弹性垫片的强度来决定。汽车发生碰撞事故时，凸缘斜面上产生的轴向力 F_z 和径向力 F_j 相等，其最大值由弹性垫片的强度来决定，即

$$F_z = F_j = a_0 t \delta k_1 k_2 \sigma_1 \tag{8-1}$$

式中，a_0 为实际断面宽度；t 为垫片厚度；δ 为垫片帘布层数；k_1 为考虑垫片不同时损坏的系数，取 0.85；k_2 为考虑危险断面边缘的帘线完整性被破坏的系数，取 0.80；σ_1 为拉伸应力，$\sigma_1 = 5.5\text{MPa}$。

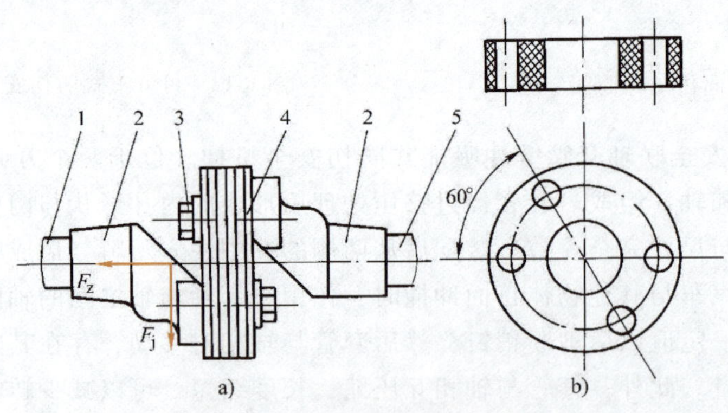

图 8-15 弹性联轴器式防伤机构

a）弹性联轴器 b）弹性垫片

1—上转向轴 2—凸缘 3—连接螺栓 4—弹性垫片 5—下转向轴

为了安全，建议轴向力 F_z 取为 9kN，则用式（8-1）就可以确定垫片的尺寸。

图 8-16 所示的上、下两段转向管柱 1 和 2 压入两端各有两排凹坑的套管 3 里。转向轴分为上、下两段，用花键连接（图上未画出），因而同上述几种形式相比，这种机构虽然工作可靠，但结构复杂，而且制造精度也相对要求高些。

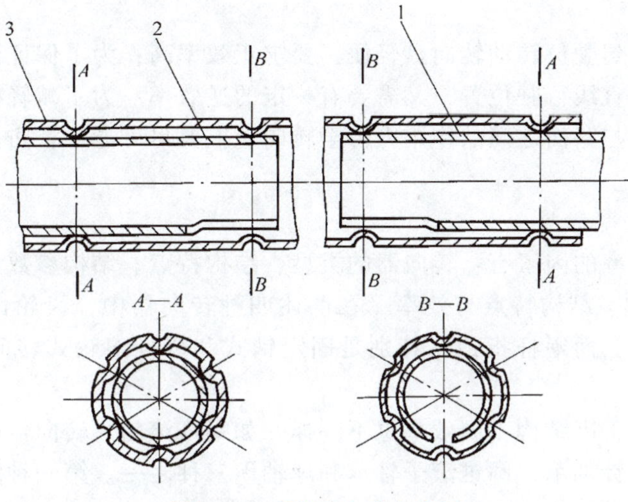

图 8-16 吸能转向管柱简图

1—上转向管柱 2—下转向管柱 3—套管

汽车发生碰撞事故时，依靠管柱与套管的挤压来吸收冲击能量。因此，为了满足所要求的压紧力，设计时需要计算套管间的过盈量 Δ

$$\Delta=\frac{nF_f}{4\pi E}\left(\frac{\lambda_w}{h}+\frac{\lambda_n}{h}\right) \tag{8-2}$$

式中，n 为互相平衡的径向力数或套管上的凹坑数；F_f 为计算断面套管间接触点处的法向力；λ_w、λ_n 为外、内套管系数；h 为套管壁厚；E 为弹性模量。

其中

$$\lambda_w=\sqrt[4]{3\ (1-\mu^2)\ (R_w/h)^2}$$

$$\lambda_n=\sqrt[4]{3\ (1-\mu^2)\ (R_n/h)^2}$$

式中，μ 为泊松比；R_w、R_n 为外、内套管平均半径。

碰撞时，作用在转向管柱上的轴向力 F_z 受套管间压力的限制，因而

$$F_z=F_f\,f \tag{8-3}$$

式中，f 为套管加工表面之间没有润滑时的摩擦因数。

第三节 转向系统主要参数的选择

一、转向器的效率

从转向轴输入，经转向摇臂轴输出所求得的效率称为正效率，用符号 η_+ 表示，反之称

为逆效率，用符号 η_-表示。显然有

$$\eta_+=(P_1-P_2)/P_1 \tag{8-4}$$

$$\eta_-=(P_3-P_2)/P_3 \tag{8-5}$$

式中，P_1 为转向器输入功率；P_2 为转向器中的摩擦功率；P_3 为作用在转向摇臂轴上的功率。

为了保证转向时驾驶员转动转向盘轻便，要求正效率高；为了保证汽车转向后转向轮和转向盘能自动返回到直线行驶位置，又需要有一定的逆效率。为了减轻在不平路面上行驶时驾驶员的疲劳，车轮与路面之间的作用力传至转向盘上要尽可能小，防止打手，这又要求此逆效率尽可能低。

1. 转向器的正效率 η_+

影响转向器正效率的因素有：转向器的类型、结构特点、结构参数和制造质量等。

（1）转向器类型、结构特点与效率　在前述四种转向器中，齿轮齿条式、循环球式转向器的正效率比较高，而蜗杆指销式特别是固定销式和蜗杆滚轮式转向器的正效率要明显低一些。

同一类型转向器，因结构不同效率也不一样。如蜗杆滚轮式转向器的滚轮与支持轴之间的轴承，可以选用滚针轴承、圆锥滚子轴承和球轴承三种之一。第一种除滚轮与滚针之间有摩擦损失外，滚轮侧翼与垫片之间还存在滑动摩擦损失，故这种转向器的效率 η_+仅有 54%。另外两种的转向器效率，根据试验结果分别为 70%和 75%。

转向摇臂轴轴承的形式对效率也有影响，用滚针轴承比用滑动轴承可使正或逆效率提高约 10%。

（2）转向器的结构参数与效率　如果忽略轴承和其他地方的摩擦损失，只考虑啮合副的摩擦损失，对于蜗杆和螺杆类转向器，其效率为

$$\eta_+=\frac{\tan\alpha_0}{\tan(\alpha_0+\rho)} \tag{8-6}$$

式中，α_0 为蜗杆（或螺杆）的螺线导程角；ρ 为摩擦角，$\rho=\arctan f$，其中 f 为摩擦因数。

2. 转向器逆效率 η_-

根据逆效率大小不同，转向器又有可逆式、极限可逆式和不可逆式之分。

路面作用在车轮上的力，经过转向系统可大部分传递到转向盘，这种逆效率较高的转向器属于可逆式。它能保证转向后，转向轮和转向盘自动回正。这既减轻了驾驶员的疲劳，又提高了行驶安全性。但是，在不平路面上行驶时，车轮受到的冲击力能大部分传至转向盘，造成驾驶员“打手”，使之精神紧张；如果长时间在不平路面上行驶，易使驾驶员疲劳，影响安全驾驶。属于可逆式的有齿轮齿条式和循环球式转向器。

不可逆式转向器是指车轮受到的冲击力不能传到转向盘的转向器。该冲击力由转向传动机构的零件承受，因而这些零件容易损坏。同时，它既不能保证车轮自动回正，又会导致驾驶员缺乏路面感觉，因此，现代汽车不采用这种转向器。

极限可逆式转向器介于上述两者之间。在车轮受到冲击力作用时，此力只有较小一部分传至转向盘。它的逆效率较低，在不平路面上行驶时，驾驶员并不十分紧张，同时转向传动机构的零件所承受的冲击力也比不可逆式转向器要小。

如果忽略轴承和其他地方的摩擦损失，只考虑啮合副的摩擦损失，则逆效率为

$$\eta_{-}=\frac{\tan(\alpha_0-\rho)}{\tan\alpha_0} \tag{8-7}$$

式（8-6）和式（8-7）表明：增加导程角 α_0，正、逆效率均增大。受 η_- 增大的影响，α_0 不宜取得过大。当导程角小于或等于摩擦角时，逆效率为负值或者为零。此时表明，该转向器是不可逆式转向器。为此，导程角必须大于摩擦角。通常螺线导程角选在 8°~10°之间。

二、传动比的变化特性

1. 转向系统传动比

转向系统的传动比包括转向系统的角传动比 $i_{\omega0}$ 和转向系统的力传动比 i_p。

从轮胎接地面中心作用在两个转向轮上的合力 $2F_w$ 与作用在转向盘上的手力 F_h 之比，称为力传动比，即

$$i_p=\frac{2F_w}{F_h} \tag{8-8}$$

转向盘角速度 ω_w 与同侧转向节偏转角速度 ω_k 之比，称为转向系统角传动比 $i_{\omega0}$，即

$$i_{\omega0}=\frac{\omega_w}{\omega_k}=\frac{\mathrm{d}\varphi/\mathrm{d}t}{\mathrm{d}\beta_k/\mathrm{d}t}=\frac{\mathrm{d}\varphi}{\mathrm{d}\beta_k} \tag{8-9}$$

式中，$\mathrm{d}\varphi$ 为转向盘转角增量；$\mathrm{d}\beta_k$ 为转向节转角增量；$\mathrm{d}t$ 为时间增量。

$i_{\omega0}$ 又由转向器角传动比 i_ω 和转向传动机构角传动比 i'_ω 所组成，即

$$i_{\omega0}=i_\omega i'_\omega \tag{8-10}$$

转向盘角速度 ω_w 与摇臂轴角速度 ω_p 之比，称为转向器角传动比 i_ω，即

$$i_\omega=\frac{\omega_w}{\omega_p}=\frac{\mathrm{d}\varphi/\mathrm{d}t}{\mathrm{d}\beta_p/\mathrm{d}t}=\frac{\mathrm{d}\varphi}{\mathrm{d}\beta_p} \tag{8-11}$$

式中，$\mathrm{d}\beta_p$ 为摇臂轴转角增量。

此定义适用于除齿轮齿条式之外的转向器。

由循环球-齿条齿扇式转向器的结构关系可知，当转向盘转动 φ 角时，对应螺母移动的距离 s 为

$$s=\frac{\varphi P}{2\pi} \tag{8-12}$$

式中，P 为螺纹螺距。

与此同时，齿扇节圆转过的弧长等于 s，相应摇臂轴转过 β_p 角，其间关系为

$$s=\beta_p r \tag{8-13}$$

式中，r 为齿扇节圆半径。

联立式（8-12）、式（8-13）得

$$\varphi=\frac{2\pi r}{P}\beta_p \tag{8-14}$$

将 φ 对 β_p 求导，得循环球式转向器角传动比 i_ω 为

$$i_\omega=\frac{2\pi r}{P} \tag{8-15}$$

摇臂轴角速度 ω_p 与同侧转向节偏转角速度 ω_k 之比，称为转向传动机构的角传动比 i'_ω，即

$$i'_\omega=\frac{\omega_p}{\omega_k}=\frac{\mathrm{d}\beta_p/\mathrm{d}t}{\mathrm{d}\beta_k/\mathrm{d}t}=\frac{\mathrm{d}\beta_p}{\mathrm{d}\beta_k} \tag{8-16}$$

2. 力传动比与转向系统角传动比的关系

轮胎与地面之间的转向阻力 F_w 和作用在转向节上的转向阻力矩 M_r 之间有如下关系

$$F_w=\frac{M_r}{a} \tag{8-17}$$

式中，a 为主销偏移距，指从转向节主销轴线的延长线与支承平面的交点至车轮中心平面与支承平面交线间的距离。

作用在转向盘上的手力 F_h 为

$$F_h=\frac{2M_h}{D_{sw}} \tag{8-18}$$

式中，M_h 为作用在转向盘上的力矩；D_{sw} 为转向盘直径。

将式（8-17）、式（8-18）代入式（8-8）中，可得到

$$i_p=\frac{M_rD_{sw}}{M_ha} \tag{8-19}$$

分析式（8-19）可知，当主销偏移距 a 小时，力传动比 i_p 应取大些才能保持转向轻便。通常乘用车的 a 值在 0.4~0.6 倍轮胎的胎面宽度尺寸范围内选取，而货车的 a 值在 40~60mm 范围内选取。转向盘直径 D_{sw} 对转向轻便性也有影响，选用尺寸小些的转向盘，虽然占用的空间少，但转向时需对转向盘施以较大的力；而选用尺寸大些的转向盘又会使驾驶员进、出驾驶室时入座困难。根据车型不同，转向盘直径 D_{sw} 在 380~550mm 的标准系列内选取。

如果忽略摩擦损失，根据能量守恒原理，$2M_r/M_h$ 为

$$\frac{2M_r}{M_h}=\frac{\mathrm{d}\varphi}{\mathrm{d}\beta_k}=i_{\omega0} \tag{8-20}$$

将式（8-20）代入式（8-19）后得到

$$i_p=\frac{D_{sw}}{2a}i_{\omega0} \tag{8-21}$$

当 a 和 D_{sw} 不变时，力传动比 i_p 越大，转向越轻，但 $i_{\omega0}$ 也越大，表明转向不灵敏。

3. 转向系统的角传动比 $i_{\omega0}$

转向传动机构角传动比，除用式（8-16）表示以外，还可以近似地用转向节臂臂长 L_2 与摇臂臂长 L_1 之比来表示，即

$$i'_\omega\approx\frac{L_2}{L_1} \tag{8-22}$$

现代汽车结构中，L_2 与 L_1 的比值大约在 0.85~1.10 之间，可近似认为其比值为 1，则

$$i_{\omega0}=i_\omega i'_\omega\approx i_\omega=\frac{\mathrm{d}\varphi}{\mathrm{d}\beta_p} \tag{8-23}$$

由此可见，研究转向系统的传动比特性，只需研究转向器的角传动比 i_ω 及其变化规律

即可。

4. 转向器角传动比及其变化规律

式（8-21）表明：增大角传动比可以增加力传动比。从式（8-8）可知，当 F_w 一定时，增大 i_p 能减小作用在转向盘上的手力 F_h，使操纵轻便。

考虑到 $i_{\omega0} \approx i_{\omega}$，由 $i_{\omega0}$ 的定义可知：对于一定的转向盘角速度，转向轮偏转角速度与转向器角传动比成反比。角传动比增加后，转向轮偏转角速度对转向盘角速度的响应变得迟钝，使转向操纵时间增长，汽车转向灵敏性降低，所以“轻”和“灵”构成一对矛盾。为解决这对矛盾，可采用变速比转向器。

齿轮齿条式、循环球式、蜗杆指销式转向器都可以制成变速比转向器。下面介绍齿轮齿条式转向器变速比工作原理。

相互啮合齿轮的基圆齿距必须相等，即 $P_{b1}=P_{b2}$。其中，齿轮基圆齿距 $P_{b1}=\pi m_1\cos\alpha_1$，齿条基圆齿距 $P_{b2}=\pi m_2\cos\alpha_2$。由上述两式可知：当具有标准模数 m_1 和标准压力角 α_1 的齿轮与一个具有变模数 m_2、变压力角 α_2 的齿条相啮合，并始终保持 $m_1\cos\alpha_1=m_2\cos\alpha_2$ 时，它们就可以啮合运转。如果齿条中部（相当于汽车直线行驶位置）齿的压力角最大，向两端逐渐减小（模数也随之减小），则主动齿轮啮合半径也减小，致使转向盘每转动某同一角度时，齿条行程也随之减小。因此，转向器的传动比是变化的。图 8-17 是根据上述原理设计的齿轮齿条式转向器齿条压力角变化示例。从图中可以看到，位于齿条中部位置处的齿有较大的压力角、齿轮有较大的节圆半径，而齿条齿有宽的齿根和浅斜的齿侧面；位于齿条两端的齿，齿根减薄，齿有陡斜的齿侧面。

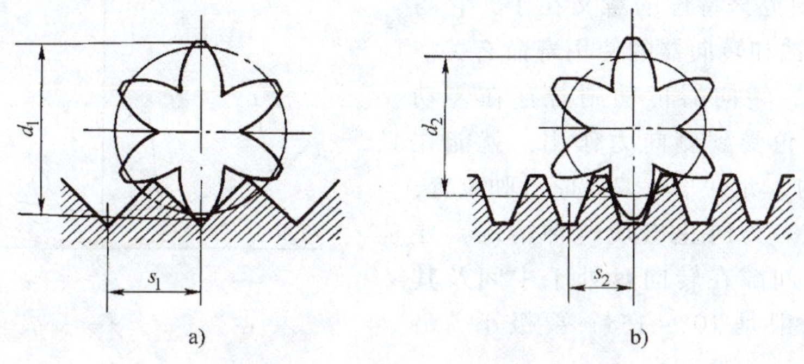

图 8-17 齿条齿压力角变化简图

a）齿条中部齿 b）齿条两端齿

循环球-齿条齿扇式转向器的角传动比 $i_{\omega}=2\pi r/P$［式（8-15）］。因结构原因，螺距 P 不能变化，但可以用改变齿扇啮合半径 r 的方法，达到使循环球-齿条齿扇式转向器实现变速比的目的。

随转向盘转角的变化，转向器角传动比可以设计成减小、增大或保持不变。影响选取角传动比变化规律的因素，主要是转向轴负荷大小和对汽车机动能力的要求。若转向轴负荷小，则在转向盘全转角范围内，驾驶员不存在转向沉重问题。装用助力转向的汽车，因转向阻力矩由助力装置克服，所以在上述两种情况下，均应取较小的转向器角传动比并能减少转向盘转动的总圈数，以提高汽车的机动能力。

转向轴负荷大又没有装助力转向的汽车，因转向阻力矩大致与车轮偏转角度的大小成正

比变化，汽车低速急转弯行驶时的操纵轻便性问题突出，故应选用大些的转向器角传动比。汽车以较高车速转向行驶时，转向轮转角较小，转向阻力矩也小，此时要求转向轮反应灵敏，转向器角传动比应当小些。因此，转向器角传动比变化曲线应选用大致呈中间小两端大些的下凹形曲线，如图 8-18 所示。

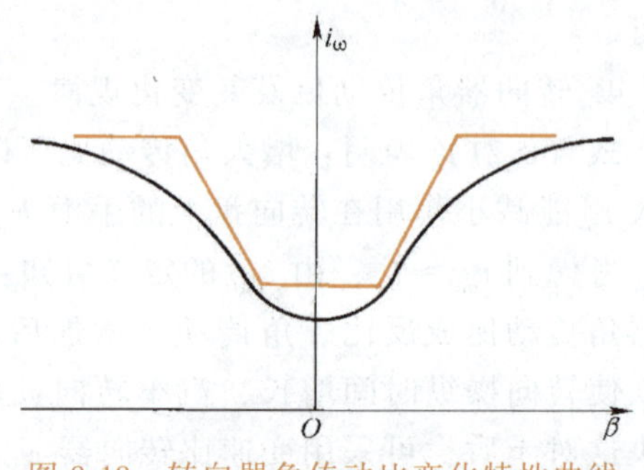

图 8-18 转向器角传动比变化特性曲线

转向盘在中间位置时的转向器角传动比不宜过小，否则在汽车高速直线行驶时，对转向盘转角过分敏感和使反冲效应加大，使驾驶员难以精确控制转向轮的运动。相当于汽车直行位置时的转向器角传动比不宜低于 15~16。

对乘用车，推荐转向器角传动比 i_ω 在 17~25 范围内选取；对商用车，i_ω 在 23~32 范围内选取。

三、转向器传动副的传动间隙

1. 转向器传动间隙特性

传动间隙是指各种转向器中传动副（如循环球式转向器的齿扇和齿条）之间的间隙。该间隙随转向盘转角 φ 的大小不同而改变，这种变化关系称为转向器传动副传动间隙特性（图 8-19）。研究该特性的意义在于，它与直线行驶的稳定性和转向器的使用寿命有关。

直线行驶时，转向器传动副若存在传动间隙，一旦转向轮受到侧向力作用，就能在间隙 Δt 的范围内，允许车轮偏离原行驶位置，使汽车失去稳定。为防止出现这种情况，要求传动副的传动间隙在转向盘处于中间及其附近位置时（一般是 10°~15°）要极小，最好无间隙。

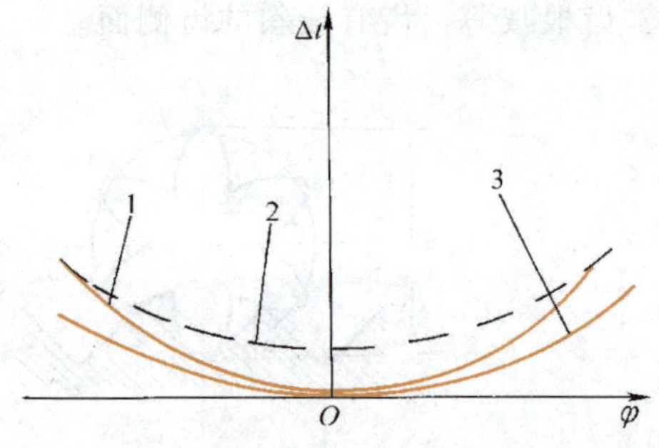

图 8-19 转向器传动副传动间隙特性

转向器传动副在中间及其附近位置因使用频繁，磨损速度要比两端快。在中间附近位置因磨损造成的间隙大到无法确保直线行驶的稳定性时，必须经调整消除该处的间隙。调整后，要求转向盘能圆滑地从中间位置转到两端，而无卡住现象。为此，传动副的传动间隙特性，应当设计成在离开中间位置以后呈图 8-19 所示的逐渐加大的形状。图中，曲线 1 表明转向器在磨损前的间隙变化特性；曲线 2 表明使用并磨损后的间隙变化特性，并且在中间位置处已出现较大间隙；曲线 3 表明调整后并消除中间位置处间隙的转向器传动间隙变化特性。

2. 如何获得传动间隙特性

循环球式转向器的齿条齿扇传动副的传动间隙特性，可通过将齿扇齿做成不同厚度来获取必要的传动间隙，即将中间齿设计成正常齿厚，从靠近中间齿的两侧齿到离开中间齿最远的齿，其厚度依次递减。

如图 8-20 所示，齿扇工作时绕摇臂轴的轴线中心 O 转动，加工齿扇时使之绕切齿轴线 O_1 转动。两轴线之间的距离 n 称为偏心距。用这种方法切齿，可获得厚度不同的齿扇齿。其传动特性为

$$\Delta t = 2\tan\alpha_{\mathrm{d}}\left(R - n\cos\beta_{\mathrm{p}} - \sqrt{n^2\cos^2\beta_{\mathrm{p}} + R_1^2 - n^2}\right) \tag{8-24}$$

式中，α_{d} 为端面压力角；R 为节圆半径；β_{p} 为摇臂轴转角；R_1 为中心 O_1 到 b 点的距离；n 为偏心距。

偏心距 n 不同，传动副的传动间隙特性也不同。图 8-21 为偏心距 n 不同时的传动间隙变化特性。n 越大，在同一摇臂轴转角条件下，其传动间隙也越大。一般，偏心距 n 取 0.5mm 左右为宜。

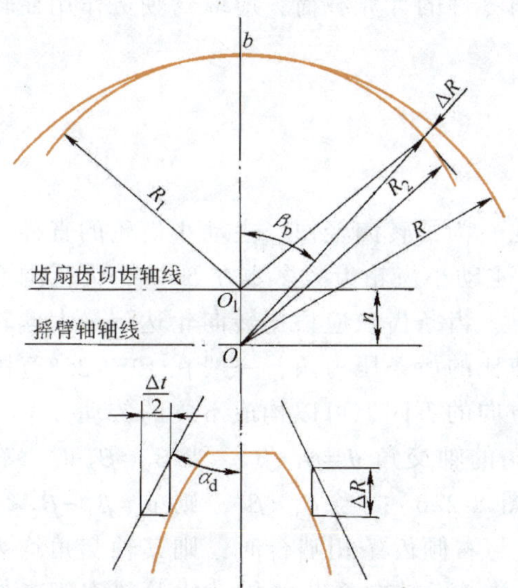

图 8-20 确定齿扇齿切齿轴线偏移的传动副径向间隙 ΔR 及传动间隙 Δt 的示意图

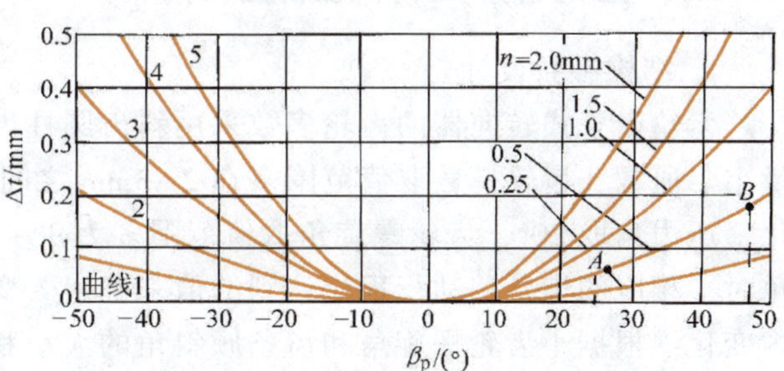

图 8-21 偏心距 n 不同时，传动间隙 Δt 的变化

第四节 机械转向器的设计与计算

一、转向系统计算载荷的确定

为了保证行驶安全，组成转向系统的各零件应有足够的强度。欲验算转向系统零件的强度，需首先确定作用在各零件上的力。影响这些力的主要因素有转向轴的负荷，路面阻力和轮胎气压等。为转动转向轮要克服的阻力，包括转向轮绕主销转动的阻力、车轮稳定阻力、轮胎变形阻力和转向系统中的内摩擦阻力等。

精确地计算这些力是困难的，为此推荐用足够精确的半经验公式来计算汽车在沥青或者混凝土路面上的原地转向阻力矩 M_{R}（N · mm），即

$$M_{\mathrm{R}} = \frac{f}{3}\sqrt{\frac{G_1^3}{p}} \tag{8-25}$$

式中，f为轮胎和路面间的滑动摩擦因数，一般取0.7；G_1为转向轴负荷（N）；p为轮胎气压（MPa）。

作用在转向盘上的手力为

$$F_h = \frac{2L_1 M_R}{L_2 D_{sw} i_\omega \eta_+} \tag{8-26}$$

式中，L_1为转向摇臂长；L_2为转向节臂长；D_{sw}为转向盘直径；i_ω为转向器角传动比；η_+为转向器正效率。

对给定的汽车，用式（8-26）计算出来的作用力是最大值。因此，可以用此值作为计算载荷。然而，对于前轴负荷大的货车，用式（8-26）计算出的力往往超过驾驶员生理上的可能。在此情况下，对转向器和助力转向器助力缸以前零件的计算载荷，应取驾驶员作用在转向盘轮缘上的最大瞬时力，此力为700N。

二、齿轮齿条式转向器的设计

1. 结构参数设计

齿轮齿条式转向器的齿轮多数采用斜齿圆柱齿轮。为了转向轻便，主动小齿轮的直径尽量小。通常，齿轮模数取值范围多在2~3mm之间。主动小齿轮齿数多数在5~7个齿范围变化，压力角取20°，齿轮螺旋角取值范围多为9°~15°。齿条齿数应根据转向轮达到最大偏转角时，相应的齿条移动行程应达到的值来确定。变速比的齿条压力角，一般在12°~35°范围内变化。根据小齿轮螺旋角和齿条倾斜角的大小和方向的不同，可以构成不同的传动方案。

当左旋小齿轮与右倾齿条相啮合时，齿轮与齿条的轴交角$\theta=\beta_1-\beta_2$。当$\beta_1=\beta_2$时，有$\theta=0°$（图8-22a）；当$\beta_1>\beta_2$，则$\theta=\beta_1-\beta_2>0$（图8-22b）；当$\beta_1<\beta_2$，则$\theta=\beta_1-\beta_2<0$（图8-22c）。当左旋小齿轮与左倾齿条或右旋小齿轮与右倾齿条相啮合时，则其轴交角均为$\theta=\beta_1+\beta_2$，如图8-22d所示。应根据整车布置的需要并考虑转向系统的传动比及效率等来选择这些角度的大小和方向。

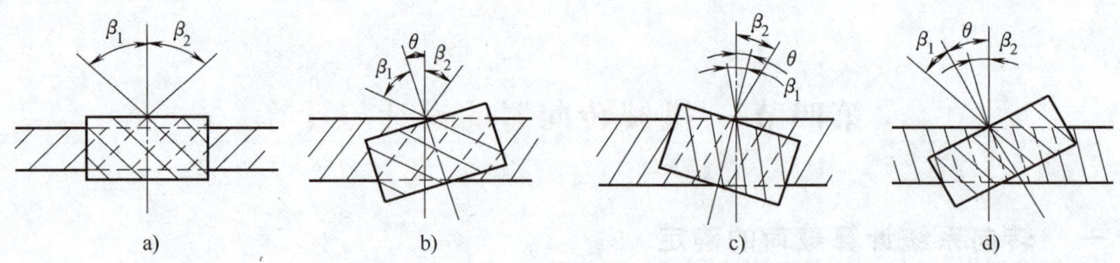

图8-22　齿轮齿条式转向器传动副的布置方案

齿条断面形状有圆形、V形（图8-23）和Y形（图8-24）等形式。圆形断面齿条的制作工艺比较简单。V形和Y形断面齿条与圆形断面相比，消耗的材料少，约节省20%，故质量小；位于齿下面的两斜面与齿条托座接触，可用来防止齿条绕轴线转动；Y形断面齿条的齿宽可以做得宽些，因而强度得到增加，在齿条与托座之间通常装有用减摩材料（如聚四氟乙烯）做的垫片（图8-23），以减少滑动摩擦。当车轮跳动、转向或转向器工作时，如在齿条上作用有能使齿条旋转的力矩时，应选用V形和Y形断面齿条，用来防止因齿条旋转而破坏齿轮、齿条的齿不能正确啮合的情况出现。

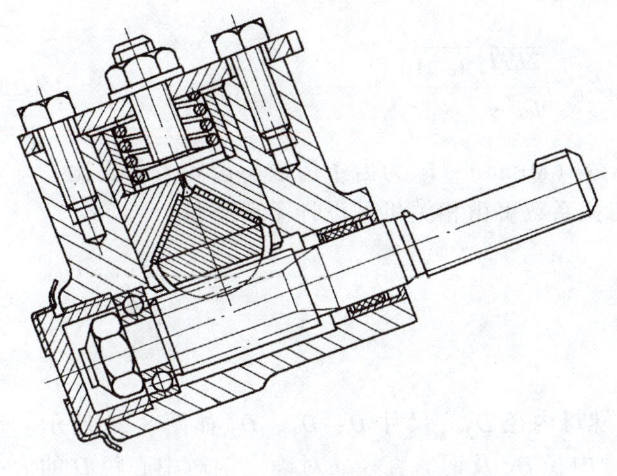
图 8-23 V 形断面齿条

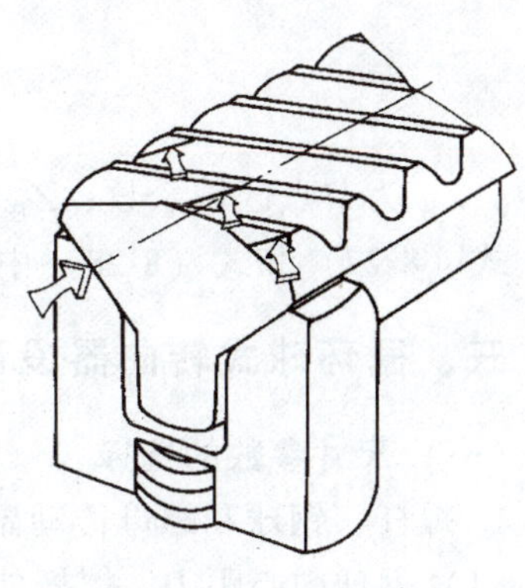
图 8-24 Y 形断面齿条

为了防止齿条旋转，也有在转向器壳体上设计导向槽的，槽内嵌装导向块，并将拉杆、导向块与齿条固定在一起。齿条移动时导向块在导向槽内随之移动，齿条旋转时导向块可防止齿条旋转。要求这种结构的导向块与导向槽之间的配合要适当。配合过紧会为转向和转向轮回正带来困难，配合过松齿条仍能旋转，并伴有敲击噪声。

齿轮齿条式转向器的主动小齿轮可采用低碳合金钢如 20MnCr5、20MnCr4、16MnCr5、15CrNi6 等材料经渗碳淬火制成，齿条可采用中碳钢或中碳合金钢如 45 钢或 41Cr4 等材料并经高频淬火制成，表面硬度均应在 56HRC 以上。

齿轮齿条式转向器壳体一般有整体式和分体式两种结构类型，如图 8-25 所示。壳体常用 AlSi9Cu3、AlSi12Cu 等铝合金材料压铸制成。

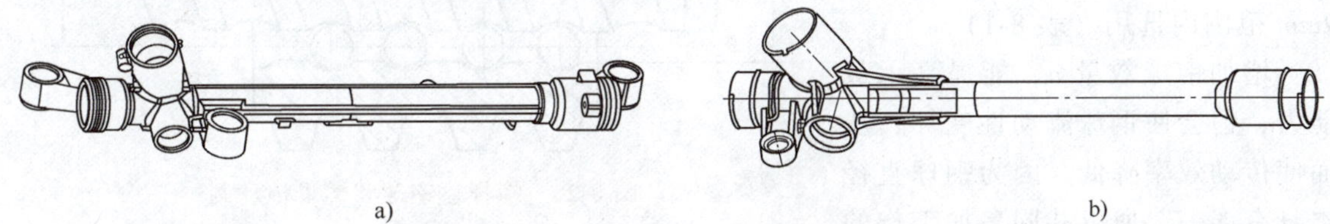

图 8-25 齿轮齿条式转向器壳体结构类型

a）整体式 b）分体式

2. 齿轮强度计算

在齿轮齿条式转向器设计中，主要对齿轮的抗弯强度和接触强度进行校核。

（1）齿轮弯曲应力

$$\sigma_{w}=\frac{2KM_{a}}{bm_{n}d\varepsilon_{\alpha}}Y_{Fa}Y_{sa}Y_{\beta} \tag{8-27}$$

式中，K 为载荷系数，$K=K_{A}K_{V}K_{H\beta}K_{H\alpha}$，其中 K_{A} 为使用系数，K_{V} 为动载系数，$K_{H\beta}$ 为齿向载荷系数，$K_{H\alpha}$ 为齿间载荷系数；M_{a} 为作用在齿轮上的力矩（N·mm）；b 为齿轮齿宽（mm）；m_{n} 为齿轮法面模数；d 为齿轮分度圆直径（mm），$d=m_{n}z/\cos\beta$，其中 z 为齿轮齿数，β 为齿轮螺旋角；ε_{α} 为齿轮端面重合度；Y_{Fa} 为齿形系数；Y_{sa} 为应力校正系数；Y_{β} 为螺旋角系数。

（2）齿轮接触应力

$$\sigma_{j}=Z_{H}Z_{E}\sqrt{\frac{2KM_{a}}{bd^{2}\varepsilon_{a}}\frac{i_{u}+1}{i_{u}}} \tag{8-28}$$

式中，Z_H 为节点区域系数；Z_E 为弹性系数（$MPa^{\frac{1}{2}}$）；i_u 为齿条齿数与齿轮齿数之比。

式（8-27）和式（8-28）中涉及的相关系数可由相关机械设计手册获得。

三、循环球式转向器设计

（一）尺寸参数的选择

1. 螺杆、钢球和螺母传动副

（1）钢球中心距 D、螺杆外径 D_1 和螺母内径 D_2　尺寸 D、D_1、D_2 如图 8-26 所示。钢球中心距是基本尺寸。螺杆外径 D_1、螺母内径 D_2 及钢球直径 d 对确定钢球中心距 D 的大小有影响，而 D 又对转向器的结构尺寸和强度有影响。在保证足够的强度条件下，尽可能将 D 值取小些。选取 D 值的规律是随着扇齿模数的增大，钢球中心距 D 也相应增加（表 8-1）。设计时先参考同类型汽车的参数进行初选，经强度验算后，再进行修正。螺杆外径 D_1 通常在 20~38mm 范围内变化，设计时应根据转向轴负荷的不同来选定。螺母内径 D_2 应大于 D_1，一般要求 $D_2-D_1=(5\%\sim10\%)D$。

（2）钢球直径 d 及数量 n　钢球直径尺寸 d 取得大，能提高承载能力，同时螺杆和螺母传动机构和转向器的尺寸也随之增大。钢球直径应符合国家标准，一般常在 7~9mm 范围内选用（表 8-1）。

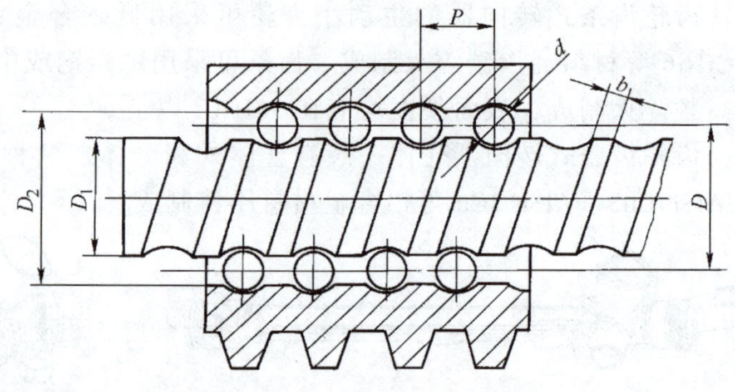

图 8-26　螺杆、钢球和螺母传动副

增加钢球数量 n，能提高承载能力，但会使钢球流动性变坏，从而使传动效率降低。因为钢球直径本身有误差，所以共同参加工作的钢球数量并不是全部钢球数。经验证明，每个环路中的钢球数以不超过 60 个为好。为保证尽可能多的钢球都承载，应分组装配。每个环路中的钢球数为

$$n=\frac{\pi DW}{d\cos\alpha_{0}}\approx\frac{\pi DW}{d} \tag{8-29}$$

式中，D 为钢球中心距；W 为一个环路中的钢球工作圈数；n 为不包括环流导管中的钢球数；α_0 为螺线导程角，常取 $\alpha_0=5°\sim8°$，故 $\cos\alpha_0\approx1$。

（3）滚道截面　滚道截面有四点接触式、两点接触式和椭圆滚道截面等形式。当螺杆和螺母的滚道各由两条圆弧组成，形成四段圆弧滚道截面时，钢球与滚道有四点接触，如图 8-27 所示，传动时轴向间隙最小，可满足转向盘自由行程小的要求。图中滚道与钢球之间的间隙，除用来储存润滑油之外，还能储存磨损杂质。为了减少摩擦，螺杆和螺母沟槽的半径 R_2 应大于钢球半径 $d/2$，一般取 $R_2=(0.51\sim0.53)d$。螺杆滚道应倒角，用来避免该处被

啮出毛刺而划伤钢球后降低传动效率。

（4）接触角 θ 钢球与螺杆滚道接触点的正压力方向与螺杆滚道法向截面轴线间的夹角称为接触角 θ，如图 8-27 所示。θ 角多取为 45°，以使轴向力和径向力分配均匀。

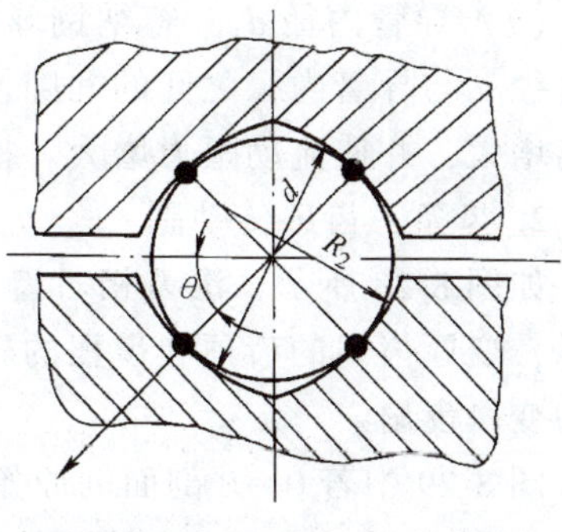

图 8-27 四段圆弧滚道截面

（5）螺距 P 和螺旋线导程角 α_0 由式（8-15）可知，螺距 P 影响转向器角传动比的值。在螺距不变的条件下，钢球直径 d 越大，图 8-26 中的尺寸 b 越小，要求 $b=P-d>2.5\text{mm}$。螺距 P 一般在 8~11mm 内选取。

（6）工作钢球圈数 W 多数情况下，转向器用两个环路，而每个环路的工作钢球圈数 W 又与接触强度有关：增加工作钢球圈数，参加工作的钢球增多，能降低接触应力，提高承载能力；但钢球受力不均匀、螺杆增长使刚度降低。工作钢球圈数有 1.5 圈和 2.5 圈两种。一个环路的工作钢球圈数的选取见表 8-1。

表 8-1 循环球式转向器主要参数

<table>
<tr><td>齿扇模数/mm</td><td>3.0</td><td>3.5</td><td>4.0</td><td>4.5</td><td>5.0</td><td>6.0</td><td>6.5</td></tr>
<tr><td>摇臂轴直径/mm</td><td>22</td><td>26</td><td>30</td><td>32</td><td>32
35</td><td>38
40</td><td>42
45</td></tr>
<tr><td>钢球中心距/mm</td><td>20</td><td>23
25</td><td>25</td><td>28</td><td>30
32</td><td>35</td><td>40</td></tr>
<tr><td>螺杆外径/mm</td><td>20</td><td>23
25</td><td>25</td><td>28</td><td>29</td><td>34</td><td>38</td></tr>
<tr><td>钢球直径/mm</td><td>5.556</td><td>5.556
6.350</td><td>6.350</td><td colspan="2">7.144</td><td colspan="2">7.144
8.000</td></tr>
<tr><td>螺距/mm</td><td>7.938</td><td>8.731</td><td colspan="2">9.525</td><td>9.525
10.000</td><td colspan="2">10.000
11.000</td></tr>
<tr><td>工作圈数</td><td colspan="4">1.5</td><td>1.5
2.5</td><td colspan="2">2.5</td></tr>
<tr><td>环流行数</td><td colspan="7">2</td></tr>
<tr><td>螺母长度/mm</td><td>41</td><td>45
52</td><td>46
47</td><td>58</td><td>56
59
62</td><td>72
78</td><td>80
82</td></tr>
<tr><td>齿扇齿数</td><td colspan="2">3
5</td><td colspan="5">5</td></tr>
<tr><td>齿扇整圆齿数</td><td colspan="2">12
13</td><td colspan="3">13</td><td colspan="2">13
14
15</td></tr>
<tr><td>齿扇压力角</td><td colspan="7">22°30′
27°30′</td></tr>
<tr><td>切削角</td><td colspan="4">6°30′</td><td colspan="3">6°30′
7°30′</td></tr>
<tr><td>齿扇宽/mm</td><td>22
25</td><td>25
27</td><td>25
28</td><td>30</td><td>28~32</td><td>30
34
38</td><td>35
38</td></tr>
</table>

（7）导管内径 d_1　容纳钢球而且钢球在其内部流动的导管内径 $d_1=d+e$，式中，e 为钢球直径 d 与导管内径之间的间隙。e 不易过大，否则钢球流经导管时球心偏离导管中心线的距离增大，并使流动阻力增大。推荐 $e=0.4 \sim 0.8$mm。导管壁厚取为 1mm。

2. 齿条、齿扇传动副

如图 8-28 所示，滚刀相对齿扇做斜向进给运动加工齿扇齿，得到变厚齿扇。如图 8-29 所示，变厚齿扇的齿顶和齿根的轮廓面是圆锥的一部分，其分度圆上的齿厚是变化的，故称之为变厚齿扇。

图 8-29 中若 0—0 剖面的原始齿形变位系数 $\xi=0$，且 Ⅰ—Ⅰ 剖面和 Ⅱ—Ⅱ 剖面分别位于 0—0 剖面两侧，则 Ⅰ—Ⅰ 剖面的齿轮是正变位齿轮，Ⅱ—Ⅱ 剖面的齿轮为负变位齿轮，故变厚齿扇在整个齿宽方向上，是由无数个原始齿形变位系数逐渐变化的圆柱齿轮所组成的。

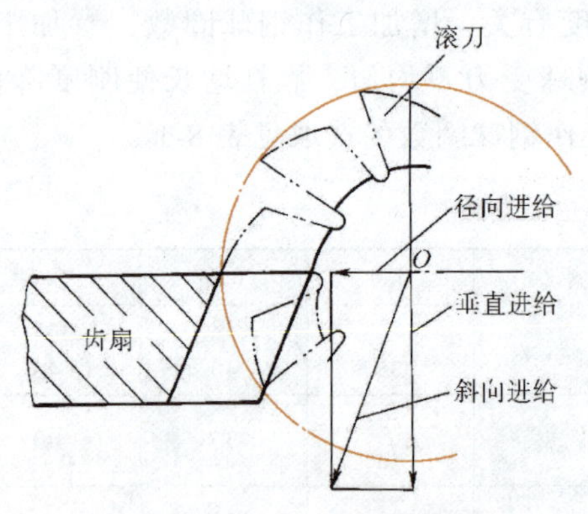

图 8-28　用滚刀加工变厚齿扇的进给运动

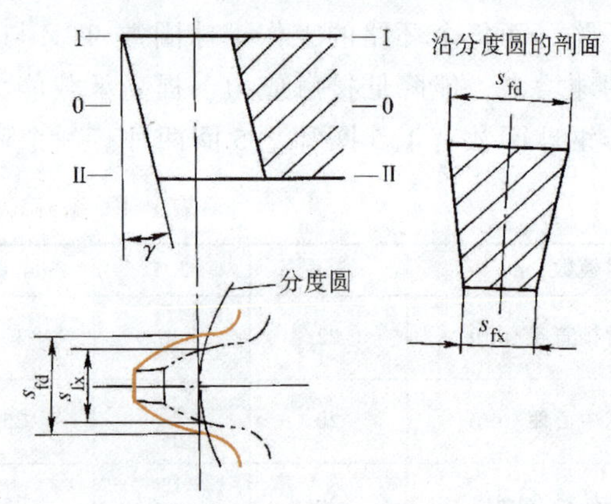

图 8-29　变厚齿扇的截面

对齿轮来说，因为在不同位置的剖面中，其模数 m 不变，所以它的分度圆半径 r 和基圆半径 r_b 相同。因此，变厚齿扇的分度圆和基圆均为一圆柱，它在不同剖面位置上的渐开线齿形，都是在同一个基圆柱上所展出的渐开线，只是其轮齿的渐开线齿形相对基圆的位置不同而已，所以应将其归入圆柱齿轮的范畴。

变厚齿扇齿形的计算，如图 8-30 所示。一般将中间剖面 Ⅰ—Ⅰ 规定为基准剖面。由 Ⅰ—Ⅰ 剖面向右时，变位系数 ξ 为正，向左则由正变为零（0—0 剖面），再变为负。若 0—0 剖面距 Ⅰ—Ⅰ 剖面的距离为 a_0，则其值为 $a_0=\xi_1 m/\tan\gamma$，γ 是切削角，常见的有 6°30′和 7°30′两种。在切削角 γ 一定的条件下，各剖面的变位系数 ξ 取决于距基准剖面 Ⅰ—Ⅰ 的距离 a。

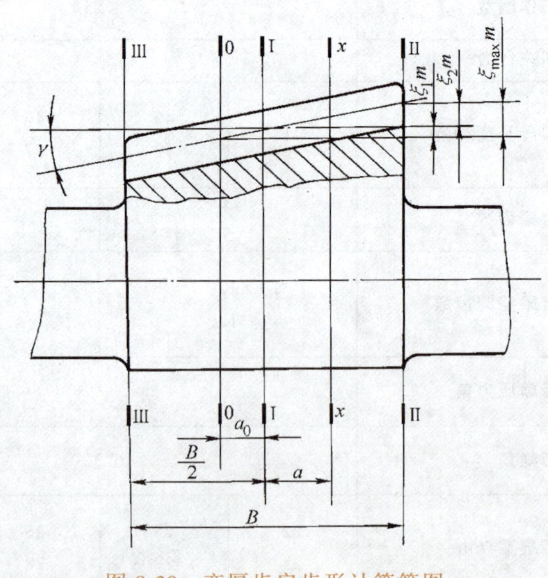

图 8-30　变厚齿扇齿形计算简图

进行变厚齿扇齿形计算之前，必须确定的参数有：模数 m，参考表 8-2 选取；法向压力角 α_0，一般在 20°～30°之间；齿顶高系数 x_1，一般取 0.8 或 1.0；径向间隙系数，取 0.2；整圆齿数 z，在 12～15 之间选取；

齿扇宽度 B，一般在 22~38mm。

表 8-2 循环球式转向器齿扇齿模数

齿扇齿模数 m/mm		3.0	3.5	4.0	4.5	5.0	6.0	6.5
乘用车	发动机排量/mL	500	1000~1800	1600~2000	2000	2200		
	前轴负荷/N	3500~3800	4700~7350	7000~9000	8300~11000	10000~11000		
商用车	前轴负荷/N	3000~5000	4500~7500	5500~18500	7000~19500	9000~24000	17000~37000	23000~44000
	最大载质量/kg	350	1000	2500	2700	3500	6000	8000

（二）零件强度计算

1. 钢球与滚道之间的接触应力

钢球与滚道之间的接触应力 σ 为

$$\sigma=k\sqrt[3]{\frac{F_3E^2(R_2-r)^2}{(R_2r)^2}} \tag{8-30}$$

式中，k 为系数，根据 A/B 值从表 8-3 查出，$A=(1/r-1/R_2)/2$，$B=(1/r+1/R_1)/2$；R_2 为滚道截面半径；r 为钢球半径；R_1 为螺杆外半径；E 为材料的弹性模量，取 2.1×10^5MPa；F_3为钢球与螺杆之间的正压力，即

$$F_3=\frac{F_2}{n\cos\alpha_0\cos\theta} \tag{8-31}$$

式中，α_0 为螺杆螺线的导程角；θ 为接触角；n 为参与工作的钢球数；F_2 为作用在螺杆上的轴向力，如图 8-31 所示。

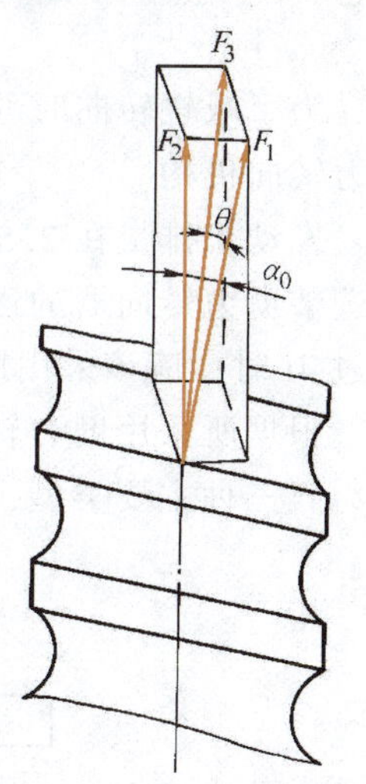

图 8-31 螺杆受力简图

当接触表面硬度为 58~64HRC 时，许用接触应力 $[\sigma]=2500$MPa。

表 8-3 系数 k 与 A/B 的关系

A/B	1.0	0.9	0.8	0.7	0.6	0.5	0.4	0.3	0.2	0.15	0.1	0.05	0.02	0.01	0.007
k	0.388	0.400	0.410	0.440	0.468	0.490	0.536	0.600	0.716	0.800	0.970	1.280	1.800	2.271	3.202

2. 齿的弯曲应力

齿扇齿的弯曲应力 σ_w 为

$$\sigma_w=\frac{6Fh}{Bs^2} \tag{8-32}$$

式中，F 为作用在齿扇上的圆周力；h 为齿扇的齿高；B 为齿扇的齿宽；s 为基圆齿厚。

许用弯曲应力为 $[\sigma_w]=540$MPa。

螺杆和螺母用 20CrMnTi 钢制造，表面渗碳。对于前轴负荷不大的汽车，渗碳层深度在 0.8~1.2mm；对于前轴负荷大的汽车，渗碳层深度在 1.05~1.45mm。表面硬度为 58~63HRC。

此外，还要根据材料力学相关公式对其接触应力进行强度验算。

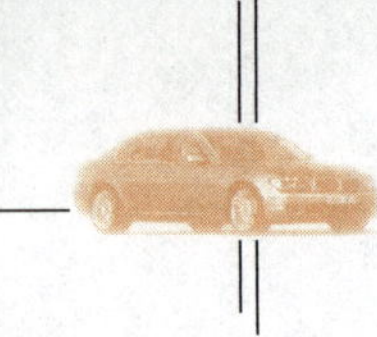

3. 转向摇臂轴直径的确定

转向摇臂轴直径 d 为

$$d=\sqrt[3]{\frac{KM_{\mathrm{R}}}{0.2\tau_0}} \tag{8-33}$$

式中，K 为安全系数，根据汽车使用条件不同可取 2.5~3.5；M_{R} 为转向阻力矩；τ_0 为扭转强度极限。

摇臂轴用 20CrMnTi 钢制造，表面渗碳，渗碳层深度在 0.8~1.2mm，对于前轴负荷大的汽车，渗碳层深度为 1.05~1.45mm，表面硬度为 58~63HRC。

第五节 助力转向机构

为了减轻转向时驾驶员作用到转向盘上的手力，提高行驶安全性，在有些汽车上装设了助力转向机构。

发动机排量在 2.5L 以上的乘用车，由于对其操纵轻便性的要求越来越高，采用或者可供选装助力转向器的逐渐增多。转向轴轴载质量超过 2.5t 的货车，可以采用助力转向；当超过 4t 时，应该采用助力转向。

根据所采用助力转向方式的不同，助力转向机构可分为液压助力式、电液助力式和电动助力式三种主要类型，如下所示：

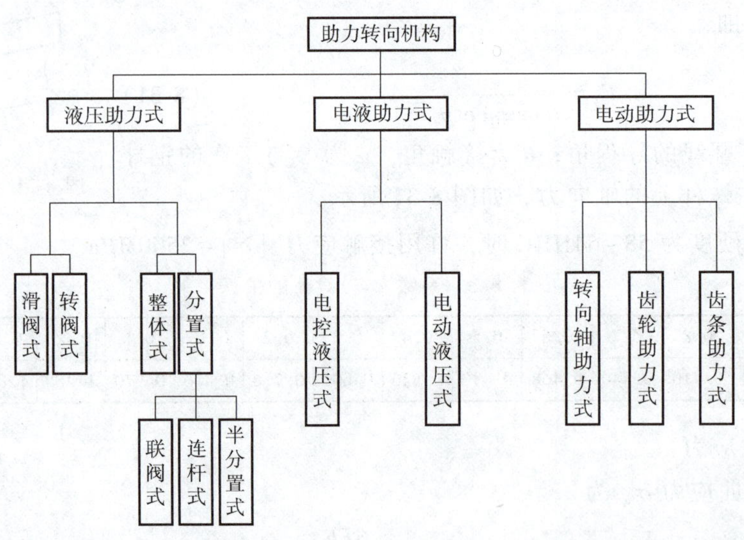

一、对助力转向机构的基本要求

1）运动学上应保持转向轮转角和驾驶员转动转向盘的转角之间保持一定的比例关系。

2）随着转向轮阻力的增大（或减小），作用在转向盘上的手力必须增大（或减小），称之为“路感”。

3）当作用在转向盘上的切向力 $F_h \geqslant 25 \sim 190\text{N}$ 时（因汽车形式不同而异），助力转向器就应开始工作。

4）转向后，转向盘应自动回正，并使汽车保持在稳定的直线行驶状态。

5）工作灵敏，即转向盘转动后，系统内压力能很快增长到最大值。

6）助力转向失灵时，仍能用机械系统操纵车轮转向。

7）助力转向系统中若有液压系统，需保证密封性能好，内、外泄漏少。

二、液压助力式助力转向机构

液压助力式助力转向系统由于油液工作压力高，助力缸尺寸、质量小，结构紧凑，油液具有不可压缩性，灵敏度高以及油液的阻尼作用可以吸收路面冲击等优点而被广泛应用。

1. 助力转向机构布置方案

由分配阀、转向器、助力缸、液压泵、储油罐和油管等组成液压式助力转向机构。根据分配阀、转向器和助力缸三者相互位置的不同，液压式助力转向机构可分为整体式（图 8-32a）和分置式两类。后者按分配阀所在位置不同又分为：分配阀装在助力缸上的称为联阀式，如图 8-32b 所示；分配阀装在转向器和助力缸之间的拉杆上，称为连杆式，如图 8-32c 所示；分配阀装在转向器上的称为半分置式，如图 8-32d 所示。

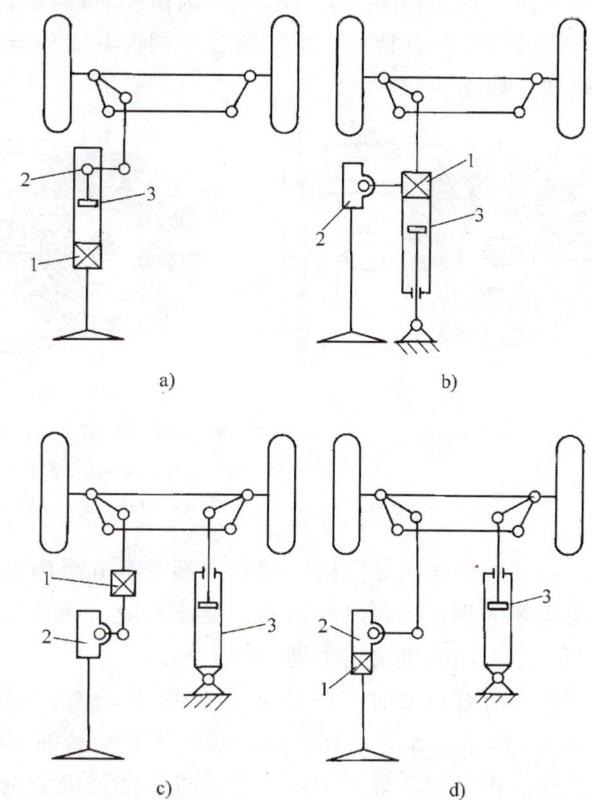

图 8-32 助力转向机构布置方案图

1—分配阀 2—转向器 3—助力缸

在分析比较上述几种不同助力转向机构布置方案时，常从结构上是否紧凑、转向器主要零件是否承受由助力缸建立起来的载荷、拆装转向器是否容易、管路特别是软管的管路长短、转向轮在侧向力作用下是否容易引起转向轮摆振、能不能采用典型转向器等方面来做比较。例如，整体式助力转向器，由于其分配阀、转向器、助力缸三者装在一起，因而结构紧凑，管路也短。由于转向轮受到的侧向力作用或发动机的振动都不会影响分配阀的振动，因而不会引起转向轮摆振。其缺点是转向摇臂轴、摇臂等转向器主要零件，都要承受由助力缸所建立起来的载荷，因此必须加大它们的尺寸和质量，给布置带来不利的影响；同时还不能采用典型转向器，拆装转向器时要比分置式的困难。除此之外，由于对转向器的密封性能要求高，这给转向器的设计带来困难。整体式助力转向器多用于乘用车和总质量在 6.0t 以上的货车。

2. 分配阀的结构方案

分配阀有两种结构方案：分配阀中的阀与阀体以轴向移动方式来控制油路的称为滑阀

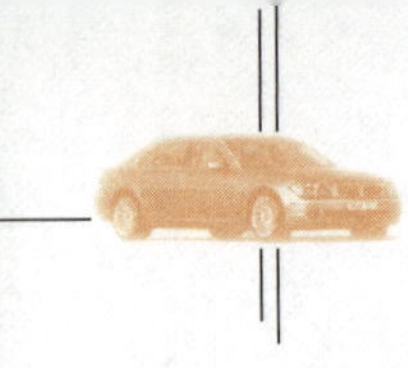

式，以旋转运动来控制油路的称为转阀式。

滑阀式分配阀结构简单，生产工艺性较好，易于布置，使用性能较好，曾得到广泛应用。

转阀式与滑阀式相比，灵敏度高、密封件少，但利用弹性扭杆使转阀回位，结构相对复杂。目前转阀式分配阀在国内、外液压助力式转向系统中得到了广泛应用。

一般转阀式分配阀（转阀）由阀套和阀芯组成，阀芯往往由转向轴延伸而成，与转向轴为一体。阀套和阀芯上各有纵向沟槽相对应构成阀。其槽数主要有六槽式和八槽式两种，两种阀的槽型各有特点，虽然槽数不同但其工作原理是相同的。下面以六槽式为例说明其工作原理，如图 8-33 所示。

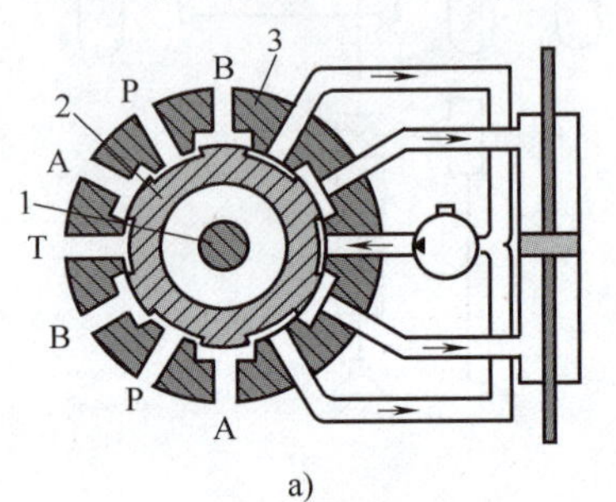

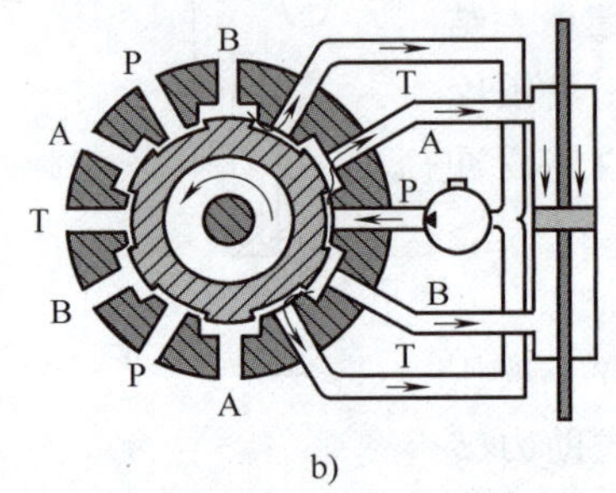

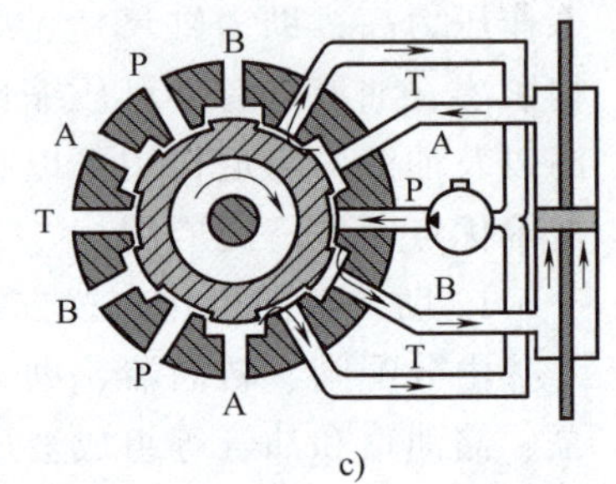

图 8-33 转阀式分配阀工作原理

a）直线行驶 b）左转向 c）右转向

1—扭杆 2—阀芯 3—阀套

六槽式转阀式分配阀的阀套内部开有 6 个沟槽，阀芯的外表也开有 6 个沟槽。阀套的沟槽与阀芯的沟槽两者之间错开，彼此对应。阀套与阀芯之间的相对转动量直接决定了液体流量的大小，同时也决定了助力的大小。

汽车直线行驶时，即转向盘位置不动时，扭杆不发生转动，阀芯处于中间位置，如图 8-33a 所示。此时来自转向油泵的压力油从助力转向器进油口经阀套进油道流入阀套和阀芯之间。由于阀芯处于中间位置，进入的油液分别经过阀套和阀芯纵槽槽肩形成的两边相等的间隙与阀套油道，流进助力缸的左、右腔室，使两腔油压相等，转向器将保持在中间平衡位置，不起转向及转向加力作用。与此同时，流进阀套和阀芯之间的油液还经阀套的径向回油孔汇集于阀内腔的回油道，并经转向器壳体回油口流回转向油罐。

汽车左转向时，即转向盘左转，在转向轴驱动下阀芯相对阀套逆时针转动，如图 8-33b 所示。此时，阀芯台肩左侧与阀套槽的间隙关闭，同时加大了阀芯台肩右侧与阀套槽之间的间隙，来自转向油泵的压力油将从该间隙流进阀套上的轴向槽内，再通过管状的通道，进入活塞的右腔，使右腔油压升高；而与左侧油道相通的助力缸左腔油压则降低（左腔油液通过左侧油道流进阀体与转阀之间，再经转阀的径向油孔、回油道流回转向油罐）。左、右两腔的压力差作用在转向器上，迫使转向轮开始向左偏转，转向加力起作用。只要转向盘继续转动，弹性扭杆的扭转变形便一直保持不变，阀体与转阀之间的相对角位置也不变，转向加力作用就一直存在，转向轮将继续向左偏转。

汽车右转向时，在转向轴驱动下阀芯将顺时针转动，如图 8-33c 所示，其工作过程与左转向相似，所不同的是助力缸左、右两腔的压力差作用方向相反，迫使转向轮向右偏转。

一旦转向盘停止转动并维持在某一转角位置不动时，阀便不再转动。但转向器会在压差的作用下仍继续左移，使弹性扭杆的扭转变形减小，阀套与阀芯的相对角位移量减小，助力缸左、右两腔油压差减小。减小了的油压差仍作用在转向器上，以克服转向轮的回正力矩，转向轮的偏转角维持不动。

在转向过程中，转向盘转得越快，弹性扭杆的扭转速度就越快，阀芯相对于阀套产生角位移的速度也越快，从而使助力缸左、右两腔产生压力差的速度加快，转向轮的偏转速度也相应加快。

转阀式助力转向装置能使转向轮偏转的角度随转向盘转角的增大而增大；转向轮偏转的速度随转向盘转动速度的加快而加快；转向盘停止转动并维持转角不动时，转向轮也随之停止偏转并维持偏转角不动，因而具有随动作用。在正常情况下，驾驶员操纵转向盘所提供的转向力矩主要用来使弹性扭杆产生扭转变形，以控制转向过程，而克服路面转向阻力及转向传动机构摩擦阻力使转向轮偏转所需要的动力则主要由转向助力缸提供。

若在前述维持转向的位置上松开转向盘，被扭转变形的弹性扭杆将自动转过一定的角度而恢复自由状态，阀芯则回复到中间位置，助力缸停止工作，转向轮在回正力矩作用下自动回正。如果需要液压加力，驾驶员可以回转转向盘，使助力转向装置帮助转向轮回正。

在转向过程中，助力缸中的油液压力是随转向阻力而变化的。而助力缸中油压的变化又受控于弹性扭杆的扭转变形量：转向阻力增大，弹性扭杆的扭转变形量也增大，阀芯相对于阀套的角位移量增大，从而使助力缸中油压升高；反之则助力缸中油压降低。显然，弹性扭杆的扭转变形量取决于转向阻力的大小。在此过程中，弹性扭杆因扭转变形而产生的反作用力（与转向阻力成递增函数关系）传到转向盘上，使驾驶员能感觉到转向阻力的变化情况，所以这种转阀式助力转向装置具有“路感”作用。

转阀中的弹性扭杆是阀回正时不可缺少的关键零件。转向动作完成后，阀芯将在扭杆的作用下迅速恢复到原始对中位置。一般扭杆的前端与转向轴相连接，后端与螺杆相连接。扭杆前、后端的连接方式可以是多种多样的，可采用圆柱销或三角花键连接。

扭杆的形状如图 8-34 所示，一般为两端粗中间细而长的细长杆。这样两端固定可靠，中间的细长杆有很好的弹性，并且可以改变该部分的直径和长度来改变扭杆的扭转弹性。为了确保扭杆的强度和寿命，在设计上要求粗细部过渡圆滑，以约为杆径 1.5 倍为半径的圆弧连接二者，不得有棱角等应力集中部位。表面粗糙度要求 Ra 值为 0.4~0.8μm，实际上全部外径表面应采用成形磨削的方法加工。扭杆的材料一般采用性能较好的弹簧钢，如 50CrVA、62Si2Mn 等，也有采用普通合金结构钢的，如 40Cr 等。对热处理的要求各不相同，一般硬度为 36~41HRC，最高为 50HRC。必要时还可对扭杆表面进行喷丸处理，可以有效提高疲劳强度。

3. 助力缸尺寸的计算

助力缸的主要尺寸有助力缸内径、活塞行程、活塞杆直径和助力缸壳体壁厚。

助力缸的布置若如图 8-35 所示，则在计算前，应先行确定作用在直拉杆上的力 F_1。此力应用式（8-25）计算出来的转向阻力矩换算。

助力缸应产生的推力 F 为

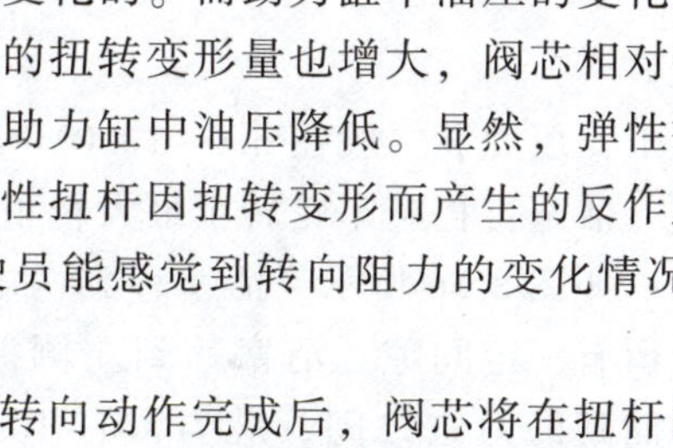

1 2 3

图 8-34 转阀与扭杆

1—转阀 2—扭杆

3—齿轮（齿轮齿条式转向器）

$$F=\frac{F_1L_1}{L} \qquad (8\text{-}34)$$

式中，L_1 为转向摇臂长度；L 为转向摇臂轴到助力缸活塞之间的距离。

推力 F 与工作油液压力 p 和助力缸截面面积 S 之间有如下关系

$$F=pS$$

所以
$$S=\frac{F_1L_1}{pL} \qquad (8\text{-}35)$$

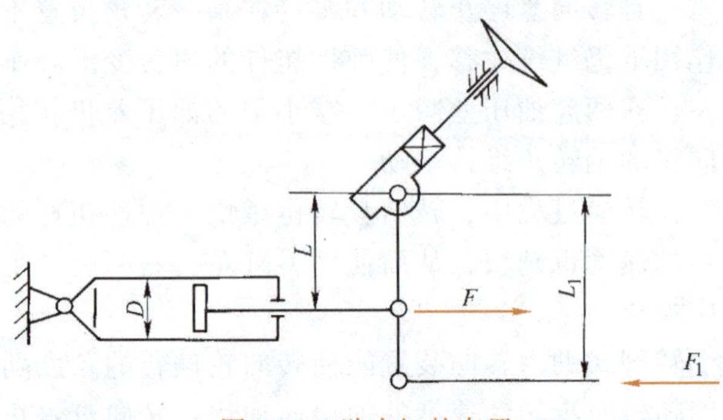

图 8-35 助力缸的布置

因为助力缸活塞两侧的工作面积不同，应按较小一侧的工作面积来计算，即

$$S=\frac{\pi}{4}(D^2-d_p^2) \qquad (8\text{-}36)$$

式中，D 为助力缸内径；d_p 为活塞杆直径，一般初选时可取 $d_p=0.35D$。

联立式（8-35）和式（8-36）后得到

$$D=\sqrt{\frac{4F_1L_1}{\pi pL}+d_p^2} \qquad (8\text{-}37)$$

式中，压力 p 一般在 6.0~10.0MPa，最高可取 16.5~18.0MPa。

活塞行程是车轮转至最大转角时，由直拉杆的移动量换算到活塞杆处的移动量得到的。

如图 8-36 所示，活塞移到两端极限位置，还要留有一定间隙。活塞移到左侧极限位置时，其端面到助力缸之间，应当留有 10mm 间隙。活塞移到右侧极限位置时，其端面到缸盖之间应留有 $e=(0.5\sim0.6)D$ 的间隙，以利于活塞导向作用。

活塞厚度可取为 $B=0.3D$。助力缸的最大长度 s 为

$$s=10\text{mm}+(0.5\sim0.6)D+0.3D+s_1 \qquad (8\text{-}38)$$

式中，s_1 为活塞最大位移量。

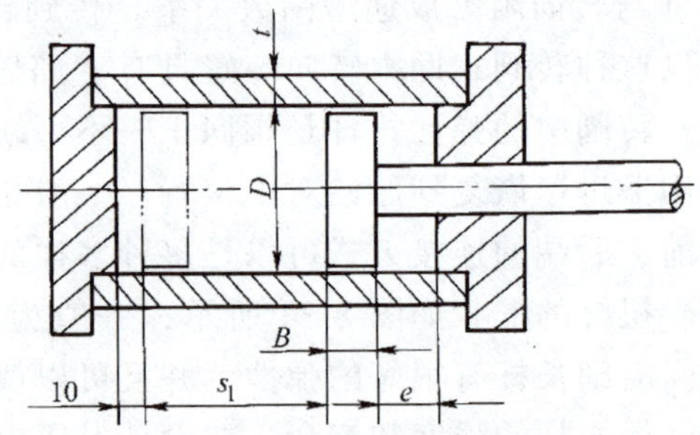

图 8-36 确定助力缸长度尺寸简图

助力缸壳体壁厚 t，根据计算轴向平面拉应力 σ_z 来确定，即

$$\sigma_z=p\left[\frac{D^2}{4(Dt+t^2)}\right]\leqslant\frac{\sigma_s}{n} \qquad (8\text{-}39)$$

式中，p 为油液压力；D 为助力缸内径；t 为助力缸壳体壁厚；n 为安全系数，取 $n=3.5\sim5.0$；σ_s 为壳体材料的屈服强度。

壳体材料有球墨铸铁和铸造铝合金两种。球墨铸铁采用 QT500-05，抗拉强度为 500MPa，屈服强度为 350MPa。铸造铝合金多采用 ZL105，抗拉强度为 160~240MPa。

活塞杆用 40 或 45 钢制造，为提高可靠性和寿命，要求表面镀铬并磨光。

4. 助力转向器的评价指标

（1）助力转向器的作用效能　用效能指标 $s=F_h/F_h'$ 来评价助力转向器的作用效能。式

中，F_h 和 F_h'为没有助力转向器和有助力转向器时，转动转向轮所必须作用在转向盘上的力。现有助力转向器的效能指标 $s=1\sim15$。

（2）液压助力式助力转向系统的路感　驾驶员转动转向盘，除要克服转向器的摩擦力和回位弹簧的阻力外，还要克服反映路感的液压阻力。液压阻力等于反作用阀面积与工作液压强的乘积。在最大工作压力时，对于乘用车，换算到转向盘上的力增加约 30~50N；对于货车，增加 80~100N。

（3）转向灵敏度　转向灵敏度可以用转向盘行程与滑阀行程的比值 i 来评价，即

$$i=\frac{D_{sw}\varphi}{2\delta} \tag{8-40}$$

式中，D_{sw} 为转向盘直径；φ 为转向盘转角；δ 为滑阀行程。

由式（8-40）可见，当 D_{sw} 和 δ 的数值不变时，转向盘转角 φ 仅仅取决于比值 i，所以这完全可以表达转向灵敏度。比值 i 越小，则助力转向作用的灵敏度越高。发动机排量大于 4.0L 乘用车的 i 值在 6.7 以下。

转向灵敏度也可以用接通助力转向时，作用到转向盘的手力和转角来评价，要求此力在 20~50N，转角在 10°~15° 范围。

（4）助力转向器的静特性　助力转向器的静特性是指输入转矩与输出转矩之间的变化关系曲线，是用来评价助力转向器的主要特性指标。因输出转矩等于油压力乘以助力缸工作面积和作用力臂，对于已确定的结构，后两项是常量，所以可以用输入转矩 M_φ 与输出油压 p 之间的变化关系曲线来表示助力转向的静特性，如图 8-37 所示。常将静特性曲线划分为四个区段。在输入转矩不大时，相当于图中 A 段，是直线行驶位置附近小角度转向区，曲线呈低平形状，油压变化不大；汽车原地转向或掉头时，输入转矩进入最大区段（图中 C 段），要求助力转向效果应当最大，故油压曲线呈陡而直状上升；B 段属常用快速转向行驶区段，要求助力作用要明显，油压曲线的斜率变化应较大，曲线由较为平缓变陡。除此之外，要求上述三个区段之间的油压曲线过渡平滑，D 段曲线就表明是一个较宽的平滑过渡区间。

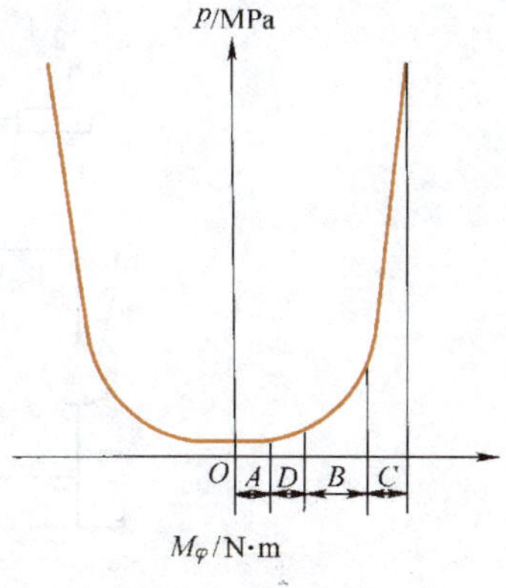

图 8-37　静特性曲线分段示意图

要求助力转向器向右转和向左转的静特性曲线应对称。对称性可以评价滑阀的加工和装配质量。要求对称性大于 0.85。

三、电液助力式助力转向机构

经历了数十年的发展，结构上已相当完善的液压助力式助力转向系统在汽车上得到广泛应用。但在能量消耗、严格的密封要求和助力特性等方面始终存在不足。随着高速公路的增多，汽车行驶速度的变化范围也越来越宽，此时传统的液压助力转向不能适应汽车行驶速度多变的要求，也不能同时实现既要求有足够的转向操纵轻便性又不能有转向发飘的感觉。为了满足在任何行驶工况下转向行驶都能保证良好的操纵轻便性和操纵稳定性，就必须采用车速感应型助力转向机构。

目前已有的车速感应型助力转向机构，有电液助力式助力转向机构和电动助力式助力转

向机构两种。

电液助力式助力转向机构是指以液压助力转向机构为基础，增加控制器和执行元件，同时通过车速传感器将车速信号传至电控单元，控制电液转换装置改变助力特性，达到在低速或急转弯行驶时驾驶员能以很小的手力转动转向盘，而在高速行驶时又能以稍重的手力进行转向操作。

根据控制元件的不同，电液助力式助力转向机构可分为电控液压助力式和电动液压助力式两种典型形式。

电控液压助力式助力转向机构基本原理如图 8-38 所示，主要在液压助力式助力转向机构中增加了电磁阀、车速传感器、转角速率传感器（或转角传感器）、电控单元等电子设备。电磁阀位于油泵的出油口，根据传感器感知的相关信息状态，电控单元对电磁阀的开度进行控制，以便根据车速、转角大小、转动快慢来调节电磁阀开度，对油泵输出排量和压力进行调节，使转向响应速率和转向反力的大小在平衡点上达到平衡。

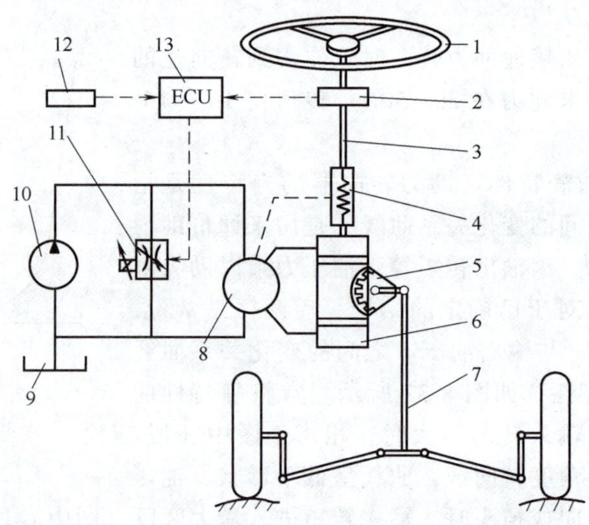

图 8-38 电控液压助力式助力转向原理示意图

1—转向盘 2—转角速率传感器（或转角传感器） 3—转向轴 4—扭杆 5—转向器 6—助力缸 7—转向传动机构 8—转阀 9—转向油罐 10—油泵 11—电磁阀 12—转速传感器 13—电控单元

电动液压助力式助力转向机构基本原理如图 8-39 所示，采用由蓄电池通过逆变器供电的控制电机驱动液压泵等液压助力装置。电控单元根据车速信号、转向速率信号、转矩信号等参数控制电动机转速，从而控制液压泵流量，达到变助力转向的目的。采用电动机驱动液压泵，液压泵不必布置在发动机附近，布置容易，拆装方便，不转向时电动机以低转速运转，甚至停止运转，又可以降低能量消耗。

根据控制方式的不同，电液助力式助力转向机构又可分为流量控制式、油压反馈式、助力缸分流控制式、阀特性控制式等类型。

流量控制式是根据车速的变化改变向助力转向器提供的油量，并同时改变转向盘上的手力。车速低时转向，通过增加供油量改善助力效果并减小手力；汽车转急弯时，通过传感器检测到转向角速度的快速变换，这时控制器控制油路能提供最大的供油量达到全助力转向状态；车速高时又能适当减少油泵供油量，使手略感沉重，做到驾驶员无发飘的感觉、心中不

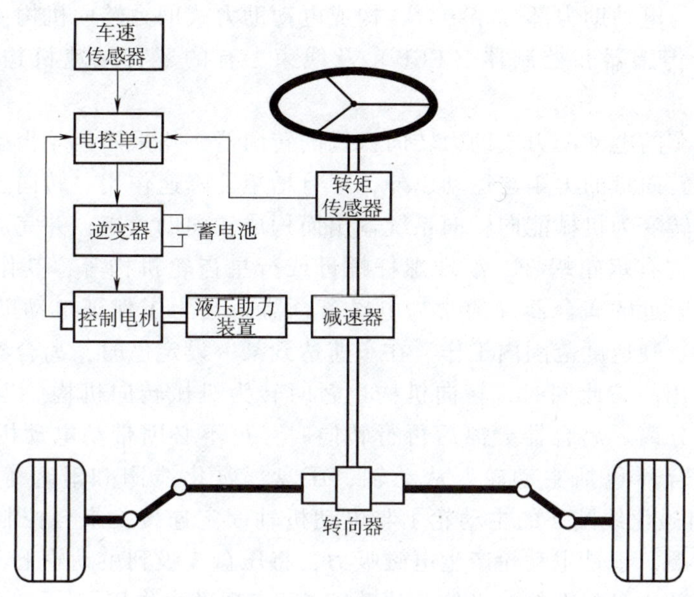

图 8-39 电动液压助力式助力转向原理示意图

慌，以提高行车安全。图 8-40a 所示为电动液压助力式助力转向的车速感应型助力特性。

油压反馈控制式是根据反馈压力的变化改变向助力转向器提供的油量，并同时改变转向盘上的手力。在车速信号控制下，车速越高，使通往控制阀反作用腔的反馈压力也越高，这就增加了开启控制阀的阻力，即转向手力增大，反之转向手力减小。图 8-40b 所示为油压反馈控制式助力转向的车速感应型助力特性曲线。这种结构能在低速掉头和原地转动转向盘时提供 95%的助力作用；随着车速的提高，可以逐渐减少到最低仅提供 65%的助力作用。

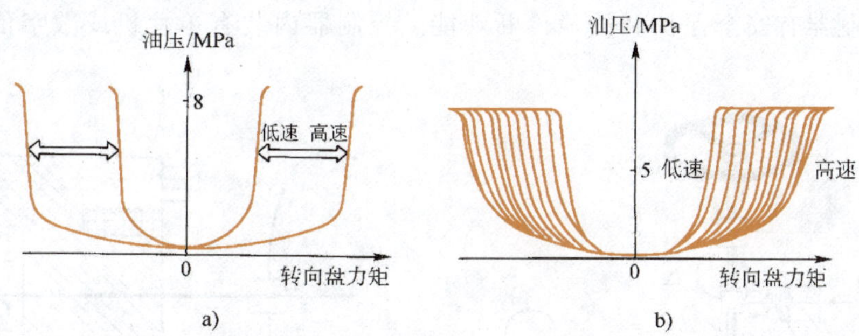

图 8-40 电控液压助力转向的助力特性

四、电动助力式助力转向机构

近年来，电动助力式助力转向机构在乘用车上得到应用，并有良好的发展前景。电动助力式助力转向机构，除去应当满足对电液助力式助力转向机构的一些相似要求以外，同时还应当满足：具有故障自诊断和报警功能；有良好的抗振动和抗噪声干扰能力等；当地面与车轮之间有反向冲击力作用时，电动助力式助力转向机构应迅速反应，制止转向盘转动；在过载使用条件下有过载保护功能等。

1. 电动助力式助力转向机构的组成与工作原理

由机械转向器与电动助力部分相结合，构成电动助力式助力转向机构。电动助力部分包括电动机、电池、传感器和控制器（ECU）及线束，有的还有减速机构和电磁离合器等（图 8-41）。

目前用于乘用车的电动助力式助力转向机构的转向器，均采用齿轮齿条式转向器。其功能除用来传递来自转向盘的力矩与运动以外，还有增矩、降速作用。转向过程中，电动机将来自蓄电池的电能转变为机械能向转向系统输出而构成转向助力矩，并完成助力作用。与电动机连接的减速机构有蜗轮蜗杆、滚珠螺杆螺母或行星齿轮机构等，其作用也是降速、增矩。装在减速机构附近的离合器（通常为电磁离合器）是为了保证电动助力式助力转向机构只在预先设定的行驶速度范围内工作。在车速达到某一设定值时，离合器分离，并暂时停止电动机的助力作用。与此同时，转向机构也暂时转为机械转向机构。当电动机发生故障时，离合器也自动分离。离合器分离后再行转向时，可不必因带动电动机而消耗驾驶员体力。单片式电磁离合器包括主动轮、从动轴、压盘、磁化线圈和滑环等。其工作原理如图 8-42 所示，装有磁化线圈 2 的主动轮 1 与电动机轴固定连接，来自控制器的控制电流经滑环 7 输入磁化线圈，于是主动轮产生电磁吸力，将压盘 3 吸到主动轮上，然后电动机的动力经主动轮、压盘及压盘毂上的花键传给从动轴 5，实现助力作用。

汽车以较高车速转向行驶时，作用在转向盘上的力矩将减小，乃至达到无须助力的程度，此时可设定：达到此车速时，电磁离合器停止工作。还有，在电动机停止工作以后，电磁离合器在控制器的控制下也要分离或者自动分离。此后，再进行转向将不存在助力作用，直至电动机恢复工作为止。

控制器有两项作用：根据转矩传感器和车速传感器提供的信号，进行逻辑分析与计算后，发出指令控制电动机和离合器的动作；通过采集电动机电流、发电机电压、发动机工况等信号，判断系统工作状态是否正常，如出现异常自动取消助力作用，同时还要进行故障诊断分析，即控制器有安全保护和故障诊断功能。控制器内装有单片机或数字信号处理器等部件。

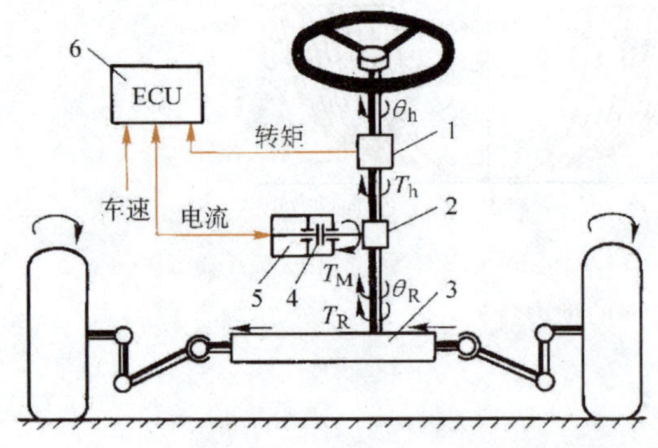

图 8-41 电动助力式助力转向机构示意图

1—转矩传感器 2—减速机构 3—转向器 4—电磁离合器 5—电动机 6—控制器

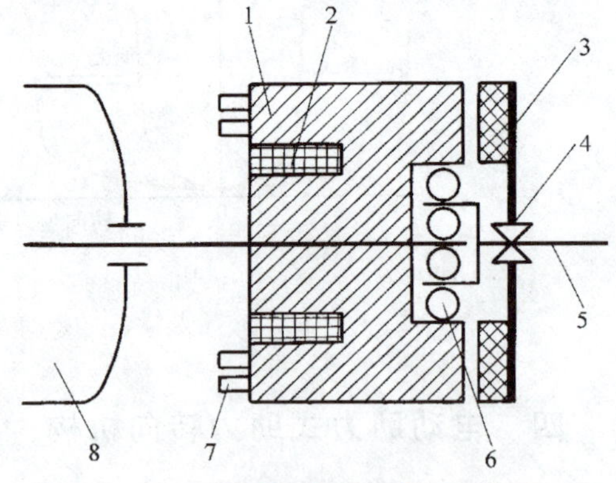

图 8-42 电磁离合器工作原理简图

1—主动轮 2—磁化线圈 3—压盘 4—花键 5—从动轴 6—轴承 7—滑环 8—电动机

2. 电动助力式助力转向机构布置方案

转向轴助力式、齿轮助力式和齿条助力式三种电动助力式助力转向机构的主要区别，在于电动机的布置位置不同（图 8-43）。

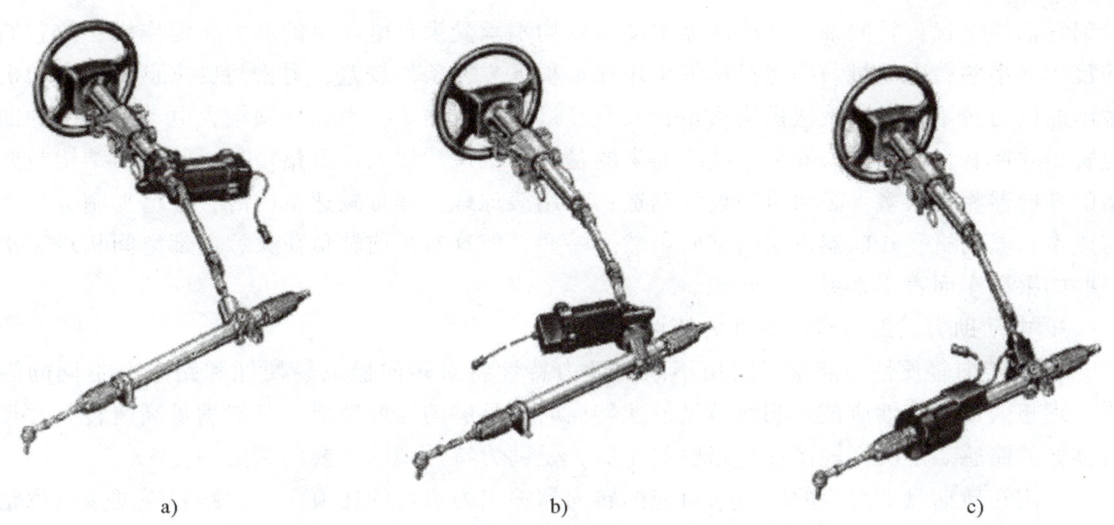

图 8-43 电动助力式助力转向机构的布置方案

a）转向轴助力式 b）齿轮助力式 c）齿条助力式

（1）转向轴助力式 转向轴助力式电动助力转向机构的电动机布置在靠近转向盘下方，并经蜗轮蜗杆机构与转向轴连接（图 8-43a）。这种布置方案的特点是：

由于转向轴助力式电动助力转向的电动机布置在驾驶室内，所以有良好的工作条件；因电动机输出的助力转矩经过减速机构增大后传给转向轴，所以电动机输出的助力转矩相对小些，电动机尺寸也小，这又有利于在车上布置和减小质量；电动机、转矩传感器、减速机构、电磁离合器等装为一体使结构紧凑，上述部件又与转向器分开，故拆装与维修工作容易进行；转向器仍然可以采用通用的典型结构齿轮齿条式转向器；电动机距驾驶员和转向盘近，电动机的工作噪声和振动直接影响驾驶员；转向轴等零部件也要承受来自电动机输出的助力转矩的作用，为使其强度足够，必须增大受载件的尺寸；尽管电动机尺寸不大，但因这种布置方案的电动机靠近转向盘，为了不影响驾驶员腿部的动作，在布置时仍然有一定的困难。

（2）齿轮助力式 齿轮助力式电动助力转向机构的电动机布置在与转向器主动齿轮相连的位置（图 8-43b），并通过驱动主动齿轮实现助力。这种布置方案的特点是：

电动机布置在地板下方、转向器上部，工作条件比较差，对密封要求较高；电动机的助力转矩基于与转向轴助力式相同的原因可以小些，因而电动机尺寸小，同时转矩传感器、减速机构等的结构紧凑，尺寸也小，这将有利于在整车上的布置和减小质量；转向轴等位于转向器主动齿轮以上的零部件，不承受电动机输出的助力转矩作用，故尺寸可以小些；电动机距驾驶员远些，它的工作噪声对驾驶员影响不大，但振动仍然会传到转向盘；电动机、转矩传感器、电磁离合器、减速机构等与转向器主动齿轮装在一个总成内，拆装时会因相互影响而出现一定的困难；转向器与典型的转向器不能通用，需要单独设计、制造。

（3）齿条助力式 齿条助力式电动助力转向机构的电动机和减速机构等布置在齿条处（图 8-43c），并直接驱动齿条实现助力。这种布置方案的特点是：

电动机位于地板下方，相比之下，工作噪声和振动对驾驶员的影响都小些；电动机、减速机构等不占据转向盘至地板这段空间，因而有利于转向轴的布置，驾驶员腿部的动作不会受到它们的干扰；转向轴直至转向器主动齿轮均不承受来自电动机的助力转矩作用，故它们的尺寸能小些；电动机、减速机构等工作在地板下方，条件较差，对密封要求良好；电动机输出的助力转矩只经过减速机构增矩，没有经过转向器增矩，因而必须增大电动机输出的助力转矩才能有良好的助力效果，随之而来的是电动机尺寸增大、质量增加；转向器结构与典型的转向器相差很多，必须单独设计制造；采用滚珠螺杆螺母减速机构时，会增加制造难度与成本；电动机、转向器占用的空间虽然大一些，但这对于前轴负荷大、前部空间相对宽松一些的乘用车而言不是突出的问题。

3. 电动助力式助力转向的助力特性

(1) 转向轻便性与路感　选用不同的助力特性将对转向操纵轻便性和路感有不同的影响。理想的助力特性应该是既能满足低速转向时有足够的轻便性能，又能满足高速转向时具有良好的路感。解决好轻便性与路感的矛盾，是助力特性中的重要问题之一。

作用在转向盘上力矩的增量与对应的转向器输出力增量的比值，称为路感强度。以齿轮齿条式转向器为基础的电动助力式助力转向器的路感强度 E 为

$$E=\frac{\mathrm{d}M_\mathrm{h}}{\mathrm{d}F} \tag{8-41}$$

式中，$\mathrm{d}M_\mathrm{h}$ 为作用在转向盘上的力矩增量；$\mathrm{d}F$ 为转向器输出力的增量。

这里值得注意的是，力矩 $\mathrm{d}M_\mathrm{h}$ 是作为力矩信号被传送至控制器的。因为

$$\mathrm{d}M_\mathrm{z}=\mathrm{d}Fr_\mathrm{p} \tag{8-42}$$

式中，$\mathrm{d}M_\mathrm{z}$ 为齿条输出力增量当量转换到转向轴上的转矩增量；r_p 为转向器主动齿轮的分度圆半径。

又因为

$$r_\mathrm{p}=\frac{i_\omega}{2\pi} \tag{8-43}$$

式中，i_ω 为主动齿轮转动一圈时齿条的行程（mm），且定义为齿轮齿条式转向器的传动比。

将式（8-42）、式（8-43）代入式（8-41）得

$$E=\frac{i_\omega}{2\pi}\frac{\mathrm{d}M_\mathrm{h}}{\mathrm{d}M_\mathrm{z}} \tag{8-44}$$

此外，根据静力学原理有

$$\mathrm{d}M_\mathrm{z}=\mathrm{d}M_\mathrm{h}+\mathrm{d}M_\mathrm{a} \tag{8-45}$$

式中，$\mathrm{d}M_\mathrm{a}$ 为电动机作用到转向轴上的力矩增量。

令

$$H=\frac{\mathrm{d}M_\mathrm{a}}{\mathrm{d}M_\mathrm{h}} \tag{8-46}$$

将式（8-45）和式（8-46）代入式（8-44）得

$$E=\frac{i_\omega}{2\pi(1+H)} \tag{8-47}$$

由式（8-47）可知：当忽略转向器传动比 i_ω 变化带来的影响时，若 $H=0$ 表明助力矩与转向盘上力矩成固定比例变化，此时的路感强度 E 为常数。

当量路感强度 E_d 为

$$E_d = \frac{1}{1+H} \tag{8-48}$$

当 $H=0$ 时，表明转向机构没有助力作用，汽车依靠转向机构的机械部分实现手动转向，此时的当量路感强度为100%。当 $H=\infty$ 时，表明汽车转向阻力全部由助力转向克服，此时的当量路感强度为零。应当根据汽车类型、使用条件等选取当量路感强度。

分析式（8-45）可知，转向轮上的阻力矩转换到齿条再当量转换到转向轴的阻力转矩 M_z，由作用在转向盘上的力矩 M_h 和助力转向产生的助力矩 M_a 共同克服。因此，增加助力矩 M_a 则可以减小作用在转向盘上的力矩 M_h。这虽然能达到转向轻便的目的，但路感变坏了。反之，在减小助力矩 M_a 的同时必须增加作用在转向盘上的力矩 M_h，此时路感得到增强，而转向轻便性变坏了。因此，转向轻便性与路感形成一对矛盾。

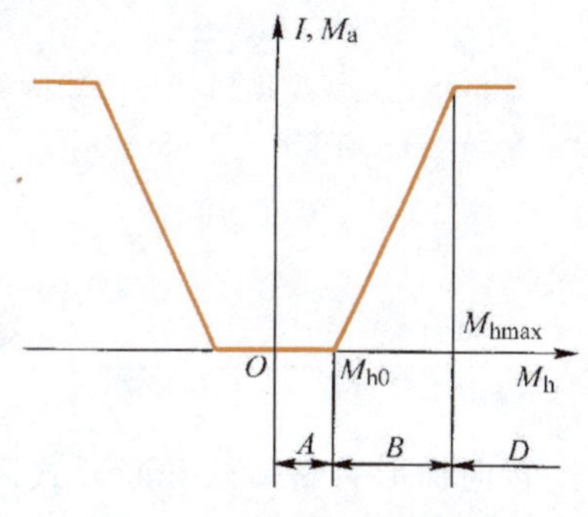

图 8-44　直线型助力特性曲线的助力区段

（2）直线型助力特性　图 8-44 所示为直线型助力特性，其特性分成三个区段：无助力区段、助力变化区段、助力不变区段。

无助力区段 A 相当于汽车在直线行驶位置附近，转向轮以小转角状态，汽车以较高车速转向行驶。此时，转向轮的转向阻力不大，不需要助力，因此路感强度最大。

此刻作用在转向盘上的力矩 M_h 为

$$0 \leqslant M_h < M_{h0}$$

式中，M_{h0} 为电动助力转向开始产生助力时，作用到转向盘上的力矩。

助力变化区段 B 相当于汽车低速转向行驶时，转向轮处于较大转角状态，转向阻力较大，并需要较大的助力而路感强度减小。此刻作用到转向盘上的力矩 M_h 为

$$M_{h0} \leqslant M_h < M_{hmax}$$

式中，M_{hmax} 为助力转向机构提供最大助力时作用在转向盘上的力矩。

选定助力特性曲线的斜率 K，助力特性随之确定。斜率大些的助力特性曲线与斜率小些的助力特性曲线相比更陡些，表明在转向盘力矩相同的条件下斜率大些的助力特性曲线助力效果更好，适合用于低速急转弯行驶状况（图 8-45）。

图 8-45 中的两条曲线 1 和 2 的斜率分别为 K_1、K_2 且 $K_1>K_2$。

助力不变区段 D（图 8-44）相当于转向轮转角接近或达到最大值，要求有最大的助力，此时电动机提供的电流也达到最大值即 I_{max}，所以在助力不变区段 D 的助力特性曲线为一平直线段。

（3）车速感应型助力特性　电动助力转向的助力特性由软件设定。通常将助力特性曲线设计成随着汽车行驶速度 v_a 的变化而变化，并将这种助力特性称之为车速感应型。图 8-46 所示的车速感应型助力特性曲线表明，助力既是作用到转向盘上力矩的函数，同时也是车速的函数。当车速 $v_a=0$ 时，相当于汽车在原地转向，助力特性曲线的位置居其他各条曲线之上，助力强度达到最大。随着车速 v_a 不断升高，助力特性曲线的位置也逐渐降低，直至车速 v_a 达到最高车速 v_{amax} 为止，此时的助力强度已为最小，而路感强度达到最大。

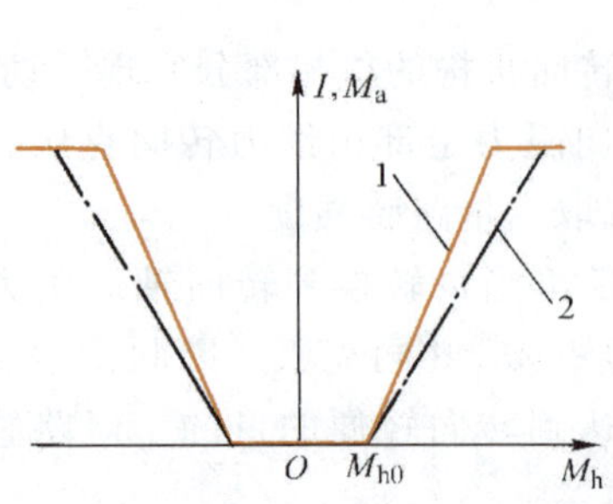

图 8-45 直线型助力特性曲线的斜率

1—斜率 K_1 2—斜率 K_2

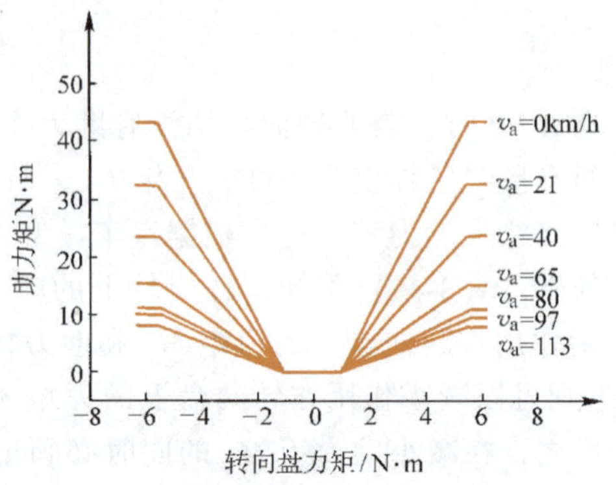

图 8-46 车速感应型助力特性

第六节 转向梯形

转向梯形有整体式和断开式两种，选择整体式或断开式转向梯形方案与悬架采用何种方案有关。无论采用哪一种方案，都必须正确选择转向梯形参数，做到汽车转弯时，保证全部车轮绕一个瞬时转向中心行驶，使在不同圆周上运动的车轮，做无滑动的纯滚动运动。同时，为达到总体布置要求的最小转弯直径值，转向轮应有足够大的转角。

一、转向梯形结构方案分析

1. 整体式转向梯形

整体式转向梯形是由转向横拉杆 1、转向梯形臂 2 和汽车前轴 3 组成，如图 8-47 所示。其中梯形臂呈收缩状向后延伸。这种方案的优点是结构简单，调整前束容易，制造成本低；主要缺点是一侧转向轮上、下跳动时，会影响另一侧转向轮。

当汽车前悬架采用非独立悬架时，应当采用整体式转向梯形。整体式转向梯形的横拉杆可位于前轴后或前轴前（称为前置梯形）。对于发动机位置低或前轮驱动汽车，常采用前置梯形。前置梯形的梯形臂必须向前外侧方向延伸，因而会与车轮或制动底板发生干涉，所以在布置上有困难。为了保护横拉杆免遭路面不平物的损伤，横拉杆的位置应尽可能布置得高些，至少不低于前轴高度。

2. 断开式转向梯形

转向梯形的横拉杆做成断开的，称之为断开式转向梯形。断开式转向梯形方案之一如图 8-48 所示。断开式转向梯形的主要优点是它与前轮采用独立悬架相配合，能够保证一侧车轮上下跳动时，不会影响另一侧车轮。与整体式转向梯形相比，由于其杆系、球头增多，所以结构复杂；制造成本高；并且调整前束比较困难。

横拉杆上断开点的位置与独立悬架形式有关。采用双横臂独立悬架时，常用图解法（基于三心定理）确定断开点的位置。其求法（图 8-49b）为：

1）延长 K_BB 与 K_AA，交于立柱 AB 的瞬心 P 点，由 P 点作直线 PS。S 点为转向节臂球销中心在悬架杆件（双横臂）所在平面上的投影。当悬架摇臂的轴线斜置时，应以垂直于

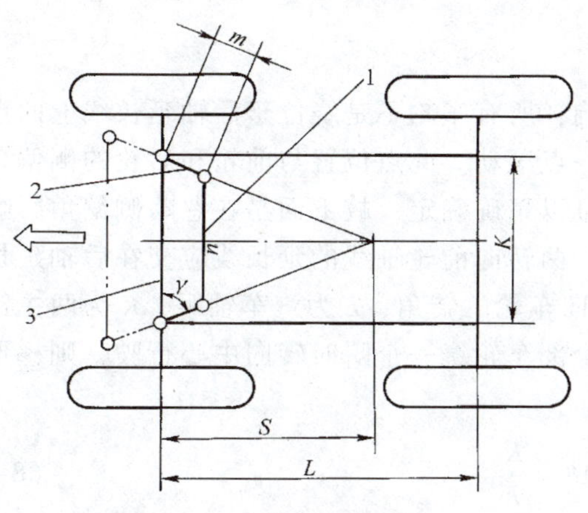

图 8-47　整体式转向梯形

1—转向横拉杆　2—转向梯形臂　3—前轴

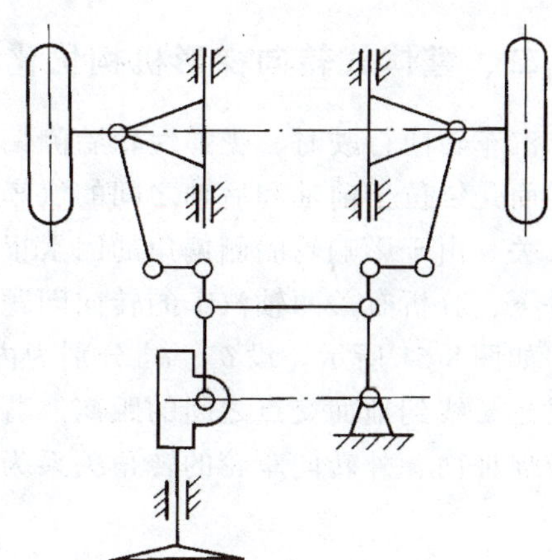

图 8-48　断开式转向梯形

摇臂轴的平面作为当量平面进行投影和运动分析。

2）延长直线 AB 与 K_AK_B，交于 Q_{AB} 点，连 PQ_{AB} 直线。

3）连接 S 和 B 点，延长直线 SB。

4）作直线 PQ_{BS}，使直线 PQ_{AB} 与 PQ_{BS} 间夹角等于直线 PK_A 与 PS 间的夹角。当 S 点低于 A 点时，PQ_{BS} 线应低于 PQ_{AB} 线。

5）延长 PS 与 $Q_{BS}K_B$，相交于 D 点，此 D 点便是横拉杆铰接点（断开点）的理想位置。

以上是在前轮没有转向的情况下，确定断开点 D 位置的方法。此外，还要对车轮向左转和向右转的几种不同的工况进行校核。图解方法同上，但 S 点的位置变了；当车轮转向时，可认为 S 点沿垂直于主销中心线 AB 的平面画弧（不计主销后倾角）。如果用这种方法所得到的横拉杆长度在不同转角下都相同或十分接近，则不仅在汽车直线行驶时，而且在转向时，车轮的跳动都不会对转向产生影响。双横臂互相平行的悬架能满足此要求，如图 8-49a、c 所示。

采用麦弗逊式独立悬架时，转向梯形断开点位置的求法如图 8-50 所示。

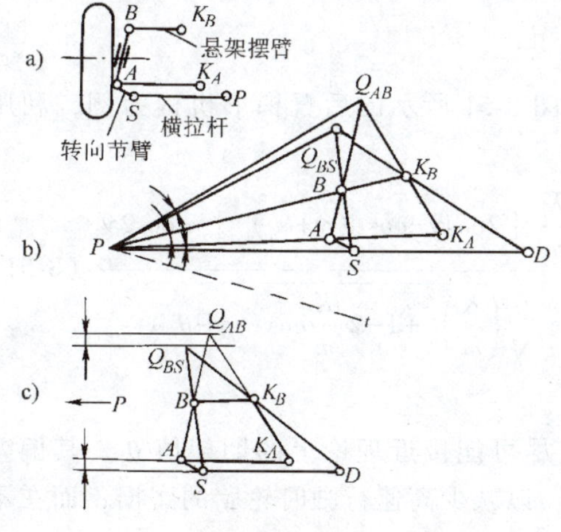

图 8-49　双横臂独立悬架中转向梯形断开点的确定

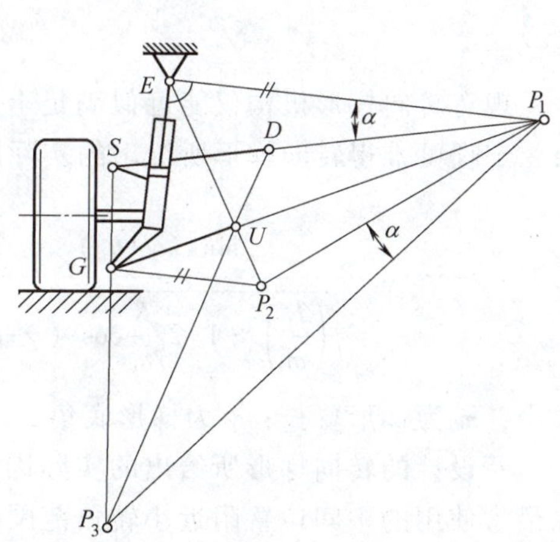

图 8-50　麦弗逊式独立悬架中转向梯形断开点的确定

二、整体式转向梯形机构优化设计

汽车转向行驶时，受弹性轮胎侧偏角的影响，所有车轮不是绕位于后轴延长线上的点滚动，而是绕位于前轴和后轴之间的汽车内侧某一点滚动。此点位置与前轮和后轮的侧偏角大小有关。由于影响轮胎侧偏角的因素很多，且难以精确确定，故下面是在忽略侧偏角影响的条件下，分析有关两轴汽车的转向问题。此时，两转向前轮轴线的延长线应交在后轴延长线上，如图 8-51 所示。设 θ_i、θ_o 分别为内、外转向车轮的转角，L 为汽车轴距，K 为两主销中心线延长线到地面交点之间的距离。若要保证全部车轮绕一个瞬时转向中心行驶，则梯形机构应保证内、外转向车轮的转角关系为

$$\cot\theta_o - \cot\theta_i = \frac{K}{L} \tag{8-49}$$

若自变角为 θ_o，则因变角 θ_i 的期望值为

$$\theta_i = f(\theta_o) = \operatorname{arccot}(\cot\theta_o - K/L) \tag{8-50}$$

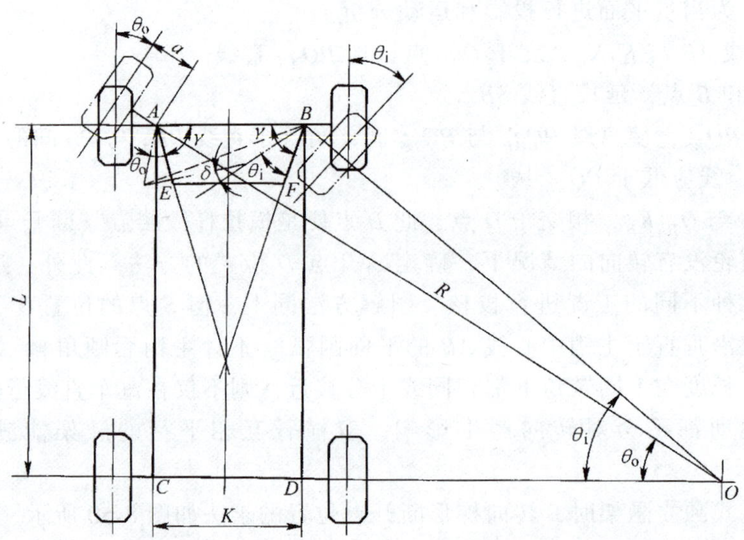

图 8-51 理想的内、外车轮转角关系简图

现有转向梯形机构仅能近似满足上式关系。以图 8-51 所示的后置梯形机构为例，利用余弦定理可推得转向梯形所给出的实际因变角 θ_i' 为

$$\theta_i' = \gamma - \arcsin\frac{\sin(\gamma+\theta_o)}{\sqrt{\left(\frac{K}{m}\right)^2 + 1 - 2\frac{K}{m}\cos(\gamma+\theta_o)}} - \arccos\frac{\frac{K}{m}[2\cos\gamma - \cos(\gamma+\theta_o)] - \cos 2\gamma}{\sqrt{\left(\frac{K}{m}\right)^2 + 1 - 2\frac{K}{m}\cos(\gamma+\theta_o)}} \tag{8-51}$$

式中，m 为梯形臂长；γ 为梯形底角。

所设计的转向梯形所给出的实际因变角 θ_i'，应尽可能接近理论上的期望值 θ_i。其偏差在最常使用的中间位置附近小转角范围内应尽量小，以减少高速行驶时轮胎的磨损；而在不经常使用且车速较低的最大转角时，可适当放宽要求，因此再引入加权因子 $\omega(\theta_{oi})$，构成评价设计优劣的目标函数 $f(x)$ 为

$$f(x)=\sum_{\theta_{oi}=1}^{\theta_{omax}}\omega(\theta_{oi})\frac{\theta_i'(\theta_{oi})-\theta_i(\theta_{oi})}{\theta_i(\theta_{oi})}\times 100\% \tag{8-52}$$

将式（8-50）、式（8-51）代入式（8-52）得

$$f(x)=\sum_{\theta_{oi}=1}^{\theta_{omax}}\omega(\theta_{oi})\left|\frac{\gamma-\arcsin\dfrac{\sin(\gamma+\theta_{oi})}{\sqrt{\left(\dfrac{K}{m}\right)^2+1-2\dfrac{K}{m}\cos(\gamma+\theta_{oi})}}}{\operatorname{arccot}\left(\cot\theta_{oi}-\dfrac{K}{L}\right)}-\frac{\arccos\dfrac{\dfrac{K}{m}[2\cos\gamma-\cos(\gamma+\theta_{oi})]-\cos2\gamma}{\sqrt{\left(\dfrac{K}{m}\right)^2+1-2\dfrac{K}{m}\cos(\gamma+\theta_{oi})}}}{\operatorname{arccot}\left(\cot\theta_{oi}-\dfrac{K}{L}\right)}-1\right|\times 100\% \tag{8-53}$$

式中，x 为设计变量，$x=\begin{bmatrix}x_1\\x_2\end{bmatrix}=\begin{bmatrix}\gamma\\m\end{bmatrix}$；$\theta_{omax}$ 为外转向车轮最大转角，由图 8-51 得

$$\theta_{omax}=\arcsin\frac{L}{\dfrac{D_{min}}{2}-a} \tag{8-54}$$

式中，D_{min} 为汽车最小转弯直径；a 为主销偏移距。

考虑到多数使用工况下转角 θ_o 小于 20°，且 10°以内的小转角使用得更加频繁，因此取

$$\omega(\theta_o)=\begin{cases}1.5 & 0°<\theta_o\leqslant 10°\\1.0 & 10°<\theta_o\leqslant 20°\\0.5 & 20°<\theta_o\leqslant\theta_{omax}\end{cases} \tag{8-55}$$

建立约束条件时应考虑到：设计变量 m 及 γ 过小时，会使横拉杆上的转向力过大；当 m 过大时，将使梯形布置困难，故对 m 的上、下限及对 γ 的下限应设置约束条件。因 γ 越大，梯形越接近矩形，$f(x)$ 值就越大，而优化过程是求 $f(x)$ 的极小值，故可不必对 γ 的上限加以限制。综上所述，各设计变量的取值范围构成的约束条件为

$$m-m_{min}\geqslant 0 \tag{8-56}$$

$$m_{max}-m\geqslant 0 \tag{8-57}$$

$$\gamma-\gamma_{min}\geqslant 0 \tag{8-58}$$

设计时，梯形臂长度 m 常取在 $m_{min}=0.11K$、$m_{max}=0.15K$；梯形底角 $\gamma_{min}=70°$。

此外，由机械原理可知，四连杆机构的传动角 δ 不宜过小，通常取 $\delta\geqslant\delta_{min}=40°$。如图 8-51 所示，转向梯形机构在汽车向右转弯至极限位置时，δ 达到最小值，故只考虑右转弯时 $\delta\geqslant\delta_{min}$ 即可。利用该图所作的辅助用虚线及余弦定理，可推出最小传动角约束条件为

$$\frac{\cos\delta_{min}-2\cos\gamma+\cos(\gamma+\theta_{omax})}{(\cos\delta_{min}-\cos\gamma)\cos\gamma}-\frac{2m}{K}\geqslant 0 \tag{8-59}$$

式中，δ_{min} 为最小传动角。

已知 $\theta_{omax}=\arcsin\dfrac{L}{\dfrac{D_{min}}{2}-a}$，故由式（8-59）可知，$\delta_{min}$ 为设计变量 m 及 γ 的函数。由式（8-56）、式（8-57）、式（8-58）和式（8-59）四项约束条件所形成的可行域，有如图 8-52 所示的几种情况。图 8-52b 适用于要求 δ_{min} 较大，而 γ_{min} 可小些的车型；图 8-52c 适用于要求 γ_{min} 较大，而 δ_{min} 小些的车型；图 8-52a 适用介于图 8-52b、c 之间要求的车型。

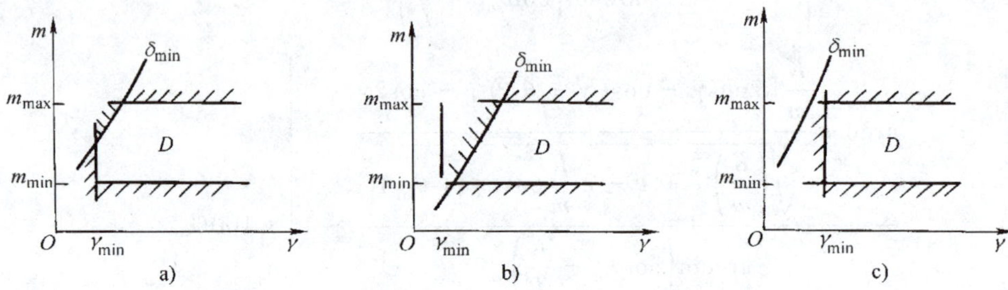

图 8-52 转向梯形机构优化设计的可行域

三、转向传动机构强度计算

1. 球头销

球头销常由于球面部分磨损而损坏，为此应验算接触应力 σ_j，即

$$\sigma_j=\frac{F}{A} \tag{8-60}$$

式中，F 为作用在球头上的力；A 为在通过球心垂直于 F 力方向的平面内，球面承载部分的投影面积。

许用接触应力 $[\sigma_j]\leqslant 25\text{MPa}$。

设计初期，球头直径 d 可根据表 8-4 中推荐的数据进行选择。

表 8-4 球头直径

球头直径 /mm	转向轮负荷 /N	球头直径 /mm	转向轮负荷 /N
20	<6000	35	24000~34000
22	6000~9000	40	34000~49000
25	9000~12500	45	49000~70000
27	12500~16000	50	70000~100000
30	16000~24000		

球头销用合金结构钢 12CrNiB、15CrMo、20CrNi 或液体碳氮共渗钢 35Cr、35CrNi 制造。

2. 转向拉杆

拉杆应有较小的质量和足够的刚度。拉杆的形状应符合布置要求，有时不得不做成弯的，这就减小了纵向刚度。拉杆应用材料力学中有关压杆稳定性计算的公式进行验算。稳定性安全系数不小于 2.5。拉杆用 20、30 或 40 钢无缝钢管制成。

3. 转向摇臂

在球头销上作用的力 F，对转向摇臂构成弯曲和扭转力矩的联合作用。危险断面在摇臂

根部，应按第三强度理论验算其强度，即

$$\sigma=\sqrt{\frac{F^2d^2}{W_w^2}+4\frac{F^2e^2}{W_n^2}} \tag{8-61}$$

式中，W_w、W_n 为危险断面的抗弯截面系数和抗扭截面系数；尺寸 d、e 如图 8-53 所示。

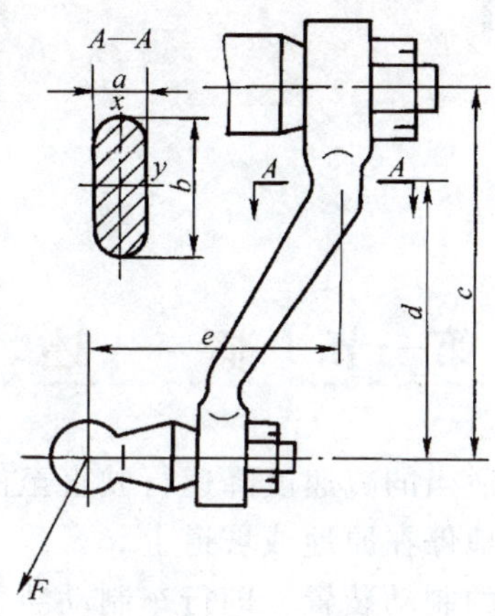

图 8-53 转向摇臂受力图

要求 $\sigma\leqslant\sigma_s/n$。式中，$\sigma_s$ 为材料的屈服强度；n 为安全系数，取 $n=1.7\sim2.4$。

转向摇臂与转向摇臂轴经花键连接，因此要求验算花键的挤压应力和切应力。

练 习 题

8-1 人人皆知：设计转向系统时，至少要求做到转向轮的转动方向与转向盘的转动方向保持一致。回答下列问题：

1）当采用循环球式转向器时，影响转向轮与转向盘转动方向保持一致的因素都有哪些？

2）当采用齿轮齿条式转向器时，影响转向轮与转向盘转动方向保持一致的因素都有哪些？

3）当采用液压助力转向时，影响转向轮与转向盘转动方向保持一致的因素又有哪些？

4）总结在设计时一旦出现转向轮与转向盘转动方向相反的情况，可供改正的都有些什么措施？

8-2 液压助力转向的助力特性与电动助力转向的助力特性或电控液压助力转向的助力特性之间有什么区别？车速感应型的助力特性具有什么优缺点？

8-3 转向系的性能参数包括哪些？各自如何定义的？齿轮齿条式转向器的传动比定义及变速比工作原理是什么？

Chapter 9

第九章

制动系统设计

第一节 概　　述

制动系统的功用是使汽车以适当的减速度降速行驶直至停车；在下坡行驶时，使汽车保持适当的稳定车速；使汽车可靠地停在原地或坡道上。

制动系统至少应有两套独立的制动装置，即行车制动装置和驻车制动装置。前者用来保证前两项功能，后者则用来保证第三项功能。

除此之外，有些汽车还设有应急制动、辅助制动和自动制动装置。

应急制动装置利用机械力源（如强力压缩弹簧）进行制动。在某些采用动力制动或伺服制动的汽车上，一旦发生蓄压装置压力过低等故障，可用应急制动装置实现行车制动。同时，在人力控制下它还能兼作驻车制动。

辅助制动装置可实现汽车下长坡时，持续地减速或保持稳定的车速，并减轻或解除行车制动装置的负荷。

自动制动装置可实现当挂车与牵引车连接的制动管路渗漏或断开时，使挂车自动制动。

任何一套制动装置都由制动器和制动驱动机构两部分组成。

设计制动系统时应满足如下主要要求：

1）具有足够的制动效能。行车制动能力是用一定制动初速度下的制动减速度和制动距离两项指标来评定的；驻坡能力是以汽车在良好路面上能可靠地停驻的最大坡度来评定的。详见 QC/T 239—2015。

2）工作可靠。行车制动装置至少有两套独立的驱动制动器的管路，当其中一套管路失效时，另一套完好的管路应保证汽车制动能力不低于没有失效时规定值的 30%。行车和驻车制动装置可以有共同的制动器，而驱动机构应各自独立。行车制动装置都用脚操纵，其他制动装置多为手操纵。

3）在任何速度下制动时，汽车都不应丧失操纵性和方向稳定性。有关方向稳定性的评价标准，详见 QC/T 239—2015。

4）防止水和污泥进入制动器工作表面。

5）制动能力的热稳定性良好。具体要求详见 QC/T 564—2018。

6）操纵轻便，并具有良好的随动性。

7）制动时，制动系统产生的噪声尽可能小，同时力求减少散发出对人体有害的石棉纤维等物质，以减少公害。

8）作用滞后性应尽可能好。作用滞后性是指制动反应速度快慢，以制动踏板开始动作至达到给定的制动效能所需的时间来评价。气制动汽车的反应时间较长，要求不得超过0.6s；对于汽车列车，不得超过0.8s。

9）摩擦衬片（块）应有足够的使用寿命。

10）摩擦副磨损后，应有能消除因磨损而产生间隙的机构，且调整间隙工作容易，最好设置自动调整间隙机构。

11）当制动驱动装置的任何元件发生故障并使其基本功能遭到破坏时，汽车制动系统应有音响或光信号等报警提示。

防止制动时车轮被抱死有利于提高汽车在制动过程中的转向操纵性和方向稳定性，缩短制动距离，所以近年来防抱制动系统（ABS）在汽车上得到了很快的发展和应用。此外，由于含有石棉的摩擦材料存在致癌问题已被淘汰，取而代之的是各种无石棉型材料。

第二节 制动器的结构方案分析

制动器主要有摩擦式、液力式和电磁式等几种形式。电磁式制动器虽有作用滞后性好、易于连接而且接头可靠等优点，但因成本高，只在一部分总质量较大的商用车上用作车轮制动器或缓速器；液力式制动器一般只用作缓速器。目前广泛使用的仍为摩擦式制动器。

摩擦式制动器按摩擦副结构形式不同，可分为鼓式、盘式和带式三种。带式制动器只用作中央制动器；鼓式和盘式制动器的结构形式有多种，如下所示：

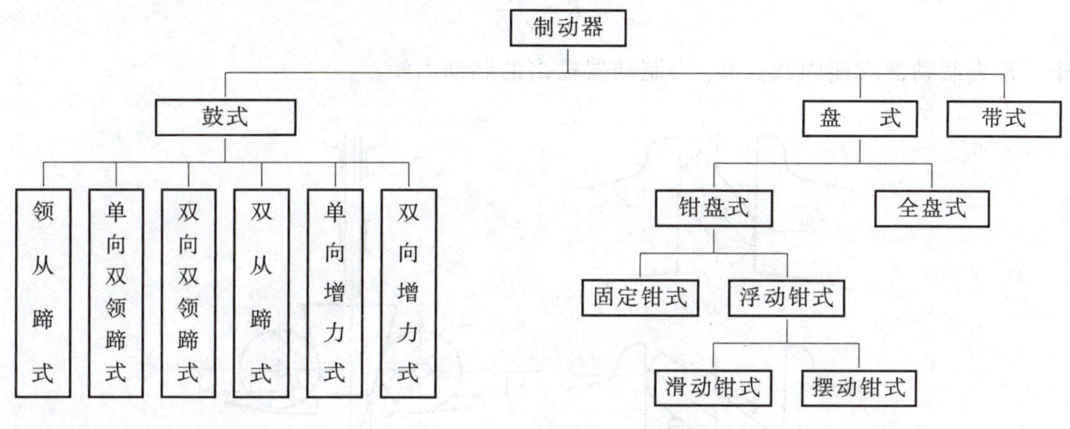

一、鼓式制动器

鼓式制动器的各种结构形式如图9-1a~f所示。

不同形式鼓式制动器的主要区别有：①蹄片固定支点的数量和位置不同；②张开装置的形式与数量不同；③制动时两块蹄片之间有无相互作用。

因蹄片的固定支点和张开力位置不同，使不同形式鼓式制动器的领、从蹄数量有差别，并使制动效能不一样。

制动器在单位输入压力或力的作用下所输出的力或力矩，称为制动器效能。在评比不同形式制动器的效能时，常用一种称为制动器效能因数的无因次指标。制动器效能因数的定义

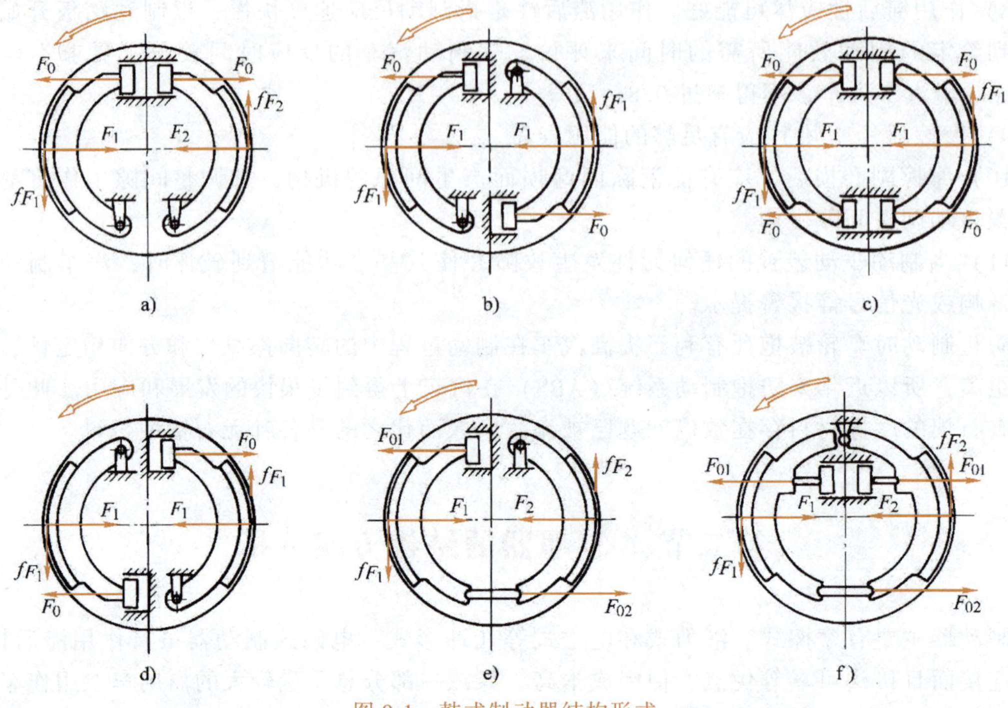

图 9-1 鼓式制动器结构形式

为：在制动鼓或制动盘的作用半径 R 上所得到的摩擦力（M_{μ}/R）与输入力 F_0 之比，即

$$K=\frac{M_{\mu}}{F_0R}$$

式中，K 为制动器效能因数；M_{μ} 为制动器输出的制动力矩。

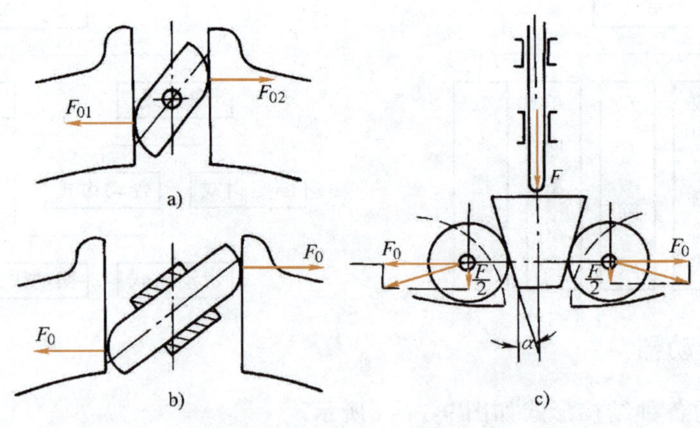

图 9-2 机械式张开装置

a）非平衡凸轮式 b）平衡凸块式 c）楔块式

制动器效能的稳定性是指其效能因数 K 对摩擦因数 f 的敏感性（$\mathrm{d}K/\mathrm{d}f$）。使用中 f 随温度和水湿程度变化。要求制动器的效能稳定性好，即是其效能对 f 的变化敏感性要小。

1. 领从蹄式

领从蹄式制动器的每块蹄片都有自己的固定支点，而且两固定支点位于两蹄的同一端

(图 9-1a)。张开装置有两种形式，第一种用凸轮或楔块式张开装置（图 9-2)。其中，平衡凸块式（图 9-2b）和楔块式（图 9-2c）张开装置中的制动凸轮和制动楔块是浮动的，故能保证作用在两蹄上的张开力相等。非平衡式的制动凸轮（图 9-2a）的中心是固定的，所以不能保证作用在两蹄上的张开力相等。第二种用两个活塞直径相等的轮缸（液压驱动)，可保证作用在两蹄上的张开力相等。

领从蹄式制动器的效能和效能稳定性，在各式制动器中居中游；前进、倒退行驶的制动效果不变；结构简单，成本低；便于附装驻车制动驱动机构；易于调整蹄片与制动鼓之间的间隙。但领从蹄式制动器也有两蹄片上的单位压力不等（在两蹄上摩擦衬片面积相同的条件下)，因而两蹄衬片磨损不均匀、寿命不同的缺点。此外，因只有一个轮缸，两蹄必须在同一驱动回路作用下工作。

领从蹄式制动器得到广泛应用，特别是乘用车和总质量较小的商用车的后轮制动器用得较多。

2. 单向双领蹄式

单向双领蹄式制动器的两块蹄片各有自己的固定支点，而且两固定支点位于两蹄的不同端，如图 9-1b 所示：左蹄的固定端在下方，右蹄的固定端在上方。每块蹄片有各自独立的张开装置，且位于与固定支点相对应的一方。

汽车前进制动时，这种制动器的制动效能相当高。由于有两个轮缸，故可以用两个各自独立的回路分别驱动两蹄片。除此之外，这种制动器还有易于调整蹄片与制动鼓之间的间隙，两蹄片上的单位压力相等，使之磨损程度相近、寿命相同等优点。单向双领蹄式制动器的制动效能稳定性，仅强于增力式制动器。当倒车制动时，由于两蹄片皆为双从蹄，使制动效能明显下降。与领从蹄式制动器相比，由于多了一个轮缸，使结构略显复杂。

这种制动器适用于前进制动时前轴动轴荷及附着力大于后轴，而倒车制动时则相反的汽车前轮上。它之所以不用于后轮，还因为两个互相成中心对称的轮缸，难以附加驻车制动驱动机构。

3. 双向双领蹄式

双向双领蹄式制动器的结构特点是两蹄片浮动，用各有两个活塞的两轮缸张开蹄片(图 9-1c)。

无论是前进或者是倒退制动，这种制动器的两块蹄片始终为领蹄，所以制动效能相当高，而且不变。由于制动器内设有两个轮缸，所以适用于双回路驱动机构。当一套管路失效后，制动器转变为领从蹄式制动器。除此之外，双向双领蹄式制动器的两蹄片上单位压力相等，因而磨损程度相近，寿命相同。双向双领蹄式制动器因有两个轮缸，故结构上复杂，且蹄片与制动鼓之间的间隙调整困难是它的缺点。

这种制动器得到比较广泛的应用。如用于后轮，则需另设中央驻车制动器。

4. 双从蹄式

双从蹄式制动器的两蹄片各有一个固定支点，而且两固定支点位于两蹄片的不同端，并用各有一个活塞的两轮缸张开蹄片（图 9-1d)。

双从蹄式制动器的制动器效能稳定性最好，但因制动器效能最低，所以很少采用。

5. 单向增力式

单向增力式制动器的两蹄片只有一个固定支点，两蹄下端经推杆相互连接成一体，制动

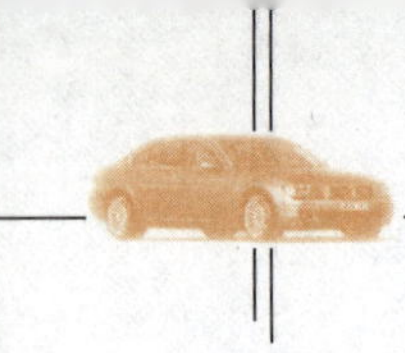

器仅有一个轮缸用来产生推力张开蹄片（图 9-1e）。

汽车前进制动时，两蹄片皆为领蹄，次领蹄上不存在轮缸张开力，而且由于领蹄上的摩擦力经推杆作用到次领蹄，使制动器效能大大提高，居各式制动器之首。与双向增力式制动器相比，这种制动器的结构比较简单。因两块蹄片都是领蹄，所以制动器效能稳定性相当差。倒车制动时，两蹄又皆为从蹄，使制动器效能很低。又因两蹄片上单位压力不等，造成蹄片磨损不均匀、寿命不一样。这种制动器只有一个轮缸，故不适合用于双回路驱动机构，另外由于两蹄片下部联动，使调整蹄片间隙变得困难。

少数总质量不大的商用车用其作为前轮制动器。

6. 双向增力式

双向增力式制动器的两蹄片端部有一个制动时不同时使用的共用支点，支点下方有一轮缸，内装两个活塞用来同时驱动张开两蹄片，两蹄片下方经推杆连接成一体（图 9-1f）。

与单向增力式不同的是，次领蹄上也作用有来自轮缸活塞推压的张开力，尽管这个张开力的作用效果较小，但因次领蹄下端受有来自主领蹄经推杆作用的张开力很大，结果次领蹄上的制动力矩能达到主领蹄制动力矩的 2~3 倍。因此，采用这种制动器以后，即使制动驱动机构中不用伺服装置，也可以借助很小的踏板力得到很大的制动力矩。这种制动器前进与倒车的制动效果不变。

双向增力式制动器因两蹄片均为领蹄，所以制动器效能稳定性比较差。除此之外，两蹄片上单位压力不等，故磨损不均匀，寿命不同。调整间隙工作与单向增力式一样比较困难。因只有一个轮缸，故制动器不适合用于双回路驱动机构。

基本尺寸比例相同的各式鼓式制动器效能因数与摩擦因数的关系曲线，如图 9-3 所示。

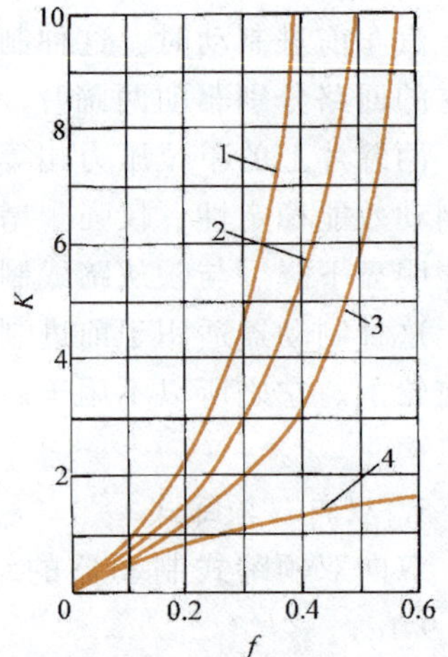

图 9-3 鼓式制动器效能因数与摩擦因数的关系

1—增力式 2—双领蹄式 3—领从蹄式 4—双从蹄式

由图 9-3 可见，制动器的效能因数由高至低的顺序为：增力式制动器、双领蹄式制动器、领从蹄式制动器和双从蹄式制动器。制动器效能稳定性排序则恰好与上述情况相反。

应该指出，鼓式制动器的效能并非单纯取决于根据制动器的结构参数和摩擦因数计算出来的制动器效能因数值，而且还受蹄与鼓接触部位的影响。蹄与鼓仅在蹄的中部接触时，输出制动力矩就小，而在蹄的端部和根部接触时输出制动力矩就较大。制动器的效能因数越高，制动效能受接触情况的影响也越大，故正确的调整对高性能制动器尤为重要。

二、盘式制动器

按摩擦副中固定元件的结构不同，盘式制动器分为钳盘式和全盘式两类。

钳盘式制动器（图 9-4）的固定摩擦元件是制动块，装在与车轴连接且不能绕车轴轴线旋转的制动钳中。制动衬块与制动盘接触面很小，在盘上所占的中心角一般仅 30°~50°，故这种盘式制动器又称为点盘式制动器。

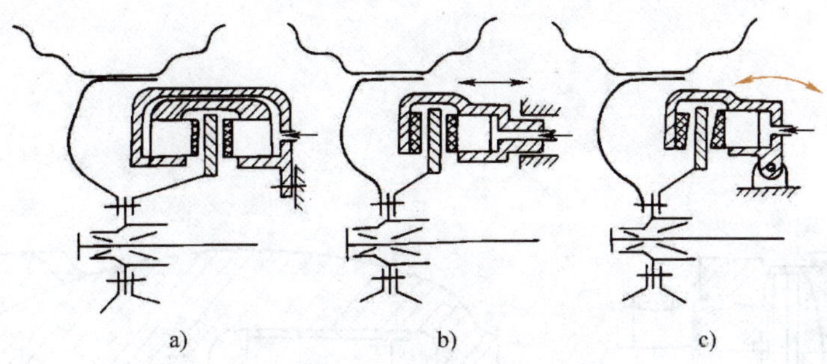

图 9-4 钳盘式制动器示意图

a）固定钳式 b）滑动钳式 c）摆动钳式

全盘式制动器中摩擦副的旋转元件及固定元件均为圆盘形，制动时各盘摩擦表面全部接触，作用原理如同离合器，故又称离合器式制动器。全盘式中用得较多的是多片全盘式制动器。多片全盘式制动器既可用作车轮制动器，也可用作缓行器。

钳盘式制动器按制动钳的结构不同，分为以下几种。

1. 固定钳式

如图 9-4a 所示，制动钳固定不动，制动盘两侧均有液压缸。制动时仅两侧液压缸中的制动块向盘面移动。这种形式也称为对置活塞式或浮动活塞式。

2. 浮动钳式

（1）滑动钳式 如图 9-4b 所示，制动钳可以相对于制动盘做轴向滑动，其中只在制动盘的内侧置有液压缸，外侧的制动块固装在钳体上。制动时活塞在液压作用下使活动制动块压靠到制动盘，而反作用力则推动制动钳体连同固定制动块压向制动盘的另一侧，直到两制动块受力均等为止。

（2）摆动钳式 如图 9-4c 所示，它也是单侧液压缸结构，制动钳体与固定于车轴上的支座铰接。为实现制动，钳体不是滑动而是在与制动盘垂直的平面内摆动。显然，制动块不可能全面而均匀地磨损。为此，有必要将衬块预先做成楔形（摩擦面对背面的倾斜角为 6°左右）。在使用过程中，衬块逐渐磨损到各处残存厚度均匀（一般为 1mm 左右）后即应更换。

固定钳式制动器的优点有：除活塞和制动块以外无其他滑动件，易于保证钳的刚度；结构及制造工艺与一般的制动轮缸相差不多；容易实现从鼓式到盘式的改型；很能适应不同回路驱动系统的要求（可采用三液压缸或四液压缸结构）。

固定钳式制动器的缺点有：至少有两个液压缸分置于制动盘两侧，因而必须用跨越制动盘的内部油道或外部油管来连通。这一方面使制动器的径向和轴向尺寸增大，增加了在汽车上的布置难度；另一方面增加了受热机会，使制动液温度过高而汽化；固定钳式制动器要兼作驻车制动器，必须在主制动钳上另外附装一套供驻车制动用的辅助制动钳，或是采用如图 9-5a 所示的盘鼓结合式后轮制动器。辅助制动钳结构比较简单，摩擦衬块面积小。盘鼓结合式制动器中，鼓式制动器直径尺寸较小，常采用双向增力式鼓式制动器。与辅助制动钳式相比，它能产生可靠的驻车制动力矩。

浮动钳式制动器的优点有：仅在盘的内侧有液压缸，故轴向尺寸小，制动器能更进一步靠近轮毂；没有跨越制动盘的油道或油管，加之液压缸冷却条件好，所以制动液汽化的可能

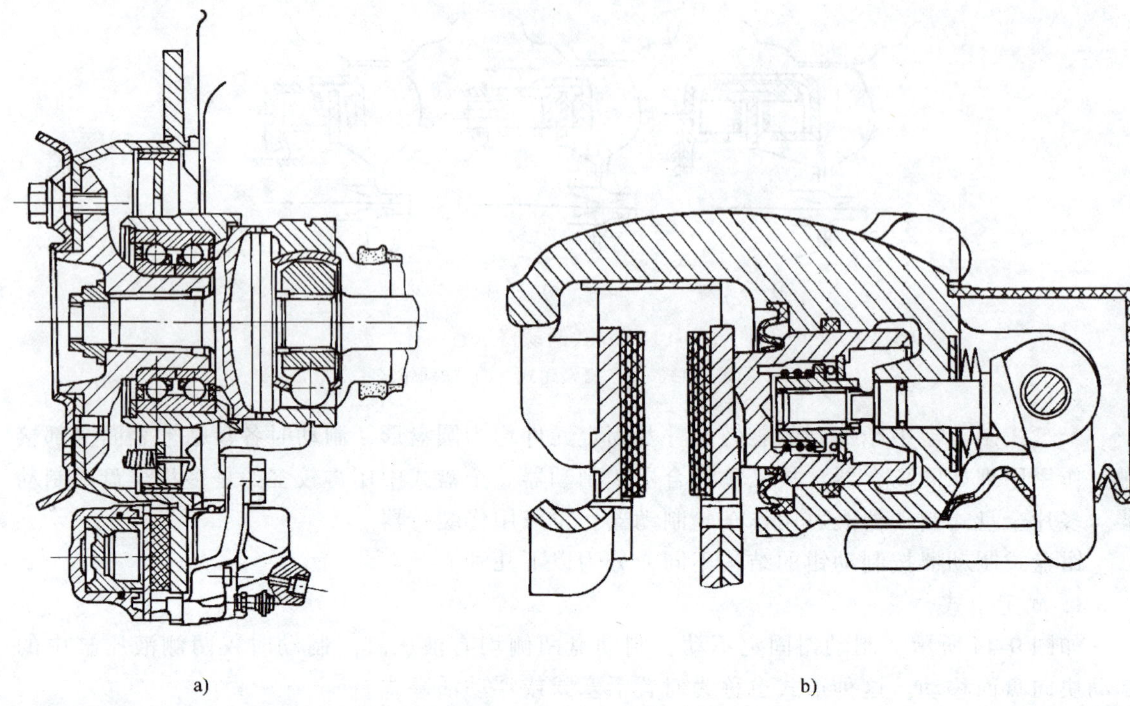

图 9-5 带驻车功能的盘式制动器

a）盘鼓结合式后轮制动器 b）DBA 盘式制动器的浮式制动钳

性小；成本低；浮动钳的制动块可兼用于驻车制动。如图 9-5b 所示，驻车制动时，制动杠杆上端凸轮转动，通过斜面推动螺杆向左运动，推动活塞和内侧制动块向左移动；同时，制动杠杆与制动钳体连接的销轴向右移动，带动钳体以及外侧制动块向右移动，实现驻车制动。

制动钳的安装位置可以在车轴之前或之后。由图 9-6 可见，制动钳位于轴后，能使制动时轮毂轴承的合成载荷 F 减小；制动钳位于轴前，则可避免轮胎向钳内甩溅泥污。

与鼓式制动器相比，盘式制动器有如下优点：

1）热稳定性好。原因是一般无自行增力作用，衬块摩擦表面压力分布比鼓式中的衬片更为均匀。此外，制动鼓在受热膨胀后，工作半径增大，使其只能与蹄的中部接触，从而降低了制动效能，这称为机械衰退。制动盘的轴向膨胀极小，径向膨胀根本与性能无关，故无机械衰退问题。因此，

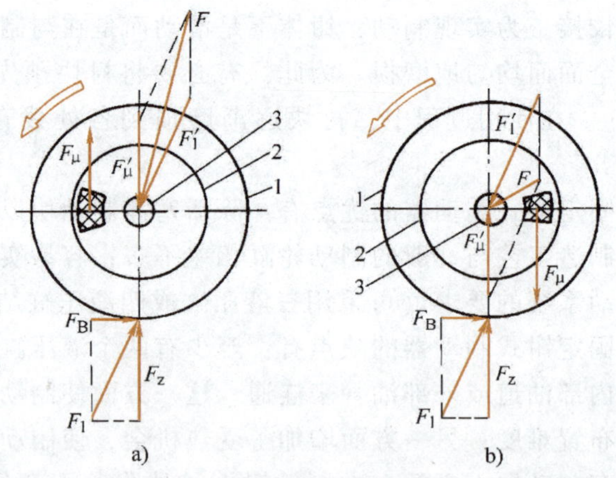

图 9-6 制动时车轮、制动盘及轮毂轴承受力示意图

a）制动钳位于轴前 b）制动钳位于轴后

1—车轮 2—制动盘 3—轮毂 F_z—路面法向反力 F_B—制动力 F_1—F_B 与 F_z 的合力 F_1'—F_1 通过车轮作用到轮毂轴承的载荷 F_μ—制动衬块对制动盘的摩擦力 F_μ'—F_μ 通过制动盘和轮毂作用到轮毂轴承的载荷 F—轮毂轴承的合成载荷

前轮采用盘式制动器，汽车制动时不易跑偏。

2）水稳定性好。制动块对盘的单位压力高，易于将水挤出，因而浸水后效能降低不多；又由于离心力作用及衬块对盘的擦拭作用，出水后只需经一、二次制动即能恢复正常。鼓式制动器则需经十余次制动方能恢复。

3）制动力矩与汽车运动方向无关。

4）易于构成双回路制动系统，使系统有较高的可靠性和安全性。

5）尺寸小，质量小，散热良好。

6）压力在制动衬块上的分布比较均匀，故衬块磨损也均匀。

7）更换衬块简单容易。

8）衬块与制动盘之间的间隙小（0.05~0.15mm），从而缩短了制动协调时间。

9）易于实现间隙自动调整。

盘式制动器的主要缺点是：

1）难以完全防止尘污和锈蚀（封闭的多片全盘式制动器除外）。

2）兼作驻车制动器时，所需附加的手驱动机构比较复杂。

3）在制动驱动机构中必须装用助力器。

4）因为衬块工作面积小，所以磨损快，使用寿命低，需用高材质的衬块。

盘式制动器在乘用车前轮上得到广泛的应用，并逐渐推广应用到后轮制动器。

第三节 制动器主要参数的确定

一、鼓式制动器主要参数的确定

1. 制动鼓内径 D

输入力 F_0 一定时，制动鼓内径越大，制动力矩越大，且散热能力也越强。但 D 的增大（图 9-7）受轮辋内径限制。制动鼓与轮辋之间应保持足够的间隙，通常要求该间隙不小于20mm，否则不仅制动鼓散热条件太差，而且轮辋受热后可能粘住内胎或烤坏气门嘴。制动鼓应有足够的壁厚，用来保证有较大的刚度和热容量，以减少制动时的温升。制动鼓的直径小，刚度就大，并有利于保证制动鼓的加工精度。

制动鼓直径与轮辋直径之比 D/D_r 的范围如下：

乘用车 $D/D_r=0.64\sim0.74$

商用车 $D/D_r=0.70\sim0.83$

2. 摩擦衬片宽度 b 和包角 β

摩擦衬片宽度尺寸 b 的选取对摩擦衬片的使用寿命有影响。衬片宽度尺寸取窄些，则磨损速度快，衬片寿命短；若衬片宽度尺寸取宽些，则质量大，不易加工，并且增加了成本。

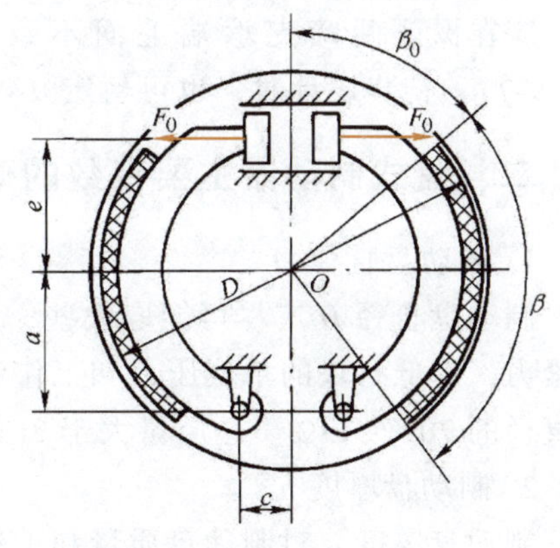

图 9-7 鼓式制动器主要几何参数

制动鼓半径 R 确定后，衬片的摩擦面积为 $A_p=$

$R\beta b$。制动器各蹄衬片总的摩擦面积$\sum A_p$越大，制动时所受单位面积的正压力和能量负荷越小，从而磨损特性越好。

根据国外统计资料分析，单个车轮鼓式制动器的衬片面积随汽车总质量的增大而增大，具体数据见表 9-1。

表 9-1 衬片摩擦面积

汽车类别	汽车总质量 m_a/t	单个制动器总的衬片摩擦面积 A_p/cm^2
乘用车	0.9~1.5 1.5~2.5	100~200 200~300
商用车	1.0~1.5 1.5~2.5 2.5~3.5 3.5~7.0 7.0~12.0 12.0~17.0	120~200 150~250 (多为 150~200) 250~400 300~650 550~1000 600~1500 (多为 600~1200)

试验表明，摩擦衬片包角$\beta=90°\sim100°$时，磨损最小，制动鼓温度最低，且制动效能最高。β角减小虽然有利于散热，但单位压力过高将加速磨损。实际上包角两端处的单位压力最小，因此过分延伸衬片的两端以加大包角，对减小单位压力的作用不大，而且将使制动作用不平顺，容易使制动器发生自锁。因此，包角一般不宜大于 120°。

衬片宽度 b 较大可以减少磨损，但过大将不易保证与制动鼓全面接触。

3. 摩擦衬片起始角 β_0

一般将衬片布置在制动蹄的中央，即令$\beta_0=90°-\beta/2$。有时为了适应单位压力的分布情况，将衬片相对于最大压力点对称布置，以改善磨损均匀性和制动效能。

4. 制动器中心到张开力 F_0 作用线的距离 e

在保证轮缸或制动凸轮能够布置于制动鼓内的条件下，应使距离 e（图 9-7）尽可能大，以提高制动效能。初步设计时可暂定 $e=0.8R$ 左右。

5. 制动蹄支承点位置坐标 a 和 c

应在保证两蹄支承端毛面不致互相干涉的条件下，使 a 尽可能大而 c 尽可能小（图 9-7）。初步设计时，也可暂定 $a=0.8R$ 左右。

二、盘式制动器主要参数的确定

1. 制动盘直径 D

制动盘直径 D 应尽可能取大些，这时制动盘的有效半径得到增加，可以减小制动钳的夹紧力，降低衬块的单位压力和工作温度。受轮辋直径的限制，制动盘的直径通常选择为轮辋直径的 70%~79%。总质量大于 2t 的汽车应取上限。

2. 制动盘厚度 h

制动盘厚度 h 对制动盘质量和工作时的温升有影响。为使质量小些，制动盘厚度不宜取得很大；为了减少温升，制动盘厚度又不宜取得过小。制动盘可以做成实心的，或者为了散

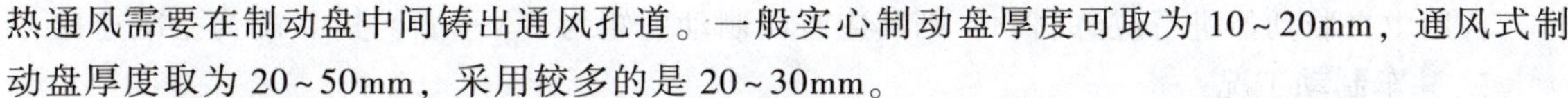

热通风需要在制动盘中间铸出通风孔道。一般实心制动盘厚度可取为10~20mm，通风式制动盘厚度取为20~50mm，采用较多的是20~30mm。

3. 摩擦衬块外半径 R_2 与内半径 R_1

推荐摩擦衬块外半径 R_2 与内半径 R_1 的比值不大于1.5。若此比值偏大，工作时衬块的外缘与内侧圆周速度相差较多，磨损不均匀，接触面积减少，最终将导致制动力矩变化大。

4. 制动衬块的扇形夹角 θ

选取合适的制动衬块工作面积 A，使盘式制动器制动衬块单位面积占有的汽车质量在1.6~3.5kg/cm^{2}范围内，再根据衬块的内、外半径就可以计算得到制动衬块的扇形夹角 θ。

第四节 制动器的设计与计算

一、制动器制动力矩的确定

确定了制动器的主要参数之后，就可以校核所设计的制动器是否满足整车制动性能的要求，或者可以计算为了满足整车制动性能所需的张开力或管路压力。为此，应该确定各制动器需要产生的最大制动力矩。下面根据三种制动工况进行分析。

1. 行车制动工况

为了保证汽车有良好的制动效能，要求合理地确定前、后轮制动器的制动力矩。为此，首先选定同步附着系数 φ_0，并计算出前、后轮制动力矩的比值，即

$$\frac{M_{\mu1}}{M_{\mu2}}=\frac{L_2+\varphi_0 h_g}{L_1-\varphi_0 h_g} \tag{9-1}$$

式中，$M_{\mu1}$、$M_{\mu2}$ 为前、后轮制动器的制动力矩；L_1、L_2 为汽车质心至前轴和后桥的距离；h_g 为汽车质心高度。

然后，根据汽车满载在沥青、混凝土路面上紧急制动到前轮抱死拖滑，计算出前轮制动器的最大制动力矩 $M_{\mu1\max}$；再根据前面已确定的前、后轮制动力矩的比值，计算出后轮制动器的最大制动力矩 $M_{\mu2\max}$。

2. 应急制动工况

应急制动时，后轮一般都将抱死滑移，故后桥制动力为

$$F_{B2}=F_2\varphi=\frac{m_a g L_1}{L+\varphi h_g}\varphi$$

此时所需的后桥制动力矩为

$$F_{B2}r_e=\frac{m_a g L_1}{L+\varphi h_g}\varphi r_e \tag{9-2}$$

式中，$m_a g$ 为汽车满载总质量与重力加速度的乘积；L 为轴距；L_1 为汽车质心到前轴的距离；h_g 为汽车质心的高度；F_2 为路面对后桥的法向反力；φ 为附着系数；r_e 为车轮有效半径。

如用后轮制动器作为应急制动器，则单个后轮制动器的应急制动力矩为 $F_{B2}r_e/2$。

若用中央制动器进行应急制动，则其应有的制动力矩为 $F_{B2}r_e/i_0$，其中 i_0 为主减速比。

3. 驻车制动工况

图 9-8 为汽车在上坡路上停驻时的受力情况，由此不难得出停驻时的后桥附着力为

$$F_2\varphi=m_a g\varphi\left(\frac{L_1}{L}\text{coa}\alpha+\frac{h_g}{L}\sin\alpha\right)$$

汽车在下坡路上停驻时的后桥附着力为

$$F_2'\varphi=m_a g\varphi\left(\frac{L_1}{L}\text{coa}\alpha-\frac{h_g}{L}\sin\alpha\right)$$

某商用车的 $F_2\varphi/(m_a g)$、$F_2'\varphi/(m_a g)$、$F_{B2}/(m_a g)$ 三者对坡路倾角 α 的关系，如图 9-9 所示。

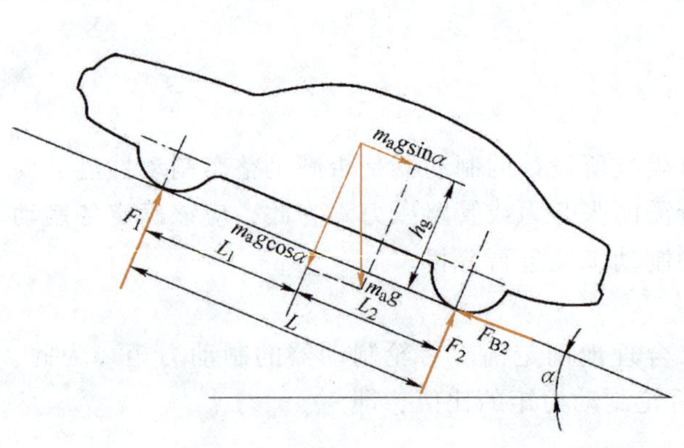

图 9-8 汽车在上坡路上停驻时的受力情况

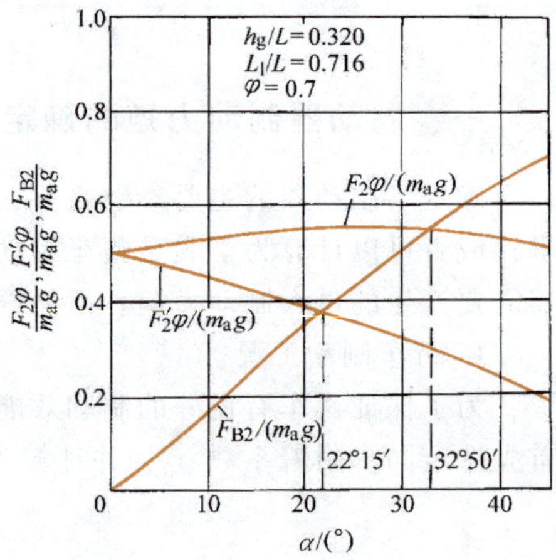

图 9-9 后桥附着力/制动力对 α 的关系

汽车可能停驻的极限上坡路倾角 α_1，可根据后桥上的附着力与制动力相等的条件求得，即由

$$m_a g\varphi\left(\frac{L_1}{L}\cos\alpha_1+\frac{h_g}{L}\sin\alpha_1\right)=m_a g\sin\alpha_1$$

得到

$$\alpha_1=\arctan\frac{\varphi L_1}{L-\varphi h_g}$$

式中，α_1 是保证汽车上坡状态时可靠停驻的极限坡路倾角。图 9-9 所示车的 $\alpha_1=32°50'$（$\varphi=0.7$ 时）。

同理，可推导出汽车可能停驻的极限下坡路倾角为

$$\alpha_1'=\arctan\frac{\varphi L_1}{L+\varphi h_g}$$

上述车在 $\varphi=0.7$ 时 $\alpha_1=22°15'$。

驻车制动器的设计中，在安装制动器的空间、制动驱动力源等条件允许的范围内，应力求后桥上驻车制动力矩接近于由 α_1 所确定的极限值 $m_a g r_e\sin\alpha_1$（因 $\alpha_1>\alpha_1'$），并保证下坡路上能停驻的坡度不小于法规的规定值。

单个后轮驻车制动器的制动力矩上限为 $m_a g r_e \sin\alpha_1/2$，中央驻车制动器的制动力矩上限为 $m_a g r_e \sin\alpha_1/i_0$。

二、鼓式制动器的设计计算

1. 压力沿衬片长度方向的分布规律

除摩擦衬片因有弹性容易变形外，制动鼓、蹄片和支承也有变形，所以计算法向压力在摩擦衬片上的分布规律比较困难。通常只考虑衬片径向变形的影响，其他零件变形的影响较小而忽略不计。

制动蹄有一个自由度和两个自由度之分。

首先计算有两个自由度的紧蹄（即领蹄）摩擦衬片的径向变形规律。如图 9-10a 所示，将坐标原点取在制动鼓中心 O 点。y_1 坐标轴线通过蹄片的瞬时转动中心 A_1 点。

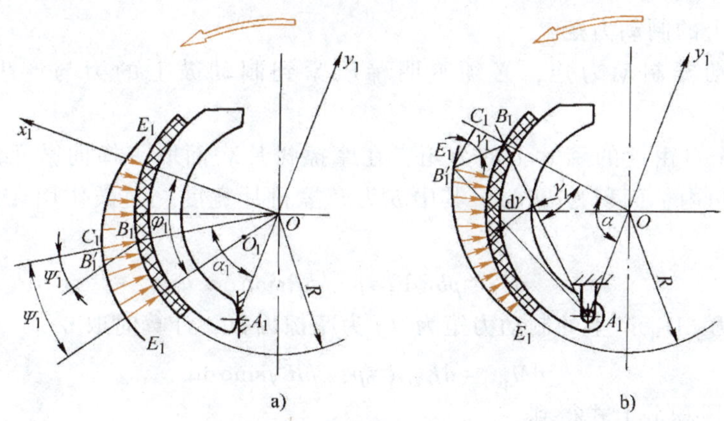

图 9-10 计算摩擦衬片径向变形简图

a）有两个自由度的紧蹄 b）有一个自由度的紧蹄

制动时，由于摩擦衬片变形，蹄片一面绕瞬时转动中心转动，一面顺着摩擦力作用的方向沿支承面移动。结果使蹄片中心位于 O_1 点，因而未变形的摩擦衬片的表面轮廓（E_1E_1 线），就沿 OO_1 方向移动进入制动鼓内。显然，表面上所有点在这个方向上的变形是一样的。位于半径 OB_1 上的任意点 B_1 的变形就是 B_1B_1'线段，其径向变形分量是这个线段在半径 OB_1 延长线上的投影，即为 B_1C_1 线段。所以同样一些点的径向变形 δ_1 为

$$\delta_1 = B_1C_1 \approx B_1B_1'\cos\psi_1$$

考虑到 $\psi_1=\varphi_1+\alpha_1-90°$ 和 $B_1B_1'=OO_1=\delta_{1\max}$，所以对于紧蹄的径向变形 δ_1 和压力 p_1 为

$$\begin{cases}\delta_1 \approx \delta_{1\max}\sin(\alpha_1+\varphi_1) \\ p_1 \approx p_{1\max}\sin(\alpha_1+\varphi_1)\end{cases} \tag{9-3}$$

式中，α_1 为任意半径 OB_1 和 y_1 轴之间的夹角；ψ_1 为半径 OB_1 和最大压力线 OO_1 之间的夹角；φ_1 为 x_1 轴和最大压力线 OO_1 之间的夹角。

其次计算有一个自由度的紧蹄摩擦衬片的径向变形规律。如图 9-10b 所示，此时蹄片在张开力和摩擦力作用下，绕支承销 A_1 转动 $d\gamma$ 角。摩擦衬片表面任意点 B_1 沿蹄片转动的切线方向的变形就是 B_1B_1'线段，其径向变形分量是这个线段在半径 OB_1 延长线上的投影，即为 B_1C_1 线段。由于 $d\gamma$ 很小，可认为 $\angle A_1B_1B_1'=90°$，故所求摩擦衬片的变形应为

$$\delta_1=B_1C_1=B_1B_1'\ \sin\gamma_1=A_1B_1\sin\gamma_1\mathrm{d}\gamma$$

考虑到 $OA_1\approx OB_1=R$，那么分析等腰三角形 A_1OB_1，则有 $A_1B_1/\sin\alpha=R/\sin\gamma_1$，所以表面的径向变形和压力为

$$\begin{cases}\delta_1=R\sin\alpha\mathrm{d}\gamma\\p_1=p_{\max}\sin\alpha\end{cases}\tag{9-4}$$

综上所述可知：新蹄片压力沿摩擦衬片长度的分布符合正弦曲线规律，可用式（9-3）和式（9-4）计算。

沿摩擦衬片长度方向压力分布的不均匀程度，可用不均匀系数 Δ 评价

$$\Delta=p_{\max}/p_{\mathrm{f}}\tag{9-5}$$

式中，p_{f} 为在同一制动力矩作用下，假想压力分布均匀时的平均压力；$p_{\max}$ 为压力分布不均匀时蹄片上的最大压力。

2. 计算蹄片上的制动力矩

计算鼓式制动器制动力矩，必须查明蹄压紧到制动鼓上的力与产生制动力矩之间的关系。

为计算有一个自由度的蹄片上的力矩，在摩擦衬片表面取一横向微元面积，如图 9-11 所示。它位于 α 角内，面积为 $bR\mathrm{d}\alpha$，其中 b 为摩擦衬片宽度。由鼓作用在微元面积上的法向力为

$$\mathrm{d}F_1=pbR\mathrm{d}\alpha=p_{\max}bR\sin\alpha\mathrm{d}\alpha\tag{9-6}$$

同时，摩擦力 $f\mathrm{d}F_1$ 产生的制动力矩为（f 为摩擦因数，计算时取 0.3）

$$\mathrm{d}M_{\mu t1}=\mathrm{d}F_1fR=p_{\max}bR^2f\sin\alpha\mathrm{d}\alpha$$

从 α' 到 α'' 区段积分上式得到

$$M_{\mu t1}=p_{\max}bR^2f(\cos\alpha'-\cos\alpha'')\tag{9-7}$$

法向压力均匀分布时，有

$$\begin{cases}\mathrm{d}F_1=p_{\mathrm{f}}bR\mathrm{d}\alpha\\M_{\mu t1}=p_{\mathrm{f}}bR^2f(\alpha''-\alpha')\end{cases}\tag{9-8}$$

从式（9-7）和式（9-8）能计算出不均匀系数为

$$\Delta=\frac{\alpha''-\alpha'}{\cos\alpha'-\cos\alpha''}$$

从式（9-7）和式（9-8）能计算出制动力矩与压力之间的关系。但是，实际计算时还必须建立制动力矩与张开力 F_0 的关系。

紧蹄产生的制动力矩 $M_{\mu t1}$ 为

$$M_{\mu t1}=fF_1R_1\tag{9-9}$$

式中，F_1 为紧蹄的法向合力；R_1 为摩擦力 fF_1 的作用半径（图 9-12）。

如果已知蹄的几何参数（图 9-12 中 h、a、c 等）和法向压力的大小，便能用式（9-7）计算出蹄的制动力矩。

为计算随张开力 F_{01} 而变的力 F_1，列出蹄上的力平衡方程式

$$\begin{cases}F_{01}\cos\alpha_0+F_x'-F_1\ (\cos\delta_1+f\sin\delta_1)\ =0\\F_{01}a-F_x'c'+fR_1F_1=0\end{cases}\tag{9-10}$$

式中，δ_1 为 x_1 轴和力 F_1 的作用线之间的夹角；F'_x为支承反力在 x_1 轴上的投影。

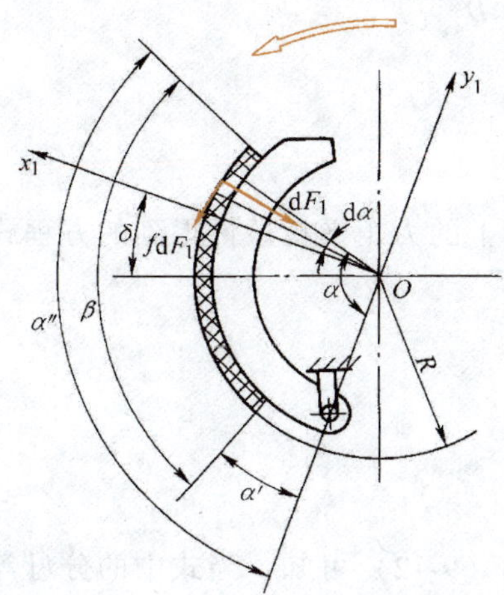

图 9-11　制动力矩计算简图

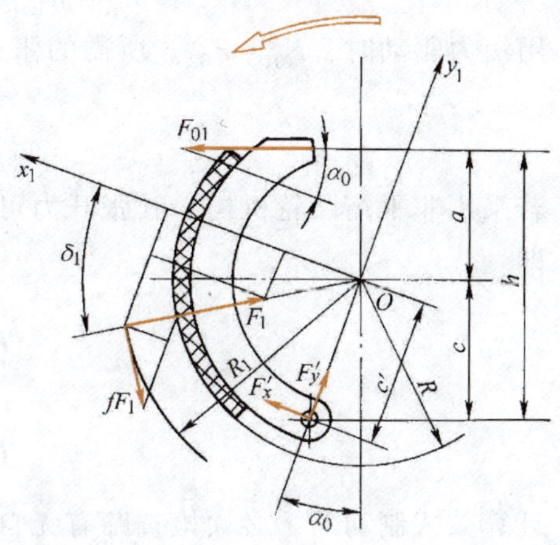

图 9-12　张开力计算简图

解联立方程式（9-10）得到

$$F_1=\frac{hF_{01}}{c'(\cos\delta_1+f\sin\delta_1)-fR_1} \tag{9-11}$$

对于紧蹄，其制动力矩为

$$M_{\mu t1}=\frac{F_{01}fhR_1}{c'(\cos\delta_1+f\sin\delta_1)-fR_1}=F_{01}D_1 \tag{9-12}$$

对于松蹄（即从蹄），其制动力矩也能用类似的方程式表示，即

$$M_{\mu t2}=\frac{F_{02}fhR_2}{c'(\cos\delta_2-f\sin\delta_2)+fR_2}=F_{02}D_2 \tag{9-13}$$

为计算 δ_1、δ_2、R_1、R_2 值，必须求出法向力 F 及其分量。对于紧蹄，其微元法向力 $\mathrm{d}F_1$（图 9-11）沿着相应的轴线分力有 $\mathrm{d}F_{1x}$ 和 $\mathrm{d}F_{1y}$。根据式（9-6）有

$$F_{1x}=\int_{\alpha'}^{\alpha''}\mathrm{d}F_1\sin\alpha=p_{\max}bR\int_{\alpha'}^{\alpha''}\sin^2\alpha\,\mathrm{d}\alpha=\frac{p_{\max}bR(2\beta-\sin2\alpha''+\sin2\alpha')}{4} \tag{9-14}$$

$$F_{1y}=\int_{\alpha'}^{\alpha''}\mathrm{d}F_1\cos\alpha=p_{\max}bR\int_{\alpha'}^{\alpha''}\sin\alpha\cos\alpha\,\mathrm{d}\alpha=\frac{p_{\max}bR(\cos2\alpha'-\cos2\alpha'')}{4} \tag{9-15}$$

所以

$$\delta_1=\arctan\frac{F_{1y}}{F_{1x}}=\arctan\frac{\cos2\alpha'-\cos2\alpha''}{2\beta-\sin2\alpha''+\sin2\alpha'}$$

式中，$\beta=\alpha''-\alpha'$。

根据式（9-7）和式（9-9），并考虑到

$$F_1=\sqrt{F_{1x}^2+F_{1y}^2}$$

$$R_1=\frac{4R\ (\cos\alpha'-\cos\alpha'')}{\sqrt{(\cos2\alpha'-\cos2\alpha'')^2+\ (2\beta-\sin2\alpha''+\sin2\alpha')^2}}$$

如果顺着制动鼓旋转的蹄片和逆着制动鼓旋转的蹄片的 α'和 α''角度不同，很显然两块

蹄片的 δ 和 R 值也不同。制动器有两块蹄片，鼓上的制动力矩等于它们的摩擦力矩之和，即

$$M_{\mu}=M_{\mu t1}+M_{\mu t2}=F_{01}D_1+F_{02}D_2$$

用液力驱动时，$F_{01}=F_{02}$。所需的张开力为

$$F_0=\frac{M_{\mu}}{D_1+D_2}$$

若采用非平衡凸轮机构，其张开力可由前述作用在蹄上的力矩平衡条件得到的方程式求出，即

$$F_{01}=\frac{0.5M_{\mu}}{D_1}$$

$$F_{02}=\frac{0.5M_{\mu}}{D_2}$$

计算鼓式制动器，必须检查蹄有无自锁的可能。由式（9-12）可知，当式中的分母等于零时，蹄自锁，即

$$c'(\cos\delta_1+f\sin\delta_1)-fR_1=0$$

如果 $f<\dfrac{c'\cos\delta_1}{R_1-c'\sin\delta_1}$，就不会自锁。

由式（9-7）和式（9-12）可计算出领蹄表面的最大压力为

$$p_{1\max}=\frac{F_{01}hR_1}{bR^2(\cos\alpha'-\cos\alpha'')[c'(\cos\delta_1+f\sin\delta_1)-fR_1]}$$

三、盘式制动器的设计计算

假定衬块的摩擦表面全部与制动盘接触，且各处单位压力分布均匀，则制动器的制动力矩为

$$M_{\mu}=2fF_0R$$

式中，f 为摩擦因数；F_0 为单侧制动块对制动盘的压紧力；R 为作用半径。

对于常见的具有扇形摩擦表面的衬块，若其径向宽度不很大，取 R 等于平均半径 R_m 或有效半径 R_e，在实际中已经足够精确。

平均半径 R_m 为

$$R_m=\frac{R_1+R_2}{2}$$

式中，R_1 和 R_2 为摩擦衬块扇形表面的内半径和外半径。

有效半径 R_e 是扇形表面的面积中心至制动盘中心的距离，如下式所示（推导见离合器设计）

$$R_e=\frac{2}{3}\frac{(R_2^3-R_1^3)}{(R_2^2-R_1^2)}=\frac{4}{3}\left[1-\frac{m}{(1+m)^2}\right]R_m$$

式中，$m=R_1/R_2$。

因为 $m<1$，$\dfrac{m}{(1+m)^2}<\dfrac{1}{4}$，故 $R_e>R_m$，且 m 越小，则两者差值越大。

应当指出，若 m 过小，即扇形的径向宽度过大，衬块摩擦面上各不同半径处的滑磨速度相差太远，磨损将不均匀，因而单位压力分布均匀这一假设条件不能成立，则上述计算方法也就不适用。m 值一般不应小于 0.65。

制动盘工作面的加工精度应达到下述要求：平面度公差为 0.012mm，表面粗糙度 Ra 值为 0.7～1.3μm，两摩擦表面的平行度公差不应大于 0.05mm，制动盘的端面圆跳动公差不应大于 0.03mm。通常制动盘采用摩擦性能良好的珠光体灰铸铁制造。为保证足够的强度和耐磨性能，其牌号不应低于 HT250。

四、衬片磨损特性的计算

摩擦衬片（衬块）的磨损受温度、摩擦力、滑磨速度、制动鼓（制动盘）的材质及加工情况，以及衬片（衬块）本身材质等许多因素的影响，因此在理论上计算磨损性能极为困难。但试验表明，影响磨损的最重要的因素还是摩擦表面的温度和摩擦力。

从能量的观点来说，汽车制动过程即是将汽车的机械能（动能和势能）的一部分转变为热量而耗散的过程。在制动强度很大的紧急制动过程中，制动器几乎承担了汽车全部动能耗散的任务。此时，由于制动时间很短，实际上热量还来不及逸散到大气中就被制动器所吸收，致使制动器温度升高。这就是所谓制动器的能量负荷。能量负荷越大，则衬片（衬块）的磨损越严重。对于盘式制动器的衬块，其单位面积上的能量负荷比鼓式制动器衬片大许多倍，所以制动盘的表面温度比制动鼓的高。

各种汽车的总质量及其制动衬片（衬块）的摩擦面积各不相同，因而有必要用一种相对的量作为评价能量负荷的指标。目前，各国常用的指标是比能量耗散率，即单位时间内衬片（衬块）单位摩擦面积耗散的能量，通常所用的计量单位为 W/mm^2。比能量耗散率有时也称为单位功负荷，或简称能量负荷。

双轴汽车的单个前轮及后轮制动器的比能量耗散率分别为

$$e_1=\frac{\delta m_a(v_1^2-v_2^2)}{4tA_1}\beta$$

$$e_2=\frac{\delta m_a(v_1^2-v_2^2)}{4tA_2}(1-\beta)$$

$$t=\frac{v_1-v_2}{j}$$

式中，m_a 为汽车总质量（t）；δ 为汽车回转质量换算系数；v_1、v_2 为制动初速度和终速度（m/s）；j 为制动减速度（m/s^2）；t 为制动时间（s）；A_1、A_2 为单个前、后轮制动器衬片（衬块）的摩擦面积（mm^2）；β 为制动力分配系数。

在紧急制动到停车的情况下，$v_2=0$，并可认为 $\delta=1$，故

$$e_1=\frac{m_a v_1^2}{4tA_1}\beta \tag{9-16}$$

$$e_2=\frac{m_a v_1^2}{4tA_2}(1-\beta) \tag{9-17}$$

据有关文献推荐，鼓式制动器的比能量耗散率以不大于 $1.8W/mm^2$ 为宜，计算时取减

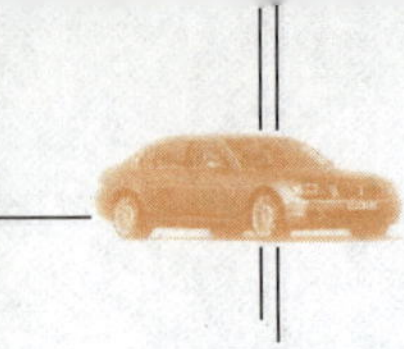

速度 $j=0.6g$。制动初速度 v_1：乘用车用 100km/h(27.8m/s)；总质量 3.5t 以下的商用车用 80km/h(22.2m/s)；总质量 3.5t 以上的商用车用 65km/h(18m/s)。乘用车的盘式制动器在同上的 v_1 和 j 的条件下，比能量耗散率应不大于 6.0W/mm^2。对于最高车速低于以上规定的制动初速度的汽车，按上述条件算出的 e 值允许略大于 1.8W/mm^2。比能量耗散率过高不仅会引起衬片（衬块）的加速磨损，且有可能使制动鼓或制动盘更早发生龟裂。

另一个磨损特性指标是衬片（衬块）单位摩擦面积的制动器摩擦力，称为比摩擦力 f_0。比摩擦力越大，则磨损越严重。单个车轮制动器的比摩擦力为

$$f_0=\frac{M_\mu}{RA} \tag{9-18}$$

式中，M_μ 为单个制动器的制动力矩；R 为制动鼓半径（衬块平均半径 R_m 或有效半径 R_e）；A 为单个制动器的衬片（衬块）摩擦面积。

在 $j=0.6g$ 时，鼓式制动器的比摩擦力 f_0 以不大于 0.48N/mm^2 为宜。与之相应的衬片与制动鼓之间的平均单位压力 $p_m=f_0/f=1.37\sim1.60\text{N/mm}^2$（设摩擦因数 $f=0.3\sim0.35$）。这比过去一些文献中所推荐的 p_m 许用值 $2.0\sim2.5\text{N/mm}^2$ 要小，因为磨损问题现在已较过去受到更大程度的重视。

第五节 制动驱动机构的设计与计算

一、制动驱动机构的形式

制动驱动机构将来自驾驶员或其他力源的力传给制动器，使之产生制动力矩。根据制动力源的不同，制动驱动机构一般可分为简单制动、动力制动和伺服制动三大类，如下所示：

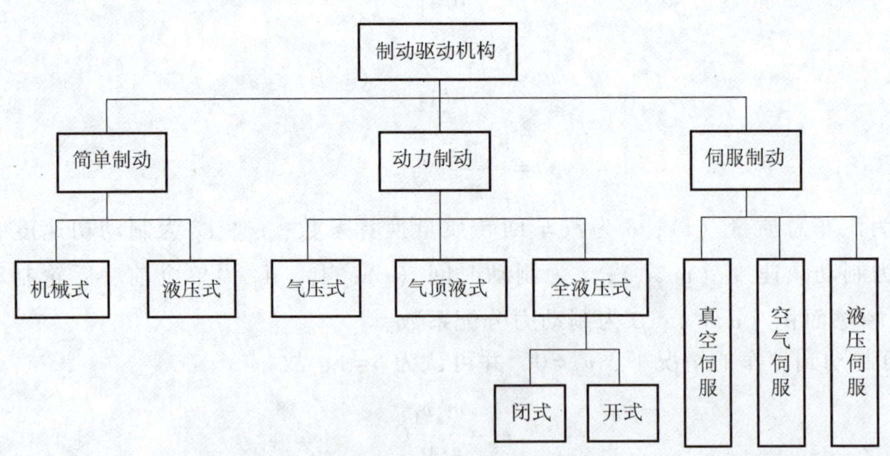

简单制动单靠驾驶员施加的踏板力或手柄力作为制动力源，亦称人力制动。其中，又有机械式和液压式两种。机械式简单制动完全靠杆系传力，由于其机械效率低，传动比小，润滑点多，且难以保证前、后轴制动力的正确比例和左、右轮制动力的均衡，所以在汽车的行

车制动装置中已被淘汰。但因其结构简单，成本低，工作可靠（故障少），还广泛地应用于中、小型汽车的驻车制动装置中。

液压式简单制动（通常简称为液压制动）用于行车制动装置。液压制动的优点是：作用滞后时间较短（0.1~0.3s）；工作压力高（可达 10~20MPa），因而轮缸尺寸小，可以安装在制动器内部，直接作为制动蹄的张开机构（或制动块的压紧机构），而不需要制动臂等传动件，使之结构简单，质量小；机械效率较高（液压系统有自润滑作用）。液压制动的主要缺点是：过度受热后，部分制动液汽化，在管路中形成气泡，严重影响液压传输，使制动系统的效能降低，甚至完全失效。液压制动曾广泛应用在乘用车和总质量不大的商用车上。

动力制动即利用由发动机的动力转化而成，并表现为气压或液压形式的势能作为汽车制动的全部力源。驾驶员施加于踏板或手柄上的力，仅用于回路中控制元件的操纵。因此，简单制动中的踏板力和踏板行程之间的反比例关系，在动力制动中便不复存在，从而可使踏板力较小，同时又有适当的踏板行程。

气压式动力制动是应用最多的动力制动之一。其主要优点是：操纵轻便，工作可靠，不易出故障，维修保养方便；此外，其气源除供制动用外，还可以供其他装置使用。其主要缺点是：必须有空气压缩机、储气筒、制动阀等装置，使结构复杂、笨重、成本高；管路中压力的建立和撤除都较慢，即作用滞后时间较长（0.3~0.9s），因而增加了空驶距离和停车距离，为此，在制动阀到制动气室和储气筒的距离过远的情况下，有必要加设气动的第二级元件——继动阀（亦称加速阀）以及快放阀；管路工作压力低，一般为 0.5~0.7MPa，因而制动气室的直径必须设计得大些，且只能置于制动器外部，再通过杆件和凸轮或楔块驱动制动蹄，这就增加了簧下质量；制动气室排气时有很大噪声。气压制动在总质量 8t 以上的商用车上得到广泛应用。由于主、挂车的摘和挂都很方便，所以汽车列车也多用气压制动。

用气压系统作为普通的液压制动系统主缸的驱动力源而构成的气顶液式动力制动，也是动力制动之一。它兼有液压制动和气压制动的主要优点；因气压系统管路短，作用滞后时间也较短。但因结构复杂、质量大、成本高，所以主要用在总质量较大的商用车上。

全液压式动力制动，用发动机驱动液压泵产生的液压作为制动力源，有闭式（常压式）与开式（常流式）两种。

开式（常流式）系统在不制动时，制动液在无负荷情况下由液压泵经制动阀到储液罐不断循环流动；而在制动时，则借阀的节流作用而产生所需的液压并传入轮缸。

闭式回路因平时总保持着高液压，对密封的要求较高，但对制动操纵的反应比开式的快。在液压泵出故障时，开式的即不起制动作用，而闭式的还有可能利用蓄能器的压力继续进行若干次制动。

全液压式动力制动除了有一般液压制动系统的优点以外，还有制动能力强、易于采用制动力调节装置和防滑移装置，即使产生汽化现象也没有什么影响等好处。但其结构相当复杂，精密件多，对系统的密封性要求也较高，故目前应用并不广泛。

各种形式的动力制动在动力系统失效时，制动作用即全部丧失。

伺服制动的制动能源是人力和发动机并用。正常情况下，其输出工作压力主要由动力伺服系统产生；在伺服系统失效时，还可以全靠人力驱动液压系统，以产生一定程度的制动力。因此，从排量 1.6L 以上的乘用车到各种商用车，都广泛采用伺服制动。

按伺服力源不同，伺服制动有真空伺服制动、空气伺服制动和液压伺服制动三类。

真空伺服制动与空气伺服制动的工作原理基本一致，但伺服动力源的相对压力不同。真空伺服制动的伺服用真空度（负压）一般可达 0.05~0.07MPa，空气伺服制动的伺服气压一般能达到 0.6~0.7MPa，故在输出力相同的条件下，空气伺服气室直径比真空伺服气室的小得多。但是，空气伺服系统其他组成部分却较真空伺服系统复杂得多。真空伺服制动多用于总质量在 1.10~1.35t 以上的乘用车和载质量在 6t 以下的商用车，空气伺服制动则广泛用于载质量为 6~12t 的商用车，以及少数几种排量在 4.0L 以上的乘用车上。

二、分路系统

为了提高制动工作的可靠性，应采用分路系统，即全车的所有行车制动器的液压或气压管路分为两个或更多的互相独立的回路，其中一个回路失效后，仍可利用其他完好的回路起制动作用。

双轴汽车的双回路制动系统有以下常见的五种分路形式：

1）一轴对一轴（Ⅱ）型，如图 9-13a 所示，前轴制动器与后桥制动器各用一个回路（"Ⅱ型"是其形象的简称，下同）。

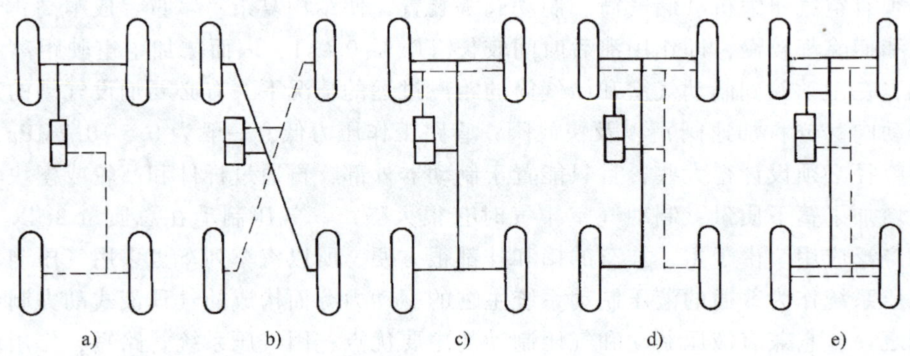

图 9-13　分路系统

2）交叉（X）型，如图 9-13b 所示，前轴的一侧车轮制动器与后桥的对侧车轮制动器同属一个回路。

3）一轴半对半轴（HI）型，如图 9-13c 所示，两侧前制动器的半数轮缸和全部后制动器轮缸属于一个回路，其余的前轮缸则属于另一回路。

4）半轴一轮对半轴一轮（LL）型，如图 9-13d 所示，两个回路分别对两侧前轮制动器的半数轮缸和一个后轮制动器起作用。

5）双半轴对双半轴（HH）型，如图 9-13e 所示，每个回路均只对每个前、后制动器的半数轮缸起作用。

Ⅱ型的管路布置较为简单，可与传统的单轮缸（或单制动气室）鼓式制动器配合使用，成本较低，目前在各类汽车特别是商用车上用得最广泛。对于这种形式，若后制动回路失效，则一旦前轮抱死即极易丧失转弯制动能力。对于采用前轮驱动因而前制动器强于后制动器的乘用车，当前制动回路失效而单用后桥制动时，制动力将严重不足（小于正常情况下的一半），并且若后桥负荷小于前轴负荷，则踏板力过大时易使后桥车轮抱死而汽车侧滑。

X 型的结构也很简单。直行制动时任一回路失效，剩余的总制动力都能保持正常值的 50%。但是，一旦某一管路损坏造成制动力不对称，此时前轮将朝制动力大的一边绕主销转动，使汽车丧失稳定性。因此，这种方案适用于主销偏移距为负值（达 20mm）的汽车上。这时，不平衡的制动力使车轮反向转动，改善了汽车稳定性。

HI、HH、LL 型结构都比较复杂。LL 型和 HH 型在任一回路失效时，前、后制动力比值均与正常情况下相同，剩余总制动力可达正常值的 50%左右。HI 型单用一轴半回路时剩余制动力较大，但此时与 LL 型一样，紧急制动情况下后轮很容易先抱死。

三、液压制动驱动机构的设计计算

1. 制动轮缸直径 d 的确定

制动轮缸对制动蹄（块）施加的张开力 F_0 与轮缸直径 d 和制动管路压力 p 的关系为

$$d=\sqrt{4F_0/(\pi p)}$$

制动管路压力一般不超过 10~12MPa，对盘式制动器可更高。压力越高，对管路（首先是制动软管及管接头）的密封性要求越严格，但驱动机构越紧凑。轮缸直径 d 可参考相关标准及企业规范进行选择，一般有 19mm、22mm、26mm、28mm、32mm、35mm、38mm、40mm、45mm 等规格。

2. 制动主缸直径 d_0 的确定

第 i 个轮缸的工作容积为

$$V_i=\frac{\pi}{4}\sum_{j=1}^{n}d_{i,j}^2\delta_{i,j}$$

式中，$d_{i,j}$ 为第 i 个轮缸第 j 个活塞的直径；n 为轮缸 i 中活塞的数目；$\delta_{i,j}$ 为第 i 个轮缸第 j 个活塞在完全制动时的行程，初步设计时，对鼓式制动器可取 $\delta_{i,j}=2.0\sim2.5$mm。

所有轮缸的总工作容积为 $V=\sum_{i=1}^{m}V_i$，式中，m 为轮缸数目。制动主缸应有的工作容积为 $V_0=V+V'$，式中，V' 为制动软管的变形容积。在初步设计时，制动主缸的工作容积可取为：对于乘用车 $V_0=1.1V$；对于商用车 $V_0=1.3V$。

对于主缸活塞行程 S_0 和活塞直径 d_0 有

$$V_0=\frac{\pi}{4}d_0^2S_0$$

一般 $S_0=(0.8\sim1.2)d_0$，从而可求出 S_0 和 d_0。

主缸的直径 d_0 可参考相关标准及企业规范进行选择，一般有 19mm、22mm、26mm、28mm、32mm、35mm、38mm、40mm、45mm 等规格。

3. 制动踏板力 F_p

制动踏板力 F_p 为

$$F_p=\frac{\pi}{4}d_0^2p\frac{1}{i_p}\frac{1}{\eta}$$

式中，i_p 为踏板机构的传动比；η 为踏板机构及液压主缸的机械效率，可取 $\eta=0.82\sim0.86$。

制动踏板力应满足以下要求：最大踏板力一般为 500N（乘用车）或 700N（商用车）。设计时，制动踏板力可在 200~350N 的范围内选取。

4. 制动踏板工作行程 S_p

$$S_p = i_p(S_0 + \delta_{01} + \delta_{02})$$

式中，δ_{01} 为主缸中推杆与活塞间的间隙，一般取 $\delta_{01} = 1.5 \sim 2.0$mm；$\delta_{02}$ 为主缸活塞的空行程，即主缸活塞从不工作的极限位置到使其皮碗完全封堵主缸上的旁通孔所经过的行程。

制动器调整正常时的踏板工作行程 S_p，只应占计及制动衬片（衬块）的允许磨损量在内的踏板行程的 40%~60%。

为了避免空气侵入制动管路，在计算制动主缸活塞回位弹簧（同时也是回油阀弹簧）时，应保证踏板放开后，制动管路中仍保持 0.05~0.14MPa 的残余压力。

最大踏板行程（计入衬片或衬块的允许磨损量），对乘用车应不大于 100mm，对商用车不大于 180mm。此外，作用在制动手柄上最大的力，对乘用车不大于 400N，对商用车不大于 600N。制动手柄最大行程，对乘用车不大于 160mm，对商用车不大于 220mm。

四、真空助力器的设计计算

图 9-14 为真空助力器结构图，带橡胶膜片密封装置的控制活塞 1 将助力缸分成 A、B 两个腔。A 腔位于与制动主缸相连的一端，经真空单向阀与发动机进气管相连，保持一定的真空度；B 腔内的压力由橡胶阀座 3、滑柱 4 与橡胶反作用盘 5 调节。

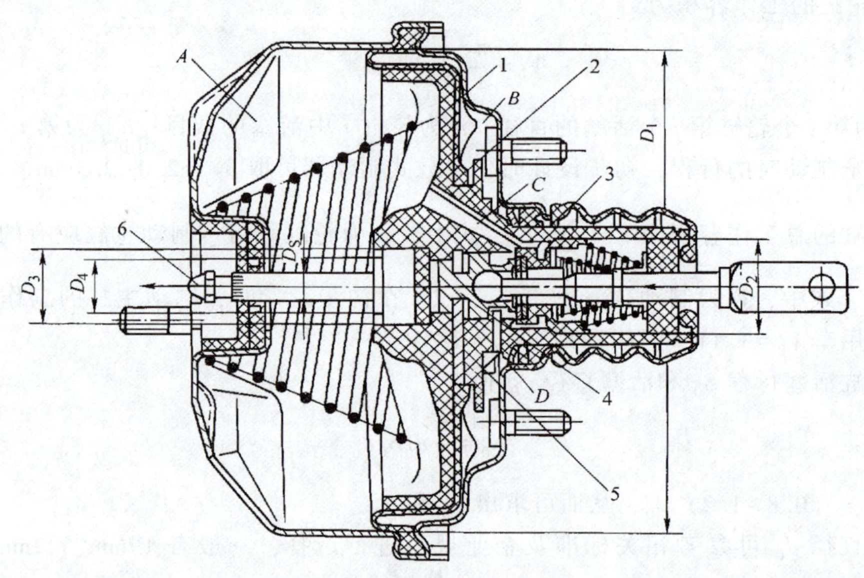

图 9-14 真空助力器结构图

1—控制活塞 2—膜片 3—橡胶阀座 4—滑柱 5—橡胶反作用盘 6—制动主缸推杆

真空助力器的空气阀和真空阀一起构成了助力器的随动机构，即当助力器工作时，输出力和输入力始终成比例。助力器的随动作用是通过橡胶反作用盘的弹性实现的，在助力器处于平衡状态时，助力器产生的有效助力对反作用盘的压力，与控制活塞的推力对反作用盘的压力相等。因此，有如下方程式

$$F_P + F_1 - (F_0 - F_2) - p_0(A_1 - A_2)\eta - p(A_2 - A_5)\eta = 0 \tag{9-19}$$

$$\frac{F_0-F_2}{A_4}=\frac{p_0(A_1-A_2)\eta+p(A_2-A_5)\eta}{A_3-A_4} \tag{9-20}$$

式中，F_P 为真空助力器的输出力；F_0 为控制推杆上的输入力；F_1 为助力器回位弹簧的作用力；F_2 为推杆回位弹簧的作用力；p_0 为平衡前 A、B 两腔的压力差；p 为 A 腔的最大真空度；A_1 为膜片的有效面积；A_2 为控制阀套管的截面积；A_3 为橡胶反作用盘的截面积；A_4 为控制活塞的面积；A_5 为制动主缸推杆柄部的截面积；η 为助力器效率系数，一般取 0.90～0.95。

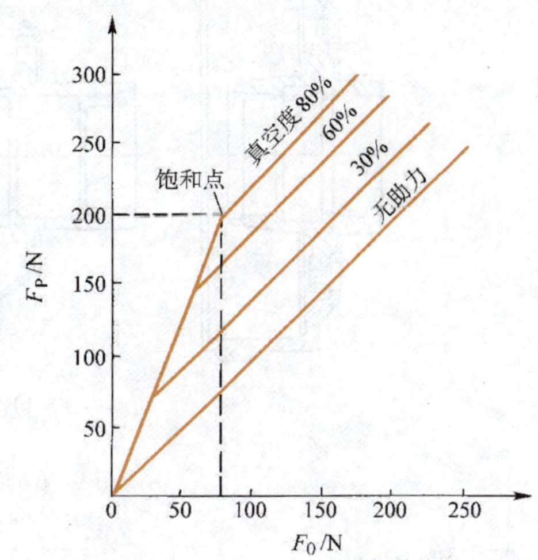

图 9-15 真空助力器助力特性曲线

式（9-19）和式（9-20）即为真空助力器的静特性方程，适用于在最大助力点之前的输入输出关系的计算。当助力器的输出力达到最大助力点时，A、B 两腔的压力差达到最大值，并等于 A 腔的真空度，则

$$F_P=(F_0-F_2)+p(A_1-A_5)\eta-F_1 \tag{9-21}$$

当助力器的输出力超过最大助力点时，A 腔的真空度保持不变，输出力与输入力将同步变化。

图 9-15 为真空助力器在不同真空度下的输入输出特性曲线。一般设计到最大助力点时，对于乘用车，制动踏板力可取 200～250N；对于商用车，制动踏板力可取 300～450N。

第六节 制动器的主要结构元件

一、制动鼓

制动鼓应当有足够的强度、刚度和热容量，与摩擦衬片材料相配合，又应当有较高的摩擦因数。

制动鼓有铸造的和组合式两种。铸造制动鼓多选用灰铸铁制造，具有机械加工容易、耐磨、热容量大等优点。为防止制动鼓工作时受载变形，常在制动鼓的外圆周部分铸有加强肋，用来加强刚度和增加散热效果（图 9-16a）。精确地计算制动鼓壁厚既复杂又困难，所以常根据经验选取。对乘用车，制动鼓壁厚取为 7～12mm；对商用车，取为 13～18mm。

组合式制动鼓的圆柱部分可以用铸铁铸出，腹板部分用钢板冲压成形（图 9-16b）；也可以在钢板冲压的制动鼓内侧，镶装用离心浇铸的合金铸铁组合构成制动鼓（图 9-16c）；或者主体用铝合金铸成，内镶一层珠光体组成的灰铸铁作为工作面（图 9-16d）。组合式制动鼓的共同特点是质量小，工作面耐磨，并有较高的摩擦因数。

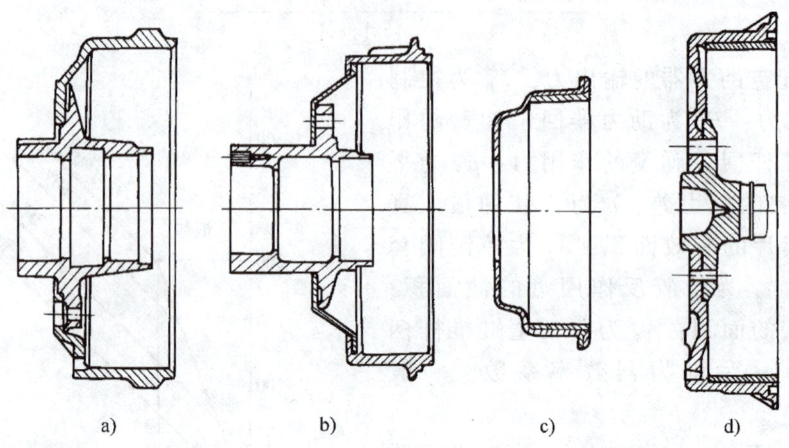

图 9-16 制动鼓的结构形式

二、制动蹄

乘用车和总质量较小的商用车的制动蹄，广泛采用 T 形型钢辗压或用钢板焊接制成；总质量较大的商用车，则多用铸铁或铸钢铸成。制动蹄的断面形状和尺寸应保证其刚度。但总质量较小汽车的钢板制成的制动蹄腹板上往往开一条或两条径向槽，使蹄的弯曲刚度小些，其目的是使衬片磨损较为均匀，并减小制动时的尖叫声。总质量较大的商用车的制动蹄断面有工字形、山字形和∏形几种。制动蹄腹板和翼缘的厚度，乘用车的为 3~5mm，商用车的为 5~8mm。

为了提高效率，增加制动蹄的使用寿命和减轻磨损，在总质量较大的商用车的铸造制动蹄靠近张开凸轮一端，设置有滚轮或者镶装有支持张开凸轮的垫片（图 9-17）。

制动蹄和摩擦片可以铆接，也可以粘接。粘接的优点在于衬片更换前允许磨损的厚度较大，其缺点是工艺较复杂，且不易更换衬片。铆接的优点是噪声较小。

图 9-17 铸铁制动蹄的结构形式

三、摩擦衬片（衬块）

摩擦衬片（衬块）的材料应满足如下要求：

1）具有一定的稳定的摩擦因数。在温度、压力升高和工作速度发生变化时，摩擦因数的变化尽可能小。

2）具有良好的耐磨性。

不仅摩擦衬片（块）应有足够的使用寿命，而且对偶摩擦副的磨耗也要求尽可能小。

如盘式制动器的摩擦衬块硬度过高，则制动盘磨损严重，所以这样的衬块并不可取。通常要求制动盘的磨耗不大于衬块的1/10。

3）要有尽可能小的压缩率和膨胀率。

压缩变形太大会影响制动主缸的排量和踏板行程，降低制动灵敏度。热膨胀率过大，摩擦衬块和制动盘会产生拖磨，尤其对鼓式制动器衬片受热膨胀消除间隙后，可能产生“咬死”现象。

4）制动时不易产生噪声，对环境无污染。

5）应采用对人体无害的摩擦材料。

6）有较高的耐挤压强度和冲击强度，以及足够的抗剪切能力。

7）应将摩擦衬块的热导率控制在一定范围。要求摩擦衬块在300℃加热板上作用30min后，背板的温度不超过190℃。防止防尘罩、密封圈过早老化和制动液温度迅速升高。

以前制动器摩擦衬片使用的是由增强材料（石棉及其他纤维）、黏结剂、摩擦性能调节剂组成的石棉摩阻材料。它有制造容易、成本低、不易刮伤对偶等优点；但由于它又有耐热性能差，摩擦因数随温度升高而降低，磨耗增高和对环境有污染，特别是石棉能致癌等问题，所以已被淘汰。

由金属纤维、黏结剂和摩擦性能调节剂组成的半金属摩阻材料，具有较高的耐热性和耐磨性，特别是因为没有石棉粉尘公害，近年来得到广泛的应用。

粉末冶金无机质金属摩阻材料，虽然具有耐热性能高、摩擦性能稳定等优点，但由于它的制造工艺复杂、成本高、容易产生噪声和刮伤对偶等缺点，目前应用并不广泛，仅用于总质量较大的商用车上。

练 习 题

9-1 设计制动系统时应当满足哪些基本要求？

9-2 鼓式制动器有哪几种形式？试分析它们的制动效能因数的大小及制动效能稳定性的高低。

9-3 简述领从蹄式制动器的优缺点及应用。

9-4 与鼓式制动器相比，盘式制动器的优点有哪些？

9-5 制动鼓内径应该如何选择？

9-6 单自由度领从蹄式制动器的制动力矩应该如何设计计算？

9-7 有轴距 L 和质心高度 h_g 均相同的两辆轿车，仅质心到前轴的距离 L_1 不同，问这两辆轿车在上坡或下坡的路段上停驻时，哪一辆轿车可以停在坡度较大的路上？为什么？

9-8 双轴汽车的双回路制动系统有哪几种分路形式？其结构特点如何？

参考文献

[1] 吉林工业大学汽车教研室. 汽车设计 [M]. 北京: 机械工业出版社, 1981.

[2] 张洪欣. 汽车设计 [M]. 2版. 北京: 机械工业出版社, 1989.

[3] 王望予. 汽车设计 [M]. 3版. 北京: 机械工业出版社, 2000.

[4] 王望予. 汽车设计 [M]. 4版. 北京: 机械工业出版社, 2004.

[5] 刘惟信. 汽车设计 [M]. 北京: 清华大学出版社, 2000.

[6] 陈家瑞. 汽车构造 [M]. 3版. 北京: 机械工业出版社, 2009.

[7] 王霄锋. 汽车底盘设计 [M]. 2版. 北京: 清华大学出版社, 2018.

[8] 余志生. 汽车理论 [M]. 6版. 北京: 机械工业出版社, 2018.

[9] 汽车工程手册编辑委员会. 汽车工程手册: 基础篇 [M]. 北京: 人民交通出版社, 2001.

[10] 汽车工程手册编辑委员会. 汽车工程手册: 设计篇 [M]. 北京: 人民交通出版社, 2001.

[11] 日本自动车技术会. 汽车工程手册 3: 造型与车身设计篇 [M]. 中国汽车工程学会, 译. 北京: 北京理工大学出版社, 2010.

[12] 日本自动车技术会. 汽车工程手册 4: 动力传动系统设计篇 [M]. 中国汽车工程学会, 译. 北京: 北京理工大学出版社, 2010.

[13] 日本自动车技术会. 汽车工程手册 5: 底盘设计篇 [M]. 中国汽车工程学会, 译. 北京: 北京理工大学出版社, 2010.

[14] 安部正人. 车辆操纵动力学理论与应用: 原书第 2 版 [M]. 喻凡, 译. 北京: 机械工业出版社, 2016.

[15] 珍达, 等. 汽车底盘设计 (上卷): 部件设计 [M]. 王志福, 等译. 北京: 机械工业出版社, 2019.

[16] 洪永福. 汽车总体设计 [M]. 2版. 北京: 机械工业出版社, 2016.

[17] 王秋成. 汽车设计与开发集成 [M]. 北京: 机械工业出版社, 2018.

[18] WEBER J. Automotive Development Processes: Processes for Successful Customer Oriented Vehicle Development [M]. Berlin Heidelberg: Springer-Verlag, 2009.

[19] BHISE V D. Automotive Product Development: A Systems Engineering Implementation [M]. Boca Raton, FL: CRC Press, 2017.

[20] MACEY S, WARDLE G. H Point: The Fundamentals of Car Design & Packaging [M]. Culver City, CA: Design Studio Press, 2008.

[21] 莫雷洛, 等. 汽车车身设计 (上卷): 部件设计 [M]. 王文伟, 等译. 北京: 机械工业出版社, 2018.

[22] 柳濑徹夫. 汽车人机工程学技术 [M]. 范营营, 译. 北京: 机械工业出版社, 2019.

[23] BHISE V D. 汽车设计中的人机工程学 [M]. 李惠彬, 刘亚茹, 等译. 北京: 机械工业出版社, 2014.

[24] 斯坦. 车辆动力技术: 热力驱动、电驱动、混合驱动与能量管理 [M]. 周苏, 译. 北京: 机械工业出版社, 2017.

[25] ANDREEV A F, KABANAU V I, VANTSEVICH V V. Driveline Systems of Ground Vehicles Theory and Design [M]. Boca Raton, FL: CRC Press, 2010.

[26] LEISTER G. Passenger Car Tires and Wheels: Development Manufacturing Application [M]. Wiesbaden: Springer International Publishing, 2018.

[27] 林世裕. 膜片弹簧与蝶形弹簧离合器的设计与制造 [M]. 南京：东南大学出版社，1995.
[28] 徐石安，江发潮. 汽车离合器 [M]. 北京：清华大学出版社，2005.
[29] 严正峰，张铁山. 汽车离合器设计与制造 [M]. 北京：机械工业出版社，2018.
[30] ORTHWEIN W C. Clutches and Brakes Design and Selection [M]. 2nd ed. New York：Marcel Dekker, Inc., 2004.
[31] 瑙海姆，等. 汽车变速器理论基础、选择、设计与应用 [M]. 宋进桂，等译. 北京：机械工业出版社，2014.
[32] 陈勇. 汽车变速器理论、设计及应用 [M]. 北京：机械工业出版社，2018.
[33] FISCHER R, KÜÇÜKAY F, JÜRGENS G, et al. The Automotive Transmission Book [M]. Switzerland：Springer International Publishing, 2015.
[34] 切梅兹，等. 万向节和传动轴 [M]. 伍德荣，等译，北京：北京理工大学出版社，1997.
[35] SEHERR-THOSS H C, SCHMELZ F, AUCKTOR E. Universal Joints and Driveshafts：Analysis, Design, Applications [M]. Berlin Heidelberg：Springer-Verlag, 2006.
[36] 刘惟信. 汽车车桥设计 [M]. 北京：清华大学出版社，2000.
[37] 张英会，等. 弹簧手册 [M]. 3版. 北京：机械工业出版社，2017.
[38] 耶尔森. 汽车悬架：中文版·原书第2版 [M]. 李旭东，译. 北京：机械工业出版社，2013.
[39] 王霄锋. 汽车悬架和转向系统设计 [M]. 北京：清华大学出版社，2015.
[40] 彭莫，刁增祥，党潇正. 汽车悬架构件的设计计算 [M]. 2版. 北京：机械工业出版社，2016.
[41] DIXON J C. Suspension Geometry and Computation [M]. West Sussex, UK：John Wiley & Sons Ltd, 2009.
[42] DIXON J C. The Shock Absorber Handbook [M]. 2nd ed. West Sussex, UK：John Wiley & Sons Ltd, 2007.
[43] KNOWLES D. Classroom Manual for Automotive Suspension & Steering Systems [M]. 4th ed. New York：Delmar Cengage Learning, 2007.
[44] 赵万忠，等. 汽车动力转向技术 [M]. 北京：清华大学出版社，2019.
[45] 普费尔，等. 汽车转向：中文版·原书第2版 [M]. 李旭东，译. 北京：机械工业出版社，2019.
[46] HARRER M, PFEFFER P. Steering Handbook [M]. Switzerland：Springer International Publishing, 2017.
[47] 刘惟信. 汽车制动系的结构分析与设计计算 [M]. 北京：清华大学出版社，2004.
[48] 赛瓦瑞西，塔内莉. 汽车主动制动控制系统设计 [M]. 于京诺，译. 北京：机械工业出版社，2014.
[49] LIMPERT R. Brake Design and Safety [M]. 3rd ed. Warrendale, PA：SAE Internatioal, 2011.
[50] DAY A. Braking of Road Vehicles [M]. Waltham, MA：Elsevier Inc., 2014.
[51] GUIGGIANI M. The Science of Vehicle Dynamics：Handling, Braking, and Ride of Road and Race Cars [M]. Dordrecht：Springer Science+Business Media, 2014.